张朔人◎著

明代
海南文化研究

The Study of the Culture of
Hainan in the Ming Dynasty

社会科学文献出版社

SOCIAL SCIENCES ACADEMIC PRESS (CHINA)

本书为海南大学"211 工程"三期建设项目
"海南历史文化与黎族研究"系列成果之一。
本研究受到以下单位的资助：
2009 年海南大学资助（立项号：hd09xm117）
2009 年海南省社会社科规划研究基地课题（立项号：JD09 – 10）
在此一并表示感谢！

序

有明一代，地处祖国南部的海南，在文化的诸多领域内取得了极大的发展，从而进入其古代文明的高峰阶段。海南在历史上对于内地长期作为文化输入地而存在，到了明代则开始向内地输送优秀人才，做出了文化反哺，丘濬、海瑞和王弘诲等即是其中最著名者。这是明代海南文化极大发展的重要标志。对于明代海南的文化成就进行研究，意义重大。发掘其文化底蕴，对于今天建设新海南，将产生不可或缺的重要作用。

张朔人教授撰写的这部专著，在广泛搜集、研究各种历史文献的基础上，第一次以较大的篇幅，相当全面地论述了明代海南文化在各个领域所取得的成就，首次揭示了海南不同类型文化的存在及其相互间的影响与促进。对明代海南文化得到发展的原因也有深入的解析。从总体看，这是一部难得的好书，既有学术价值，又有实践意义。

笔者早在六年前在海南大学访问时开始与张朔人教授相识，最近四年由于张朔人教授在笔者名下攻读博士学位课程，更是经常见面。他给笔者留下为人坦诚、治学刻苦的好印象。这部专著之问世，是其长期关注海南文化研究的结果，特别是其在攻读博士学位课程期间集中精力探讨明代历史和明代海南文化的结果。笔者热烈地祝贺这部专著之最后完成和出版。治学无止境，望张朔人教授在既得成果的基础上继续努力，在治学上达到更高的水平，取得更多的成就。

是为序。

南炳文

2013 年 4 月 6 日

目　录

Contents

表格目录

插图目录

绪　论

文化是国家的根脉，文化软实力是衡量国家核心竞争力重要参照。因此，"提高国家文化软实力"，成为中国文化建设一个战略重点。

海南地处国家战略前沿，国际关系视域下的南海利益争夺及国家战略中的国际旅游岛建设，使得海南发展面临着全新的机遇和挑战。在这一历史背景下，加强海南文化软实力建设尤显重要。厘清海南文化发展脉络，彰显海南灿烂的古代文化，是提升海南文化软实力的一个重要步骤；同时对提升海南的历史地位，提高本土人的文化自信有着非同一般的意义。

海南文化在前代积淀的基础上，经过有明一代的培育，在岛内人士的共同努力下，在科学技术、人文与社会科学、宗教、社会习俗等相关方面有着一定的发展，并对中华文化反哺上做出积极的贡献。可以说，上述诸领域所取得的成就，标志着明代是本区域文化发展史上的高峰时期。通过对其梳理，探讨其内在发展原因，进而为当前文化发展提供历史借鉴，这正是本课题的选题缘由。

第一节　本选题的相关界定及研究状况回顾

一　"文化"的相关界定

（一）"文化"的定义

关于"文化"（culture）的含义，学界多与"文明"（civilization）相互界定。基本上可以分为两类：一类强调其物质内容；一类强调其精神内容。①

20世纪20-30年代，第一次世界大战所带来的战争创伤，引起世界范围对欧洲文化的反省，同时也推动了对中国固有文化的重新审视。此后，国内学者便从文化史的视角对"文化"进行定义。其中梁启超最早将文化定义为广义和狭义两个层面加以理解："文化这个名词有广义和狭义二种，广义的包括政治经济；狭义的仅指语言、文字、宗教、文学、美术、科学、史学、哲学而言。"② 对中国文化史具有开创之功的梁启超，从广义和狭义两方面来界定文化史研究的内容，事实上是将文化纳入到学科的轨道。

21世纪之初，明史研究的著名学者南炳文先生等所著《明代文化研究》，便是从狭义"文化"的角度来探讨明代的文化。该著从"科学和技术""学术研究""文学艺术""哲学宗教和社会风俗""图书事业的兴盛""少数民族文化""中外文化交流"等方面，③ 对有明一代的文化进行全面的综合研究，多视角、立体再现了明代文化发展的轨迹。

（二）本课题的相关界定

1. "文化""文化史"界定

就文化的内容而言，可将其划分为"广义文化"和"狭义文化"。所谓广义文化，是指人类在社会历史实践过程中所创造的物质财富和精神财富总和；狭义文化，即社会意识形态以及与之相适应的制度和组织等方面内容。

---

① 何顺果：《西方"文明"概念的局限性》，《北大史学》1998年第5期。强调文明的物质基础：法国年鉴派史学家费尔南·布罗代尔则从"地理区域的文明"、"社会的文明"、"经济的文明"、"集体心态的文明"等相关的社会学科，从历史长时段对文明加以考察，认为"文明与长时段本身成为同一：'经过一系列经济，一系列社会，仍坚持生存下来，同时几乎只是一点一滴地才改变方向者，即文明'"。（〔法〕费尔南·布罗代尔：《文明史纲》，肖昶等译，广西师范大学出版社，2003，第11页）；着眼于文明的精神内涵：塞缪尔·亨廷顿认为"文明和文化都涉及一个民族全面的生活方式，文明是放大了的文化"。（〔美〕塞缪尔·亨廷顿：《文明的冲突与世界秩序的重建》，周琪等译，新华出版社，1998，第24-25页）；宗教社会学家克里斯多弗·道森认为：一种文明可能涵括深刻而广泛的文化分化或文化多样性。（〔美〕Christopher Dawson, *The Dynamics of Word History*, New York: Sheed and Ward, 1956, p.403）
② 梁启超：《中国历史研究法补编》，《饮冰室合集》第99卷，中华书局，1989。
③ 南炳文、何孝荣：《明代文化研究》，人民出版社，2006。

揭示人类文化发展一般规律是文化史的基本任务。"文化"的广义、狭义之分，势必要求"文化史"所揭示的内容也与之一致。如此，广义的文化史，是以人类物质文明与精神文明为主要研究对象，探究其发展的基本规律；而狭义文化史则是以意识形态、社会制度等为主要内容，描述精神文化及其物化现象的发展史。为此，本书将在"狭义文化"的基础上，以《明代文化研究》为蓝本，开展对明代海南文化的相关研究。

2. 时空界定

（1）时间。本书将以 1368 年海南入明至 1644 年明代统治结束的 277 年内统治为主要叙事时间段，全面展示海南文化在各个领域所取得的成就及其所产生重要的文化现象，进而探讨其形成、发展的原因。

中原各地移民携带的文化因子扎根于海南，并不断地本土化是区域文化的重要特点；琼州海峡阻碍内地与海南岛之间的联系，由是之故，海南区域文化与中原文化之间产生了明显的断层及不同步性。为了便于系统了解其成因，在个别现象叙述的时间上，将会突破明代，上溯至西汉海南开郡，下及民国时期。

（2）空间。任何文化的发展都是在一定空间内进行的。海南岛全岛面积为 3.43 万平方公里，这是明代海南文化发生、发生的基础。但是，环绕在本岛周围浩瀚的南海，一直是海南沿海居民——灶户、以捕捞业为生的部分回民、疍民及疍民化的渔民等群体赖以生存的重要区域。有史以来，海南渔民在"万里长沙""千里石塘"等水域从事水上捕捞等渔业活动，他们是自发地维护国家南部海疆的重要民间力量。所以，本书叙述的空间为海南岛及南海诸岛。

二　明代海南文化研究的状况回顾

（一）国外相关研究述评

20 世纪 40 年代，出于侵华日军长久占领的需要，日本学者小叶田淳著述的《海南岛史》，始于汉代海南开郡，止于晚清，将海南两千年的王朝经略史划分为于"黎明期""开发期""近代（明、清）"的三个历史时期，并探讨各时段内海南社会变迁。著者试图以"文运勃兴的倾向""海南的人物""邱濬和海瑞"等三目，解释明代"文化之兴隆"。① 在这样的结构安排下，自然无法反映明代海南文化全貌。尽管其研究立场，及其否认倭寇祸琼等观点有着明显的缺陷，但其研究方法及在文献的征引上所做出的努力，不能因之而否定。

《丘濬评传》一书，以明代成化、弘治年间的重臣——丘濬的生平、著述及从政经历为主要研究对象，剖析传主在成化、弘治两朝政治改革过程中所做出的贡献。② 正是由于新加坡学者李焯然先生的努力，才使得这位在明代深具影响的海南籍学者和政治家的相关业绩得以再现。

（二）国内相关研究

1988 年，海南建省办特区之后，区域史的相关研究也有所发展。文化史作为区域史的重要组成部分，在相关研究中也有所体现。

1. 区域文化史研究

《琼州文化》用地域文化史的研究方法，梳理海南文化发展的历史脉络，并试图对其进行规律性总结，对未来海南文化发展方向进行展望。该著集中探讨黎、汉等民族的宗教信仰、社会习俗、文学艺术等相关内容，是为数不多的、较为系统地研究海南地方文化的专著。著者过分强调"从地里的角度来解释"③ 较为广泛的文化概念，以黎汉文化板块替代岛内多元文化的交流，岛内各民族之间文化交融的动态过程多被固定、静止，因而难以再现多元文化间的碰撞与融合。

《海南文化史》从狭义文化入手，全面梳理自距今一万年以前的三亚落笔洞发现的"三亚人"至民国时期的文化发展变迁。其中，用教育、科考、人才、方志编纂、"土戏"形成、道教扩散、苗族文化等十节来论述明代文化发展情况。④

2. 区域史、历史地理研究

《海南岛历史上土地开发研究》从历史地理学出发，以土地开发为切入点，对不同历史时期政治、经济政策之下海南的土地利用情况进行梳理，以便为海

① 〔日〕小叶田淳：《海南岛史》，张迅斋译，学海出版社，1979，第 169－191 页。
② 〔新加坡〕李焯然：《丘濬评传》，南京大学出版社，2005。
③ 关万维：《琼州文化·导言》，辽宁教育出版社，1998，第 2 页。
④ 牛志平等：《海南文化史》，海南出版社、南方出版社，2008，第 160－199 页。

南建省办特区提供历史借鉴。其中，对明代本岛在土地开发上的新趋势、新作物品种的传播、水利事业与土地利用①等方面研究，做出有益的探讨。

《海南史》则是以地方通史的视角，全面描述自原始社会至 1950 年海南历史全貌。其中，通过文化教育发展情况、中式人数、历史名人、地方志的编纂、地方剧种土戏初步形成、传教士早期活动②等子目，阐述该时段海南文化成就。此外，以"教育和文化的繁荣"来描述明代文化，在《海南社会发展史研究》③ 一书中也有所体现。

3. 民族研究

海南是一个多民族聚集地，民族文化成为海南文化的重要组成部分。在该领域的研究中，已取得一定的成绩。④ 其中，《黎族史》⑤ 在历代治黎政策、黎族社会风俗习惯、生产生活、文化发展及黎乱产生之原因等诸多方面的探讨，取得较大的进展。

4. 人物、个案研究

（1）人物研究。对明代著名人物丘濬、海瑞的研究，由专门探讨思想的学术论文⑥开始向专著⑦方向转变，同时对邢宥、王弘诲等的研究也有学术专著问世。⑧

（2）个案研究。从地方戏的视角对海南文化进行探讨，也取得可喜

---

① 司徒尚纪：《海南岛历史上土地开发研究》，海南出版社，1992，第 138 - 146 页。

② 林日举：《海南史》，吉林人民出版社，2002，第 240 - 264 页。

③ 阎根齐、刘冬梅：《海南社会发展史研究》（古代卷），光明日报出版社，2011，第 233 - 238 页。

④ 王养民等：《黎族文化初探》，广西民族出版社，1993；黄友贤等：《海南苗族研究》；王献军：《海南回族的历史与文化》，海南出版社、南方出版社，2008；张朔人：《海南疍民问题研究》，《安庆师范学院学报》2007 年第 2 期。

⑤ 吴永章：《黎族史》，广东人民出版社，1997。

⑥ 李普国：《论丘濬的经济思想》，《江淮论坛》1981 年第 3 期；李龙潜：《试评丘浚经济思想中的几个问题》，《暨南学报》1999 年第 2 期；赵靖：《邱濬——中国十五世纪经济思想的卓越代表人物》，《北京大学学报》1981 年第 2 期。李锦全：《海瑞哲学思想述评》，《学术研究》1984 年第 6 期；阎韬：《海瑞思想的多元结构》，《海南大学学报》1998 年第 1 期；吴雁南：《海瑞的"忠介"与心学》，《史学月刊》1994 年第 4 期；陈旭：《陆王心学的实践者》，《阴山学刊》2005 年第 8 期；南炳文：《海瑞之廉洁反贪与传统文化的优秀成分》，《史学集刊》2011 年第 4 期。

⑦ 唐启翠：《此生如痕——丘濬传》，海南出版社、南方出版社，2008；阎根齐、陈涛：《粤东正气——海瑞》，海南出版社、南方出版社，2008。

⑧ 王丽洁：《邢宥传》，海南出版社、南方出版社，2008；王力平：《海隅名臣——晚明王弘诲研究》，海南出版社、南方出版社，2008。

成就①；此外，在教育史、历代进士、古代书院、古代建筑②等专题研究上也有所收获。

尽管如此，对于明代海南文化专门探讨的学术专著仍然缺失。本书将以正史、《明实录》、方志、文人笔记、谱牒等史料为基础，遵循区域历史发展规律，从狭义文化概念出发，重新解读明代海南文化，以弥补学术研究之不足。

第二节　研究方法、路径及框架结构

一　研究方法和路径

1. 从政治、经济、文化的互动关系中进行文化史研究

历史唯物主义者在承认社会意识具有能动作用的同时，认为这种能动作用的大小取决于社会存在的性质和发展程度。换句话说，作为上层建筑领域内的思想文化建设必须要与经济基础的发展相一致。毛泽东则更加强调政治、经济、文化三者之间的内在关联：

> 一定的文化（当作观念形态的文化）是一定社会的政治和经济的反映，又给予伟大影响和作用于一定社会的政治和经济；而经济是基础，政治则是经济的集中的表现。在把握文化、政治与经济三者之间的关系时不能偏离这个原则。③

经济史、文化史和政治史互相渗透、相互影响。可以说，文化史的研究不能割裂与之密切关联的政治变动和经济发展。所以，明代海南文化研究，离不开岛内政策的变动及地方经济的发展。

---

① 赵康太：《琼剧文化论》，中国戏剧出版社，1998。
② 谢越华等：《海南教育史》，海南出版社、南方出版社，2008；朱东根：《海南历代进士研究》，海南出版社、南方出版社，2008；胡素萍、章佩岚：《海南古代书院》，海南出版社、南方出版社，2008；阎根齐：《海南古代建筑》，海南出版社、南方出版社，2008。
③ 《毛泽东选集》第 2 卷《新民主主义论》，人民出版社，1964，第 663 - 664 页。

2. 从历史和移民的视角梳理明代海南文化发展脉络

（1）从历史的角度加以纵向考察。文化的发展具有一定的历史继承性、延续性，明代是海南文化的成熟、定型时期。个别现象的源流可能会上溯至海南开郡；而其影响则远及清、民国乃至当今。纵向考察，有助于了解海南文化的源流及其流变。

（2）与迁出地地区进行横向比较。移民在不同历史时期呈现出明显的阶段性，一定程度上来看，海南文化就是一部移民文化。秦汉以前的黎族先民跨海而来入住本岛，两宋之交、宋元鼎革之际，中原、福建、广东乃至越南等不同迁出地的文化，随着移民族群一道纷纷移植到海南。经过历史积淀，与迁入地不断融合，从而形成独具海南特色的地域文化。对于迁出地、迁入地文化的横向比较，将有助于理解海南文化与中原文化的同源性、不同步性。

3. 在多元文化视野中展示明代海南文化的全景

海南是一个多民族聚集之地，在以"编户齐民"数量多寡作为考察地方官员治绩的王朝政治中，黎族一直是岛内重点"编户"的对象，其相关记录一直是处于"被叙述"状态下。在十分有限的历史资料面前，要尊重黎族文化的自身发展轨迹，既不能因之而割裂黎族的文化发展，也不能超越是时段内海南社会发展的一般规律而过分拔高。

多元的海南文化是一个有机整体，他们之间互相依存、不断碰撞、融合，从而推动了海南社会的进步与发展，不能因为汉文化与黎族文化两大板块而忽视其他文化的存在。只有如此，才能呈现出海南文化的全貌。

二　框架结构

本书包括绪论、结语等在内共十章。其中，第一章至第六章，探讨明代海南文化成就；第七章对文化现象进行归纳；第八章分析文化发展原因。主要内容如次。

绪论：主要介绍研究的缘起，明代海南文化的研究现状及相关界定，研究方法路径及主要创新点、难点和不足之处。

第一章：自然科学和技术。从自然规律探索、农业及其技术、建筑工程技术、军事技术、船舶制造与航海技术、地理学、医药学等方面全面展示明代海南在自然科学与技术上的成就。

隆庆六年（1572），随着文昌、乐会等县城池的建立，一府三州十县正式告别了"有城无郭""未有城"的历史。这是海南府州县治建设的历史性突破，同时也表示明王朝统治在本岛的进一步加强。

此外，航海技术也出现了新进展。滨海而居的疍民，在"编户齐民"的过程中，开始向渔民化方向转变。他们集体创作的《更路簿》，记载了从文昌的清澜或琼海的潭门港起，航行至西沙、南沙群岛各岛礁的航海航向和航程，这是海南渔民自发开发南海并自觉维护国家领海主权的实物文献证据。

第二章：人文与社会科学。系统梳理政治与行政管理思想、史学繁荣、文学艺术等相关领域所取得的成绩。在不同时段，府州县志的编纂、家族谱牒的兴修，是本土史学繁荣的重要标志；在王佐与唐胄间的"海南早期归属之争"，体现出对王朝治边历史的检讨。

通过见存的文人笔记梳理，可以展现明代岛内士人在诗词歌赋等方面的造诣；书法、绘画、音乐等领域，最能代表海南水准则多来自民间创造。如"能协琴瑟之声为八音"的汪浩然撰写的《琴瑟谱》，主要探讨"琴瑟之制以及图说、指法"，"各分诸调"；汪氏"谱大成乐"，体现出本岛音乐实践中的最高水准；而以《八音摘要》来"撷拾旧论"，则是对历代音乐发展在理论上的总结。

第三章：教育与文化。全面阐述明代及其以前的海南在教育、人才培养、图书业等方面发展情况。明代国家通过进士、乡举、贡生等多种途径的选拔，海南共为国家输出 3119 名人才。以丘濬为首的海南进士层、海瑞为代表的举子层共 586 名，及 2400 余名的贡生群体等构成的海南人才梯队。这支金字塔式的人才队伍，在地处边陲的海南脱颖而出，从而成为海南社会的精英阶层。

第四章：宗教传播及流变。主要介绍佛教、道教、伊斯兰教、天主教等宗教在海南的传播及佛道趋同等变化。海南是一个多元文化交汇的地方。明代在本岛传播的宗教，就有佛教、道教、伊斯兰教以及天主教。从宗教传入时间来计算，佛教始于唐代；道教自北宋开始；伊斯兰教在宋元交替之际；天主教则是在晚明时期登陆海南。从其传播原因来看，佛教、道教是在中原王朝的推进下进入；伊斯兰教是占城人迁居的产物；天主教则是王弘诲及其家人努力的结果。

明代海南宗教在承继前代传播的基础上，因应王朝不同时期所推行的宗教政策而产生相应的变化。

第五章：社会风俗。包括方言及汉、黎、疍、回、苗族社会风俗。海南"僻居海屿，旧俗殊陋"。经由唐宋谪臣和士族侨寓的努力，"风声气息，后先濡染"。入明之后，王朝政府的积极经略，本岛人士改变旧习的诸多努力，社会风俗由"浇薄"开始逐渐转向"醇厚"，进而与中州相埒。

明代海南的社会风气与习俗，在趋同中存在明显差异，主要是由落籍本岛之民、族别、迁出地、迁入地及迁入时间等诸多不同因素所共同作用的结果。

第六章：名士与中华文化。主要介绍丘濬、海瑞、王弘诲等主要文化贡献，以及钟芳、唐胄、王佐、许子伟等的相关学术见解。

一般而言，举人、进士群体数量多寡，是反映一个地区文脉盛衰的重要标志。随着国家文教政策的不断推进，明代海南该群体总数达到586人，他们因时代之需，参与国家不同层面的政策制定和事务管理。大量的人才脱颖而出，海南因之由完全的文化输入地，转变为文化输出地，并逐渐融入主流文化之中。

明代海南士人在不同时段对官方哲学、政治学、经济学等诸多学术领域内，都有着较为深刻探讨，对其梳理既可以窥视海南士人的认知轨迹，也能反映其对中华文化的反哺。

第七章：文化类型与独特的文化现象。内容为多民族聚集地、层次分明的文化圈层、女劳"男逸"现象、相互交融与共同发展。

海南岛内汉、黎、回、苗、疍等诸族群经过不断的迁徙与整合，至迟在晚明时期，各个族群的生活空间才逐步固定下来。他们共同聚集、生活于此，使得本岛形成多元文化并存、个性极为鲜明的文化地理单元。

习俗不同、文化背景迥异的岛内居民，以自己独特的生活方式而展现出各自特有的文化现象。在明代的强力治理之下，彼此互通有无，从而促进了多元文化互相交流、碰撞与融合，形成你中有我、我中有你全新的文化现象。

第八章：推动文化发展的因素。独特的地理环境、治理政策、官民互动等因素是推动明代海南文化发展的主要原因。具有浓郁的异域风情的海南文化，在明代呈现出多元文化并存，蛮俗与中原文化相互浸染并逐步向"衣冠礼乐"方向转变的趋势，因而具有强烈的时代特色。在民族积聚的南部边疆社会，这一变化显得难能可贵。

国家治理政策的调整和军事力量的加强，是促进这一转变的主要外部推力；大量中原移民入住本岛，他们对汉文化的追求进而对蛮夷社会产生一定的影响，则是这一转变的内部动力。总而言之，明代海南文化的发展是多重合力整合的结果。

结语：对全书进行总结和评价，进而阐释其对当前海南文化发展的启示。

三　主要创新点、难点和不足之处

（一）创新点

从中国学术发展史来看，20 世纪 50 年代之后，广义文化史为社会发展史所取代；狭义的文化史则被分解为思想史、哲学史、学术史、史学史、文学史、科技史等诸多学科。毫无疑问，由文化史衍生出的各个分支学科在研究上大有进展，但是从文化史的宏观视角进行综合研究却日趋低迷，断代文化史的相关论著则凤毛麟角，海南断代文化史更成为空白点。有基于此，本书主要创新点在于：

1. 第一部海南断代文化史

海南历史文化研究的学术文章、专著之少，在前文已有述及。关于区域文化史研究的相关论著，无论是从资料占有和理论支持上，显得较为零乱，宏观视角上有待进一步提升。

本书在写作过程中，遵循"狭义文化史"的定义，以明代为重点描述对象，全面阐释该时段内海南文化所取得的成就，并对相关文化现象的源流进行梳理，在此基础之上探讨其发展的原因，从而揭示区域文化史发展的一般历史规律。

充分挖掘、占有历史资料。以明代见存三部方志（《正德琼台志》《万历琼州府志》《万历儋州志》）为主要基础，充分运用《明史》《明实录》的相关记载为背景材料，借助不同历史时期的文人笔记、谱牒及谱序、现存的碑碣匾铭额等提供的历史线索，立体再现明代海南文化的发展。可以说，文章中所使用的资料多为第一手资料，如顾可久的《琼管山海图说》①及散见于四库全书系列中明代海南的谱序等内容，则是海南历史研究中不可多得的珍贵历史文献。

最大限度地反映历史真实，在此基础上探讨历史发展规律是历史学的根本追求。这就要求史学工作者在历史研究中要存敬畏之心，对于史料运用不能一味地凭任自己的主观裁度。本书在写作过程中，不拘泥于历史典籍记载，而是充分考证史料的真实性，辨正其源流，务求准确和可靠。这在使用海南谱牒资料、征引地方志及描述黎族文化过程中，尤为谨慎。

建立在如此坚实的历史史料的基础上，采用严谨的史学态度而撰成的《明代海南文化研究》，可以说是填补了海南区域断代文化史研究的空白。

2. 首次清晰再现多元文化类型及其独特的文化现象

秦汉之前，黎族频海而居的生活空间，因西汉武帝开郡而被打破。此后，中原及周边地区族群不断迁入本岛，随着时间推移及王朝统治的日益加强，汉族族群不断拓展其生存空间，由早期在沿海台地的"点"逐步向"线""面"转变。到明代之际，岛内的空间格局基本上演变成"黎内汉外"模式。

不同的文化类型在岛内不同地理空间分布，从而产生出独特的文化现象。

山地文化：中西部的高山丘陵及河谷盆地，是生黎、熟黎、苗族居所。受汉文化的影响，其生产力和社会习俗有着一定程度的改变。

农商文化：主要分布在低山丘陵及沿海台地，为汉族族群的主要生活场所，他们将不同迁出地的文化移植到海南，从而形成一定差异的社会风俗。相对成熟的农业、商业主要来自这一圈层。

海洋文化：滨海而居是其主要特点，主要居民为疍民、灶户及回族。从广袤的海洋中获取生活资料、完成国家赋税，使得该文化圈在生产生活中迥异于岛内其他圈层。由于倭寇海盗之乱及岛内的黎乱，国家对该圈层的统治逐步加强。疍民由明代中期以前的环海分布，在晚明时期集

---

① （明）顾可久：《琼管山海图说》，光绪庚寅如不及斋校刊，中国国家图书馆藏。

中分布在儋州、崖州及东部沿海；与居住区域收缩的同时，疍民的渔民化也较为明显。以文昌地区的渔民为代表，他们是民间自发开发南海的主要力量；回族由早期海口浦、儋州番浦及崖州番坊三地分布，到晚明时期仅在崖州"所三亚里"一处，这说明回族居所在岛内有较大的变化。

3. 在政治、经济、文化的互动关系中构建区域文化研究模式

地方经济发展水平，与其文化的发展呈正相关关系；政治制度的设计对于地方文化的发展起到一定的促进作用，这在地处边疆的海南地区表现得尤为明显。

"地理环境决定论"固不可取，但是否定或忽略地理环境对文化的影响并不是明智的做法。众所周知，区域文化的发展离不开一定地理环境。海南地处热带，四面临海，岛内地势中间高、四周低，河流呈放射状分布等诸多特征。人们生活在这个特定的地理环境之下，其文化因之而呈现出明显的热带、海洋色彩。

应该说明代海南文化是在政治、经济及地理环境等众多因素合力下，在承接宋元文化的基础上，岛内民众与官员共同努力的结果。

（二）难点与不足之处

1. 难点

（1）黎族问题。黎族是海南主要的少数民族之一，如何适度把握黎族的文化发展并对其所谓落后现象进行相对客观公允的评价？由于唐胄《正德琼台志》记载黎情卷 22 （《原黎》《列黎》《抚黎》《平黎》）、卷 23 （《统黎》《议黎》）二卷的遗失，《万历琼州府志》黎情记述的简略，使得明代对于黎情的相关认识较为模糊。这是本课题的难点之一。

（2）谱牒材料的使用。家谱是记录家族盛衰的重要历史资料，但是修谱过程中所奉行的"为尊者讳"的原则，使得谱牒中所提供的史料价值、可信度因之受损。海南现有家谱中，其福建莆田甘蔗园情结十分明显，而其迁琼始祖多为宋元之际仕宦琼州者。如何使用家族谱牒所提供的相关信息，这是本课题又一难点。

2. 不足之处

（1）横向比较不够。尽管在研究方法上注重移民文化中迁出地文化对海南区域文化史的影响，但是由于资料的原因，在实际行文过程中，这种横向比较还十分有限。这是今后需要努力的方向之一。

（2）谱牒资料运用得不够。谱牒卷帙浩繁，且多为20世纪七八十年代编修，民国以前的资料难觅，由是之故，家谱相关信息在论文中所占的份额不够。

（3）地名古今对照需下工夫。海南地名变动频繁，因年代久远而无从考证，错误之处恐难避免，祈求方家指正！

第一章　自然科学和技术

明代以前，海南在自然科学相关认知上缺少一定积淀。经过有明一代的努力，在以本岛为中心的自然规律探索上有所突破；水利新技术推广、土地空间利用上取得一定的成绩，尤其是农作物的多熟制，在全国占据领先地位；城池建设上，功能布局和防御功能等建筑理念日趋完备。自中部山区到滨海台地，错落有致、不同风情的民居，更多地体现出海南地方特色；与军事有关的武器、船舶制造为海南培养一批技术人才；晚明之后，《更路簿》的诞生，是海南航海技术提高的重要标志，也是民间自发开发南海、维护国家海洋权益的重要实物文献证据。此外，对于本岛的空间再认识和制图理念有所改善；对疾病的认识和治疗等方面，也有明显的进步。

这些相关科学认知，就其结果而言多处于非系统、零碎状态，有些探索与自然规律之间存在着明显差距，有甚者还出现错误的结论，但正是这种相关探求，为后来对海南的科学认知提供了前提条件。

第一节　自然规律探索

有明一代，"自然科学一般都趋向没落"。[①] 地处边陲的海南也不例外。诚然，海南在此方面既无专业人才，也无专门论述的著作问世。而本岛士人在与本岛密切相关的自然规律，如纬度位置确定、气象认知、潮汐产生原因等方面所做出的有益探讨，并不能因此而否认。

---

① 〔英〕李约瑟：《中国科学技术史》卷 4《天学》，科学出版社，1979，第 88 页。

一　纬度位置

天文学停滞不前，与明初对于研习天文的"厉禁"政策有着直接关联。"习历者遣戍，造历者殊死"，该项禁令直至弘治年间才"弛其禁"。[①] 客观需要的推动，明代天文历法也"取得若干成绩"。[②] 海南人士试图在地圆学说中，对本岛的纬度位置进行界定，便是其主要代表。

（一）北极出地高度

元代的天文历法，开始用北极出地高度来确定某个地方在地球中位置。所谓北极出地高度："即自案地平以上度，如其数下对南极入地度，以墨斜经中心界之，又横截中心斜界为十字，即天腹赤道斜势也。乃以案侧立，悬绳取正。凡置仪象皆以此为准。"[③] 换句话来说，就是观察北极星的视线和地平面形成的夹角度数。据此测量出的数值，相当于今天的纬度。元代在天文学上的巨大贡献，经过 300 多年沉寂，在明朝末年西法传入之后，经纬度的划分才逐渐趋于完善：

> 中国当赤道之北，故北极常现，南极常隐。南行二百五十里则北极低一度，北行二百五十里则北极高一度。东西亦然。亦二百五十里差一度也……又以南北纬度定天下之纵。凡北极出地之度同，则四时寒暑靡不同，若南极出地之度与北极出地之度同，则其昼夜永（长）短靡不同。惟时令相反，此之春，彼为秋，此之夏，彼为冬耳。以东西经度定天下之衡：两地经度相去三十度，则时刻差一辰；若相距一百八十度，则昼夜相反焉。[④]

这一较为完整的表述，在明代海南纬度位置界定中，则出现诸多反复。

① （明）沈德符：《万历野获编》20 卷《历法·历学》，中华书局，1959，第 524 页。
② 南炳文、何孝荣：《明代文化研究》，人民出版社，2006，第 1 页。
③ （明）宋濂：《元史》卷 48《天文志一》，中华书局，1976，第 996 页。
④ （清）张廷玉：《明史》卷 25《天文志一》，中华书局，1974，第 340 – 341 页。

（二）海南纬度位置

早在元世祖至元十六年（1279）三月，摸清疆域内各主要地方的晷景、昼夜长短，为制定《授时历》提供数据支持，而进行"四海测景"，在"东极高丽，西至滇池，南逾朱崖，北尽铁勒"等处共设置 27 所[①]测试点。所谓"南逾珠崖"，实指元帝国最南端——南海测试点。根据此次测试结果，海南相关联的北极出地高度为：

> 南海：北极出地一十五度；
> 琼州：北极出地一十九度太。[②]

有"理学名臣"之誉的本岛人士丘濬，在其《南溟奇甸赋》的描述中，就有"上至北极仅十九度，于天为近"[③] 之句，这是最早引用元代的成果来界定海南位置。但是，丘濬的界定在后来仅存的方志表述中，并没有再现。《万历琼州府志》却以元代的《授时历》来"验定星度"，主张"南海，北极出地一十五度"为海南的纬度位置，否定了"北极出地一十九度太"的认定。之所以得出"非臆见"的结论，编纂者如是说：

> 史曰："南逾珠崖。"盖逾珠崖而南，尽海而止也。止有十五度者，地既卑下，又以黎鼇、五指诸山蔽乎其北，故北极出地度止此耳。[④]

方志的编纂者从"南逾珠崖"着手，显然有将元代南海测试点的位置落实到本岛"黎鼇、五指"与南部海滨之间某个地点的倾向。这一探索，是其摒弃《授时历》关于"琼州"北出极地高度主要原因。

---

① （明）宋濂：《元史》卷 164《郭守敬传》，第 3848 页；《元史》卷 48《天文志一》，第 989－990 页。
② （明）宋濂：《元史》卷 48《天文志一》，第 1000－1001 页。
③ （明）丘濬：《丘文庄公集》卷 7《南溟奇甸赋》，《四库全书存目丛书》（以下简称《四库存目》）集部第 406 册，第 386 页。
④ （明）欧阳璨：《万历琼州府志》卷 3《地理志》，书目文献出版社，1990，第 28 页。

　　后来的研究者，对元代郭守敬南海测试点具体位置做出过一些探讨，①相关研究成果皆不支持该测试点在海南岛南部的某一地点。但是，方志纂者不因循旧说的努力，应值得肯定。

　　海南是一个拥有"地居海洲中，东西广九百里，南北衮一千一百四十里，绵亘三千余里"②的岛屿，其在地圆学说中所对应的纬度位置，应该是介于两个数据值之间，也就是说元代对于琼州北极出地高度线性描述，不能完整再现海南在地球中的具体位置——这直接导致明代关于本岛北极出地高度的反复。

　　毫无疑问，明代对于海南纬度位置的积极探讨，为清代道光时期张岳崧的《琼州府志》，③对于本岛纬度完整表述提供了重要的参照。

二　气象学

　　气象学与农业生产和人们日常生活息息相关。明代海南在前人的基础上，对本岛的气象变化加以总结，并收集整理了民间谚语、经验，旨在对岛内的生产生活有所帮助。

（一）气候

　　海南地处低纬，炎热、高温、少寒是其主要气候特征。明代对本岛气候的认识，基本上是在沿袭旧志相关认识的基础上进行总结、归纳。因为旧志的遗佚，这些文字而弥足珍贵。总体状况为："气候，州县同。地居炎方，多热少寒；不甚寒热，秋、冬雷，水无他恶。琼与中州绝异，素无霜雪，冬不冻寒，草木不凋，四时花果。"④ 在前人的基础上，唐胄进一步做出如下结论："琼州气无定候，夏不甚热，遇西北雨则寒；冬不甚寒，

---

①　关于元代南海测试点的位置有："西沙群岛"说、"中沙群岛的黄岩岛"说，以及"广州"说。曾昭璇先生则持"林邑"说。（参见曾昭璇《元代南海测验在林邑考——郭守敬未到中、西沙测量纬度》，《历史研究》1990 年第 5 期，第 136 – 137 页）

②　（明）唐胄：《正德琼台志》卷 4《疆域》。

③　（清）张岳崧：《道光琼州府志》卷 2《舆地志》，台北成文出版社，据清道光二十一年修、光绪十六年补刊本影印，1967，第 45 – 46 页。

④　（明）蔡微：《方舆志》，引自唐胄《正德琼台志》卷 4《气候》。

遇东南风则暖。"① 而"嘉靖龙飞,承乏是郡(指儋州——引者注)"的顾芥,则用民间谚语形象地概括了海南气候炎热、多变的特点:

> 南海地多燠少寒,木叶冬夏常青,然凋谢则寓于四时,不似中州之有秋冬也。天时亦然。四时晴冽,则穿单衣,阴晦则急添单衣几层。谚曰:四时皆是夏,一雨便成秋。又曰:急脱、急着,胜如服药。②

(二) 风候

飓风是极具破坏性的天气之一。唐胄《正德琼台志》在总结前人的经验基础上,就飓风的季节分布、风向变化、简单预测及其破坏程度等方面的相关认知,都有了进一步的提高,充分体现出明代在这一领域的新进展。这一结论,超越了唐代房千里的《投荒杂录》中指出南方诸郡皆有飓风③的一般性描述。

> 琼,夏秋间飓风,或一岁累发,或累岁一发;或起东北而转西,或起西北而转东;皆必对时回南,大作而后息。将起之前,海鸟预夜,群惊飞鸣投黎山,树叶皆向南作翻转之状。或海吼声大震,或天脚有晕如半虹,俗呼:"破蓬",即《岭表录》谓之"飓母"。或逾时即大作,暴雨挟之,撼声如雷,拔木飞瓦。民居皆矮屋避之,人不能行立,牛马不敢出牧。或风雨中,有火飞回南又最大,伤损万物。④

唐氏结论,为万历《广东通志》及本土方志所沿袭,即便到道光年间《琼州府志》,仍然看到其影响,足以说明其对飓风判断、预测的准确性。

(三) 与气候相关的经验总结

与海南农业低水平发展相一致的是,明代海南农业相关理论缺失,经

---

① (明) 唐胄:《正德琼台志》卷4《气候》。
② (明) 顾芥:《海槎余录》,中华书局,1991,第12页。
③ (唐) 房千里:《投荒杂录》,引自(明) 唐胄《正德琼台志》卷4《气候》。
④ (明) 唐胄:《正德琼台志》卷4《气候》;(明) 欧阳璨:《万历琼州府志》卷3《地理志》,第31页。

验总结的专著付之阙如，人们在惯常经验的指导下从事农业生产。对此，唐胄《正德琼台志》有着较为系统的记载：

> 元日喜干。俗云：冬湿年干，禾米满仓。
>
> 二月一、二、三日，雷禁。不敢工作，以祈雨，赐时若。
>
> 三月三日雨，则天蚕损秧。旬多南风，水田易干。夜雨则谷秕。电则死穗。
>
> 四月八日雨，则杀虫，不蠹禾。
>
> 五月端午，以雨测田。不雨高田伤，早雨低田伤，惟晚雨俱宜。
>
> 芒种，以星候种。插莳值芒种，猪母枷、犁尾①等星初出则秧死。
>
> 五六月，西风宜早禾，俗呼：西风为早禾婿。杀占禾。夜热则雨。
>
> 七月七日雨，利狗尾粟。禾穗卷耳则多风。西风起则谷秕。
>
> 十月，以雨、旸知来岁。自朔日至十二日而当下一岁之月，雨则其月多雨，旸则旱。
>
> 十一月冬至，雨知有年。冬干年湿，禾米莫粒。
>
> 十二月除夕，以天色昏明，占所宜谷。②

毫无疑问，郡人唐胄的记录是海南人民在长期的生产生活实践中的经验总结。尽管有一定迷信和主观臆测成分夹杂其中，但正是这样的感性认识，指导着岛内民众的生产与生活。

三　潮候

海南周边环海，潮涨潮落对岛内居民的生产生活乃至岛内的政治、军事都产生极其深刻的影响。这一自然现象，按照今天的解释是海水随着地球自转的同时，自身也在旋转，从而产生离心力。海水同时受到来自月球、太阳及其他天体的吸引力，因为月球离地球最近，所以月球的吸引力

---

① 屈大均对此做出如下按语："琼州于芒种日以星候秧枷。犁尾星出则秧死；猪尾星出则秧黄。此二星亦老人星下古所未名者"。（清）屈大均：《广东新语》卷1《天语·南越之星》，中华书局，1985，第7－8页。

② （明）唐胄：《正德琼台志》卷7《风俗》。

较大。海水在这两个力的共同作用下形成了引潮力。地球、月球的不断运动，使之与太阳的相对位置发生一定的变化，因此引潮力也产生相应的变化，从而产生周期性的潮汐现象。所谓潮汐，即将其白天上升称之为"潮"，晚上称为"汐"。

（一）南海潮汐

系统探讨南海潮汐，始于北宋时期韶州曲江人余靖，所著《海潮图序》具有较高的科学价值。

余靖根据自己在通州海门（今天江苏南通一带海域）和广州武山（今广东东莞虎门附近）的实际观测，认为唐代卢肇"日入海而潮生，月离日而潮大"之说，是主观臆测的结果。指出海水消长根本原因是"系于月，不系于日"，即月球的引力大小是海水涨落的主要原因。

此外，余靖根据在广州武山观测的结果，对南海的潮汐规律进行总结：

> 月加午而潮平者，日月合朔则午而潮平，上弦则日入而平，望则夜半而平；上弦已前为昼潮，上弦已后为夜潮。月加子而潮平者，日月合朔则夜半而潮平，上弦则日出而平，望则午而平；上弦已前为夜潮，上弦已后为昼潮。此南海之潮候也。①

余靖以广东珠江入海口为观测点对南海潮汐普遍性描述，无法解释"琼海之潮，半月东流，半月西流"现象，从而与海南实际情况产生较大差距。

（二）海南潮汐

郡人王佐在卢肇、《临安志》和余靖等前人研究的基础上，就海南潮汐的现象、产生的原因等进行了有益的探索。

1. 海南潮汐的复杂性

王佐在承认余氏"水往从月"的前提条件下，进一步指出"水与月

---

① （宋）余靖：《武溪集》卷3《海潮图序》，《宋集珍本丛刊本》第3册，明成化九年刻本，中国国家图书馆，第196-197页。

皆物也，而无相从之理"，应该是"潮水与月相应"，才接近真实。这就是说，潮汐产生的原因除了月球的引力之外，还应该包括海水与月球之间互相吸引。对于余氏南海潮候的结论，王佐认为，既然"二海（海门、① 武山所在的东海、南海）相去几何，而早晚顿差三时"，那么广袤的南海不可能像余氏所说的完全一样，具体表现在"海南潮候，实则不同"。

海南旧俗以《授时历》长短星日期为定候，作为潮候的依准，且取得"二星实与潮候暗契实合，未尝差爽毫末"的效果。为什么会产生如此效果，坊间只知其然，而不知其所以然。王桐乡先生试图以先儒的阴阳之气加以解释，未免使之滑入非科学的道路之上。

王佐通过自身观察，通过历法时间、长短星出没时间和海潮消长三者间关系，来探讨海南水域潮候，这是其最为重要的贡献。结论如下：

> 自合朔历上弦前后，为长星潮；自望历下弦前后，为短星潮。逼星前后，则潮长大至极，渐过远则潮渐减小至尽；而将尽。老潮亦常与方来迟潮相接，逐月轮转，如环无端。
>
> 若春夏二季，则星未至前三日，新迟潮初生，逐日长大，至星日而大极；过后二三日，则渐退减。虽日有消长，而水痕递减一分，减极。以至后星将近，则潮不消不长……此是新稚潮初来与旧老潮进退相逼而然。及乎前星老潮退尽，而后星新潮复来，长消同前。
>
> 秋冬二季又与春夏不同。星过后三日，新潮方生，又逐日长大，以至大极，而以后消长亦同前。但，春夏潮长在长短星前；秋冬潮长在长短星后。二星所临前后，即为潮大之期，不拘朔望与上下弦也。长则西流，消则东流。日有消长，又不拘于半月也……八、九两月内，各有长短星，谓之"双星"。此两月潮水独大，九月尤甚。又不甚退，似乎每日有两潮。此二星之说，适合海南潮候，而与先儒之说不同者。
>
> 至若东西流之说……盖因地形西北高而东南下，琼、雷南北两岸相夹处，见水长，上则以为西流；消则以为东流耳……又有不属二星

---

① 王佐认为通州海门是指浙江入海处，非江苏南通一带海域。

潮信者。若子月初旬，或时不测而长，谓之偷潮。

自琼以西，潮候如此。文昌东南对面海无涯际，潮候未详。①

王氏认为海南潮候基本规律："二星每月内推移无定日，而潮水消长从之"。就其如何消长，分别从"合朔历上弦""望历下弦"，春秋二季，秋冬二季以及八九两个月等四个时间段进行论述，并进一步探讨海南水域独特的"东西流"、海南"偷潮"的成因等，无不表现出海南水域潮候的复杂性。与余靖的单一的南海潮候描述，这是其进步所在。

对于文昌以东潮候以"未详"结论，进一步反映出著者不因袭古人，俟来者求证的务实精神。

2. 海南潮汐中的"东西流"现象

郡人唐胄肯定了王佐"气之相因"说理论的正确性。但对于王佐以"琼、雷南北两岸相夹"解释东西流现象，即所谓"流无东西"的观点，唐胄持怀疑的态度，因此以本岛西北部、西部，远离琼州海峡的两个相邻水域儋州、临高为例，进一步分析两个水域潮候的"东西流"表现：

临高潮长则流西，退则流东；儋潮长则流东，退则流西。其候，正月至七月，十一月十二月俱月二潮；八九月四潮。与《通书》长短星同，值星日为潮。榷十月，则初一、十四、二十五，月乃三潮，与《通书》不同。此即《旧志》琼崖儋万之候大小俱各差殊之说。②

唐氏肯定了"东西流"现象无论是在琼州海峡，还是在儋州、临高水域也是存在的，但没有就这一问题作进一步探讨。不过，通过这两个水域潮候的描述，更加丰富了本岛海域潮候的多样性。

3. 海水"嘘吸"与潮汐产生

继唐胄之后，本岛人士钟芳再次就潮汐产生的原因进行探讨。这篇名

① （明）王佐：《鸡肋集》卷4《海南潮候前论、后论》，（民国）王国宪辑《海南丛书》第3集第1卷，海南书局，第4—8页。

② （明）唐胄：《正德琼台志》卷4《潮候》。

曰《潮汐》① 的文章全面阐述了其的观点。

　　除了"随月盈虚"而导致潮汐消长，"未得其详"外，钟氏认为，其他诸如"海鳅往来""地有升降"等解释，皆谬而"不必辩"。即便余靖的"月临卯酉，则潮涨乎东西；月临子午，则潮平乎南北"，以及"月加子午，则潮一日再至者"，皆为"臆度也"。进而指出："潮为地之嘘吸，其源在西。循环流转，昼夜不息。"钟氏认为琼州海峡潮汐往来甚急，是了解其"嘘吸"理论的最佳地点。并就"嘘""吸"的表现，做出如下记录：

> 　　其吸也，自东而西，万港俱消，及东海之水，泻落如井。则消之极，而嘘生焉。其嘘也，自西而东，万港俱长，及西海之水，销（消）落如井。则长之极，而吸生焉。

　　有着"居海岛"，"自少询访"且有"身亲涉历，不知其几"等诸多经历，钟芳试图通过对"嘘吸"现象的深入观察，将其上升到理论高度。但是，终究无法解释"嘘吸"产生的原因，使得该理论仅仅停留于表面探讨。这或许是万历方志② 在此认识上，舍弃钟氏而回归唐氏认知的原因所在。

第二节　农业及其技术

　　两宋时期，随着北方迁民的大量移入，受到土地开发和地力的限制，粮食短缺现象十分严重。"海南以薯米为粮，几米之十六。今岁米皆不熟，民未至艰。食者以客舶方至而有米也"；③ "高、化商人不至，海南遂乏牛米"，④ 本岛对北方粮食的依赖程度由此可见。入明之后，生齿日众的海南，在粮食问题上则是另一幅景象："今吾琼米谷虽不多于高、雷，然

---

① （明）钟芳：《筠溪文集》卷10《潮汐》，《四库存目》集部第64册，第603－605页。

② （明）欧阳璨：《万历琼州府志》卷3《地理志·潮候》，第31－32页。

③ （宋）苏轼撰，（清）萧应植编《苏文忠公海外集》卷2《记薯说》，王时宇点校，海南书局，1934，第51页。

④ （元）脱脱：《宋史》卷186《食货志下八·商税》，中华书局，1977，第4544页。

岁不太荒，亦不取资于彼。"① 这就是说，至迟在正德时期基本上实现了粮食自给。究其原因，除了垦田面积扩大之外，主要归功于农业上水利工程兴修、新技术的推广、新作物品种传入、土地利用上的新进展等诸多方面。

一　农业中新技术

海南地势中间高、四周低，由内而外主要表现为：中部为海拔 700 米以上的高山性山岳地带；海拔 100 - 700 米的低山性山岳地带及海拔 100 米以下的环岛波状丘陵地带，这一地带约占全岛面积的 45.7%。②

河流呈放射状的流向，水系十分发达。地处热带，高温多雨，雨季和旱季分布明显，雨季时间长，多暴雨而造成的大量地表径流，并对土壤产生强烈的冲刷，旱季时水资源相对短缺。春旱秋涝，飓风频发。

水稻种植是农业中的传统产业，明代海南农业在克服上述诸多不利条件下，如何利用水、热资源进行粮食生产，是其必须面临的问题。

（一）水利工程技术

水利是农业的命脉，也是农耕文化的标志。从文献记载来看，海南最早水利工程为宋初的度灵塘工程。开宝八年（975），知琼州李易对这项工程的修建及其效用上书曰："州南五里有度灵塘，开修渠堰，溉水田三百余顷，居民赖之。"③ 以政府为主导、受惠者被动参与的度灵塘水利工程投入使用，说明南部边疆是在中原农耕文化移植基础上逐步形成的。与之不同，明代民间参与程度有着极大的提高。洪武二十七年（1394）春正月，"遣国子监生分行天下，督吏民修水利"。④ 明太祖的重视，掀起了全国兴修水利的高潮。有明一代，海南大小水利工程难以数计，从郡人唐胄的记载可以看出各州县都有水利工程，现将其影响较大者，列举如下：

---

① （明）唐胄：《正德琼台志》卷 8《土产上》。
② 陈植：《海南岛新志》，商务印书馆，1949，第 1 页。
③ （元）脱脱：《宋史》卷 96《河渠志六》，第 2379 页。
④ （清）张廷玉：《明史》卷 3《太祖本纪三》，第 51 - 52 页。

1. 塘陂工程

琼山县，共 25 处。南桥水道：正统年间，乡人在河的两岸"筑栅，转车引溉高田"。鉴于"桥内低田为塞车、壅水所伤"，成化年间，"遂除栅、废车"的举措，引起乡人的诉讼。正德六年（1511），经郡守王子成调解两便之策，"每年自十一月二十日开通水道，待低田禾苗发长，至次年二月初一，方许塞车"。① 在县南上那邑都，筑栅工程主要围绕着滴渭溪展开，"乡人沿流筑栅，置车数十辆，升水灌田"。②

潭溪陂：乡人以石砌塞，隔绝海潮，堰水灌田；博浪圩岸：以备风潮，便民耕种；五原塘闸：涝则开，晴则闭，引水灌田；大潭陂：陂塘开九闸，随旱涝开闭；潭邓塘：其水泛流，洪武间，乡人筑为水门闸，变陆为田。

澄迈县，3 处。临高县，2 处。定安县，1 处。

文昌县，3 处。其中，洴塘陂：其地田土高涸，乡人筑堤灌田。

会同县，4 处。乐会县，1 处。

儋州，6 处。其中，大江：沿江西岸，皆截流堰水为车，灌田千余顷，名近江田；水井泉：泉源不竭，方田资其灌溉，虽旱不涸。

昌化县，3 处。万州，11 处。

陵水县，3 处。大寨沟：秋冬间，斩木塞水灌田，大利于民。大河：秋冬间，乡民斩木塞坝，车水灌田，以便耕作。

崖州，16 处。达陇沟：弘治十七年（1504），军民告开，灌田百余顷；中亭沟：田地广博，无水耕种，弘治二年修筑，引水灌溉；抱架沟：海滨，田地广漠，旱不能耕。弘治二年，开沟千家山下河水灌田。

在郡人唐胄开列 78 处水利工程中，除去如琼山县岩塘陂为宋代遗留下来的极少数水利工程仍在发挥其功能之外，绝大多数是正德以前修建，或对宋元遗留工程重新修缮。这些工程是在克服气候、地势等诸多不利因素之下，运用集体智慧和较为科学方法，解决农业用水问题。

针对高田用水的实际问题及春旱秋涝的气候特点，主要措施是截流抬高水位，或自然灌溉，或车水灌溉，该项工程占有较高的比重。在其工程

---

① （明）唐胄：《正德琼台志》卷 7《水利》。下引未标明出处者，皆源于此。

② （明）唐胄：《正德琼台志》卷 5《山川上·琼山》。

用料上，南北差异明显。北部在明代早期，有以土石进行，后多以石头代之，以确保工程的牢固性；而南部即便在弘治、成化年间，也基本上用木栅，尤以万州陵水为甚。崖州水利工程，多采用每年一修的做法，较为特殊。

2. 海塘工程

海南四面环海，海水倒灌从而使可耕地盐碱化的情况时有发生，应对海潮侵袭的工程主要分布在滨海地区及江海交汇处。琼山县的潭溪陂，以石砌塞，隔绝海潮，是一项较早的海塘工程。

文昌南溪都面临大海，为"障海水，使不入田"[①] 而修筑廖公陂，便是正统年间县丞廖义宽[②]率民所为。会同县博苎、瀤陂，筑堤"捍海潮，潴水灌上峒田"，在正德、嘉靖年间皆有续修；光岭陂，"潮汐或海溢"对农作物伤害极大，正德年间，"筑而障之，畜水灌溉，化去潟卤之患，民多便矣"；鹅灵陂，明初"筑闸坝外捍"，正德年间再次修固；密泽陂，"咸水从港而入，渍为斥卤"，该工程自元末修建，至嘉靖三十一年（1552）再次修固，"可备海溢"。昌化县崔公河，县治南五里，"城池濒海，井水卤涩，城中人民苦于饮汲"，嘉靖八年，指挥崔瀛率军民开拓接大江，"军民至今利于灌汲"。[③]

飓风频发，是本岛重要的灾害性天气之一。为了抵抗飓风携潮水侵蚀农田，琼山县民筑博浪圩岸，以备风潮。

海南河流四周分流，河流携带泥沙从而在下游形成一定面积的冲积扇平原。但是明代海南与是时的珠江三角洲[④]相比，围海造田工程并不多见。主要原因有二：一是海南河流四处分流，下游冲积扇附近，人口密度不大，土地与人口矛盾并不明显；二是岛内腹地土地广漠，垦田的难度远远低于围海造田。

---

① （清）张岳崧：《道光琼州府志》卷4《舆地志·水利》，第109页。该工程《正德琼台志》缺载，《万历琼州府志》有载。道光府志再次录入，说明该项工程的牢固性和社会效益皆不能低估。
② （明）唐胄：《正德琼台志》卷30《秩官中·文昌·国朝》。
③ （明）欧阳璨：《万历琼州府志》卷5《水利》，第59-60页。
④ 颜泽贤、黄世瑞：《岭南科学技术史》，广东人民出版社，2002，第359页。

另外，琼山大潭陂，为防止旱涝灾害发生而建九闸。其工程之浩繁，可以想见。充分表明人们利用科学技术驾驭自然能力，已到达一定程度。

3. 明代后期水利工程

正德之后的水利兴修，在各地持续地开展。万历三十三年（1605）琼州大地震，给海南带来极大的破坏，所以，地震以后的灾后重建过程中，琼北地区主要活动多是对业已存在的水利工程进一步重建、疏浚和加固。如琼山苍茂圩岸，在嘉靖年间因洪水冲坏，"屡修屡坏"，经万历乙未年（1595）和丁酉年（1597）二次"募夫买石"，使之加固。但是，该设施在万历乙巳年（1605）地震中受到破坏，"副使蔡梦说、知府倪冻委仓官李有忠董修，复古流车灌田"。[1]

明代后期水利工程开始向中西部黎区展开，这一现象与明代政府在平定中西部黎乱"版籍化"措施密切相关。

（二）新灌溉工具使用

运用自然力进行水利灌溉，是边陲海南的新尝试。嘉靖初年，顾岕对此作出如下描述：

> 海南之田凡三等，有沿山而更得泉水，曰泉源田；有靠江而以竹桶装成天车，不用人力，日夜自车水灌田者，曰近江田；此二等为上，栽稻二熟。又一等，不得泉、不靠江，旱涝随时，曰远江田，止种一熟，为下等。[2]

入明以来近二百年农业发展的阶段性总结中，最为突出的一点便是"天车"灌溉工具的使用。尽管顾岕是以本岛西部儋州地区为主要叙述对象，且该项工具的使用局限于"近江田"一带，因资料缺载而无法了解"天车"在本岛的普及情况。有理由相信，岛内琼山、文昌等地，应该也有相应的设施。"天车"——标志着海南水利利用达到了新的水平。

---

① （明）欧阳璨：《万历琼州府志》卷3《水利》，第58页。
② （明）顾岕：《海槎余录》，第13—14页。

二 农业发展新方向

（一） 复种指数提高

充分利用本土的光热资源，勤于耕作，增加复种指数，是明代海南农业的一项重要贡献。"琼田岁常三获"，[①] 是《明史》在王直（建文帝时，知琼州）传记中对于海南复种指数的较早描述；丘濬在其《南溟奇甸赋》中指出，"岁三获以常穰，有积可仰"。[②] 本岛充足的光热资源，农业复种指数普遍高于全国其他地区，这是一个不争的事实。但春旱夏潦，水源难以保障，二熟制在本岛有着较大的存在空间。

丘氏的"三获"并不足以说明包括琼山在内，本岛多为三熟之制。"禾收两熟杂粳糯"，[③] 便是文昌地区复种指数的说明。当然，随着人口的增加和岛内交流的进一步加强，二熟制盛行于本岛，三熟制耕作区域有着进一步扩大的趋势。成书于清雍正时期的《粤中见闻》，对是时海南种植指数做了详细描述："琼山腊月种，四月收，曰小熟。五月种，九月收，曰大熟。崖州左右曰东、西里，西里如琼山，东里则腊月种，三月收，四月种，七八月收，三冬皆可杂艺也。"[④] 它说明即便在清代康乾盛世期间，海南的农作物的复种指数，二熟制在南北盛行，"三冬皆可杂艺"，仅局限在崖州的东里一隅。这比起一年一熟或二年三熟的北方地区复种指数来说，有着巨大的进步。

（二） 新作物引进

明代海南的物产在方志中有所体现。兹根据相关记载，整理如下（参见表 1－1）：

---

① （清）张廷玉：《明史》卷 169《王直传》，第 4537 页。

② （明）丘濬：《丘文庄公集》卷 7《南溟奇甸赋》，《四库存目》集部第 406 册，第 387页。

③ （明）邢宥：《湄丘集·海南村老歌》，（民国）王国宪辑《海南丛书》第 3 集，第 7 页。

④ （清）范端昂：《粤中见闻》卷 25，广东教育出版社，1988，第 276－277 页。

表 1 - 1　明代海南物产品种

谷类	稻	粳：百箭、香粳、乌芒、珍珠、鼠牙、东海、旱禾、山禾、占稻
		糯：黄鳟、黄鸡、乌鸦、光头、九里香、小猪班、狗蝇、虾须、赤米
黍稷粟	黍	粟：俗名狗尾粟。粘者为秫，或曰糯粟；不粘，曰粳粟
		金黍：员粒、粗芒，性粘。饭食、酿酒
		牛黍：穄黍。树高丈许，二月种，五月熟
	稷	粒似黍而小，茎穗短，俗呼狗尾粟
	鸭脚粟	吐穗壮如鸭脚，大者如鹰爪，呼广粟。粒似黍稷而紫黑，品位稍粗粝。夏种秋熟，为大熟；冬种春熟为小熟。又一种，种六十日即熟，土人给食、造酒，省米谷之半
麦类	小麦	产琼山、澄迈、陵水
	荞麦	出儋、崖，可酿酒。面次于麦
	珍珠麦	产崖州。茎高三四尺，叶如黍，开花作穗，子色白如珍珠，饭食。土人多种以酿酒
菽		黑豆、黄豆、树呼毛豆、黑宜鼓、黄宜腐、绿豆、饭豆、羊矢豆、压草豆、柳豆
杂食类	芝麻	土人呼之为油麻
	天南星	产沙地者，小，坚韧，色黄；泥地者，大，味稍劣，花梗者麻口，野生者入药
	薯	甜薯：六月薯、羸薯
		蔓薯：黎蔓、鹿脚、匾蔓、瓶蔓、铃蔓、木蔓
	蓣	坡种者：面蓣、鸡母蓣（白、青、黑三种）、青蓣、东蓣 水种者：水黎蓣、白蓣 三年蓣：形如蓣而长大经三年，始可食。煮失法，则麻口
	蒟蒻	俗称黄药子。味苦有大毒，穴灰水浸二三宿，煮数次去其毒水，可食
		绑头、饱杨、甜娘、南椰面、钟槌子

资料来源：（明）唐胄：《正德琼台志》卷 8《谷之属》。

郡人唐胄开列的物产，加上菜之属的瓜果类，有百余种的农作物品种。这一记录，在万历府志中并没有太大变化。① 这表明，海南的物产品种相对稳定，其中有两点值得注意。

1. 国外新作物品种传播情况

甘薯、玉米、烟草和落花生，是明代国外传进国内的主要作物品种。

① （明）欧阳璨：《万历琼州府志》卷 3《土产》，第 73 页。

最新研究成果表明，甘薯是在"16世纪初"，从菲律宾经由海路传到闽广地区；陆路传播是在"16世纪最初的三四十年代"，从印度、缅甸传入云南。① 上述国外传入品种，明代本岛见存的三部方志未见记载。

最早将番薯列入本岛特产是张岳崧，如是说："番薯种来自南夷，以蔓埋地即生。其叶可为菜，根似山药皮，有红、白二种。终年食之，精神不减。"② 而早在此前的屈大均，则有如下记录：

> 番薯近自吕宋来，植最易。生叶可肥猪；根可酿酒。切为粒，蒸曝贮之，是曰薯粮。子瞻称海中人多寿百岁，由不食五谷而食甘薯。番薯味尤甘，惜子瞻未之见也。芋则苏过尝以作玉糁羹云。③

在屈大均的记述中，甘薯和番薯是两个根本不同作物品种，甘薯在本岛种植的历史较为悠久，而番薯在明清之际传入本岛。

由此可知，明代中后期国外新的作物品种，在明代海南的食物结构中，并不占据重要地位，其积极影响在清代康、乾之后才正式显现。

2. 中原作物品种引进

国内作物品种在海南种植主有鸭脚粟、小麦二种。鸭脚粟：

> 正统间始种，有数种。吐穗壮如鸭脚，大者如鹰爪，呼广粟。粒似黍稷而紫黑，品位稍粗粝。夏种秋熟，为大熟；冬种春熟，为小熟。又一种，种六十日即熟，土人给食、造酒，省米谷之半。④

王佐的《鸭脚粟》诗，对该作物在本岛的作用进行了描述：

> 小熟三月收，足以供迎送。八月又告饥，百谷青在陇。大熟八月登，恃此以不恐。琼民百万家，菜色半贫病。每到饥月来，此草司其命……⑤

---

① 南炳文、何孝荣：《明代文化研究》，第26－27页。
② （清）张岳崧：《道光琼州府志》卷5《舆地·物产》，第120页。
③ （清）屈大均：《广东新语》卷27《草语·薯》，第711页。
④ （明）唐胄：《正德琼台志》卷8《土产上·谷之属》。
⑤ （明）王佐：《鸡肋集》卷8《鸭脚粟》，（民国）王国宪辑《海南丛书》第3集第1卷，第26－27页。

这种既粗生又速生的作物，在海南的广泛种植，其在本岛救荒中所占据的重要作用，从唐胄、王佐二位先贤对其评价中可窥一斑。

小麦，在海南的种植时间，始于正德之后，这从定安县致仕在籍王士衡的《劝谕乡里种麦文》① 中可以看出。

最晚至正德十六年（1521）《琼台志》编纂之际，该作物主要种植区域从定安地区迅速扩展至"琼山、澄迈、陵水"，可见小麦在本岛的推广力度与王士衡劝说有着极大的关系。然而，这一迅猛的势头，即便到清康熙年间，"惟琼山、定安、澄迈有之"。② 这就是说，嘉靖之后小麦在本岛的推广并没有像鸭脚粟一样顺利，而是遭遇到一定的挫折，个中缘由值得探讨。

（三）空间利用和区域分工的新变化

1. 作物垂直分布

国内作物品种传入，改变了较为单一水稻种植结构。农作物的广泛栽培，使得土地利用出现了向空间发展的趋势。正德时期，属于粳稻中"山禾"的种植情况如下："择久荒山种之。有数种，香者味佳；黎洞则火伐老树，挑种，谓之'刀耕火种'。"③

"山禾"的种植，是在土地空间利用上的典型代表。至于黎族的耕作方式，顾岕予以极为详尽的记载：

> 黎俗四、五月晴霁时，必集众斫山木，大小相错。更需五七日皓冽，则纵火自上而下，大小烧尽成灰，不但根干无遗，土下尺余亦且熟透矣。徐徐锄转，种绵花，又曰具花。又种早稻，曰山禾，米粒大而香可食，连收三四熟。地瘦弃置之，另择地所，用前法别治。④

顾岕意在介绍儋州地区黎人，通过烧山来开垦山地，种植棉花、山禾（即山兰稻）的情景。反映出黎人利用四五月份"晴霁"天气，使用草木

---

① （明）唐胄：《正德琼台志》卷 8《土产上》。
② （清）张文豹：《康熙定安县志》卷 1《物产》，海南出版社，2006，第 43 页。
③ （明）唐胄：《正德琼台志》卷 8《谷之属》。
④ （明）顾岕：《海槎余录》，第 4 页。

灰做肥料的"刀耕火种"式的农耕生活。

农作物空间利用中，最具代表性的是"杂食"类的薯莨作物分布："地高田少处，则种山禾和薯莨、天南星、粟、豆兼粒食之。"其中，"莨"有坡种者四种，水种者二种。① 顾芥对儋州地区的丘陵地势栽种作物，作如下记录："其境大概土山多平坡，一望无际，咸不科税，杂植山莨、绵花，获利甚广"。② 如此，根据各自习性，多种作物在空间上的垂直分布，极大提高了土地的利用率。这种作物的空间分布，在晚明之后随着国外品种在本岛的广泛种植而日益清晰。

2. 相对集中的种植区

作物的区域分工日趋明显，体现在初具规模、相对集中的种植区形成。"东路槟榔西路米"，是明代中期以后全岛作物相对集中分布的具体体现，这是土地利用上又一变化。因各地土壤、降水条件不尽相同，是故，各地物产也有一定差异。"盖郡东界田不及西界，故荒年多取给于西。西田不及黎田，故河下每日米船多出于黎村。"③ 麦主要产于"琼山、澄迈、陵水"；荔枝是有名的热带水果，"出琼山西南界宅念都者，多且佳"。④

槟榔是本岛最重要的经济作物之一。宋代本岛税收中，"岁计居什之五"的槟榔，主要"生海南黎峒"。⑤ 或许是利益所致，入明之后，其种植区域产生了极大变化："诸州县亦皆以槟榔为业"，有甚者用槟榔"以资输纳"；在其对外的贸易中，"岁售于东西两粤者十之三，于交趾、扶南十之七"。不过，产地决定其质量，"以会同为上，乐会次之"。⑥

粮食作物和经济作物的区域化生产，标志着明代海南农业在内涵式发展上迈出了重要的一步。当然，由于粗放式耕作仍占据极大比重，自然灾害频仍，缺粮现象尤其是在明代中后期时有发生，"以薯莨为粮"仍然是一般民众聊以充饥、度日的主要办法。

---

① （明）唐胄：《正德琼台志》卷 8《谷之属》。
② （明）顾芥：《海槎余录》，第 14 页。
③ （明）唐胄：《正德琼台志》卷 7《水利》。
④ （明）唐胄：《正德琼台志》卷 8《土产上》。
⑤ （宋）周去非著，杨武泉校注《岭外代答校注》，中华书局，1999，第 292－293 页。
⑥ （清）屈大均：《广东新语》卷 25《槟榔》，第 628－629 页。

第三节　建筑工程技术

"岭南诸郡无城郭",[①] 这是在北宋仁宗宝元（1038－1040）初年，时知横州的杜杞在给朝廷奏章中，对岭南地区郡治情况的大略描述。在经历南宋与元代之后，明代海南的官署建筑有了明显的改观。总体来看，府、州治建设在入明之后便大规模地展开。而县治建设相对比较晚，天顺时期，琼山县县治"葺茅以居"，感恩县治"仅避风雨"，[②] 明代中期以后，县治建设得以加强。官府建筑如此，民居情况可想而知。除飓风等不可抗拒的自然原因及岛内"黎乱""土寇""倭寇"破坏等因素之外，地方经济残破，应该是其主要原因。

琼州府是明代海南最高一级地方政权，洪武三年（1370）岛内行政建制为一府三州十三县，到正统四年（1439），因"三州地狭民少"之故，经知府程莹奏请"省广东琼州府儋州附郭宜伦县、崖州附郭宁远县、万州附郭万宁县俱入本州"。[③] 自此，一府三州十县的建制成为定制。府州县公署，随之逐步改善。

随着明代军事移民和中原移民不断增多，本岛与中原交流日益密切，中原的建筑技术、材料使用等在岛内官民建筑上都有着不同的体现。如果说官署建筑是在王朝统一建筑规制下进行的，那么民居建筑呈现出由迁出地建筑风格向迁入地的转变，从而形成独特的海南民居建筑特色。

一　政府机构的相关建筑

（一）以琼州府为核心的府级城市建设

琼州府治是在承袭元代建筑基础上，在洪武时期用了九年时间，进

---

①　（宋）李焘：《续资治通鉴长编》卷148，中华书局，1995，第3578页。

②　（明）唐胄：《正德琼台志》卷13《公署·琼山、感恩、丘濬记》。

③　《明英宗实录》卷56，台湾"中央研究院"历史语言研究所校印，第1070－1071页。

行大规模展拓城池，奠定了其基本架构。洪武二年（1369），指挥孙安议请扩建城池，至十一年指挥蔡玉又奏请添筑从城的西南角旋接城西北。至此，府城通计周围 1253 丈，高 2 丈 7 尺，阔 2 丈 8 尺。此后的建筑，主要体现在对该建筑主体加固、附属设施增添、建筑材料更新上。

1. 齐全的功能布局

以东西门连线为中轴，将府城划分成南北两个区域，北区为琼州府各主要政府职能部门：海南分司、兵备府、海南卫、琼州府、海南道自东向西一字排列。南区则是琼山县官署、钟鼓楼、府县学等建筑。靠近东门北区，介于养济院和城隍庙之间为东门市。这种将官衙集中整合在城墙内，既能有效地防止外来力量的侵入，又有利于提高行政效率。这一布局设置，在明代以前的海南实为鲜见（参见图 1-1）。

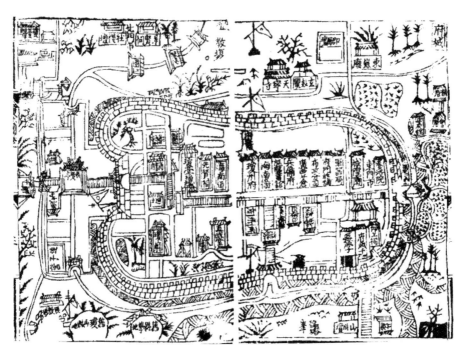

图 1-1　琼州府城图

资料来源：（明）唐胄：《正德琼台志》卷 1《郡州邑疆域图之府城》。

2. 完备的防御体系

洪武年间展拓城垣之际，为了加强其防御功能，在城东南西三门之上各置"敌楼"一座，北面不远处即是琼州海峡，是故无城门，但也修建了名曰"望海"敌楼一座，四隅建"角楼"。分布在城墙上用于攻防设施——雉堞 1843 个，库铺 57 个。成化十三年（1477），沿大城环增筑拦马墙。

加强护城河建设是城池防御的重要一环。府城南临南渡江，为了解决"涨溢之患"，在洪武早期用三年时间，"南筑长堤，引溪为壕，出东城下，以达抱沦村"。直到洪武十一年止，绕城壕堑建成，长 1287 丈，深 3 丈 2 尺，阔 4 丈 8 尺。[①]

子城建设。为了使闭合的城墙更具有防御功能，明代从洪武十七年（1384）始不断加强对城西的子城建设，经成化、嘉靖、崇祯时期的不断重修而日臻坚固。共周 380 丈，南西北三面启 3 门，上建敌楼各 1 座。

增建月城。崇祯十四年（1641），在东门外创建月城，宽 8 丈，高 1 丈 4 尺，比旧堞阔 8 尺，雉 42，门 1；南门外月城，周 4 丈，高阔如之，雉堞 30。[②]

3. 新建筑材料、方法的使用

明代海南官府建筑多以用砖石包砌来替代前代的夯土筑城。受中原地区的影响，是时砖石材料在府州县城池建设中的广泛使用，大致与全国保持一致。但是，石头材料广泛使用，充分体现出因地制宜的地方特色。与烧制而成的砖材料需要一定的技术条件相比较，琼北地区分布有较多的火山岩石，取材容易，且具有石质坚硬、经久耐用等特点。

所谓"石包砌"即是外表用石，内心用土夯实填满。尽管石与石之间是否用蛋清、生石灰勾缝，因资料缺载而无法断论，但是，具有一定黏稠度的土，在外力夯实之下，将石头粘在一起是无须怀疑的。这种建筑方法所带来的效果，主要体现在城墙整体防御能力提高以及整齐划一的观感之上。如前文所述，海南多飓风、淫雨，这是今天明代以前夯土城墙难觅其踪，明代城墙断垣残壁仍可窥见的重要原因。

---

① （明）欧阳璨：《万历琼州府志》卷 4《城池》，第 82 - 83 页。
② （清）张岳崧：《道光琼州府志》卷 6《建置·城池》，第 156 页。

此外，城垛的使用是城墙建筑方法上一大变化。在现存琼州府城城墙的东城门外南侧一段城墙外侧，仍可以看到每隔几米的地方垒筑一城垛，其目的是用以加固城墙基础。

（二）州县治建筑

表1-2　明代海南三州十县城池建筑

州县	明以前建筑情况	建城时间	明代新建、增扩建情况	建筑材料
儋州	汉楼船将军杨仆筑。仅260步，高1丈4尺。唐迁今址，宋元因之	洪武六年（1373）	长472丈，广1丈8尺，高2丈5尺，雉堞814，窝铺17；开4门，门上均建有敌楼。城外筑月城。沿城浚壕477丈，阔5丈，深8尺。后增设角楼、吊桥；隆庆间，创建四角楼	石头包砌
崖州	宋以前土城。庆元间"砌砖，仍创女墙"。元元统创建谯楼	洪武九年	重甃以石；十七至十八年（1384-1385）扩建城池，开3门，各建敌楼。雉堞1017，窝铺20，城外壕堑，长557丈，深1丈5尺；建文间，加筑月城；正统初年，建吊桥；成化间，筑马墙；崇祯间，重修并增高3尺	砖石包砌
万州	宋大观年间建土城，绍定间砌以砖，"广袤不百丈，南辟一门"。元至元间展城并以石固，周332丈，高1丈8尺，辟东西南三门	洪武六年	奏请扩建，周436丈，高1丈，阔1丈5尺，雉堞660，窝铺12；开4门，各建有敌楼。浚池沟，长497丈，阔3丈5尺，深7尺。成化年间，添筑各门月城、门楼；嘉靖年间，各建吊桥；崇祯年间，复修月城、城楼	石砌
澄迈		正统十二年（1447）	始创筑土城，周仅百丈；成化初，拓广至二里许。弘治元年（1488），城周580丈，高1丈3尺，开3门，均建敌楼，北无门建敌楼。因河为池。正德间重修，增高雉堞1尺。嘉靖、万历时期加以整修，崇祯时建三门子城	石砌
定安	元至正间设县无城郭	成化二年（1466）始议建城	正德年间，城周593丈，高1丈4尺，雉堞1192个，城门3，均建敌楼，城北面临江，三面浚壕沟360余多丈	石砌

续表

州县	明以前建筑情况	建城时间	明代新建、增扩建情况	建筑材料
文昌	元至顺迁今治无城郭	隆庆六年（1572）	周350丈，广1丈，高1丈5尺，雉堞700个，辟3门。各建门楼，窝铺10。城西南濒溪，东北就水田为壕。万历二十年（1592）增高雉堞、马道各3尺，增窝铺18。崇祯十二年（1639）增月城	石砌
会同	初未有城	嘉靖二十九年（1550）	筑土城。隆庆六年（1572），毁于"贼"，此年兴建，周380余丈，高1丈5尺，广1丈。辟门4，各建楼。万历间，淫雨城圮，重建并增窝铺；崇祯间，加修东西二门，并增设瓮城	砖石
乐会	初未有城	隆庆六年（1572）	城周长372丈，开南北两门；万历间开挖城壕；崇祯间增修全城	石砌
临高	未有城	正统八年	始筑城，周600丈，高1丈，设东西南3门。正德年间，使城墙增高2丈3尺，雉堞858，因河为池，北依山。嘉靖间，重新修建门楼、铺舍，并筑东西门月城及东西2关；隆庆间，增高雉堞、拓宽马路各1尺，开壕堑	垒石
昌化		洪武二十四年	初，垒城未竟。永乐年间建成，周584丈，高1丈8尺，广1丈5尺，雉堞555，窝铺18，开东、南、西3门，建楼4个，浚壕沟广1丈5尺，深5尺；嗣城倾颓，崇祯间修葺	砖石垒筑
陵水		正统元年	迁县治于南山千户城，周344丈，高1丈8尺，广1丈3尺，雉堞399，窝铺8，辟门4，各建楼，浚池497丈，广2丈5尺，深1丈；成化间，增高城垣尺许	砖石
感恩	汉元封建城于九龙山	正统间	自九龙山迁至中和镇，筑土城。万历年间在旧址上筑城，周394丈，高1丈2尺，雉堞750，窝铺2，东南西3门，池周其城。岁久城圮	石头

资料来源：（明）欧阳璨：《万历琼州府志》卷4《城池》，第82-87页；（清）张岳崧：《道光琼州府志》卷6《建置·城池》，第156-169页。琼山属琼州府附郭，故三州九县。

三州九县城池建设中，有如下几个问题。

1. 县级城池修筑时间较晚

海南诸县在明代以前无城郭，统治基础之薄弱可想而知。入明之后，县级城池建设较之于府州二级要晚得多。最早的昌化县，始建于洪武二十四年，除琼山之外的八个县中，仅属个案。四个县治建于正统年间，文昌和乐会则建于隆庆六年（1572）。[①] 这也就是说，到了明代后期，中央王朝的县一级基层政权在海南才基本上有了正式的办公地点。

2. 防御功能明显

各州县在城池建设中，围城的高度、厚度多有不同程度的增加；敌楼、角楼、雉堞、窝铺等设施，各州县治建筑有不同程度体现；对城墙保护，则在于城池的开挖；为保护城门而建的月城、瓮城，有的城门建立吊桥。

3. 新技术和新建设材料的使用

在上述挖浚城池的过程中，澄迈和临高二县因河为池，节约了大量的人力和工程成本。此外，最具有技术含量的要数昌化县，因"其地多石"之故，浚壕无法展开，"以火煅凿之"，[②] 即用火给石头加热，然后再用水浇注，使之质地松脆，易于粉碎，从而加快工程进度。

在州县城池建设中，作为原材料的石头和砖被广泛使用而替代夯土，以砖包石、砌石或垒石等方式建筑城墙，从而使城墙日趋坚固。这种材料的使用，较之于此前的州县治"土城"建筑，是一个新举措。毫无疑问，经由有明一代的努力，海南各州县告别了"有城无郭""未有城"的历史。

二 民居建筑特色

海南"枕山带海，时有海溢、飓风之虞"，是故民居具有如下特点：

> 公私宫室不甚高美，然规制与中土略同。唯遐僻州县多用茅茨，即公署亦沿其陋。至民居近海者，与蛋杂处，常为风涛飘淹；附黎者，与黎人相为杂居，未免栖峒巢木；若缙绅士人家，虽好营建，大

---

① 隆庆六年（1572）闰二月，巡按广东御史杨一桂奏章曰："琼州文昌、乐会、感恩、会同四县，原未设有城池，每遇贼至，任其纵横如履无人之境……琼之四县已破其三，他惠潮四县亦皆处处盗贼盘错之中。安可一日无备？"提出"城守之设，今所当急议"的主张。兵部接受了杨一桂之议。（《明神宗实录》卷4，第179－180页）这在一定程度上反映出海南州县城池建设之晚。

② （清）张岳崧：《道光琼州府志》卷6《建置·城池》，第166页。

概不尚华饰，惟取其完固，有古风云。①

其实，有明一代，海南民居因地域不同而显得丰富、多彩，其实际情形恐怕远远超过《万历琼州府志》的描述。

（一）民族居所

1. 黎族居处

明代对于黎族的认识基本上沿袭着宋代对其划分："岛之中有黎母山诸蛮，环居四傍，号黎人。其去省地远，不供赋役者，名生黎；耕作省地者，名熟黎……熟黎之外，始是州县。"② 生黎深居山中，受外部影响甚少，其居所变化不大。"凡深黎村，男女众多，必伐长木，两头搭屋各数间，上覆以草；中剖竹，下横上直，平铺如楼板；下则虚焉。登陟必用梯。其俗呼曰：'栏房'。"③ 顾岕对黎族房屋构建的描述，与南宋范成大对于黎居的记载"居处架木两重，上以自居，下以畜牧"，④ 并无太大的差距。这种以竹、木、草作为最基本的原材料，用捆绑式的方法构建居所，是黎族千年以来传统形式。值得注意的是，与黎人相近的居民，其实是指与"生黎"相对应的"熟黎"，他们在房屋建造上受生黎影响较大，乃至"栖峒巢木"，或许是交通所限而因地取材之故。

总体来看，明代黎族最主要的住房风格为干栏式"船形屋"和落地式"船形屋"建筑。"居处架木两重，上以自居，下以畜牧"，⑤ 范成大笔下"架木两重"典型干栏式建筑，与顾岕的"栏房"建筑风格有点相似，只不过"上以自居"演变成黎族青年男女谈情说爱的地方。"以竹为棚，下居牧畜，人处其上"⑥ 的落地式"船形屋"在明代较为多见。万历府志将这一建筑风格概括为"结茅为屋如覆盆，上以居人，下畜牛豕"，这一典

---

① （明）欧阳璨：《万历琼州府志》卷3《地理志·居处》，第69页。
② （宋）李心传：《建炎以来系年要录》，《四库全书》，商务印书馆，1986，第327册，第672-673页。
③ （明）顾岕：《海槎余录》，第20页。
④ （宋）范成大著，胡起望、覃光广校注《桂海虞衡志辑佚校注》，四川民族出版社，1986，第220页。
⑤ （宋）范成大著，胡起望、覃光广校注《桂海虞衡志辑佚校注》，第220页。
⑥ （宋）赵汝适著，杨博文校释《诸蕃志校释》，中华书局，2000，第220页。

型的落地式船形屋，成为生黎区主要建筑。至于其构成情况，《陵水县志》如是说："结茅为屋，如覆舟形，前后二穴往来出入。以竹木为架，约高二尺许，名之曰'栏'。一家男女群卧其上，下则畜犬豕。"①

明代前期，为对岛内黎人有效控制，起用大量的黎族土州县官及土舍，这群介于州县和峒之间的官员，其私人住宅情况究竟如何？丘濬应儋州宜伦县抚黎县令的宗孙符节之请，作《世引堂记》，该记就符氏土官居所规制进行描述，展现了明中叶海南土官家庭的建筑情况："恒念自先考无恙时，为屋数楹。中有黄堂，为祖宗栖托之地；旁有列馆，为会友读书之所。"② 这种集祭祀祖先的厅堂、处理族务的"黄堂"及会友读书之所于一体的多功能建筑，其豪华程度与明代儋州民居"多茅茨"③ 的荜门圭窦式建筑相比，可谓霄壤之别。

2. 疍民居所

洪武初年，"编户立长，属河泊所，供鱼课"，④ 这种刚性规定，使得以海为生的族群成为社会最底层。历史上的贱民，其居所是受到政府的严格控制，不能与民杂处。

根据唐胄的记录，"蛋人各州县皆有。居海滨沙洲，茅檐垂地，或从屋山头开门"。⑤ 万历时期，罗曰褧对海南疍民居住情况作出如下判断："蜑人，儋崖海上水居蛮。以舟楫为家，或编蓬水浒，谓之木栏。"⑥《万历儋州志》则曰，该地"蛋人居海滨沙洲茅舍"；⑦ 而陈梦雷笔下的万州"茅屋居海滨"，文昌疍民则为"茅檐覆地，屋顶出入"。⑧ 明代及清代早期方志中所反映的情况来看，濒海而居是海南疍民居所的主要特色。罗曰褧笔下的"木栏"，并不多见。

① （清）潘廷侯：《康熙陵水县志》卷8《海黎志·黎情》，第48页。
② （明）丘濬：《丘文庄公集》卷5《世引堂记》，《四库存目》集部第406第331页。
③ （明）曾邦泰：《万历儋州志》天集《民俗志》，书目文献出版社，据日本尊经阁文库明万历四十六年刻本影印，1991，第23页。
④ （清）檀萃：《说蛮》，《丛书集成续编》，台北新文丰出版公司，1988，第224册，第623页。
⑤ （明）唐胄：《正德琼台志》卷7《风俗》。
⑥ （明）罗曰褧：《咸宾录》卷8《蜑人》，明万历刻本，中国国家图书馆藏，第37页。
⑦ （明）曾邦泰：《万历儋州志》天集《蛋俗》，第25页。
⑧ （清）陈梦雷：《古今图书集成·方舆丛编·职方典》卷1380《琼州部丛考八·风俗考·崖州》，中华书局影印，1934，第169册，第50－51页。

从"屋山头开门"也好，"屋顶出入"也罢，比起"水居"是一个巨大进步。这种在海边甚至无法遮蔽风雨的居所，无论是其造型、材料，自然无法与其他民居比较，但是作为贱民居所与广东沿海疍民禁止上岸的现象比较，则体现出明显的进步。

疍民居住分布甚至有向城市流动的趋向。明万历二年（1574）五月，海盗林凤驾巨舰120只，泊清澜港，欲往文昌县城购买瓜、菜。林的要求为千户丁其运所拒，并遭到丁的攻击，适逢天大雨，城墙倒塌，林凤入城后便开始三日屠城。此役，"军民商蛋被杀掠者二千二百人"。① 尽管这一记载没有细化疍民伤亡的数字，至少表明疍民有城市居住的可能。

居住分布的改变，事实上是疍民在积极参与海南社会现实问题解决后的一种社会认同，是他们自身努力的结果；同时可以看出，在这一五方杂处的移民社会中，其社会阶层的划定，同内地的刚性结构比较，海南则显现出较大的弹性，这为各阶层人们参与解决海南现实问题开启了方便之门。当然，由于职业所致，疍民的主体仍然是频海而居，居于城市只能说是一种个别现象罢了。②

（二）汉人居住情况

1. 琼北地区聚族而居

明正德进士、广西参政林士元在其《员山里记》中，揭开周氏家族在郡城以南百里许的员山（今海口市新坡镇文山村）聚族而居的面纱：

> 员山形势高爽，向背合局。远而望之，隐隐然陂陀。自金牛山下，略大江而止。金鸡贵人，排衙列㩠。文笔峰掩映指顾间，俯而视焉，萦回盘绕；中有巨塘，长广百亩，杂以荷花，鱼虾不可胜食；塘之外为石麓坡。起西转东，迤南直北，二里许，稍内曲而止。南以西有麓宽平，为径口，族人居之。

> 有祖曰洁，开科于此。西以北为上山，有岭曰山樵，盖村主山也，高数丈，势如长蛇，达延数十里，岩石崚绝；又，北而东，与麓对峙，为下山。草木繁殖，松竹尤多，禽兽比昔虽减去八九，而狐兔

---

① （清）张岳崧：《道光琼州府志》卷19《海黎·海寇》，第420页。

② 张朔人：《海南疍民问题研究》，《安庆师范学院学报》2007年第2期，第55页。

鸱鸹麋鹿野冶之属，未曾不有。故刍茇、苫盖、畜牧、祭祀之用，多取给于此；岭下有水田数十顷，源泉涌出。遇旱则决泉以灌之，水利甚溥。塘之尾有井曰甘泉，味甘而色清，饱饮而不饫。其腰有长桥卧波，外接石麓，为社学。内筑菱角池。①

此外，明嘉靖四十四年进士、礼部尚书王弘海也为之撰写"员山八景"："绿水环龙""横桥渡马""竹松笼月""楼阁丛云""塘尾甘泉""岸头娇柳""莲塘渔唱""石岭樵歌"。② 王氏八章五言诗以及《周氏族谱》所载其他文人唱和，进一步勾勒了员山里之魅力所在。

毫无疑问，这些都见证了该村落曾经的繁华、富饶及其厚重人文色彩。但是，因相关建筑等史料缺失，其在建筑学上的科技含量仍然难以清晰，该建筑实际遗存进行考察，有助于了解其一二：受中高边低，如莲花状的地势决定，该村总体布局依势而建，无中轴线，民居建筑呈现出高低错落和四向分布的特点。以家庭为基本单位民居建筑，其基本形制为独立、封闭、内向小天井院落，具有鲜明的地方特色。该村落多为两或三进式四合院，轴线明晰，房舍对称，门楼、照壁、明堂、中堂、庑房等建筑，均以天井组合而成住宅单元，一条轴线代表一个家庭。数十条古巷道蜿蜒曲折，辐射全村，构成八卦形。

尽管数百年来人们的不断修缮，使得该建筑群的材质和建筑样式都发生了根本性的变化，但是，明代时期的建筑理念——同宗聚居的家族形态，仍然可窥一斑。

2. 琼南地区的民居建筑

2008 年 12 月，三亚市文物普查工作者在该市崖城镇保平村发现 70 余处 210 多间明清民居建筑群。③ 该建筑群以明代为个案，清代建筑风格为主体。这是海南省目前保存最完整、规模最大和最集中的民居历史建筑群。

其中，建筑时代最早的是周氏家宅，可能为明代建筑。该处仅存正

① （明）林士元：《北泉草堂遗稿·员山里记》，载（民国）王国宪辑《海南丛书》第 6 集第 2 卷，第 2－3 页。
② 周克秀等：《海南周氏宗谱·爱莲堂》卷 2《旧谱文选》，2000－2002 年续修，第 181－182 页。
③ 郭景水：《三亚崖城现明清民居建筑群极具开发价值》，《海南日报》2008 年 12 月 8 日。

屋，其余的厢房、大门等建筑均已改造。正屋坐东朝西，面阔三间，进深
七檩，两面坡，灰布筒板瓦顶，接檐。瓦当上模印荷叶和祥云图案。梁架
结构为上用月梁，下为平梁，木板隔墙，鼓面形石柱础，瓜形蜀柱。后墙
使用大砖。明间后部不见神龛，只在四伏椽下设木架。

　　但是，该建筑的后墙面的用砖较大，与丘濬故居的用砖大小相似；
梁架结构使用抬梁式与穿斗式相结合，是海南古代民居建筑时代比较
早的标志。相关研究者从这两方面认为可能为明代建筑，如果这种推
论成立，那么至少表明，明代的民居建筑样式已经影响到岛内最南端
城市三亚了。

（三）民居建筑的杰作——丘濬故居建筑群

　　丘濬故居建筑群包括两个部分内容：其一，丘氏入琼始祖丘均禄于元
末明初始建，以及丘源、丘濬兄弟在此基础上加以重修可继堂、新建愿丰
轩、宝敕楼等建筑[①]——位于今天海口市府城镇金花村丘濬故居的建筑遗
存；其二，丘濬"预为归老之计"而异地再建的别墅——学士庄，该建筑
在"县西北二里"，"去所居一里"。[②]

　　宝敕楼因丘濬进《大学衍义补》之后，孝宗皇帝"以一部敕公建楼藏
之"之故而得名。该建筑到万历时期，已经是"今基犹存"[③] 的境地。宝
敕楼尚且如此，其他建筑的情况可想而知。所幸的是，其故居中的主体建
筑如前堂和可继堂都还完整地保存下来，主要有院门、照壁、前堂、可继
堂组成。

----

① 关于丘濬时期主要建筑，目前的说法表述上诸多分歧。一、愿丰轩、学士庄、藏书石室
　　等为"扩建"。"扩建"之说，表明该建筑是在旧宅的基础上进行的（阎根齐：《海南古
　　代建筑研究史》，海南出版社，2008，第 43 页）；二、"尚书府"为丘濬所建（参见阎根齐
　　同著第 43 页；吴锐等.《海南丘濬故居修缮报告》，文物出版社，2003，第 22 页），持此
　　说法的主要原因是根据唐胄《正德琼台志》卷 24《楼阁上》："尚书府：在城内西大街。
　　成化末，丘文庄公为礼部尚书时建"。根据图 1-1"琼州府城图"所示，该建筑在府城
　　内，且丘濬自其母守制北返京城之后，再也没有回到故乡。有理由相信：尚书府的建立
　　是为了表彰乡贤，激励后学的地方政府行为，非丘濬个人所建。此外，"藏书石室"是丘
　　濬所建，但并非丘氏故居建筑群，该建筑坐落于府学学宫之后。[参见（明）唐胄《正
　　德琼台志》卷 15《学校》]
② （明）丘濬：《丘文庄公集》卷 7《学士庄记》，《四库存目》集部第 406 册，第 357–358
　　页。
③ （明）欧阳璨：《万历琼州府志》卷 4《楼阁》，第 113–114 页。

1. 丘濬故居

该组建筑创建于明末元初，明洪武二年（1369）初步落成。整个建筑坐东朝西，由三座面阔三开间的独立单层主体建筑（前堂、可继堂、后堂）和若干个附属建筑物（院门、照壁、厢房）组成的纵列式三进制宅院。其中，前堂、可继堂的建筑结构主体，仍为落成时的"原构原物"，[①]其他多被损毁或人为改建。如此，对于丘濬故居中前堂、可继堂的解析，将有助于了解明代海南高端民居建筑。

前堂，单檐硬山式筒板布瓦顶，四架椽屋分心用三柱的抬梁式木构架，屋身柱网共用十二根立柱。明间的屋面瓦陇为16路，两次间的为13路。屋的正脊两端使用鱼形鸱吻。鱼头朝下，口衔正脊，这种鱼称为鳌鱼，是一般平民所不能享用的特殊设施。

可继堂，位于前堂后面、中轴线上，实际上在民居中起后寝的作用。面阔三间，而它的进深却有十三檩8.48米，从地面至正脊高5.8米，檐口高2.6米。该部分是整个院落的核心建筑，柱网中柱及前后金柱用圆形木柱十二根，前后檐柱则用圆形石柱八根，木架抬梁式结构按《营造法式》中的"十架椽屋分心前后乳伏用五柱"方式进行。体量、进深或者高度都要超过前堂，符合海南古代民居中前低后高、前小后大总体布局。

院墙，"墙头戴以筒板布瓦顶墙帽"，墙身以乱石、瓦片、石渣垒砌，再在外表抹以纸筋蚌壳灰砂泥面，这一做法与是时海南普通民居无异。[②]

《修缮工程报告》对该建筑物主体"原构原物"的认定，表明丘濬曾将因"是堂（即可继堂）崩以既压而更新之"[③]的举措，并没有对主体进行根本性的改变。也就是说，丘氏故居的历史遗存，最能代表的是由元入明时期建筑水准。综上可知，其科技含量体现如下：抬梁式构架体系，承袭此时中原地区抬梁式屋架结构技术；它表明中原建筑文化对海南地区的建筑开始产生影响；建筑体量矮小及其坐东朝西方向设计，充分考虑了来自东、东南部的飓风天气；石梁衬底，柱纲下多衬石柱形成基盘，用以防潮防蚁。[④]

---

① 吴锐、王亦平、黄培平：《海南丘濬故居修缮工程报告》，文物出版社，2003，第39页。
② 阎根齐：《海南古代建筑研究》，第45–50页。
③ （明）丘濬：《丘文庄公集》卷6《可继堂记》，《四库存目》集部第406册，第352页。
④ 吴锐、王亦平、黄培平：《海南丘濬故居修缮工程报告》，第51页。

2. 学士庄及其附属建筑

该建筑群时间为成化九年（1473）"免太夫人丧"，家居无事，思欲成夙志，且"预为归老之计"而建。

> 环村之址，凿沟引水缭绕之，村之背，旁际为长陇，陇上叠石为三小山，山下有亭，环种野花。村前际为方塘，周若干丈，塘心砌石为钓台；当其前积土为圆堆，名小鳌峰。环村皆种芳竹，杂莳花果草木于其间。

> 小三山下，缭以周垣，中构堂三间，翼以二室。前为圆亭，亭之前为渠，九曲之。其下为月池，各有扁堂，曰瞻玉，旁两室，左曰曝日、右曰凉风，亭曰一处，盖摘欧阳子《内制集序》中语也。

> 其他，如所谓小鳌峰者，盖拟馆阁中之鳌石；所谓小三山者，则又以视道家之山蓬莱、方丈、瀛洲者焉。直堂之前有门，扁曰小瀛洲；其外门曰学士庄。又自村径始涉田蹊，有石门焉，曰丹阳仙境，本其地旧名也。[①]

> 己丑（1469），闻先妣丧，归自禁林，明年抵家，又明年，始免丧。乃谋于乡友好事者，遍于山野草泽间，遇草木之花卉，苟可以入目供鼻者，尽移植吾学士庄中，前后至数百种。爰于其中构一亭，以为赏玩之所，名之曰野花亭。[②]

由此观之，三房二室是学士庄的建筑主体，还包括山、亭、月池等人造景观。主要建筑材料由土、石、木构成。

丘濬在其"免太夫人丧"及北返期间，大兴土木，除了"欲成夙志"和为自己致仕后居所打算之外，更多地体现出其对中国古代士大夫寄情于山水之间、修身养性的精神追求。由于建造时间短暂，久无人居，潮湿、多雨对建筑物的长期浸淫等诸多因素，其结局可以想象。受其影响，观云庄、璞墩、榕冈等诸多文人士大夫寄情山水的建筑，如雨后春笋。

---

① （明）丘濬：《丘文庄公集》卷7《学士庄记》，《四库存目》集部第406册，第357－358页。
② （明）唐胄：《正德琼台志》卷24《楼阁上》。

三 桥梁建筑

岛内腹里村落之间交通被密集分布的河流所分割，桥梁和津渡成为维系岛内交通的主要渠道。与宋元时期比较，明代桥梁建筑无论是数量、技术都有着一定的提高。

（一）宋元时期主要桥梁建筑及其特点

表 1-3　宋元时期主要桥梁建筑

桥名	始建朝代	属地	始建及明代增修情况	技术
虹桥	宋		城南。长65丈，广1丈1尺，9洞。天顺间，改名南桥，增高2尺，存3洞；后改名瑞云桥。万历二十一年桥圮，重修；万历三十三年，地震崩，乡人募工再修	
水街桥	元		南门外	
洗马桥	宋		县西南2里	
第一水桥	元		俗名，滴一。县西北2里，下田村	
堤桥	宋		县东南4里	砌
河口桥	元		城东。弘治间重修，高广各一丈	砌
坡亭桥	宋		在城北双泉亭边。明，展城废	
买舍桥	元	琼山	县东20里，僧无我	建
白沙桥	元		县东25里	木建
杜村桥	宋淳熙		县西北25里	
钟桥	元		县东14里，土人钟姓修建	
五原桥	南宋		县西20里，官道。无名僧人	建
苏稔桥	宋		县东南60里	砌
婆蔡桥	元		县东30里，僧无我	建砌
烈楼桥	元		县西北30里，烈楼都	砌
博合桥	元		县东50里	砌
梁老桥	宋		县西南60里，上树栏杆	砌
滴天桥	宋		县西南60里	砌
那廉桥	元		县东60里，僧无我	建

续表

桥名	始建朝代	属地	始建及明代增修情况	技术
裹桥	元		县南门外。明景泰间重修	建砌
稍阳大小二桥	元		县西30里。成化石修，万历十七年重建	木建
买榔桥	宋		县南那舍都，三梁，高长各2丈	石砌
沙池桥	元		县西40里。成化以石修	木建
买黎桥	元		县南40里，尼陈善长募建	
西峰桥	元		县西50里	木建
塔桥	宋	澄迈	封平石矍里。设墩架梁，建塔其上。今废	
愽潭桥	元		封平石矍里。两畔砌石，以便行	石砌
东桥	元		县南40里	
土桥	元至正		富贵都，通定安	
外桥	宋		县南1里许。成化间，圮，重修；万历二十一、三十一、四十一年三次重修	石建
王家桥	元		王家都。三门，上为石栏杆	石砌
白水桥	元至正		县南安宁都	石建
太平桥	元		旧东桥，县东1里。永乐，重砌增为8洞	石址木梁
官荣桥	宋	临高	县东10里。永乐十年乡民重建以石	木建
潭流桥	元至正		县西35里。乡人感奉白衣禅师	砌
透滩桥	宋		县东南20里	建砌
新安桥	宋		县南1里，乡人建。明曰下市桥。旧传：民造巨船赴闽运石为桥，以利往来，曰新安。正德水崩，嘉靖二十六年，募石建；万历再修	石砌
太平桥	元	文昌	县南2里。弘治二年土石基，崇2寻，宽7尺，长3丈6尺	木建
白芒桥	元		旧名同津，县西8里。成化四年，上移1里、砌石、更今名	木建
藤桥	元		县西30里。正统间，砌以石	木建
欧村桥	元	会同	县东北35里。洪武成化间续修	木建

续表

桥名	始建朝代	属地	始建及明代增修情况	技术
大江桥	宋	儋州	州北门外。泉南寓儋许珏、许康民父子，招自泉工匠，建炎初成。长13丈5尺，广1丈余，崇2丈5尺。元末洪水桥圮。洪武三年重建，增长20丈5尺；正统重修	凿石
小江桥	宋		大江桥北1里。永乐八年，重新之。长3丈5尺，阔7尺，崇8尺；嘉靖十年重修	
德济桥	宋		州北3里。洪武二年重修，长15丈，高1丈，广7尺	砌
南桥	元	万州	州南5里。架屋于桥上。继以石。后筑城毁	木建
平正桥	元		土酋翁汝贤再石砌建。嘉靖重修	木建
周村桥	元		州东15里。翁汝贤建，后重修，久坏	砌
艾索桥	元		州东10里。今废	砌
那牌桥	元		州北60里。近毁	木建
白石桥	元		州北20里，随毁。后乡人率蛋户成之	木建
槟榔桥	元		州南8里，久坏	木建
普兴桥	元		州南35里。久坏	木建
万安桥	宋		旧有屋30余盈	
大寨桥	元	陵水	县北10里。弘治间重修	木建
小港桥	元		县东北80里	木建
岭脚桥	元		县西南50里	木建
石赖桥	元		县西南130里，明官道往来	木建
万里桥	元	崖州	城南。景泰间架以石条，正德重修	木建
平地桥	元		州西1里	木建
镇南桥	元		州西5里。阔2丈。成化二年，筑以沙石，高5尺许，可通车马	木建
义兴桥	元		州东100里。阔2丈，长3丈。永乐间，土人重修；天顺间，架以厚板，上树栏杆。每年三亚村人修理	木建
多零桥	元		州东80里，官道。每年多零村人修理	木建
刘家桥	元		州东105里	木建
多银桥	元		州东120里	木建

桥名	始建朝代	属地	始建及明代增修情况	技术
北黎桥	元		县北 91 里，今废	木建
北港桥	元	感恩	县北 12 里	木建
抱集桥	元		县南 25 里	木建
板桥	元		县南 10 里。正德间重修	木建

资料来源：（明）唐胄：《正德琼台志》卷 12《乡都》；（明）欧阳璨：《万历琼州府志》卷 4《桥梁》，第 123－130 页。

根据明正德期间统计，在上述 68 座桥梁建筑中，宋代 18 座，占 26.5%；元代 50 座，占 73.5%。整体来看，宋元时期建桥具有如下特点。

1. 南北建桥用材差异明显

建筑工艺主要由建、砌、建砌、木建等组成。除了 13 座桥用材未记载外，木建 30 座，这就是说，宋元造桥以木为材料的占整个遗存的近半数。分布在本岛南部万州、陵水、崖州、感恩二州二县 24 座桥中，除了 2 座工艺为"砌"，1 座无载外，其余 21 座均为木建，占宋元时期木质建造的 70%；北部七州县的主要用材以石为主。其中，最为著名的当属儋州大江桥。该建筑由久寓儋州的福建泉州许珏、许康民父子召集，施工方是渡海来琼的泉州工匠，以石头为主要建筑材料，在建炎戊申至巳酉（1128－1129）的一年时间内完成。元末，受洪水冲击而倒塌。该桥寿命长达 200 多年，足见其坚固。

2. 桥梁分布不均衡

（1）州县治附近分布较为密集。具体表现在北部：以州县治为中心，50 里左右为半径，呈递减式分布。南部则以州县治为中心，在 100 里左右范围内，沿着海岸线，呈递减方式分布。无论南北地区，桥梁分布鲜有向岛内纵深处的黎族居住区延伸。这与是时岛内生黎、熟黎、汉人的环形人口分布基本趋于一致。究其原因，在桥梁分布范围内的人口密度较大；桥梁稀少乃至没有的地区，王朝的控制力度明显不足。

（2）岛内南北分布差异明显，北部分布较为集中，南部稀少。仅琼山、澄迈二县的桥梁为 32 座，占岛内全部的 47%。这与该时段宋元以本岛为开发重点的政策相一致。

(二) 明代桥梁建筑分布及其特点

表 1-4　明代桥梁建筑分布

桥名	始建年代	属地	始建及增修情况	建筑技术
第二水桥	宣德间	琼山	县西北 3 里。天顺间砌石	木建
五里桥	宣德四年		县西官道 5 里。乡人建	建砌
湳茂桥	永乐间		县西北 6 里	建
迎恩桥	正统五年		县西北 7 里	砌
沙水桥	正统间		县西官道 8 里，俗名湳桑桥	修筑
惠龙桥			县东 12 里，久圮。嘉靖丁巳重修	筑修
迈容桥	永乐间		县东 70 里，乡人建。万历三十三年地震崩陷，设渡通往来，四十一年改官路，渡废	建砌
通济桥	正统六年		县西南 80 里	
升云桥			县东 90 里（知县张子翼记）	
里桥	嘉靖三十八年	澄迈	通潮门外。设 5 墩 5 梁，高丈余，长 2 丈余，建塔于左，今新迁伏波庙于右。万历四十一年，再修	石砌
西峰桥			在西峰驿，初木建，成化再修	石修
谭观桥	成化间		介于定安谭观间。乡募工筑，全石为路	
那面桥	成化间		安宁都，乡老募工	石建
响水桥	成化十年		富贵乡。副宪涂棐平黎时，命县募工筑	砌筑
稻丰桥	嘉靖四年		安宁都。乡贤赏匠修建	石建
乐道桥	万历四十年		倘亦都	
见龙桥		定安	县南门外。知县朱翠创建	
利涉桥	永乐五年		县西厢	
长歧桥	正统七年	文昌	县南 60 里白延都，成化间石砌 3 孔。今桥坏，以舟渡	木建
洽水桥	万历四十一年		梁北山都。罢宾宰驿旧路，新创之，北通赤平驿	
乐兴桥		乐会	县南 3 里，南北通行	

桥名	始建年代	属地	始建及增修情况	建筑技术
登东桥	嘉靖四十年		东郭外	
迎恩桥	成化间		州北半里。旧以筏渡	石建
榕桥	成化间		州东北 30 里。旧建以木	石建
洗兵桥	成化十一年	儋州	州东番洋黎村。副使涂茉平洛窑，屯兵于此，架桥以通往来	
新小江桥	万历二十九年		创修；万历四十二年重修	
掇魁桥	万历间		大江桥上流数丈。合西江废桥材料建。给事中许子伟记	石建
拱宸桥	洪武四年	昌化县	县北 7 里北岸都	木建
朝阳桥	万历八年	陵水	城东壕上，重修	
大寨桥			县东北 10 里，官道往来	
新村桥			州东 20 里，官道，每年新村人修理	
长山桥	成化十年	崖州	州东 50 里	木建
东龙桥	成化十年		州东 100 里东龙村，官道	木建

注：本表在引用万历府志资料时，对建筑时间、建修情况及工程中所使用的材料等无相关记录的三无的桥梁，有所取舍，认为其并不代表当时的建筑水平，当然，其便民功能不容置疑。故明代桥梁的总数与宋元时期相比，有着一定程度减少。

资料来源：（明）欧阳璨：《万历琼州府志》卷 4《桥梁》，第 123－130 页。

有明一代，岛内桥梁建筑技术在承接宋元的基础上日益发展，并呈现出以下几个特点。

1. 对重要交通孔道桥梁加固和维修

表 1－3 中，琼州府城南的虹桥在明代二次更名，三次加固，足以说明对重要交通孔道上桥梁的重视程度。此外，琼山的河口桥；澄迈稍阳大小二桥、县南 1 里许的外桥，明代修了四次；文昌新安桥明代修了二次；儋州大小江桥，各修二次；万州的平正桥、崖州的万里桥、镇南桥以及感恩的板桥各修一次。在这些重修的工程中，除感恩之外，全部以石作为加固工程的材料。

2. 明代新建桥梁中石质材料

在新建桥梁中，材料使用出现了早期木质材料向中后期的石质材料的转变，这一点在北部地区尤其明显。而昌化、崖州和感恩，仍然以木建桥。

3. 建筑理念的转变

明代建桥在承袭宋元便民思想的基础上有了新突破，更多体现在为政治服务之上。表1－4中，琼山的五里桥、沙水桥、迈容桥；澄迈西峰桥；文昌洽水桥；乐会乐兴桥；陵水大寨桥；崖州新村桥、东龙桥等皆分布在官道或驿站之上，这为环形陆路交通初步形成奠定了基础。为了便于屯兵，儋州修建的洗马桥，则具有明显的军事性质。

4. 向岛内纵深处延伸

随着岛内黎人的募化，桥也不断地向黎族居住区发展，这一现象在北部的澄迈、定安表现得尤为明显。典籍中对宋代定安建桥缺载是可以理解的，元至元三十年（1293）岛内平黎战事结束，为了巩固其成果，“置定安、会同二县”；[①] 天历二年（1329），元文宗图帖睦尔因潜邸所幸之故，“升定安县为南康（建）州”。[②] 宋代定安建制阙如，自然也就无桥梁记载。尽管元代对定安高规格的建制，仍然没有看到其相关建设。明代这一情况有了一定的改观，表1－4中定安见龙桥、利涉桥的兴建，改变了宋元无桥的历史。此外，澄迈谭观桥的修建，密切了澄迈和定安谭观之间的联系。上文所说的洗马桥则深居黎峒之中。

5. 较高的建桥技术

明代海南建桥技术进步，从府城南门外的瑞云桥的修固中得到充分展示。该桥原名虹桥，建于宋代，其建筑规模为长65丈，宽1丈1尺的九洞大桥，该项建筑应该是海南桥梁建筑之冠。

明初的府城，“南临大溪，每有涨溢之患”。为根本性解决，便在城南筑长堤，并“引溪为壕，出东城，下达抱沦（村）”。[③] 毫无疑问，府城早期展城解决南边“涨溢”之际，宋代的建筑——虹桥仍在发挥其沟通南北的作用。但是，府城作为明代海南政治中心地位的凸显，恐怕为宋时桥梁设计者所无法预料。坐落在城东的元代建筑——河口桥，因弘治间“便粮运抵”之需，不得不将原先的桥面抬高至“一丈”，[④] 以便于船只的通行。

---

① （元）邢梦璜：《至元癸巳平黎碑记》，引自（清）张岳崧《道光琼州府志》卷38《艺文》，第875－876页。

② （明）宋濂：《元史》卷33《文宗本纪二》，第743页。

③ （明）唐胄：《正德琼台志》卷20《兵防下·城池》。

④ （明）欧阳璨：《万历琼州府志》卷4《桥梁》，第123页。

入明之后，对于虹桥的改进，自然也就顺理成章。

"九洞"支撑 65 丈的大桥，其坚固性可以想象。但是，有限的河面宽度被分割成 10 个部分，桥墩间距离在 6.5－8 尺之间，这给大船运输带来不便。天顺年间，这条沟连接南北的通衢——虹桥被迫整体抬高 2 尺，仅存三洞。[1] 准确地说，该项工程是在宋代遗留基础上的一次重建，因而完全可以说是明代海南早期的建筑主要代表。

澄迈里桥的修建，则是明代中后期本岛桥梁建筑中另一个主要代表。该桥坐落在城池西门—通潮门外，嘉靖三十八年（1559）修建。设 5 墩 5 梁，高丈余，长 2 丈余。这是一座在海南地区为数不多的"多梁""多墩"，跨度较大的石梁桥建筑。作为其附属建筑，桥的左建塔、右为伏波庙，增加了桥的美观。

从承重构件受力情况来看，无论宋元抑或明代的桥梁，多以实腹桥梁为主，其中南部多以木建为主、北部多用石材。拱桥并不多见。究其原因，此类桥梁构造简单，制造、架设和维修均比较方便。南北部用材不同，主要是北部岩石分布广泛，南部黎区木材茂密，利于就地取材。

尽管造桥技术有了极大的提高，但是这种技术仍然无法逾越南渡江、万泉河、昌化江等大河，方志中大量津渡存在就是一个很好的佐证。桥梁建筑无法有效地克服岛内交通障碍，体现了海南造桥整体水平的局限性。

第四节　军事技术

有明一代，倭寇、海盗在南海水域活动频繁，侵入海南周边不绝于史籍。日本学者小叶田淳将其划分为洪武至嘉靖三十年、嘉靖三十年至嘉靖末期、隆庆万历交替时期、万历初至万历十七年、明末[2]五个时期。尽管小叶田淳极力回避"倭寇"，代之以"海寇"，但是无法抹杀这一历

---

[1]　（明）唐胄：《正德琼台志》卷 12《乡都·桥梁》；（明）欧阳璨：《万历琼州府志》卷 4《桥梁》，第 123 页。

[2]　（日）小叶田淳：《海南岛史》，张迅斋译，第 164 页。

史真实。此外，岛内的黎乱在弘治后大规模爆发。为了应对这种来自内外的武力叛乱，本岛军事建设不断加强，从而也推动了军事技术的不断进步。

一 军事设施建设①

为加强军事设施建设，洪武五年（1372）置海南卫作为军事总指挥部，下属 11 个千户所，即左、中、右、前、后（又曰海口千户所）五内千户所，万历二十八年（1600），增建水会所；外六千户所分别为东路三所，清澜、万州、南山；西路三所，儋州、昌化、崖州。各所均建城池。

（一）千户所建设情况

万州千户所、儋州千户所、昌化千户所、崖州千户所等四个千户所，分别驻所在的州、县城。此外：

海口城。以防御倭寇，洪武二十八年（1395）建城池，城周 555 丈，高 1 丈 7 尺，阔 1 丈 5 尺，雉堞 653，窝铺 19，开门 4，门上均建敌楼。城东北临海，筑石堤 90 丈，又从城东南向西北挖壕沟，长 465 丈，阔 1 丈 5 尺，深 5 尺。永乐十六年（1418）筑石城；成化间再修。

清澜城，旧址在文昌县青蓝都。洪武二十五年造，周 525 丈，高 1 丈 8 尺，雉堞 525，窝铺 8，东西南 3 门各建敌楼，西门外筑月城，自北亘南浚壕，长 217 丈，阔 2 丈，深 4 尺。万历二年（1574）城陷，九年，迁建于南砣都陈家村。用砖石筑城，周长 350 丈，阔 1 丈，高 1 丈 8 尺，雉堞 900。开东西二门，上建敌楼，下设水关 2，窝铺 84。

南山千户所城，洪武二十七年建于南山港西，用木栅围城，屡遭倭寇抢掠。永乐间，迁黎乡马鞍山北面，用砖石筑砌。城周长 344 丈，高 1 丈 8 尺，阔 1 丈 5 尺，雉堞 399，窝铺 8，开 4 门，门各建楼。濠长 497 丈，阔 2 丈 5 尺，深 1 丈。成化四年（1468），以砖加筑，加高城墙

---

① （明）唐胄：《正德琼台志》卷 18《兵防上·兵署》；（明）欧阳璨：《万历琼州府志》卷 4《城池》，第 82－87 页。

约 1 尺。

（二）军事设施有向岛内纵深处发展之势

朗勇城，在崖州治东北 8 里，专用于防黎。正德十四年（1519），以砖石砌城，高 8 尺，厚 4 尺，周围 240 余丈，启 3 门，募兵防守。

乐安新城，崖州城北 150 里。万历四十四年（1616），剿抱由、罗活二峒叛黎，择烂红沟之地建立砖城。周围 400 丈，连南门月城在内，高 1 丈 2 尺，女墙高 5 尺，东西南城门 3，月城小楼 1 座，城门敌台 4 座。

水会所城，琼山林湾都。万历二十八年，平黎马矢之乱而建。周 375 丈，横阔 72 丈，启东南西门，建楼 4。

二　烽堠设置

烽火台又称烽燧，俗称烽堠、烟墩，其主要作用是点燃烟火传递信息，系古代重要军事防御设施。明代，为了迅速有效地提供倭寇、海盗上岸的情形，将古代中原地区在长城沿线防御的军事设施移植到海南。

洪武间，诏令沿海各地"量其险易，建立卫所备御倭寇。陆置烽堠，水设哨船，无事则各守地方，有警则互相策应"。[1] 海南的烽堠设置便是在这一背景下建立的。明初，本岛"沿海紧关去处，设立一百六座。差兵夫昼夜瞭望，遇警放烟"。[2]

> 南方狼粪既少，烟火失制。拱把之草，火燃不久，十里之外岂能目视？且遇阴霾昼晦，何以瞭望？故必用立此大茅房，集草、柴既多，火势大而久，庶临墩相望可见。其屋下草、柴务相均停：一层柴、一层草，填实盈满。以上俱军采办。[3]

烽堠由内地放"狼烟"到本岛"放烟"转变，其报警功能并没有

---

① 《明英宗实录》卷 27，第 546 页。
② （明）唐胄：《正德琼台志》卷 21《平乱·烽堠》。
③ （明）茅元仪：《武备志》卷 110《军资乘》，《续修四库全书》，上海古籍出版社，2004，第 964 册，第 407 页。

改变。

这种设置，随着倭寇海盗登陆地点的变更，各处烽堠废置也因之而改变，其设置数量也随之有着明显增减（参见表1－5、表1－6）。

表1－5　正德、嘉靖时期海南烽堠及旗军人数

千户所	正德年间		嘉靖十四年	
	烽堠	旗军	烽堠	旗军
内五所	白沙、芒艻、东营、铺前、七星、北岭、抱虎	12	博庙烽堠、东水、石礌、白沙、芒礌、东营、马袅、博浦、乌石、铺前、七星、北岭、博白、黄龙、博顿、抱虎	12
清澜所	抱凌、赤水、杨桥、大场、中场、调炳、村门、盐艻、冯家、哆喃、调懒、赤石、博敖	26	抱凌烽堠、赤水、杨桥、大场、中场、调炳、村门、盐礌、冯家、哆喃、调懒、赤石、博敖	26
万州所	南港、莲歧、莲塘、大塘、乌鱼、新潭、杨调、陵水	16	南港烽堠、莲歧、莲塘、大塘、乌鱼、新潭、杨调、陵水	16
南山所	牛岭、水口、黎庵、南山、石赖、高沙、淡水	11	牛岭烽堠、水口、黎庵、南山、石赖、高沙、淡水	11
内五所	白庙、东水、石礌、马袅、博浦、乌石、白崇、黄龙、博顿	17	白庙烽堠、东水、石礌、马袅、博浦、乌石、白崇、黄龙、博顿	17
儋州所	顿积、神碙、峨峁、峨蔓、滴滩、滴源、滴浦、滴卜、洋浦、新英、大英、南庄、田头、沙沟、煎茶、誓村、永村、大村	24	顿册烽堠、神碙、峨峁、峨蔓、滴滩、滴源、滴浦、滴卜、洋浦、新英、大英、南庄、田头、沙沟、煎茶、誓村、永村、大村	24
昌化所	新港、大员、小员、北港、南港、马岭、鱼鳞、小南、赤坎、赤石、抱牌、白沙	13	新港烽堠、大员、小员、北港、南港、马岭、鱼鳞、小南、赤坎、赤石、抱牌、白沙	13
崖州所	榆林、三亚、临川、白石、甘露、南山、郎栖、抱罗、望楼、佛老、黄流	11	榆林烽堠、三亚、临川、白石、甘露、南山、郎栖、抱罗、望楼、佛老、黄流	11
合　计	85	130名	94	130名

资料来源：（明）唐胄：《正德琼台志》卷21《海防》；（明）戴璟：《嘉靖广东通志初稿》卷34《营全》，《四库存目》史部第189册，第556－557页。

表 1-6 嘉靖、万历时期烽堠及旗军人数

分布地点	嘉靖十六年		万历后期	
琼 山	沙港、芒芋、东营、白庙	7	海口、小英、白庙、丰盈、白沙、麻锡、芒芋、东瀛、北林	31
澄 迈	东水、石礐	4	东水、石礐	4
临 高	马枭、博浦、博白、黄龙、博顿	10	新安、吕湾、黄龙、马枭、石牌、乌石、博浦、博白、博顿、龙喉、硃碌、蚕桑、新场、博从、泉凿、林四、境头、郎英、博茂	45
文 昌	北岭、七星、港门〔铺前望楼〕	6	铺前、木栅、白石、潮滩、抱虎	15
			白崎、东澳、澳心、堀港、新村、赤水、淡水、杨桥、蝦塘、大场、中场、调炳、岩村、沙鱼、盐芋	43
会 同	调懒	2人	哆喃、赤石、欧村、望白、港门	
乐 会	（博敖乡望楼，博敖烽堠相对）		博敖、汀州、沙尾、七星岭	博敖 2
清澜所	调炳、中场、大场、杨桥、抱凌、淡水、赤水、村门、盐芋、冯家、哆喃、沙鱼、屈港、潮滩、调懒、赤石、博敖	32		
儋 州	大英、新英、顿册、神硐、峨峊、峨蔓、滴滩、滴泊、滴源、洋浦、南庄、田头、沙沟、煎茶、寨村、永村、大村、禾田澳	37	白芋、顿积、清濠、郎臻、神硐、陈硐、峨峊、峨簾、滴讫、禾田、那细、峨蔓、盐丁、滴滩、马山、滴源、滴泊、洋浦、新英、白马、南庄、田头、沙沟、叶榕、煎茶、细村、峨龙、永村、大村	77
昌 化	新港、大员、小员、北港、南港、马岭、鱼鳞、小南、赤坎、赤石、抱牌、白沙	24	小员、马岭、青岭、富丰、英潮	12
万 州	南港、莲歧、莲塘、大塘、乌石、新潭、杨调、陵水	16	南港、莲歧、莲塘、乌鱼、大塘、新潭、杨调、陵水	46
陵 水	牛岭、水口、黎庵、港门、高沙、陵水、石懒、	10	黎庵、牛岭、水口、港门、牙象、高沙、浅水、石懒、南山、猪仔	18

续表

分布地点	嘉靖十六年		万历后期	
崖 州	南山、大营、临川、榆林、甘露、白石、郎栖、抱罗、望楼、佛老、黄流	12	南山、大营（又三亚）、临川、榆林、甘露、白石、郎栖、抱罗、黄流、望楼、佛老	11
感 恩	古奔、鱼鳞、红勘		古奔、鱼鳞、红劲	
合 计	91	160 人	120	248 人

资料来源：（明）顾可久：《琼管山海图说》，光绪庚寅如不及斋校刊本，国家图书馆藏；（明）欧阳璨：《万历琼州府志》卷 7《兵署·烽堠》，第 223 - 230 页。

从上列两表可以看出以下几个问题。

1. 烽堠数量变化

明代之初，本岛的烽堠设置数量为 106 座，到了正德期间该数字减少到 85 座。嘉靖十四年（1535）增加 9 座，根据表 1 - 5 可以看出增加的烽堠主要集中在博庙烽堠项下。这与同期白庙烽堠重叠 8 个，另一个是"博庙"和"白庙"的差别。据此可以认为内五所的烽堠设置，在嘉靖年间无太大变化。而表 1 - 6 则是将原先内五所下的烽堠归附到所在的县，如此使得文昌、儋州、临高的数量增加。数量由嘉靖十六年的 91 座，上升到万历时期的 120 座，超过了明初的水平。这表明明代中后期的倭寇、海盗势力的猖獗程度比起明初更为严重。其中，重点增加在海口、临高、会同和乐会。也就是说，明代中后期本岛的防倭重点为北部和东南部地区。

2. 管理体制变化

嘉靖十六年之后，烽堠的归属由州、县、内五所外三所的多级管理体制，开始向较为单一的州县系统转变。尽管在顾可久《琼管山海图说》中仍存在"清澜所"管辖的烽堠，到《万历琼州府志》，则完全记录到所在州县之下。这种变化，将条块分割的烽堠管理纳入到州县系统，提高了应急效率。

3. 旗军人数增长

所谓"旗军"即是予以瞭望看守任务，一旦出现情况，便燃放"狼烟"，通报军情。早期人数较为固定在 130 人左右，每个烽堠一人或二人。

从嘉靖十六年开始，这种变化较为明显。文昌铺前、木栅、白石、潮滩、抱虎 5 个烽堠中，每个配备人员 3 名。此外，这些增加的人员集中分布于琼山、临高、文昌、儋州、万州等地，进一步表明这些地方是倭寇、海盗登陆的重点地区。

三 武器制造

（一）武器制造水准

海南本土制造武器始于正德八年（1513），"工部亲降式样增造"。[①] 这说明是时武器制造，基本与全国保持一致的水准。嘉靖十年（1531），作为抗倭前线的广东，在武器制造上有所突破："奏准添造军器佛郎机及神机铳、螺蛳箭、钩刀、眉刀、短枪、强弩。"广东省对其所辖地方作如下要求："行令各府州县卫所，各照后开，议定军器数目、式样，俱自嘉靖十年为始，照数、照式成造。"[②]

《万历琼州府志》见证了海南落实情况："嘉靖十年，例造六千八百九十二件。"[③] 万历二十二年（1594）三月"琼州府雷火发于军器局，毁物伤人"，[④] 这则来自《明实录》官方首次对海南制造武器机构——军器局的记录，似乎与火药有着某种的关联。至万历四十六年，《万历府志》曰："琼卫所故有军器局，今迄久废，谓宜复修，以便营造而专责成。"[⑤] 这说明至万历末期，本岛的武器配备，基本上停留在嘉靖十年样式上，而无太大变动。

（二）主要武器及其配备

根据唐氏与欧阳氏的两部府志所提供的材料，可以明了明代海南武器制造的相关成就，以及各种武器的数量及其增减情况（参见表 1-7）。

---

① （明）唐胄：《正德琼台志》卷 21《兵器》。
② （明）黄佐：《嘉靖广东通志》卷 32《政事制五·兵器》，嘉靖四十年刻本，中山图书馆藏。
③ （明）欧阳璨：《万历琼州府志》卷 7《兵器》，第 231 页。
④ 《明神宗实录》卷 271，第 5040 页。
⑤ （明）欧阳璨：《万历琼州府志》卷 7《兵器》，第 239 页。

表 1 - 7　岛内主要使用武器

	正德八年	嘉靖十年
名　称	竹节长颈破落户	铁长颈破落户
	大将军	铜神铳
	赛将军	乌铳
	矮将军	郎机铳
	手铳	煩铳
	竹节神炮	铜手铳

资料来源：（明）唐胄：《正德琼台志》卷21《兵器》；（明）欧阳璨：《万历琼州府志》卷7《兵器》，第231 - 235 页。

上列各项武器的基本性能，因资料缺乏无法明晰。但是，就其材料构成来看，正德及其前多以竹子为材料，而嘉靖之后则多由铜、铁构成。明代茅元仪所著《武备志》，详细地列出以竹子作为材料的"无敌竹将军"的制作工艺，[1] 工艺之复杂可窥一斑。但终究无法与锻造和烧铸的铜、铁工艺比较，更遑论其实际威力。

在武器配备方面，正德年间及其前，主要以内五所、外六所的陆上装备为主要对象。明代后期，在加强陆地配给的同时，极力武装海上战船。这表明，随着本岛武器装备的先进，由过去的被动防守向积极防御方向转变。

（三）"两广药箭"

"两广药箭"是冷兵器时代一种极具有杀伤力武器。"毒箭射人，遇衣絮沾染，药即脱落，箭镞着肉际，毒已缓矣，不能杀人也。须于镞上钻孔，以药嵌入，则虽透衣，而药不脱，伤者应弦而绝。"[2] 虽然郑若曾没有明确该武器的产生详细地点，事实上，从地方史志上还是可以看到其与海南的联系。"儋州又有苗黎……至今其人善用药弩，兼有邪术，能以符法制人禽，为生熟黎岐所畏服。"[3] 清光绪二十六年（1900）纂

---

[1] （明）茅元仪：《武备志》卷110《军资乘》，《续修四库全书》，第964 册，第558 - 559 页。

[2] （明）郑若曾：《筹海图编》，李致忠点校，中华书局，2007，第930 - 931 页。

[3] （清）张岳崧：《琼州府志》，第456 页。

修的《崖州志》，在参照道光《琼州府志》的基础上，对本地苗族也做出类似的描述：“又有一种曰苗黎，凡数百家……善制毒药着弩末，射物，虽不见血亦死。兼有邪术，能以符法制服人禽。最为生熟黎岐所畏服。”[①]

《筹海图编》在嘉靖四十一年，由胡宗宪主持在杭州开雕。[②] 与郑若曾的描述比较起来，“两广药箭”技术在反对倭寇战争实践中，日趋成熟之后，苗兵充前来海南当药弩手，平定发生在万历后期之黎乱。叛服无常的岛内黎民，不断地以其血肉之躯，提升“两广药箭”功效，这样的技术进步，似乎有着明显的血腥味。

第五节　船舶制造与航海技术

海南“一州置海中”，岛内放射状的河流分布，船舶是岛内外不可或缺的重要交通工具，也是沿海居民从事海上生产生活的必备工具。官民对于船舶的需求，从而推动着明代海南的船舶制造技术迅速提高。在此基础上，民间航海技术也有一定的发展，具体表现为——《更路簿》的产生。

一　战船修造

历史上海南主要军事装备和交通工具，都由琼州海峡对岸提供。明代备倭战船在成化初年以前，皆在广东打造。因“费多”及“浮克难稽”，[③]加上倭寇、海盗活动频繁，使得岛内修造战船成为可能。或许因技术上的原因，直到万历四十五年（1617），经海南兵巡道副使戴熺奏请，这一方案才正式成为“定制”。[④] 不过，该方案的实施有个过程。先是万历四十五年奉文改造战船；正式允许海南打造战船的时间则始于万历四十

---

① （清）张嶲、邢定纶、赵以谦纂《崖州志》，第 247 页。
② （明）郑若曾：《筹海图编》“点校说明”，第 4 页。
③ （明）唐胄：《正德琼台志》卷 21《海防》。
④ （明）欧阳璨：《万历琼州府志》卷 7《水陆营寨兵器》，第 236 页。

七年。

> 允以后年（即1619——引者注）例打造兵船，于白沙寨立厂，取材于木处地方，或转运于附近吴川等地方，以专其责，府为监督而委官分理。至于价值又不必妄希节省，拘执成例。估计大小船号，通融增补，务在足数材料、工匠诸费。期于造作坚厚，可为兵家战守之利而已。①

这标志着在万历后期以海口为中心的造船业正式形成。

有明一代，海南战船的种类和分布有明显的阶段性变化。表1-8和表1-9将有助于了解这一情况。

表1-8　正德时期巡船分布

分布		管辖范围	数量（只）
东路六司	铺前	文昌县西北铺前港	6
	青蓝	抱陵港青蓝头至乐会县调器港	6
	莲塘	万州莲塘陵水牛岭及崖州藤桥	6
西路九司	清澜	琼山县西北大小英都	6
	澄迈	澄迈县西北石礵	6
	博舖	临高县西北英丘都	3
	田牌	临高蚕村至儋州抱驿都田头村	3
	安海	儋州南抱驿都、感恩南丰延德、崖州通远及抱岁	6
合　计		42只	

资料来源：（明）唐胄：《正德琼台志》卷20《兵防下》。

此时，除去四十二只巡船外，战船共"二十三只"。具体分配为内五所，各一只；外六所，各六只。②

---

① （清）张岳崧：《琼州府志》卷17《船政》，第403页。
② （明）唐胄：《正德琼台志》卷21《海防》。

表 1-9　万历四十一年战船情况

地点	分布范围	型号及数量										数量（只）
		艚船		艟艚船		唬船		桨船		长船		
白沙寨	白沙25只、清澜7只、铺前6只、石礜2只	四号 五号 六号 七号	6 7 2 5	八号	5	八号	5	八号	5	八号	5	40
前司	崖州、三亚、感恩	五号 六号 七号	3 2 5					八号	1 [1]			11
左司	万州、陵水、乐会、博敖、桐栖	五号 七号	2 2	八号	1			八号	1	八号	2	8
右司	儋、临、昌、博顿、新英、英潮	六号 七号	1 4							八号	2	7
合　计			39		6		5		7		9	66

注：[1] 在"前司"下共船只数"十一只"，而"八号桨船八只"，各项总和18只，与总数11只不符，故将该项改为1只。

资料来源：欧阳璨：《万历琼州府志》卷7《兵器》，第236-237页。

从表1-8、1-9分析可以得出以下几个结论。

1. 战船分布区域变化

正德年间战船基本平均分配，到万历后期其分布的侧重点有明显的倾斜：从文昌东北部的铺前—白沙—清澜—澄迈石礜港一线战船多达40只，占总数的61%，也就是说岛北部琼州海峡沿海台地，是重点防御地段，而海口北面的白沙、琼山西北的清澜有32只战船分布，海府地区成为防御中的重中之重。

2. 万历之后船只战斗力有所增强

万历后期战船在数量上与正德年间巡船和战船总和65只大体相当。其主要来源是将正德时期的巡船改造为战船，从而提高了战斗力。其中，被改造的如乌艚、横江、艚船、唬船、桨船、长船等。所谓的"艚"，从舟从曹，曹为粮草，即运粮之船；桨船，顾名思义即是以划桨作为船只的主要动力，"可供哨探之用，不能御敌"，① 唬船也作为放哨之用。

————————————————

① 　（明）郑若曾：《筹海图编》卷13《兵船》，第870页。

在万历时期的 66 只船中，艚船有 39 只、长船 9 只、桨船 7 只、唬船 5 只。最具有战斗力的艟艚船 6 只，不及总数的 10%。尽管如此，比起万历之前本岛的海上战斗力有着明显的增强。总体来说，船体小，战斗力不强，这与以"福船"和"广船"等大船为主要装备的闽广地区比较，差距明显。

3. 万历后期本岛改造战船

万历之后的船只来源，可分为两个部分：一是对"战船六十三只"的改造；一是将"原系三号福船"改造为"第四号艚船三只"。[①] 这 66 艘船只俱是"奉文改造"的结果，鲜有海南制造的船舶。被改造的船只本身多是小船，船的动力以桨为主。坚硬的广式船，在此难觅踪迹，这与是时海南造船技术水平不高趋于一致。

万历四十一年改造战船，事实上是建立在符合海南水域独特环境基础上，将原有战船本地化的结果。这一改造，充分体现出海南造船技术水准。

二　民用船只制造

海南是一个移民岛，其先居民黎族族群便是通过独木舟、竹木筏等方式渡海登岛的。随着汉代本岛开郡，移民不断涌入，舟船制造便成为岛内民众生活的重要组成部分。资料表明，民用造船至迟在宋代便已展开。入明之后，海南民间造船业开始向两个方向发展：一方面，循着原先的技术水平，使得旧有的造船工艺得以维持；另一方面，在动力设计上，体现出一定的时代特色。

（一）继续维持前代的造船技术——藤埠船

> 琼船之小者，不油灰，不钉鋜，概以藤扎板缝，周身如之。海水自罅漏而入，渍渍有声，以大斗日夜庳之，斯无沉溺之患。其船头尖尾大，形如鸭母。遇飓风随浪沉浮，以船有巨木为脊，底圆而尖，故能出没波涛也。苏轼云："蕃人舟不用铁钉，止以桄榔须缚之，以橄榄糖泥之，泥干甚坚，入水如漆。"盖自古而然云。[②]

---

① （明）欧阳璨：《万历琼州府志》卷 7《兵器》，第 236–237 页。
② （清）屈大均：《广东新语》，第 483 页。

"头尖尾大"的外形设计及"巨木为脊"的主体结构，有利于小船乘风破浪，出没波涛。用桄榔须捆绑、橄榄糖进行粘连，替代钉子，因地取材，足以表明海南民众智慧。

（二）帆桨混合式渔船

动力设计上，以帆替代桨，自然力充当人力，是晚明之后民间造船上的一大变化。《道光琼州府志》就前代"渔船"，作如是评价：

> 渔船于诸船中，制至小、材至简、工至约，而其用为至重。何也？以之出海，每载三人，一人执布帆，一人执桨，一人执鸟铳。布帆轻捷，无垫没之虞，易进易退，随波上下，敌船了望所不及也。[1]

被临时征为战船的渔船，有着较大的灵活性，因"制至小、材至简、工至约"所限，民间造船的简易程度由此可见。而"一人执布帆，一人执桨"的设计理念，帆、桨混合则突破了原先单一的人力系统，标志着风向等自然力开始为民间使用。

方志对于渔船的记载十分有限，而张氏府志也没有交代该种船只具体形成年代，但是在其叙述的语境中，将帆桨混合式渔船的出现置于明末清初时间段内，与其真实情况大略相符。

至于明代海南出现"拖风船""子母红鱼钓船""两头船"的论述，似乎有过分拔高是时海南造船技术之嫌。[2]

---

[1]　（清）张岳崧：《道光琼州府志》卷17《经政志·附兵船》，第408页。

[2]　颜泽贤、黄世瑞：《岭南科学技术史》。该著认为，明代海南造船至少有三种方式：（1）拖风船。该船主要特征：船身宽阔，首尾尖胖，单桅，有三角前帆，尾设升降舵，吃水浅，航速快，回转灵活。船长46尺，深5尺，载重量40至50吨。（2）子母红鱼钓船，渔民主要生产工具。多出清澜、榆林、三亚等港。较大的母船可将6–10只子船放在母船上，利用东北信风出海，到小岛屿时，将所带的子船及食物和若干人留下，分头钓取，到西南信风时，母船归航时将各小岛留下的子船收回归港。（3）两头船。《岭南科学技术史》的上述论断，值得推敲。文章所述及的"拖风船"，即便在张岳崧《道光琼州府志》中也未见其记载；"两头船"，则被该志纳入"兵船"项下［参见（清）张岳崧《道光琼州府志》，第408页］，故而非民船。"子母红鱼钓船"，《海南岛志》曰："渔船即红鱼船，业此者仅有儋县新英港渔户，船由三四十吨至百余吨，木制……各船备有小艇十余艘至二十余艘"。（参见陈铭枢《民国海南岛志》，上海神州国光社，1933，第367页）这就是说，"子母红鱼钓船"最早出现于晚清民国之际，而岛内使用该船只仅儋县新英港渔户。

三　商业造船

如果《觚賸续编》记述不谬，那么晚明海南商业造船水准，恐非国内其他地方所及：

> 海忠介公之孙述祖……斥其千金家产，治一大舶，其舶首尾长二十八丈以象宿，房分六十四口以象卦，篷张二十四叶以象气，桅高二十五丈曰擎天柱。上为二斗以象日月，治之三年乃成，自谓独出奇制，以此乘长风，破万里浪，无难也。①

就其构造来看，长为 28 丈约 93 米；船体结构上设置横舱壁，把舱按功能分割成 64 个小舱，目的在于加固船体结构，起到抗沉的作用，分割舱段分类载货，满足不同功能的使用要求。64 个小舱，也体现出船的宽度；动力系统则是来自"二十四叶"的船帆。

明代最为著名的官造船只为郑和宝船，其规模为"（长）四十四丈，广十八丈"。② 海述祖所造出海商船，足以说明此时海南先进造船工艺和技术。

四　航海技术

早在明代，就有海口港、铺前港和清澜港渔民到南沙群岛去捕捞海参等物，表明明代海南东部沿海渔民是开发、经营乃至维护祖国南海主权重要的民间力量。

历史上，文昌、琼海地区渔民是从事远洋深海捕捞业的主体。明代王佐《琼台外纪》曰："（万）州东长沙、石塘，环海之地，每遇铁飓，挟潮漫

---

① （清）钮琇：《觚賸续编》卷 3《事觚·海天行》，清康熙临野堂刻本，《续修四库全书》，第 1177 册，第 125 页。海述祖在经历海难之后，在"壬午"即崇祯十五年（1642）生还。该文章是在康熙丙午（1666）年，广东高僧方趾麟"亲访述祖，具得其详"。文章充满神话、鬼怪之说。

② （清）张廷玉：《明史》卷 304《宦官传一》，第 7767 页。

屋、潴（淹）田，则利害中于民矣"。① 这说明至迟在明代中期以前，就有本岛渔民在南海的南沙、西沙群岛上建造房屋、从事农耕和捕鱼等活动。

《更路簿》是中国海南岛渔民在积累前人航行实践经验基础上，集体创作的结果。它孕育于明代，不断完善，记载了从文昌的清澜或琼海的潭门港起，航行至西沙、南沙群岛各岛礁的航海航向和航程，② 是其驾驭海洋的能力根本体现。海南渔民为《更路簿》创作主体，无须赘言。问题是，究竟何时创作出来？学界争论不已，③ 有进一步探讨的必要。

（一）《更路簿》形成时间

近年来南海周边国家无视中国领海主权，不断窥觊并非法开采南海丰富的水下资源，导致南海局势紧张。在此背景下，《更路簿》作为民间开发经营南海的重要文献证据，对其研究取得了明显进展。

来自民间经验或理论性总结，总是远远滞后于其实践。笔者认为陈启汉先生"康熙末年"说基本可信。也就是说海南《更路簿》的实物载体出

---

① （清）胡端书：《道光万州志》卷3《舆地志·潮汐附》，广东中山图书馆藏本。

② 中华人民共和国外交部网页：http://www.fmprc.gov.cn/chn/pds/ziliao/tytj/t10648.htm。

③ 1. "明代中叶"说。周伟民、唐玲玲两位先生则试图通过《顺风相送》《海道针经》及苏氏抄本的部分文字比较，以期来论述三者之间的递属关系，进而得出早在郑和下西洋之前，海南渔民受福建外海船员水手的一些水路簿影响，"开始萌生并逐渐把自己在南海海上渔捞经验积累作为更路簿的形式出现"，并在明中叶之后普遍流传的结论。兹将其核心论证胪列如下：《顺风相送·定潮水消长时候》：船身若贪东则海水黑青，并鸭头鸟多。船身若贪西则海水澄清，有朽木漂流，多见拜头鱼。《指南正法·序》：慎勿贪东贪西，西则流水扯过东，东则无流水扯。西则海水澄清，朽木漂流，多见拜风鱼。贪东则水色黑青，鸭头鸟成队……。苏德柳抄本《更路簿·驶船更路定例》：如船外罗东过，看水醒三日，且看西面，船身不可贪东。前此舟近西，不可贪西。海水澄清，并有朽木飘流，浅成挑，如见飞鸟方正路。论者通过"飞鸟"和"朽木"等细节入手，论证"传承或照抄"是可以理解的。但是，自然"朽木"为偶发行为，最早是渔民看到的结论似乎难以让人信服。这一递属关系，是在损益何纪生先生观点基础上，主观推测而得出的结论。另外，作者在解释"更"时指出，"清代升始，时钟风行，更鼓渐废"，如此，更路簿使用这个名称"就不可能晚于清初或者不会晚于明末年"。这个结论更值得商榷。郡人唐胄关于本岛"俗有古风"的记录云：即便在明代中期以前，仍然可以看到民间计算方法以"6"为单位的秦代旧俗。《更路簿》是海南渔民对以南沙、西沙为主要作业区的沿途记述的重要载体。周、唐二位先生认为对这一区域内记载中，"《指南正法》却明显是抄录《顺风相送》"，意在说明《顺风相送》比《指南正法》成书时间要早，这是无可厚非的。但这似乎无法确定苏氏抄本与二者之间的先后关系。2. "明清之际"说。陈启汉在对苏德柳《更路簿》抄本进行考证的基础上，判定其成书时间在"康熙末年"。其后，李国强认为，"其成书年代大约在康熙末年（即18世纪初期），有些可能在明代形成"，李先生的结论，事实上是在承认陈先生成果的基础上，将《更路簿》的成书年代提前了。

现于 18 世纪初，但并不影响《更路簿》实际产生于明代中晚期这一结论。

清顺治四年（1647）七月，清政府要求广东地区禁海，"广东近海、凡系飘洋私船、照旧严禁"。[1] 顺治十三年，为了切断郑成功与内地联系，再次下令：浙江、福建、广东、江南等沿海地区，"严禁商民船只、私自出海"。[2] 直至康熙二十三年（1684）收复台湾之后，才开始弛禁。广东地区深受其害，"自有粤东以来，生灵之祸，莫惨于此"。[3] 海南受其影响可以想见。这也意味着在迁海与弛禁的 40 年时间内，祖祖辈辈靠海吃海的生活方式被迫中断。然而，弛禁令颁布不久，苏氏抄本的《更路簿》便产生了。由此来看，这应该是对明代晚期民间记忆的整理。据此上推，其智慧来源至少在明代中后期。

（二）《更路簿》的价值

所谓更路簿中的"更"，是中国古代计时单位，一天共十更。其用于海上的"更"，主要是船舶在一个计时单位中所移动的距离，所以在更路簿中的"更"则为计程单位；"路"是指船只在海洋中航行的路线。

学界最新研究表明，《更路簿》手抄版本达 12 个之多。以文昌清澜港和琼海潭门港为出海地点，[4] 出发时间则是每年冬季阴历十一月至十二月，乘东北风南下，先至西沙群岛，再赴南沙群岛，经过半年时间的作业，次年的清明谷雨乘西南风返回，[5] 航行路线主要集中于南海水域。

尽管各个手抄版本无法考证其实际产生的年代，但从苏氏抄本中，仍可以看出至迟在明代后期本岛东部渔民大概，从而体现出《更路簿》的实际价值。

1. 民间自发开发南海并自觉维护国家领海主权

明代中后期海南东部渔民，每年借助风候，有组织地分布在南海诸群岛上从事深海捕捞作业，并于次年西南风盛行期间返回。这种周期性的民

---

① 《清世祖实录》卷 33，中华书局，1985，第 251 页。

② 《清世祖实录》卷 102，第 789 页。

③ （清）屈大均：《广东新语》卷 2《迁海》，第 57－58 页。

④ 王晓鹏：《〈更路簿〉研究——以彭正楷抄本为例》，中国社会科学院硕士学位论文，2010，第 8 页。

⑤ 广东省地名委员会编：《南海诸岛地名资料汇编》，广东省地图出版社，1987，第 62 页。

间行为，事实上是他们对祖国海防的守护和捍卫，无可争辩地表明南海是中国领土。

《更路簿》以实物资料的形式，正式确定了南海诸岛地理位置和相关岛屿名称。这一固定群体之间互通信息的载体，为晚清李准巡西沙群岛，国民政府内政部 1935 年、1937 年及中华人民共和国国务院 1983 年的四次命名提供了重要参照。

根据《中国地名委员会授权公布我国南海诸岛部分标准地名》公布的 287 个地名①中，与《更路簿》中表述一致的地名有 40 个之多。由此可见，其历史影响是巨大的。

2. 航线、里程的科学表述

渔民在长期捕捞实践中，逐渐认识和了解南海诸岛分布、水流缓急等情况，从而开辟了南海航线。值得一提的是，在南沙水域以双峙（双子群礁）为起点，逐步形成了东线、中线和西线三条线路。② 南海复杂的地下水域地形图，在《更路簿》下变得十分清晰，渔民可以随意航行于各岛礁之间（参见表 1 – 10）。

表 1 – 10　《更路簿》"更"数与《暴风之岛》附图中里数比较

版本 起讫点	里数 暴风之岛[1]	更数			
		苏德柳本	郁与青本	王国昌本	麦兴铣本
双峙—铁峙	2	3	2	2	2
铁峙—第三峙	2.2	2	2	2	
第三峙—黄山马峙	2	2	2	2	1.5
黄山马峙—南乙峙	1	1	1	1	1
南乙峙—第峙	3	2	2	3	2
双峙—红草峙	4				
红草峙—罗孔	5	5	5	5	5

注：[1]〔日〕小仓卯之助：《暴风之岛》，1940 年出版，引自《南海诸岛地名资料汇编》，第 68 页。其中《暴风之岛》的里数，为更数之误。（参见韩振华《南海诸岛史地论证》，香港大学亚洲研究中心，2003，第 178 页）

资料来源：广东省地名委员会编《南海诸岛地名资料汇编》，第 82 页。

---

① 《中国地名委员会授权公布我国南海诸岛部分标准地名》，《人民日报》1983 年 4 月 25 日第 4 版。
② 何纪生：《〈水路簿〉初探》，广东省地名委员会编《南海诸岛地名资料汇编》，第 536 页。

尽管版本不同，但是对于较为一致的起讫点的更数记录，十分相近。这说明在南沙群岛的航行中，各版本的实际操作者对此认识也趋于一致。有学者对各个抄本进行比较研究，认为其所记载的航海针位和更数"基本上是正确的。与今天的经度和纬度相比较，其误差极其微小"。[①]

以南沙群岛九峙岛为起点，将海南渔民四个《更路簿》手抄本，与1918年代日本人实际考察[②]进行比较，其对该水域相关认知的准确性，由此可见。

3. 地名命名中的科学性

《更路簿》以岛礁地貌特征进行命名。

峙：即屿，亦即岛或小岛。凡有植被、无植被的岛屿，都可以称作峙。

马：露出水面的岛或礁。马即岭，山顶也。

峙仔或沙仔：指沙洲而言。

沙或线排：（海南方言沙、线相同）指淹没于水下较浅暗沙。

郎：指低潮时不出露的暗沙，有时亦指深水暗沙，但其周围较浅，似有阻拦。郎即栏的同音异字。

圈、筐、塘、孔：指环礁，以其形似圈、筐；塘、孔是筐的同音异字。

门：礁环有缺口的水道，此水道称为门。

铲：暗礁顶部展平如铲，故称铲。[③]

这种按岛礁类型较为科学的划分，深刻体现出海南渔民对南海诸岛地

---

① 李国强：《南中国海研究：历史与现状》，黑龙江教育出版社，2003，第119页。

② 1918年12月，日本拉沙磷矿股份有限公司任命已退伍的日本海军中佐小仓卯之助为队长的15人小组，乘"报国丸"号非法到南沙群岛进行所谓考察、探险。回国后，写成调查报告一册，一直保密。1939年5、6月，该文陆续发表在《创造》和《雄辩》上，题目分别为《新南群岛探险始末记》《新南群岛记》，将南沙群岛改为日本人所用的"新南群岛"。时隔一年之后，又根据法国人对南沙群岛命名（Iles de la Tempete）"暴风之岛"，1940年正式公开发表《暴风の岛》。在这部著作里，中国渔民所使用的九峙岛不见踪迹。在小仓卯之助一行到达南沙群岛时，见到中国渔民在那里从事人鱼捕捞作业，有三位"文昌县海口人"。此行，日本人只到达今北子岛、南子岛、西月岛、中业岛和太平岛等五个岛屿。其中，根据海南岛渔民提供的资料，绘制了一张南沙群岛九峙（九岛）的地理方位示意图。（参见韩振华《南海诸岛史地论证》，第177－178页）

③ 韩振华：《南海诸岛史地论证》，第175页。

貌特征准确把握。目前多种手抄本的《更路簿》是经历数百年、十几代人集体智慧的精神成果，其意义同样不可低估。在考量其对明代海南文化贡献时应恰如其分，无限夸大其成书上限的做法，似乎并不科学。

第六节　地理学

海南地处遐荒，瘴疠盛行。人们对其认识，是通过本岛特产，而逐步加深。宋代仅槟榔一项，"琼管收其征，岁计居什之五"，[①] 足见以土特产为主要对象的对外贸易，十分活跃。明代中期的贸易场面，从丘濬的"帆樯之聚，森如立竹"[②] 中可窥一斑。商业的发展，势必要求对岛内诸如交通、路程里数、各港口间距离等方面提出相应要求。此外，随着中央王朝治理力度的不断加强，对其空间认识逐步清晰，从而也推动了地理学的全面发展。

一　完整、清晰的海南地图

海南地域舆图，究竟起于何时？因正德以前方志不存而无从知晓。至迟在《正德琼台志》后，海南历史地图绘制则日益成熟。就典籍中所存的历史地图梳理，明代海南舆图主要从政区区划和军事地理两个方面展开。

（一）海南政区地图

除了府城、府治二幅图外，其他三州十县皆按照图1-2的图例进行的。其中关于地图相关要素的设计，即使在时隔近百年后万历三十年刻本郭棐纂修的《广东通志》以及稍后欧阳璨纂修《万历琼州府志》，皆无法超越（参见图1-3）。

从地图学理论来解读唐胄14幅海南府州县图，其主要贡献为：

---

① （宋）周去非、杨武泉校注《岭外代答校注》卷8，第292-293页。
② （明）丘濬：《丘文庄公集》卷5《学士庄记》，《四库存目》集部第406册，第359页。

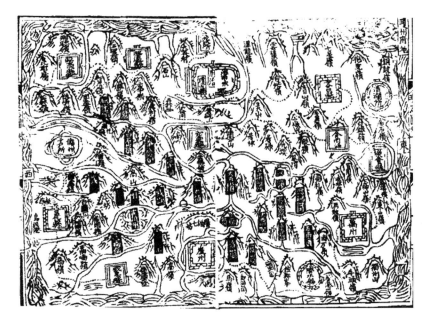

图 1 - 2　正德时期琼州府地图

资料来源:（明）唐胄:《正德琼台志》卷 1《郡邑疆域图琼州府》。

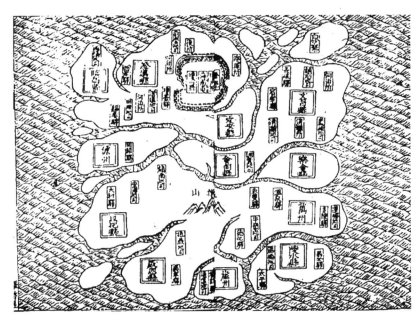

图 1 - 3　万历时期海南舆图

资料来源:（明）郭棐:《万历广东通志》卷 57《琼州》,《四库存目》史部第 198 册,第 445 页。

1. 方向与内容

确立上北下南、左西右东的方向。这在其府州县 14 幅地图中皆有明确表示，与今天制图学上国际标准完全一致，足以表明唐氏地图科学性。

与郭氏地图以简单描述郡县、山川的制图风格迥异，唐氏采用郡县、山川并重，详细描述其分布。此外将港口、黎族村峒也绘入地图之中。这一理念在其三州十县图中，体现得更为丰富。

以临高县为例：县治及其主要机构设置、社稷坛、河泊所、巡检司及境内主要山岭、河流分布；军事上沿海烽堠、教场、驿站、窝铺、屯田分布；基层社会组织乡村都图、主要墟市分布；甚至没有纳入王化的 26 个生黎峒也在唐氏的地图中体现出来（参见图 1-4）。

在分县地图中，所属地的儒学、社学、津渡、桥梁、港口等在唐氏地图中皆有所反映。此外，一条隐约可见的虚线将县境内各个驿站、窝铺连接起来，以示环绕岛内驿站路线图。由此可见，唐氏地图的信息量之大。

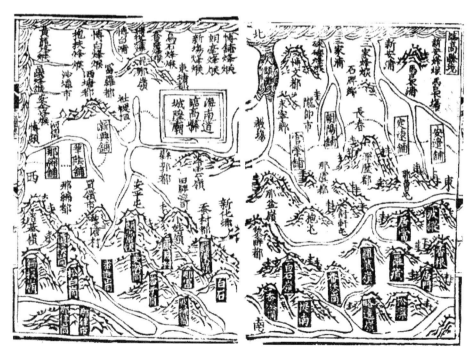

图 1-4　正德年间临高县地图

资料来源：（明）唐胄：《正德琼台志》卷 1《郡邑疆域图·临高县境》。

2. 图例的多样化

尽管唐氏没有在其地图中标明其图例，按照今天的地图学相关规定，还是可以读到如下信息（参见图 1 – 5）：

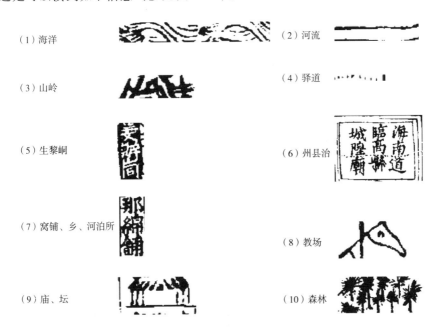

(1) 海洋   (2) 河流

(3) 山岭   (4) 驿道

(5) 生黎峒   (6) 州县治

(7) 窝铺、乡、河泊所   (8) 教场

(9) 庙、坛   (10) 森林

图 1 – 5　正德年间临高县地图图例

资料来源：（明）唐胄：《正德琼台志》卷 1《郡色疆域图·临高县境》。

其他未尽事宜，直接用文字表述。即便与谭其骧先生主编的《中国历史地图集》① 中明代广东部分比较，唐胄的图例要丰富得多。

3. 颜色与线条运用

黑白两色为本色，是唐氏地图的另一个特色，也充分体现出著者的用心所在。唐氏所处时代，无法用不同的色彩来分层设色。为了增强地图的立体效果，唐氏采用黑白两色进行处理，效果非常明显。

上文图例（5）中，生黎峒的表述便是其极为成功的一例。明代将黎族族群划分为生熟黎。那么，如何区别？唐氏便将其表述黎峒的白色立起的长方形小方块，以黑底白字的方式区别其他白底黑字所表达的熟黎、乡都图等，让人一目了然。

---

① 谭其骧：《中国历史地图集》第 7 册，中国地图出版社，1982，第 72 – 73 页。

　　另外，在河流的表现上，这一用法也比较明显。源自本岛中西部崇山峻岭中放射状的河流，在源头和流经区域多用二条小间隔的细线条表示其发源地和流向，而在其下游，则拉大两条细线之间的距离，并用黑色波状水纹线来表述。其用意为，一是该河流的宽度，二是表示其与大海汇合。

　　唐氏这一做法，影响着《万历琼州府志》中府州县的地图制作。不过，其关于生黎峒的黑底白字绘制方法，在欧阳氏的地图中没有再现。其实，万历后期海南的生黎峒仍然存在，所以生黎全部熟黎化或者王化的可能性是不存在的。就分县地图来看，唐氏多图例的制图手段被摈弃，个中缘由不得而知（参见图1-6）。

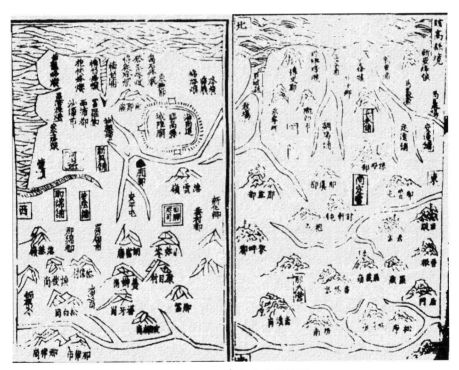

图1-6　万历年间临高县地图

资料来源：（明）欧阳璨：《万历琼州府志》卷1《舆图志》，第13页。

　　正德以后，军事势力不断地深入黎区，相应的军事设施也随之展开。

如崖州的乐安新城、琼山水会所，① 以及乡都图的名称变动等时代元素在欧阳氏地图中皆有所反映。这是万历府志地图与唐氏地图的主要区别。

如果必须要指出唐氏地图不足的话，比例尺的阙如，似乎是一个最为关键性的问题。早在唐氏之前的元代，就已经出现了方格状的地图描述语言。② 另外，与欧阳璨的地图比较，后者看起来似乎更为一目了然。尽管如此，汇聚大量信息、直观的多幅海南府州县地图，是研究海南不可多得的珍贵历史资料。

（二）军事地图

如果说，唐胄和欧阳璨所编撰的属于政区地图的话，那么明代中后期的军事地图也很丰富。内防黎乱、外御倭寇海盗是明代本岛军事的两个重点，是故，既有以解决黎乱为重点的地图，也有将黎乱和海防合二为一者。

1. 兼及黎乱和海防

嘉靖十三年至十五年，琼山沙湾峒黎佛二等再次爆发黎乱。③ 黎乱再次爆发，使得军事地图的探讨成为可能。

最早在这方面做出努力的是嘉靖乙未（十四年，1535），整饬琼州兵备广东按察使副使顾可久所著的《琼管山海图说》，该著成书于嘉靖十六年。全书分上下两卷，共 15 篇，其中一府三州十县各一篇，外加清澜所一篇，配图各 1，共 15 幅图。在黎乱爆发期间履任的顾可久，从"山""海"两个方面着手，著《琼管山海图说》一书，以期内乱外患的根本解决。

与唐氏诸事尽在一图之中的理念不同，顾氏地图具有明显针对性。因而也极具特色。

（1）四个层面叙述。第一层以府州县、山川等为基本元素；第二层以岛内的生黎峒分布为主要表述对象；第三层围绕着诸生黎峒的营寨设置；第四层防御倭寇海盗的沿海军事设施，如清澜所、各地烽堠分布等。嘉靖

---

① 水会所在琼山林湾都，去城 300 里。万历二十八年平黎马屎建，[（明）欧阳璨：《万历琼州府志》卷 4，第 87 页] 或许是地图模糊所致，在该著的"琼州府图"及"琼山县境"两幅地图中皆未有标识。

② （元）朱思本撰，（明）罗洪先、胡松增补《广舆图》，《续修四库全书》，第 586 册，第 412 页。

③ 《明世宗实录》卷 166、卷 185，第 3644、3915 页。

之际，内黎、外寇的军事局势十分突出。顾氏试图勾勒出内防、外御军事建制的意图，在其地图叙事中十分明显。突出重点问题的风格，使得顾氏全图及其余14幅地图较为简洁（参见图1-7）。

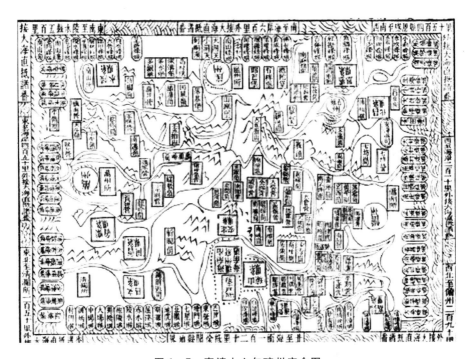

图1-7　嘉靖十六年琼州府全图

资料来源：（明）顾可久：《琼管山海图说·琼州府总图》，光绪庚寅如不及斋校刊本，中国国家图书馆藏。

（2）或许是站在琼州府的角度自北向南鸟瞰全岛的缘故，顾氏在其系列地图中颠覆了唐氏的"上北下南、左西右东"的方向，而在一幅地图上使用两个方向。从王朝设置的一府三州十县所在治的名称来看，全部标示为自北向南，左东右西；有趣的是，所有生黎峒、围绕在本岛中部的营寨、各所、烽堠等一律改为"上南下北、左东右西"。顾氏双重方向体现在其地图上的做法，非常方便，也实属鲜见。

（3）为了便于了解琼州及诸州县的具体方位，顾氏在地图的四边表明了该幅地图的四至八道，扩大了地图的外延，从而丰富其内涵。

2. 以岛内黎族为主体的地图制作

在这方面积极探讨的是福建人俞大猷，嘉靖二十九年，应提督两广右都御史欧阳必进之请，朝廷任命"钦州守备署都指挥使俞大猷，充右参将，往守琼崖"。[1] 稍后，俞氏系统提出解决黎乱的主要方法，以期巩固嘉靖十五年以来的战果。

《处黎》一文中，共有十幅地图，除文中所引两幅以外（参见图1-8、图1-9），还涉及名山大川、罗活宜立参将府、抱显宜立县、古镇州立屯城、催抱村宜迁巡检司、岭脚峒宜迁巡检司、沙湾峒迁巡检司、开通道路等。

在制图方位选择上，与唐氏保持一致。一事一图一议的方式，使得俞氏地图简洁明了，这是其与唐氏、顾氏不同之处。

俞氏用不规则的圆形图案，勾勒出海南地图，比起方块状的图案来，更接近真实。由系列小山峰环绕的两个非封闭圆形，突出海南起伏的地势，同时也表示出汉人、熟黎、生黎由沿海台地、低山性山岳地带和高山

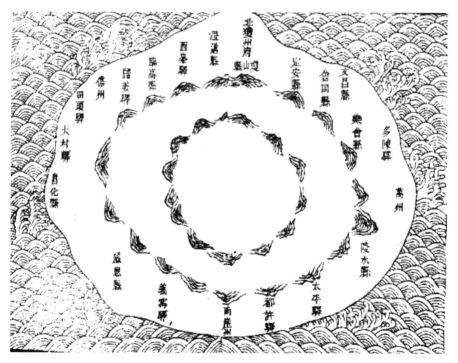

图1-8 嘉靖后期琼州府一府三州十县分布图

资料来源：（明）俞大猷：《正气堂集》卷3，《处黎》，《四库未收书辑刊》，北京出版社，1997，第5辑第20册，第137页。

[1]《明世宗实录》卷358，第6417-6418页。

图1-9　各州县生熟黎岐分布示意图

资料来源：（明）俞大猷：《正气堂集》卷3《处黎》，《四库未收书辑刊》，第5辑第20册，第139页。

性山岳地带的逐层分布。一事一图一议，使得图例简单。也正是这一设计，导致其信息量远远少于唐氏地图。是故，称之为"示意图"可能比较准确。此外，以"凡阳"作为本岛的中心，与事实相距甚远。俞氏这一风格，对海瑞的地图制作产生了重要影响。

海瑞在《上兵部图说》中指出："间用参将俞虚江《处黎》图说语。"由此可见，海氏地图与其关联程度。海瑞笔下的山脉体系，比起俞氏要复杂多变；生黎峒多与汉人、熟黎交错分布，远非圆形环状布局；一府三州十县、卫所等政治、军事机构排列其中；驿站、巡检司等也清晰可辨（参见图1-10）。此外，该奏疏目的是开通十字路，岛内的河流被省略自然在情理之中。尽管如此，其所容纳的信息量，远非俞氏地图可比。

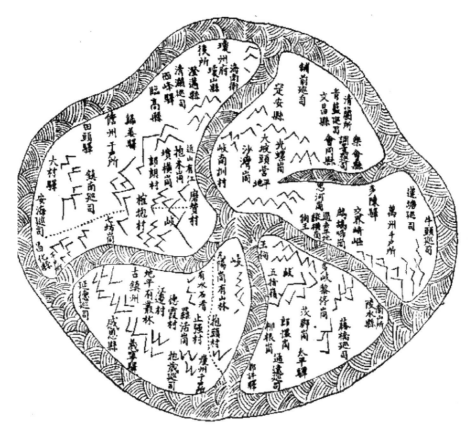

图 1－10 嘉靖后期琼州府全图

资料来源：（明）海瑞：《上兵部图说》，陈义钟编校《海瑞集》，中华书局，1962，第10、12 页。

二 地理空间的新探索

（一）本岛空间再认识

明代之前，历代王朝对于地处南部边疆海南的地理认知，一直模糊不清，文字表述也多有抵牾："自合浦徐闻南入海，得大州，东西、南北方千里。"[1] "二郡（珠崖、儋耳——引者注）在海中，东西千里，南北五百里。"[2]

---

[1] （汉）班固：《汉书》卷28 下《地理下》，中华书局，1962，第1670 页。

[2] （汉）班固：《汉书》卷6《武帝纪》注引《异物志》，第188 页。

"在大海中，南极之外，对合浦徐闻县。清朗无风之日，遥望朱崖州，如囷廪大。"① 海南空间的基本认识，随着时间的推移而发生改变。其标志为明初本岛人士蔡微著《琼海方舆志》。该志认为："地居海洲中。东西广九百里，南北袤一千一百四十里，绵亘三千余里。"②

嘉靖时期，海瑞曾提出本岛广袤"不止三千里"，③ 但没有被后来方志学家所认同。岛内正德、万历方志对蔡氏结论皆加以引用，使之成为明代关于海南地理空间的权威表述。这一广袤数字，到了清代乾隆年间萧应植的《琼州府志》有所修正，"东西距九百七十里，南北距九百七十五里"，萧的结论被张岳崧所引用。④ 这说明，对于本岛空间探索仍在进行之中。

（二）四至八到

明代官方典籍《大明一统志》，该著由吏部尚书、翰林院学士李贤等奉敕撰修，成书于天顺五年（1461）。对海南四至作如下解释：

> 琼州府：东至海岸，四百九十里；西至海岸，四百一十里；南至海岸，一千一百三十里；北至海岸，一十里。自府治至南京，六千四十五里；至京师，九千四百九十里。⑤

正德时期地方文献，进一步丰富官方解释。以本岛为叙述中心，从岛外和岛内两个部分描述。

1. 与岛外沟通情况

> 徐闻可半日；若达广州，由甲海行者顺风五六日，大海放洋者三四日；福建则七八日；浙江则十三日；西至廉州二日；自儋州西行，二日可达交阯；万宁县三日可抵断山云屯县；崖州南行二日，接占城外番。
> 自府城至布政司一千九百里；至南京，水马驿六十四驿，六千四十

① （北魏）郦道元注，（民国）杨守敬、熊会贞疏《水经注疏》卷36《温水》，段熙仲点校，陈桥驿复校，江苏古籍出版社，1989，第3021页。
② （明）蔡微：《琼海方舆志》，引自（明）唐胄《正德琼台志》卷4《郡名》。
③ （明）海瑞：《上兵部图说》，陈义钟编校《海瑞集》，第12页。
④ （清）张岳崧：《道光琼州府志》卷3《舆地》，第55页。
⑤ （明）李贤等撰《明一统志》卷82，《四库全书》第473册，第730页。

五里；至北京，水马驿一百一十一驿，九千四百九十里，官限一百三十九日。若自南京陆路至北京，马驿只三十九驿，二千三百六十四里。①

2. 岛内四至八到

东至万州乌鱼场海岸，四百九十里；南至崖州小洞天海岸，一千一百三十里；西至儋州羊浦海岸，四百八十里；北至环海铺，十里；东南到陵水多峰港海岸，五百四十里；西南到感恩南港海岸，八百一十里；东北到文昌抱虎浦海岸，一百六十里；西北到临高博白浦海岸，二百八十里。②

另外，详细列出岛内三州十县与府城的方位、各自的四至八到。这一结论是对入明以来150年发展基础上的阶段性总结，因而具有相对稳定性。

随着岛内汉黎进一步交融，行政建制也发生微妙的变化，这是唐氏"四至八到"在明代后期被修正的主要原因。《万历儋州志》对是时儋州的认识，便是其中一个例子（参见表1-11）。

表1-11 正德、万历时期儋州的四至八到

正德时期[1]	万历时期[2]
府城西南三百七十里	琼州府二百七十里
东跨黎峒；西距大海；南抵感恩；北接临高	
东西广一百里；南北袤四百里	东西广八十里；南北袤一百九十里
环疆六百四十五至	
东至落基黎村，四十里	东至落闲黎村，四十五里
南至保吉黎村，三十里	南至保吉黎村三十里
西至洋浦，二十五里	西至洋浦岸三十五里
北至峩峁铺，三十里	北至峩峁黎村四十里
东南到黎基黎村，四十里	东南抵落基黎村四十里
西南到昌化县神泉铺，一百二十里	西南抵昌化县界神泉铺一百二十里
东北到本州谭乐都透余村，六十里	东北抵临高县界七十里
西北到龙门岭，三十五里	西北抵龙门海岸三十里

资料来源：
[1]（明）唐胄：《正德琼台志》卷4《疆域》。
[2]（明）曾邦泰：《万历儋州志》天集《疆域》，第12页。

从表1-11中可以看出，正德、万历二个时期的四至八到起点与终点基

①（明）唐胄《正德琼台志》卷4《疆域》。
②（明）唐胄《正德琼台志》卷4《疆域》。

本一致，但是里数差距较大，弘治之后，该地在募化生黎上取得了一定的成就，明万历《儋州志》没有囿于旧说，而是通过实际认识，加以损益。这些记录为今天研究明代海南各县市境域、地名等变迁，提供了资料支持。

（三）交通

交通一直是明代以前王朝治理的一个软肋，岛内因不时的黎乱而导致交通不畅。"熟黎多湖广、福建之奸民也，狡悍祸贼，外虽供赋于官，而阴结生黎以侵省地，邀掠行旅"，[①] 陆路交通梗阻，人们只能选择水路，南宋史家李心传记述的"再涉鲸波"，[②] 便是其真实反映。入明之后，水陆交通都有着明显的改善。为了便于商旅往返、岛内人出行及服务于军事等目的，本岛的水陆交通体系初步形成。

1. 水路交通

最早对此记述蔡微的《琼海方舆志》：

> 东路：半日至铺前港；半日至文昌青蓝头；一日至会同调懒港；半日至乐会博敖港；半日至万州连塘港；一日至南山李村港；一日半至崖之临川港，俱无稳泊处。西路：半日至澄迈东水港；又半日至临高博浦港；一日至儋州洋浦港；一日至昌化污泥港；一日至感恩抱罗港；一日至崖之保平港。俱有港汊，可泊舟。[③]

蔡微对于商旅在东、西路港口间交通以"日"为计量单位的判断，被唐氏方志及欧阳氏方志所征引，从而成为明代的共识。

2. 陆路交通

依靠驿传制度而建立的陆路交通，根据明初设计，主要有水马驿、递运所和急寄铺等组成。水马驿专门递送旅客，飞报军情；递运所则为运送军需物资和贡品；急寄铺则是由步兵承担负责递送平常文书。[④]

洪武九年（1376）创设递运所，仅设"琼山县北十里海口都"一处，

① （宋）周去非、杨武泉校注《岭外代答校注》卷2，第70页。
② （宋）李心传：《建炎以来系年要录》，《四库全书》第327册，第673页。
③ （明）蔡微：《琼海方舆志》，引自（明）唐胄《正德琼台志》卷4《疆域》。
④ 臧嵘：《中国古代驿站与邮传》，商务印书馆，1997，第171－172页。

为"递公文渡海抵徐闻杏磊驿",① 这表明王朝政令因海南实际情况而改变。从唐氏分州县舆图上可以看出，大量的铺舍与一定数量的驿站，被一条虚线连接起来，从而成为本岛陆上主要交通要道。

（1）驿道。唐胄对此予以解释曰："虽东西俱有驿铺，昼夜通行，然商贩安于便捷，未免由舟"。② 这说明，商人是可以行走于驿道之上的，事实上，由于造桥技术的局限，宽阔的南渡江、万泉河、昌江等大河流的下游无法逾越，靠津渡连接交通是此时的唯一选择。这给商人的出行带来很大的不便。由此观之，这条由驿站、津渡、铺舍和巡检司连接成的环岛道路，事实上是集官、军、商、民于一体的重要通道。

不过，用于传递军情而设置的水马驿，从明初的26处到万历末期仅剩琼台驿一处，方志记述了这样一个从繁荣到衰落的过程。

大规模的裁革发生在弘治十七年（1504）和隆庆二年（1568），零星的省并也时有发生，如正统八年（1443），裁省琼山县白沙水驿，感恩县甘泉、大南村马驿；③ 嘉靖三十年（1551）裁革琼州府乌石、长岐、宾宰三驿，移牛岭巡检司于乌石驿旧址（参见表1-12）。④

表1-12　明代海南水马驿设置情况

分项	明初	弘治十七年	正德八年	嘉靖三十年
总驿	琼台驿			
东路	白沙、文昌、永丰、温泉、万全、顺潮、潮源、宾宰、长岐、多陈、乌石、太平、都许	宾宰、长岐、多陈、乌石、太平、都许	宾宰、长岐、多陈、乌石、太平、都许	多陈、太平、都许
西路	通潮、珠崖、古儋、昌江、县门、甘泉、大南村、西峰、归姜、田头、大村、义宁、德化	西峰、归姜、田头、大村、义宁、德化	西峰、归姜、田头、大村、义宁、德化	西峰、归姜、田头、大村、义宁、德化
合计	26	13	13	9

资料来源：据《正德琼台志》卷14《嘉靖广东通志·政事志·驿传》、《万历琼州府志》卷4《公署》，以及《明英宗实录》卷101、《明世宗实录》卷373等整理。

根据万历府志记载，经过隆庆二年及万历四十年裁革，本岛驿站仅琼台

① （明）唐胄：《正德琼台志》卷14《驿递》。
② （明）唐胄：《正德琼台志》卷4《疆域》。
③ 《明英宗实录》卷101，第2035页。
④ 《明世宗实录》卷373，第6659页。

驿一处，其至"递公文渡海"唯一的递运所，也在"隆庆戊辰年裁革"。[①]

（2）铺舍。与水马驿大起大落不同，铺舍则处于相对稳定的发展状态（参见表1-13）。

正德时期铺舍比万历时期多出10个。一是由于万历三十三年本岛东部大地震，从府城出发到文昌需要改道，铺舍比原先少了3个；二是万历府志在铺舍记载中定安县缺载，这与王士衡奏革定安驿站[②]应该有着一定的联系；三是西路昌化县下"树林、罗员、马岭"三铺舍在万历中无载。抛开这些问题，可以认为，正德到万历间，本岛的铺舍设置增减幅度不大。尽管水马驿、递运所不断被裁革，并没有对本岛的路政产生实质性的影响。换句话说，由相对固定铺舍连接的本岛东西路线，道路交通较为顺畅。

表1-13 明代海南四路铺舍分布情况

分项	正德时期［1］	嘉靖时期［2］	万历时期［3］
北路	府门总铺、环海		
中路	谭抻、挺村、迈丰、博门、定安县门、居丁、黄竹、黄藤、会同县门	谭抻、挺村、迈封、博门、定安县门、居丁、黄竹、黄藤	谭抻、挺村、迈封、博门、黄藤
东路	张吴、那庾、梅蓝、那显、博合、苏村、迈容、宾宰、藤桥、赤历、青山　文昌县门、凌村、迈号、同平、长宁、赤岸、会通、平定、会同县门、新安、顿兴、乐会县门、温泉、驰星、多陈、田头、勤赛、莲塘、冯吴、周村　万州州门、踢容、黎岐、青藤、乌石、田头、牛岭、大寨　陵水县门、顺潮、鸭塘、石赖、东山、大平、德林、尤炼、滴西、多银、都许、郎风、新村、南山、崖州门	张吴、那庾、梅蓝、那显、博合、苏村、迈容　文昌县门、青山、赤历、藤桥、宾宰、凌村、迈号、同平、大宁、赤岸　会同县门、新安、平定、会通、乐会县门、顿兴、温泉、万州州门、周村、莲塘、冯吴、勤赛、田头、多陈、驰星、踢容、黎岐、青藤、杨梅　陵水县门、顺潮、鸭塘、石赖、大寨、牛岭、乌石、田头　崖州州门、多银、都许、郎风、新村、南山、尤炼、东山、太平、德林、滴西	张吴、卢浓、抱龙、迈舍、赤草、那舟、那文、窑灶　文昌县门、凌村、迈号、同平、长宁、赤岸、会同、平定　会同县门、新安、顿兴、乐会县门、温泉、驰星、多陈、田头、勤赛、莲塘、冯吴　万州州门、踢容、黎岐、青藤、乌石、田头、牛岭、大寨　陵水县门、顺潮、鸭塘、石赖、东山、大平、德林、尤炼、滴西、多银、都许、郎风、新村、南山、崖州门

① （明）欧阳璨等：《万历琼州府志》卷4《公署》，第92页。
② （明）王士衡：《奏革定安驿递疏》，引自（清）张文豹《康熙定安县志》卷3《艺文》，第176-177页。

续表

分项	正德时期 [1]	嘉靖时期 [2]	万历时期 [3]
西路	二水、二十里、五原、石山、七里 澄迈县门、颜村、多峰、稍阳、沙地、西安、黄洞、安边、定远、长春、潮阳、官容 临高县门、新兴、华阴、永丰、那骞、归姜、司徒、榕桥、松林、十里 儋州州门、顿桥、何村、那落、田头、沙沟、煎茶、允村、大村、抱驿、富徒、大员、小员 昌化县门、树林、罗员、马岭、北黎、大南、小南、天冲 感恩县门、南港、岭头、白沙、抱驾、黄流、佛老、抱岁、落罗、抱拖、湳浅、南乐、崖州门	二水、二十里、五原、石山、七里、颜村、多峰、稍阳、沙地、黄洞、西峰 临高县门、官容、朝阳、长春、定远、安边、新兴、华阴、永丰 儋州州门、十里、松林、榕桥、司徒、归姜、那骞、顿桥、何村、那落、田头、沙沟、煎茶、允村、大村、新港、大员、小员、抱译、富徒 昌化县门、神泉、树林、罗员、马岭 感恩县门、天冲、大南、小南、北黎、南港、岭头、白沙、佛罗、落罗、黄坑、抱驾、佛老、抱岁、抱拖、南浅、南乐	二水、叶里、五原、石山、七里 澄迈县门、颜村、多峰、稍阳、沙地、西安、黄洞、安边、定远、长春、潮阳、官容 临高县门、新兴、华阴、永丰、那骞、归姜、司徒、榕桥、松林、十里 儋州州门、顿桥、何村、那落、田头、沙沟、煎茶、允村、大村、抱驿、富徒、大员、小员 昌化县门、北黎、大南、小南、天冲 感恩县门、南港、岭头、白沙、抱驾、黄流、佛老、抱岁、落罗、抱拖、湳浅、南乐、崖州门
合计	125	128	115

资料来源：

[1]（明）唐胄：《正德琼台志》卷14《驿递》。

[2]（明）黄佐：《嘉靖广东通志》卷35《政事志·驿传》，第852－853页。

[3]（明）欧阳璨：《万历琼州府志》卷4《铺舍》，第92－104页。万历时期铺舍记载，定安县在该志中没有列入。根据该著第13页《定安县境》图中，将定安县门、居丁、黄竹加上。

  嘉靖之后，倭寇、海盗猖獗，使得水路交通受阻。商业贸易对岛内陆路有着明显的依赖。

  上述三部方志对本岛交通的介绍，呈现出二种叙事方式。欧阳璨效仿唐氏，以东西二路及中路和北路为对象，将环绕在岛内的铺舍连接起来，叙述清晰，方向感明确，是一个很好的指路手册。

  与唐氏叙事风格迥异的黄佐广东通志，则以州县为中心，再按照东西南北位置对境域内的铺舍进行记录。

  （3）里数计程。嘉靖末期，用里数进行环岛线路描述，也开始出现：

琼州府城由东行一百六十里至文昌县，由南行六十里至定安；本县由东南行一百二十里至会同；本县由东南行四十里至乐会；本县由东南行八十里至多陈驿；本驿由东南行二十里至万州；本州由东南行五十里至海边，复转西南行七十里至太平驿；本驿由西南行七十里至都许驿；本驿由西南行八十里至万州；本州由西北行八十里至义宁驿；本驿由西北行六十里至感恩县；本县由西北行一百一十里至昌化县；本县由东北行六十里至大村驿；本驿由东北行六十里至田头驿；本驿由东北行六十里至儋州；本州由东北行四十里至归姜驿；本驿由东北行四十里至临高县；本县由东北行七十里至西峰驿；本驿由东北行五十里至澄迈县；本县由东北行六十里复至琼州府城。[①]

上述的描述中，万州"西北行八十里至义宁驿"，即经由万州南下过回风岭，西去崖州、德化驿再到义宁驿，实际距离恐非仅仅 80 里，错误明显。琼崖右参将俞大猷对海南有着实际考察，相信其文章中应该不会出现如此严重的错误，可能原因是清道光孙云鸿味古书室在刊刻时的脱落。无论如何，俞大猷勾勒出自府城开始，由岛的东部、南部、西部再回府城的里程图。尽管其为军事服务明显，但商业意义也不应低估。

三　"千里长沙""万里石塘"新认识及对其管辖权变动

（一）对南海诸岛的新认识

关于南海相关认识，东汉杨孚如是说："涨海崎头，水浅多磁石。徼外人乘大舶，皆以铁叶锢之。至此关，以磁石不得过。"[②] 明代岛内文人记述中对南海诸岛的认识有所加深。其中，郡人唐胄将东汉杨孚关于"磁石"的记录作为药材记入其《土产》之下："出崖。《异物志》云：涨海崎头，水浅多磁石。徼外人乘大舶，锢以铁叶。值之多拔。"[③] 或许是对"磁石"如此性能产生好奇之故，唐氏以"石部"记入其药材之下，究竟

① （明）俞大猷：《正气堂》卷 3《处黎》，《四库未收书辑刊》第 5 辑第 20 册，第 138 页。

② （汉）杨孚：《异物志》，商务印书馆，1936，第 3 页。

③ （明）唐胄：《正德琼台志》卷 9《土产下·药之属》。

能医治何种病症，无载。其实，所谓"涨海"，屈大均解释为"炎海善溢"，① 也就是海水上涨；"崎头"则是对南海中岛屿、沙洲的称呼；而"磁石"则是在海水下的礁滩。是故，远航的船只即便用铁锢，一旦触礁，就像遇到"磁石"一样无法逃脱。②

比较而言，顾芥的记录较为准确地反映出南海诸岛情况：

> 千里石塘，在崖州海面之七百里外。相传此石比海水特下八九尺。海舶必远避而行，一堕即不能出矣。万里长堤，出其南波，流甚急。舟入回流中，未有能脱者。番舶久惯，自能避，虽风汛亦无虞。③

明代岛内关于南海的记述，出现的长沙、石塘、千里长沙、万里石塘、万里长堤、千里石塘等诸多词汇，皆是用来表述南海群岛。其中"千里""万里"是用来表述长沙、石塘的范围之广。

（二）南海诸岛管辖权的变更

宋《琼管志》在吉阳军（即今三亚市）下记载曰："其外则乌里苏密吉浪之洲，而与占城相对，西则真腊、交趾，东则千里长沙，万里石塘。上下渺茫，千里一色，舟船往来，飞鸟附其颠颈而不惊。"④ 该著可以说是方志中最早关于南海描述及其主权归属琼州府吉阳军管辖的重要历史见证。经南宋王象之《舆地纪胜》转引，该则史料得以重现。

正德时期，关于南海诸岛的归属权，由州一级开始向府转移，这一规定，一直持续到晚明时期。对此，正德、万历时期的方志皆有较为一致的表达，即是将宋《琼管志》在吉阳军下的描述，移植到琼州府疆域之下："外匝大海，接乌里苏密吉浪之州，南则占城，西则真腊、交趾，东则千里长沙，万里石塘。"⑤ 与明代中后期本岛东部民间行为开发南海相比，官方对于南海的认知相对滞后。但是对南海诸岛的管辖权由州一级建制上升为琼州府

---

① （清）屈大均：《广东新语》卷4《涨海》，第129页。
② 郝思德：《南海文物》，南方出版社、海南出版社，2008，第10页。
③ （明）顾芥：《海槎余录》，第27页。
④ （宋）王象之：《舆地纪胜》卷127《风俗形胜·吉阳》，《续修四库全书》第585册，第149页。《琼管志》又写成《琼莞志》，该书为南宋海南方志，早佚。
⑤ （明）唐胄：《正德琼台志》卷4《疆域》；（明）欧阳璨：《万历琼州府志》卷3《地理志·疆域》，第28页。

管辖来看，这一变动，体现出琼州府对南海诸岛经略的重视程度有所加强。

明代是南海海域最为繁忙的时代，早期有官方的郑和下西洋，随之航海针经不断涌现；后期则有海南东部渔民开发经营南海诸岛的民间行为，民间口头传承的《更路簿》，在海南的府志中都没有得到很好的体现。

官方著述既少，官员即便有一些零星记载，也多以讹传讹。这与海南作为拥有南海管辖主权的地位，似乎很不相称，个中原因似乎与文人士大夫个人兴趣有着一定的关联，本岛内黎外寇的乱局也是一个重要原因。

第七节　医药学

海南气候炎热，瘴气盛行、瘟疫不断。宋开宝八年（974）"琼州言：'俗无医，民疾病但求巫祝。'诏：以方书、本草给之"。[①] 这条来自北宋的官方记录，揭示出地处遐荒的海南求医问药的实际情形。

有明一代，民间对于瘴气认识、灾疫预防等诸多方面皆取得一定成绩。在明代政府推进及民间自发探索等多重努力下，医药学方面取得一定发展。

一　医学设置及其运行情况

入明之后，为改善各地落后的医疗现状，政府从政策层面进行设计，洪武三年（1370），"置惠民药局，府设提领，州县设医官。凡军民之贫病者，给之医药"；[②] 洪武十七年，医学被作为政府的职能机构而纳入制度化建设中：

> 置府州县医学、阴阳学。府，置医学正科一人、阴阳正术一人，秩从九品；州，置医学典科一人、阴阳典术一人；县，置医学训科一人、阴阳训术一人，皆杂职。[③]

明初惠民药局在本岛设置与否，因资料无载而无法断语，正德年间"多

---

① （宋）李焘：《续资治通鉴长编》卷16，《四库全书》第314册，第239页。

② （清）张廷玉：《明史》卷74《职官志三》，第1813页。

③ 《明洪武实录》卷162，第2519页。

医"，① 仍可以从侧面反映出"州县设医官"之政令在边陲的落实情况。有明一代，各地医学机构运行及存废情况有着较大变动（参见表1-14）。

表1-14　海南医学机构设置及运行情况

府州县	正德以前	万历时期
琼　州	洪武十七年建，设官正科一员	
澄　迈	洪武十七年建，设官训科一员	
临　高	洪武十七年建，设官训科一员	今废
定　安	洪武十七年建，设官训科一员	
文　昌	洪武十七年建，设官训科一员	
会　同	洪武十七年建，久废	久废
乐　会	洪武十七年建，废	今废
儋　州	洪武十七年建，设官典科一员	
昌　化	正统八年，随县迁建，设官训科一员	
万　州	洪武十七年建，设官典科一员	
陵　水	洪武十七年，医生刘弥保创建，今废	今废
崖　州	洪武十七年建，设官典科一员	
感　恩	洪武十七年建，设官训科一员	

资料来源：（明）唐胄：《正德琼台志》卷13《公署》；（明）欧阳璨：《万历琼州府志》卷4《建置志·公署》，第90-104页。

毫无疑问，医学机构的设置，是地方政府秉承中央意图的结果。在创办时间上，除了昌化县为正统八年外，其他府州县皆在洪武十七年建立；正科、典科、训科三种级别的官员，在海南一府三州九县（琼山为附郭，未设）皆有设置。这表明洪武十七年的诏旨，即便在边陲的海南也有很好的落实。

然而，其实际运行状况则并不尽如人意。会同医学机构，大约在永乐时期就已经废置，这点从唐胄转引蔡微的《琼海方舆志》中可以看出。而乐会、陵水大约在正德之前，也遭废弃。究竟何种原因造成，不得而知。万历时期的临高的医学废置，可能与隆庆六年该县城为倭寇烧毁有着某种关联。从四个废置的机构，并没有在后来再次设置，见存的府州县十个机构似乎也没有扩大趋势。

---

① （明）唐胄：《正德琼台志》卷7《风俗》。

二　瘴气的认知

瘴气是海南最为主要的地方病之一。19 世纪 40 年代，"瘴气致病说"遭到质疑，至 19 世纪 80 年代，法国科学家巴德斯和德国科学家科赫等人，先后在有病的生物体内发现大批微生物，并证实它们是传染病的起因，从而导致"传染病"学科的诞生。

明代对于瘴气的认识，体现出不断深化的过程。丘濬在其《南溟奇甸赋》中，就本岛瘴气做出如下判断："境临乎极边而复有，海泄其蕴气而无瘴。"① 丘氏无视瘴气的存在，以四周海洋宣泄之，多为渲染之词，与事实不符。② 正德期间，唐胄本着从事实出发，抛弃丘氏无瘴的判断，而是在《旧志》的基础上，进行了归纳和总结："水土无他恶，惟黎峒中有瘴气。乡人入其地，即成寒热，重者或黄肿，经年乃愈，谓之黎病。"③

明朝中后期，岭南地区生齿日剧，对山区的开发有着不同程度的加强，是故对瘴气也有了一定的认识。比如瘴气的形成、发作的时间、名称、种类以及预防等方面，都做了具体分析：

> 岭南地区通号瘴乡，然郡邑之依山者，草茅障翳，炎气郁蒸，故为害也。《旧志》，瘴候始于三月，止于九月。故有青草、黄茅、桂花、菊花之号。商旅氓隶，触热征行，与夫饮食失节，不善调摄者，固自有以取之；为生者，尤当加谨。④

戴璟关于瘴气的描述是针对岭南地区而言，海南是瘴气盛行之地，所以他的言论，应该包含了海南瘴气的特征。该著成书于嘉靖年间，其关于瘴气的研究成果，并没有为《万历琼州府志》所引用，但这并不能因此而否认其价值。

---

① （明）丘濬：《丘文庄公集》卷 7《南溟奇甸赋》，《四库存目》集部第 406 册，第 387 页。
② 苏云峰：《从丘浚〈南溟奇甸赋〉看 15 世纪之海南自然生态与人文社会》，《海南历史文论集》，海南出版社，2002，第 84 页。
③ （明）唐胄：《正德琼台志》卷 4《气候》。
④ （明）戴璟：《嘉靖广东通志》卷 18《风俗》，《四库存目》史部第 189 册，第 334 页。

《万历广东通志》在此基础上，对于瘴气的形成做出另一番解释：

> 山居岭壑，盘郁气，多霾毒。岚烟四塞，停午不开，暑雨冲击，暴而成瘴。五月曰青草，九月曰黄茅，曰桂花、菊花。其中于人也，多生疾。或黄羸、足重、偏枯、癣疥不一矣。频海地气稍舒，海涛喷薄，暴风来格，而青草、黄茅之瘴，亦时所有也。此山海之气候也。①

直到清雍正时期，郝玉麟才对明代相关认知进行损益，并做出如下界定：

> 岭南之地，愆阳所积，暑湿所居，蕴隆不宣。一岁之中，风雨燠寒，罕应其候，故蒸变而为瘴疠。瘴有四候：青草黄海瘴于春夏；新禾黄茅瘴于秋冬，皆草木之气，挟毒虫恶蛰，蒸郁而成。深山菁林之中，香花瘴尤酷；木棉开时，山岚气随之而发，行者闻异香出林，味如桂菊，毒易中人。近海州郡，地气稍舒，风涛变动，诸瘴少作。唯山泽间，蓬蓬勃勃，郁结如火不散。当唐宋时，以新春儋崖诸州，为仕宦畏途。今者瘴烟大豁，险隘尽平，山川疏畅，中州清淑之气，数道相通，盖调变之功巨矣。②

当郝玉麟的结论为《道光琼州府志》所转引时，海南对于瘴气的认识，才正式完成。

三　药物学的朴素认知

南方多异草，海南尤甚。南宋范成大在《桂海虞衡志》的"志草木"，以及周去非《岭外代答》的"花木门"中，对海南的植物进行分类描述，并就人们在长期实践过程中对该植物药物功效认识，进行整理、记录。这一做法，为后来海南方志纂者所沿袭，并进而推广至动植物类别。

---

① （明）郭棐：《万历广东通志》卷1《气候》，《四库存目》史部第197册，第41页。
② （清）张岳崧：《道光琼州府志》卷2《气候》，第48页。

（一）明朝前期药物学阶段性总结

明代郡人王佐的文集在此方面有过探讨，如：

> 和香一入口，春风行百骸；肺腑畜瘴腥，固结难推排；顷刻发轻汗，清飚扫云霾；豁开胸中天，寸境何恢恢。[①]

王佐认为：槟榔白（未结实者曰白）可以除瘴腥、排郁结。此外，对于"波罗蜜""槟榔""天南星""鸭脚粟""益智子"等海南物产药物功效也有所涉猎。最能反映王佐在此方面努力的要数其《琼台外纪》，遗憾的是该志早佚。后来的《正德琼台志》，部分征引了王氏的成果。

唐胄在结合苏东坡、王佐等认知的基础上，并结合《本草经》和民间的实践，较为详细记录于《正德琼台志》中，兹整理如下：

> 茼蒿：《本草》云：动风气，熏人心，令人气满。不可多食。
>
> 菇：中蛇毒者，擂芝麻调服，即愈。
>
> 姜：红白二种，紫可药用。
>
> 牛茭：和米粉舂煮，醮蜜食之，解暑。
>
> 蕹菜：主解野葛毒。
>
> 甘蔗：性凉。可解草毒。
>
> 槟榔果：叶可擦癣。
>
> 蒲但树：根可治疗毒。
>
> 麻雀：粪即白丁香，治眼疾。
>
> 檀蛇：取酿酒，去疮疖。
>
> 沙摊：形类师蛇而扁，取灸以治腹痛。
>
> 田鸡：食之补虚损，尤宜产妇。
>
> 石蟹：性凉。涂消肿毒。
>
> 山药：即《本草》薯蓣。性温暖，补下元。
>
> 苍耳：长生药也。杂疗风痹瘫痪，瘖疟疮痒，不可胜言，尤治瘿金疮。

[①]　（明）王佐：《鸡肋集》卷8，（民国）王国宪辑《海南丛书》第3集第1卷，第22－28页。

大瓠藤水：《本草》：珠崖、儋耳无水处种此藤，取汁用之。味甘寒、无毒。主烦热、止渴、润五脏、利小便。藤如瓠，断之水出。

大小蓟：医家用散血。

茴香：枝上时有大青虫，形如蚕。取治小肠气，甚良。

红豆蔻：即草果仁，解酒毒。

使君子：疗小儿。

蛇含：一茎五叶或七叶，用七叶黄花者佳。治蛇伤、赤眼、风肿诸症。

女青：《本草》即雀瓢，主蛊惑、逐邪恶气、杀鬼、瘟疟，辟不祥。

朝开暮落花：疗疮毒。

羊蹄草：根汁可治疥癣。

马鞭草：苗似狼牙，抽三四穗，主下部蛋疮。

益智子：今本土岁办，以充药材。

海马：主妇人难产，带之于身，神验。

庵摩勒：主补益强气力。

血见愁：医家取散血。

山总管：叶可解、添毒。土医谓之药母。

柳豆叶：小儿痘疹初愈，土人取以煎浴。

接骨草：丛生。高二三尺，叶大于柳而厚，茎有节。折伤者裹之，即愈。

槟榔：辟腥、消食、除瘴。[1]

唐氏在整合前人已取得成果的基础上并进行甄别，极力将书本描述与本岛动植物进行对接，考究其产地、形状、色泽，进而对其药性、治疗对象、适合医治病症等进行整理、记录，并以土医、土人的实践加以验证。

（二）部分中草药药效

唐胄在本岛现有的动植物基础上，在"药属"之下开列近 120 种药

---

① （明）唐胄：《正德琼台志》卷9《土产下》。

方，有些因其仅列举了名称而无其他内容，是故未一一列举。从学科划分的视角，可分成内、外、妇、儿科和养生、保健、营养二大系列。这些药方多体现在对常见病，如蛇伤、疮疖癣、骨折等方面的救治。很多药方，至今仍然在发挥其作用（参见表1-15）。

表1-15 海南部分中草药今昔相关内容比较

名称	产地、特征	性味功能	应对疾病
曼陀罗	柯生。即䫏茄花[1]	戏取入酒，饮人发狂。取者作何戏态声色，则狂态发亦如之	
	直立亚灌木，花大，喇叭形。生于村旁路边荒地，环岛皆有[2]	镇痉止咳，定喘，消肿，定痛，生肌	肠胃疼痛、跌打骨折等
接骨草	丛生，高二三尺，叶大于柳而厚茎有节		折伤者裹之，即愈
	直立灌木，高1-2米。喜生于村边、荒地、灌木丛中	根祛风消肿，舒经络，行气止痛；茎叶祛风活血	风湿、跌打损伤
苍耳	但有地则产，无毒	其花叶根实皆可食。使人骨髓满，肌理如玉，长生药也	杂疗风痹瘫痪，蘑疟疮痒，尤治瘘金疮
	多年生草本。生于村边、公路旁、荒地。全国各地皆有	果实甘苦温，茎叶微苦、微平。清热祛风湿，利尿降压，消淤止痛，杀虫	果实治疗过敏性鼻炎、血吸虫、糖尿病等；叶，外洗疮疖、湿疹、外伤出血等
红豆蔻	即草果仁		解酒毒
	多年生草本。生于潮湿山地	辛、温，燥湿散热，醒脾消食	呕吐腹泻、疟疾、痢疾
羊蹄草	叶如菠菱而无歧，色差青白		根汁可治疥癣
	直立草本。基生叶琴形分裂。管状花序，紫红色	清热解毒、祛湿消肿	疖肿疮疡、痈疽、皮炎湿疹
马鞭草	苗似狼牙，抽三四穗		下部蛋疮
	多年草本。单叶、对生或轮生。喜生于村、路边草丛中	清热解毒，通经散瘀，利尿止痒	小便不利，湿疹瘙痒

名称	产地、特征	性味功能	应对疾病
益智子	花实皆长穗而分为三节	补肾固精，温脾止泻	止水；岁办以充药材
	多年生草本。总状花序顶生，蒴果椭圆形。阴湿密林或疏林下		多唾遗精，小便余沥，夜多小便
庵摩勒	即余甘子	清热降火、凉血降压，止咳止痛止痢	补益强气力
	灌木。果球形。外果皮肉质，味先苦后甘，故"余甘子"		心胃气痛、疝痛
血见愁	方茎，其叶对生而有斜纹，两边共八条，叶边碎尖如剑	止血止痛，散瘀解毒	散血
	亚灌木状草本。单叶对生，长柄，边缘有不规则粗钝齿		吐血、外伤出血
使君子	花红白，实紫黑色，四棱，瓣深	杀虫消积，驱蛔虫	小儿
	落叶藤状灌木。夏季开白花，后变红或淡红。五棱，熟时黑色		蛔虫病、小儿疳积

资料来源：

[1]（明）唐胄：《正德琼台志》卷9《土产下》。

[2] 邓世明：《海南常用中草药名录》相关条目，中国科学技术出版社，2006。

通过表1-15简单罗列、对比，可以看出唐胄关于药材的特征、性味功能及所主治疾病的判断，与今天的相关认识仍有着一定的承接关系。但是，对于疑难杂症、重大疾病的救治，以及传染病的预防、治疗上鲜有涉及。尽管这是方志而非医药学专著，但在一定程度上反映出是时岛内医学的大致水准。

方志的纂述本身就是集民间之大成，加之著者自身学识、经历所限，不可能对上述各种药性亲身体验。如对"女青"主蛊惑、逐邪恶气、杀鬼、瘟疟，辟不祥；"海马"主妇人难产，带之于身，神验等描述，不可避免地带有一定的迷信色彩。所以，无须求全于古人。

四 中医中药学的新发展

建立在宋元的相关认知基础上，明代海南的中医药理论构建上也取得了明显的进步。

（一）李义及其《白芨点书》

李义，镇江人，明代儋州医士，有"三代从医"的家世背景。他在承袭家学的基础上，通过自身努力，"尤精于脉，巧于药"，医疗技术日臻完善，因而"士宦多重之"。[①] 此外，他还致力于药物学书籍的编纂，《白芨点书》便是在其"露滴研朱点壁藏，谩劳珍重护芸香"[②] 之下而取得的成就（该书已佚）。

所谓"白芨"，根据当今中医中药学的描述：药材性状为多年生草本；性味归肺、肝、胃经；主治咯血吐血、外伤出血、疮痒肿毒等。以"白芨"名之，表明应该是一部以草本类为主要采集对象的药物学著作。

（二）丘濬及其医学贡献

1. 《本草格式》的新见解

明代中期，国内医药学对于本草认识良莠不齐，传世著作对于药物性能、产地、应对病症等意见不一，甚至出现意见相左的混乱状况：

> 以《本草》观之，凡药有所疑者，《日华子》曰是此物；陶隐居曰非；《图经》曰宜治此病；《衍义》曰不然。作书者尚不灼知其物之真的，考书者又何所据而用之哉？况其所载药品动至数千，其中有世人所不识，古方所不用者，纷繁错杂，足无定见。

究其原因，丘氏指出药性与治病之间存在着先后承接关系："医书之有《本草》如儒家之有字书也，不识字者断不能为文，不识药者又安能治病哉？"遗憾的是，这种先后关系自《神农本草》问世以来，多被颠覆。因为历代皆在《本草》的基础上不断损益，以为医治之方。但参与者多为儒臣，他们对于医药知之甚少；而对本草有一定了解的方技，又难以执笔写作。是故，"博而寡要，乏而无实"的著作流传于世。其结果"非独无益于世，而或至于误人"。[③] 鉴于此，丘濬"以邵子观物之说"为蓝本，按照《周礼》五药之目，著《本草格式》一卷（该著已佚）。

---

① （明）曾邦泰：《万历儋州志》人集《外志·方技》，第 162 页。
② （明）王佐：《鸡肋集》卷 9，（民国）王国宪辑《海南丛书》第 3 集第 1 卷，第 18 页。
③ （明）丘濬：《重编琼台会稿》卷 9《本草格式序》，《四库全书》第 1248 册，第 186 – 187 页。

毫无疑问，该著作的问世得益于丘濬医学世家①的熏陶。正如著者所言，"欲成此书，须是足迹遍天下，然后可也"。由于"头颅种种"及"拘于职，不出国门者几三十年"，丘氏足迹无法遍天下，自然也就无法尝百草。如此，"格物"之下产生的丘氏《本草格式》，其影响程度可以想见。

尽管如此，丘濬确定了"识药性"与"治病"的治疗次序，从"实践"到"理论"的药性鉴别方法，为明代中期紊乱的中医药著作编纂，提供了较为科学的理论模式。

2. 针灸学上的贡献

《明堂经络前图》与《明堂经络后图》，是丘濬仿照宋代针灸医家王惟一《铜人腧穴针灸图经》样本，因其"于所赋之形质则容有未备"，故详加考订，复以存真，重绘而刊刻（两书现已佚）。著者在其《明堂经络后图序》中指出其目的有二。

一为士大夫之养身之方；

> 示学者以理气之所凝以成质者，而使其知疾病根原之所自出而慎诸身。学者诚能察之，目而究诸心，谨夫肢体之所运动，顺夫气脉之所流行，则可以奉亲以尽孝，保身而全归矣。

一为提高方技的技术水准：

> 夫世之学方技者，以之求十四经之流注，八法之运用，九针之补泻，亦未必无所助云。②

丘氏的著作对于士大夫养身产生怎样的影响，不得而知。但是以提高方技技术水准的目的，可以说对针灸学的发展有一定的作用。

---

① （明）何乔远：《丘文庄公传》，载（民国）王国宪《海南丛书·琼台会稿》第 1 集，第 9 页。按："祖普，性有阴德，为良医"。

② （明）丘濬：《重编琼台会稿》卷 9《明堂经络前图序、后图序》，《四库全书》第 1248 册，第 189－191 页。

第二章　人文与社会科学

明代海南儒生因科考而通显的数量有着极大的提高，人才辈出。这一群体的出现，为地处边陲的海南人文与社会科学的发展，提供了智力支持。此外，民间智慧也是推动其繁荣的重要力量。

在不同时段，府州县志的编纂、家族谱牒的兴修，是本土史学繁荣的重要标志；在王佐与唐胄间的"海南早期归属之争"，体现出对王朝治边历史的检讨。

通过对这一群体见存文集的梳理，可以展现琼籍士人在诗词歌赋等方面的造诣；而书法、绘画、音乐等领域，最能代表海南水准则多来自民间创造。如"能协琴瑟之声为八音"的汪浩然撰写的《琴瑟谱》，主要探讨"琴瑟之制以及图说、指法"，"各分诸调"；汪氏"谱大成乐"，体现出本岛音乐实践中的最高水准；而以《八音摘要》来"撷拾旧论"，则是对历代音乐发展在理论上的总结。

第一节　政治与行政管理思想

黎汉关系的调适，是历代王朝治理海南的主要着眼点。明代中叶以后，岛内周期性的黎乱以及来自海上的倭寇、海盗侵掠，历史上较为单一的民族矛盾因而日益复杂。琼籍士人和守土官员，围绕着黎族治理、吏治与廉政建设等诸多方面，纷纷阐述各自主张。这些来自地方认知，多为国家层面所接纳，从而成为明朝本岛治理的主要政策。其在地方政治建设中所发挥的作用，是以往历代所仅见。这些见解，使得本岛治理的政治与行政管理思想初具规模，从而推动了海南社会科学的发展。

一 治黎思想与实践

有明一代，岛内的黎汉关系经历了紧张——相对缓和——黎乱纷扰的三个主要阶段。如何妥善处理民族关系，稳定并壮大王朝统治基础，是入明之后岛内守土官员和本岛文人主要思索的问题。主要围绕两个方面展开，即终明一代的开通生黎道路之议和究竟采取何种治黎政策？

（一）开通黎路之议

鉴于"黎岐中盘"和瘴疠盛行的实际情况，"开通黎路"之议甚为流行。岛内黎乱周期性爆发，使之不断浮出水面。然而，该提案因多种原因而被搁置。在这一不断反复的过程中，"开通黎路"的性质也产生了较为明显的变化：前期以王朝经略为重要目标，到符南蛇之乱被平息之后，则有明显的巩固军事成果的取向，在嘉靖之后表现得更加明显。

1. "生黎直路"之议

洪武五年（1372），指挥张庸建言开通生黎直路获准："自定安县至儋、万、崖三州，开通中路，宽阔平坦，贯络驿道，以便往来。"这项庞大筑路工程，在瘴气盛行、人力财力匮乏的明初海南实行，其结果不难预见。"动兴数年，失于区画，未成。戊午（洪武十一年），指挥蔡玉建议罢之。"尽管如此，对于开通生黎直路的呼声不断：

> 成化间，副使涂棐方议开辟，辄以事阻。弘治末，刑部主事文昌韩俊，以前挫由处置欠宜，况今军民谙练黎俗者众，乘南蛇平后，复建议开中路，奏行，为副使王橚所阻，识者恨之。①

从早期的设计来看，这条以琼州府为起点，经由定安至儋州和万、崖二州的通黎直道，事实上是由通往东、西的二条路线组成，中部的五指山地区并没有在规划之列。究其实质，是对元末以来岛内生黎归化之后既得成果的肯定。

---

① （明）唐胄：《正德琼台志》卷4《疆域·道里》。

2. 十字路的缘起

明代中叶之后，随着军事势力的不断推进，人们对于岛内通黎道路有了新的认识。最早对此进行设计的是俞大猷（参见图 2 - 1）：

> 自琼州至定安县，一日程；本县至大坡头营，二日半之程；本营至磨赞村，一日程；本村至凡阳峒，一日程；本峒至崖州城，二日程。此南北径直道路，所宜开通，迁立驿递，以便官民往来者也。自沙湾新设城起，西由临高黎峒行，由催抱、古镇州、罗活、领脚各新立之城经过，由万州、乐会、定安等黎峒，复回沙湾，此周流于黎峒之中。①

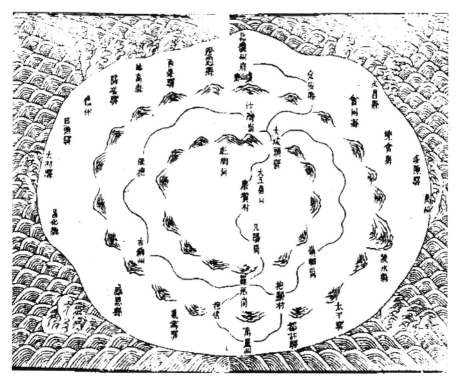

图 2 - 1 开通道路之图

资料来源：（明）俞大猷：《正气堂集》卷 3《处黎》，《四库未收书辑刊》第 5 辑第 20 册，第 154 页。

---

① （明）俞大猷：《正气堂集》卷 3《处黎》，《四库未收书辑刊》第 5 辑第 20 册，第 154页。

俞大猷的设计有二层含义：一是建立一条经由五指山腹地，真正沟通南北，便官民往来的通夷道路；另一个则是在五指山外围建立一条环状通道，对于环状通道内的生黎"每年各巡一次，渐使归化"，将生熟黎割裂开来，是该条环形通道建设的主要目的。

此后，海瑞在俞大猷的基础上，明确了"十字路"的具体方位，即从琼州到崖州的南北路线以及自万州至昌化县的东西路线（参见图1-9）。这两条沟通南北、连贯东西的十字路设计，目的就是通过其建设，将五指山"黎峒中盘"的局面彻底瓦解。

有明一代，甚嚣尘上的开通黎路，一直处于设计、建言状态。直至光绪二十二年（1896），冯子材率兵入岛平定黎乱，"以利军事转输"，命黎人割除路旁林箐蔓草，才"粗具路形"。① 除了经济、军事等客观条件而外，王朝政府的治理力度是其关键。

（二）黎族治理

明代海南因教育兴盛，大量本土文人官宦于内陆。但是，岛内黎乱缠绕着这些心系故土的官员，如何求得黎乱问题根本解决，大量疏、文等在个人文集中纷纷呈现，这差不多是明代中叶以后海南文人文集中特有的现象。注重解决岛内现实问题，一事一议，卷帙不多抑或单篇文章，成为其主要表现形式。此外，本岛官员也以不同的方式，对黎族治理展开相关论述。

1. 相关涉的治黎文章

（1）文人笔记中相关文章（参见表2-1）。

表2-1 文人文集中相关治黎文章

著 者	文章题名	文集名称
王 佐	《珠崖录》、进《珠崖录》表、进《珠崖录》奏、平黎记、湛钺平黎记	《鸡肋集》
唐 胄	节录平黎事以备后论、节录抚黎土官事以备后论、节录征黎事以备后论、平黎总论	《传芳集》
钟 芳	平黎录序、平黎记、琼山县平黎记、平黎碑铭、黎寇议（一、二、三）、雕剿黎峒四、悯群黎文	《筠溪文集》[1]
俞大猷	处黎	《正气堂集》[2]

---

① 陈铭枢：《民国海南岛志》，神州国光社，1933，第260页。

续表

著　者	文章题名	文集名称
海　瑞	平黎疏、治黎策、上兵部图说、申海南道陈双山文、赠养斋蔡太守抚黎序	《海瑞集》[3]
郑廷鹄	平黎疏	《石湖遗集》[4]
王弘海	议征剿黎寇并图善后事宜疏、赠潘伯瑞芝胡公平黎蒙恩序、赠邑侯吴公抚黎著誉序、奇游篇赠陵邑游侯勘黎序、水会平黎善后碑	《天池草》[5]

资料来源：

[1]（明）钟芳：《筠溪文集》卷7、8、23，《四库存目》集部第64、65册。

[2]（明）俞大猷：《正气堂》卷3《处黎》，《四库未收书辑刊》第5辑第20册，第137－154页。

[3] 陈义钟编校《海瑞集》，第4－12、22－23、365－367页。

[4]（明）王佐、唐胄、郑廷鹄等，参见（民国）王国宪辑《海南丛书》第2至6集。在唐胄的《传芳集》中，以"节录"命名的情况来看，大约是王国宪节录了《正德琼台志》卷22、23关于"黎情（上、下）"中的相关论述。尽管现存的《正德琼台志》中遗失了这二卷，但是欧阳璨的《万历琼州府志》中可以佐证这一情况。（参见《万历琼州府志》卷8）

[5]（明）王弘海：《太子少保王忠铭先生文集天池草重编》卷2、3、4、9，《四库存目》集部第138册。

（2）方志中相关记录（参见表2－2）。

表2－2　明代见存方志中的涉黎文章

著　者	文章题名	资料来源
韩　俊	奏稿	《万历琼州府志》卷8《议黎》，第276－286页
杨　理[1]	上卢兵备书、上欧阳太守书	
谢廷瑞	奏稿	
吴会期	奏议	
林如楚	图说	
兵　部	题覆两广军门张　条议善后崖黎七款	
何斌臣	征黎善后条例	
李多见	征黎告文	《万历琼州府志》卷11《艺文志》，第586页
陈　策[2]	平黎策	《万历儋州志》地集《平黎》，第108－110页

注：

[1] 杨理，定安人，曾参加平定崖州下家村黎乱，"上金宪卢公学书《平黎十策》，又太守欧阳公传《平黎四事》"。（清）张文豹：《康熙定安县志》卷2《人物》，海南出版社，2006，第145－146页。

[2] 陈策，字万言，儋州人，知州罗杰选为社师，"符南蛇反，曾献《平黎策》"。[参见（明）曾邦泰《万历儋州志》地集《人物志》，第96页]

从上述二表所反映的时间来看，40 多篇探讨黎族的文章皆发生在弘治之后，中期以前鲜有涉及，由此可见明代早中期黎汉关系相对缓和。

就著者而言，在文人文集中，除了俞大猷之外，记述的主体多为岛内士人，表明对黎汉关系的关切程度；而方志的相关文章，著述者多为守土官员，有甚者还涉及中央军事高层机构——兵部。就其内容而论，文人笔记多为条陈平黎之策，尤以对地方官员在平黎、抚黎中所起的作用为题材的赠序类文章居多；地方官员的文章侧重于平黎的善后事宜。

钟芳在《悯群黎文》中指出，黎人"重契箭、谨信约，毫发不爽，虽士人不过也"，并强调通过"董之以威，裁之以权，睽而携之，渐而柔之"等手段，进而达到"舍旧图新，会于大同"，① 是为数不多探讨黎族本性的文章。

此外，关注事态进展，通过奏折的方式干预地方军事也不乏其例。弘治十五年（1502）十一月，符南蛇反，镇兵讨之不下。户部主事冯颙奏曰：

> 今虽称窜避，实则侵掠未已。乞勾考原设土官应袭土舍，熟知夷情险易者，给之赏犒，使各集土官可得万数，期集五指山，听分巡分守官节制奋击，有能擒斩首恶符南蛇者，复其祖职。此以夷攻夷之道，不烦军旅，而数月之间当有献俘之报。不然，臣恐师旅之兴无已日也。
>
> 兵部覆奏，谓：颙言可采。请下镇巡官议处。迨激变首恶者以闻，及请增设广东按察司副使一员，专整饬琼州府兵备，且荐廉州府知府王继［榗——引者注］可任其事。从之。遂升继［榗］为按察司副使。②

弘治十六年春，符南蛇之乱初平，准备对东路黎乱进行围剿，恰冯颙奏文至：

---

① （明）钟芳：《筼溪文集》卷 23，《四库存目》集部第 65 册，第 78－79 页。
② 《明孝宗实录》卷 193，第 3557－3559 页。

称海南黎贼只消本处土舍黎兵征剿，伏羌伯毛锐忿其言窄，遂撤军凯归。以此东路未经过师，残黎时有窜窃，承以兵备副使王櫆警前之乱，菱索不敢剪截，致彼蘖焰复炽。[①]

如前文所述，稍后不久，便有刑部主事文昌韩俊乘南蛇平后，复建议开中路。海南籍官员对本岛政治密集关注，对岛内政治也产生了一定的负面影响，冯颙奏文在岛内落实过程中，所产生的连锁反应便是一例。

这一情况，在晚明之后表现得尤为严重。万历末期，分巡海南道奉敕整饬兵备兼提督学校副使戴禧，曾就海南局势做了一个十分形象比喻，并指出：

郡，棋局也、志谱也。旁观者见有善着，而苦于当局者之易迷；当局者见有成着，而苦于旁观之掣肘……琼局之屡变而屡苦掣肘者，曰：兵防也、黎夷也、士风也。武臣之议防者曰：增兵；文臣之议防者曰：乏饷……产琼者之议黎也，曰剿；吏琼者之议黎也，曰抚。[②]

由此可以看出，琼籍士人对岛内政治的关注，已经达到一定的程度。

2. 土官土舍制度得失探讨

元代黎族土官制度建立及其运行过程中的弊端，在其末期业已显现。入明之后，这一制度再次设置，导致抚黎州官谋分府权，从而成为岛内乱源。

最早质疑该项制度的是丘氏门生、致仕在籍的王佐。"元代以土人为官，分管州县"，"兵民足受其弊"，但是，永乐二年（1404），再次起用土官，刘铭为抚黎知府，专一抚黎，不管府事。抚黎知府谋分府权，熟黎为逃避赋税差役，不断转变成生黎，使得版籍日趋减少。是故，革除土酋。[③] 王佐从土官制度本身历史沿革及其实际运行中弊端出发，进行探讨。

---

① （明）唐胄：《正德琼台志》卷18《兵防上·东路清万南三所制》。
② （明）戴禧：《万历琼州府志·序》，（明）欧阳璨：《万历琼州府志·卷首》。
③ （明）王佐：《鸡肋集》卷1《〈进珠崖录〉奏》，（民国）王国宪辑《海南丛书》第3集第1卷，第1、3–7页。

仅有"一册"① 《珠崖录》已佚，尚流传于世《进〈珠崖录〉表》和《进〈珠崖录〉奏》两篇文章，揭示了明初土官制度在实际运行过程中的问题：

> 古珠崖地，乃今琼州府十三州县地也，唐虞三代，未入《禹贡》《职方》。汉武元鼎五年（前112），平南越，明年始于南海等地并立九郡为内地。汉不择守者，因鄙夷其民，治之不以其道，遂致郡县陷没，复为裔土。终两汉之世，以迄六朝，五百余年。唐宋鉴汉失选守牧，治以内治，数百年间，遂成雅俗，衣冠文物与中州等。元始以土人为官，分管州县，兵民卒受其弊，九十三年之治，无足观者……所恨既往之奸邪，贻患后来之境土，既援土酋敌州县，以分本府之权，复诱良民为梗化，以益土酋之势。觊窥今之列土，比拟古者诸侯，岂知事势不同，况乎人亦难概。天下既是共尊一主，政事岂宜分为两家？掣肘尚有难行，敌体岂堪为治？譬人十指既足，便是全躯，又复胼拇多余，终为剩物，适以碍体，岂能益人？……谨以所编《珠崖录》一册，随表上进以闻。②

王佐从汉武帝元鼎六年（前111）设置珠崖、儋耳两郡，③ 将海南纳入王朝版图，开始了历代王朝经略南部边疆历史。由于汉代择守官员不当，"治之不以其道"，随致土民屡反，是故有汉元帝初元三年（前46年）贾捐之珠崖之弃。至梁大同中，海南一直游离于王化之外：

---

① （明）王佐：《鸡肋集》卷1《进〈珠崖录〉表》，（民国）王国宪辑《海南丛书》第3集第1卷，第3页。（清）张廷玉：《明史》卷97《艺文志二》曰："《珠崖录》五卷。"（第2414页）

② （明）王佐：《进〈珠崖录〉表》。见（明）欧阳璨《万历琼州府志》卷11《艺文志》，第539－541页；（清）张岳崧：《道光琼州府志》卷38《艺文志》，第864－865页；（民国）王国宪辑《海南丛书》第3集第1卷，第1－3页。散见于上述三个来源，对王佐的"进表"措辞皆有差异。就"复陷裔土"出现二种表述，万历府志用"夷土"；而张岳崧与王国宪本，皆用"裔土"。考之：裔土，即荒蛮之地。《国语·周语上》："犹有散迁懈慢，而著在刑辟，流在裔土，于是乎有蛮夷之国"，即是此意。而"夷土"之意，恐非王佐本意。万历府志称"元"为"胡元"，张岳崧、王国宪本中皆无"胡"，是可以理解的。"我朝圣圣相传"，万历府志为"天朝治辨华夷，圣圣相传"；"适以碍体，岂能益人"，张岳崧本，无。经比较，采用王国宪本。

③ 汉武帝本岛设置珠崖、儋耳两郡的时间，现在学者一致认为非"元鼎六年"，而是次年即元封元年（前110）。参见张朔人《西汉海南置罢郡历史研究》，《海南大学学报》2011年第5期。

卒之三国，吴既相沿而立郡；两晋又相沿而立郡，皆以招抚珠崖为名，讫于梁武大同中（535－546），五百八十余年。熏陶渐染，彼者久乱无统，不能一日相聚以存，而又习见中国，上下名分之严，衣冠文物之美，于中必有内愧，心不自安其夷陋者。于是因冯冼氏之得边心，举种类以归附，因而内属。[①]

王佐认为正是在充分汲取汉代本岛官员任用、治理政策等方面的教训，才有唐宋时期"遂成雅俗，衣冠文物与中州等"的局面；元代在政治上采用土官治理，军事上则置黎兵万户府，并在其下设立"十三翼"的千户长，这种重复设置使得元代在海南的统治毫无建树。进而认为元代治边之策，"开海南千百年之弊源"，实为明代本岛土官制度之滥觞。

入明之后，国家并没有对元代的土官政策检讨，而是继续使用该政策。百余年的实践证明，土官势力坐大，进而谋求分府权。该制度后来虽为朝廷所废除，然而岛内政治生态日益败坏，终于爆发了弘治间的符南蛇之役。平定符南蛇之后，新上任的官员企图再次重提岛内"黎人治黎"的土官制度。

梳理王朝经略边疆历史，探讨各朝在本岛治理得失，从而为明代政治设置提供历史鉴戒，以避免重蹈覆辙。王佐在其《进〈珠崖录〉奏》中，对于土官政治在明初的设置情况、如何坐大、主要弊政及沿革等方面，进行剖析，他认为：

土官制度始于永乐二年（1404），崖州宁远县岁贡生员潘隆提出的"招抚生黎事情"，"予以知县官名回籍招黎"。时各州县生员等一时纷纷效仿，趋之若鹜，各应例招出生黎，引峒黎首，赴京朝见。朝廷皆照例给官，自州佐、县正以下至典史大小官名不等，各令回还原籍，专驯生黎，不预州县事，并世袭官名。及至广西梧州府通判刘铭为抚黎知府，使得抚黎问题复杂化。

岛内早期的行政建制为一府三州十三县。抚黎知府的存在，标志着本岛行政沿着两个系统进行，即汉人治汉、黎人治黎。抚黎知府"不管府事"的最初设定，为刘铭所改变。

---

① （明）王佐：《琼台外纪》，引自（明）唐胄《正德琼台志》卷3《郡邑沿革考·附录〈外纪〉四篇》。

永乐四年，（刘铭——引者注）私自奏讨本府三州十县，① 附近黎山、版籍称为熟黎者，以招抚生黎为由，就便纷落所属，据为本管，诱以不当差役，多增所属部武，以敌偶州县。小人志在投闲，多背本府，去投抚黎知府部下躲差。

永乐十年，造册又将熟黎各户未报丁口，报作新招归附黎户。本年籍册内，暗分去本府州县人民，立作二万余户四万九千余名，名为梗化黎人，不伏（服）差使。邀恩惠奸，希望列（裂）土，永远抚黎。未几，奸弊显露。宣德年间（1426-1435），革去抚黎知府。正统年间（1436-1449），革去管黎官子孙，不许承袭。前项百姓，归还原管州县当差（自注：查该户部广东注一百八号勘合，系昌化县申文内称，本县以经具奏，奉行在户部前勘合，仰将原条黎村即便发回该县当差）。②

这就是说，明初政府经由土官置废实践，已经认识到其危害。但是，符南蛇之役后，上任的兵备副使王楫，③ 以旧制对待抚黎知府，而依循所行。王楫的《告示》道出了其设置土官的主要缘由及对土官相关规定：

为遵旧制以安地方事。照得洪武永乐年间，本处地方，俱系土舍管束熟黎，纳粮不当差，专令防守地方，以固藩篱，生黎不得生事。以此百姓安业，地方事靖。后来在官不守法度，尽将革除。所有生熟黎，俱归版籍粮差，固一特拯救之法。

奈何法久弊生，官吏贪酷，里老侵渔，土舍剥削，豪势军民之家，贪置黎业，百计侵谋，以致熟黎失所，逃入生黎，日积月盛，藩篱散毁。又有逃军、逃民、逃凶入黎，煽惑为恶，酿成符南蛇之祸。虽经大征，而祸根未除，现今未息。西线尚无宁日，本当剿除，又恐玉石未分，杀及无辜。必须先年事理，招复熟黎，以固藩篱，斯为

---

① 原文如此。一府三州十县正式确立自英宗正统四年。见《明英宗实录》卷56，第1070-1071页。
② （明）王佐：《鸡肋集》卷1《进〈珠崖录〉奏》，（民国）王国宪辑《海南丛书》第3集第1卷，第3-4页。
③ 弘治十五年十一月因户部主事冯颙所奏，增设广东按察司副使一员，专整饬琼州府兵备，且荐廉州府知府王楫可任其事。从之。遂升楫为按察司副使。见《明孝宗实录》卷193，第3557-3559页。

长计。

　　为此给示土舍王炳然等，就将该管地方版籍熟黎，尽行管束。仍旧告示，招回原管熟黎，各复原业，其田产系典者，悉许种回，买者听其耕种，陆续办价酬主，止令纳粮，各依管束，作兵防守地方，不许有司科派差料及里老扰害。所有逃入黎内军、民、囚、匠，俱要挨（按）拿送官。承委上官，若果能尽效力，守法奉公，抚管现在熟黎，招回逃去黎人数多及招抚生黎，各安生业，不敢为恶，则使（便）开其实迹呈报，以应勘实奏授官。毋得虚应故事，夤缘计谋，越界争管黎人，生仇启衅，自取重罪。云云。①

作为琼州兵备副使的王樾在履新之后，立即出具如此《告示》，并非出于偶然。琼籍户部主事冯颙的奏疏，是土舍问题再次重设的关键：

　　乞勾考原设土官应袭土舍，熟知夷情险易者，给之赏犒，使各集土官可得万数，期集五指山，听分巡分守官节制奋击，有能擒斩首恶符南蛇者，复其祖职。此以夷攻夷之道，不烦军旅，而数月之间当有献俘之报。②

冯颙虽然没有直接说出再设土官制度，但其奏章具有明显的取向。当其奏章内容为兵部所肯定，进而王樾个人仕途的升迁与冯颙奏章有着直接的因果关系，冯颙的意图自然为王樾所意会。在这一背景下产生的王副使《告示》，为王佐所极力反对，从而导致《珠崖录》的产生。

清康熙年间为临高县令的樊庶，对王佐《珠崖录》的结果作了如下交代："著《珠崖录》，切中琼黎利害，《表》以进，前后数万言。指陈得失，洞若观火，皆嘉纳之。"③ "皆嘉纳之"表明，《珠崖录》对于王朝制度在本岛设计产生了重要影响。

3. 对黎态度的转变

与王佐的制度探讨明显不同，嘉靖时期海瑞则极力强调"剿黎"。鉴

---

① （明）王樾：《告示》，载（明）王佐《鸡肋集》卷1《进〈珠崖录〉奏》，（民国）王国宪辑《海南丛书》第3集第1卷，第5页。
② 《明孝宗实录》卷193，第3557-3559页。
③ （清）樊庶：《王汝学先生传》，引自《鸡肋集·卷首·本传》，（民国）王国宪辑《海南丛书》第3集第1卷，第7页。

于"黎岐中盘，州县滨海旋于外"，海瑞认为："黎岐心腹，州县四肢，黎岐为寇，是心腹之疾也。心腹之疾不除，必将浸淫四溃，而为四肢之患，州县无久安之理。"① 海瑞这种强硬的主张是建立在岛内弘治、嘉靖以来黎乱不断，岛内官僚体系不作为的基础之上。海瑞对黎"心腹之疾"的认知，再加上嘉靖之后来自海上倭寇和海盗的侵掠，一定程度上影响着岛内士人的对黎政策。

俞大猷的环绕五指山环状通道，旨在对生黎以抚为主的政策，经过海瑞修改成十字路，这本身就表明海瑞以武力镇压替代抚黎政策。

二　行政管理思想

加强对吏治管理与官员设置有着一定的因果关系。南宋绍兴十七年（1147），两广地方阙官且官员"自来多是权摄"② 现象十分普遍，海南尤为突出。官员既无，吏治整饬也就成为奢谈。入明之后，官员"权摄"现象得到了根本性改变。一府三州十县的行政框架及卫所军事设置的确立，大量官员入驻本岛。

明初，朱元璋曾就历史上台谏制度所存在的问题加以纠正，著为"宪纲"。许御史纠劾百司不公不法事，须要明著年月，指陈实迹，不许虚文泛言，以防止风宪官公报私仇等事项，皆作明确规定。为进一步强化御史职能，丘濬指出：

> "御史为天子之耳目，宸居之堂陛。未有耳目聪明，堂陛竣正，而天子不尊者也。天子尊，未有奸臣贼子而不灭也；奸臣贼子灭矣，可以自朝廷至于海隅荡荡然，何所不理哉？"观于此言，则知古人设官之意。③

监督机制的缺失，官员是否能够尽职尽责，完全取决于自身素质和道德修养，似乎也不可能。明代海南监察机构的设置，因一水之遥而显得缓

---

① 陈义钟编校《海瑞集·平黎疏》，第 6 页。
② （宋）李心传：《建炎以来系年要录》，《四库全书》第 327 册，第 196 页。
③ （明）丘濬：《大学衍义补》卷 8《正百官·重台谏之任》，《丛书集成》第 3 编第 11 册，第 4－5 页。

慢。作为中央都察院广东道监察御史出巡海南官署和驻节之所的"海口公馆",至迟在成化年间(1465-187)才正式出现于史籍,① 而正式建立"察院"则是万历乙卯年(1615)② 之事。"因循苟且"和政绩平平官员为大多数,有作为的官员屈指可数。如何发挥官员才智,推进本土建设,琼籍官员在此方面进行探讨,并加以实践。

明朝中期以后,为了谋求内黎外寇问题的根本解决,提高岛内应急能力,巡抚广东都御使吴琛等奏曰:

> 琼州孤悬海外,所辖州县凡十有三,原设海南一卫及在外儋州等六千户所,去广城二千余里,分巡分守官经年不一,至遇有警急,猝难驰报。乞专任副使一员提督兵备,防御倭寇。

在兵部为之覆请之下,成化六年三月,朝廷诏旨:升监察御史涂棐为广东按察司副使提督兵备分守琼州府地方。③

涂棐(?-1475),江西丰城人,成化六年至十一年(1470-1475),以"宪臣"理"兵备"之权执政海南而权倾一时。在其为官期间,极力加强海南的基础建设,成就斐然。但是,其结局确实令人匪夷所思。郡人唐胄《琼台志》卷19《兵防中·兵官》和卷32《破荒启土·分巡》分别予以记述:

> 涂棐:成化六年庚寅,广东守臣言:琼州越在海岛,兵备懈弛,宜视四川松潘专属宪臣一人督临之。棐以监察御史升广东按察副使,奉玺书整饬海南兵备本道,宪臣理兵备,自棐始。乙未,以事愤自尽。后,按部宪臣复专分巡。
>
> 涂棐,副使,丰城人。海南分巡,给敕整饬兵备自棐始。兴励学校,文风丕振;发奸摘伏,官吏侧足。严军政而兵备大修;摧土奸而化黎归籍。躬亲巡历,所至动摇。牛马满野,夜户不闭。修建一切,公廨后墙,覆或经雨飓残落,而间架固存。品有为能吏,自开道以来罕有。后以巉竞取累,抱愤自尽。至今乡落黎峒

---

① (明)唐胄:《正德琼台志》卷13《公署》。
② (明)欧阳璨:《万历琼州府志》卷4《公署》,第91页。
③ 《明宪宗实录》卷77,第1483-1484页。

开口称涂公。

万历《府志》对涂棐的评论,基本上沿袭唐胄的表述,[①] 而无太大的改变。方志对涂棐在本岛的政绩大加赞赏,对其"事愤自尽""报愤自尽"的结局讳莫如深,文人笔记也三缄其口,使得研究者不得要领。

其实,正是涂棐身兼风宪、兵备二权的特殊身份,使得监察机构难以对其实施有效监督。这种凌驾于知府之上的专权,给地方百废待兴带来可能,也为自身毁灭埋下了伏笔。《宪宗实录》的一段记载,为梳理这一问题提供了线索:

> 成化十二年七月:广东按察司守备海南副使涂棐,为高州府丁忧同知王佐讦其赃私、人命、违法诸事。刑部奏请主事马琴往按之,多实。棐死于狱。都指挥李祐、佥事何汉宗以勘问不明,刑部请逮治其罪。从之。[②]

这就是说,海南临高丁母忧在籍的王佐,揭发上奏涂棐的"藏私、人命、违法",刑部实际取证的结果为"多实",说明王佐的举动并非空穴来风。王氏之举为后来本岛的执政者敲响警钟,并对岛内专权的政策设计产生影响。

第二节　史学繁荣

宋元时期,海南史学成果是以为数不多且已散佚的方志为主。与之相比,明代有了极大的发展,并呈现出以下几个特点。

一是著作形式多样化。单卷本、多卷本的个人专著,系列文章等不断涌现;不同时期本岛方志纂修;方兴未艾的家族史兴修——谱牒等多种形态。

二是史学功能日趋完备。精彩纷呈的史学著作中,集中探讨海南西汉

---

① (明) 欧阳璨:《万历琼州府志》卷9上《秩官·分巡》,第292页。
② 《明宪宗实录》卷155,第2826 - 2827页。

罢郡之后的归属，并初步形成了民众史观；方志的编纂则具有典型的文化传承与传播功能。以民间立场出现的众多家谱修纂，则体现出慎终追远和启迪族中后裔奋发努力的价值取向。

三是著作人员队伍庞大。官学、社学、书院等多途径的办学方式日益发展，这为史学的发展提供了人才保障。如果说参与官修史书、方志等编纂是以进士、举人、贡生等人士为主体的话，那么儒学生员则是家谱修纂的主要承担者。

一　早期海南归属问题之争

西汉武帝元封元年（前110）在本岛置郡，将海南纳入王朝历史，经过65年的经略，汉元帝初元三年（前46年）取贾捐之罢郡之议，而结束了海南的王朝治理。汉代早期置罢郡之举，成为明代海南文人一个挥之不去的心结。即便大儒丘濬也概莫能外，他在《大学衍义补》中对汉王朝如此举措甚为不满：

> 凡今日境土，非祖宗所有，则可用捐之之策。若夫祖宗初得天下即入版图者，其可以与人乎？况本中国膏腴之地，要害之塞，昔人有论"一寸山河一寸金者"哉！非至于甚不得已，而存亡安危之决在此，不可轻言弃也。①

汉代海南之弃，尽管后来王朝也以"遥领"的方式对海南进行统治，直到梁大同中（535－546）儋耳千余峒俚人归附冼夫人。② 鉴于冼夫人对隋朝统一岭南所做出的贡献，隋高祖赐临振县（今三亚市）一千五百户为其汤沐邑，并赠其子冯仆为崖州总管。在王朝的支持下，冯冼家族势力开始向岛的南部地区扩张。如此，海南再一次纳入中央王朝统治体系。

究竟如何看待从西汉淡出，到南朝梁之后的回归王化治理580年历史？即如何看待海南的早期归属问题，引起了明代本岛士人之间的争论。

---

① （明）丘濬：《大学衍义补》卷153《四方夷落之情》（上），第10页下。
② （唐）李延寿：《北史》卷91《列女·谯国夫人冼氏传》，中华书局，1974，第3005页。

（一）"裔土"论

最早对海南内属进行探讨的是王佐，其观点主要体现在《琼台外纪》：

> 海南内属立珠崖郡县，原始于西汉，人皆知之，而更始于东汉，人莫知也。或曰：汉元弃罢珠崖郡县，光武中兴招抚不能复，而梁隋反能复之，何也？曰……故姑存前代郡名，立县招抚，此有深意，而人莫知也。

> 卒之三国，吴既相沿而立郡；两晋又相沿而立郡，皆以招抚珠崖为名，讫于梁武大同中，五百八十余年。熏陶渐染，彼者久乱无统，不能一日相聚以存，而又习见中国上下名分之严，衣冠文物之美，于中必有内愧，心不自安其夷陋者。

> 于是因冯冼氏之得边心，举种类以归附，因而内属。而冯冼者复能历梁、陈、隋三代之主，忠贞一心，故梁、隋得以复立海南珠崖郡县，以至于今。此皆光武深仁遗泽，而冯冼氏能循行以为功者，而他人不能也。故原始前汉之珠崖者，路伏波仗武帝之功也；要终后汉之珠崖者，冯冼氏成光武之功也。原始、要终同一揆耳。夫何古今志方隅者，往往忽而不书，以致珠崖内属之始末，中昧而不明？

王氏着力强调580余年中，诸朝代皆是在琼州海峡对面设置"招抚县"进行"遥领"的方式经略南部边疆。通过"论东汉立珠崖县""论《一统志》至隋乃书纪年"，以及"论吴、晋、南朝恐吓征伐虚声"等观点加以论证。

1. 伏波将军马援征珠崖立县之性质乃"招抚县"

> 武帝初，遣路伏波之拓地海南也，环海建置珠崖、儋耳二大郡，合一十六县，周匝相维，大小相制，雄边规模何如也？然其终也，且不能禁制反乱，连年兴兵攻击，将帅士卒死者万以上，而费用三万万余，卒无成功。元帝初元三年，甚至弃罢郡县，然后已。岂有后汉于祖宗弃郡百余年后复收前功，乃肯尽弃先业一不之用，而仅于合浦地方，远隔大海，立一小县而能治之？绝无此理也。正知马伏波未尝征

珠崖，而后汉未尝有珠崖地耳。

2. 《明一统志》关于本岛纪年始于隋，这是海南内属的重要标志

英庙于天顺五年著《大明一统志》，书"琼州府一"。《志》自两汉六朝，五百余年，皆不书纪年，直至隋始书"大业"为《实录》，与高、雷等府志不同，何也？曰：非故不同也，势也。自前汉元帝弃郡，珠崖已无郡矣，故班固作《前汉书》，珠崖之民无地可著而置之《南蛮传》中，以其无罪见弃而谓之善人。历两汉、六朝，珠崖善人虽世伏招抚，五百余年不绝于中国，然未有郡县也。而直至隋大业，海南始立郡县，是有郡县也。曰有、曰无，一以郡县为主意。此琼府《志》书遵奉皇朝《一统志》，《志》辩之例，岂特与各府循常同哉？

3. 吴、晋、南朝时段内，海南仍为"裔土"

吴、晋、宋等君，虽假东汉招抚为名，而实利珠崖山海所有，稍不满其沟壑之欲，则诬为不伏招抚，恐吓虚声。然或遣大将某人领兵若干万伐珠崖，哄动四方，吓满其欲乃止。此正《三国志》言：吴伐珠崖之事。不特此也，观宋武大明中，遣将军陈檀南伐通珠崖，亦通其货贿而已。故但言通，不言伐也，余国亦皆例此。且南朝伐国，假有大胜，路布之报亦不到霸子之国。魏已，西人陈寿所著《三国志》亦一人之私书，无知妄作处数多，安能远究珠崖实事乎？凡其所言，皆传闻南朝虚声之误也。随致祝穆《方舆胜览》亦皆惑于《三国志》之说，谓吴大帝及东晋"招抚珠崖，皆不从化"等言，是乃未审前项，原南朝所以待珠崖薄恶之故，而皆惑于陈寿诬妄之说也，可胜叹哉！①

（二）"内属"论

王佐关于海南内属问题的论述，引起唐胄的不满。唐氏认为珠崖之弃

①　（明）王佐：《琼台外纪》，引自（明）唐胄《正德琼台志》卷3《郡邑沿革考·附录〈外纪〉四论》。

后，仅八十六年即复郡县：

1. 历史证据

（1）相关建制：

> 汉《郡国志》：珠崖县隶合浦。晋《地里志》：吴赤乌五年（242）复置珠崖郡。晋平吴后，省珠崖入合浦。《宋纪》元嘉八年（431），复立珠崖郡。

（2）儋耳对中央贡献：

> 后汉《张纯传》，永平十年（公元67年）儋耳降附，奋（即张纯子张奋——引者注）来朝上寿。《明（帝）纪》（永平）十七年（公元74年），儋耳同哀牢、僬侥贡献。

（3）中原政权对海南的讨伐：

> 《吴志·陆逊传》：权欲取珠崖，逊曰："珠崖绝险。今江东见众自足，图事但当畜力而后动"。又族子凯《传》，除儋耳太守，讨珠崖，斩获有功。《宋书》：孝武帝大明中（457－464），南伐并通珠崖，并无功。

建立在史书考证的基础上，唐氏认为这是海南内属的主要证据。

2. 珠崖异产，游寓而家者众

> 颙颙独居大海之中，其初环海以为郡县，多中土之流寓，与近州县染化之人。即初元之议，或可守者，故乘建武交部之定而即内属。间有深洞之獠，时亦羁縻、编户者。乃有此地，即有此人。《史志》：越处近海，多犀、象、毒冒（玳瑁）、珠玑、银、铜、果、布之凑。中国往商贾者多取富焉，则秦有至者矣。又称：凡交趾所统，虽置郡县而人如禽兽，后颇徙中国罪人使杂居其间，乃稍知言语，渐见礼化，则汉郡后又有至者矣。《郡志》载：建武二年（公元26年），青州人王氏与二子祈、律，家临高之南村，则东汉有父子至者矣。《吴志》薛综疏："自臣昔客始至之时，珠崖除州县嫁娶皆须八月。"则三

国有士类游至者矣。见于书者，代且无间如此，况书所不载者，可胜纪乎？此孙豹合率之善人，诏谓"慕义欲内属者"，虽弃罢之，而其心能一日忘汉哉？

3. 郡治非徐闻而设在海南

唐氏先引用引穆《方舆胜览》语曰："吴大帝于徐闻立珠崖郡，又于其地立珠官县，招抚竟不从化；晋省珠崖入合浦，寻又废珠官县，于徐闻立珠崖郡，竟不有其地。"其后继云：

> 史不志之于《郡国》，而外之于《南蛮传》乎？曰：《图经》莫详于其地，琼《旧志》未尝言郡邑之治于雷，雷之《志》凡公署、古迹亦未尝载治于其地者。夫徐闻令故属珠崖，《宋书》已有明载，若晋平吴省珠崖属合浦，而《地里志》统县终于珠官，似有可疑。但《宋书》又明纪吴孙权更名合浦太守为珠官，至亮复旧，未尝言立县。晋废，亦未言以更珠崖治徐闻也。且合浦统于交州，汉初已然，后书隶珠崖县于合浦，是已志于郡国矣。又合五城（自注：合浦、徐闻、高凉、临元、朱崖），而并纪户口之数（自注：户二万三千一百二十一，口八万六千六百一十七）。假借其地以治邑，亦借其民以充户口乎？①

（三）争论的实质

王唐之争，就其本意来说，开启了本岛士人对地方历史溯源的讨论；更深层次，则是对王朝治理海南历史的检讨。

从王朝治理的角度而言，王佐之说措辞激烈、论证缜密，580 年"裔土"之论并非臆测。他认为汉代在本岛沿海设置二郡十六县，其结果都无法继续下去，而汉以后诸朝代，在徐闻设一县遥领，无法进行统治。这是"裔土"论的核心。

唐胄对此并不赞同，指出尽管北方处于分裂时期，但是各政权对于海南的军事或行政举措间常有之，作为回馈，地方慕义"贡献"常载于史

---

① （明）唐胄：《正德琼台志》卷 3《郡邑沿革考》。

籍,得出"见于书者,代且无间如此,况书所不载者,可胜纪乎"结论。海南多异产,而人性"嗜欲所趋",故游寓于海南的人不断,从而使得版籍化的人口数字日益扩张,进而将王氏"裔土"论分解为:

> 所谓"人与禽兽无异",盖指狸獠,《谯国传》称儋耳归附者千余洞,亦狸獠也。是则珠崖之弃凡五百八十年而后复,斯言施于郡县固不可,若施之于洞物则无不可矣。公之言盖少失于混而无别耳,岂可尽非也哉?

这就是说,从汉代罢郡至梁大同中的 580 年时间内,以汉人为主体的郡县制并没有脱离王朝治理,而非汉人的民族地区则被排斥在王化之外。

总体来说,王佐对于海南在王化历史过程中"势"的准确把握,可谓切中要害。尽管王氏并没有对"势"做过多的诠释,但是在"畿服"制度盛行的中国古代,海南因地缘关系使然,被排除在王化之外,似乎更合乎历史真相。

由此观之,唐胄钟情于本土"异产",进而推演出游寓本岛人数之众,从而将 580 年历史与中原王朝对接的努力,似乎有点过分拔高海南在古代王朝体系中的地位之嫌。《正德琼台志》中对《周礼·职方氏》材料的使用,说明以距离远近来确定王朝关系的"畿服"式秩序,著者应该是清晰的。那么,唐胄为什么通过对历史文献的大量梳理,来否定 580 余年的"裔土"论?

唐胄在其《琼台志·序》①中道出如此原委:"及首启沿革,而公(王佐——引者注)于建武复县,执旧疑史,与众不合。(公)阁笔延月,仅授序答守以归。"唐胄与"众"对王佐"执旧疑史"强烈反对,引起王佐愤而离开正德方志的纂修。这一事件的背后,其实是入明之后的 150 多年内,海南文人在科举、仕途中非凡表现的自然流露。

> 广于天下为远藩,仕籍华秩已少,况琼于广又为远郡。成化二年

---

① (明)唐胄:《正德琼台志序》。该篇由上海图书馆藏《咸丰琼山县志》中的序文辑入《正德琼台志》。

秋，进薛公远户部尚书、邢公宥都御史、丘公濬翰林学士，皆在一月，恐虽天下望郡亦希。海外衣冠盛事，真奇逢也。①

海南文风丕振，"虽天下望郡亦希"的"奇逢"，使得乡土自豪感油然而生，王佐"执旧疑史"的冷静思考为唐胄式的狂热所取代。对海南"裔土"论的排斥，是其突出表现。

二 方志的编纂

海南方志的编纂时间比较晚，这同历代王朝在本岛的执政理念变动有着密切的关联。尽管如此，还是取得了一定的成就。

（一）明以前方志纂修情况

1. 早期方志纂修

海南方志，最早可以追溯到南北朝时期的《朱崖传》。据清代学者丁国钧的考证：该传为一卷本，作者为"伪燕聘晋使盖泓"。②《太平御览》对其引用，可见其洁光片羽：

> 朱崖大家有铜镬，多者五、三百，积以为货；
> 朱崖俗多用土釜；③
> 朱崖出入着布，或细纻布巾，巾四幅，其中内头如领巾象；④
> 果有龙眼；⑤

《太平御览》大量引用《方舆志》《交州记》《十道志》及《山海经·海内南经》来描述本岛崖州、儋州、振州、琼州及万安州⑥建制

① （明）唐胄：《正德琼台志》卷42《杂事》。
② （清）丁国钧：《补晋书艺文志》卷2《乙部·史录》，《续修四库全书》第914册，第643页。阮元：《道光广东通志》卷193《艺文略5》中记曰："《隋书》，伪燕聘晋使盖宏撰"，《续修四库全书》第673册，第251页。
③ （宋）李昉：《太平御览》卷757《器物部二》，中华书局，1960，第3358－3359页。
④ （宋）李昉：《太平御览》卷820《布帛部七》，第3652页。
⑤ （宋）李昉：《太平御览》卷973《果部十》，第4312页。
⑥ （宋）李昉：《太平御览》卷172《州郡部一八》，第842页。

沿革情况。由此观之，以方物和风俗的记录是《朱崖传》的主要内容。

2. 宋元时期纂修

宋元时期本岛的方志编纂比起付之阙如的隋唐来说，有了一定的改观。从南宋王象之的《舆地纪胜》第 124 - 127 卷中，可以看出《琼管志》的踪影，兹将其相关内容胪列如下：

> 琼州府。古扬粤地；牵牛、婺女之分；
>
> 政和五年（1115），升琼管安抚都监为靖海军（《国朝会要》为政和元年——引者注）；
>
> 风俗形胜：其俗朴野，若伯叔兄弟之子，不以齿序。伯之子虽少，皆以兄自居，而叔之子虽耄亦为弟也；①
>
> 气候：夏不至热，冬不甚寒。乡邑多老人，九十百年尚皆健步。
>
> 昌化军。绍兴五年（1135），宪使请罢三军（昌化、万安、吉阳军——引者注）为邑（《国朝会要》为绍兴六年——引者注）。
>
> 海南自古无战场，靖康之变，中原纷扰，几三十年。北（此）郡独不见兵革。
>
> 吉阳军。风俗形胜：吉阳地多高山，峰峦修拔。所以郡人间有能自立者；
>
> 其外则乌里苏密吉浪之洲，而与占城相对，西则真腊、交趾，东则千里长沙，万里石塘。上下渺茫，千里一色，舟船往来，飞鸟附其颠颈而不惊；
>
> 海南以崖州为著郡。崖州旧治在今琼州之谭村，土人犹呼为旧崖州。所谓"便风扬帆，一日可至"者，即此地也；
>
> 振（州）在吉阳、昌化之间；
>
> 崖州旧治谭村，后迁于振州，改吉阳军。乃创治于今吉阳县基；
>
> 吉阳地狭民稀，气候不正，春常苦旱，涉夏方雨。樵牧渔猎与黎獠错杂，出入必持弓矢。妇女不事蚕桑，止织吉（贝）。②

---

① "风俗形胜"条为《正德琼台志》卷 7《风俗》所引，唐胄称之为《旧志》。

② （宋）王象之：《舆地纪胜》卷 124《广南西路·琼州》、卷 125《广南西路·昌化军》、卷 127《广南西路·吉阳军》，《续修四库全书》第 585 册，第 132 - 152 页。

　　除去物产、景观等琐碎的描述没有辑入，单就星野的表述、行政建制的沿革、气候和风俗形胜等诸多构成要素来看，以本岛一州三军为描述对象的《琼管志》已经具备了方志的雏形。可能是受王象之《舆地纪胜》写作体例的限制，《琼管志》关于本岛舆图缺载，或许为《琼管志》之不足。

　　此外，王象之在对"万安军"项下的"风俗"记载时，转引了《图经·风俗门》的一段话：

　　　　此邦与黎蛋杂居，其俗质野而畏法，不喜为盗。牛羊被野，无敢冒认。居多毛竹，绝少瓦屋。妇媪以织贝为业，不事文绣。病不服药，信尚巫鬼。

　　可以互相印证的是，郡人唐胄在其《正德琼台志》卷7《万州风俗》中，除了没有将"病不服药，信尚巫鬼"引入，其他一字不落地转引，并称之为《万州图经》。就《图经》的"风俗门"设计来看，兼及王象之在对海南一州三军全方位叙述之际，也少量地引用了《图经》的内容，应该可以推断出《图经》是以记述万州为主的最早一部州志。

　　如此，《舆地纪胜》之前，海南至少存在二本方志：《琼管志》与《万州图经》。

3.《永乐大典》中的海南方志

　　明代以前本岛的方志究竟多少？目前为止尚未有确论。然而《永乐大典方志辑佚》一书，为人们展现了明代以前海南方志的基本情况。

　　经由马蓉、陈抗、钟文、乐贵明、张忱石五位先生的努力，明代以前海南方志方显冰山一角。尽管该著在"前言"部分指出，"海南省十二种"与下表（参见表2－3）的十种有着二种悬殊，这并不是问题的关键。根据辑佚内容来判定，《琼州府图经志》《［琼州府］图经志》及《崖州郡志》是元代的志书。其余七部，因内容所局限，究竟是宋抑或是元时方志，无法断定。从志书角度出发，上述辑佚十部方志，《崖州郡志》"山川""仓廪""人物""诗文"是体例较为完备的一部方志。

表 2 - 3 《永乐大典》中海南方志情况

方志名称	分项	在《永乐大典》中卷次分布
琼州府图经志	山川	第 122 册，卷 11980，第 5、20、22、23 页；第 19 册，卷 2262，第 9 页
	仓廪	第 81 册，卷 7514，第 25、29 页
[琼州府] 图经志	山川、形势	第 122 册，卷 11980，第 23 页；第 49 册，卷 3525，第 25 页
琼台郡志	湖泊、村寨、兵防、宫室	第 19 册，卷 2263，第 21 页；第 50 册，卷 3579，第 10 页；第 52 册，卷 3587，第 10 页；第 70，卷 7237，第 8 页
琼州府琼台志	湖泊	第 19 册，卷 2265，第 8 页
琼台志	宫室	第 71 册，卷 7240，第 15 页
琼州府万全郡志	仓廪	第 81 册，卷 7514，第 25 页
万全郡志	山川、陂塘	第 122 册，卷 11980，第 22 页；第 34 册，卷 2755，第 7 页
琼州府南宁军志	仓廪	第 79 册，卷 7507，第 21 页
南宁军志	山川、宫室	第 122 册，卷 11980，第 23 页；第 71 册，卷 7241，第 20 页
崖州郡志	山川、仓廪、人物、诗文	第 122 册，卷 11980，第 22、23 页；第 81 册，卷 7516，第 3 页；第 47 册，卷 3151，第 34 页；第 134 册，卷 13075，第 15 页

资料来源：《永乐大典方志辑佚》，马蓉等点校，中华书局，2004，第 2829 - 2839 页。

　　如果说《琼州府图经志》与《［琼州府］图经志》二者皆有"山川"一目，故而成为二部志书的话；那么，《琼州府琼台志》与《琼台志》；《琼州府南宁军志》与《南宁军志》；《琼州府万全郡志》与《万全郡志》这三组方志中，所列"目"不多且无重复，是否各成体系，因《永乐大典》的不完整而无法得知真相。

　　即便三组合并，明以前海南方志种数至少有 7 种之多。与同时期全国各地方志修纂数量比较，排序仍不尽如人意，但明以前海南方志取得如此成就，确实令人惊叹（参见表 2 - 4）。

表 2-4 《永乐大典方志辑佚》国内分地区方志种类

地 区	种 类	地 区	种 类
北京市	13	天津市	3
河北省	29	山西省	24
上海市	6	江苏省	68
浙江省	123	安徽省	56
福建省	51	江西省	143
山东省	12	河南省	35
湖北省	39	湖南省	63
广东省	77	海南省	12
广西壮族自治区	58	四川省	52
云南省	3	陕西省	8
甘肃省	3	不明地区	10

资料来源:《永乐大典方志辑佚·前言》,马蓉等点校,第3页。

明代海南方志,在承继前人成果基础上,不断地加以完善并取得极大的发展。

(二) 明代方志的新发展

1. 主要成就

有明一代,方志成果丰硕。从描述对象来看,可以划分成三个层次:以海南地域为中心的总志修纂;以三州十县为中心的州县分志修纂;以本岛人士因科举而官宦内陆参与修纂的岛外方志。

(1) 以本岛为中心的总志纂修(参见表2-5)。

表 2-5 明代海南总志纂修情况

名 称	纂修者	成书时间	卷数	保存情况	备 注
琼海方舆志	蔡微	宣德六年 [1]	2	佚	《琼海方舆志·序》;《正德琼台志·卷首》
景泰志	庄敬	景泰六年		佚	《正德琼台志》卷14,《仓场·定安县》、卷1,《府学》、卷32,《朝遭》
琼州府志	佚名	成化十四年	12	佚	《琼州府志·序》存《正德琼台志·卷首》

续表

名 称	纂修者	成书时间	卷数	保存情况	备 注
琼台外纪	王佐	正德六年	12 [2]	佚	《东岳行祠会修志·序》存正德琼台志卷首
正德琼台志	唐胄	正德十六年	44	残卷	天一阁残40卷，缺22、23、43、44卷，1964年上海古籍书店影印
琼管山海图说	顾可久	嘉靖十六年	上下	全	光绪庚寅如不及斋校刊，中国国家图书馆藏
琼志稿	郑廷鹄	嘉靖年间		佚	《石湖遗集·本传》[3]
琼州府志	周希贤	万历年间		佚	张岳崧：《道光琼州府志》[4] 卷30《官师·宦绩》
万历琼州府志	欧阳璨等修 蔡光前等纂	万历四十六年	12	残卷	日本藏中国罕见地方志丛刊，书目文献出版社，1990

资料来源：

[1]（明）黄佐：《嘉靖广东通志》卷42，广东省地方志办公室誊印，1997，第1046页。该著曰《纂琼海方舆志》，为元代海南方志。从唐胄对该志的征引情况可以判断为"明初"，理由如下：《正德琼台志》卷18《兵防·兵志》，就元代的相关建制大量引用了《方舆志》内容。其中，明代也有少量词条，如"东路清万南三所制"，关于镇守万州条云"国朝洪武七年，始移在卫后所"，《方舆志》记作洪武六年；卷19《兵防·兵官》：万州守御所正千户洪武三十年"曹斌"及洪武二十八年副千户"周伦"二人《方舆志》皆为其置评语；卷11《田赋·土贡》，按中"永乐乙酉（1405）抚黎知府刘铭"进贡一事。关于《琼海方舆志》的编纂班底，大略以蔡微的主纂，兼有多人校勘。唐胄《正德琼台志》道出其中情况："自洪武末寓琼三十余年"的永嘉人扬升，"尝改补蔡止庵《琼海方舆志》"（卷34《游寓·皇朝》）；此外，洪武己卯年（惠帝建文元年，1399），琼州府推官、泰和人郭西，在任10余年，为之"校勘、刊行"。（卷29《秩官上·皇朝·推官》）据此，该著大约出版于永乐年间。但是，唐胄《正德琼台志》在卷首附录了残缺不全的《琼海方舆志·序》，该序以"六年辛亥秋八月"结尾。明代第一个辛亥年为洪武四年，显然与"六年"不符，第二个辛亥年为宣德六年（1431）。是故，宣德六年极有可能是该书成书的具体时间。

[2]关于《琼台外纪》卷数有两种说法："5卷说"，（《明史》卷97《艺文志二》，第2414页）；"12卷说"（《正德琼台志·凡例》：《旧志》《外纪》皆十二卷。依此，成化《琼州府志》也为12卷），从"12卷"说。

[3]（明）郑廷鹄：《石湖遗稿·本传》，载（民国）王国宪辑《海南丛书》第6集，1927，第1页。

[4]（清）阮元：《道光广东通志》卷192《艺文略四》，《续修四库全书》第673册，236页。该条转引萧应植《乾隆琼州府志》曰："周希贤福建莆田人，隆庆中守琼，重修郡乘，谨案：郝（玉麟）《省志》（即雍正《广东通志》——引者注）：希贤，万历中任"，考之《万历琼州府志》卷9《知府》，果然。另一个有材料可以得到进一步的证明，被收录于《琼台诗文会稿》卷首的《琼台吟稿序》的末尾作者对自己身份作这样介绍："万历戊子仲春之吉，赐进士出身中宪大夫知琼州府事福建莆田任台周希贤序"，万历戊子即1588年。（参见《丛书集成三编》第39册，第756－757页）

（2）各州县分志纂述（参见表2-6）。

表2-6 明代海南分州县志纂修情况

名称	纂修者	成书时间	卷数	存佚	资料来源
儋州志	曾宽	弘治间		佚	《万历儋州志》天集《秩官·儒职》，第33页
万历儋州志	曾邦泰	万历四十六年	3	见存	日本藏中国罕见地方志丛刊 北京：书目文献出版社，1990
乐会志	鲁彭		8	佚	黄佐：《嘉靖广东通志》卷42《存目》
乐会县志		崇祯十四年		佚	康熙乐会县志（不分卷）卷首（广东省立中山图书馆藏）
澄迈县志	曾拱璧修 李同春辑	万历间		佚	阮元《道光广东通志》卷192《艺文略四》，第236-238页
文昌县志	李遇春 叶懋同修	嘉靖间		佚	
	周廷凤修 林梦正辑	崇祯年间		佚	
万州志	茅一桂	万历间		佚	
崖志	林贵芳	洪武间		佚	《康熙崖州志》卷1《儒林》
崖志略	钟芳	嘉靖年间	4	佚	（明）钟芳：《钟筠溪集·本传》，《海南丛书》第5集，第3页；"四卷"来自（明）黄佐《嘉靖广东通志》卷42，第1052页
崖志		万历四十三年至四十六年		佚	转引自《万历琼州府志》卷7，第220页

（3）本岛士人参与岛外相关郡县方志编纂（参见表2-7）。

就上述三表来说，此时段内海南方志数量无论是全岛、分州县都取得了超越前代的发展，有甚者本岛士人参与岛外方志的纂修，这是前代从未发生的现象。《琼管山海图说》、部分残缺的《正德琼台志》及《万历琼州府志》的存世，对了解有明一代海南的诸方面情况，具有无法替代的重要价值。同时，也为研究者探求明代方志纂修方法、理论，提供了可能。

2. 方志编纂中修志者的相关问题

（1）纂修人员主体的变化。《正德琼台志》卷36《人物一·名德》，对《琼海方舆志》的编纂者蔡微身份做出如下描述:"蔡微,字希玄,号止庵,宋学士襄之裔。居万宁,后迁琼山……任乐会学校官,后摄琼郡学事。值时不偶,随隐德弗耀,纂《琼海方舆志》。"残存于《正德琼台志》卷首的《琼州府志·序》中,下面一段话值得推敲:"於戏! 生长一方而不知一方事,耻也;若事有所不知,而强以为知者,非智也。余于是编,非强也,亦非沽钓也。"这种用"耻也""非智"的态度来指责不谙乡土之事,足以说明"余"的身份为海南人氏。

表 2 - 7　修纂岛外志书存目情况

名　称	纂修者	成书时间	卷　数	资料来源
江闽湖岭都台志	唐　胄	—	—	（清）张岳崧:《道光琼州府志》卷 43《杂志·书目》,第 994 页
重庆府志	冯　谦	—	—	
柳城志	吴　诚	—	—	
都台志		—	—	
漳州志	陈大章	—	—	
白鹿洞志	郑廷鹄	嘉靖三十二年	19	

上列的王佐、唐胄、郑廷鹄为海南人的身份已经明晰。

顾可久究竟何许人也?《琼管山海图说·序》中作者自称为"勾吴",附于该著之后,由张衮所撰的《顾洞阳宪纲神道碑》有"居锡中,为邑之冠"之语。考之,属今天江苏省无锡市人氏。履琼官职为:"中宪大夫奉敕整饬琼州兵备广东按察副使"。

周希贤,福建莆田人,琼州府知府;欧阳璨,江西新建人,[①]琼州府知府。

对于八部方志(除去《景泰志》不明外)纂修者身份的确认,可以看出正德以后,以海南士人为主体的方志纂修开始让渡于外籍履琼官员。

在方志纂修中,本岛人士由编纂主体向客体身份的转变,反映出官方对方志价值的认同,作为制度化的结果,官修民纂便应运而生。

私家修方志的历史由来已久。但是,明代本岛私家修志实践呈现出如下特征:一方面,因经费不足而无法付梓,或囿于有限抄本使之无法传

---

① （明）欧阳璨:《万历琼州府志》卷 9《秩官·知府》,第 301 页。

承，蔡微、王佐的个人著述及成化《琼州府志》的结果便是如此；另一方面，褒贬、评判一由著述者个人好恶，缺少相对公正的客观标准，从而弱化了方志的基本功能。

明代后期，官修民纂形式的出现，解决了方志纂修过程中经费不足的问题，纂者队伍也得到制度性保障。这表明，早期方志纂修中由私家的偶发行为向常规化方向转变。分州县的修纂情况亦如此，这同全国的情况大致相当。

（2）人员队伍由单一向群体的转变。这是一个值得关注的问题，在上列八部方志中，完全由个人著述的主要有：蔡微的《琼海方舆志》、佚名的《成化琼州府志》、王佐的《琼台外纪》、顾可久的《琼管山海图说》、郑廷鹄的《琼志稿》等五部著作。从其大致轮廓来看，总体篇幅不大，结构也不甚完善。"独详于人物、土产，而他目仍旧"，唐胄《琼台志·序》转述了地方官员对王佐《琼台外纪》的评价，是私家方志著述的一个缩影。与之相比，唐胄的《正德琼台志》、周希贤的《琼州府志》及欧阳璨的《万历琼州府志》则是集体创作的结果。

唐胄在其《琼台志·序》曰："得庠彦钟生远、张生文甫辈"，而"助余之不及"，则说明二位庠彦在方志修撰过程中所承担的作用。

周希贤的《琼州府志》参与人员，根据台湾学者王会均先生研究，主要有广东博罗人、举人、琼州府学教授韩鸣金；琼山人、琼州府学岁贡陈龙云；琼山人曾学确、林养英。①

欧阳璨的《万历琼州府志》的修纂人员队伍之庞大、阵容之整齐，令人咋舌。

> 总　　裁：钦差海南道兵巡检提学副使戴禧
>
> 副总裁：琼州府知府欧阳璨；同知、通判、推官各一
>
> 参　　订：三州知州、十县知县
>
> 校　　阅：府儒学教授一、训导三；崖州署学正一；琼山县教谕一、训导二；
>
> 澄迈县教谕一、文昌县训导一

---

① （台湾）王会均：《明修〈琼州府志〉研究》，《琼粤地方文献国际学术研讨会论文集》，海南出版社，2002，第 128 页。

供　修：经历、照磨各一

纂　修：府学廪生蔡光前、陈于宸、吴玄钟、陈钦禹

县学廪生柯呈秀、陈圣言、赵之尧

督刻吏：陈经纶、黎文明、李德焕。①

在上列 40 人之多的纂修人员队伍中，分工明晰。"供修"的设置，重点解决办公地点和经费，"督刻吏"则是为确保方志的印刷。可以说，这是海南方志修撰以来所仅见。赋闲、致仕在籍海南士大夫的淡出，表明方志纂修中民间立场已日趋式微，而官方意志日益凸显。海南分州县方志，这一倾向更为明显。

（三）《正德琼台志》与《万历琼州府志》编纂异同

关于唐胄的志书性质问题，争论不一。最早对此进行评介的是黄佐的《嘉靖广东通志》："《琼台志》二十卷，唐胄撰并序。"②清阮元《道光广东通志》在参阅黄佐之后，并作如是评介："《琼台志》二十卷，明上官崇修、唐胄撰，佚。"③"二十卷""佚"之说，姑且不论，阮元将唐胄的私人著述纳入官修民纂体系的主观愿望，表明这一纂修方式在清代已经盛行。

1. 编纂体例

（1）两部方志相异之处。对二部《志》"凡例"研读，可看出其如下不同：

"沿革"既仿《史记》作"表"括要，而"考"复逐注辨者，以《旧志》《外纪》沿祖他书，故极证以合乎史尔。④

唐氏为本土历史正本清源的努力可以窥见：以历代官修史书为基本素材，结合其他地方典籍，用"表"的形式，对本地的历史沿革进行考证。

① （明）欧阳璨：《万历琼州府志·卷首·修志姓氏》，第 8 页。

② （明）黄佐：《嘉靖广东通志》卷 42，第 1052 页。

③ （清）阮元：《道光广东通志》卷 193《艺文略五》，《续修四库全书》第 673 册，第 236 页。

④ （明）唐胄：《正德琼台志·卷首·凡例》。

到了明代中后期，海南的文化日益繁盛，对海南地方归属时间探讨已经明显淡化。是故，大异唐氏之趣的万历《府志》，如何与中原文化有效对接是其关注的焦点："已上凡例，大率按《旧志》并参诸各省郡志而裁列之。非敢妄出私见，谬为分别也。"①

关于资料来源问题，二者分歧较大。唐胄强调：

> 《外纪》一书，王桐乡先生平生精力所在，故凡有录入者，逐一明著，不敢窃为己有，以掩其善。惟所纪原出《旧志》者，不著。

唐氏本着史家的基本态度，对于史料的来源一一予以注明。具体写作过程中，已远远超出了凡例的相关规定，乃至于引用资料在"经、史、子、集"中皆有涉猎，且分别加注。从其仅存的四十卷本中，可以看到如下书目：

经部：《尔雅》《山海经》《禹贡》《水经注》；

史部：《史记》《汉书》《后汉书》《魏书》《晋书》《隋书》《唐书》《宋史》《元史》《国朝功名录》《皇朝名臣言行通录》等；

志书类：《世史志》《五行志》《唐元和志》《方舆胜览》《寰宇通衢》《太平广记》《十道志》《永乐志》《明一统志》《雷州志》《琼海方舆志》《琼台外纪》《临高志》《儋州志》；

政书类：《通典》《文献通考》；

子部：《朱子语录》《本草传》《纲目本传》；

集部：《苏东坡诗文集》《御制文集》《丘深庵诗稿》《琼台类稿》《觉非集》《鸡肋集》；

类书：《太平御览》《玉海》等。

此外，尚有杂著、诸家的诗词歌赋、碑碣匾铭额等大量资料的引证。②

与唐氏大量引用参考文献比较，万历方志要简略，这表明方志由私人著述向官方转变。

唐胄在《旧志》《外纪》各十二卷的基础上，将《琼台志》增至四十四卷。从《琼台志·目录》可以看到以下内容：

---

① （明）欧阳璨：《万历琼州府志·卷首·凡例》，第 7 页。
② （明）唐胄：《正德琼台志》卷 1 至卷 42。

> 郡邑疆域图；郡邑沿革表；郡邑沿革考；郡名、分野、疆域、形
> 胜、气候；山川；水利、风俗；土产（上、下）；户口；田赋；乡都、
> 墟市、桥梁；公署；仓场、盐场、驿递、铺舍；学校（上、下）；社
> 学、书院；兵防（上、中、下）；平乱、海道；黎情（上、下）；楼阁
> （上、下）；坛庙；寺观、古迹、塚墓；职役；秩官（上、中、下）；
> 破荒启土、按部；名宦；流寓；罪放；人物（一、二、三、四、五）；
> 纪异；杂事；文类；诗类。

唐氏"意欲无遗郡之事尔"的努力，为万历《府志》所摒弃：

> 《旧志》标目太烦，《新志》叙述病略。今以舆图、沿革、地理、
> 建置、赋役、学校、兵防、海黎、秩官、人物、艺文、杂志为纲，而
> 掇其目分隶焉。

受体例的影响，唐氏方志，一事散见于多卷的现象十分明显，如前文所述的"涂棐"相关事迹分散在卷19《兵防中·兵官》和卷32《破荒启土·分巡》，便是一例。

采用纲目体叙事的万历方志，在这一方面有着较大的改善。比起唐胄《正德琼台志》，后者更为简洁。毋庸讳言，这种简洁是以大量历史信息的丢失为代价的。

（2）相似之处。

出于对方志有助于地方政治几趋一致的认识，二部方志皆注重版籍的相关记录。唐胄认为："丁粮，民治之要，古人入关，而先收图籍者以此。今于户口、田赋独不厌繁者，体孔孟'式负版，叹去其籍'意耳。"万历方志在此方面尤加注重："赋役，民治之要，古人入关，而先收图籍者以此。郡自万历九年清丈后，琼山县复丈二次。飞厓（洒——引者注）那移，弊窦蜩集。今不妨详载，以尊'式负版，叹去籍'之意。"

对于当代人物的品题，两部方志亦有相同的认识。唐胄认为："官守见任与见在仕途者，但书履历，不敢辄加褒贬。本土人物见在者亦然。"欧阳氏曰："秩官有异任而同名者，详于后任。其见任与见在仕途者，但书乡贯、履历，虽有卓异不书，有待也。名宦以去任为定，其去思碑、生祠记，各志间有录者，皆出其人好谀，与夫感念私恩之人。今一切不录，

以息谄媚佞之风。"欧阳氏在此基础上进而指出：

> 人物，必其人殁世，公论既定，然后书之。见存者，不录。亦盖棺事定之意也。其评论只以素履为据，不以从祀乡贤为主。盖从祀出于子孙之营请，或可以欺上司；历履出于生平之行，实不可以欺后世。间有操行纯洁，无愧乡评，亦当备载。若志、铭、行状称誉过情，尤不可执以为信。

唐胄对品题人物"不辄加褒贬"的谨慎态度，到万历中后期，因子孙经营先人"从祀乡贤"，进而使得人物进入方志的标准十分复杂。万历方志在此方面做出了较为苛严的入志标准，旨在遏制这种不良的社会风气。

2. 方志功能与编撰理念差异

（1）方志功能的变化。

唐胄《正德琼台志》深受丘濬史学思想的影响和王佐《琼台外纪》框架的限定，这一点在唐胄的《琼台志·序》中有所反映：

> 《志》，史事也。例以史，而事必尽乎郡。故以《外纪》备《旧志》，以《史传》备《外纪》，以诸类书备《史传》，以碑刻、小说备类书，以父老刍荛备文籍；如地切倭岐而述海道、黎情之详；急讨御而具平乱、兵防之备；隐逸附以耆旧，不遗善而且以诱善；罪放别于流寓，不混恶且因以惩恶；田赋及于杂需、额役，以书民隐；纪异及于灾异祯祥，以显天心。首表以括邦纲，殿杂以尽乡细。非徒例史以备事，而且欲微仿史以寓义，盖体文庄而将顺其欲为之意；尊桐乡而忠辅其已成之书，以求得臣于二公。

唐氏"以求得臣于二公"的努力，使得《琼台志》具有明显的史论结合的倾向。也就是说，唐氏名垂青史个人追求，使得方志的"资政"功能成为附属品。官修志书的万历府志旨在"上宣主德，下畅民情"，[①] 故而"参诸各省郡志而裁列之"，使得方志走向"经世致用"的轨道。

---

① （明）戴禧：《万历琼州府志·序》，第2页。

（2）"纪异灾祥"中的理念差异

早期方志关于灾害的记录，以"纪异"为篇目，将"灾异祥瑞"罗列与一起。并以"嘉禾、白鱼之异，经书不费"为缘由，"沿述异纪而比灾瑞"。① 所谓"嘉禾"，乃"嘉禾合穗"之简称，此为《唐会要》中提及的祥瑞之物；② "白鱼"，即"白鱼入于王舟"，"此盖受命之符"的代指。董仲舒认为："国家将有失道之败，而天乃先出灾害以谴告之，不知自省，又出怪异以警惧之。"③ 显而易见，唐胄关于灾异的编纂理念，承继董仲舒的"天人感应"思想，其实质是通过对本土灾异祥瑞的记述，试图规劝统治者"内省"。

这种为政治服务的理念，削弱了关注岛内民生实际的现实功能。受此影响，其著作对灾异方面的记录多体现为以异预灾；灾、瑞并重；灾、瑞不分的迹象："弘治十四年（1501）春，彗星见于东南，七日始散。季夏，淫雨大作，洪水暴至，荡屋坏城。秋七月，儋贼符南蛇作乱。"④ 毫无疑问，编纂者认为造成弘治十四年的天灾人祸，与是年春"七日始散"的彗星之间有着因果关系。

"越中自古元无雪，万州更在天南绝"，但是正德元年（1506）冬，远在岭之南的海南东南部万州，突然之间遭遇雨雪天气。万州所人，弘治壬子科（1492）举人，有宣化知县履历的王世亨⑤将其家乡的这场灾害以"长篇歌"的形式记录下来。"歌"以家乡气候突变而降瑞雪作为祥瑞，敬献给新即位武宗皇帝。兹将其"长篇歌"引录如下：

> 撒盐飞絮随风度，纷纷着树应无数。严威寒透黑貂裘，霎时白遍东山路。老人终日看不足，尽道天家雨珠玉。世间忽见为祥瑞，斯言非诞还非俗。越中自古元无雪，万州更在天南绝。岩花开发四时春，葛衫穿过三冬月。昨夜家家人索衣，槟榔落尽山头枝。小儿向火围炉坐，百年此事真稀奇。沧海茫茫何恨界，双眸一望无遮碍。风冽天寒

---

① （明）唐胄：《正德琼台志》卷41《纪异》。
② （宋）王溥：《唐会要》卷29《祥瑞下》，〔日本〕中文出版社，1978，第537–540页。
③ （汉）班固：《汉书》卷56《董仲舒传》，中华书局，1962，第2500、2498。
④ （明）唐胄：《正德琼台志》卷41《纪异》。（明）曾邦泰：《万历儋州志》地集《祥异志》，第93页，在记录该条时曰：秋七月。
⑤ （明）唐胄：《正德琼台志》卷38《人物三·乡举》。

水更寒，死鱼人拾市中卖。优渥沾足闻之经，遗蝗入地麦苗生。疾厉不降无夭扎，来朝犹得藏春冰。地气自北天下治，挥毫我为将来记。作成一本长篇歌，他年留与观风使。①

在"长篇歌"中，"茫茫沧海""无障碍"等词，表明此场降雪之大；四季常青的槟榔也"落尽山头枝"，水中"死鱼"之多，乃至人们拿去卖掉，足见温度骤降幅度之大，实为历史仅见。"歌"作者并没有对这场降雪带来的危害过多描述，而是将希望通过"优渥沾足"的丰沛降水，寄托在来年的丰收之上。此事正好发生在明武宗入继大统的正德元年，在此基础上，将其列入"祥瑞"。

"长篇歌"所描述的万州降雪表明，正德元年南方地区经历着一次较大规模的寒潮。此事发生在唐胄丁父忧后的第三年，而此时唐胄仍居于家中，也就是说唐胄也经历了这场突如其来的气候变化。但是自北而南的寒潮，对琼北地区究竟有着怎样的危害，《正德琼台志》的纂者唐胄不可能不知晓，该著对此着墨无几。相反，该著承继了万州举人王世亨的观点，将其纳入"祥瑞"项下。可能的解释是，献给新皇帝的祥瑞，是吉祥之物，为此避讳所致。

明代中期对于灾异记录为上层服务理念，将灾害说成祥瑞的做法，为明代后期方志编纂者所诟病，使得灾祥记录开始向关注岛内民生方面转变。

> 夫灾，戾气也。正气和而天地如之。府修事治，则灾不为害，岂讳言哉？若夫乔云瑞草，灵禽仙鹿，实与珠还；麦秀凤集，鳄驯映贡。简编岂惟世运、政治系之矣！志灾祥。②

对于前代修志中"灾不为害"的做法进行怀疑。指出，方志记载灾异的目的，并不是以维系世运和政治作为终极目标。

长期以来，人们对于"祥瑞"一直津津乐道。明代后期海南在此方面产生出颠覆性的结论，直接将其斥为"草妖物孽"，而"时和岁丰"才是

---

① （明）王世亨：《长篇歌》，引自（明）唐胄：《正德琼台志》卷41《纪异》。
② （明）欧阳璨：《万历琼州府志》卷12《灾祥志》，第614页。

真正的祥瑞。所谓"至于祥瑞，虽史不厌书，然草妖物孽，何如时和岁丰？则瑞之为瑞，固自有在也"。①

这应该是二部方志编纂理念最为本质的区别。

三　谱牒学

"旧志及郡诸故家谱牒，多有至元各翼黎兵千户"，② 这表明：明正德以前，海南的家谱修纂成为"诸故家"的重要活动。由于年代久远，后续修谱理念的变更，撰抄过程中对老谱的损益，兵燹和自然灾害等主客观原因，诸家谱牒散佚情况十分严重，明代本岛诸家乘原本难觅。是时岛内文人集子、方志及续修谱牒中关于该时段谱序的记载，便成为研究明代海南家谱的重要切入点。

（一）　见存明代谱序

表 2 - 8　文集和方志中谱序收录情况

作者	谱序	文集	方志	资料来源
王宏 [1]	《后所吴百户胜家谱》		《正德琼台志》卷 35《罪放》	《正德琼台志》卷 35《罪放》
邢宥	《冯氏家谱序》		《民国琼山县志》卷 19《艺文志》	《民国琼山县志》卷 19《艺文志》，第 787 页
吴纳 [2]	《唐氏家谱序》		同上	同上。第 792 页
丘濬	《文昌邢氏谱系序》	《琼台诗文会稿》卷 10		《丛书集成三编》第 39 册，第 184 - 185 页
陈𫞩	《雷氏族谱》、《范氏族谱》	《唾余集·诗》[3]		《海南丛书》第 5 集第 1 卷，第 62 页
王佐	《海口黄氏族谱序》、《南桥沙氏族谱序》	《鸡肋集》卷 3		《海南丛书》第 3 集第 1 卷，第 11 - 13、17 - 19 页
康海	《琼山王氏族谱序》	《康对山先生集》卷 33		《续修四库全书》第 1335 册，第 379 - 380 页

---

① （明）欧阳璨：《万历琼州府志》卷 12《灾祥志》，第 620 页。
② （明）唐胄：《正德琼台志》卷 18《兵防上》。

续表

作者	谱序	文集	方志	资料来源
林　文	《文昌林氏族谱序》	《淡轩稿·补遗》		《四库存目》集部第33册，第308页
张　升	《琼山黄氏族谱序》	《张文僖公文集》卷2		《四库存目》集部第39册，第525－526页
钟　芳	《崖东王氏族谱序》、《钟氏族谱序》	《筠溪文集》卷6		《四库存目》集部第64册，第526、531－532页
海瑚［4］	《海氏族谱》		《民国琼山县志》卷19《艺文志》	《民国琼山县志》卷19《艺文志》，第787－788页
张子翼	《祭塘记》	《张事轩摘·记》		《海南丛书》第5集第2卷，第16－18页
海　瑞	《王氏族谱序》［5］		《民国琼山县志》卷19《艺文志》	《民国琼山县志》卷19《艺文志》，第790－791页
梁云龙	《梁氏家乘序》		同上	同上，第794－795页
林汝翥［6］	《陈氏族谱序》		同上	同上，第797－798页
吴晋勋［7］	《吴氏族谱序》		同上	同上，第792－793页
王弘海	《定安莫村新屯合族谱序》、《万安林氏族谱序》、《定安文堂陈氏族谱序》	《太子少保王忠敏先生文集天池草重编》卷6		《四库存目》集部第138册，第141－142、142－143、143－144页

注：

［1］唐胄《正德琼台志》曰：王宏为"逸士"。

［2］王国宪案：吴纳，浙江海虞人，官都察院金都御使。

［3］陈纙的二家族谱未见具体内容，仅留下二首同名七言诗。

［4］海瑚为海瑞同祖（松谿）从兄，是年海瑞22岁，尚未赴试。

［5］该文在王国宪辑《海南丛书·海忠介公集》，陈义钟编校的《海瑞集》中皆未见记载。

［6］（清）徐淦等修，（民国）王国宪等纂《民国琼山县志》，《海南府县志辑》，上海书店、巴蜀书店、江苏古籍出版社影印本。该序作者"以兵巡兼督学政"莅琼，《万历琼州府志》卷9指出"兵备兼提学"始于万历初的舒大猷（第294页），说明该作者应为力历以后的官员。万历府志查无"林汝翥"其人，林姓人物为"林如楚"。万历二十九年五月载："调广东右参政林如楚为琼州兵备副使兼摄学政"。（《明神宗实录》卷359，第6715页）

［7］王国宪案：吴晋勋，江西人，由赐进士官琼州澄迈县、万州知州。

表 2 - 9　部分族谱中收录的谱序

作者	谱序名	写作时间	收录族谱	收藏地点
会 棨	《云氏族谱序》	永乐五年	云茂琦:《云氏族谱》,光绪甲午重修	海南大学周伟民、唐玲玲教授收藏
丘濬 [1]	《冯氏族谱序》	成化四年	《冯氏族谱》,光绪戊申续修	
董 越	《乐会王氏家谱序》	弘治甲寅	王卓如:《三槐谱录》,1986	
赵士贤	《琼莆张氏合谱序》	弘治十八年	《张氏族谱》,民国25年	
林铭鼎	《林氏琼南族谱序》	崇祯癸未	《林氏家谱》,民国己巳年	

注:

[1] 丘濬《冯氏族谱序》无论是在其《琼台诗文会稿重编》、《四库全书》第 1248 册《重编琼台会稿》,以及王国宪主编的《海南丛书》第 1 集《琼台会稿》中皆没有录入。在其末尾有如是注:"成化四年龙集戊子三月上沐赐进士第礼部尚书太子太保兼武英殿大学士琼台丘濬序"(参见《冯氏族谱》,光绪戊申续修)。所谓"龙集"即岁次之意。但是,"弘治四年十月甲子敕吏部太子太保礼部尚书丘濬文渊阁大学士,入内阁参与机务"(《明孝宗实录》卷 56,第 1088 页);"加少保兼太子太保户部尚书武英殿大学士"是在弘治七年八月乙丑的事情(《明孝宗实录》卷 91,第 1668 页),皆非成化四年之事。谱序作者丘濬身份、职务的紊乱,是续修撰抄之故,抑或是其他原因,不得而知。李焯然先生认为:该序为其在弘治元年所作。(李焯然:《丘濬评传·附录二·丘濬年谱》,第 269 页)究竟如何,尚需进一步考证。

在上述两表中,除了少量谱序无法判定具体年代外,崇祯年间林铭鼎之序应该是景泰年间林文之序的续修,共有 26 家谱序。明代,海南修谱有据可考者,最早始于永乐五年(1407),止于崇祯癸未年(1643),修谱行动在时间上呈现出明显的不均衡现象:

谱序以成化、弘治间为集中。如本岛士人邢宥、丘濬、王佐、陈璘,加上董越,共有 9 篇;弘治至万历初期,因山海之乱,岛内政治恶化,期间仅有赵士贤、钟芳王氏谱序(嘉靖九年)、海瑚(嘉靖十三年)、吴晋勋(隆庆三年)、张子翼(隆庆六年)等 5 篇谱序;其他则多属于万历之后。从谱序的分期可以看出,修谱行动与岛内是时的社会安定密切关联。

（二）谱序中反映的问题

1. 移民为主线的家族迁徙路径

表 2 - 10 谱序中所反映的信息

姓氏	迁琼始祖	迁琼时间	迁琼原因	迁出、入地	备注
云氏	云从龙	宋南渡间	仕宦	关右——文昌	会荣序
唐氏	唐 震	理宗淳祐	出守琼州	桂林兴安——蕃诞村	宣德五年，吴纳应唐汝济之请而作
林氏	林 暹	宋初	抚按乾宁路	福建——文昌	景泰癸酉文昌林氏暐、和叔侄由邑庠生入国学，邂林文
冯氏	冯文甫	宋	握兵南征	闽莆阳——澄迈	邢宥序、冯颙为该族裔
邢氏	邢梦璜	南宋	文学政事	汴——文昌	丘濬序、邢宥为该族裔
冯氏	冯光进	宋景德初	迁徙	崖州——万州	高凉郡冯冼夫人之后。冯纪善执谱求序于丘濬 [1]
黄氏	黄守仁	洪武辛酉	避乱	莆田——琼山	王佐序
沙氏	沙万金	元	达鲁花赤	桂平乐——琼山、会同	王佐序曰该谱有丘濬谱引
王氏		南宋	仕琼	会稽——乐会	贡生王璞，携谱征序于董越
张氏	张有文	南宋	尹知琼山	闽莆田——琼山	琼张绂、闽廷槐各辑其支派合成一谱，征赵士贤序
王氏	王 助	宋元之际	武略将军官琼	？——琼山	王濂为河间东光教谕，入京求康海作序
黄氏	黄受甫	洪武十四年	佐教	闽莆田——琼山	黄钰游京师求张升序
王氏				？——崖州	嘉靖庚寅钟芳归省先茔，王以荣以所撰族谱求序
钟氏		元末	从宦	赣——崖州	钟芳迁江藩，时宗侄锷、铉挟谱牒来谒
海氏	海答儿	明初	从军	番禺——琼山	该谱撰修于嘉靖十三年，族人庠生海瑚序

续表

姓氏	迁琼始祖	迁琼时间	迁琼原因	迁出、入地	备注
吴氏	道瑸公			莆田——琼山马定村	隆庆三年,吴晋勋序
王氏	王 义	宋末	贬	山东——琼山官隆	海瑞序
梁氏	梁 肱	宋	琼崖守	邛州——琼山旧州	梁云龙:《梁氏合族谱》
莫氏	志、意公	宋熙宁间	以千户成守	闽同安——定安	合族修谱、二公同堂而祭
林氏	林 铺	明朝	万州牧	莆田——万州	王弘海序曰林士元有序,连宗谱
陈氏	忠孝公	宋末	以尉职渡琼	?——定安	王弘海序,连宗谱
陈氏		宋元之际	避难	福建莆田——海南	族中名人陈文龙
林氏	暹 公	宋初	乾宁路安抚	福建莆田——文昌	族裔林铭鼎序
张氏	号友莲		宦	蒲阳涵头里——琼山	族中名人张子翼

注:

[1] 该序中,丘濬作如下描述:"琼地在唐,世为冯氏所辖,而历代以临振为其汤沐邑。临振即今之万也。"(参见《冯氏族谱》,纪善堂,1987,海南大学图书馆邓玲副研究馆员藏)笔者认为:丘濬将崖州和万州没有区别开来,是将冯氏由崖州迁往万州的路径模糊了。

表 2 - 10 中,王宏的"吴氏"谱序、陈璘雷氏、范氏谱序等信息有限,无法明确。钟芳的崖州王氏谱序没有相关的迁移描述,其他 24 篇序(林铭鼎序与林文序,所指为同一谱系)中皆有明显的移民印迹,这是海南明代谱序中最为突出的反映。换句话说,海南版籍日益扩大是建立在中原移民基础上。

(1)入琼时间与原因。宋室南渡、宋元交替为高峰值,从其入琼的原因考察,因"避乱"而迁琼的家族仅有二例(包括一例发生在明初),而因官入琼最后卜居本岛,则具有普遍性。

(2)迁出地。涵盖了关右、山东、河南、浙江、江西、广西、福建等地,可谓"五方杂处"。但是闽籍人士是迁居海南主要群体,上表中就有九个家族来自福建,其中七个来自福建莆田。

(3)合谱与连宗谱的出现。弘治十八年《琼莆张氏合谱》的出现表明,海南张姓与迁出地进行对接的努力;万历之后,梁氏、莫氏合族谱,陈氏连宗谱及张氏"祭塘"等形式的出现,则表明岛内同宗之间联系的加强,这与岛内的社会稳定程度关系密切。

2. 地区分布明显不均衡

除陈氏谱序以"海南"为"迁入地"而情况不清晰外，其他 23 姓氏修谱及其分布情况如下表所示（参见表 2 - 11）。

表 2 - 11 谱序分布情况

琼山	10	万州	2	儋州 [1]	—
文昌	4	陵水	—	昌化	
定安	2	崖州	2	感恩	—
乐会	1	澄迈	1		
会同	1	临高	—		

注：

[1] 丘濬为符节所作的《世引堂记》[参见（明）丘濬：《丘文庄公集》卷 5《世引堂记》，《四库存目》，集部第 406 册，第 331 页] 及《南海甘蕉蒲氏家谱》（丁国勇标点，天津古籍出版社，1987）皆无相关谱序。

尽管这一分布情况，比起宗韵博士的相关研究要丰富一些，[①] 但岛内西部的临高、儋州、昌化、感恩及东部的陵水无一案例。究竟何种原因？钟芳在《崖东王氏族谱序》中对此作了相关解释，或许能够了解大概：

> 崖处穷壤，民生甚艰。日以操兵备寇为事，未遑及于文物。士夫修谱牒者，仅千百之一二。迩来士竞力学，质稍美者，皆能窥大道，知所向往，科第寝寝，与琼颉颃者，民襃衣大袖，礼俗相敦，视昔若丕变矣。[②]

钟芳认为，修谱至少需要三个条件：物质生活的富足、社会安定及知识的普及程度。如果说，昌化、感恩等地因上述条件所限，而修谱行动不大尚可理解的话，那么，儋州无谱，确实匪夷所思。苏轼在其被贬之地，积极从事教化，而启海南文运之先，个中原因尚需进一步探究。

---

① 宗韵：《明代家族上行流动研究——以 1595 篇谱牒序跋所涉家族为案例》，华东师范大学出版社，2009，第 31 页。该文认为：琼州府明代族谱序跋 7 篇，分布为定安 2 篇、琼山 2 篇、文昌 1 篇、崖州 2 篇。

② （明）钟芳：《筠溪文集》卷 6《崖东王氏族谱序》，《四库存目》集部第 64 册，第 526 页。

3. 族谱中回避的信息

宋室南渡及宋元王朝政权更迭，中原局势急剧动荡，自发移民只具有个案色彩，这与历史记载极不吻合。福建与海南梯航可渡，民间交流频繁。北宋元丰年间，琼管体谅安抚朱初平的奏章，可以为人们提供参照："自泉、福、两浙、湖、广来者，一色载金银匹帛，所直或及万余贯。"① 朱氏言论至少表明，闽浙商人以本岛沉香、槟榔等土特产为核心的贸易活动规模较大，也十分频繁。乃至朱初平要修改"格纳"之法，以改变税收积弊。

然而贸易风险时有发生，"闽商值风飘荡，赍货陷没，多入黎地耕种之"，这是南宋理宗宝庆元年（1225）"提举福建路市舶兼权泉州市舶"② 的赵汝适所撰《诸蕃志》中的一段话，其意在明确破产闽籍商人是海南熟黎的一个组成部分。此后，李心传也有同样记述："闽商值风水荡去其赍，多入黎地耕种"。③ 破产闽商著籍海南，经由后代的努力，再振家业是有可能的。遗憾的是，不仅上述的谱序中对此毫无反映，即便在见存的 65 姓氏、168 种海南族谱中，④ 类似于这种民间移民讳莫如深，因官入琼则成为迁居海南的最主要途径。毫无疑问，家族修谱所奉行的"为尊者讳"的原则，模糊了先民来琼的最初动因。

（三）修谱理论与实践

魏晋南北朝以来，"上品无寒门，下品无世族"的门阀制度在唐末、五代十国时期得到了颠覆性的修正。北宋时期，随着社会经济的发展，新兴的庶族官僚在政治上崭露头角，出于收族敬祖、维系家族传承的愿望，在他们的推动下，以民间立场的家族谱牒修撰取代了先前的官方行为。

"由贱而贵者耻言其先，由贫而富者不录其祖"⑤ 的修谱表述，使其动

---

① （宋）李焘：《续资治通鉴长编》，《四库全书》第 319 册，第 260 页。
② （宋）赵汝适著，杨博文校释《诸蕃志校释》，中华书局，2000，第 220－221 页。
③ （宋）李心传：《建炎以来系年要录》，《四库全书》第 327 册，第 673 页。该著记录下限为绍兴三十二年（1162），故晚于赵汝适的《诸蕃志》。
④ 陈虹：《海南家谱提要》，海南出版社、三环出版社，2008。该著是在整合海南大学周伟民、唐玲玲教授及图书馆邓玲副研究馆员的家谱藏品基础上编辑而成的。
⑤ （宋）苏洵：《嘉祐集·谱例》卷 13，《四部丛刊初编》，商务印书馆，1919，第 923 页。

机纷繁芜杂，为对其进行规范并试图将忠孝伦理观纳入上层建筑之中，宋代士大夫阶层积极为之努力，其中以苏洵和欧阳修为主要代表。

苏氏谱系"尽亲""著代""详吾之所自出""吾作"等注重修谱者个人见解和谱系内容，这一点在其《嘉祐集·苏氏族谱》中有着具体体现。然而，欧阳氏则不以为然，指出："姓氏之出，其来也远，故其上世多亡不见。谱图之法，断自可见之世，即为高祖，下至五世玄孙，而别自为世。"① 具而言之，二者皆崇尚简约。而区别也很明显：欧阳氏仿史记年表；苏氏则以礼之大宗、小宗为次；欧法有讳字官爵、无生卒葬娶；苏法有寿数、卒日，有仕有娶无葬；时间跨度，欧式上自高祖，下至五代玄孙；苏式则止于五服。欧、苏谱式成为宋元以来，民间修谱所遵循的二大体系。

1. 海南谱牒理念

最早从理论上对欧、苏所强调的"尽亲"和"断自可见之世"的简约风格进行质疑的是丘濬：

> 后世作谱者，率遵欧、苏二家，说者多病其简，何也？盖家之谱，视国之史。史，纪一国之事，不得不简；谱，录一家之事，不可不详。彼其世远人亡，载籍湮微，往事无所于稽，不得已而略之，可也；苟耳目亲所见闻，明有征验，可以贻远而示范，乃亦弃之而不录，博雅好古君子所不忍也，曾谓仁人、孝子，而忍忘其先德哉？②

丘濬将家谱等视与国史的路向，给予血缘宗亲传承为主要内容的谱牒赋予了全新的内涵——家族史。进而要求，家谱编撰"不可不详"，如此才能不忘其"先德"。丘濬认为《广昌何氏家乘》的编撰体例，可圈可点："兼本二家之义例，而折衷之，详书备录，巨细不遗"，并按照谱序、族谱图、宗谱图、家传、妇德、先莹等六卷架构，后附貤封、制书、赠送诗文，最后以先世遗事结尾。

---

① （宋）欧阳修：《欧阳修集编年笺注》卷 21《居士外集·谱图》，巴蜀书社，2007，第 4 册，第 357 页。

② （明）丘濬：《琼台诗文会稿》卷 10《广昌何氏家乘序》，《丛书集成三编》第 39 册，第 185–186 页。

时间跨度上，"凡何氏受姓以来，见于史传者，殆无遗焉"，丘濬对此赞赏有加，事实上是对苏、欧"详吾之所自出"，"断自可见之世"理论的否定。

显然，丘氏所倡导大跨度的家族史，建立在宋元以来民间修谱实践对欧、苏体系损益的基础之上，《广昌何氏家乘》便是其主要代表。这种对"受姓以来"家族历史的溯源、梳理，需要撰著者一定的家学渊源和较深的学识修养，即便从资料的掌握情况来看，也非一般家族所能企及。

2. 相关实践

丘濬所处时代，丘氏家乘并没有修撰。唐胄《正德琼台志·序》曰："丘文庄晚年尝言，己有三恨，郡牒未修一也。"有理由相信：其家谱牒未修，或许也是其一恨。换句话说，丘濬对谱牒认识只停留于理论探讨，而缺乏实践支持。

海南地处遐荒，文化自苏东坡贬琼之后才与中原接轨。从现存的谱牒来看，宋元交替之后也有为数不多的修谱现象。现存的《海南省邢氏家谱》中，录有邢梦璜①为其族作的谱序，便是最好的证明。由于兵燹及其他原因，早期谱牒失传。即便海南大族——邢氏也难以幸免。如此，大家族史的修谱理念自然无法实现。但是，明代海南修谱过程中，避免欧、苏既定的"断自可见之世"修谱原则，致力于先世迁琼的历史梳理。于是，"迁琼始祖"抑或是"过琼公"一词，便在各个家谱中盛行。

记录在《海南邢氏家谱》中，邢宥在天顺庚辰（四年，1460）为其家谱所作的《十二、十三公行序考》便是在此方面的主要探索。所谓十二、十三公即是资政大夫十二公、州长兼纲使十三公，二公自汴州而潮（浙江杭州府），于南宋建炎间，南迁于琼，分著籍于文昌之观霄、水吼村。

邢氏的修谱实践，将丘濬的家族大历史的上限推至历代迁琼始祖，成为海南其他族姓修谱的一个主要范式。与中原谱系中试图与炎黄帝有血缘关联的编撰理念，有着较大的差别。

不过，在65姓氏168种族谱中，迁琼始祖位置空缺的情况近20位之多。究竟是年代久远无法考证、家族修谱中考据欠缺所致，抑或"由贫而

---

① 邢梦璜：本岛文昌人，宋咸淳间，由"举文学"而授"崖州金判"升"万安知军"，入元之后，"有出尘之趣"，著《平黎》《磨崖》二记（参见《正德琼台志》卷31《秩官下·崖州·宋》；邢益儒主修《海南省邢氏家谱》卷3，2001年续修）。

富者不录其祖"的原因，无法臆测。

钟芳的《钟氏族谱序》，钩稽了钟氏在海南一段家族沉浮历史：

> 自唐越国公以还，世居于赣。元末，我高祖大父从宦沦落海峤后，乃讹籍于他姓者近百年。赖家乘有稽攷自，不肖夙抱幽憾，莫能自振。既官广右，乃上《复姓奏》，展转勘覈，踰五六年，仰戴圣明，天涵日丽。事卒得直，而垂绝之绪，于是复续，岂非幸欤？①

钟芳的自述为张岳崧的《道光琼州府志》所转述："钟芳，字仲实，先崖州人，改籍琼山。少育外亲，因黄姓，后奏复焉。"② 家族谱牒不避讳家族中衰的历史，而秉笔直书，实属难能可贵。其纪实性的写作手法，与丘濬对不忍"忘其先德"的博雅君子要求，多有异曲同工之处。

第三节 文学艺术

一 文学

属于古代图书"经、史、子、集"四部分类之一的集部，以收集历代文人奏章、诗、词、曲、赋及其他体裁文章为主。其中，汇集多人作品为总集，而专收一人作品被称为别集。别集，是研究作者个人文学造诣的重要文献。海南古代诸家别集的大量存世，为梳理本区域文学发展脉络提供了前提条件。

唐宋之际，贬谪人士居琼并极力传播中原文化，开启海南教化。或许是保存不善之故，该时段内海南文人别集并不多见。不过，贬谪人士居琼期间，以海南风物为主要描述对象而载录其文集的具有普遍性，如《苏轼文集》《苏文忠公诗集》、③ 《斜川集》、④ 《庄简集》⑤ 等。

---

① （明）钟芳：《筠溪文集》卷6，《钟氏族谱序》《四库存目》集部第64册，第532页。
② （清）张岳崧：《道光琼州府志》卷34《人物·名贤二》，第771页。
③ （宋）苏轼：《苏轼文集》；《苏文忠公诗集》，（清）纪昀评本，韫玉山房刻本。
④ （宋）苏过：《斜川集》，《丛书集成初编》，第1956－1957册。
⑤ （宋）李光：《庄简集》，《四库全书》第1128册。

其中，"李光今存诗词总数为486首，居琼作品238首"，① 几占其作品的半数。对于它们的整理，也应该看作海南文人别集。遗憾的是，这项整理工作在清康熙年间才开始进行。现存于中国国家图书馆的《苏文忠公海外集》四卷本，就是时任临高县知县的樊庶所编辑而成。②

白玉蟾，原名葛长庚，海南琼山人，南宋著名道士。致力于传播丹道，正式创建内丹派南宗。白氏一生著作等身，其文集整理由明代唐胄摘编的《琼海玉蟾先生文集》十卷本，其中六卷刊刻行世。③

元代推行的歧视性科举政策，科举考试中无所建树，文集也不多见。

（一） 明代海南文人别集的总体情况

1. 文人别集及其分布（参见表 2-12）

表 2-12　见存及存目文集

作　者	文集名称	卷　数	资料来源	版本情况
丘　濬	《琼台诗文会稿》	24 卷	《丛书集成三编》第 38-39 册	天启元年七代宗孙尔毂、尔懿重编
邢　宥	《湄丘集》	2 卷 [1]	《海南丛书》第 3 集	（民国）王国宪辑
王　佐	《鸡肋集》	10 卷 [2]		
唐　胄	《传芳集》	不分卷	郝玉麟：《雍正广东通志》卷 46《人物·琼州府》，《四库全书》，第 564 册，第 224-238 页	《四库存目》
	《西洲存稿》			
王　惠	《岭南声诗鼓吹集》	10 卷	《嘉靖广东通志》卷 42	《四库存目》
	《截山咏史集》	2 卷		
钟　芳	《筼溪文集》	30 卷	《四库全书存目》集部第 64-65 册	嘉靖二十七年钟允谦刻本

① 李景新：《海南岛贬谪文学的文化学价值》，《琼州大学学报》2005 年第 4 期，第 47-49 页。

② 另一版本为二卷本，乾隆四十年琼州知府萧应植作序，海南书局，1934 年出版。

③ （明）黄佐：《广东通志》卷 42《艺文志上·集目》，第 1058 页。

续表

作者	文集名称	卷数	资料来源	版本情况
陈是集	《滇南诗集》选编		《海南先贤诗文丛刊》	海南出版社，2004
	《中秘稿》		《海南丛书》第 5 集	（民国）王国宪辑
陈 璘	《唾余集》			
张子翼	《张事轩摘稿》	不分卷		
郑廷鹄	《兰省掖垣集》		郝玉麟：《雍正广东通志》卷 46《人物》	存目《四库存目》
	《学台集》			
	《石湖遗集》		《海南丛书》第 6 集	（民国）王国宪辑
许子伟	《许忠直公遗集》			
梁云龙	《梁中丞遗稿》			
林士元	《北泉草堂遗稿》			
	《林舜卿文集》	10 卷	《道光琼州府志》卷 43	存目
海瑞	《海瑞集》	上、下编	中华书局，1962	陈义钟编校
王弘海	《太子少保王忠敏先生文集》	26 卷	《四库存目》集部第 138 册	
	《天池草重编》			
王汝为	《尚友堂稿·南溟奇甸集》		郝玉麟：《雍正广东通志》卷 46《人物》	《四库存目》
	《咏怀集·存塾稿》《抚纮余韵》			
王时元	《四礼集》			
王 宏	《蛰庵集》	不分卷		
李 珊	《古愚集》		《道光琼州府志》卷 43	
梁 继	《竹溪集》			
梁必强	《沧浪集》			
柯呈秀	《居业集》			
陈天然	《自新遗稿》			
李应和	《木斋集》			
王赞襄	《澄源稿略》		郝玉麟：《广东通志》卷 46《人物》	
陈 实	《虚庵集》			
吴 诚	《雁峰集》	百余卷		

注：

[1] 黄佐《嘉靖广东通志》曰："湄丘集十卷。"

[2]（民国）王国宪辑《海南丛书》第 3 集；（明）王佐著，王中柱校注《鸡肋集》，中山大学出版社，1995。

以上开列的书目,相信并不是明代海南文人别集的全部。在其 38 部别集中,存目 25 部,见存 13 部,见存部数占总数 34%。所幸的是丘濬、王佐、钟芳、海瑞、王弘诲等别集得以保存,这是研究明代海南文化的基本素材。

此外,明代海南为官的官员文集中,也有为少量记载。如"嘉靖龙飞"宰邑儋州顾岕的《海槎余录》,① 则是以儋州为主要记述对象,全面描述海南社会诸多方面内容;俞大猷的《正气堂集》,② 也有相关的文章。

2. 见存文集中诗、文数量(参见表 2 - 13):

表 2 - 13　诗、文在见存别集中的篇幅数目

作者	诗(首、阙)	文(篇、道)
丘濬	五言古诗(70)、拟古乐府(14)、七言古诗(69)、五言绝句(75)、五言律诗(117)五言排律(4)、六言诗(18)、七言绝句(215)、七言律诗(233)、七言排律(6)、回文诗(2)、集句(7)、歌行(6)、三禽言(3)、诗余(18)	章奏(14)、表(9)、策问(9)、论(1)、序(153)、记(71)、传(7)、录(1)、跋(9)、杂说(3)、字说(8)、杂著(4)、事宜(2)、赋(7)、颂(1)、箴(3)、铭(1)、赞(32)、墓志铭(8)、墓表(9)、神道碑(6)、哀辞(4)、祭文(5)
王佐	古乐府(16)、四言诗(1)、禽言诗(9)、五言古诗(26)、七言古诗(8)、五言律诗(11)、七言律诗(8)、七言排律(1)、五言绝句(33)、七言绝句(93)、集句(2)、回文(1)、诗余(4)、歌(1)、赋(1)、补遗(10)	表(1)、奏(1)、策(1)、记(11)、序(19)、论(4)、说(11)、辨(3)、志(1)、箴(1)、原(3)、跋(6)、传(7)、赞(2)、行状(1)、墓志(1)、墓表(1)、祭文(9)
唐胄	五言古诗(5)、七言古诗(6)、五言律诗(20)、七言律诗(39)、五言绝句(2)、七言绝句(9)、五言长律(2)、五言律诗(6)、七言古诗(1)、七言古歌(4)	疏(3)、序(4)、记(2)、论(4)、墓碑(1)

---

① (明)顾岕:《海槎余录》,中华书局,1991。

② (明)俞大猷:《正气堂集》卷 3《处黎》,《四库未收书辑刊》第 5 辑第 20 册,第 20页。

续表

作者	诗（首、阕）	文（篇、道）
钟芳	诗（96）、七言古诗（46）、五言律诗（93）、七言律诗（181）、联句（3）、五言绝句（22）、六言绝句（1）、七言绝句（112）、补（6）、诗余（14）、上梁（1）	序（119）、记（24）、碑（6）、论（17）、史论（19）、表（1）、杂著（32）、书简（37）、戒（2）、铭（14）、赞（2）、箴（1）、颂（1）、文（1）、祭文（48）、传（5）、行状（1）、志铭（11）、墓表碑（3）、奏疏（21）、札记（6）
陈是集辑《滇南诗选》[1]	五言律诗（30）、七言绝句（36）、七言律诗（40）、七言古诗（2）、五言古（1）、诗余（3）	疏（3）、序（15）、记（2）、书后（1）、箴（8）、呈词（3）、传（1）、行状（1）、祭文（5）
邢宥	各体诗（32）	记（9）、序（1）、墓碑记（2）、墓表（1）、说（2）
郑廷鹄	各体诗（63）	疏（1）、序（2）、记（4）、传（1）、铭（1）
许子伟	各体诗（10）	序（2）、记（8）、祭文（1）
梁云龙	各体诗（10）	书（1）、碑文（1）、行状（1）、记（1）、序（1）
林士元	各体诗（30）	记（1）、墓志铭（2）、墓表（1）
海瑞	各体诗（23）	文（70）、疏（14）、论著（11）、序跋（9）、赠序（54）、书牍（103）、赞颂（1）、祭文（2）、墓志铭（2）、杂记（3）、四书讲义（10）、专著（1）
王弘诲	五言古诗（41）、七言古诗（27）、五言律诗（72）、五言排律（7）、联句（2）、回文（3）、七言律（184）、集句（12）、七言排律（5）、五言绝句（18）、六言绝句（15）、七言绝句（62）	奏疏（12）、序（81）、记（13）、碑记（9）、游记（6）、程策（2）、议（2）、题跋（14）、杂著（8）、传（2）、启笺（19）、祭文（15）、咏（1）、行状（3）神道碑（4）、墓志（11）

注：

[1]《滇南诗选》为陈是集所辑。所选之诗文包括白玉蟾、"闺媛诗"在内共28家，其中冯银、丘夫人、林淑温、黎瑜娘、苏微香为女诗人。

3. 别集中的主要内容

在见存12家别集中（陈是集辑《滇南诗选》，仅涉及诗歌内容），皆包含诗、文。因作者自身水准和阅历不尽相同，故而诗、文数量上有着很大差距。丘濬诗文的数量之多，涉猎文体之广，皆使人无法望其项背。仅就存世文集内容来看，郑廷鹄、许子伟、林士元、梁云龙的集子比较单一，海瑞集更侧重于政论性文章。

诗，是别集的基本元素。丘濬的诗歌体裁有 15 种之多，其中以七言绝句、七言律诗为最，皆超过 200 篇。在王佐、唐胄、钟芳、陈是集、王弘海的个人别集中，"七言"的篇幅皆占据着重要成分，这至少表明七言绝句和七言律诗在明代海南诗歌创作中占据主导地位。"诗余"即"词"的创作上，丘濬 18 阕、王佐 4 阕、钟芳 14 阕、陈是集 3 阕。而禽言诗则是在丘濬和其门生王佐之间进行。赋、歌体裁的文章虽篇幅不多，但其分布仍在丘濬和王佐之间。

奏疏数量不多，但分量很重。既是作者身份体现，也是其政治能力的反映。丘濬、王佐、唐胄、钟芳、郑廷鹄、海瑞、王弘海等皆有数量不等的奏疏。

序、记在别集的"文"中，篇目最多。通过它们，可以看到撰著者的社会交际网络以及其对事物所持的基本观点。

（二）诗歌上的主要成就

1. 禽言诗

所谓"禽言诗"，即是以人言谐音鸟语，通过艺术发挥和想象，进而将人生的情感通过鸟语方式表达的一种艺术形式。禽言诗的开山之作，为北宋著名诗人梅尧臣创作的《四禽言》，梅在此方面的作品因"形式新奇，风格平淡"，而被苏轼誉为"圣俞体"。[①] 继其之后，文人拟作不断，佳作迭出。

海南文人在此方面的努力首推丘濬，其"三禽言"借助"寒号鸟"规劝现实社会中那些不思进取、"得过且过"之辈；用"鹧鸪""子规"之言，则体现出明显的反对异族统治倾向。如《行不得也哥哥》："行不得也哥哥！十八滩头乱石多。东去入闽南入海，溪流湍急岭嵯峨。行不得也哥

---

① 张如安：《愤将禽语寄悲情——禽言诗论略》，《中国韵文学刊》2002 年第 2 期，第 71 页。

哥!"作者在该诗的序言中交代了其发生的历史场景:南宋建炎三年
(1129),"金兵追宋元祐后(即隆祐太后,宋高宗伯母)至漳赣(江西造
口十八滩头处),(元兵)几及之"十分危急之下,从"时人词曰:'江晚
正愁予,山深闻鹧鸪'(辛弃疾《菩萨蛮·书江西造口壁》)"词意中,以
鹧鸪"行不得也哥哥"的啼声谐音托讽寄兴,以十八滩头的山穷水尽暗喻
南宋王朝穷途末路。

而《不如归去》则选择元至正十六年(1356),朱元璋占领南京的时
间节点,将"子规"置于"居庸关"之上,发出如下声音:"不如归去!
中华不是胡居处。江淮赤气亘天明,居庸是汝来时路。不如归去!"① 丘濬
所生活的时代,正面对着北方强大的鞑靼、瓦剌游牧民族。正统十四年
(1449)的土木之变,成为明朝与北方民族的关系转捩点。丘濬借禽言而
咏史,晓谕大义,实有对民族命运深切关注之意味,这与其在《大学衍义
补》中所倡导"华华夷夷"秩序相呼应。

王佐将丘濬"三禽言",扩展至"禽言九首",在承继丘氏以史鉴今风
格的基础上,并有关注现实民生转变的努力。其在《姑恶姑不恶》中写
道:"田间饷耕是姑炊,机中织纬是姑络。妇饫饱饭姑肠饥,妇厌暖衣姑
身薄";《提葫芦》"年年只向酒树需,只今酒尽树欲枯"。② 其中的"姑"
"酒树"意指从事物质资料生产的芸芸大众,而"妇"和"主翁"则指向
不事稼穑的统治者。在处理这对关系中,王佐呼吁应关注民生疾苦,否
则,一味的竭泽而渔,到最后只能是"酒尽树欲枯"的结局。

禽言诗仅12首,并不占据海南诗歌的主要成分,更遑论其在中华诗坛
中的位置。毫无疑问,这是在中华文化浸染下,在南国盛开的一朵绚丽的
奇葩。

2. 清新自然的海南风景描写

集中展现海南风物,是12家诗作最为突出的表现形式。多独立行篇。
但,丘濬《琼台八景》(少时之作);王佐《桐乡八小景》;邢宥《琼台杂
兴(七首)》;陈繗《海天春晓十首》;钟芳《珠崖杂咏次韵(七首)》;王
弘诲的《员山八景》《嬴惠庵十景诗》等抒情言事,则属于组诗的范畴。

① (明)丘濬:《琼台诗文会稿》卷6,第16页,《丛书集成三编》第39册。
② (明)王佐:《鸡肋集》卷8,(民国)王国宪辑《海南丛书》第3集第1卷,第10-11页。

（1）以物言志，佳作不断。其中以丘濬的《五指参天》为代表：

> 五峰如指翠相连，撑起炎州半壁天。夜盥银河摘星斗，朝探碧落弄云烟。雨余玉笋空中现，月出明珠掌上悬。岂是巨灵伸一臂，遥从海外数中原。

这首源自丘濬"少年曾作琼台八景"① 之一诗作，无过度雕琢痕迹，语言清新自然，不用典故。"撑""数"二个动词，成为全诗的全部骨架。以"岂是巨灵伸一臂，遥从海外数中原"结尾，可谓是神来之笔，"不仅见出诗人的气概和胸襟，而且卒章显志，意味隽永"。② 全诗既展现了五指山峻拔秀美的自然景色，又委婉地表述了作者驰志中原"经世济国"的远大志向。意境恢宏，想象奇伟。

少年丘濬"数中原"的气度，及其后来日益凸显的学识文章以及位极人臣的身份地位，成为岛内后学者效法的对象。有趣的是，以和"五指山"或是以五指山为题材诗作不断。

王佐《和丘公〈五指山〉诗》，③ 没有按照原作和韵，而是根据原诗作者的写作意境宕开一笔，"明时维岳颂神降，还继嵩高咏有周"。"嵩生岳降"典故，意在给王朝唱赞歌，弱化了丘濬"数中原"的气概。

此外，许子伟《〈五指山〉和丘文庄公韵》；④ 郑廷鹄《五指山》；⑤ 王弘海《〈五指参天〉和丘文庄公韵》（二首）⑥ 等诗作不断呈现。在后继的诗作中，除了王弘海的第二首中的"最怜建水挥文笔，卓立乾坤判道原"，有点丘文庄的遗韵外，其他诸作无法与丘氏相比较。

（2）故乡一草一木、山山水水，尽入诗境。见存 12 家别集中，皆有相关的诗作。比较而言，王佐五言古诗中，《波萝蜜》《食槟榔白》《天南星》《琼枝菜》《槟榔》《鸭脚粟》等，则体现出荒政理念下的本草救灾

---

① （明）丘濬：《琼台诗文会稿》卷5，第1页，《丛书集成三编》第39册。

② 朱东根：《岂是巨灵伸一臂，遥从海外数中原——丘濬〈五指山〉诗赏析》，《贵州民族学院学报》2009年第1期，第142页。

③ （明）王佐著，王中柱校注《鸡肋集》，第171-172页。该诗在王国宪本中未见收集。

④ （明）许子伟：《许忠直公遗稿·诗》，（民国）王国宪辑《海南丛书》第6集，第20页。

⑤ （明）郑廷鹄：《石湖遗稿·诗》，（民国）王国宪辑《海南丛书》第6集，第41页。

⑥ （明）王弘海：《太子少保王忠敏先生文集天池草重编》卷25，《四库存目》集部第138册，第4-5页。

思想。

与王佐出发点不同，邢宥《海南村老歌》所描述则是另一番情景：

> 海南村老非真村，家能识字里能文。读书大意破论孟，险夷巧拙知区分。得钱只欲买书读，不置天庐遣子孙。祝融司天霜不杀，四时雨露皆春暖。禾收两熟杂粳糯，仓集种稑多如云。木奴大者十余种，半花半实充林园。族属姻娅无远迩，岁时壶榼通温存。水行乘舟陆乘马，巾服雍容礼仪敦。况有童奴可将命，幸无徭役相劳烦。采钓芳鲜随意出，海中为乐难具论。养高花下酒一尊，无事足不蹑公门……心有余宁形亦逸，海南村老非真村。①

出入有舟楫之便、"采钓芳鲜随意出"等场面的勾勒，应该是邢宥对其所居地文昌的描述，并非就全岛而言。但是，诗作以质朴的文字，接近白描的手法，再现了海南社会：读书为业，无徭役之烦；交通便捷，无缺粮少食之虞，社会和谐，人们安居乐业，简直就是一个世外桃源。

（3）凭吊怀古之作。南宋二王称制海中，以琼州海峡为主要活动区域，前后约一年时间，海峡两岸的民众积极参与拥宋反元的斗争。海南在此次勤王中，做出了重要贡献。凭吊这一宏大历史场面的诗作，主要有王佐的《哀使君》和《哀四义士》。② 在王佐的英雄史观之上，唐胄更加注重王朝更替中岛内民众的作用，其《哀百姓》③ 及后人整理的《补白沙口哀诗序》便是这一反映。

以岛内历史兴替为素材的诗歌，也大量存在。王弘诲的《建州城怀古》便是其主要代表作之一：

> 建州城堞久蒿莱，胜国流传尚可哀。峒主有祠依绿树，美人无地问青梅。千年往事空啼鸟，一代遗踪尽劫灰。远涌溪前东逝水，凭高

---

① （明）邢宥：《湄丘集》卷2，第7－8页。"四时"一句脱一字，"雨"为引者加。
② （明）王佐：《鸡肋集》卷10《补遗》，第25－26、37页，（民国）王国宪辑《海南丛书》。《正德琼台志》卷33《名宦》记录了这二首诗，并指出其出自王佐的《琼台外纪》。
③ （明）唐胄：《正德琼台志》卷33《名宦》。王国宪辑《海南丛书》第3集《传芳集》，将《正德琼台志》卷33后的议论部分改名为《补白沙口哀诗序》，并加以收录。

怅望意迟回。①

王弘诲从南建州因明代兴起而亡出发，进而对峒主有祠，美人无地发出"千年往事空啼鸟"的感慨。即便有峒主、南建州和美人的传说，也只能是"浪花淘尽英雄"，大有在历史面前，人力无法回天之叹，使人不禁唏嘘！

另外，官宦北国而无法回乡祭奠已逝先人，以诗寄托哀思要推陈繗的《清明有感》：

清明无客不思家，我到清明思转加。嫩绿又开新柳眼，娇红不是旧桃花。半生遗恨空流水，三尺孤坟自落霞。欲寄凄凉眼前泪，想应流不到天涯。②

作者感情真挚，毫无矫揉造作的成分。虽然"凄凉眼前泪"，但却无法流回故土，其凭吊先人、思念家乡的情感跃然纸上。

3. 女性诗歌创作

除王佐、海瑞的用典叙述之外，语言清新、朴实，意境高远，是明代海南诗歌的主要特色。此外，女诗人的婉约与 12 家诗作的纤细、质朴交相辉映，为明代海南诗坛增添了亮色。

陈是集将冯银、丘夫人、林淑温、黎瑜娘和苏微香等五位明代海南女诗人的 18 首诗歌作品纳入其编选的《溟南诗集·闺媛诗》中（参见表 2 - 14）。

表 2 - 14　海南女性诗人及部分作品

冯　银	丘夫人	林淑温	黎瑜娘	苏微香
五言绝：夏日、题画、咏蝉；七言绝：暮春	七言古：题吹弹歌舞图	七言律：白菊	七言律：闺情集古（7 首）；七言绝：花园留别、博浦开船、夜月、古道秋风	七言古：悔恨曲

资料来源：（明）陈是集编选《溟南诗选·闺媛诗》，《海南先贤诗文丛刊》，海南出版社，2004，第 303 - 310 页。原按：丘夫人指的是丘濬夫人，攀丹村唐氏之女，而丘夫人与冯银之间则有嫂妹之称。唐胄《琼台志》卷 40《人物五》"封赠"及"孝义"指出丘濬续弦是吴氏。

① （明）王弘诲《天池草》卷 24《七言律诗》，《四库存目》集部第 138 册，第 28 页。
② （明）陈繗：《唾余集·诗》，第 53 页，（民国）王国宪辑《海南丛书》第 5 集。

其中，唐氏《琼台志》卷40《孝义》载，冯银字汝白，乃琼山那邕都教谕冯银之女，"博通经史，诗文信口而成"，家学深厚。从其所作的《暮春》中，不难看出其有"悠闲淑女"之风韵："绿暗红稀春已深，东风吹度小墙阴。凋荣何限人间事，独倚幽窗数过禽。"而黎瑜娘的《古道秋风》，则道出另一番愁绪："野草寒烟眼望荒，秋风飒飒树苍苍。不知此地是何地，怕听猿啼恐断肠。"

（三）赋的创作

明代赋的总体成就不高。明初向中期转变的过程中，赋的发展路向仍停留在明早期"宗汉"的基础上，即是以汉赋为宗，"颂扬当世之君"，而将前代帝王、他国之君视为主体陪衬物的"法后王"[①]为指导思想，进行赋的创作。

明代海南赋创作的数量总共8篇，即丘濬7篇、王佐1篇；时间集中分布在成化、弘治年间。明代中后期，几乎无人从事赋的创作。这与明代中后期赋的总体衰微及路向选择上是否有着某种关联，不得而知。

丘氏在此方面，可谓开海南风气之先。在其《后幽怀赋》《石钟山赋》《南冥奇甸赋》《别知赋》《怀乡赋》《和韩子别知赋》及《别知后赋》[②]中，《南溟奇甸赋》[③]是一篇以歌颂明太祖边疆政策为宏旨大纲，集中展示海南自西汉以来纳入王朝版图，尤其是明代开国近百年以来所取得的成就。也是有史以来，第一篇全力推介海南乡土民风的力作。

文章缘起于景泰五年（1454），[④] 34岁的丘濬中进士二甲一名，这位新进士"北学于中国，颉颃乎天下之士"，从而引起翰林主人洗马李绍的关注。李绍对于来自"寰区之外，涨海之边"的奇士所取得如此成就深表

---

① 李新宇：《论明代辞赋之演进》，《文学评论》2010年第3期，第100页。
② （明）丘濬：《琼台诗文会稿》卷22。
③ （明）丘濬：《琼台诗文会稿》卷22，第4-13页。
④ 苏云峰先生认为该赋成于"1477年"（苏云峰：《从丘濬〈南溟奇甸赋〉看15世纪之海南自然生态与人文社会》，《海南历史论文集》，第83页），这一结论，有待商榷。该赋结尾未标注其写作年代，而何乔远《丘文庄公传》曰："景泰五年……洗马李绍指刘定之谓濬曰：'主静生长名邦，兼奉庭闻，固宜浩博。子海外孤生，安所师友，乃亦如是？'"这段话与丘濬的赋中与翰林主人所述内容几近一致。张岳崧的《丘濬传》（《道光琼州府志》卷33《人物》）中，基本相同。周伟民、唐玲玲：《丘濬年谱》，《海南大学学报》2000年第1-3期，没有明确的界定。有鉴于此，其时间应为景泰五年（1454），非1477年。

惊讶，文章便围绕着"学何所受？道何所传？何所从而至何所见"等一系列问题，以答疑的方式铺陈开来，整篇文章3300余字，洋洋洒洒，可谓一气呵成。

李绍关注之一，海南为何称为"奇甸"？事实是对海南历史的追问：

> 兹地《禹贡》之所不载，《职方》之所不书。郡县始汉武之世，分野仅星纪之余。在汉七世固尝弃之，盖不以之为有无也。且"甸"者，王畿之名，非所以为遐外之域；"奇"者，殊常之称，不可以加寂寞之墟。

丘濬根据《太祖高皇帝御制文集》中《劳海南卫指挥敕》一文，道出"南溟奇甸"一词由来。强调"地以人胜"，由于明太祖品题，海南因之而殊于昔者：

> 此我太祖圣神文武统天大孝高皇帝金口之所宣也。大哉皇言乎！自吾兹地而得兹言，地益增而高，物若加而妍。山林草木濯濯然，如在昆吾御宿之近；封疆畛域整整然，如与侯服邦畿以相连。嗟夫！地以人胜，从昔则然……矧兹奇甸，环海以为疆者，余二千里。纵步以行兮，地虽甚遐；仰首而观兮，天则伊迩。一经大圣人之所品题，山势驳驳而内向；波光跃跃而立起。物则且然，人可知已。

对于海南的自然、物产、珍奇，《赋》如数家珍，娓娓道来：

> 草经冬而不零，花非春而亦放。境临乎极边而匪塞，海泄其蕴气而无瘴。地四平以受敌，无固可负；岁三获以常穰，有积可仰。通衢绝乞丐之夫，幽谷多耆老之丈。古无战场，轶语信乎有征；地为颇善，符言断乎非妄。民生存古朴之风，物产有瑰奇之状。
>
> 其植物，则郁乎其文采，馥乎其芬馨，陆摘水挂，异类殊名；其动物，则彪炳而有文驯，和而善鸣。陆产川游，诡象奇形。凡夫天下之所常有者，兹无不有，而又有其所素无者，于兹生焉。
>
> 岁有八蚕之茧，田有数种之禾，山富薯芋，水广鲜螺。所生之品，非一可食之物孔多，兼华夷之所产，备南北之所有。木乃生水，树或出酣，面苞于椰，豆笑于柳。竹或肖人之面，果或像人之手。蟹

出波兮凝石；鳅横港兮堆阜。小凤集而色五，并鲎游而数偶。修虾而龙须，文鱼而鹦啄。鳞登陆兮，或变火鸠；树垂根兮，乃攒金狗。鼯缘树杪而飞，马乘果下而走。鱼之皮可以容刀，蚌之壳用以盛酒。波底之砂行如郭索，海滋之贝大如玉斗。花梨靡刻而文，乌栏不涅而黝。椰一物而十用其宜，榔三合而四德可取；木之精液，蒸之可通神明；鸟之酕毛，制之可饰容首。有自然之器具，有粲然之文绣……

李洗马对于丘濬的描述大为称奇，进而指出"无乃奇之为奇独钟于物，而遗于人耶"的命题，丘濬进行如下诠释：

三代以前，兹地在荒服之外，而为骆越之域，至于有汉之五叶，始偕七郡而入于中国。曼胡之缨未易也，椎结卉服之风未革也。持章甫而适之，尚懵而未之识也。魏晋以后，中原多故，衣冠之族，或宦或商或迁或戍，纷纷日来，聚庐托处。薰染过化，岁异而月或不同；世变风移，久假而客返为主。蒯犷悍以仁柔，易介鳞而布缕。今则礼义之俗日新矣，弦诵之声相闻矣，衣冠礼乐彬彬然盛矣，北仕于中国而与四方髦士相后先矣。策名天府，列迹缙绅，其表表者，盖已冠冕佩玉，立于天子殿陛之间，行道以济时，而尧舜其君民矣。孰云所谓奇者，颛在物而不在人哉？

上列即是《南溟奇甸赋》的基本内容。正如苏云峰先生所言，丘氏在行文过程中，因四周海洋将"瘴气"泄掉，仅就这一点来看是值得推敲的。但是，鉴于赋本身是以正面赞扬为主鲜有批评的特点，其诸如"瘴气"之类的问题可以忽略。

刚入翰林的丘濬面对李绍质疑，所进行的论证似乎显得有点苍白。从是时海南实际情况来看，尽管进士人数不是主要衡量标准，但是比丘濬稍早或是同时代以科举而入仕的人员实在是屈指可数。其"地以人为胜"的论点，事实是为"法后王"而铺垫，意在歌颂明太祖功德的写作手法，无法消除长期积淀在人们心目中的"遐荒"印迹。

撇开这些具体问题，就赋本身而言，丘濬赋作的磅礴气势来自其博大的胸襟和对故土的热爱。结合该赋的写作背景来看，也些许透露出作者"一日看尽长安花"的喜悦。

（四）奏疏

明代海南士人，无论是官宦于北国，还是致仕在籍，甚至在野农夫，都十分关注时事进而品评。在热点问题上，多有来自海南籍士人的声音，这点似乎与他们的率真性格有着很大的联系。文章言简意赅、语言辛辣，不仅仅体现其学术修养，更多地反映出他们不惜以身家性命为代价，刚正不阿、直面谏君的可贵品质。在心学盛行的明代中后期社会，这股清新之风对砥砺士人品格、矫正阿谀奉承的社会风气，产生了一定的影响。

从见存别集中的数字统计来看，奏疏数量分布为丘濬奏章 14 篇、王佐 1 篇、唐胄 3 篇、钟芳 21 篇（包括替别人代作疏 5 篇）、郑廷鹄 1 篇、海瑞 7 篇、陈是集 3 篇和王弘诲 12 篇。只不过，陈是集的三份奏疏为个人"辨冤"，而显得有点与众不同。见存 64 篇奏疏，[①] 从其内容来看可以概括为两个方面。一是关注国家层面的问题；二是解决岛内事务。

1. 国事奏疏

最为著名的要数嘉靖四十五年（1566）二月，户部云南司主事海瑞的"天下第一疏"：

> 陛下则锐精未久，忘念牵之谓神仙可得，一意玄修，竭民脂膏，侈兴土木，二十余年不视朝，纲纪弛矣。数行推广，事例名爵滥矣。[②]

海瑞在其《治安疏》中，"嘉靖者，言家家皆净而无财用也"，对嘉靖皇帝的喜怒谩骂；"美曰美，不一毫虚美，过曰过，不一毫讳过"[③] 的处世原则，及其清正廉洁的形象，至今仍为传诵。

或许是海南人注定要与嘉靖皇帝有缘。早在海瑞上《治安疏》之前的嘉靖四年（1525），朱厚熜以外藩入继大统后，下令讨论崇祀乃父兴献王朱祐杬典礼之事，就有海南的声音。杨廷和以"出汉定陶王、宋濮王事"授之于礼部尚书毛澄。该议为世宗皇帝所拒绝。稍后观政进士张璁上《大

---

① 根据见存文集中奏疏的数字统计出来的 62 篇，外加弘治十五年冯颙关于平定符南蛇之役的奏疏、正德十四年，王士衡《奏革定安驿递疏》。参见（清）张文豹《康熙定安县志》卷 3《艺文》，第 176－177 页）。

② 《明世宗实录》卷 555，第 8919－8920 页。

③ 陈义钟编校《海瑞集》，中华书局，1962，第 217－221 页。

礼疏》指出："今日之礼，宜别为兴献王立庙京师，使得隆尊亲之孝，且使母以子贵，尊与父同。则兴献王不失其为父，圣母不失其为母。"[①] 张璁的言论深得世宗赞赏。于是，在君臣之间，围绕着该事件而形成了以杨廷和为首"护礼派"和以张璁为首的"议礼派"。两派之间，进行了长达十多年之久争论——"大礼仪之争"。与海南相关联的士人参与此次争论的有二位，皆为"护礼派"。嘉靖四年五月，吏部尚书廖纪[②]复上书反对议礼，指出：

> 窃以人子孝亲之心无穷，而分则有限，得为而不为，与不得为而为，均为不礼。如何渊之言是恭穆昔称臣于外藩，今并列于祖宗帝位，不得为而为，以之事亲，非孝也。皇上所继者，祖宗之统；所守臣者，祖宗之法。如渊之言，必欲以臣而干君；因子而伸父，乱昭穆之伦，蔑祖宗之法，非孝也……况礼有制而不得为情，有限而不得伸，犹足以见皇上以礼事情，大孝出于寻常万万，顾不韪欤？

廖纪鉴于"世室之议久而未定"，[③] 从"亲""孝""礼"等方面出发，反对再议，为嘉靖所拒。

嘉靖五年，世庙成，使得"大礼仪之争"告一段落。嘉靖十七年六月，致仕扬州府通判同知丰坊奏："孝莫大于严父，严父莫大于配天，请复古礼，建明堂。加尊皇考献皇帝庙号称宗，以配上帝。"[④] "帝欲祀献皇帝明堂，配上帝。"[⑤] 对此，唐胄奏疏曰：

> 明堂之配，不专于父明矣。且昔我皇上入纂大统之初，廷臣讲礼不明，执为人后之说。于时推明一本，力正大伦者，惟席书、张璁、桂萼、方献夫、霍韬数人而已，可谓忠臣矣。及何渊有建庙之

---

① （明）陈邦瞻：《明史纪事本末》卷 50，中华书局，1997。
② 关于廖纪的籍贯问题，万州人，寓直隶河间府东光县。这就是说，廖纪与海南有着血缘关系。（廖纪籍贯问题，在本书第 3 章"教育与文化"中的"进士"部分，将进一步探讨）
③ 《明世宗实录》卷 51，第 1280－1281 页。
④ （清）张廷玉：《明史》卷 76《礼志二》，第 1258 页。
⑤ （清）张廷玉：《明史》卷 203《唐胄传》，第 5359 页。

议，书等则尽力斥之。其言之最切者，在书则曰：献皇帝入祀大内者，以止生陛下一人，庙祀不可缺也。不敢祔庙者，以未为天子，大统不可干也。在璁则曰：先儒谓，孝子心无穷，有分限，得为而不为，与不得为而为之，均为不孝。皇上追尊献考，别立庙者，此礼之得而为者也。附献考主于太庙者，此理之不得为者也。在萼则曰：仲尼有言"孝子不顺情以违亲，忠臣不兆奸以陷君"，渊说诚陷君矣。皇上可顺情而信之乎？夫岂不道，而数臣言之，盖爱君之切也。①

唐胄通过对《孝经》的解读，指出"后世祀明堂者，皆配以父，此乃误识《孝经》之义，而违先王之礼"，进而强调明堂之建，不合古制。此番言论，深为世宗所不满。是日，"定明堂大飨礼，下户部侍郎唐胄于狱"。② 为此言论，而付出的代价不谓不大。

一般而言，"大礼仪之争"的本身，"意义并不重大，不过是礼文末节。但其背后，却隐藏着大臣们的争权夺利，对于当时的政治有着不小的影响"。③ 但是，这些海南籍朝官在朝廷中一直是被排挤的对象，故而结党营私对于他们来说似乎不是那么一件容易的事。对廖纪、唐胄敢于直谏的解释，可能是那种来自初民社会的质朴性格，使得他们成为坚定的"议礼派"。

如果说，在位臣工上书言事是尽其本分的话，那么致仕在籍仍关心国之政事，则体现出其强烈的社会责任。早期有王佐关于废除本岛土舍问题的奏疏（前文已有论述），后期则以原任南京礼部尚书致仕王弘诲，以身疾喻朝政为例，将个人疾病与国运联系在一起，提出苏民困以培育国家元气、加强官僚体制建设以巩固国家肢体、畅通章奏以通舆情等方面，为万历中期的社会把脉。

天下之病所关在宗社矣，大可忧也。陛下诚穆然深思，超然远览，简用会推阁部大臣，以司政本；录用先后建言诸臣，以襄庶务；

---

① 《明世宗实录》卷213，第4377-4378页。
② （清）张廷玉：《明史》卷17《世宗本纪一》，第228页。
③ 南炳文：《嘉靖前期的大礼仪》，《故宫博物院院刊》1983年第2期，第91页。

亟下行取考选之令，以通言路；速罢掊克聚敛之臣，以除民害；通融内外之出入，以均货贿；简发先后之章疏，以开壅蔽。转移之间，而病根悉除，此久安长治之术，祈天永命之道也。臣虽不知医，而所言者皆医国医民，苦口良药，愿陛下尝试之。[①]

2. 岛内问题的解决

如前文所述，冯颙在弘治十五年关于平定符南蛇之役的奏疏，便是注重岛内政治、民族问题解决的一个实例。

定安人王士衡的《奏革定安驿递疏》，为定安民众减负；王弘海就岛内生员渡海科考一事，提出"改海南兵备道兼提学道疏"等，皆获得朝廷的认可。

或许是受到海南士人上书言事启发，岛内民众也不甘落后："广东琼州府澄迈县民谢大成奏称：本府增饷条鞭税亩，峒黎及灶户冒免田粮数事，俱系假公济私。惟有增派秋粮一款，委涉偏累。"这份来自万历二十四年三月户部上报材料，经由万历皇帝的同意，为海南获得了蠲免，"减去秋粮银五百九十七两，以示宽赦"。[②]

（五）诗文创作理念的初步形成

以科举入仕而形成一批前后相继的创作群体，为区域文学繁荣提供了重要的人才支持。其创作理念经过不断推阐，而逐渐向率真、本我方向发展。丘濬在《刘草窗诗集·序》[③]中就诗歌演进路径进行梳理，反映出丘氏的诗歌创作理念。

丘濬认为："三代以前无诗人，夫人能诗也。太师随所至，采诗以观民风，而系国以别之"。"协音调，可颂可歌"的局面，因"夫子"删三千篇为三百五篇后，使得诗"不系国，而系于人"，人自为诗向诗人的职业化转向，诗道因之而"晦"。"由乎学力之所至"取代"出乎天趣之自然"，是诗歌前后"有间"的主要原因，由此得出"删后无诗"。

---

① 《明神宗实录》卷 342，第 6345 - 6347 页。
② 《明神宗实录》卷 259，第 5491 - 5492 页。
③ （明）丘濬：《琼台诗文会稿》卷 9，第 21 - 23 页。

自汉魏的建安七子后，"诗之名始专归于人"，由于"文以时异"及诸家之作"各随不同"，到了唐及宋初"以诗取士"的政策，使得诗道渐行渐远。

> 国初，诗人生胜国乱离时，无仕进路，一意寄情于诗，多有可观者。如吴中高、杨、张、徐四君子，盖庶几古作者也。其后举业兴，而诗道大废，作者皆不得已，而应人之求，不独少天趣而学力亦不逮矣。

丘濬认为孔子的《诗经》使得诗歌创作专门化，也使"诗道"脱离了"天趣之自然"的轨迹，后世科举之兴是诗歌败坏的重要推手，乃至几无诗歌可言。丘濬的"文体变说"，或许需要进一步推敲。

但是，其"天趣之自然"可谓抓住了诗歌创作的实质。这一倾向在其《戏答友人论诗》中，有着更为直接的表述："吐语操词不用奇，风行水上茧抽丝。眼前景物口头语，便是诗家绝妙词。"①

可以说，丘濬所崇尚的是诗家平常心、真性情及口语化的表述方式。与丘濬的有所不同，海瑞对于诗文有着另一番理解："盖人禀天地之精，言语文字之间，天地精神之发也。约而为诗，不多言而内见蕴藉，外著风韵。天地之精神以诗而骋，骋则袭物感人，变化因之。"显然，海瑞对文学创作的理解已经从丘濬的复古主义倾向中脱离出来。丘濬对"文以时异"及诸家之作"各随不同"颇有微词，然而这一点却为海瑞所极力推崇，除了诗歌发展走向应该以"变化因之"外，海瑞还强调发挥诗家个人想象："吟哦浩歌，胸中造化，一动一静之间，天地人之妙也。""夫天光物色，抑亦一时之触尔。本真在我，因触而悦，故亦因触而诗。"② 海瑞对诗歌"本真在我"的追求，尤加注重诗家的主观创造，大抵与明代中后期心学的发展相契合。

明代海南诗歌理念从丘濬的追求"天趣之自然"到海瑞"本真在我，因触而悦"的转变，表明明代中期的复古主义倾向在中晚期向心学方向过渡的历史趋势，对边疆文学也产生了重大影响，同时也深刻地折射出明代

---

① （明）丘濬：《琼台诗文会稿》卷5，第28页。
② 陈义钟编校《海瑞集·注〈唐诗鼓吹〉序》，第333页。

文学变化轨迹。

丘濬对外在"天趣"以"自然"的方式予以呈现，反对以"学历之所至"的过度雕饰，从而使得自己陷入无法自拔的怪圈。他认为举业是摧毁诗道的主要缘由，极力倡导诗人应远离科举，但是循此途径是儒生入仕的唯一通道，仕禄所在，即便自己也无法拒绝的事实，这点从其个人学术经历中可以得到证实：正统九年（1444），举乡试第一之后，为参加进士考试，从正统十二年（1447）到景泰五年（1454）的 8 年时间内，三试礼部，终于"中进士二甲一名"，① 才完成了自己的华丽转身。另一方面，丘濬极力强调的"天趣"，有抑制诗家天性的一面，这点或许与他极其深厚的理学背景密切相关。尽管如此，这并不影响丘氏对于诗歌"天趣"本性的追求。

海瑞主张"因触而诗"，需要诗家掌握"本真在我"的尺度进行诗歌创作。换而言之，诗歌创作中，诗家在一定的尺度下，可以充分发挥自己的主观能动性，具有明显的心学浸染的痕迹。

某种程度上，海南诗作群体在诗歌创作上的理念揣度，出自这一群体对明代中后期社会变迁的大背景下所做出的自觉、不自觉的掌握。有道是，"诗从其人，言为心声"，他们在诗歌上的追求，一定程度上反映其在诸多文学题材上努力，即便是"做人"也不例外。

二 绘画

比起前代绘画上的空白，明代有所突破。② 根据掌握的资料来看，总体成就不高，时间分布主要集中在明代中期。就山水、花鸟、人物三

---

① 周伟民、唐玲玲：《丘浚年谱》，《海南大学学报》2000 年第 1 期，第 101 - 103 页。

② 关于明代海南绘画资料来源，由于地方志记载皆以唐胄的《琼台志》卷 40《艺术》为蓝本，《万历琼州府志》将此项内容设在卷 10《方伎》中，其词条无任何增加，内容有所裁剪，有甚者还把"宋·王肱"抄成"宋王肱"。（参见该志 476 - 477 页）百年时间内，该领域毫无成就，令人匪夷所思；黄佐的《广东通志》没有太多涉及。年代之久远，后来的方志沿此。可参看（清）萧应植《乾隆琼州府志》卷 10《方伎》，《续修四库全书》第 676 册，第 651 页；张岳崧《道光琼州府志》卷 36 下《方伎》，第 826 页。但是另一个现象值得注意，文人别集中有大量的关于绘画的诗、序存在。由于别集主人多异地为官，无法判定这些文章就是针对海南的绘画作品，故而无法加以征引，即便女性的《闺媛诗》中的相关记述也是如此。

个画科来看，以花鸟画科为主。创作队伍主要来自民间，士大夫阶层参与不多。

（一）墨竹画

作为花鸟画的一个重要组成部分，"墨竹画"在明代中前期海南画坛上一枝独放，值得关注。主要代表人物为陈文徽："善墨竹，而秘其长。凡见墨汁（画——引者注）者，知好之，而不知为何人所作。"[1] 毫无疑问，具有高洁坚贞之品格、飘逸清雅之姿质的梅、兰、竹、菊为主题的四君子画，一直受到中国古代文人的青睐，从而成为文人画的重要组成部分。但是，海南炎天涨海的气候，除竹子而外，"三君子"难以生存。那么竹子如何进入明代海南文人的画中？这是一个有趣的问题。为此，关于陈文徽的相关了解将有助于问题的解决。

丘濬《桐墩记》记载：陈文徽，字允谐，"世为琼人，连试于有司不利，今贡于春官"。[2] "今"是指景泰二年辛未（1451），也是丘濬"再试礼部不第，告归省母"的时间。该"记"与唐氏《琼台志》所征引的刘学士"记"应该是同年推出的。从这两篇记所反映的内容来看，皆对陈文徽植桐为"琴之材"多加赞赏。此外，刘学士"记"中"能画，得其要领"，说明其具有绘画的功底，但并没有说出其在"墨竹画"上的成就。

身居太学的刘学士如何为陈文徽作"记"，该"记"道出原委："君（陈文徽）今廥贡而来，升于太学，骎骎乎，享用有日"，而"属余记"。[3] 这就是说，陈文徽因贡而入春官。这段"享用有日"的北国之游，给其留下了怎样的印象，从中又得到什么，不得而知。王佐的一段话颇耐人寻味：

> 陈允谐善写竹，秘其长，人莫知也。偶遇唐得光出以相示，窃叹海外无此作者，允谐也。噫！托交二十年，犹不得见知己若所长，而人之于人，一见之间，岂能尽平生之蕴哉？愚因允谐先生写竹，而知

---

① （明）唐胄：《正德琼台志》卷40《人物五·艺术》。
② （明）丘濬：《琼台诗文会稿》卷19《桐墩记》，第11-12页。
③ （明）唐胄：《正德琼台志》卷17《书院》。

为国者不必尽天下之才。①

毫无疑问，王佐的文章是在二"记"之后。王佐对"托交二十年"，居然"秘其所长"挚友的墨竹画为唐得光所藏，表现出些许不满。但是，通过这段王佐的自注，结合以上两篇"记"，不难得出这个结论：陈允谐北游春官南归之后，经过了十多年潜心习画后，将此赠给唐得光。王佐《唐得光墨竹》其二曰："辋川②烟景昔曾闻，今向天涯见此君。诗画王维应不远，稻花香里一家村。""诗画王维应不远"的期盼，未免有点拔高之嫌，但"海外无此作者"的断定，说明该画法在海南的独创性，并对陈文徽在此方面努力给予充分肯定；而"今向天涯见此君"，则表明墨竹画已经根植海南的画坛之中。

（二）马画

韩幹的《牧马图》及《照夜白图》为唐马的典范之作，其后，"雄健丰满"③成为"唐马"的主要标志。海南在此方面有所涉猎的是后所人王敞，唐胄对此作品作出如是评介："善画唐马，传神，诸品俱奇，而写判尤妙。"

尽管乡贤王桐乡的七言绝句《唐马图》（四首），④没有说明该组诗与王敞画作之间的内在关联，但是似乎为后人欣赏海南"唐马"提供某种参照。

王敞除了画唐马之外，也擅长人物画。曾游南京时，一位"眇一目"的低级武官者向其求画。王敞一挥而就，被画者以"谢金数斤"⑤以表谢意，足见其人物画的高超技艺。

三 书法

明初书法，将工稳的小楷推向极致是沈度、沈粲兄弟，"凡金版玉册，

---

① （明）王佐：《鸡肋集》卷10《七绝·唐得光墨竹》，（民国）王国宪辑《海南丛书》第3集第1卷，第13页。
② "辋川"指《辋川图》，为唐代王维的绘画作品。
③ 吴雁：《画》，湖南教育出版社，1986，第151页。
④ （明）王佐：《鸡肋集》卷10《七绝·唐马图》，（民国）王国宪辑《海南丛书》第3集第1卷，第12页。
⑤ （明）唐胄：《正德琼台志》卷40《人物五·艺术》。

用之朝廷，藏秘府，颁属国，必命之书"，① 二沈书法被推为科举楷则，沈度因之被明太宗誉为"我朝之王羲之"。② 明代中后期，随着人们思想的解放，书法进入个性化发展的新时期。

以毛笔字作工楷，是科举入仕的一项重要内容。随着明代海南中式群体队伍的不断壮大，其书法在整体水平上有所提高。总体来说，因应时代大潮的变化，海南的书法也随之产生微妙的变化，这种变化集中表现在从早期的"台阁体"向中后期个性化转型。前者以傅佐领军，后期则以海瑞为代表。

（一）正德以前的书法

傅佐，字秉忠，右所人，丘深庵门人。成化间，以善书任鸿胪序班，升中书。正德年间，以"武功"任广东后卫百户。这位"善书"者，具体程度究竟如何，因真迹难觅，无从评价。但在唐胄《琼台志》中提供了如下材料："善小楷，尤峻密。丘深庵濬著《大学衍义补》进稿及《家礼仪节》《世史正纲》《朱子学的》刊稿，皆出其手。"③ 傅佐之所以能替丘濬抄写四部专著，与其"丘深庵门人"的特殊身份密不可分。从这个意义上来说，其书法水准在全国或许并不处于特别显赫的地位，但代表海南书法水平毋庸置疑。

丘濬成《大学衍义补》一书，作《大学衍义补序》和《进〈大学衍义补〉表》是在成化二十三年（1487），是时"天下书法尽归吴"的局面尚未形成，由其可以认定傅佐的书法仍属于"台阁体"。唐胄认为其小楷"峻密"，与二沈的"工稳"有着某种相似之处。

差不多与傅佐同时，尚有对书法执笔技巧探讨，并将"撅、押、钩、格、抵"运用娴熟的是后所人邝海。所谓"五指执笔法"，相传为唐陆希声所传。"撅"是大拇指指肚部分紧贴笔管；"押"是食指与大拇指相对夹持笔管；"钩"是中指钩住笔管；"格"是无名指甲、肉相连处挡住笔管；"抵"小指紧贴无名指以辅助之。研究者认为，"这是一种符合生理机能而

---

① （清）张廷玉：《明史》卷286《文苑二·沈度传》，第7339页。
② 张静文：《幽燕文学艺术嬗变纬略》，广西师范大学出版社，2008，第142页。
③ （明）唐胄：《正德琼台志》卷40《人物五·诸科·艺术》。

又行之有效的正确方法"。① 邝海深得其法，以之"书名"而"独步一时"。乃至"碑、碣、对、扁"，多艳其手。②

此外，集不同书体于一身，并取得较大成就的是琼山大来人吴震，字忠义。这位为海南兵备道副使涂楘所重的岛内书法名人，因签事何汉中所求，以"真、草、篆、隶"四体书就的《赤壁赋》四幅条屏③而名重一时。

（二）明代后期书法

从现有资料来看，比起正德以前百花齐放、成就者较多的局面，后期的书法款品多样化上明显不足，人员队伍比较单薄。但是书法存品中的个性张扬，是前期无法比拟的，这一点从海瑞传世书法作品中可以得到印证。

1. 草书

《〈方孝孺临麻姑仙坛记〉跋》中所反映的内容如下：

> 颜鲁公为唐一代伟人，忠烈之气，争光日月。其书法为后人圭臬。石刻如抚州《麻姑仙坛记》大字本，笔力整峭，真为杰构。国初方正学先生忠事建文，殉身靖难，其激烈之概，无疑平原复生。追念及之，可歌可泣。此卷临《仙坛记》大字本，字里行间有寻丈之势。折钗屋漏，亦隐跃纸上，并有抽刀断水之妙。始谓忠臣烈士，无论何艺，时时流露性情。今展此作，非大本先立，焉能如是邪！④

海瑞墨迹《〈方孝孺临麻姑仙坛记〉跋》，可以算是其流传于世并不多见的草书作品之一。虽然，《跋》并没有探讨相关的书法理论，但是，从海瑞对唐代颜真卿（即颜鲁公）、明方孝孺二位书法名家的"大本先立"而造就其"折钗""屋漏"的书法之势，和"抽刀断水"之意境的崇尚，海瑞刚正的做人风格及其行云流水式的《跋》受之影响，隐约可见（参见图 2 - 2）。

---

① 陶明君：《中国书论词典》，湖南美术出版社，2001，第 116 页。
② （明）唐胄：《正德琼台志》卷 40《人物五·艺术》。
③ （明）唐胄：《正德琼台志》卷 40《人物五·吏员、艺术》。
④ 陈义钟编校《海瑞集》，第 337 页。此文是陈义钟先生根据海瑞的墨迹而补入。

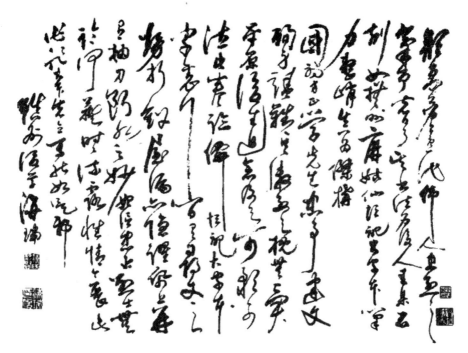

图2-2 海瑞手书《方孝孺临麻姑仙坛记》跋

资料来源：陈义钟编校《海瑞集·卷首》。

海瑞的草书，明显突破明代"尚态"① 的趋势，遒劲的笔势，跃若腾龙的字体，似乎更显得作者对"势"的把握。

2. 行书

图2-3及图2-4的行书，是海瑞《除夜宿石头驿》《过野叟居》二通诗抄碑的局部拓片。此外，诗抄碑还有《送孔徵士》《早秋山居》，共四首唐诗组成碑刻作品，今立于海口市五公祠内。四首诗分别为唐代诗人戴叔伦、马戴、权德兴、温庭筠所作。兹将上述拓片所涉二首诗附录于下：

《除夜宿石头驿》一诗，全文如下：

旅馆谁相问？寒灯独可亲。一年将尽夜，万里未归人。寥落悲前

---

① （清）梁巘：《承晋斋积闻录·执笔论》，《续修四库全书》第1068册，第815页。该文曰："晋人尚韵，唐人尚法，宋人尚意，元明尚态"。这段话多被人们描述为出自该文的"学书记"篇，其实该文只有"学书论"，而无"学书记"，欧阳中石等《书法与中国文化》（人民出版社，2000，第301页）引用该文亦如此。

事，支离叹此身。愁颜与衰鬓，明日又逢春。

图2-3　除夜宿石头驿（局部）　　　图2-4　过野叟居（局部）

《过野叟居》内容为：

野人闲种树，树老野人前。居止白云内，渔樵沧海边。呼儿采山药，放犊饮溪泉。自著养生论，无烦忧暮年。

从上述二幅拓片（局部）来看，线条刚健、字体敦厚，笔随意走、情注毫端。其刚健有吸纳唐人之书风，随意则似宋人之态。晚清康有为对海瑞的书法有着独到的研究，认为"笔法奇矫"为海刚峰之强项，① 颇有见地。

3. 独创"寿"字

今立于海口市五公祠内"寿"字碑，系当代人根据海瑞原作而摹刻的

① （清）康有为：《万有文库》第2集《广艺舟双楫》卷6，王云五主编《国学基本丛书》，商务印书馆，1937，第98页。

作品。碑高 1.46 米，宽 0.66 米，[1] 该碑简洁大方，以"寿"图为主体，落款为"海瑞书"，右下角有篆书"海瑞之印"等三部分构成（图 2-5 是该碑的拓片）。

图 2-5　"寿"字碑

此碑源自海瑞给母亲祝七十大寿的一幅书法作品，以"寿"字作为基本架构，将"生老百年""生母七十"八字纳入此架构中，笔力遒劲，一气呵成。收笔有力，结构严谨。其恢宏之气，不落俗套构思，恐非一般人所能及。无论从其思想性、艺术性来说，都是一篇不可多得的上乘之作。

与其说这是一幅书法作品，毋宁说更像一幅"寿"画。可谓是奇人妙想！

四　音乐与戏曲

诗书礼乐在庶民教育中承担着教化功能，为历代王朝所重视。音乐作为"乐"的一个重要组成部分，在明代海南沿着官、民二条路径，分两个阶段而发展起来。

（一）音乐

1. 早期音乐发展情况

（1）官方音乐推进。明代官方颁布的"礼仪"规制十分完备，海南也不例外。音乐场面主要在春秋二祭孔子，即"释奠礼"上："先

---

[1]　阎道衡、羊文灿：《见证千年——海南五公祠研究》，海南出版社、南方出版社，2008，第 108 页。

期演乐于明伦堂"；迎神，"乐奏咸和之曲"；奠帛行初献礼，"乐奏宁和之曲"；终献、亚献同，彻馔，"乐奏咸和之曲"；送神，"乐奏咸和之曲"。①

根据洪武十九年（1386）规定的标准，海南在洪武二十七年制造乐器，"凡二十四事（式——引者注）"，共 206 件。成化丙申年（1476），国子监祭酒周洪谟将文庙"六佾（乐舞的行和列——引者注）"旧制乐舞变更为"八佾"的奏议获准。这一变更于弘治九年（1496）在海南得到落实，是年太守张桓重修府学，并延请无锡吕应桢为乐师，教习乐、舞，增补红舞衣至"六十有四"。② 比较而言，十县三州州县学，并没有得到相应的发展。

（2）民间人士对音乐发展的推动。陈文徽，除了上文已述其墨竹画之外，也颇钟情于音乐。在刘学士"记"中，陈文徽"琼之人多琴之好"，一语道出海南人对于音乐的喜好程度。然而制琴所需的桐，"非琼之常产"，是故，郡人"不能皆琴之有"。有鉴于此，陈文徽便在郡城之东约五里许，寻找到一块适合桐所宜生之地，在高地之巅"树桐十数本，且筑室于麓，藏书若干卷"，一方面"待桐成材而用之"，一方面"会乡弟子讲学"，并名之曰"桐墩书院"。③ 材成，如何用之？陈文徽认为"非独己用也，凡吾之子弟，吾之族姻，吾之交游，吾之乡邑，吾之后人，苟有志于古音者，皆于此取材焉，可也"。④ 由此，可窥其致力推广音乐的志向。

2. 正德之后的音乐理论与实践

明代中后期，方志对音乐发展情况缺载，但是官方音乐的推广并没有弱化，这一点从万历府志中可以得到证实。隆庆庚午（1570），知府周思久增修琴瑟。教习生儒《雅歌》《鹿鸣》及《圣谕六训诗》；万历十五年（1587），通过"修补乐器，定为乐舞"，"歌生名数"是在府学考选中选择"通文艺者充之"。⑤

---

① （明）郭棐：《万历广东通志》卷 7《礼仪》，《四库存目》史部第 197 册，第 164 页。
② （明）唐胄：《正德琼台志》卷 15《学校·府学》。
③ （明）唐胄：《正德琼台志》卷 40《人物五·艺术》。
④ （明）丘濬：《琼台诗文会稿》卷 19《桐墩记》，第 12 页。
⑤ （明）欧阳璨：《万历琼州府志》卷 6，第 177 – 178 页。

士大夫参与音乐理论的探讨，可以说是正德之后音乐发展最为突出的成就。钟芳的《乐论》（上、下），《变宫变徵》《十二律子声》① 等文章，便是这一方面的典型代表。这些文章，既有钟氏对于音乐理论方面的相关认识，而"贵中和，太高则粗厉，太卑则噍杀"，应该是钟氏对音乐特点的独到理解吧。

民间音乐发展状况，因《四库总目提要》的相关记载，为人们展示了另一幅图景：

> 《琴瑟谱》三卷。明汪浩然撰。浩然始末未详，自称广东琼州府正乐生员，殆乐生也。第一卷言琴瑟之制以及图说、指法，下二卷则各分诸调。浩然能协琴瑟之声为八音，尝谱大成乐，奏之广州学宫，湛若水尝为作记。其自序谓与其子合作之，盖专门世业，故言之特详耳。

此后的方志才在清道光之后予以重视。但是，年代久远，汪浩然及其著作具体情况，多语焉不详。②

汪氏著作成书年代的界定，对于了解明代中后期海南音乐在民间的发展情况有所帮助。在唐氏的正德方志中，卷40"艺术"门有九位入选，涉及医术、书画；"杂伎"门有八位录入，涵盖风水、武术、工艺、巫术、碑刻、象奕、屈布等，并附乡谚"梁梳、李笓、朱伦（纶——引者注）、马屈"。可见记述之详，门类之广。即便查阅其"耆旧""贡生"等诸门中，皆无其任何踪迹。有理由相信，不是唐氏疏忽之原因。汪浩然应在正德之后的嘉靖时期，这点"湛若水尝为之作记"，提供相关佐证。

湛若水，生于成化丙戌（1466），师从陈白沙，弘治壬子（1492），中举；乙丑（1505 年）进士。嘉靖庚子（1540）夏，"疏请得致仕"，庚申

① （明）钟芳：《筠溪文集》卷10，《四库存目》第64册，第9-17页。
② 阮元：《道光广东通志》卷189《艺文略一·经部》，《续修四库全书》第673册，第197页；（清）张岳崧：《道光琼州府志》卷43《经目》，第994页。上述二部方志，基本上是将《四库全书总目提要》中的评介予以抄录。（清）李文恒：《咸丰琼山县志》卷22《人物志·方伎》，第1791页，直接根据阮元的意思，将汪浩然纳入琼山籍，其他方面无任何突破。按照纪昀"湛若水尝为作记"的提示，在其32卷本卷16"序"及卷17"记"中［（明）湛若水：《湛甘泉先生文集》，《四库存目》集部第56-57册］，皆未有相关记录。

（1560）卒，时年九十五岁。① 其致仕与辞世间在广州至增城一带讲学，馆舍众多。② 纪昀笔下的"奏之广州学宫"，就是指这段时间。由此，可以断定汪浩然及其著作年限，应该在嘉靖中后期。

> 《八音摘要》二卷。明汪浩然撰。是书凡二十五目，上卷自历代乐议旋相为宫议，以下为十五目；下卷分列八音及舞图、歌谱，为十目。大抵摭拾旧论，如制氏之记其铿锵而已。③

所谓八音者，《晋书》对此做了如下解释：

> 八音，八方之风也。乾之音石，其风不周。坎之音革，其风广莫。艮之音匏，其风融。震之音竹，其风明庶。巽之音木，其风清明。离之音丝，其风景。坤之音土，其风凉。兑之音金，其风阊阖。④

纪昀的二段评语，向人们展示了嘉靖中后期海南音乐在理论和实践上的重大突破。"谱大成乐"，体现出本岛音乐实践中的最高水准；而"摭拾旧论"，则是对历代音乐发展在理论上的总结。

（二）戏剧

明代海南戏剧发展，总体水准无法与中原比拟。但是，有明一代戏剧所关涉的杂剧、传奇两种形式，在本地皆有不同程度表现。只不过传奇只限于丘濬个人创作，鲜有在海南舞台展示。与之相比，杂剧则有所发展。其中，正德以前官方为主导向万历时期民间举办转变，是推动杂剧发展的主要原因。耐人寻味的是，二种戏剧形式的变迁，与明代"杂剧渐趋衰落，传奇则日益兴盛"的发展趋势恰恰相反。一定程度上来看，反映出中原文化传播在空间上的滞后性。

---

① （明）洪垣：《垄志铭·湛甘泉先生文集》卷32《外集》，第8－12页。
② （清）屈大均：《广东新语》卷9《养士》，第294－295页。
③ （清）纪昀：《四库全书总目》卷39《经部·乐类存目十》，《四库全书》第4册，第804页。
④ （唐）房玄龄：《晋书》卷22《乐志上》，中华书局，1974，第677－678页。

1. 杂剧

正德方志指出，在琼州府城"武弁各竞办杂剧故事"，是每年"迎春日"① 官府必备节目之一。政府垄断杂剧的情况在万历之后发生一定变化：在府城，"街坊各办杂剧"；② 在远离府城的西部儋州，"坊里各舖行，装扮杂剧"。③

明初《大明律》严禁戏文涉及历代帝王后妃、忠臣烈士、先圣先贤的规定，④ 杂剧题材受到一定的限制，随之其隐喻现实的功能丧失。由官方主导的杂剧曲目单一，不言而喻。晚明之后，官方的淡出，使得杂剧的内容随之渐趋丰富，行业内人才队伍迅速增加。

除却明代官——民办杂剧外，外来剧种在海南立足，并有所发展：

> 戏剧之在海南，在元代已有手托木头班之演唱，来自潮州。海南之有戏剧，当即肇于此时。明之中叶，土人仿之，而土剧随兴……至其腔调，初惟用潮音，其后代有变异，杂以闽广歌曲。⑤

民国的方志对于 600 年前海南戏剧肇始的断定，因资料无征，其结论多少有点武断之嫌。这一判断与明代方志所表述的官民相继办杂剧之间有无内在关联，无法臆测。但是，海南是个移民岛，随着移民不断涌入，新旧移民间相互交流，外来戏剧随之落籍海南并不断本土化，并非主观想象。对海南戏剧的源流及其发展基本走向的描述，在一定程度上弥补了方志记载之不足。业已形成十分丰富的方言圈，为异彩纷呈、种类繁多的戏剧提供了可能，这些剧种成为琼剧的初始形态。

一般而言，语言决定着剧种传播半径以及其影响程度。也就是说，语言圈越大，剧种受众越多，传播范围越广，其影响程度也随之增加。但是有明一代，作为本岛通用语言（或人数占优势人群所持的语言）——海南话并没有形成。是故，真正意义上的琼剧也不可能产生。但是，作为琼剧初始形态，经过明代中后期的"官琼杂陈""错用乡音"的方式，使得南

① （明）唐胄：《正德琼台志》卷 7《风俗》。
② （明）欧阳璨：《万历琼州府志》卷 3《方言》，第 69 页。
③ （明）曾邦泰：《万历儋州志·民俗志·节序》，第 23 页。
④ 南炳文、何孝荣：《明代文化研究》，第 200 页。
⑤ （民国）陈铭枢：《海南岛志》，神州国光社，1933，第 486 页。

戏开始出现向"琼剧"方向转变的趋势：

> "官琼杂陈"，是指传入海南的大陆戏曲剧种与海南本地方言
> 歌舞的混杂并列。所谓"官"，就是大陆戏曲的语言、声腔、表
> 演、行当、道具等戏曲因素……所谓"琼"，就是海南岛自身独有
> 的东西，包括海南方言、民间歌舞、民俗风情等。"错用乡音"，
> 是指剧中不但有"官"音和"官"乐，而且还有"琼"音和
> "琼"乐。①

2. 传奇剧本写作

所谓"传奇"是明清时以演唱南曲为主的戏曲形式。由宋元南戏
发展而来，也吸收元杂剧的优点，但情节处理更为紧凑，人物刻画更
为细腻，角色分工更为细致，音乐上采用宫调区分曲牌，兼唱北曲或
南北合套。

元末杂剧衰而南戏兴起，高明的《琵琶记》"正是：不关风化体，纵
好也徒然"② 的用意，开启了寓"教"于乐的"风化体"③ 传奇写作模式。
这一实践尝试及其雅正风格，为明初帝王所喜好，从而使之成为明初传奇
剧本的滥觞："时有以《琵琶记》进呈者，高皇笑曰：'五经、四书，布、
帛、菽、粟也，家家皆有；高明《琵琶记》，如山珍海错，贵富家不可
无'。"④

入明之后，在"风化"理念浸透之下，南戏产生了一定的流变。在北
方，因士大夫的积极参与，而日显"阳春白雪"；在南方，尤其是边陲海
南却被原生态地保护下来，从而成为琼剧的源流。与中原文化差异，就戏
剧而言可见一斑。

---

① 赵康太：《琼剧文化论》，中国戏剧出版社，1998，第54页。
② （元）高明著，钱南扬校注《元末琵琶记校注》"第一出"，上海古籍出版社，1980，第1页。
③ 李昌集：《中国古代曲学史》，华东师范大学出版社，1997，第483页。李先生认为"风化体"的含义为：戏剧的内容当以道德行为为本位，从而以戏剧中表演的道德行为使民心得到教育感化。故"风化体"之"体"，意味着以道德伦理价值为戏剧文学（及搬演）的本体。
④ （明）徐渭原著，李复波、熊澄宇注释《南词叙录注释》，中国戏剧出版社，1989，第6页。

明代南戏的南、北流变，在海南也有所体现。前者，从"官——民"承办的杂剧进而促成清代康乾时期本岛"土戏"① 的形成，其中可以看出，这是岛内官民集体参与并使之本土化的结果。而后者则是丘濬个人努力的结果。丘氏存世剧本主要包括《五伦全备忠孝记》《投笔记》《举鼎记》《罗囊记》等。② 其内容究竟如何？

（1）《五伦全备忠孝记》（又名曰：《五伦全备记》）内容、情节（参见表 2 - 15）。

表 2 - 15　《五伦全备记》分卷次情况

卷 1	卷 2	卷 3	卷 4
第 1 出：副末开场	第 9 出：为国求贤	第 16 出：欲进谏章	第 23 出：割肝救姑
第 2 出：兄弟游玩	第 10 出：兄弟同登	第 17 出：问民疾苦	第 24 出：诚心感虏
第 3 出：延师教子	第 11 出：衣锦荣归	第 18 出：荐师遭贬	第 25 出：率夷归降
第 4 出：施门训女	第 12 出：礼行亲迎	第 19 出：娶妾送夫	第 26 出：同归守制
第 5 出：一门争死	第 13 出：感天明目	第 20 出：伦全被虏	第 27 出：备掌朝纲
第 6 出：央媒议亲	第 14 出：庆寿萱亲	第 21 出：姑媳闻音	第 28 出：全统边宁
第 7 出：遣子赴科	第 15 出：兄弟赴任	第 22 出：兄弟急难	第 29 出：会合团圆
第 8 出：哭亲丧明			

资料来源：（明）丘濬：《五伦全备忠孝记》，商务印书馆根据（明）世德堂本点校重刊，1954。

故事情节如次：

卷 1：伍太守死后，其继室范氏与长子伍伦全（前妻所生）、次子伍伦备，三子安克和（养子）一起生活。伍家被诬打死人，三兄弟争相抵命；其母范氏到公堂，又指认为其亲生子伦备之罪。一家人的义举感动了官府，终至平反；

卷 2：其后三子赴京赶考，伦全中状元，伦备中榜眼，二人回家完婚。

① （民国）陈铭枢：《海南岛志》，第 486 页。
② 关于丘氏的传奇作品所包含的篇目多有分歧。李焯然先生认为，"大部分的清人和现代学者都相信丘濬是以上四部作品（《五伦全备忠孝记》《举鼎记》《投笔记》《罗囊记》——引者注）的作者"。（〔新加坡〕李焯然：《通俗文学与道德教化》，《南京大学学报》2009 年第 4 期，第 86 页）；《丘濬集》中收录了《五伦全备忠孝记》《举鼎记》《投笔记》三部作品，未将《罗囊记》列入。（参见《海南先贤诗文丛刊·丘濬集》第 9、10 册，海南出版社，2006）

新婚之夜，长媳苏淑清忙于为次日婆婆的寿庆做准备，彻夜不睡；

卷3：伦全官授谏议大夫，忠心国事，忤怒权贵，被贬戍边。伦全妻施氏因自己要侍奉婆婆，便主动为丈夫买一妾，送往边塞。该妾在途中为夷军所俘，投井自尽全节。后伦全亦为夷军所俘，宁死不屈；伦备与安克和双赴敌营，争求替死。三人忠义，竟使夷酋良心发现，率众归顺朝廷；

卷4：伦全被俘时，其母范氏病倒，长媳与次媳一个割肝，一个割股，为婆婆滋补。伍家兄弟因功而授宰相、大将之高官，最后举家齐登仙品。剧中充满了臣忠、子孝、妻贤的纲常说教。

此外，《投笔记》歌颂班超"投笔从军"为国立功英雄行为；《举鼎记》则是伍员举鼎，力服诸侯；《罗囊记》主人翁高汉卿以罗囊为信物缔结姻缘。总体来看，寓意明显而艺术创作缺乏新意，比较落套。

（2）丘氏传奇的传承。在《五伦全备记》"第一出：副末开场"曰：

> 使世上为子的看了便孝，为臣的看了便忠，为弟的看了敬其兄，为兄的看友其弟，为夫妇的看了相和顺，为朋友的看了相敬信，为继母的看了必管前子，为徒弟的看了必念其师，妻妾看了不相嫉妒，奴婢看了不相忌害。善者可以感发人之善心，恶者可以惩创人之逸志，劝化世人，使他有则改之，无则加勉。

也就是说，丘氏尝试用通俗的语言叙事，以达到其宣传教化的结果。这一关涉"风化"的写作用意，以宣扬纲常伦理为主旨，极力强调"若于伦理无关紧，纵是新奇不足传"，[①] 与高明"不关风化体，纵好也徒然"有着明显的师承关系。明朝中叶商品经济急速发展而产生的道德伦理上的急速卜滑，通过舞台演出予以拯救，是"理学名臣"丘濬参与传奇写作的本初动机，这与其《大学衍义补》的旨趣几近一致。紧随其后邵璨的《香囊记》，又称《五伦新传》，在丘氏的说教基础上，增加其骄雅风格，从而使得风化体脱离了"俚俗"叙事方式。

---

① （明）丘濬：《新刊重订附标注出相五伦全备忠孝记·第一出：副末开场》，商务印书馆，《古本戏曲丛刊初集》世德堂本，1954，第1页。

《五伦全备记》"在明代是极受欢迎的传奇作品",① 吴梅先生认为："正统间，邱文庄以大老名儒，惬志乐律，所作《五伦全备》《投笔》《举鼎》《罗囊》等记，虽迂叟之谰言，实盛世之鼓吹。"② 尽管受到徐复祚先生"陈腐臭烂"③ 的批评，但是，士大夫怀着经世致用、劝善诫恶的心思所撰写的传奇，对推动戏曲发展的努力毋庸置疑。对此，郭英德先生有着这样的评价：丘、邵的《五伦全备记》和《香囊记》，既恢张《琵琶记》之前绪，"又重开端倪，此后效尤者接踵而至，汇成教化传奇的创作潮流"。④

---

① 〔新加坡〕李焯然：《通俗文学与道德教化》，《南京大学学报》2009 年第 4 期，第 87 页。

② 吴梅：《中国戏曲概论》，上海古籍出版社，2000，第 161 页。

③ 转引自吴志达《明清文学史·明代卷》，武汉大学出版社，1991，第 441 页。

④ 郭英德：《明清传奇史》，江苏古籍出版社，1999，第 84 页。

第三章　教育与文化

在宋元教育的基础上，明代海南教育在办学规模及办学理念上都有明显的进步。前者表现为，府州县学、社学、卫所学等官学得以持续发展，私学中的书院、义学在数量和规模上也有不同程度的增加；后者则表现为，学校在民族地区布局的理念有着进一步的扩展。此外，教育所取得的最大成就是，国家通过进士、乡举、贡生等多种途径的选拔，共为国家输出3119名人才，因之而获得"海滨邹鲁"之誉。

第一节　教育的发展

洪武二年（1369），明太祖确立了"治国以教化为先，教化以学校为本"的文教方针。为充分发挥学校教育作用，"令郡县皆立学校，延师儒，授生徒，讲论圣道，使人日渐月化，以复先王之旧"。不仅如此，朱元璋还在洪武十五年"颁禁例十二条于天下，镌立卧碑，置明伦堂之左。其不遵者，以违制论"。在此诏令之下，明代的教育取得了重大成就，正如《明史》所云："盖无地而不设之学，无人而不纳之教。庠声序音，重规叠矩，无间于下邑荒徼，山陬海涯。此明代学校之盛，唐、宋以来所不及也。"①

在明代治国方策中，着重于人才培养的教育是治国的一个重要手段。明以前，本岛教育极为薄弱，入明之后的海南教育，便是在这一背景下展开。

一　明以前的教育情况

学校，"人才、风化所关"，是教育的具体承担者，其设置数量、经费

_____

① （清）张廷玉：《明史》卷69《选举志一》，第1686页。

及教授、生员、经籍等保障程度，是衡量边疆内地化的重要标尺。

（一）汉至唐代的教育

1. 东汉并非本岛教育发端

东汉光武时期（公元 25－57 年），"锡光为交阯，任延守九真，于是教其耕稼，制为冠履，初设媒娉，始知姻娶，建立学校，导之礼义"。① 郡人唐胄将汉锡光建立学校，② 作为海南教育起点，这一结论值得商榷。

东汉时期，所谓交阯、九真即是指今天越南北部和中部地区。早在汉元帝初元三年（前 46 年），珠崖之弃，作为王朝教化的重要手段之一的教育，在非王朝统治地区能够得以推进，不能不令人置疑；另外，锡光在交阯的教化工作如何穿越北部湾水域而达到其东部的海岛？显然，东汉不是海南教育的起点。

2. 唐代教育

唐贞观二十年（647），刑部尚书张亮"有义儿五百，畜养此辈，将何为也？正欲反耳"，而"斩于市，籍没其家"，③ 王义方因之受到连坐之罪，被贬为儋州吉安丞，二十三年"改授洹水丞"，离开海南，前后在岛内生活约三年时间。其在琼期间内的作为，《旧唐书》作出如下评判："义方召诸首领，集生徒，亲为讲经，行释奠之礼，清歌吹箫，登降有序，蛮酋大喜。"④ 这位"博通《五经》"的唐代谪臣，面临"蛮俗荒梗"的实际情形，以"亲为讲经"的方式，最先开启海南教育。然而，有唐一代至少有 12 位朝官被贬海南，⑤ 类似于王义方的行为并不多见。这表明，是时王朝在边陲地区

---

① （宋）范晔：《后汉书》卷 86《南蛮传》，中华书局，1965，第 2836 页。
② 唐胄在其《正德琼台志》卷 15《学校》中曰："汉锡光建学，导之礼义"。
③ （后晋）刘昫：《旧唐书》卷 69《张亮传》，中华书局，1975，第 2516 页。
④ （后晋）刘昫：《旧唐书》卷 187 上《王义方传》，第 4874 页。
⑤ 主要有王义方、韩瑗，显庆二年（657）坐贬振州；鲁王灵夔，垂拱元年（685）流振州；李孝逸，嗣圣四年（嗣圣为唐中宗早期年号，仅存 2 个月，即 684 年元月至二月），除名流儋州；韦方质，嗣圣七年（同前注）流死儋州；崔邈，贞元末（785－805）流儋州；韦执宜，永贞元年（805）以丞相贬崖州司户参军；林蕴，元和间（806－820）流儋州；皇甫镈，唐穆宗（820－824 年）时，贬崖州司户参军；李德裕，大中二年（848）以宰相贬崖州司户参军；薛元龟，因李德裕而坐贬崖州司户参军；刘崇鲁，乾宁间（894－898）贬崖州司户参军。〔（明）唐胄：《正德琼台志》卷 29《秩官上》、卷 33《名宦》、卷 34《流寓》〕

推进教育，因制度设计上的缺失，仅凭借个人热情，必将行之不远，其影响也因之大打折扣。唐代海南教育不发达，与是时"岭南州县学仅四五十人"，① 大体相当。

（二）宋代——海南教育的发端

绍圣四年（1097），被贬于海南的苏东坡对儋州教育作了如下记述：

> 闻有古学舍，窃怀渊明欣。摄衣造两塾，窥户无一人。邦风方杞夷，庙貌犹殷因。先生馔已缺，弟子散莫臻……今此复何国，岂与陈蔡邻。②

北宋时期的惨淡经营，在南宋绍兴年间教育的发展，形成了鲜明对比：

> 青衿之秀，日以增盛。每诏下，群试于有司者，至三百余人……文学彬彬，不异闽浙……异时长材、秀民，业精形成，登巍科、膺膴仕者，继踵而出。

李光认为，靖康以来，中原纷扰，"而是邦独不见兵革。里闾之间，晏如承平"的外部环境，以及"人知教子，家习儒事"③ 的内在需求，是两宋文教发展的主要原因。事实上，教化的顺利推行，是需要一定的版籍为基础。

两宋时期，大量具有中原文化背景的汉族人口入居，从而对文化产生强烈的需求，这是中原文化能在海南迅速发展的前提条件。此外，还应该包括贬谪文人不遗余力的文化传播、宋代文化政策、地方官员的推动等诸多因素。

1. 贬谪文人对中原文化的传播

宋代谪寓本岛人士达 14 位，游寓 9 人，④ 另外还有卢多逊式的人物，

---

① （明）唐胄：《正德琼台志》卷 15《学校》。
② （宋）苏轼著，（清）王文诰辑注《苏轼诗集》，中华书局点校本，1982，第 2254 页。
③ （宋）李光：《庄简集》卷 16《昌化军学记》，《四库全书》第 1128 册，第 609 - 610 页。
④ （明）唐胄：《正德琼台志》卷 34《流寓、游寓》。

以"罪放"的形式尚未列入。其中，谪寓者多数是位极人臣的朝廷命官。与唐代贬官谪居时间短暂比较，宋代贬官居琼时间较长。苏东坡于绍圣四年（1097）六月登岛，至元符三年（1100）六月离开，居岛三年时光。坡翁居琼期间，除了以诗书养性之外，极力将中原文化与本土文化对接。1103 年，其学生姜唐佐中举，使"沧海何曾断地脉，白袍端合破天荒"①成为现实。

李光于绍兴十五年（1145）九月来海南，二十六年（1156）五月离开，居琼长达十二年；胡铨在绍兴十九年（1149）至二十六年被贬至吉阳，近七年之久。② 对胡铨居吉阳军所从事的教化工作，李光予以如是肯定："吉阳之居，公之不幸，而一时士类之幸也"。③ 推而广之，用谪臣不幸，而谪地幸来评价他们对海南教育所做出的贡献，应该是可行的。

南宋早期，贬谪文人纷至沓来且长时段地生活于此，为海南文教持续性发展，提供了智力支持。此外，"两宋贬谪文人思索的更多是国家的命运，个人的进退在其次，故此少了唐人的那份失意凄凉及心底深处不时涌起的亭阕之情"，④ 那份"也无风雨也无晴"的淡然处世态度，是其致力传播中原文化的原动力。

2. 守土官员的极力推动

守土官员上承王朝意志，下临黎民百姓，某种程度上说，其自身素质将与王朝政策的落实情况及平民百姓的受惠程度有着直接的关联。对海南教化起到重要推动作用有庆历年间宋守之和淳熙年间韩璧。

庆历四年（1044），在郡城东南隅，立殿堂、御书阁，积极响应朝廷兴学昭示，"州县立学"初具规模。办学除了校舍之外，传播知识需要传道授业之人。然而，海南郡学至迟在"绍兴末始置校官"。为解决这一现实问题，广南西道"选部属官员为教授。员不足，取于乡里宿学、有道业者"。海南因教化未开，从坊间寻找宿学、有道业者充任校官，实属不易。庆历年间（1041－1048），郡守宋守之为落实学舍，"于先圣庙建尊儒亭"；

---

① （明）唐胄：《正德琼台志》卷 42《杂事》。
② （宋）李光：《庄简集》卷 13、卷 2，《四库全书》第 1128 册，第 571、448 页。
③ （宋）李光：《庄简集》卷 15，《四库全书》第 1128 册，第 598 页。
④ 刘丽：《唐宋海南贬谪文人心态之比较》，《北方论丛》2010 年第 5 期，第 69 页。

在其公务闲暇之日，自己充任校官向诸生讲授五经。在宋守之的努力下，"州人始知向学"①。

南宋之后，海南教育有了明显发展。但是，存在的问题也不少。绍兴元年（1131），海南士人、朝奉郎符确，"权知昭州，书填伪度牒千二百余道，为转运司所劾，遂遁去。诏：'籍其赀'"。②符确的行为，使时人对海南士人人品产生严重质疑。此外，博取功名为旨归，记诵之学风盛行。

为了砥砺士人品质，扭转记诵学风，淳熙年间（1174－1189），琼管帅韩璧在"重修郡学及建知乐亭"③ 的基础上，试图通过北方大儒朱熹的言行对存在的问题加以修正。淳熙九年（1182），韩璧向朱熹请"记"，指出：

> 吾州在中国西南万里炎天涨海之外，其民之能为士者既少，幸而有之，其记诵文词之习，又不能有以先于北方之学者。故其功名事业，遂无以自白于当世，仆窃悲之。今其公堂序室则既修矣，然尚惧其未能知所兴起也。是以愿有谒焉，吾子其有振德之。

朱熹应其所请，教诲海南士人，专心读书修行，功名事业即在其中：

> 为学者，不外于身心之所固有，而用其一日之力焉。则其德成行修，而无所疑；于天下之理，将无难者。而凡所谓功名事业云者，其本已在是矣。若彼记诵文词之末，则本非吾事之所急，而又何足为重轻乎？呜呼，琼士勉旃！④

韩氏作为和朱子教诲，对当时以博取功名为第一要务的琼籍士人修行方式，似乎并没有产生太大的影响。但是，这种开放式的办学理念，因其实现了海南士人与学术大儒之间的思想沟通而难能可贵。

---

① （明）唐胄：《正德琼台志》卷 15《学校》。
② （宋）李心传：《建炎以来系年要录》，《四库全书》第 325 册，第 630 页。
③ （明）唐胄：《正德琼台志》卷 33《名宦》。
④ （宋）朱熹：《晦庵先生朱文公文集·琼州府学记》卷 79，《四库全书》第 1145 册，第 636－637 页。

（三）宋元时期的办学情况

1. 府州县学的创办

官办的府州县三级学校，在该时段有着明显的发展。其情况如表 3-1。

表 3-1　宋元时期府州县学创办情况

名称	所在地	时间	宋代修缮	元代发展情况
府　学	郡城东南	庆历四年	郡守宋守之建尊儒亭、躬自讲授、赡有学田；绍兴末，始置校官；淳熙九年，帅守韩璧重修明伦堂，文公朱熹书扁；咸淳三年，增拨新庄学田	立教授、学正等官，隶湖广儒学提举司；设儒籍，蠲免杂役；皇庆间，延乐师教习；至正间，学正符元裔补买经史诸书。至正十三年（1353），文昌土酋陈子瑚构乱，州县皆为所有，[1]学宫毁
琼山县学	海口浦	宋	元至正中（1341-1370），元帅实德资海牙重修	
澄迈县学	县治东	宋	宝祐间（1253-1258），塞海港田为学费；淳熙间，增置学田	至元间（1264-1294），选通经士，为儒籍，蠲徭役；大德间（1297-1307）置祭器、皇庆间（1312-1313）恢基修建；天历间（1328-1330），拨田增赡学粮
临高县学	附县治	宋		火于寇
定安县学	附县治	元		天历二年，县升为州，学为州学
文昌县学	附县治	宋	元至顺间（1330-1333），随县治迁于北山都之右	
会同县学	附县治	元		至元二十八年立；皇庆元年，王高之变，随县迁于端赵都
乐会县学	附县治	元		至元二十四年至天历元年，学基漫无可考，此后，附县治
儋州学	州城东	宋	绍兴二十一年（1151），迁于城东南隅；绍熙二年（1191）迁于城南	至元二十一年，置学田；大德九年（1305），迁于城东旧址；至大二年（1309），重建明伦堂

续表

名称	所在地	时间	宋代修缮	元代发展情况
昌化县学	旧县之东	宋		大德元年，创明伦堂；至正九年（1349），迁于县治西南
万州学	城东	宋	城西学因寇毁，迁城东，赡学有田	元大德二年重建；泰定元年（1324），建楼买经史庋其上；天历二年，复学田；至顺二年（1331），寇火群书；至正七年（1347），遣使赴杭州求祭器、书籍，十二年，寇犯城，图书等被掠，二十六年，邓酋纵民拆庙，学治残破
陵水县学	附县治	宋		县经屡迁，学亦随之
崖州学	城外东南	宋	淳熙十四年（1187）、淳祐五年（1245），治由城北迁西南	天历二年，请复学田
感恩县学	县治之左	宋		元因之

注：[1]（明）唐胄：《正德琼台志》卷21《平乱》。

资料来源：（明）唐胄：《正德琼台志》卷15、16《学校》；（明）黄佐：《嘉靖广东通志》卷37《学校下》，广东省地方志办公室誊印，1997，第910页。

毫无疑问，唐胄是以明代一府三州十县的行政建制，来描述宋元时期岛内府州县学创办情况的。定安、会同二县学建于元代，是由于这二县为元代新置县①之故，乐会县学建于元代的情况不甚明了。在《正德琼台志》的叙述中，宋代初步形成了以府州县为核心的官办学校的网络。"赡学有田"是学校正常运行的前提，从这方面来看，宋代仅涉及琼州府学、万州学及澄迈县学。

元代学校，无论是在学官、经费、书籍等方面都超出宋代的办学水准，府州二级办学条件皆有所提高，儋州、崖州的"赡学有田"便是一个很好的说明。此外，"设儒籍，蠲免杂役"在府学、澄迈县学中，得到一定的落实。但是，其他九个县级学校的发展，仍不尽如人意。

① （元）邢梦璜：《至元癸巳平黎碑记》，转自（清）明谊、张岳崧《琼州府志》卷38《艺文》，第875—876页。

2. 宋元小学创办情况

南宋庆元（1195-1200）初，琼州府安抚都监庄方对小学有着这样的理解："六年，教以方名；十年，学书计；十有三年，学乐、诵诗、舞勺；十有五年，舞象、学射御。学有成秀异者，移诸庠序，然后贡诸天子。"这就是说6岁至15岁教育阶段，为小学。其在唐胄的记录中，称之为"社学"。资料表明，有宋一代，本岛小学教育创办仅及2所：一为"附郭学"，该校由南宋庆元初的琼州府安抚通判刘汉创建，其大略情形如下：

> 捐公帑之美，为钱五百缗以廪之。率七十员，分隶诸斋，延师训导，日有课程，旬覆习诵，月尝试。公择其优者，时课以勉其进。又为之粥（鬻）民田，募工垦耕；官有闲地，辟为房廊，悉收其租，充小学廪，岁入亦数百缗。①

毋庸置疑，该校的性质为官办学校，日、旬、月的课程安排，延师训导以及"悉收其租"等方式，使得"附郭学"初具规制。与其相比，位于琼山县西南遵都"仁政乡校"，乡间办学特点较为明显："宋，乡人建创。敦请师儒，以训子弟读书、习礼。"宋元鼎革之际，这两所小学也随之结束。

入元之后，本岛的小学教育主要有珠崖乡校、惠通乡校及蒙古学三所，主要集中在琼州府城周边的南、东及城内。② 此外，至元三十年（1293），随着元军在岛内三年战事的结束，平章阔里吉思纳采纳幕僚乌古孙泽之议，"分立黎学，论教新附"，③ 尽管史籍没有详细记载，但向岛内民族地区教育布点的倾向，不能因之而忽略。总之，元代创办的小学数量不多，但公办性质较为明显。

3. 书院和私学层面的教育

南宋官学败坏，朱熹是书院教育的倡导者和实践者，据民国时期陈东原先生研究，南宋时期全国书院设立至少有39处④之多，而海南书院在元

---

① （宋）庄方：《琼州小学记》，引自（明）唐胄《正德琼台志》卷17《社学》。
② （明）唐胄：《正德琼台志》卷12《乡都》、卷17《社学》。
③ （元）邢梦璜：《至元癸巳平黎碑记》，转引自（清）明谊、张岳崧《琼州府志》卷38《艺文》，第876页。
④ 陈东原：《中国教育史》，福建教育出版社，2009，第144-145页。

代才显端倪。①

府城北隅，因苏轼在往"昌化安置"时，曾寓此地，并留下双泉遗迹。在其北归之后，乡人"建肖像以祀之"。元代，便假其地，而建东坡书院："元设山长，籍儒生，为藏修之地。有赡学田，租七十石。"② 期间，游寓于海南的刘复，就曾担任过东坡书院的山长③一职。就元代来看，海南也仅此一处书院建筑而已。

此时段内，私学也有所发展。由宋王霄创建于儋州治东十里的"零春书馆"，从其"为隐居教授之所"④ 来判断，其属于私学的可能性更大一些，其他地区方志缺载。对两宋时期游寓本岛人士的追踪，可以了解其大致情况。

在谪臣中，苏东坡与汉、黎诸生交往的主要有"进士黎子云、秀才符林、学者许珏、青年诸生、老书生，自琼州来问学六阅月的姜唐佐"等人，⑤ 透过苏轼对姜唐佐的知识传授和期望来看，将苏的做法算作是私学，大略是不错的。临高博顿人戴定实，则有"受《春秋》经于胡澹庵"⑥ 的经历，这表明胡铨亦有在本岛的私塾经历。

苏云峰先生对李光《庄简集》研究，指出是时琼州还有"书馆""书会所"及"会友堂"之类的教学场所，可以算作私学场所，⑦ 只不过究竟是本岛人士主持或是外来谪臣的功劳，尚不清晰。此外，在宋代游寓本岛的人群中："黄子善，泉人。绍兴间（1131－1162），儋人陈氏延为塾师，教四子，皆知名。"与黄子善不同，侨居万州的潮州人蔡遂孙，拒绝"宪

---

① 认为"海南在北宋时出现了最早的书院——东坡书院"，这一说法未免欠妥。南宋因朱熹之提倡，书院才开始正式出现；另一方面，持该论点的作者，引用了这样的一段话："在郡城北，以苏轼安置昌化时尝寓此，有双泉遗迹，后北归，郡人思之，建书院肖像记焉。外有锦衣堂、洞酌、临清、濯缨等亭"，尽管作者没有注明文章来源，仍然可以看出这是来自唐胄的材料。在这段引文中，除了"洞酌"应为"洞酌"外，在唐胄的叙述中，仅为"建肖像以祀之"，"书院"究竟如何得来？不得而知。（参见谢越华等《海南教育史》，第30页）

② （明）唐胄：《正德琼台志》卷17《书院》。

③ （明）唐胄：《正德琼台志》卷34《游寓》。此前，刘复曾为"万宁军学官"之职。

④ （明）曾邦泰：《万历儋州志》地集《学校志·书院》，第70页。该志将"零春书馆"纳入书院，恐误。

⑤ 苏云峰：《宋代的海南教育》，《海南历史论文集》，第41页。

⑥ （明）唐胄：《正德琼台志》卷37《人物二·儒林》。

⑦ 苏云峰：《宋代的海南教育》，《海南历史论文集》，第40页。

臣交荐"，采取"隐居授徒"① 的方式传授知识。

元代的私学情况，因资料阙如而无法清晰。总之，宋元时期，府州县学—小学—书院—私学等办学形式，在海南皆有不同程度的存在，多层面的办学网络开始显现。这对海南的人才培养，具有重要的历史意义。

二 明代教育发展

明代，随着王朝在本岛治理力度的不断加强，生熟黎交界线不断向内推进，统治基础逐步壮大，岛内经济得到急速发展，从而为教育发展提供了坚实的物质基础。教育在前代的基础上有着极大的发展，学校教育网络逐步完善。

（一）官学的常规化

明代，以府州县学、小学、卫所学为主体的官办学校常规化、制度化，是学校教育的主要成就。此外，以书院、义学等形式的民间办学也有一定的发展。

1. 府州县学

如前文所述，官办教育在宋代为府学一级、元代的府州二级的学校教育，有所发展；元代县一级的学校从校舍的不断变迁中可以看出，该层次的学校教育没有发挥其应有的作用。这一情况，在明代得到改观。

（1）府学情况。琼州府学，作为海南的最高学府，在明代有着持续发展，尽管生员的数量无确切统计，但是生员宿舍不断增加，这就意味着生员人数的上升；② 府学在洪武三年至万历四十六年③的近 250 年时间段内，经历了 1 次重建和 4 次重修，差不多每 50 年一次校园整饬，这足以说明地方政府对府学的重视程度（参见表 3 - 2）。

---

① （明）唐胄：《正德琼台志》卷 34《游寓》。
② 明初规定府州县学生员数依次为：40、30、20 人。"生员虽定数于国初，未几即命增广，不拘额数"。[（清）张廷玉：《明史》卷 69《选举志一》，第 1686 页]海南不断增加的"号舍"，尤其是正德初增 42 间，从侧面反映出生员数字的变化过程。
③ 万历府志截至万历四十六年，后续的清代方志皆以此时间段为明代学校发展的最后记录。

表 3 - 2　明代府学设置与重修情况

主要设置	新建及重修情况
洪武三年：辟射圃	洪武三年：重建
正统十一年：增号房	宣德初：修
成化初：复增号房；五年，建书楼；八年，学士丘濬于明伦堂后置藏书石室	天顺六年：复修
	成化十三年：重建大成殿
弘治初：增号舍数十间；九年，延乐师，教习乐舞	弘治九年：重修
正德初：增号房 42 间；十六年，给缮田	嘉靖三十四年：重修
万历七年：始以海南兵巡兼提学，专督海南学校；十八年，立甲科题名碑于明伦堂；三十三年地震，半倾圮	万历三十四年：重建明伦堂；四十二年，重建尊经阁

　　资料来源：（明）唐胄：《正德琼台志》卷 15《学校》；（明）欧阳璨：《万历琼州府志》卷 6《学校志》，第 174 - 178 页。

　　值得注意的是，洪武三年规定："以学田并有司，议存府州县旧籍儒户，纾其役，专备修缮"，即是保留元代"旧籍儒户"，蠲免儒生徭役，进而刺激儒生入学的积极性；通过并学田，收取相关租税，从事校舍的维修等举措，从某种程度上来说，是明初地方政府面对残破地方经济，元代儒学不振局面的一种积极应对措施。随着生员人数的不断增加，嘉靖、隆庆时期，"学田并有司"开始向府学名下让渡。嘉靖三十五年，府学获得了"书院后田塘并午篱潭桥田二处"；四十一年，"深潭迈遍田"；隆庆元年，"西黎等处田"。其中位于琼山的西黎地，"府县两学岁收租银八十两"，可"供师生之费"，可见学田的作用。

　　此外，生员的课程设置除了科举必修课程外，也有着较大变化。"射圃"，在明初重建府学时就已经开辟。因旧地"地不满射者之力，屋不蔽风雨"，[1] 成化七年，"辟造射圃亭"，使之成为儒生习射之场所；正式延乐师，教习"乐舞"始于弘治九年。万历十五年，以儒生"通文艺者充之"，确定乐舞歌生名数。从而为"乐舞"在海南的传播，提供了人才支持。

　　（2）州县学。明代，州县学办学经费、号舍等诸方面，得到进一步发展，教育网络在基层社会中得到完善，教化功能日益显现（参见表 3 - 3）。

---

　　① （明）邢宥：《湄丘集·琼州府学射圃记》，（民国）王国宪辑《海南丛书》第 3 集，第 3 页。

表 3 – 3　州县学的建设情况

学校	重建时间	新建及重修情况	主要设置
琼山县学	洪武四年	洪武时，校址经历了东坡书院、南郊等地，后迁至巷口；弘治二十一年，迁府学之西，遂成定址。永乐二年大修，正统十二年加修，万历二十一年更新，万历三十三年，修建	成化七年，创馔堂、号舍；正德初，增立号房20间；嘉靖十三年，置马坡那宾田；三十四年，建号舍20间；三十六年，置苍离田及平坡市午离（篱）田；隆庆元年，给西黎等处田；万历四十三年，坡寨田
澄迈县学	洪武三年	重建。正统八年，重建大成殿；成化十一年，迁建；弘治三年，复迁旧址；十四年，迁今址；嘉靖九年，改建；万历三十三年，倾废殆尽；四十年，重修	成化十一年，增修号房30间；正德二年，重建号房；嘉靖二年，给废祠田为学田；万历三十六年，给那蓬都陈氏田；四十年，增学田
临高县学	洪武三年	迁旧址，重建；永乐三年重建；天顺二年，飓风，重葺；成化八年，重修；嘉靖八年，重建；万历三十三年，尽圮；四十二年，募建	洪武三年，创建射圃；天顺二年，募建号房20间；成化二年，迁射圃于太平桥东口
定安县学	洪武二年	随州降为县学，茅覆粗备；永乐三年，重建，规制具备；天顺间，修葺；成化八年，增大殿堂诸制；万历十六年，重修	正统八年，建号房；成化十六年，重修射圃
文昌县学	洪武三年	洪武八年，迁建；宣德二年，增广殿庑；成化八年，改迁；弘治初，重修；嘉靖九年，重修；万历七年，重修；三十三年地震，尽圮；三十四年重建	洪武八年，诸制具备；正统七年，增建号房；嘉靖三十三年，建号房30间
会同县学	洪武三年	校址立于县东；永乐元年，重建；正统七年，迁于址西；成化二年，重修；二十二年，重建；弘治十二年，重修；十七年，再葺；嘉靖二十二年，重修；万历七年飓风毁；十五年，市地易地，迁址于分司	洪武二十七年，诸制具备；成化八年，立射圃；万历三十三年，置学田
乐会县学	洪武三年	重创；永乐六年，募财重建；正统二年，重修；成化八年，增广之；弘治初，改建	永乐六年，备规制；成化四年，建尊经阁；万历三年，输龙塘田；十六年，给清塘田；二十二年，给地

续表

学校	重建时间	新建及重修情况	主要设置
儋州学	洪武三年	建于州城之东。洪武十四年，一新大成殿；永乐十一年，重修；弘治二年，迁于城西外旧宣伦学址；正德七年，迁址于城内东南隅；万历四十三年，迁旧学址	洪武三年，诸制具备；正统五年，置菜地；成化九年，增立号房15间；弘治二年，给田15亩；嘉靖九年，修号房16间；二十六年，给滴庆田
昌化县学	洪武三年	新建。二十年，建斋堂殿；正统十年，随县迁于守御所城之南，改建；成化十四年，迁于县东	正统十年，诸制一新；嘉靖二十九年，置学田
万州学	洪武三年	捐俸建。永乐六年至七年，复新之；成化八年，迁于废万宁学基，诸制一新；正德元年，复葺；隆庆六年，海寇侵，飓风倾圮；万历二年，迁城内州治之左；三十三年，重迁州西；崇祯二年，复迁城外旧学址[1]	永乐七年，辟射圃
陵水县学	洪武三年	创建于港门旧址；景泰五年，重建一新；正统五年，随县迁南山千户所城东；成化八年，完建；弘治十八年，毁于黎寇；嘉靖三十七年，迁于桃油；万历三年，复迁于城中镇抚司旧址	成化八年，建号房
崖州学	洪武三年	旧址开设；永乐九年，募财再建；宣德五年，重修；成化七年，重修；弘治二年，迁址于州治东；万历四十一年，迁于县（州）治之西	洪武九年，重建射圃；正统十一年，建号房
感恩县学	洪武三年	创建于旧址即县治之左。洪武十八年移丁县治东北；永乐间重建；景泰元年募财重建；弘治十四年，黎贼烧毁，徙于县南城外；万历二十五年，迁建	景泰九年，复建射圃

注：[1] 嘉靖之后万州学的相关情况，因万历府志缺页，而无法知晓；该资料主要来自（清）贾棠、焦映汉《康熙琼州府志》卷4《学校志》，海南出版社，2006，第305－307页。

资料来源：（明）唐胄：《正德琼台志》卷15、16《学校》；（明）欧阳璨：《万历琼州府志》卷6《学校志》，第178－190页。

根据表 3-3 的罗列，三州十县学有以下几个特征。

其一，就创办时间而言，除了定安县学创于洪武二年、琼山建于洪武四年外，其他三州八县皆建于洪武三年，这点反映出国家政策在海南有着积极的响应。

其二，从校舍发展情况来看，不断翻新、增扩建、重修、迁建，是明代州县二级学校的基本特征。增扩建主要表现号舍的增加，儋州、澄迈、文昌等地，多在成化以前，而琼山则在正德初和嘉靖后期都有所增长，这表明学校所在地生员人数的增多；迁建的原因较为复杂，其中随县治变迁而迁建的有昌化和陵水，皆在正统年间。成化六年至十一年，除了昌化与感恩外，其他三州八县，皆有不同程度的重修，这与整饬琼州兵备副使涂棐对教育的重视有着很大的关系；因天灾、人祸而重建的，在时空分布上也有很大差异。北部地区，多与万历三十三年的琼州大地震有关，会同则是因为万历七年飓风所致。人祸主要集中在弘治后期的感恩和陵水。万州学重建，则是隆庆六年在海寇、飓风共同摧毁下的结果。

其三，作为学校重要经济来源的学田配置情况，南北多有不同。有学田的仅涉及琼山、澄迈、儋州、会同、乐会、昌化，且多集中在嘉靖之后，弘治年间置田的儋州学仅为个案，这与府学的情况基本一致。其他州县学，无太大建树。

其四，在学科设置上，如果说射圃在州学一级基本普及，县学中则不具有普遍性。乐舞的设置，则完全为府学所垄断。

其五，南北办学水准差异较大。琼山办学水准最高，除了本岛最高办学水准——府学坐落该地外，还拥有琼山县学。此外，号房增加、学田配置等方面，在某种程度上也是衡量该地区办学水准的重要尺度。从上文分析来看，北部地区明显优于南部地区。

2. 社学发展情况

明代社学发展，因朝廷政令推进力度强弱而变化明显：

> 自洪武八年，延师以教民间子弟，兼读《御制大诰》及本朝律令。正统时，许补儒学生员。弘治十七年令各府、州、县建立社学，选择明师，民间幼童十五以下者送入读书，讲习冠、婚、丧、祭之礼。

洪武年间，社学为开化民间智力，到正统年间"补儒学生员"，使幼童的前途开始与科举挂钩，及至弘治后期才正式以诏令的方式，令各府州县建立。但是，终明一代，"其法久废，浸不举行"。[①] 这就是说，明代三次兴办社学之举，在明代教育史上仅具有阶段性。社学在海南的发展，在唐胄的描述中，主要有"天顺、成化二次兴建"，此外，在弘治和万历时期也有零星的建设。总体来看，其起步、兴盛与急速衰落同中央政府的步调有着较大的出入。

天顺年间，由于琼州副使邝彦誉的努力，社学数量有所增长，主要有府城门外南濠街的城东学、城南学，四牌楼西街的城西学，海口南门外的城北学，上那邕村恢复元代旧学的珠崖学，以及新立宋代的仁政学等六所学校。

与集中在府城地区的天顺社学比较，成化时期社学则体现出全岛布局特点（参见表 3 - 4）。

表 3 - 4　成化间社学数量分布

州县	乡数	社学数	州县	乡数	社学数
琼山	7	81	澄迈	3	19
临高	3	11	定安	3	3
文昌	3	7	会同	1	5
乐会	5	5	儋州	4	18
昌化	1	3	万州		6
崖州	2	16	感恩	3	3

成化年间 179 所社学，仅琼山一县，就占据总数的 45%。虽然分布全岛，但是南北分布具有明显的不均衡。成化六至十一年，是海南社学发展高峰值。这与琼州副使涂棐密不可分，成化十年，令各州县"择地建学"，并"以近学墟市租税充束脩"。[②] 涂棐事发之后，社学便趋于沉寂。其中原因，值得探究。

（1）急速发展的社学，难以实现"重其师"，这是郡人王佐所担心的，

---

① （清）张廷玉：《明史》卷 69《选举志一》，第 1690 页。

② （明）唐胄：《正德琼台志》卷 17《社学》。

"学多，则人贱其师；贱，则知耻者不为，而为之者其人可知"，"有司不能以时巡省，则不免于朝设暮废"，[1] 社学数量骤增，势必对为师者有着较大的需求，从而导致从业者素质的参差。加上地方政府不能按时予以督导，导致社学置废无常。

（2）"租税充束脩"。唐胄就该问题的本身进行溯源，指出元珠崖乡校实为其肇始，而"充蔓于我朝"。进而认为，正是该项制度的实施，才导致成化年间179所社学"皆辄罢而不能久者"。不仅如此，"利场所启，害藏百逐，况刮削汗血，唇指尘哄，有士范者肯籍之乎？"[2] 这也是弘治兴学在本岛缺乏响应的主要原因。

涂棐试图改变海南落后的面貌，大兴文教，并以基础教育为抓手，这一做法是值得肯定的。但是，振兴教育需要大量的经费投入，面对积贫积弱的地方财政，只能通过商人的"租税"加以实现，无疑，这给稍有起色的商业带来沉重的负担。其实，是时的海南面临的根本问题是社会安定、经济发展。涂棐避重就轻的兴学举措，难免使之具有一哄而上的政绩观嫌疑。

弘治十年，海北盐法道立大小英、感恩等盐场的三所社学建立，算是在涂棐之后，趋于停顿的社学新举动。此外，万历三十一年，在水会所建立社学一所，"设社师训黎童，置学田赡之"，除了制度保障外，万历四十五年再次"重建"，[3] 有理由相信，水会社学的存在至少延续到明代结束。

从上引资料来看，弘治后零星建设中的社学，呈现出两个方面的特点。

第一，弘治十年，民族地区社学有所发展。大小英及感恩盐场之地的居民主要以灶户和疍户为主，民族地区布局明显。万历之后，则往黎族地区内部深入——水会所社学，便是其代表。从其经费来源来看，前者由海

---

① （明）王佐：《琼台外纪》，引自《正德琼台志》卷17《社学》。

② （明）唐胄：《正德琼台志》卷17《社学按》。

③ （明）欧阳璨：《万历琼州府志》卷6《学校志》，第191页。关于此次社学创办与陈献章的关系，有"大小英社学聘请广东名师陈白沙来校任教"（参见谢越华《海南教育史》，第46页）一说，恐欠妥。万历府志指出海北盐法道提举汪廷贞"请文于陈白沙"，可足以说明问题。况处于"制中"的陈白沙"言不能悉"，能到海南的社学任教？另一则史料可以佐证："海北提举汪廷贞慕（陈献章，字白沙——引者注）其，作怀沙亭以想像之。"[（清）沈佳：《明儒言行录》卷3《陈白沙》，《四库全书》第458册，第700页]

北盐法道筹措；后者则是从制度上加以解决。这比成化时期，出自商业
"租税"有所进步。

第二，汉人集中的府州县地区社学，毫无建树，乃至天顺时期府城的
六所社学也不见踪影，是否为府志纂著者所遗漏，不得而知。弘治十七
年，国家创建社学的明令，在海南无一点动静，似乎不太合乎常规。果真
如此，可能的解释是涂棐以"租税充束脩"的做法，引起岛内对创办社学
动机质疑，进而遭到抵触。

3. 卫所学

为培养驻地军队子弟，洪武时设立卫学，教武官子弟。正统中，"命
都司、卫所应袭子弟年十岁以上者，提学官选送武学读书，无武学者送卫
学或附近儒学"。成化、弘治之后，对卫学生员要求日趋严格。[①]

洪武时期，海南基本上形成一卫十一所的卫所系统。即海南卫、"内
五所"与"外六所"。

海南卫学——应袭书馆，建于弘治之初，在海南卫治之东，"设教读
一人，专训武弁子弟"，[②] 从生员来源来看，应袭书馆主要来自一卫内五所
的驻军子弟。而所学的设置情况，从两部府志记载的数字来看，有着细微
的变化（参见表 3 - 5）。

表 3 - 5　正德、万历时期岛内所学分布

守御所	正德数字	万历数字	守御所	正德数字	万历数字
清澜	1	1	万州	1	1
儋州	2	2	昌化	1	2
崖州	2	2	合计	7	8

海南所学建立，应该是弘治卫学创办后的事情。除昌化守御所在万历
时期增加一所外，百余年的所学发展，总体变化不大。外六所中，位于陵
水的南山守御所，一直没有设置。值得注意的是，万历三十一年水会所学
的创立，该学究竟是所学还是社学，万历府志虽然没有给予定论，但是将
其纳入"所学"项下的表述方式，使之具有明显的所学性质。其实不然：

---

① （清）张廷玉：《明史》卷 69《选举志一》，第 1690 页。
② （明）唐胄：《正德琼台志》卷 17《社学·卫学》；（明）欧阳璨：《万历琼州府志》卷 7
《学校志·卫学》，第 191 页。

如卫学一样，所学的对象应该是驻军弟子。然而，该所是新创，随从弟子不可能太多。另外，水会所学"设社师训黎童"的办学目的，使之更具有社学性质。

（二）私学的发展

作为官学重要补充，明代书院、义学等有所发展。从创办者经费来源考量，兼有地方官员出资、官办民助、民办等成分，皆属于私学范畴。

1. 书院的发展

比起元代书院，明代有着较大的发展。办学形式出现多层面的变化，既有官办、官办民助，亦有私人创办（参见表3-6）。

表3-6　明代海南书院

书院名称	创办时间	属地及地点		创办者及变动情况	备注
东坡书院	元代		府治	天顺间，由府城北隅迁建小西门外街；成化四年，复迁府治东；十二年，重修	
桐墩书院	正统间		县东5里	贡士陈文徽建，会乡弟子讲学	[1]
同文书院	成化九年		郡治西	副使涂棐创办	
奇甸书院	成化初		郡城西北	丘濬初仕时建，内设景贤祠	
西洲书院	正德间	琼山	郡城东	唐胄建为读书之所，一曰养优书院	
崇文书院	嘉靖三十二年		郡治东	督府蔡经改建为书院	
石湖书院	嘉靖间		博崖都西湖	参政郑廷鹄建	
粟泉书院	万历四十三年		金粟泉上	郡守谢继科创建书舍、讲堂，有学田二庄三丘，为诸生肄业会课之资	[2]
敦仁书院	万历间			许子伟开办	[3]
秀峰书院	成化元年		倘驿都	举人李金立于秀峰山上	
天池书院	嘉靖二十五年	澄迈	县城东门外	知县秦志道创。嘉靖三十年重修；后圮	[4]
澹庵书院	嘉靖二十五年		西关外	知县陆汤臣建，又曰二贤祠	
通明书院	崇祯十三年	临高	城隍庙左	通邑士民建	[5]
尚友书院	万历二十一年		县治儒学左	王弘诲捐建，后重建，诸生肄业院内	[6]
绿猗书院	崇祯间	定安	东门外	知县廖锡蕃建	

续表

书院名称	创办时间	属地及地点		创办者及变动情况	备注
应台书院	万历三十七年	会同	城关外旧学址	知县叶中声建。崇祯十年，重建，改匾曰同文院	[7]
玉阳书院	万历二十三年	文昌	县北门外	知县贺泚，邑绅林有鹗等捐赀创建。立会、讲学、课文，置田收租。震后重修	[8]
万安书院	万历间	万州	旧学址	知州茅一桂迁学州右，旧明伦堂为书院	[9]
东坡书院	嘉靖二十七年	儋州	东坡祠	知州宋瑬重修东坡祠，建书院	[10]
振德书院	嘉靖二十四年		旧宜伦学址	知州潘时宜创建，万历九年，奉旨毁卖	
图南书院	万历四十一年		振德书院址	通判葛经创办	

资料来源：

[1] （明）唐胄：《正德琼台志》卷17《社学·附书院》。

[2] （清）潘廷侯、佟世南：《康熙琼山县志》（康熙二十六年本）卷6《学校志》，第119页。

[3] （明）蒋德璟：《赐进士吏户兵三科给事中许忠直公墓表》，载（民国）王国宪辑《海南丛书》第6集《许忠直公遗集·墓表》，第2页。

[4] （清）丁斗柄：《康熙澄迈县志》（康熙十一年本）卷2《学校志第八·书院》，第156-157页。

[5] （清）焦映汉、贾棠：《康熙琼州府志》卷4《学校志·书院》，第318-319页。

[6] （清）张文豹等：《康熙定安县志》卷1《学校》，第61-62页。按：一曰"綦漪书院"，建于明崇祯十七年（胡素萍、章佩岚：《海南古代书院》，第30页），该文未说明资料来源。尽管其确切时间无法确定，但是崇祯年间的判断应该是可行的。（《康熙定安县志》卷2《秩官》，第108页）

[7] （清）于煌等：《乾隆会同县志·学校志》卷5，第90页。该院的建院时间，一曰"万历癸丑"，即万历四十一年。[（清）焦映汉、贾棠：《康熙琼州府志》卷4《学校志·书院》，第319页]

[8] （清）马日炳等：《康熙文昌县志》卷4《学校志·书院》，第98-99页。

[9] （清）李琰：《康熙万州志》卷2《学校志》，第77页。该文未说明其创办时间，考之于"名宦·茅一桂"曰：万历中任州事（参见该志卷2《名宦》，第98页）。

[10] （明）曾邦泰：《万历儋州志》地集《学校志·书院》，第70页。潘时宜"嘉靖三十一年任"儋州知州，故振德书院建立时间似为"嘉靖三十四年"而非"二十四年"。（参见《万历儋州志》天集《秩官志·国朝知州》，第29页）

在中国古代教育发展史中，一般而言，书院的消长与官学呈负相关关系。在王朝统治之初、意识形态强化时期，人才需求孔亟，国家大力提倡科举，官学不断发展。与之相反，书院几趋沉寂。随着社会风气的开放，科举取士在制度上渐趋僵化，官学败坏，士大夫开始招揽生徒、聚众讲学，书院之风随起。

明代在此方面的发展尤具代表性。随着程朱理学对人们思想禁锢的影响日益明显，以广东人陈献章倡导心学为发端，书院在成化时期有所发展。嘉靖时期，在王守仁、湛若水的推动下，达到极盛。此后，便有朝廷四毁书院之举：一是嘉靖十六年，"南京吏部尚书湛若水，倡其邪学，广收无赖，私创书院"，对于御史游居敬的疏斥，嘉靖皇帝"慰留若水"，而令有司毁其书院；二是嘉靖十七年，吏部尚书许讚"请毁书院"，得到世宗的同意；三是万历十年，阁臣张居正"概行京省查革"，毁书院；四是天启年间，魏忠贤制裁东林党，"天下书院俱毁矣"。①

明代书院的曲折发展经历，在海南也有不同程度的体现。21 所书院的创办，在数量上远远超过元代的一所——东坡书院。但是，朝廷在不同时期的书院政策，岛内所建立的书院因之而呈现出诸多特点。

（1）书院存在时间不长、南北分布不均衡。元代的东坡书院，入明之后有着一定的发展。但是正德以后，因府志残缺，是否在"四毁"之举中受到牵连，无法知晓。最早创办书院为正统间的桐墩书院，其后有成化时期的三个书院及正德年间的西洲书院。崇尚"文教之大同"② 的同文书院，是副使涂棐在任之作。而奇甸书院，由于丘濬"少读书祠中"，在正德十年，因丘文庄入祀，③ 该书院在唐胄笔下为"建景贤祠于内"，到万历时则为景贤祠所取代。就书院个体而言，存在时间短暂。嘉靖、万历乃至崇祯时期，莫不如是。

在明代新建的 20 个书院中，其时间分布为正统 1 所、成化 3 所、正德 1 所、嘉靖 6 所、万历 7 所、崇祯 2 所。嘉靖中后期、万历中期以后二个时间段，为海南书院发展的高峰期。如果将崇祯十年会同县的应台书院改名为"同文院"计算在内，崇祯时期有 3 所书院，这算是明代书院发展在本岛的余波。

---

① （清）嵇璜、黄仁虎：《续文献通考》卷 50《学校考》，《四库全书》第 627 册，第 401–402 页。

② （明）唐胄：《正德琼台志》卷 17《社学·书院》。

③ （明）欧阳璨：《万历琼州府志》卷 4《建置志·坛庙附各祠》，第 106 页。

就空间布局而言，琼山地区有9所，儋州3所，澄迈、临高、定安各2所，会同、文昌、万州各1所。南部的崖州、感恩、陵水和东部地区的乐会县，皆没有相应设置，南北差异明显。

（2）海南书院多为"考课式"书院。明朝书院的类别可分为两类：一是重授课、考试的考课式书院，该类书院同于官学；另一则是教学与研究相结合，各学派在此互相讲会、问难、论辩的讲会式书院，此类书院是朝廷禁锢的对象。

海南的书院，多倾向于前者。在岛内士人创办的书院中，既有为数不多的修身养性之所存在，也有私塾式、考课式书院。从丘濬的《桐墩记》以及唐胄《正德琼台志》所征引的刘学士《记》来看，名为"会乡弟子讲学"的桐墩书院，更侧重于琴材的培养；西洲书院，因唐胄"弃官归养"而建为"读书所"。与桐墩、西洲书院不同，丘濬的奇甸书院，"择师训诲乡子弟"的方式，使之带有一定的私塾意味。万历时期的尚友书院，"诸生肄业院内"，使之成为考课书院的典型代表。

此外，由府州县各级秩官兴建多达11所的书院，皆为考课书院。其为国家培养人才的办院宗旨，在成化时期涂棐的同文书院便已确立；万历后期的玉阳书院、粟泉书院则是以"考课"的方式，使之与官学对接。

总之，明代四毁书院之举，对海南的书院发展产生一定的影响。儋州振德书院在万历九年"奉旨毁卖"，便是一例。尽管，类似经历的书院并不多见。究其原因，实为"考课式"代替了"会讲式"书院的结果。深层次反映出明代海南士人多为程朱理学忠实信徒，阳明心学在海南的传播，尚缺乏一定的社会基础，循着科举而入仕是儒生的主要追求。

2. 义学创办情况

与社学的教育对象基本一致，义学主要针对的是十五岁以下的儿童。只不过，义学是专为民间孤寒子弟所设立的学校。其经费来源，有的是一些致仕在籍者出资开办，也有私人捐款而设（参见表3-7）。

表 3 - 7　明代海南义学

义学名称	创办时间	地点	创办者及变动情况	资料来源
石门义学	成化间	琼山大摄都	贡士吴旦率建，置田为供学之赀	（明）唐胄：《正德琼台志》卷17《社学·乡学》；（明）欧阳璨：《万历琼州府志》卷6《学校志·乡义学》，第191 - 192 页
南关精舍	弘治末	郡城南道义街西	乡士人吴效率建	
敦仁义学	万历年间	琼山县西	给事许子伟率建	
义方塾		澄迈县那社都	曾惟唯建	
秀峰义学	成化初	澄迈倘驿都	举人李金率建	
义斋书舍	洪武间	儋州天堂都	国子学正曾宝建，置田五十亩	（明）曾邦泰：《万历儋州志》地集《学校志·书院》，第70 页；天集《秩官》，第28 页
天堂书屋	成化间	儋州天堂都	乡儒梁成授徒之所	
湖山书舍		儋州城东	举人徐祐建，王桐乡有诗	
松台书屋	成化间	儋州西薛官都	乡儒陈赜建，知州罗傑有诗	
许氏义学	万历间	儋州城外东南隅	给事许子伟创建	
兰村德义书馆		儋州城南		

　　表 3 - 7 基本上反映了义学的大略，同社学的大起大落不同，义学的发展一直处于低迷状态。或许是受到成化间社学急速发展的影响，义学数量在此时间段内也有所增加；万历时期，除了许子伟的三处义学外，几乎没有任何发展；区域分布上，仅涉及琼山、澄迈和儋州三个地区，其中儋州地区为最。其他地区无相关记载。创办者以本岛士人为主，鲜有家族祠堂式的义学，经费来源成分单一。义学所出现的问题，表明基础教育尤其是对贫寒子弟的教育没有受到应有重视，这固然与人们相对落后的教育理念有关，最为主要的恐怕是地方经济欠发达使然。

第二节　人才培养

　　"学而优则仕"，是中国古代衡量人才的标准，也是文人实现个人抱负的根本体现。自隋代业已形成并为后代逐步完善的科举制度，成为士人垂直流动的重要通道。举业因之成为考量个人、家族乃至地区文化盛衰的基本尺度。经由地方政府及贬谪文人多重努力，海南士人的仕途终于在500年之后与科举制度接轨。

一 宋元时期的人才

关于宋代中式群体的数量，仅就进士而言，明清时期本岛方志间的记录存在着较大的差异，① 后来的研究者结论也随之多有不同，耐人寻味的是这一数字有逐步增加的趋势。②

（一）明清对宋进士数量不同记载

1. 明代的数字

明代在此方面认知，有所反复，并未形成一个定论。唐胄《正德琼台志》和万历府志对宋代本岛的进士人数皆有完整记录，两志依据南宋的《锦衣堂题名记》，得出"五人"的结论，具体为：

> 理宗绍定二年（1229）己丑，黄朴榜：陈应元，琼山人；
>
> 宝祐元年（1253）癸丑，姚勉榜：何一鹏，琼山梁老人，官郁林司户；
>
> 宝祐四年丙辰，文天祥榜：陈国华，琼山人；
>
> 开庆元年（1259）己未，周梦炎榜：黄文光，琼山东岸人；

① 蔡微《方舆志》认为：海南宋代进士总共为6人；唐胄结论为5人；蔡、唐之间的分歧在于符确是否为进士的问题［参见（明）唐胄《正德琼台志》卷38《人物三·进士、乡举》］；万历府志在考证的基础上，支持唐氏5人说。［（明）欧阳璨：《万历琼州府志》卷10《人物志·进士》，第437-438页］张岳崧在前代基础上，提出12人说。［（清）张岳崧：《道光琼州府志》卷26《选举志二·进士》，第611-612页］

② 关于海南宋代进士人数问题，主要存在"12人说"和"15人说"。持"12人说"者，主要有杨德春《海南岛古代简史》（东北师范大学出版社，1988）、林日举《海南史》（吉林人民出版社，2002，第147-148页）、苏云峰《海南历史论文集》（第49-50页）。不过，苏云峰在宋进士人数中指出"进士名单不全"。持"15人说"者，主要有王俞春《海南进士传略》（花城出版社，1998，第26-32页）、朱东根《海南历代进士研究》（海南出版社、南方出版社，2008，第30页）、谢越华等《海南教育史》（第31页）等相关著作。不过，谢越华在文中的人数为"14人"。

度宗咸淳七年（1271）辛未，张镇孙榜：郑真辅，琼山宅念人。初发广东解登第，榜中最为年少，人争艳之。①

度宗咸淳八年，"乡人于学士登第者，立进士题名碑于坡院'锦衣堂'"，并有碑记记之，这就是所谓《锦衣堂题名记》，该记记述如下情况：

理宗（1224－1264）龙飞，斯文王气昌于南国。四十年间，进士四榜，连破天荒。琼之学者，能文者众矣。今上（度宗，1264－1274）践祚七年，番禺张君魁天下，琼郑君真辅预进士选，榜中最为年少者，人争艳之。前乎此时，乡校未有题名，郡史未有登载，殆为阙典。

《题名记》指出，所题姓名"昉自绍定己丑（1229）"，②而止于咸淳壬申（1272），其时间与元军在1276年占领临安，仅隔四个年头。可以这样认为，名录所载的5位进士，是绍定己丑至南宋结束的阶段性成就。那么，绍定己丑之前，究竟如何？此外，该碑记的记述以"琼山地区"为主体的立场十分清晰。琼山以外的岛内其他地区，有无进士产生？《题名记》在记述时空上的空缺，给后人留下了极大的想象空间。有明一代，对这一问题的探讨，诉讼不已。万历府志以"按"的形式展示了这一纷争情况：

《锦衣堂题名记》则琼宋进士始于陈应元，并以下四人无疑，所谓"连破天荒"是也。《方舆志》增符确、钟洽为七；刘《志》增赵荆为八；《外纪》增陈孚为九，皆在绍定二年（1229）以前，恐传闻之误也。旧志参考必真，近志依误编次，失矣。③

显然，万历府志对唐胄《正德琼台志》之前《方舆志》、刘《志》《外纪》不以为然，更遑论黄佐《嘉靖广东通志》中的记录。万历府志与

① （明）欧阳璨：《万历琼州府志》卷10《人物志·进士》，第437页；（明）唐胄：《正德琼台志》卷38《人物三·进士》。
② （宋）无名氏：《锦衣堂题名记》，引自（明）唐胄《正德琼台志》卷15《学校》。
③ （明）欧阳璨：《万历琼州府志》卷10《人物志·进士》，第437－438页。

唐胄《正德琼台志》明显的"题名记"立场，为儋州地区所不容，对此万历《儋州志》提出自己的主张："《方舆志》：（符）确登赐同进士、（赵）荆中南省第"。又，元雷德高《昌化学记》亦称："大观、宣和间，已有登名春宫至二千石，如符确、赵荆者"。《儋州志》以此为据，对"府志因《题名记》失书，遂列之乡举"，表示出些许不满，并提出本州宋代进士名单：

> 符确：高麻都人，发镇州解。宋徽宗大观三年（1109）己丑，登贾安宅榜，官至承议郎，守韶、化二州。
>
> 赵荆：昌化县人，绍兴二十四年（1154）甲戌，登张孝祥榜，官至朝奉郎，判高、钦二州。①

万历府志试图以定论的方式确定宋进士人数，因儋州志的质疑，而无法形成最终结论。

2. 清代的统计数据

入清之后再修的府州县志，对此争论甚嚣尘上。道光年间的《琼州府志》，却开列了另一组名单（参见表3－8）。

表3－8　《道光琼州府志》中的宋代进士名单

姓名	属地	时间	姓名	属地	时间
符　确	昌化	大观三年	王志高	乐会	宣和六年
陈仲良	乐会	绍兴三年	赵　荆	昌化	绍兴二十四年
钟　洽	万州	绍兴二十四年	欧景新	乐会	淳熙二年
陈应元	琼山	绍定二年	邓梦荐	琼山	淳祐十年
何一鹏		宝祐元年	陈国华		宝祐四年
黄文光		开庆元年	郑真辅		咸淳七年

资料来源：（清）张岳崧：《道光琼州府志》卷26《选举志二·进士》，第611－612页。

与明代比较，张岳崧的记述在人员总数、时、空上皆有一定突破，可谓是这一方面的"集大成者"。人数由明代最多的9人，上升为12人。空

---

① （明）曾邦泰：《万历儋州志》地集《选举志·科目》，第74页。

间上以琼山为主体的分布已被打破,代之而起昌化 2 人、乐会 4 人、万州 1 人、琼山 5 人。时间上,突破了明代"皆在绍定二年以前"的界定,有甚者在《题名记》时间内也有"邓梦荐"的辑入。

《琼台外纪》的"9 人说",是明代的最多数字。以《外纪》为参照,张岳崧另外辑入的人员主要为乐会的王志高、陈仲良、欧景新、邓梦荐四人,而舍去陈孚。有意思的是,张岳崧在征引大量资料的同时,将王、陈、欧三位纳入宋代进士的行列,而唐胄《正德琼台志》却早在 300 年前,将此三位列为明代的"人材"。① 这一结论为万历府志和康熙《乐会县志》所转引。② 关于"邓梦荐",③ 这位广东乐昌(今广东韶关市下辖的乐昌市)人,因县名一字之差,也被列入海南的乐会县。

3. 宋元时期海南进士人数

对张岳崧本子的考证,有理由相信,宋代本岛进士人员名单,即便加上陈孚,也不会超过 9 人。"陈孚"的情况究竟如何?唐胄《正德琼台志》如是说:"陈孚,琼山人。尝从郡守建阳宋贯(恐'守'字之误——唐胄《正德琼台志》注)之学,得官以归。由是乡人慕之,始喜习进士业。琼人举进士业,本孚始。"④ 其实,这段转自南宋王象之《舆地纪胜》的文字记载。⑤ 宋守之为"庆历间(1041-1048)知琼州",⑥ 与宋守之有师承关系的陈孚,应该为庆历之后,因学而为仕的。乡人因之而"喜习进士业",并不能足以证明其进士身份。进士在地处遐荒轰动效应,可以想见。以记录琼山进士为主体的《题名记》,居然对其缺载,这本身就值得推敲。是故,宋代海南进士数量为 8 人,具体情况如下(参见表 3-9)。

---

① (明)唐胄:《正德琼台志》卷 40《人物五·诸科·人材》。
② (明)欧阳璨:《万历琼州府志》卷 10《人物志·诸科》,第 422 页;(清)程秉慥:《康熙乐会县志》卷 2《选举》,海南出版社,2006,第 178 页。
③ (民国)陈宗瀛:《乐昌县志》卷 15《人物上》,台北成文出版社,据民国 20 年铅印本影印,1974,第 377 页。
④ (明)唐胄:《正德琼台志》卷 36《人物一·名德》。
⑤ (宋)王象之:《舆地纪胜》卷 14《广南西路·琼州·人物》,《续修四库全书》第 585 册,第 137-138 页。
⑥ (明)唐胄:《正德琼台志》卷 33《名宦》。

表 3 - 9　宋代海南进士名录

姓名	属地	时间	姓名	属地	时间
符 确	昌化	大观三年	赵 荆	昌化	绍兴二十四年
钟 洽	万州	绍兴二十四年	陈应元		绍定二年
何一鹏	琼山	宝祐元年	陈国华	琼山	宝祐四年
黄文光		开庆元年	郑真辅		咸淳七年

　　宋代本岛进士人数为什么会如此反复？宋代岛内的行政建制，一直处在不断地变化中。开宝四年（971），"以岭南儋、崖、振、万安等四州隶琼州"，次年省振州，迁崖州于振州，[①] 共四州十三县。熙宁六年（1073），"废儋州为昌化军，崖州为朱崖军，万安州为万安军，以昌化、感恩、陵水、宁远、吉阳……为镇"。[②] 而岛内各郡之间的联系，即便到绍兴三十年（1160）仍不通畅："大抵四郡各占岛之一陲。其中，黎地不可得，亦无路通。朱崖在岛南陲，既不可取径，则复浮海循岛西南，所谓'再涉鲸波'也。"[③] 交通不便，信息无法沟通，这或许是岛内进士人数出现反复的原因所在。

　　元代，本岛无中进士者。这一点，诸方志无争论。

（二）宋元时期举人及其他路径人才

1. 举人人数

　　该数字如同宋时进士人数一样，也有不断反复。兹据唐胄《正德琼台志》记载，列表如下（参见表 3 - 10）。

2. 其他路径的人才

　　宋元时期，国家通过贤良方正、经明行修以及举文学、举武功、荐举、举人材等途径，吸纳人才，海南在这一方面也有所成就。

　　唐胄《正德琼台志》记录为宋时，本岛"贤良方正"1 人；元代"经明行修"2 人。而文学、武功、荐举、人才诸科的人数达 105（实际数106）人。具体分布如次（参见表 3 - 11）。

---

① （宋）李焘：《续资治通鉴长编》卷 12，《四库全书》第 314 册，第 203 页。
② （宋）李焘：《续资治通鉴长编》卷 248，《四库全书》第 318 册，第 233 页。
③ （宋）李心传：《建炎以来系年要录》卷 187，《四库全书》第 327 册，第 672 - 673 页。

表 3-10　宋、元举人名录［1］

姓名	朝代	属地	时间	姓名	朝代	属地	时间
姜唐佐		琼山	崇宁初	陈奎		琼山	建炎间
戴定实	宋	临高		王良选	宋	临高	开庆五年［2］
陈庚		万州		陈尧叟		万州	
吴泽之			咸淳间	唐次道	元	琼山	至元间

注：

［1］（明）唐胄：《正德琼台志》卷38《人物三·乡举》。该表除去符确、赵荆、钟洽 3 人后的结果。在唐胄《正德琼台志》基础上，万历方志增加了冯矢锡（琼山人）、卓亦孔（麻钗人）、文巨川（万州人）。元代，增加了李振器（泉州人）。［（明）欧阳璨：《万历琼州府志》卷10《人物志·乡举》，第 423-423 页］而张岳崧则认为宋举人数为 13 人，元的人数与万历府志一致。［（清）张岳崧：《道光琼州府志》卷26《选举制三·举人（宋）、（元）》，第 615 页］

［2］开庆属于南宋理宗时期的一个年号，仅存在于 1259 年一年，恐误。

表 3-11　宋、元诸科人才各地人数分布

地区	宋代	元代	地区	宋代	元代
琼山	8	32	文昌	2	10
澄迈	3	14	儋州	12	3
临高	1	3	万州	6	3，陵水 1
定安		2	崖州	5	

资料来源：（明）唐胄：《正德琼台志》卷40《人物五》。

宋代岛内人士以科举的途径与中原文化接轨，取得不错的成就。然而，元代至少在府、州二级学校的经费、书籍、教师配置、儒籍、蠲免杂役等多项制度设置上，比起前代有着较大的进步。吊诡的是，科举中的进士空缺、举业仅 1 人。清人屈大均以宋末本岛拒元于白沙口，"皆被执不屈以死"为前提，指出"终元之世，郡中无登进士者"。其极力渲染海南民众民族气节的做法，可以理解，但其结论，未免有失偏颇。

元代通过诸科而为仕者，比宋朝差不多增加一倍的人数，这本身就是对"琼人无仕元者"①的一种否定。有元一代，"南人"举业受压制，本岛科举不兴也是自然之事。究其原因，恐怕要归于元代的民族政策。

二　明代人才辈出

随着王朝教化政策推进，科举制度持续进行，人才选拔渠道的多样

---

① （清）屈大均：《广东新语》卷9《事语》，第 285 页。

化，本岛为仕人群骤增，从而赢得了“海外衣冠盛事”。主要体现在进士、举人数量有着一定扩张；荐举、贡生数有着明显增长。

（一）明代进士及其相关问题

表3－12　明代海南进士名录

户籍	姓名	中进士时间	姓名	中进士时间	姓名	中进士时间
琼山	符　铭	洪武三十年	陈　繗	弘治六年	黄　显	嘉靖二十年
	唐　舟	永乐二年	冯　颙	弘治九年	林养高	嘉靖二十九年
	陆普任	永乐二年	唐　胄	弘治十五年	黄宏宇	嘉靖三十八年
	石　祐	永乐二年	陈　实	弘治十五年	张学颜	嘉靖四十四年
	王克义	永乐四年	周宗本	正德九年	梁必强	万历二年
	黄　敬	永乐四年	林士元	正德九年	梁云龙	万历十一年
	薛　预	永乐十六年	曾　鹏	正德九年	许子伟	万历十四年
	唐　亮	永乐十六年	吴会期	嘉靖二年	林　震	万历十四年
	吴　锜	永乐十九年	杨　恺	嘉靖二年	何其义	万历二十九年
	丘　濬	景泰五年	陈天然	嘉靖十四年，	谢龙文	崇祯元年
	林　傑	景泰五年	周世昭	嘉靖十四年，	蔡一德	崇祯十五年
	李　珊	成化二年	唐　穆	嘉靖十七年		
	唐　绢	成化五年	郑廷鹄	嘉靖十七年		
澄迈	洪　溥	永乐二年				
定安	胡　濂	弘治六年	王弘诲	嘉靖四十四年		
文昌	何　测	洪武二十四年	韩　俊	弘治九年	邢祚昌	万历三十二年
	林　密	永乐十年	王懋德	隆庆二年	陈是集	崇祯四年
	邢　宥	正统十三年	林　华	隆庆二年		
临高	刘大霖	万历四十七年				
万州	徐　祥	永乐十六年	王　郁	嘉靖二年		
卫所	薛　远	（前所）正统七年	夏　昇	（左所）弘治三年	张世衡	（海南卫）正德三年
	王　俨	（右所）成化十一年	曾　镒	（万州所）弘治六年	俞宗梁	（前所）嘉靖五年
	海　澄	（左所）成化十一年	黄（钟）芳	（崖州所）正德三年	钟允谦	（崖州所）嘉靖八年

资料来源：（明）唐胄：《正德琼台志》卷38《人物三·进士》；（明）欧阳璨：《万历琼州府志》卷10《人物志·进士》，第438－440页；（清）焦映汉、贾棠：《康熙琼州府志》卷7《人物志·进士》，第579－583页。

在这份明代海南进士题名录中，共有 60 位入选。有趣的是，同宋代进士人数统计的情况一样，明代海南进士人数也存在着一定分歧。最早对明代进士进行统计的是成书于清康熙四十五年（1706），由分巡雷琼道焦映汉和琼州知府贾棠编纂《琼州府志》，该志指出全岛明代进士人数为 61 人；而道光二十一年（1841）《琼州府志》统计数据为 62 人。[1] 今天，这一数字有增加的趋势。[2]

1. 进士总数

这一问题在明清方志中业已存在，围绕着成化八年万州进士唐胄和弘治三年陵水进士廖纪是否入志，崇祯十五年琼山士人蔡一德是否为进士等展开。

其实，唐胄《正德琼台志》和万历府志对明代进士人数皆做了阶段性的总结，尽管唐胄《正德琼台志》存在着缺页现象，但是在正统七年和弘治十五年之间的进士登榜有着详细的记录。然而明代两部方志对此认识存在着一定的差距：唐胄、廖纪在唐胄《正德琼台志》中没有收录，万历府志则将二位进士补入。

（1）万州进士唐胄。唐胄《正德琼台志》没有相关信息，万历府志对这位中"成化八年壬辰吴宽榜"的进士，作了如下交代："唐胄，万州人。父俊，河南南阳人，为万州盐场大使，继妻宋氏，因家焉。生胄，授行人，选陕西监察御史，升湖广金事，山东副使。"[3] 这就是说，唐俊与继室宋氏在万州生子唐胄。根据明代文官封赠制度规定，封父母之官与其子相同。历代方志对此尤加留意，然而唐胄《正德琼台志》无载，[4] 万历府志

---

[1] （清）张岳崧：《道光琼州府志》卷 26《选举志·进士》，第 612 - 614 页。

[2] 关于明代海南进士数，最近研究成果为"64 人"，即是在张岳崧开列的名单的基础上，增加了"周宾""邝傑"。（参见王俞春《海南进士传略》，花城出版社，1998，第 32 - 97 页）这一数字为朱东根先生（《海南历代进士研究》，第 30 页）所引用；此外"64 人"的结论为谢越华等（《海南教育史》，第 58 页）、李勃（《明代海南文化的发展及原因新探》，《海南师范大学学报》2011 年第 5 期，第 112 页）所认同。据《正德琼台志》卷 38 记载："琼山东洋人周宾"实为成化"丙午科"乡举；卷 40《贤良方正》曰："邝傑，右所人，初授崇安县丞，历升御史、广西金事，致仕"。故周宾、邝傑并非进士。

[3] （明）欧阳璨：《万历琼州府志》卷 10《人物志·进士》，第 439 页。关于"唐俊"，在正德唐胄《正德琼台志》的卷 39《人物四·岁贡》、卷 40《人物五·吏员》中，未有相关记录。

[4] （明）唐胄：《正德琼台志》卷 40《人物五·封赠》。

则曰"唐永香以子蕭赠监察御史"。① 按照后来方志的解读，唐永香即是唐俊。

然而清康熙十八年（1679），李琰编纂的《万州志》对唐蕭履历，如是说："唐蕭，父永香，任河南安阳盐场大使，因家焉。中河南乡试，壬辰进士。由行人升监察御史，转山东副使，卒于官。"此外，《康熙万州志》还提供了"唐永香，大使"以及"唐永香，以子蕭贵，赠陕西道监察御史"② 等相关材料。李琰纠正了万历府志对唐永香籍贯的记载，指出其为海南人，任官于河南，唐蕭实生于河南。府志与州志之间完全不同的记录，确实令人匪夷所思。万州志指出唐蕭中举情形——"中河南乡试"。《正德琼台志》卷38《乡举》及《万历琼州府志》卷10《乡举》，皆无唐蕭在广东中举的相关记录。某种程度上，说明李琰州志信息的可信度。究竟孰是孰非？

考察进士的学术经历，似乎成为解决问题的关键。"进士题名碑录"，是反映士人走进统治集团一种重要的档案资料，意在"显亲耀祖"的碑录，主要记载中进士之人的姓氏、籍贯、出身等相关信息，这为后人了解其情况提供了参考。

根据《明清进士题名碑录索引》的记录：唐蕭，河南安阳人，明成化八年三甲第11名进士。③ 由此，唐蕭不能算作海南进士。

（2）陵水进士廖纪。唐胄《正德琼台志》在其开列的进士名单中，廖纪没有入选。但是，在其"封赠"中，对廖纪的家世背景做出如是交代：

> 廖瑄，纪之父，陵水人，景泰初寓居景州东光县（今河北省东光县），妻陈氏，纪前母；廖有能，纪之祖父，妻杨氏，墓在陵水后岭坡；俱以纪贵。赠至通议大夫、工部右侍郎；妻俱赠淑人；敕诰命共八通。

在唐胄的笔下，廖有能是地道的海南人，景州东光则是廖瑄移居、廖纪生于斯长于斯之地。并就廖纪的仕途做了简要介绍："（廖）纪，字廷

---

① （明）欧阳璨：《万历琼州府志》卷10《人物志·封赠·万州》，第472页。
② （清）李琰：《康熙万州志》卷3《选举志·甲科》，第121页；《三考吏选》，第127页；《恩封》，第128页。
③ 朱宝炯、谢霈霖：《明清进士题名碑录索引》，上海古籍出版社，1980，第63、2466页。

陈，籍东光，弘治己酉登顺天乡试，庚戌进士，授吏部考功主事，历升文选员外郎中、太仆少卿、太常卿、工部右侍郎，今转吏部左侍郎。"① 正德十六年唐胄《正德琼台志》，与嘉靖十一年十月《世宗实录》对廖纪评论基本吻合：

> 赠故少保兼太子太保吏部尚书廖纪少傅，赐祭葬如例，谥僖靖。纪，河间府东光县人。由进士授吏部考功主事，历员外郎中、太仆、太常少卿、太常卿、工部右侍郎改吏部，升南京吏部尚书，改兵部。致仕起吏部尚书，加太子太保。乞致仕，许之，加少保，命有司月给米五石、岁夫六名，赐敕褒奖。至是岁八月卒。纪端亮古朴，一切世味不入其心，居闻以简籍自娱，孜孜著述，晚岁犹不倦云。②

《明实录》的定调，成为《明史》廖纪传的张本："廖纪，字时陈，东光人。弘治三年进士。"③ 然而，万历府志对廖纪却做出如下记录："弘治三年庚戌钱福榜，进士，廖纪，万州人，祖有能。寓直隶河间府东光县，官至吏部尚书。"④

从唐胄和廖纪的入仕途径来看，二位中举、甲科皆在外地进行，可以说同海南教育没有太大关联。与唐胄本人进入甲科相隔并不久远，且与海南有着血缘关系的科举新贵，唐氏采取谨慎的态度，没有将二位入志，有着自己的考虑。

其中之一，便是如何处理自岛外发籍海南的薛远问题。明初，时为工部尚书的薛祥，于洪武十四年"坐累杖死"，⑤ "四子凯、能、政、宣，皆发籍兵于琼"，⑥ 薛远即为薛能之子。这位落籍于海南卫前所，由儋州学中宣德乙卯（十年）科乡举，⑦ 正统七年，三甲第88名进士。⑧ 作为二代移

---

① （明）唐胄：《正德琼台志》卷40《人物五·封赠》。
② 《明世宗实录》卷143，第3336页。
③ （清）张廷玉：《明史》卷202《廖纪传》，第5323页。廖纪字"时陈"，校勘记根据《国朝献徵录》卷25《廖公纪墓志铭》指出，应为"廷陈"（见同著，第5350页）。
④ （明）欧阳璨：《万历琼州府志》卷10《人物志·进士》，第439页。
⑤ （清）张廷玉：《明史》卷138《薛祥传》，第3973 – 3974页。
⑥ （明）唐胄：《正德琼台志》卷42《杂事》。
⑦ （明）唐胄：《正德琼台志》卷38《乡举》。
⑧ 朱宝炯、谢霈霖：《明清进士题名碑录索引》，第1519页。

民薛远，其求学经历是在海南完成的。尽管在《明清进士题名碑录索引》中，薛远的籍贯为"直隶无为州"（即今安徽省无为县），唐胄还是将其纳入海南进士题名录中。

由此可以看出，在对待以海南为中心双向移民的进士问题上，进士前的教育经历，是唐氏裁决的关键。然而，万历府志抛弃这一做法，并以双重标准来加以处理，即只要与海南有着血缘、地缘关系的进士皆入志。其做法为后代方志所承继，并波及当下。①

（3）蔡一德的进士身份问题。这位崇祯丙子（九年）中乡举的琼山人士，康熙二十六年《琼山县志》对其身份作进一步注释："崇祯庚辰（十三年）赐进士"。② 而康熙四十五年的府志，在肯定其崇祯丙子举人身份外，曰："庚辰特用"。③ 很明显，二部志书意在说明蔡一德的进士身份，并非科举正途而得。

但是，道光府志在明代进士人物中，对蔡一德的进士身份记录为："崇祯十五年壬午，蔡一德，琼山人，定安县学"。④ 考之于《明清进士题名碑录索引》："蔡一德，广东定安，明崇祯15年，特，158"。即崇祯十五年壬午科，"赐特用出身二百六十三名"中，排名第158名。⑤ 如此，康熙府县志对于蔡一德的进士身份认定较为接近真实，而张岳崧的时间记录要比康熙府县志准确。由此看来，蔡一德，崇祯十五年赐特用进士出身，琼山人，来自定安县学。

基于上述三点分析，有理由相信明代进士总数应该为60人。

2. 进士人数的时空分布

从表3-12"明代海南进士名录"中，可以看出最早进士为洪武二十四年文昌人何测，最晚进士为崇祯十五年琼山人蔡一德，251年内共有60位中进士。其时间分布为：洪武2人、永乐11人、正统2人、景泰2人、

---

① 受此影响，《明清进士题名碑录索引》以正文的形式指出其为"直隶东光人"，又以附注其"广东陵水"。当前，海南陵水县为挖掘本土历史名人，成立"廖纪研究会"，出版了《廖纪研究文集》（海南出版社，2010），并于2011年12月召开的"廖纪学术论坛"等系列活动。

② （清）潘廷侯、佟世南：《康熙琼山县志》卷9《人物志·乡举》，第169页。

③ （清）焦映汉、贾棠：《康熙琼州府志》卷7《人物志·乡举》，第577页。

④ （清）张岳崧：《道光琼州府志》卷26《选举志·进士》，第614页。

⑤ 朱宝炯、谢霈霖：《明清进士题名碑录索引》，第1576、2620页。

成化 4 人、弘治 8 人、正德 5 人、嘉靖 14 人、隆庆 2 人、万历 7 人、崇祯 3 人。总起来看，海南进士主要集中在嘉靖初年以前，永乐时期为高峰值。随着时间推移，弘治、嘉靖初年也出现不同程度的上扬，但人数逐渐减少是其基本趋势。

以户籍所属统计，琼山为 37 人，占总人数的 61.7%；卫所 9 人，占 15%；文昌 8 人，占 13.3%；其他，如澄迈 1 人；定安 2 人，临高 1 人；万州 2 人。也就是说，具有琼山、卫所和文昌等地户籍是海南进士集中分布地区。儋州将薛远纳入该地的进士；[①] 康熙崖州志将钟芳、钟允谦父子纳入该地的进士名录，这本身无可厚非，但是从户籍归属来看，二地民籍士人进士名单仍然空缺。是故，区域分布差异极大。

3. 进士群体的脱科、同科、父子进士现象

（1）脱科。所谓脱科，即是指举子因故未参加会试或未考中进士的科次（参见表 3 - 13）。

表 3 - 13　明代开科与海南士人脱科、中进士科次

分项	洪武	建文	永乐	宣德	正统	景泰	天顺	成化
开　科	6	1	8	3	5	2	3	8
脱　科	4	1	3	3	3	1	3	5
中进士科	2	—	5	—	2	1	—	3

分项	弘治	正德	嘉靖	隆庆	万历	天启	崇祯	合计
开　科	6	5	15	2	16	2	7	89
脱　科	2	3	9	1	10	2	4	54
中进士科	4	2	6	1	6	-	3	35

资料来源：朱宝炯、谢濡霖：《明清进士题名碑录索引·总目》，第 1 - 5 页；（清）张岳崧：《道光琼州府志》卷 26《选举志·进士》，第 612 - 614 页。

由表 3 - 13 可知，15 朝 89 次科考，海南脱科 54 次，建文、宣德、天顺和天启 4 朝 9 科，无人登科，脱科现象较为严重。以每朝开科次数为基

---

① （明）曾邦泰：《万历儋州志》地集《选举志·进士》，第 74 页；（清）张擢士、李如柏：《康熙崖州志》卷 1《乡贤》，第 33 - 34 页。

数，对中进士科与脱科进行比较，永乐和弘治 2 朝为二个高峰值，正德以后则渐趋下降。

（2）同科进士。永乐二年，唐舟、石祐、陆普任、洪溥同登曾棨榜；四年，王克义、黄敬同登林环榜；十六年，薛预、唐亮、徐祥同登李骐榜；

景泰五年，丘濬、林傑同登孙贤榜；成化十一年，海澄、王俨登谢迁榜；

弘治六年，曾镗、胡濂、陈繗登毛澄榜；九年，韩俊、冯颙登朱希周榜；十五年，唐胄、陈实登康海榜；

正德三年，钟芳、张士衡登吕柟榜；九年，周宗本、鲁鹏、林士元登唐皋榜；

嘉靖二年，吴会期、杨恺、王郁登姚涞榜；十四年，陈天然、周世昭登韩应龙榜；十七年，唐穆、郑廷鹄登毛瓚榜；四十四年，王弘海、张学颜登范应期榜；

隆庆二年，王懋德、林华登罗万化榜；

万历十四年，许子伟、林震登唐文献榜。[①]　其中，4 人同登榜者，1 次：永乐二年；3 人同登榜者，4 次：永乐十六年、弘治六年、正德九年和嘉靖二年；2 人同登榜者，则有 10 次之多。

（3）父子进士。明代海南共有四对父子进士：

唐舟、唐亮父子，分别在永乐二年、十六年登曾棨、李骐榜；

唐胄、唐穆父子，分别在弘治十五年、嘉靖十七年登康海、毛瓚榜；

钟芳、钟允谦父子，在正德三年、嘉靖八年登吕柟、罗洪先榜；

黄显、黄宏宇父子，嘉靖二十年、三十八年登沈坤、丁世美榜。

这一现象反映出以血缘关系为纽带的学术传承，在边陲海南进士题名中，占据着一定的比重。

（二）乡举情况

自洪武甲子（1384）至崇祯壬午（1642）258 年时间内，海南士人共参加考试并中举的科考，共有 87 科，中举 586 人（参见表 3 - 14）。

---

① （明）欧阳璨：《万历琼州府志》卷 10《人物志·进士》，第 438 - 440 页。

表 3 - 14　明代参加乡试科次及举人分布情况

	开科	琼山	文昌	澄迈	临高	定安	会同	乐会	儋州	昌化	万州	陵水	崖州	感恩	卫所	小计
洪武	6	15	4		2	1			8		5		2			37
永乐	8	25	12	7	10	6	1	8	11	5	10	2	9	6		112
宣德	4	14	3	1	1								2		1	22
正统	4	8	1		1	1		1			3				3	18
景泰	3	11	2	3		3					1		1		12	33
天顺	2	9	2	1											3	15
成化	8	28	2	2		5	1				1				10	50
弘治	6	16	2	3		4		1			1		1		14	42
正德	5	17	1		1	1		1			1				6	28
嘉靖	15	42	10	2	1	8	3	2	2		1		6		7	84
隆庆	2	3					1	1							2	8
万历	16	44	8	6	2	12	7	2	1		1			1	15	99
天启	3	5	5	2		1	3									16
崇祯	5	9	4	2		3	1	2	1							22
总计	87	246	57	30	18	45	17	18	23	5	24	2	21	7	73	586

　　资料来源：包括正德及其以前的数字，来自《正德琼台志》卷38《乡举》；嘉靖至万历资料来自《万历琼州府志》卷10《人物志·乡举》，第432－437页；万历后资料来自《康熙琼州府志》卷7《人物志·乡举》，第576－578页。关于海南举人数字，还有其他一些说法："594人"说（林日举：《海南史》，第241页）；"文举人599"说（李勃：《明代海南文化的发展及原因新探》，第112页）。

　　海南生员参加明代各朝乡试科次、中举士人时空分布，已在表3－14中有所体现。需要说明的是，儋州、万州、崖州附郭宜伦、万宁、宁远三县，因正统四年琼州知府程莹所请，省三州附郭县（宜伦、万宁、宁远），其在洪武、永乐二朝，中举数字为：8、11；1、8；2、6，因故分别记录在其所属州项下。

1. 军籍出身的举人

　　军籍在海南的分布主要体现为一卫十一所（万历二十八年为十二所），因内五所外六所建制，使得之分布较为零散，将其纳入所在州县项下是目前研究者较为通行的做法。从户籍的角度来看，这是一批明代的新移民，故而对卫所籍（军籍）进行系统梳理很有必要。

宣德乙卯（十年，1435）科中举的薛远，户籍隶属于前所，由儋州学中，是海南军籍生员最早中举者（也是该户籍群体中最早中进士者）。自薛远始至万历壬子（四十年，1612）科所人李际春中举止，卫所籍生员在177 年 60 科中，共考中举人 73 人，在户籍排名中仅次于琼山，位居第二，占海南总举人数的 12.5%。这一成绩是在宣德之前脱科 17 次，万历后期脱科 10 次的情况下取得的。军籍人员初至海南，人口生息、子女培养需要一定的时间，是早期脱科的主要原因；后期脱科则与嘉靖后期募兵制推行，军籍逐步瓦解有关。军籍进士的情况，亦是如此。

2. 分布不均衡

按照生员户籍所在地分类，琼山地区为最，中举 246 人，占总数 586 人的 42%；卫所籍 73 人，占 12.5%；文昌 57 人，占 9.7%；定安 45 人，占 7.7%；澄迈 30 人，占 5.1%；临高、乐会各 18 人，占 6.14%；会同 17 人，占 2.9%；儋州 23 人，占 3.9%；崖州 21 人，占 3.58%；万州 24 人，占 4.09%；感恩、昌化、陵水三县，共 14 人，占 2.39%。这表明以琼山为中心兼及文昌、定安东北部地区，成为岛内人才培养的中心地区。而岛内西部儋州、昌化；南部感恩、崖州及东南部陵水的科举人才严重缺乏。

以时间为纵轴，各朝开科次数与中举人数比较，每科录取人数比率分别为：洪武，6.16；永乐，14；宣德，5.5；正统，4.5；景泰，11；天顺，7.5；成化，6.25；弘治，7；正德，5.6；嘉靖，5.6；隆庆，4；万历，6.19；天启，5.33；崇祯，4.4。比率为 7 以上的主要分布在永乐、景泰、天顺、弘治四朝，其中以永乐为最，正德以后，这一比值有所下降。

（三）其他途径的人才

有明一代，除了科举一途外，国家在边陲海南的人才选拔中，还采用武举、荐举、贡生等多种手段，使得海南儒生的仕途得以进一步扩展。

1. 武举

较之于文举常规科考，生员参加武举仅在嘉靖、隆庆和万历时段。自嘉靖四年（1525）至万历三十年（1602）的 77 年内，中举科次共 12 科：嘉靖 8 科、隆庆 1 科、万历 3 科，共 15 人中举。军籍生员 13 人，澄迈民籍生员 2 人。①

尽管明代立国之初，便有立武学、设武举的举措，直至弘治十七年才定为"三年一试"，隆庆、万历时期，其选拔制度才逐渐完善。② 海南参加武科的起步时间晚，结束时间早，中举者人数不及文举的 3%。就琼籍人士"鹰扬"不及"鹿鸣"之盛的原因，万历府志分析认为：

> 大抵儒生无投笔之思，武弁乏请缨之志。况赴京限于万里之程，比试不惯沙漠之马。而工于策者又拙于技，精于射者或短于文。故间有捷一二科者，竟不得效用，未免为南人恨也。③

其实，海南武举不盛、儒生重文抑武的背后，更多地体现出该群体价值追求。

2. 荐举

朝廷通过举贤良方正、经明行修、人材和荐辟等方式来选拔人材，曰荐举。从记载情况看，荐举主要在成化以前进行。全岛共 63 人，具体分布如下：

贤良方正，2 人：俱为琼山人；

经明行修，16 人：琼山 8 人、文昌 5 人，乐会、崖州、卫所各 1 人；

茂才，1 人；

人材，41 人：琼山 13 人、澄迈 3 人、定安 3 人、文昌 3 人、乐会 4 人、临高 2 人、昌化 3 人、万州 2 人、崖州 8 人；

荐辟，3 人：琼山 2 人、文昌 1 人。④

3. 贡生

所谓贡生，即挑选府州县学的儒学生员成绩或资格优异者，升入京师

---

① （明）欧阳璨：《万历琼州府志》卷 10《人物志·武科》，第 468 页；（清）张岳崧：《道光琼州府志》卷 26《选举志四·武科》，第 630 页。万历府志在记述武举时间上较为混乱，并开列 16 位中武举名单。康熙府志沿袭前志，张岳崧在时间上进行排序，并删去万历志中不明科次的"杨可权"，同时也模糊了生员的户籍信息。

② （清）张廷玉：《明史》卷 70《选举志二》，第 1708－1709 页。

③ （明）欧阳璨：《万历琼州府志》卷 10《人物志·武科》，第 468 页。

④ （明）唐胄：《正德琼台志》卷 40《人物五·贤良方正、经明行修、诸科》；（清）张岳崧：《道光琼州府志》卷 26《选举志一》，第 610－611 页。

的国子监读书，其待遇相当于举人副榜。明代在海南的贡生主要有岁贡、恩贡、选贡、拔贡等形式。那种捐资入国子监读书的例监、官员之子未经考试而获得监生资格的荫监等，在海南也有不同程度的存在，但不属于本文关注的对象（参见表3－15）。

表3－15　明代府州县学贡生数

琼州府	琼山	澄迈	定安	文　昌	会同	乐会
315	141	176	185	167	146	184
临　高	儋州	昌化	万州	陵水县	崖州	感恩
157	232	114	198	103	225	112
合计	2455					

资料来源：（清）张岳崧：《道光琼州府志》卷27《选举志五·贡生上》，第634－653页。

在表3－15统计数据中，需要指出的是府州县学成为国家选拔贡生的重要依托，所以生员户籍被淡化，而代之以其所在儒学名称。

至此，国家通过进士、乡举、武举、荐举和贡生等多种途径的选拔，海南共为国家输出3119名人才。[①] 以丘濬为首的进士层、海瑞为代表的举子层，以及2450余名的贡生群体等构成的海南人才梯队。这支金字塔式的人才队伍在边陲脱颖而出，从而成为精英阶层。

三　民族地区教育与人才培养新成就

终明一代，民族地区的官学布局，如前所述，主要有弘治十年，海北盐法道建立大小英、感恩等盐场的三所社学；万历三十一年，以"训黎童"为目的而建立的水会所社学。此外，相关政府行为并不多见。同汉族地区的社学、府州县学的多层次办学网络以及私塾、书院等多种形式的办学方式相比，民族地区教育十分薄弱。但是，有明一代，黎汉关系一直决定着岛内政治走向，国家通过怎样的教化手段，来巩固逐渐向内推进的熟

---

① 这一数字是进士（60人）、乡举（586人）、武举（15人）、荐举（163人）和贡生（2455人）之和与进士名额之差的最终数字。进士是对举人的会试，所以中进士者兼有举人身份。

黎地区?

相关史料表明，国家通过荐举的方式在海南地区进行人才选拔，也包含着对民族地区的人才使用，这同岛内对民族地区实行"编户"政策基本吻合。民族地区"荐举"人才的籍贯梳理，将有助于再现民族教育成就。

（一）儋州地区民族教育情况

1. 黎族教育

永乐至正统期间是黎族土官制度盛行时期，也是其与王朝政府之间关系最为密切时期。按理来说，中央政府对于黎族地区进行荐举的人才，应该有一定数量的增加。然而，早期方志对此方面资料记录并不完整，"以上该各学岁分所贡，中有遗漏，系《旧志》失载无稽"，郡人唐胄在"岁贡"中，以按语的方式透露出其在纂写这段历史时因资料短缺而表现出的无奈。尽管如此，岁贡在黎族地区仍然存在。这点，从丘濬文集中可以得到印证。

至迟在景泰五年，丘濬中孙贤榜进士之后才有《世引堂记》的诞生。在该记中，丘濬对前来求记的主角、来自"古儋大姓"符氏宗孙符节身份做了这样的介绍："以俊选入昌化县庠，为弟子员，今有司以充贡上春官"。① 这就是说，在经正统四年，琼州知府程莹奏请，"流官悉召回部"，② 奏革抚黎土官 10 多年之后，朝廷对于熟黎子弟入儒学、荐举等教育和人才选拔行为，并没有因土官废除而终止。符节的监生身份，在方志中未见记载。

弘治十五年平符南蛇七坊峒之乱；嘉靖十一年，知州萧弘鲁招抚"高眼等峒黎人一千六百余家"，而立"顺化都"。上述两地，是生黎向化重要成果。万历州志因荐举者信息过于简单，岁贡生员籍贯无相关记载。③

2. 疍民教育

新英都、大英都一直是儋州疍民集聚地。但是，明代儋州学荐举无这

---

① （明）丘濬：《丘文庄公集》卷 5《世引堂记》，《四库存目》集部第 406 册，第 331 - 332。

② 《明英宗实录》卷 56，第 1070 - 1071 页。

③ （明）曾邦泰：《万历儋州志》天集《舆图志·厢都》，第 13 页；地集《选举志·岁贡》，第 75 - 81。

两地籍生员记载。疍民较高一层教育空位，并不代表该族群基础教育缺失。或许是受成化年间涂棐创办社学影响，至万历后期儋州疍民教育出现了令人鼓舞的新现象：

早在万历三十五年之际，州政府"岁派四差"在具体落实过程中，就"渔船""木排""碉口"三项杂税银 60 两 6 钱的征收问题上，疍民与"通州士民"之间展开了为期六年的诉讼。后经过知州曾邦泰"减银十两，以商船税抽补"的裁断，才告一段落。无独有偶，根据儋州地方政府的规定，"凡蛋籍人丁有充员役，止优免在州粮，不免在州丁"。万历四十一年：

> 蛋籍生员钟元声、周翊运等赴提学道副使姚（履素，江宁人，海南兵备兼提学道副使。万历四十四年戴禧继任——引者注）告免所中丁课，蒙准批州审查。该本州知州曾（邦泰）审将蛋籍生员除免州中米二石，折二丁。如民籍充员免丁之数。免去课银。以通所课米，通融均派。充额随据。①

该则史料透露出二个信息：一是疍民子弟的生员身份。也就是说，接受儒家教育至少在儋州的疍民中不是个案；二是疍民生员对州政府疍、民二元制免丁免课标准，通过合法程序来表达疍民生员的整体诉求，州政府"如民籍充役免丁之数"的规定，使得疍籍生员与民籍生员具有相同的社会身份。

儋州疍民诉讼事件表明，其贱民身份已荡然无存，他们通过自身努力取得与编户齐民同等地位。"疍民"一词，仅是其职业的代称而已。疍民整体素质的提高，实为民族教育推行的结果。

（二）崖州地区民族教育

与儋州地区疍民教育比较，崖州的民族教育，则是在多民族层面展开。

1. 黎族教育

洪武年间，由崖州学生员身份，通过"岁贡"方式获得监生的黎族人

---

① （明）曾邦泰：《万历儋州志》天集《食货志·田赋》，第 51–54 页。

潘隆①是明代最早在黎族地区选拔的人才之一。以第五都（隶属于董平乡）黎族聚集地来考察，具有州学生员身份：

洪武，2 人（包括潘隆）；永乐，6 人；洪熙、宣德，2 人；天顺，4 人；成化，8 人（董平乡，1 人）；弘治，1 人。嘉靖至明末，6 人（董平乡，1 人）；州学黎族生员，共 29 人。② 永乐年间，为黎族生员最多时期。

2. 其他族群与民族教育

蛋民居住区域，因地名变动，正德前后方志表述不一。正德以前，保平里、望楼里、番坊里、大蛋里是蛋民聚集地；万历时期，保平里、番坊里、望楼里、所三亚里，"属河泊所，番蛋采鱼纳课"，③ 其中所三亚里为回民集聚地，④ 其他三里为蛋民聚集区。此外，临川里在正德以前为灶户，之后则为半灶户。有明一代，荐举涉及上述地区情况为：

保平里：景泰、弘治、正德间，各 1 人。嘉靖至明末，2 人；

番坊里：景泰 1 人、嘉靖后 2 人；

所三亚里，⑤ 明末 3 人；

---

① （明）唐胄：《正德琼台志》卷 39《人物四·岁贡·崖州学》。关于潘隆族属问题，该志并没有明确，通过其户籍所在地"第五都人"的记载，《万历琼州府志》曰："五都、六都、七都，以上俱属董平乡，借（皆）在图附版籍熟黎户"。（参见该志卷 3《地理志·乡都·崖州》，第 67 页）万历时期，"五都"居民皆为熟黎，有理由相信，200 多年前洪武时期的五都人其族属应该为黎族。根据唐胄对《方舆志》记载的转述，潘隆的命运为"赍檄招谕，无功伏诛"。另，是"潘隆"或是"潘隆本"，方志与《太宗实录》记载有所不同。"遣知县潘隆本赍敕抚谕广东琼州府黎峒生黎"（参见《太宗实录》卷 37 永乐二年十二月己卯条，第 633 页）；黄佐的嘉靖通志以"潘隆本"作为叙事核心，指出潘隆本于次年三月，"引土人邢万胜等赴京，复同领敕招抚。"（黄佐：《嘉靖广东通志》，第 1777 页）万历府志却坚持唐胄的意见，认为正是由于潘隆的"伏诛"，"明年乙酉（即永乐三年），委梧州府通判刘铭"等抚黎，刘铭死于任上，永乐十年以刑部郎中黄重充任。（参见（明）欧阳璨《万历琼州府志》卷 8，第 260 页）

② （明）唐胄：《正德琼台志》卷 39《人物四·岁贡·崖州学》；（明）欧阳璨：《万历琼州府志》卷 10《人物·岁荐·崖州》，第 463－466 页；（清）焦映汉、贾棠：《康熙琼州府志》卷 7《人物志·崖州》，第 623－628 页。按，此处没有使用张岳崧本，主要是因为道光府志将荐举者的所有信息全部删除，下同。

③ （明）唐胄：《正德琼台志》卷 12《乡都·崖州》；（明）欧阳璨：《万历琼州府志》卷 3《地理志·崖州》，第 67 页。

④ 详见本书第 7 章"文化类型与独特文化现象"第 1 节"多民族聚集地"4"回族"之"回民社区形成"。

⑤ 地名"三亚里"一词，明代最早出现时间在宣德年间（参见《正德琼台志》卷 39《岁贡·崖州》）；地名"所三亚里"一词，则是在万历年间出现（参见《万历琼州府志》卷 3《地理志·崖州》，第 67 页）。从二部府志记载的情况来看，这两个地名不能等同。前者属于汉人居住区域；后者则是回民集聚地。

临川里，永乐 2 人。

明代崖州学民族与族群生员共被荐举 42 人，占本州总荐举数 225 名的 18.7%。其中黎族生员占 64%，数量最多，且基本上分布于明代各朝。这表明对于黎族地区推行教化，是王朝政治关注的核心。而对于疍民族群、回族乃至灶户群体，荐举时间较晚，人数也相对较少。

（三）其他地区的民族教育

1. 东部及东北部地区

万州、陵水的沿海台地是黎、疍、民杂居之地，方志对于荐举儒生籍贯录入不甚明确；会同、乐会情况亦如此。故而，难以对入贡者族属予以准确判断。

文昌县。东北部文昌奉化乡，位于该县西南，领都图十，其中迈陈都一图居民成分为民、灶；二图为灶户；三、四图皆为疍户。明代文昌县学荐举人员中，具有迈陈籍仅为"陈在廷"一人，但从属哪个图不明了，自然无法判定入荐者的族属。从"陈在廷"入荐个案推论，该地疍民教育应该有所发展。

2. 北部地区

（1）琼山、澄迈县。与东部地区模糊叙述不同，晚明时期琼山县的民族教育，主要表现在对新拓展"向化"的熟黎地区。这一点，在其县学荐举生员的户籍中表现得尤为明确。根据万历府志"乡都"的记载，位于该县西南部仁政乡的西黎、林湾二图，县南东黎一、二图，皆属于新归化的熟黎地区，其族属为黎族。正德之后西黎人"王懋中"入荐，说明琼山县学为新"向化"的熟黎弟子提供正常的儒学教育，王懋中成为贡生是这一群体的主要代表。

澄迈县疍籍在北，黎族在南部的西黎二都、南黎二都。该县学的荐举生员中，只有正德之后，西黎人"徐养裕"一人；疍籍鲜有涉及。

（2）临高县。该县在黎族"向化"上成就不大。位于其南部地区的新化乡所领都图数量在正德、万历时期分别为：探历都四图、黎畔都九图、蚕村都五、那绵都六图（万历时为五图），根据《正德琼台志》卷 1《郡州邑疆域图》临高县境的地图，这些都图缘五指山北麓自东向西分布，南接生黎区，是临高县熟黎较为集中的居处。就临高县学荐举新化乡籍生员，分布为：

正德以前，蚕村 3 人、那绵 2 人；

嘉靖至万历，探历 4 人、黎畔 4 人、蚕村 6 人、那绵 2 人；

天启至崇祯，探历 3 人、黎畔 3 人、蚕村 1 人。

这一分布显示，正德以前，熟黎地区零星的荐举，在嘉靖之后，有所改变。

（3）定安县。南乡在县南，其中，南远都、南间里二、思河都、光罗都等四都里，在正德时期皆属黎籍。从该县的荐举中来看，大约在天启年间才有南间籍的"梁彩龙"入荐的记录。①

对于上述地区入荐的民族与族群等生员户籍的简单胪列，可以认为正德之后，民族地区教育在本岛不同地区，皆有所发展。其中，蛋民族群教育成果较为显著；黎族教育则与明王朝相始终。

第三节　图书业的发展

图书是知识传播的重要载体。就文献记载情况来看，宋元时期本岛的图书业有所发展，得益于三个途径：一是朝廷的赐书；一是民间私人藏书；一是府州县学教育发展的推动。

早在宋开宝八年（975），朝廷便"诏以方书、本草给之"。② 所谓方书，即专门收载方剂，或以方剂为主要内容的著作。宋太祖此举，事实上是为了改变海南医药落后局面的官方行为。在庆历（1041－1048）、元丰（1078－1085）年间，提刑彭次云、李时亮分别奏乞赐书事宜，才开始了海南真正的经史子集藏书；"庆历间，守之（即宋守之——引者

---

① （清）焦映汉、贾棠：《康熙琼州府志》卷 7《人物志·岁贡》，第 606 页。上引各县荐举生员的材料，正德以前参照：《正德琼台志》卷 39《人物四·岁贡》；万历以前资料，主要参照《万历琼州府志》卷 10《人物志·岁荐》，第 441－467 页；天启之后，主要参照《康熙琼州府志》卷 7，第 583－630 页。另，"乡都"变迁，主要参照《正德琼台志》卷 12《乡都》；《万历琼州府志》卷 3《地理志》，第 62－68 页。

② （宋）李焘：《续资治通鉴长编》卷 16，《四库全书》第 314 册，第 239 页。

著）知琼州，教诸生，讲五经"，① 表明藏于府学御书阁的"五经"，成为士人科考的主要书籍。

随着王朝教化的推进，民间私人藏书也有零星记载。如"苏过曾借姜唐佐书《烟萝子》两卷、《吴志》四册、《会要》两册"，② 便是私人藏书的代表。史籍对于南宋海南书籍情况记载甚少，淳熙九年（1182），应琼管帅守长乐人韩璧之请，大儒朱熹为府学明伦堂作记，③ 可以看到海南府学已有相当规模，由此可以推论府学、私家藏书应该有所发展。

元至正辛卯（1351），陵水人氏符元裔为府学贰教，"收买书集乃吾之职"，上任伊始"遂水浮陆走二千余里"，"补买经史诸书"。唐胄郡志的记录，足以反映本岛人士对于书籍的重视程度。

此外，州县学在图书购置上也有一定的发展。以万安州学为例，知军杨汉傑于泰定元年（1324）建楼，买经史庋其上。元至顺二年（1331），寇火群书。至正七年（1347），监郡大都遣使去杭州，求鲁司寇像、祭器、书籍；十二年，土寇犯城，图书祭器被掠。④

宋元时期，州县学的发展，书籍随之有所增加。以科举考试科目为主，种类不多，民间藏书有限，不难想见。

入明之后，随着本土中式人数的急速增加，图书事业上有着极大的发展，主要体现在：本岛文人大儒的著作成为主要藏书对象、刻书业也有所发展。

一 海南藏书

与前代相比，明代本岛的藏书、刻书等皆有一定的发展。

（一）官学藏书及其来源

1. 朝廷赐书

入明之后，朝廷为了将国家制定的相关法令向全国推广，使臣民共同

---

① （明）唐胄：《正德琼台志》卷15《学校》。
② 李景新：《天涯孤鸿苏东坡》，中国文史出版社，2005，第290页。
③ （宋）朱熹：《朱文公记》，引自（明）唐胄《正德琼台志》卷15《学校》。
④ （明）唐胄：《正德琼台志》卷15《学校》。

遵守新的统治秩序，赐书成为有效快捷的方式，地处边疆的海南也在赐书的范围之内。王佐的《琼台外纪》记录了主要书目："皇朝颁降《大诰三编》《大明律》《易经大全》《书经大全》《诗经大全》《春秋大全》《礼记大全》《四书大全》《为善阴骘》《孝顺事实》《五伦书》《性理大全》。"仅从数目来看，这些书的主要内容涉及王朝政令、伦理纲常等。也就是说，以宣扬教化为核心内容是国家赐书的主要目的。随着社会的安定，人民安居乐业，以科举博取功名是士人晋升的主要通道，也是国家赖以选拔人才的重要途径。但是，与科举有关的书籍在岭南地区并不多见。为改变这一现状，正统六年（1441），广东按察司金事彭琉奏请"储载籍以养士"：

> 广东僻在遐荒，绝无商贩往来，凡百载籍，目所未见。故人不知学，成才甚艰。乞给两汉史记诸书，敕令有司刻印，以广其传。仍令各学生员自备纸墨，或于罪犯纸中，量给印用。庶士类得以诵习，可冀有成。①

彭琉"言五事"奏章，是针对广东地区而言的，《琼台外纪》曰："正统间，提学副使彭琉（琉——引者注）发前后《汉书》二部四十册"，② 则表明海南得到朝廷的赐书。

2. 私人捐赠

成化九年（1473），丘濬在琼州府学重新修缮明伦堂之后，置"藏书石室"。自撰《藏书石室记》对其该项举措的动因、目的、藏书石室设置的地点作了极为详细的说明。丘氏自谦"禀此凡下之资"及家境无法承担其"北学于中国"，又无"明师良友"，在此"遐僻之邦"，欲从事儒业，唯一途径只能"求之于书"。然而"求之之难"，却远非常人所能想象。于是，喟然发叹曰："幸他日苟有一日之得，必多购书籍以庋藏于学宫，俾吾乡后生小子，苟有志于问学者，于此取资焉。无若予求书之难，庶几后有兴起者乎！"

---

① 《明英宗实录》卷 79，第 1564 - 1565 页。
② （明）王佐：《琼台外纪》，引自（明）唐胄《正德琼台志》卷 15《学校》。

早在成化三年为翰林学士的丘濬，于成化六年回籍丁母忧，成化九年始免丧。并于是年，"竭平生积聚"，建造藏书石室于学宫之后，"为木柜若干，内庋以书"。① 尽管该记没有说明书籍的种类和数量，但是，从其"日积月累，所得日多"的描述中，仍可以揣度其大略。

丘氏大手笔的捐赠图书之举，后来鲜有望其项背者。但是，零星的捐赠也时有进行。如正德初，提学副使林廷玉"给唐宋史二部"，② 便是其中之一。

（二）私家藏书

本岛私家藏书，除丘氏而外，显著者并不多见。丘濬在《藏书石室记》中对其家族早期藏书有这样的一段评说："予生七岁而孤，家有藏书数百卷，多为人取去，其存者盖无几。稍长，知所好，取而阅之，率多断烂不全。" 这就是说，丘濬早年家庭藏书是比较繁盛的。因其父辞世，家道中衰，所藏之书因管理不善而丧失殆尽。循着科举之路而入庙堂，学识、官阶也随之不断攀升，丘濬从事的文字职业使其个人著述不断丰富，再加上皇帝所赐之书，丘氏家庭藏书再次鼎盛，宝救楼的修建便是其重要标志："宝救楼，在下田丘文庄公可继堂后。公为大学士时，进《大学衍义补》，上留一部展览；发一部刊行；以一部救公建楼藏之，故以此名。"③ 关于"宝救楼"，王弘海曾为之赋诗一首："尊开北海湛流霞，宝救楼前学士家。载酒尚疑天禄阁，传玄空

---

① （明）丘濬：《丘文庄公集》卷7《藏书石室记》，《四库存目丛书》集部第406册，第356－357页。
② （明）王佐：《琼台外纪》，引自（明）唐胄《正德琼台志》卷15《学校》。
③ （明）欧阳璨：《万历琼州府志》卷4《楼阁》，第113－114页。《正德琼台志》对此缺载，这则来自万历府志关于"宝救楼"的记载，为后来方志所沿袭。（参见李文恒、郑文彩《咸丰琼山县志》卷6《古迹》，台北成文出版社影印，第573页）因《大学衍义补》而建楼是其核心内容，考之《进〈大学衍义补〉表》，该著成书于成化二十三年（1487）和弘治元年（1488）。由此推理，"宝救楼"建成时间应该在1488年之后。但是，丘濬对在成化九年（1473）"会免太夫人丧"而"预为归老之计"刚建成学士庄而作的《学士庄记》中，站在"钓台之上"，四顾一城之景色，有这样的描述："凡吾庐之所有若宝救楼、若可继堂、若愿丰轩皆隐约可指示也"。这表明："宝救楼"业已在是时存在，换句话说，因《大学衍义补》一书而得名之说法欠妥。既然是"宝救楼"，似乎与其参与《寰宇通志》《明一统志》《英宗实录》等修撰有着某种关联。

自愧侯芭。"① 王弘诲的诗佐证了"宝敕楼"的真实性。无论该楼兴建的原因如何，朝廷因为褒奖丘濬而对其私人赐书，从而推动海南的私家藏书的发展。

总而言之，图书无论是公藏还是私藏，都集中在明代中叶以前，后期藏书业似乎进展不大。私家藏书并不具有普遍性，且持续时间不长，万历府志对"宝敕楼"的"今基犹存"② 记载，便是其基本写照。

二 刻书业的发展

有明一代，海南书籍在版本上经历了抄书和刻书二个层面的发展阶段。

（一）抄书

明代早期，本岛的方志中，如蔡微《琼海方舆志》、成化年间的《琼州府志》及王佐的《琼台外纪》，因原本早佚，无法断定其版本情况。仅从其流传情况及刻本在海南起步较晚的情况判断，抄本的可能性比较大。

史料可以证实的抄本，在成化、弘治间较为兴盛。丘濬门生傅佐担负丘氏的《大学衍义补》进稿及《家礼仪节》《世史正纲》《朱子学的》刊稿③的抄写工作。仅就《大学衍义补》而言，就有 160 卷，达 110 万字。是故，这是海南早期抄书业发展的一个代表。

晚明时期，陈是集在"广搜郡乘家塾残编，删而选之"④ 基础上，编选十卷本《溟南诗选》，在其杀青之际，恰逢朝代更替，而成为手抄本，则纯属偶然。

（二）刻书业

1. 私家刻书

明代海南的私刻书籍情况有所发展，兹列表 3 – 16 如下：

---

① （明）王弘诲：《太子少保王忠敏先生文集天池草重编》卷 26《饮丘文庄公宝敕楼》，《四库存目》集部第 138 册，第 5 – 6 页。
② （明）欧阳璨：《万历琼州府志》卷 4《楼阁》，第 113 页。
③ （明）唐胄：《正德琼台志》卷 40《人物五·诸科、艺术》。
④ （明）陈是集：《中秘稿·溟南诗选序》，（民国）王国宪辑《海南丛书》第 5 集，第 17 页。

表 3 - 16　明代海南私家刻书情况

地区	刻书者	书名	卷数	著者	刊本时间	备注
琼山	丘濬	张子寿文集	26	（唐）张九龄	成化九年	
		武溪集	21	（宋）余靖		
		曲江集	20	（唐）张九龄	成化年间	
	丘尔縠 丘尔懿	重编琼台诗文会稿	24	（明）丘濬	天启元年	丘濬七世孙
	郑廷鹄	琼台会稿	12		嘉靖三十二年	
	海瑞	备忘集	2	（明）海瑞	万历九年	
	海迈		10		万历三十年	
	唐胄	白玉蟾海琼摘稿	10	（宋）葛长庚	嘉靖十二年	
		武溪集	20	（宋）余靖	嘉靖十三年	半页十行，行十九字，黑口，四周单边
		宋相清献公全录		（宋）崔与之 （明）崔子遂编、崔晓辑		
文昌	赵学	朝野类要	5	（宋）赵升	弘治九年	后裔赵学刊本
	韩袭芳	诸葛孔明心书	不分卷		正德十二年	铜字活印本
澄迈	李碧峰	翰林院校阅训释南北正音附相法官制算法	3	（明）蒋孟育	万历二十三年	书林刊本
崖州	钟允谦	筠溪文集	30	（明）钟芳	嘉靖三十七年	谦，钟芳之子

资料来源：杜信孚、杜同书：《全明分省分县刻书考·广东》，线装书局，2001，第48 - 50页。

以上内容也许并没有反映出本岛私家刻书的真实情况，其中也有些刻书并非在岛内进行。如韩袭芳《诸葛孔明心书》，在该书的后面牌记中便有"琼台韩袭芳题于浙东书舍"字样。但是，由于刻书者本身为海南籍在内地为官，所以将其列入本岛私家刻书之列是可行的。在上述 14 部刻本中，尤以"铜字活印本"的《诸葛孔明心书》技术含量最高，它代表着是时较为前沿的印刷水准。

2. 官刻本

官刻本集中表现在府志和州县志的修撰上。其代表作为见存的明刻本海南三部方志:《正德琼台志》《万历儋州志》和《万历琼州府志》。

原存于宁波天一阁《正德琼台志》,由上海古籍出版社于 1964 年影印。书版框高 22.4 公分,宽 15.6 公分。按照半页 9 行,行 18 字,黑口,四周单边的模式进行的。这部由郡人唐胄编纂成书于正德十六年的方志,与稍后的《宋相清献公全录》的内部装帧基本一致。

万历以后的方志,无论是装帧和印刷质量来看,比起正德方志都有明显的进步。或许是因年代久远和保存欠佳,万历府志字迹模糊,但这一趋势不容否定。字体清晰、工整的《万历儋州志》便是其最为典型的代表。

此外,万历府志修撰中,由陈经纶、黎文明、李德焕等组成的"督刻吏",① 为刻本的质量提供了制度上的保障。现流传的《万历琼州府志》和《万历儋州志》,是由书目文献出版社于 1991 年,根据日本国会图书馆所藏的明万历刻本影印。

---

① (明)欧阳璨:《万历琼州府志·卷首·修志姓氏》,第 8 页。

第四章 宗教传播及流变

海南是一个多元文化交汇的地方。明代在本岛传播的宗教，就有佛教、道教、伊斯兰教以及天主教。从宗教传入时间来计算，佛教始于唐代，道教自北宋开始，伊斯兰教在宋元交替之际，天主教则是在晚明时期登陆海南。从宗教传播的原因来看，佛教、道教是在中原王朝的推进下进入，伊斯兰教是占城人迁居的产物，天主教则是王弘诲及其家人努力的结果。

海南入明之后，佛教、道教、伊斯兰教在承继前代传播的基础上，因应明王朝不同时期所推行的宗教政策，而产生相应的变化。

第一节 佛教

一 佛教的早期传播

（一）唐代佛教政策与海南传播

武则天因发动"武周革命"，为夺权制造舆论，载初中（689－690），"令与群浮屠作《大云经》，言神皇受命事"。[1] 天授二年（691），"和州浮屠上《大云经》，著革命事，后（武则天——引者注）喜，始诏天下立大云寺"。[2]

《大云经》的出现和随之全国各州县以藏《大云经》而纷纷建立大云

---

[1] （宋）欧阳修、宋祁：《新唐书》卷76《则天武皇后传》，第3481页。
[2] （宋）欧阳修、宋祁：《新唐书》卷102《岑文本传》，第3968页。

寺，这种人为制造的因果关系，使得佛教在海南开始传播。即便在 50 年后的天宝七年（748），鉴真一行"入州（振州，即今三亚市）大云寺安置"① 中，仍可看到武则天时期，佛教政策在海南落实的印迹。

沙门怀义与法明等进《大云经》四卷，陈符命说武则天是"弥勒下生，当代唐作阎浮提（人间世界——引者注）主"。从"弥勒佛"被唯识学派奉为鼻祖来看，《大云经》所宣扬的佛教，是唐初以来盛极一时大乘教中的华严宗。

唐中宗再次即位（705－710），罢大云寺，新置大唐中兴寺；唐玄宗开元二十六年（738），"敕天下诸州各以郭下定形胜观寺，改以开元为额"，② 天宝三年（744），"敕两京、天下州郡取官物铸金铜天尊及佛各一躯，送开元观、开元寺"。③ 唐代宗教政策变化，在岛内推广力度因地域不同而差异较大。鉴真一行在本岛南部入住"大云寺"，在北部"令住开元寺"，仅就寺名变动而言，南、北部对国家政策反应不尽一致，可以窥见。

（二）鉴真与律宗在海南的传播

天宝七年九十月间的一场台风，改变了鉴真一行从舟山群岛第五次东渡日本的航线，在东北信风的助推下，鉴真及其随从沿着台湾海峡的西南方向在海上漂泊近 20 天后，在"振州江口（即宁远河口）泊舟"登陆。鉴真此次海南之行，给本岛佛教及相关建筑带来了一定的改变。

鉴真一行在振州停留一年时间，后分水陆二途进发：一路是由振州别驾冯崇债派兵护送鉴真等，沿陆路花费 40 余日到达东部的万安州（今陵水、万宁）做短暂访问，后护送至"无贼"的崖州界，冯氏乃回；一路是由荣叡、普照"从海路经四十余日"到达北部的崖州。鉴真一行在此逗留一段时间后，从澄迈县过琼州海峡，"取道广西、广东、江西、江苏而回扬州"。④

---

① 〔日〕真人元开著，汪向荣校注《唐大和上东征传》，中华书局，1979，第 68 页。鉴真此次东渡的人员组成有僧祥彦、神仑、光演、顿悟、道祖、如高、德清、日悟、荣叡、普照、思讬等道俗 14 人，及水手 18 人，余乐相随者，共 35 人。（参见该著第 62 页）

② 范文澜：《唐代佛教》，人民出版社，1979，第 155、35、192 页。

③ （后晋）刘昫：《旧唐书》卷 9《玄宗本纪下》，第 218 页。

④ 〔日〕真人元开著，汪向荣校注《唐大和上东征传》，第 69、6 页。

鉴真，21岁时于长安名刹实际寺随弘景禅师受具足戒，专门研究律宗，经他剃度得戒共有"四万余人"，从而成为江淮一带闻名的"受戒大师"。以强调学佛者守"戒律"为主要宗旨的律宗，属于大乘佛教，这与唐代主流的宗教信仰基本一致。

鉴真在海南近两年时间，主要围绕着佛教相关建筑、教义传播等活动展开。

1. 修缮佛寺、造佛像

在振州由于入住的大云寺年久失修，而"寺佛殿坏废"，于是同行僧人"各舍衣物"，用了一年的时间，建造佛殿。在崖州因遭受州火，佛寺被烧。[①] 受崖州游弈大使张云之请，在此重建佛寺，除了建筑佛殿、讲塔、砖塔等之外，还铸造一丈六尺高的释迦牟利佛像一座，置于寺庙内，从而使之初具规制。

2. 受戒与传教

在振州经由州别驾冯崇债的安排，鉴真在州太守厅内"设会受戒"；而在崖州，在修缮寺庙后，从事"登坛受戒，讲律，度人"等法事活动。

（三）岛内对佛教的反应

通过《唐大和上东征传》的记录，岛内官民对佛教的信仰程度也存在着一定的差别。在本岛的南端振州，信仰人群中民众参与不多，官员是信仰的主体，这点从冯崇债个人行为中可以得到证明。

当鉴真一行登陆时，冯氏自称昨夜有一僧姓丰田"舅舅"托梦，故"弟子早知和上来"，因此"遣兵四百余人"在宁远河口迎接；"迎入宅内，设斋供养"；在"太守厅内，设会受戒"，应该是冯氏操作的结果；派兵护送鉴真至万安州、崖州等诸多事件中，参与者基本上是官员和士兵。在万安，州首领冯若芳"请住其家，三日供养"，鲜有民众参与的记载。

与之相比，在北部崖州，上至游弈大使下至典正，差不多官员悉数出动迎接，给鉴真一行以高规格的接待。大使还亲自将"气味甜美"的无花果送给僧人，官员"作番供养众僧"，乃至"官僚参省设斋，施物盈满

---

① 据《唐大和上东征传》，鉴真一行在崖州"令住开元寺"的解读，被烧的寺庙应该是另一座寺庙。

一屋"，仅官僚层面的参与远远超出振州。不仅如此，民众的参与程度也很广泛。重建被火烧毁的寺庙，其建筑材料，由州①别驾"各令进一椽"，居然在"三日内"筹备齐全。此外，鉴真在此"受戒"于佛寺的"坛"上，应该是较为公开的场合，比起振州"太守厅内"来，不仅参与者规模要大，参与者也应该有一定"民"的成分。

或许是佛教刚刚传入本岛之故，唐代佛教在海南并非积极的传播。即便崖州有着广泛的民众参与建寺，但是"各令进一椽"中的"令"，表明这并非来自民间的自愿。故唐代本岛佛教传播，是"基于政治的设施"，②较为公允。

二　宋元时期的佛教

（一）　两宋佛教的发展情况

1. 各州县佛教相关建筑分布与特点（参见表 4-1）

表 4-1　两宋各州县佛寺及相关建筑分布 ［1］

州县	寺、堂、庵	备注	塔名	备注
琼山	天南寺	城北 1 里，西厢	梁老	县南 60 里，梁老都乡人建
	开元寺	即南汉古乾亨寺，[2] 南桥		
	弥陀道场	城东 2 里	张吴	县东南 10 里，张吴都乡人建
	水月堂	城东 5 里，东厢，废		
	三滴水堂	城西 15 里，上博崖都。下有跨溪水长数 10 丈石桥。上建 3 层楼，以石为柱，中塑三宝像		
澄迈	永庆寺	城东		
文昌	觉照堂	县北 140 里南溪都，乡人韩良可建		
	崇真堂	县博文都，景炎间乡人立祀林道玖		

---

① 该著在第 70 页记载，"振州别驾闻和上造寺"，此处的"振州"值得怀疑。从振州至万安就需要四十天的时间（该著已述），再加上从万安至崖州至少也需要好几个月的时间，不可能在"三天内一时将来"，故应该为"崖州"。

② 〔日〕小叶田淳：《海南岛史》，张迅斋译，第 22 页。

续表

州县	寺、堂、庵	备注	塔名	备注
儋州	开 元 寺	城东，宋立元毁		
	光 孝 寺	州治西，宋立元毁		
万州	报 应 寺	城西		
	水 月 堂	城东 10 里文德都东山岭下，今废		
	灵 照 堂	州东东山上有石如室，建堂于侧，居僧。今废		
	维 石 堂	州东东山岭南，有石如岩，宋建堂如侧，居尼		
	鸡 竺 庵	城东东山岭中，今废		

注：

[1] 唐胄：《正德琼台志》卷 27《寺观》。对文中所引用"废"，以《正德琼台志》成书时间为参照；另，两宋时期，海南的建置为一府三军：琼州府、万安军、昌化军和吉阳军。在此，唐胄按照明代一府三州十县的建置进行的。

[2] （宋）王象之：《舆地纪胜 吉阳 风俗形胜》卷 124，《续修四库全书》第 585 册，第 137 页。"乾亨寺钟"条下注曰："在开元寺有南汉乾和九年（951）钟铭。"

根据表 4-1 统计，两宋时期本岛与佛教相关联的寺堂庵建筑达 15 处，比起唐代的寺庙数量有着极大的提高；且在空间分布上也突破了唐代的南北设置的格局，在昌化军（即明儋州）、万安军（即明万州）和琼州下辖琼山县、文昌县皆有分布，其中琼山县和万安军的数量各占总数的三分之一。另外，除了琼山的开元寺与南汉时期的乾亨寺有着一定的承继之外，唐代的相关建筑基本没有保存，甚至在宋人王象之的《舆地纪胜》中，作为古迹也难见其踪，这足以表明唐代宗教的"政治设施"。表 4-1 佛教建筑分布表明，北部和东南部是两宋佛教在本岛发展的主要地区。

2. 宋代佛教的发展

比起唐代佛教，宋代的民间化倾向较为明显。琼山县梁老塔、张吴塔建筑皆为乡人捐资共建；文昌县觉照堂、儋州凌霄庵则分别是韩良可、陈道源个人所建；文昌崇真堂则是乡人共同努力的结果。民间力量的参与，解决了佛教建筑部分费用的同时，深层次地表明佛教开始走向社会底层，这是其在海南发展的重要表现。

有宋一代，佛教是发展还是停滞，相关研究结论差距甚大。① 就海南的佛教而言，比较唐代其发展毋庸置疑。与此同时，在广东一些地区渐趋式微的佛教，却在"琼雷等开发较迟、经济落后等地区流行起来"。总体来说，这一时期在海南流传的佛教，"属慧能南宗系统"。②

（二）元代佛教发展

1. 各州县新建、维修佛寺佛塔及其分布特点（参见表4－2）

表4－2　元代各州县佛寺及相关建筑分布

州县	寺堂庵	备注	塔名	备注
琼山	天宁寺	宋天南寺，城北1里，西厢	丁村	县南5里大来都，乡人建
	普明寺	至元元年文宗潜邸，城南创观音阁，即位赐"大兴龙普明禅寺"	天明	郡北7里海口都，文宗潜邸登岸抵此天明，创建
	寿佛堂	城东1里。文宗潜邸，从僚撒迪建	东岸	县东15里上东岸都，乡人建，后江决堤
	延寿堂	原宋弥陀道场废墟，城东2里。元泰定二年，金宪撒迪为尼妙性建堂，至顺三年普明寺营缮都司与乡老唐缔重修	苍驿	县西15里苍驿都乡人建
			买椰	县西30里永都，乡人建
	天明堂	城北7里海口都。懿怜真班谪居建，后重修	石山	县西40里上石山都，乡人建
	普庵堂	海口、郡城东水关二堂祀普庵	雷顺	县西40里小林都，僧无我建
	观音阁	凡三处，城南（文宗改名普明寺）一；道右、郡东30里小林都各一		
澄迈	辑瑞庵	县南40里王家都，陈道叙为次女尼善长施田于庵，安抚使谢图南为之匾名	买椰二塔	辑瑞庵前左右深田中，陈道叙为二女捐一千缗造塔，高5丈余，层檐7级

---

① 目前学界对宋代佛教有三种主要观点：1. 衰落说（梁启超：《中国佛法兴衰沿革说略》，上海古籍出版社，2001）；2. 宋代佛教表现出不同与唐代的另一种形式的繁盛（〔日〕竺沙雅章：《中国佛教社会史研究》，〔日〕同朋舍，1982）；3. 兴盛说（汤用彤：《五代宋元明佛教史略》，中华书局，1982）。

② 司徒尚纪：《中国南海海洋文化》，中山大学出版社，2009，第189页。

续表

州县	寺堂庵	备注	塔名	备注
临高	天王寺	县治东，延佑元年县尹牛那海建		
	地藏超度堂	县南那绵都，至顺间乡人王绵老建		
	大海庵	县西塘都那罗村，至正间乡人符真琚为僧佛功建造		
	观音堂	县东		
儋州	凌霄庵	城西北 50 里，宋建，至顺重修，至正立铭石，架亭其上		
昌化	宁寿寺	旧县东		
万州	维石堂	州东东山岭南，宋建居尼，元宣慰云从龙修		
崖州	天宁寺	城西，有铜铸释迦牟尼佛三座，俗呼铜佛寺		
感恩	观音堂	县西 1 里		

资料来源：唐胄：《正德琼台志》卷 27《寺观》。

从数量上来看，元代新建寺庙 17 座，外加对前代 3 座庙宇维修，比宋代略有增加。在空间分布上有着新的变化：本岛南部、西部的崖州、感恩、昌化等地，元代的寺庙皆有所拓展。其中，崖州的天宁寺又称铜佛寺，居然有三座释迦牟尼的铜佛像。但是，主要分布仍然在本岛的北部琼山地区，该地数量由前朝的 5 座（4 座新建，1 座为南汉时期），增加到 10 座（1 座前代，新建 9 座），呈成倍增长之势。而万安州，佛寺数量从宋代 5 座到元代 1 座，数量急剧减少。

元代佛教建筑方面，还体现在塔数量的增长，即由前代的 2 座增加到 9 座。主要分布在本岛琼山和澄迈的北部地区，其中琼山地区为 7 座，澄迈 2 座，尤其是澄迈的买槟双塔极具特色。

2. 传播特点

仅从佛教建筑而言，元代较之两宋在数量上略有增加，足以说明元代佛教的发展情况。元代 9 座塔建筑，其中天明塔属于官方建筑，7 座塔全部为民间建造，雷顺塔虽然为僧人无我化缘所建，但从严格意义上来说也应该是民间支持的结果。此外，琼山延寿堂的修缮，有乡人参与；澄迈辑瑞庵则是陈道叙个人行为；临高的地藏超度堂、大海庵分别为王绵老、符真琚修建。由此可见，元代佛教信仰的民间化倾向比宋代有所加强。

藏传佛教又称喇嘛教，是佛教传入西藏之后与西藏原有的本教相互影响而形成的教派。"是对印度佛教显密教法的完整、忠实的继承"。积极倡导大乘教，坚持大乘、小乘并重。① 自元世祖起，元朝历代皇帝后妃皆"尊喇嘛为帝师，并亲自受戒"。② 以至治元年（1321）图帖睦尔（元文宗，1328－1332年在位）潜邸海南为标志，藏传佛教成为海南佛教传播的主流。

天历元年（1328），"创大兴龙普明寺于海南，置规运提点所，设官六员。二年，拨隶龙祥总管府。三年，改为都司，品秩仍旧，以掌营造出纳钱粮之事，定置达鲁花赤、司令、大使、副使各一员，知事一员，提控案牍一员"。③ 至顺元年（1330），"赐钞万锭，市永业地"。经过各项规制完善、获得政府巨额投资保障之后，该建筑"其规模雄丽，冠于岭海"。④

民间创建的佛寺中，澄迈的辑瑞庵也有类似大兴龙普明禅寺购置"永业地"之举，陈道叙为其当尼姑的二女儿陈善长"施田"，应该也算是永业地的一种。佛寺永业地的购置，成为是时段海南寺院经济发展的新特点。

佛教认为能布施斋僧的人即与佛门有缘，僧人以此广结善缘，故称化缘，也包括为佛事而进行的一切募化活动。"化缘"既传播了佛教，又部分解决了从事佛事活动中经费短缺问题。通过这种方式筹集资金，最早用于南宋琼山"五原桥"的修建上。元代僧人无我在琼山地区就建造了"买舍桥""婆蔡桥""那廉桥"和"雷顺塔"。"化缘"，成为佛教在海南传播的一个重要渠道。

（三）名僧和居士

宋元时期僧人为弘扬佛法、推进佛教文化在海南的传播而做出一定贡

---

① 任宜敏：《中国佛教史·元代》，人民出版社，2005，第204页。
② 朱绍侯：《中国古代史》下册，福建人民出版社，1987，第78页。
③ （明）宋濂：《元史》卷87《百官志三》，第2211页。
④ （明）唐胄：《正德琼台志》卷27《寺观》。

献者，主要有三位元代名僧载之史册：

月林，澄迈保义都人。幼颖悟，入山苦行修习佛学经典，大兴龙普明禅寺住持。不贪恋钱财，将图帖睦尔潜邸时所赐的"金楮币"全部留于寺所用。50 岁涅槃，焚时有"五色舍利"。留一偈子曰："昔不曾生，今何曾灭？月过长空，清光皎洁。"

无我，俗名林龙，琼山小林人。自少出家，颖悟禅机，苦心修行，化缘而来的"资币"，不入私帑，修桥建塔，后坐化于广州光孝寺。

佛功，俗姓陈，临高东塘人。骨相异常，悟道苦行，后结茅隐修，以"符水济人"。坐化后，乡人塑其真像，立于"大海庵"事之。[①]

所谓居士，是佛教对在家信徒的尊称。宋元时期岛内居士为数不少，最有名者为澄迈县王家都的陈道叙，其主要事功如下：

建辑瑞庵。此为出家为尼的二女儿善长而建，时安抚使谢图南为之题写匾名；造买椰二塔。该建筑是为其长女陈灵照（已嫁人）、次女善长，捐资而建。二塔高 5 丈余，层檐七级，一座八角、一座四角的石塔。[②]

三 明代佛教的发展

（一）明代佛教政策及其在海南实施

有着出家为僧经历的明太祖朱元璋，与佛教有着割不断的情愫。在其立国之后，充分认识到宗教在"阴翊王度"[③] 中所发挥的重要作用，极力加强对佛教行政管理，并通过制度构建将其纳入行政机构中：

置僧道二司。在京曰：僧录司、道录司，掌天下僧道；在外府州县设僧纲、道纪等司，分掌其事。俱选精通经典、戒行端洁者为之。

僧录司：左右善世二人，正六品；左右阐教二人，从六品；左右讲经二人，正八品；左右觉义二人，从八品。

---

① （明）唐胄：《正德琼台志》卷40《仙释·元》。
② （明）唐胄：《正德琼台志》卷27《寺观·元》。
③ （明）朱元璋：《明太祖御制文集》卷8《谕僧纯一》，台北学生书局，1965，第8页。

府曰僧纲司，掌本府僧教。都纲一人，从九品；副纲一人，未入流。

州曰僧正司，僧正一人；县曰僧会司，僧会一人；俱未入流。

凡天下府州县寺观、僧道名数，从僧录、道录二司核实，而书于册。其官一依宋制，不支俸给。吏牍以僧道为之，仍以佃户充从者。凡各寺观住持有缺，从僧道官举有戒行、通经典者，送僧录、道录司，考中具申礼部，奏闻方许。州县僧道，未有度牒者，亦从本司官申送如前考试，礼部类奏出给。凡内外僧道二司，专一检束天下僧道，恪守戒律清规，违者从本司理之，有司不得与焉。若犯与军民相干者，方许有司惩治。①

洪武十五年四月关于置僧纲司的政令，在边陲海南有着积极的响应。十六年，在琼州府城外东北隅的天宁寺设僧纲司，置都刚、副都刚各一员。也就是说，关于佛教相关事宜由琼州府的九品都刚掌管。同年，作为州一级的僧正司在万州城西一里之地的天宁寺也设官开建。② 此后，府一级僧纲司机构设施和州一级僧正司没有太大变化。③ 即便因崇尚道教的嘉靖皇帝推行禁绝佛教政策及崇祯皇帝对佛教的排斥，基本上没有对海南产生实质性的影响。

但是，这种一府一州僧纲司和僧正司建制，与入明之后的本岛行政建制格局有着很大差距。正统四年，岛内行政机构为"一府三州十县"，并为定制。按照洪武十五年六月"各处府分止设僧纲司、道纪司，就管附郭县僧道。附郭县不必再设僧会司、道会司"④ 之规定，海南是时应设立僧纲司一、僧正司三、僧会司九。就结果而言，佛教相关行政建制在执行过程中，有着很大的折扣。

总而言之，这种将佛教纳入衙门机构，进而与明代相始终的制度安

---

① 《明太祖实录》卷 144，第 2262 - 2263 页。

② （明）唐胄：《正德琼台志》卷 13《公署》。

③ （明）欧阳璨：《万历琼州府志》卷 4《公署》僧纲司条曰：革副都一员（第 90 页）；张岳崧的道光府志中，将琼州府下的僧纲司记载在琼山县下。根据明代的规定，县一级只有僧会司，僧纲司属于府一级建制，故这一记载是有问题的；在万历府志中可见万州的僧正司，张岳崧对此无载。（参见该志第 167 页）

④ （明）葛寅亮：《金陵梵刹志》卷 2《钦录集》，《续修四库全书》第 718 册，第 458 页。

排，比起明以前在本岛佛教传播的无序状态（元文宗在海南的相关佛教传播，仅为偶尔之举，而非制度性构建）有着很大的进步，从而推动了佛教的传播。

（二）佛教建筑

1. 各州县新建、修缮佛寺佛塔及其分布情况（参见表 4-3）

表 4-3　明代佛寺建筑及修缮情况

州县	寺堂庵	1368-1521	1522-1618
琼山	天宁寺	宋天南寺，城北 1 里，西厢，元改名天宁寺。洪武二十六年（1393），僧录司归并后，析建。1397 年，指挥桑昭捐资重建，郡邑于此习礼；永乐间，称"海南第一禅林"；正统六年（1441），文昌乡老韩真祐捐财重修正殿；八年，知府程莹于址重建大雄宝殿、楼阁、法藏、斋堂，于后为观音阁；成化间，重修二堂及外门；正德十二年（1517），善慧捐积财重修观音阁、普庵堂、四天王等庙宇	万历六年（1578），知府唐可封建万寿亭于正殿后；三十三年地震，倾圮，知府翁汝遇，重建万寿亭，僧普宥护印募修正殿，僧纲司择住持僧护印，原有田 36 丁
	弥陀堂	城东 2 里元建。正统间，知府程莹逐尼罢庵，田给里户耕纳。景泰末，乡人私招尼归复。正德十五年（1520），金宪汪克章毁堂为社学，田拨府县二学	万历四十一年（1613），举人张希尧与乡人圆清募建。名曰弥陀庵
	天明堂	城北 7 里海口都，元建。洪武十七年（1384），僧颜堂主，大其规模，换新堂宇，塑饰佛像。二十六年迁堂宇及佛像天宁寺	
	老佛庙	普庵堂，郡城东水关上，元建。明初，府城展城，堂废。弘治间，乡人获其像，复庙祀于此，故老佛	
	观音阁	凡三处，元建。洪武二十六年归并。永乐间，指挥杨义于道右旧基复建，后堂祀观音，正德改建为江东祠。海口城南内，有观音堂	海口所南内，万历年间乡人募缘修建。名曰海口观音庵
	三山庵	城东 50 里，符离都，惠通泉侧	城东 50 里，符离都，惠通泉侧，即苏东坡历至饮泉处

续表

州县	寺堂庵	1368－1521	1522－1618
澄迈	永庆寺	城东，宋建。洪武间，知县汪贵重建，以为习礼之所，成化间重修	
临高		县东，元建。永乐间，主簿龚维新重修	
定安	观音堂	县东，永乐四年（1406），典史胡敬立；成化弘治间，知县韦全、义民张球重修	
		县南1里。正统间知县汪缙、民邢斌建，成化间知县宋经重修	
文昌	万寿堂	又万寿寺，洪武中，建于清澜城内；景泰初，千户贾瑞迁城东1里，曰北门田，该粮3石5斗，为瑞曾孙宗应霸耕	
	觉照堂	县北140里南溪都，宋建。洪武五年（1372），韩定炉续修	
乐会	观音堂	县治西，洪武二年（1369）峒民王德钦立；正德十一年（1516）知县严祚重建	
儋州	开元寺	城东，宋立元毁。洪武五年，僧慈通募建，奉观音，俗呼观音堂	
昌化	宁寿寺	旧县东，元建今毁	县东
万州	天宁寺	城西。洪武六年，知州黎恕募建；成化五年（1469），知州郑莲重建；正德间，乡人募修	州城西
崖州		城西，元建。洪武间，千户朱旺移于北城；永乐十三年（1415）千户洪毅募修游僧馆	
	观音堂	旧在城西南5里。永乐十四年，河伯李谅重建；宣德间，千户洪瑜续修	
感恩		县西1里，元建。永乐五年，土人娄吉福移建，附县址	

资料来源：（明）唐胄：《正德琼台志》卷27《寺观》；（明）欧阳璨：《万历琼州府志》卷4《寺观》，第110－112页。关于本岛的宗教建筑及其传播，黄佐的《嘉靖广东通志》记之甚简，萧应植的《乾隆琼州府志》也没有太多叙述，故1618－1644年的一段无法弄清，故不得不暂时搁置。

除了明代前、后期本岛寺庙修建及维护情况外，后期新建筑分布如下（参见表4－4）。

表 4 - 4　明代后期新建佛寺

地区	宫寺庵塔	基本情况	创建时间	创办人
琼山	地藏宫	天宁寺左。每岁七月盂兰会主为神像；两廊筑十王殿；募建僧明悟住持	万历三十四年	王弘海　乡人
	金粟庵	金粟泉上。祀金粟如来、观音；买田11坵，每年租米3石6斗余；没官田31坵，年租米13石余；另3坵，年租米1石9斗。经委勘，付僧收管。	万历四十三年	知府　谢继科
	白衣庵	城北，海口官路5里。建清惠亭，乡人建庵	万历三十六年	知府倪涷
	明善庵	三元宫右。募建。僧觉明住持	万历四十三年	乡民唐昌、肖珍等
	大士庵	海口所南门内	万历间	乡人募建
	广惠寺	总镇署左	崇祯间	推官罗其伦
	莲花庵	东关内		王弘海女指挥李开永妻王氏
会同	聚奎塔	县西南半里许		许卢章
	维蹑塔	尚书王弘海塔铭 [1]		
陵水	双容寺			

注：[1] 在王弘海的《天池草》二十六卷中，或许是清康熙刻本遗漏之故，没有发现该铭文。有名曰《龙门塔建藏经库祝文》，"挺文笔以为峰"一句，似乎是指定安文笔峰。[（明）王弘海：《天池草》卷16，《四库存目》集部第138册，第17-18页] 存疑。

资料来源：（明）欧阳璨：《万历琼州府志》卷4《寺观》，第110-112页；（清）萧应植：《乾隆琼州府志》，《续修四库全书》，第676册，第164页。

由以上二表可以看出，明代佛教建筑无论是数量，还是空间布局上，比起元代来说有着新的变化，并具有如下特点：

（1）普遍性。比起元代的七州县建筑来说，明代有着进一步的扩展，定安、文昌、乐会、会同、陵水等五县皆新建了佛教建筑。如此，岛内行政建制所涉及的州县皆有佛教活动。由于万历府志表述简略，临高、定安、文昌、乐会和陵水的情况在后期不甚明晰。

（2）阶段性。从上述二表可以看出，明代在本岛的建筑呈现出二个高峰期：

第一个高峰期在洪武、永乐年间，新建建筑主要体现在"观音堂"系列上，如海口、定安、乐会、崖州、感恩五州县皆有此类建筑；此外，对前代寺庙建筑的修葺和增扩。天宁寺因早期的归并、增扩，在永乐年间便享有"海南第一禅林"之盛誉；第二个高峰期便是万历年间，时间密集分布在万历三十三年大地震之后，空间以海府地区最为集中。该时段建筑也体现在维修和新建的两个层面上，前者以在地震中倾圮的天宁寺、明昌塔为代表；新建则以"庵""塔"系列建筑为典型。明末崇祯年间，也有修建行为。

（三）明代佛教发展特点

1. 由沿海向内地传播

本岛佛教相关建筑，基本上按照环岛行政建制下政治格局分布，并有由沿海台地向中部发展的趋势，会同、定安塔寺建筑的存在便是其表现。其中值得注意的是，乐会峒民王德钦、感恩"土人"娄吉福个人捐资所建的观音堂，说明佛教已经开始向民族地区传播。佛教设施的普及，是信仰人群数量增长的一个重要标志。毫无疑问，岛内信徒比起前代有着一定数量的增加。

2. 寺院经济初步显现

比起元代大兴龙普明禅寺和辑瑞庵"永业地"的个案色彩来，明代的寺院经济在万历之后开始显现。早期的弥陀庵，正统间知府程莹逐尼罢庵，田给里户耕纳，表明未罢庵之前，该庵之"田"应该属于其"永业地"；此外，文昌万寿堂的北门田，虽然"粮 3 石 5 斗"为贾璿曾孙贾宗应霸耕，但是"北门田"仍然可以算作万寿堂的"永业地"。

万历之后，天宁寺"原有田三十六丁"，就是说该寺的"永业地"为36 丁粮；给事许子伟为明昌塔"置田十五丁"，与之同理。真正体现寺院经济的是金粟庵管理模式，该庵通过买田、没官田和捐赠等方式共获得 45坵（坵同丘，约 10 亩）田地，年获得租米约 18.5 石（1 石为 120 斤）。经署府事推官委勘，而付僧收管。这表明僧人对"永业地"的处置上，有着较大的灵活性。尽管这一做法并不具有普遍性，但这标志着海南寺院经济初步形成。

3. 政治化向民间化的转变

洪武永乐年间寺院数量的增加，某种程度上来看，多少带有一定的政治色彩。这从明代中期以前所兴建寺庙，与后期见存的比较不难发现，尤其是民族地区的相关设施，在万历之后并不多见。

当然，导致如此局面的原因是多方面的。就琼山弥陀堂而言，正统间，知府程莹逐尼罢庵；正德十五年，佥宪汪克章再次毁堂。何种原因，使之遭到如此待遇，不得而知。至少说明，国家宗教政策在边疆地区推行力度，因官员自身的喜恶程度不一，体现出一定的随意性。

万历三十三年大地震之后，不断翻新、重建、新建的寺庙，更多地体现出民间化的倾向。其间，与致仕、在籍官员的强力推动密不可分。出于对大地震的恐惧，祈求上苍保佑众生，这一意识在署府事同知吴钱的《申文》、① 王弘诲的《地震斋醮祝文》及《募建琼郡开化寺疏》② 等有所体现。是故震后第二年，琼山地区的地藏宫新建，便是致仕王弘诲的全力推动；给事许子伟为重修明昌塔，而死于塔"成与未成"之际；民间人士为共襄盛举而倾囊相助，等等，则充分表明佛教已经走入民间化的路线。

4. 低水平化

朝代的更替也深刻影响着海南的宗教建筑。"规模雄丽，冠于岭海"的元代大兴龙普明禅寺，入明之后而废，其地位为"海南第一禅林"的天宁寺所取代，这是佛寺从皇家庙宇向地方建筑的转变。庙宇的兴衰，自然折射出以喇嘛教为国教的元代宗教政策为明代所修正，同时也表露出海南在岭南地区宗教地位的衰落。尽管在明代佛教建筑皆有或多或少的兴建，总体来看，多属低水平的重复。

天宁寺可以说是有明一代海南佛教的主要代表，在万历地震之后，才有住持护印僧的设置，从永业地的购置来看其寺院规模，也只有"三十六丁"，其他寺庙庵堂的规模不难想象。

第二节 道教

所谓道教，即是以中国传统文化中的原始宗教思想、哲学思想、科学理论及科学技术等相关"道家学术思想做内容"的宗教。道家的学术思想

---

① （明）欧阳璨：《万历琼州府志》卷12，第617-619页。
② （明）王弘诲：《天池草》卷16，《四库存目》集部第138册，第16-17、17-19页。

主要有黄老学术、老庄思想、隐士思想和方士思想等组成。

东汉末年张道陵创办五斗米道，经由魏晋酝酿，成为"初唐正式建立道教的张本"。① 两宋时期，张伯端继承和发展了唐代形成"存神养气"的内丹修炼术，从而形成了"独具特色又比较完善的内丹学理论体系"。② 随之流传而形成南北两宗，南宗主要在两宋地区传播，北宗则在金统治区域内风行。

一 宋元时期道教传播

（一）道教的早期传入

1. 宋代道教的传播

北宋早期儒家治国、佛道辅政的治国理念，因真宗（997－1022）、徽宗（1100－1125）对道教推崇而产生方向性转变，道教随之在海南传播。③ 今天在海口五公祠内，仍可以见证这一历史的是《神霄玉清万寿宫诏》通碑，从"以碑本赐天下"来看，海南立碑的时间应该在"宣和元年（1119）八月十二日"。该碑高2.55米，宽1.3米，厚度0.29米。碑文竖行，16行，全文300余字。现将碑文后部分内容录述如下：

> 朕之所以隆振道教，帝君之所以眷命孚佑者，自帝皇以远，数千年绝道之后，乃复见于今日，可谓盛矣！岂天之将兴斯文以遗朕？而吾民之幸，适见正于今日耶？布告天下，其谕朕意，毋忽。乃令京师神霄玉清万寿宫刻诏于碑，以碑本赐天下，如大中祥符故事，摹勒立石，以垂无穷。
>
> 宣和元年八月十二日奉圣旨立石

① 南怀瑾：《禅宗与道家》，复旦大学出版社，1991，第139、292页。
② 李仁群等：《道家与中国哲学·宋代卷》，人民出版社，2004，第22页。
③ 关于道教最早传入海南的时间，有两种说法：1. 唐代说。（符和积：《海南道教的兴起与扩散》，《海南师范学院学报》2005年第2期，第152－155页）该说是以《九域志》（即《元丰九域志》）为底本，经由清光绪《昌化县志·寺观》转载曰："景昌观，《九域志》：唐乾封中（666－668）置（通志）。"考之《元丰九域志》"昌化军"项下，无此记载。[（宋）王存：《元丰九域志》卷9《昌化军》，《丛书集成新编》，台北新文丰公司，1984，第93册，第462－464页] 2. 宋代说（林日举：《海南史》，吉林人民出版社，2002，第156页）。该文以唐胄《正德琼台志》为依据。唐胄对白玉蟾有一定的研究，本书从"宋代说"。

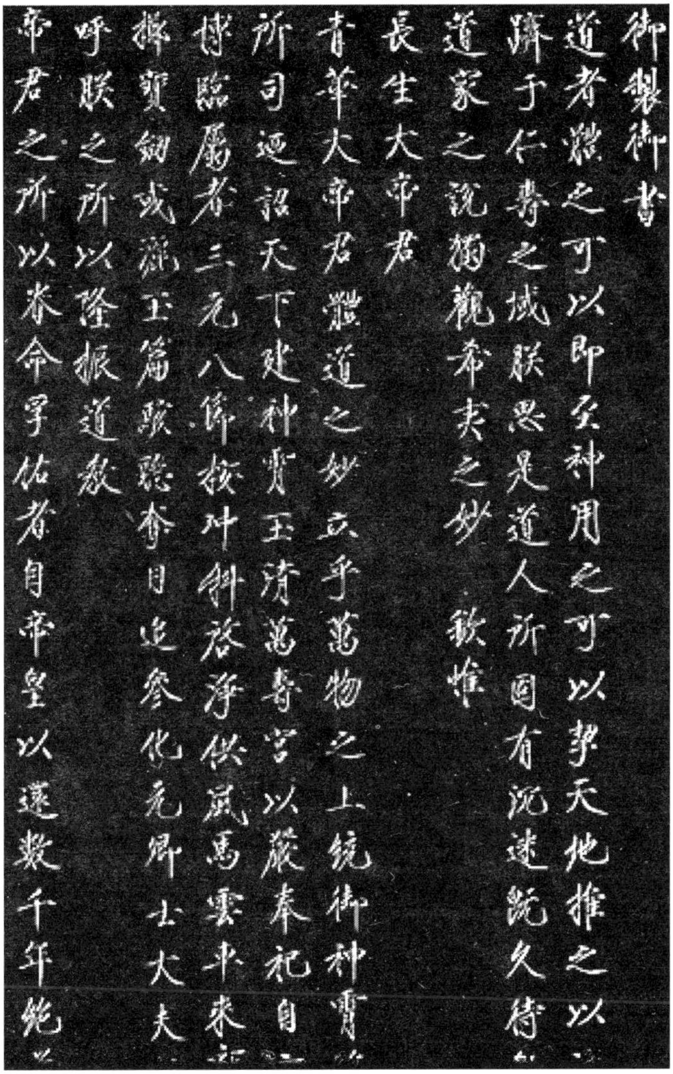

图 4 - 1　神霄玉清万寿宫诏（局部拓片）

资料来源：2008 年 7 月，由海南省委宣传部牵头，海南省历史文化研究基地和海南大学海南历史文化研究基地具体实施的《海南现存碑碣匾铭额图志》整理工作，本书所有拓片资料均来自于此。

宋徽宗对道教尊崇，在碑文中可见。王朝宗教政策大力推进，是道教在海南传播主要原因。见存的《神霄玉清万寿宫诏》碑落地海南，表明了国家道教政策在边陲地区推行力度。其实，早在此之前就有道士在海南活动足迹。宋仁宗乾兴元年（1022）秋七月，时为吏部尚书、参知政事丁谓被贬为"崖州司户参军",① 来到海南不久,便有与道士刘遁在崖州相见记载。② 南宋高宗(1127 - 1162)时,金明县(即今陕西安塞县)道士白云片鹤与"中兴名相"赵鼎在吉阳军相聚。③

著名道人云游此地,除了会友而外,在本地传道自然也在情理之中,这些为道教在海南的传播和发展提供了良好的外部环境。

有道是"上有所好,下必甚焉"。在研习道家经典,并进行长达六年面壁苦练修行的临高人和靖,在南宋淳熙十三年(1186)得道成仙。孝宗因之封其为"南天白衣慈父"之号。在其"成功腾化"之后,乡人陈道源以其"蜕骨塑像,结庵事之"。④ 本地人成仙得道结庵供奉的事实,进一步推动了道教本土化历程。

2. 南宗内丹道教创建

白玉蟾,⑤ 海南琼山人,南宋著名道士。继承张伯端金丹派,师南宗四祖陈楠,入罗浮山学道九年,后入武夷九曲处炼丹得道,创立传行神霄系雷法的符箓教派。对于道教,他认为:"夫法者,洞晓阴阳造化,明达鬼神机关,呼风召雷,祈晴请雨,行符咒水,治病驱邪,积行累功,与道合真,超凡入圣。"⑥ 其修炼方法遵循内丹学"人身——小宇宙"的天人合一论,强调"精""气""神"组成的"人身",源自万物产生之前的"真一之气";将炼丹分为炼形之初关、练气之中关和炼神之上关。

白玉蟾的内丹南宗理论,正如其在儋州松林岭所唱的那首歌一样:"非道非释亦非儒,读尽人间不读书。非凡非圣亦非士,识破世

---

① 〔元〕脱脱:《宋史》卷9《仁宗本纪一》,第176页。

② (明)李贤:《明一统志》卷82《琼州府·仙释》,《四库全书》第473册,第739页。该则史料为《正德琼台志》卷40《仙释》所转引,不过,唐胄在转引时说其资料来源于《名贤诗话》(即《唐宋名贤诗话》,该著已佚)。

③ (明)李贤:《明一统志》卷36《延安府·仙释》,《四库全书》第472册,第925页。该则史料为唐胄《正德琼台志》卷40《仙释》所转引。

④ (明)唐胄:《正德琼台志》卷40《仙释》。

⑤ 关于白玉蟾的生卒时间,有所争议。谢金良较为系统地对白氏的生、卒、称谓等诸多问题进行考察,就学界存在的七种关于白玉蟾生卒年月进行归类,主要有绍兴、绍熙说二种,并得出其生为1134年,卒年的下限或许还在1229年之后的结论。(谢金良:《白玉蟾的生卒年月及其有关问题考辨》,《世界宗教研究》2001年第4期,第62 - 72页)

⑥ (宋)白玉蟾:《道法会元》卷1《道法九要序》,《道藏》第29册,文物出版社、上海书店、天津古籍出版社,1988。

上未识事。"① 其理论也可以说是"道家（道教）、儒家、禅宗三家思想交糅融合的产物"。② 因之而成就其宋代金丹南宗五祖的地位。这位本土籍的道家名人，对后世产生怎样的影响，王佐的描述提供了某种参考："玉蟾，吾琼州府琼山县五原都人。少时闻诸父兄云：玉蟾姓葛。宋元父老犹及见其还乡者，道其事甚详。"③

道教对海南的影响之大，从岛内民众对其膜拜中可见。继白氏之后，以"幼好老庄言"，稍长后"愈悟玄机"，宋端宗景炎二年（1277）"蜕解"的临高人道士林道玖，可以算作白玉蟾内丹南宗在本岛传人。在唐胄方志的《仙释》中，对其修炼过程及道行做了如下叙述："结茅屋于香林，栖迹修炼。呼召风雷，立降雨泽。尝以履掷水中，遂化为鱼。身能轻举，高数十丈，能竖旗剑于空中。"乡人以为异，而名其居曰"崇真堂"，并"塑像事之"，呼之曰"妙道真人"。

3. 宋代道观兴建及其分布（参见表 4−5）

表 4−5　宋代道观兴建及其分布

州县	道观	基本信息
琼山	天庆观	城北 1 里
	玉皇殿	城东河口。范铜为像，乡人募建
	佑圣堂	城东 1 里，东厢。祥符间，乡人建。祀神茅盈，即汉明帝时天书降称：与圣帝同签生死，管阴府事者。宋太宗封之为"佑圣"
澄迈	永兴观	县西 10 里，郭都
儋州	凌霄庵	城西北 50 里，和靖寂化于此。淳熙间，乡人陈道源建庵奉之
	天庆观	城东南
万州	天庆观	城东。有正一道士 50 名
	佑圣堂	城北。知军何以鹏建
崖州	真武堂	州南城上

资料来源：（明）李贤：《明一统志》卷 82《琼州府·寺观》，《四库全书》第 473 册，第 736 页；（明）唐胄：《正德琼台志》卷 27《寺观》。

---

① （明）唐胄：《正德琼台志》卷 40《仙释》。
② 李仁群等：《道家与中国哲学·宋代卷》，第 65 页。
③ （明）王佐：《鸡肋集·夜宿武夷止庵》卷 8，（民国）王国宪辑《海南丛书》第 3 集第 1 卷，第 14−15 页。（明）唐胄：《正德琼台志》卷 40《仙释》，对王佐该诗序转载。二者在白玉蟾"返乡"时间上有出入，唐氏曰"元末父老及见其还乡者"，而非"宋元"。

两宋时期是海南道教传播、发展的重要节点，以白玉蟾为代表南宗内丹教派理论及修炼方法，对于中国道教发展及哲学走向所产生的影响至为深远。但是，岛内道教传播区域并不广泛，且所信奉有神霄、正一、内丹等诸教派不一。其中，乡民参与内丹教派的修炼较多，除了上列岛内和靖、林道玖及著名道士白玉蟾外，乡人参与建庵祀奉之事也大有人在。因影响区域并不广泛，故此时道教在本岛传播仍处于初始状态。

（二）元代道教传播情况

元世祖至元十三年（1276），正一相传至 36 代宗演，主领江南道教，赐银印。成宗大德八年（1304），授正一教主，主领三山符箓。① 正一道教为元统治者所认同，影响着海南道教的发展。从现有资料掌握情况来看，元代道教在本岛实际情况可分为三个层面进行。

一是进一步完善各州县的道场建设。新建的有琼山县的三官堂、真武宫，文昌县的真武堂，昌化县的玄妙观，崖州的玄妙观等。

二是规范道场名称。所谓"真武宫"乃祭祀"真武玄天上帝"之道场。根据《岭南学规》之解释，"真武"实为"玄武"，为北方宿之名。宋真宗因避祖讳，改"玄"为"真"。道家谓"真武"为"净乐王太子"，修炼功成之后，"上帝"命其镇锁北方。此时元代相关真武道场的设置，基本延续宋真宗的规定。此外，将宋代的天庆观改为"玄妙观"，元代琼山、儋州、万州的相关建筑因之而改名，这一政策为明代所延续。

三是加强对道教机构建设。元文宗天历二年（1329），设海南营缮提点所，秩正四品，隶隆祥总营府，② 加强对海南道教的管理。经过此次修整，琼山县的玄妙观"有正一道士百余名"。③

二　明代道教发展

（一）管理机构设置

明统治者对儒、佛、道三教不可替代有着一定的认识，在以佛道"阴

---

① （明）宋濂：《元史》卷 202《释老传》，第 4526 页。
② （明）宋濂：《元史》卷 33《文宗本纪二》，第 740 页。
③ （明）唐胄：《正德琼台志》卷 27《寺观》。

翊王度"的基础上，实行"三教互补、三教并用、三教合一"①的宗教政策。按照洪武十五年六月"附郭县不必再设僧会司、道会司"之规定，应设立道纪司一、道正司三、道会司九。根据《正德琼台志》卷13《公署》的记载，该项与佛教的机构设置情况基本一致，即便在崇尚道教的嘉靖皇帝时代变动不大②：

琼州府道纪司一，设于府城外玄妙观中，都纪、副都纪官各一；万州道正司一，设于州玄妙观，道正官一。儋州道正司一，设于州玄妙观，道正官一；③县级建制中，临高县道会司见载于洪武十八年至正德时期，设于该县玄妙观中，道会官一。一府二州一县的行政设置，到明代后期变成一府一州的两个机构。琼州府的九品道正掌管，具体负责与道教相关事宜。这与元代"海南营缮提点所，秩正四品"掌管道教，官阶差距十分明显。不过，管辖范围有所扩大。

（二）明代道教新变化

1. 明代道观的兴建、重修及分布

道观是道士生活和传播教义的地方，其兴、废与道教的盛、衰直接关联（参见表4-6）。

明代道观变化主要体现在对前代的重建、迁建及新建之上，以重建、迁建为主。为数不多的新建道观主要分布在会同、乐会、感恩三县，这种布局与明代的寺庙建筑基本一致，它表明道教向岛内民族地区的浸透。永乐十五年，感恩县"土人"修建"真武堂"便是其典型代表。

道观整修，主要围绕着两个系列展开。一是玄妙观系列，多为宋建的天庆观，经元改名为玄妙观之后而为明代所沿用。在府城的玄妙观，除了为修道场所外，还兼及为本岛民众祈天降福之"祝釐"功能。二是真武堂系列，十所建筑中，一所宋建，四所元建，明代新建五处中，就有三处分布在民族地区。

---

① 李霞：《道家与中国哲学·明清卷》，人民出版社，2004，第3页。
② （明）欧阳璨等：《万历琼州府志》卷4，第90-104页。
③ 《正德琼台志》卷13《公署》设置中，儋州没有相关设置，但在该著卷27《寺观》"儋州"项下，有"道正薛应嗣募建"玄妙观之事，故列入。

表 4-6 明代道观分布及其变动情况

地区	道观	正德以前	正德以后
琼山	玄妙观	城北 1 里，宋建天庆观。元改玄妙观。郡祝厘之地。建文帝三年至四年间迁前 15 丈；永乐十一年照磨廖均锡捐财重建，知府王修扁曰"琼台仙境"；正统十四年，知府林澄募缘修葺；正德十三年，善慧捐财重修	万历十六年（1588），知府唐可封重葺；三十三年地震，倾圮，都纪文一弘募修三清堂、好生堂。道纪司印系本司道官护，有田 18 丁
	真武观	城中，府西南，元建。洪武正统天顺间，皆有续修	
		城北楼，正德间	
	三元宫		小北门内，商人张朝肃捐建。后乡官盛尚志同商人钱中节等募建，移北城。上有玉皇阁、后有观音庵、内有王门。捐田 3 丁香灯费。陈邦谏住持
	明昌塔		郡城 3 里许，下窑村。因"琼郡艮方少尖峰秀气"而建，亦名"艮塔"。万历间知府涂文奎、给事许子伟及乡人建。共七级，第一级，曰明昌；第二级，曰南冥奇甸；第三至七级各有扁题。万历三十三年地震倒塌。许子伟复建，置田 15 丁未完而卒。侧有教事堂、关王庙、文昌阁。塔地为徐崇文尚义捐施
临高	永兴观	县西 10 里，郭都，宋建。洪武间，道士曾道宁重修，为习礼之所。弘治间，毁于寇。正德十一年，县丞王锡重建	玄妙观
	玄妙观	《方舆志》：县旁	
	真武庙	县西，元建。永乐初，知县朱元律重建	
		西塘都，元建	

续表

地区	道观	正德以前	正德以后
文昌	真武堂	县南，元建。永乐十一年知县易信重立；成化正德间，知县田容等续修	
会同		县东。永乐元年，典史徐廷玉创建，成化间，知县陈钊重修	
乐会		县治西。洪武二年知县王思恭建；正德十一年知县严祚重修	
儋州	玄妙观	城东南，宋立，元改名天庆观。洪武二十六年，道正薛应嗣募建，后废。正德间道侣移旧学堂	玄妙观，东南
万州		城东，宋建天庆观，元改今名。洪武六年，道士陆（一作吴）显隆重修，正德间废	玄妙观，城东
崖州	真武堂	州西，元建。洪武十七年，城废改为观音堂，亦废。弘治间，千户洪微复建	
		州南城上，宋建。永乐十三年，千户洪毅募建；弘治十一年指挥周远迁于城北；正德间，千户洪策重修	
		城南永镇寺，亦祀真武	
感恩	三清庙	县东2里	
	真武堂	县东。洪武十年乡人徐依班募创；永乐十五年土人娄吉福修	

资料来源：（明）唐胄：《正德琼台志》卷27《寺观》；（明）欧阳璨：《万历琼州府志》卷4《寺观》，第110－112页。

明代道观变化呈现出明显的阶段性：正德以前为本岛道观整修、兴建的活跃期；后期道观则在两个方面有所反映：一方面，文昌、会同、乐会、感恩等地道观逐步废弃；另一方面，琼州大地震之后对府城玄妙观的维修，以及以"天地水"为三元的"三元宫"新建。总体来看，晚明时期的道教在本岛开始衰落。

2. 道观经济

与宋代万州道士50名、元代府城玄妙观"道士百余名"比较，明代登记在册的道士人数有所减少，这从万历时期的府城玄妙观"十八丁"及三元宫"三丁"所供奉的丁粮中可以窥见。但是，无论是道纪司的官方行为，抑或是民间捐田，表明道教发展制度性保障开始显现。此外，三元宫兴建过程中，商人参与是值得重视的新现象。

3. 道教发展的新趋势

（1）自虐式修行方式。唐胄笔下对于"刘佛子"描述，便是一例：

> 刘佛子，临高蚕村人。幼好善，壮不置室。每春耕播种日，即绝粒茹菜果，候禾熟乃食。年四十余，往买耶村广福堂修炼，后悟道。尝着屐攀椰树，至其巅，倒首先下，以剑指树，其实自坠，人皆异之。洪武庚申（十三年，1380），积薪坐焚。里人砌石塔于堂庭之左，藏其烬余。凡遇灾旱祷之，有应。①

从刘佛子修行的方式及其所展示的"道行"来看，多少与宋代道士林道玖有相似之处。入明之后，这一方式有一定的传承。明初，"炼形者，自焚其身"的"托天佛"，及成化弘治间王聪尽心加以奉祀，② 这种自虐式的修炼方式，通过自焚而获得修行"正果"，为乡人所膜拜。这些事件的背后，深刻地反映出明代本岛宗教信仰的乱象。

（2）佛道趋同认知。在见存的文人笔记中，最早记录佛道糅合的是王佐，其《鸡肋集》中《鬼物辨》一文是了解成化弘治间，乡人、士大夫佛道趋同认知的基本素材。以道家的修行方式而悟道，用自焚的方式得道，其结果，这位"炼形者"却被认为是起而回复的"托天佛"，因之祀奉其庙宇"建遍阖郡"。佛道之间的转化，在乡人的虔诚中得以体现。而王佐似乎未加分辨地予以记载，表明王氏对乡人的这种做法并不排斥。

唐胄对白玉蟾及其南宗内丹道教研究中造诣颇深，由其摘编的《琼海玉蟾先生文集》十卷本，其中六卷刊刻行世。尽管如此，其佛道混同在《正德琼台志》卷40《仙释》安排中仍有所表现。在这一章节中，损益了《明一统志》卷82《琼州府·仙释》③ 的宋代人物，将未进行过修行而得道的"陈仁姣"除去，增加了"僧和靖""林道玖"；元代增加了"僧无

---

① （明）唐胄：《正德琼台志》卷40《仙释》。这一事件被《万历琼州府志》卷12《仙释》所转引（参见该著第627页），只不过将刘佛子从元代僧人改为明朝而已。

② （明）王佐：《鸡肋集》卷5《鬼物辨》，（民国）王国宪辑《海南丛书》第3集第1卷，第7－10页。

③ （明）李贤：《明一统志》卷82《琼州府·仙释》，第473－739页；（明）唐胄：《正德琼台志》卷27《寺观》、卷40《仙释》。

我""僧佛功"和"刘佛子"三位人物。

从唐胄对增加人物道行修行描述中,和靖、林道玖、僧佛功、刘佛子皆为道士。但是,在其卷27《寺观》中,临高县"寺类"项下曰:"大海庵,在县西塘都那罗村。元至正间(1341-1370),乡人符真琚为僧佛功建造,有石座、石壁见存。"很明显,道士"佛功"被变成僧徒。和靖与刘佛子修道、得道情况上文皆有叙述,不知为何在和靖前面加上"僧"字。这些以道家修行方式,经乡人的演绎与"僧"或"佛"相关联,从而享受寺庙的供奉。这一记录背后,本身表明唐氏对佛道转换的认同。

比起明代前中期,民间对佛道不分,通过建祠和文人笔记等形式来看,万历年间,这一情况则带有一定的主观色彩。万历间,王弘诲在定安建龙门塔以藏经书,便是一例,他在祝文中说:"伏以天关毓秀,挺文笔以名峰;地轴效灵,瞰龙门而起塔。耸南溟之伟观,壮北极之具瞻。"王弘诲建此塔,试图将"白马驮经"之书置于壁内,"品题"经书以"安国",从而达到"青牛老子,乘紫气以度闲"[1]的境界。通过佛经研读,达到道家的仙风道骨,这表明王弘诲在主观上有意识地将二者进行糅合。

(3)佛道合一的建筑。因应方术中的风水说,以便于为本地人祈福的塔式建筑自宋以来,皆有所兴建。不同的是万历时期,以塔镇邪尤为凸显,这点从明昌塔的兴建及其复修中可以看出。根据堪舆家"琼郡艮方,少剑锋秀气"的建议,万历年间知府涂文奎、给事许子伟及卿士夫协议,于郡治之左,以"镇博冲大江水口及回百川朝宗之澜",建明昌塔,亦曰"艮塔"。[2] 万历三十三年地震之后,许子伟倾力予以复修。

为王弘诲所推崇"了解三藏、精研七趣"的南京高僧"憨上人",并"屡邀其说法,未果",万历地震后的"某年三月",因其远谪岭外,而促成"憨上人"的海南之行。王弘诲与之切磋学问,有琼州明昌塔文昌阁"逾月"之会。期间,以佛学而名的"憨上人",对琼州形胜做出如下评判:

> 形家所谓"震方稍陷,宜疏河环抱塔宇,以镇之"。用符北冲水口之今塔已雄峙,而宇未兴,无以障空阔而固真气。郡后虽有天宁

---

① (明)王弘诲:《天池草·龙门塔建藏经库祝文》卷16,《续修四库全书》第138册,第17页。

② (明)欧阳璨:《万历琼州府志》卷4,第111-112页。

寺，而方位未协，法力匮振，亦琼一阙典也。宜于明昌塔傍，别创佛殿一区，额名开化。前后为山门，若钟鼓楼、若禅堂、若方丈，余拓为院寺台榭，轩然化人之居，徼佛宠灵，得以大畅。①

"憨上人"指出"形家"的不足，也就是说单靠道家无法为岛内民众带来福祉，必须要借助道家的道场来行佛事，整合道、佛的力量，才能救民于苦海。"募建开化寺"最终落实情况，没有明确结果。乾隆时期萧应植的府志中除了将"明昌塔"写成"文昌塔"外，在该塔之旁并没有看到佛教相关建筑的记录。尽管如此，佛道合一的建筑理念并不能因之而否定。王弘诲之女修建的莲花寺之举，或许是弥补乃父之缺憾吧。

4. 有名道士

与明代道教式微相契合的是，海南有名的道士也并不多见，海天孤鹤算是其中成就较为突出者。海天孤鹤，乃唐胄之次子唐秩，别号水竹司徒。万历府志对其道行做了这样的介绍：

> 为诸生时，异人授以道书，尤精符箓，因寘于法。会肃宗②招徕方士，至京遇旱祷雨，立应。偶宫中有鼠妖，诸术莫效。秩用符水驱之，其妖遂除。于是官以博士，召入紫霄宫同宿一夕，赐宝钞，京师号为"仙师"。隆庆初，放归，至淮安卒。③

唐秩之所以能成为"仙师"，或许与其乃父一生"惟笃嗜白玉蟾诗文"④有着莫大的关联。以学问为业的唐氏家族，就唐胄和其长子唐穆而言，皆取得进士，而次子却走仙释的路线，这似乎令人难以置信。但是，唐胄在其《传芳集》中一首《自咏海天孤鹤》七言诗中，却道出其心声：

> 秋海霜天放眼青，雪片丹顶破云轻；缑山便欲辞尘世，华表宁堪寄好声。赤壁夜深人未梦，沙场箭落客空惊；不知何日能归去，直到

---

① （明）王弘诲：《天池草》卷13《募建琼郡开化寺疏》，《续修四库全书》第138册，第17－19页。

② 明世宗谥号：世宗钦天履道英毅神圣宣文广武洪仁大孝肃皇帝。所谓"肃宗"，即根据此而称之。

③ （明）欧阳璨：《万历琼州府志》卷12《仙释》，第628页。

④ （明）黄佐：《嘉靖广东通志》卷62《本朝人物四》，第1598页。

朱楼十二层。①

唐胄对其次子的期许之情，已跃然纸上。民国王国宪对唐氏父子三人也作了品题，其中品题唐秩曰："仲弟有仙骨，孤鹤海天鸣。远游厌尘世，敝履轻簪缨。五岳赋归来，历历叙平生。"② 晚明道教人物唐秩的出现，的确算是一只"孤鹤"。但是，本岛道教渐趋衰落的态势，并没有因之而改变。

三　道教的民间化

佛道杂糅，是晚明道教在本岛渐趋式微的主要原因。与之不同，道教的民间化倾向表现得尤为显著，这点从方志对"祀事"的记载中可以窥见。

明代海南坛庙建筑，主要围绕着"通祀""祀典""先贤"和"私祀"③ 展开。明初规定"祀典"对象为："名山大川、圣帝明王、忠臣烈士，凡有功于国家及惠爱在民者"；宣德三年，"命礼部考正从祀先贤名位，颁示天下"。④ 按照明朝祭祀礼制规定，进入"祀典"和"先贤"坛庙祭祀对象，皆属于国家礼典明文规定并通祀全国。而土人"私祀"坛庙，则是由地方政府赋予合法地位的祠祀。

在国家层面祭祀的坛庙中，道观色彩明显的要数府州县的"城隍庙""风云雷雨山川坛"、郡州邑"厉坛"等坛庙建筑。经由地方政府准许的土人祭祀场所，神祇的多样化、空间上由沿海台地向腹里布局趋势、坛庙数量随着时间推移而日益增加等，是道教民间化的重要表现。

（一）神祇复杂性

道教是典型的多神教。海南祭祀中神祇驳杂，主要有中原神祇的传入——妈祖、关公；本地神祇的创建——以历史名人为主题以及自然神三

---

① （明）唐胄：《传芳集·七言律诗·自咏海天孤鹤》，（民国）王国宪辑《海南丛书》第2集，第62页。
② （民国）王国宪：《敬题唐西洲公三父子诗集》，王国宪辑《海南丛书》第3集，第63－64页。
③ （明）唐胄：《正德琼台志》卷26《坛庙》。
④ （清）张廷玉：《明史》卷50《礼志四》，第1297、1306页。

个系统。

1. 中原神祇的传入

（1）妈祖。关于妈祖的身世，历来说法不一。朱天顺先生考证为：林姓巫女，生于北宋初年，福建莆田湄洲屿人。① 这位宋初坊间女巫，入明后而成为全国通祀"天妃"，期间经历了一个怎样的转变，郡人唐胄如是说：

> 在宋以前，四海之神各封以王爵，然所祀者海也，而未有专神。宋宣和（1119－1125）中，朝遣使航海于高句丽，挟闽商以往，中流适有风涛之变，因商之言，赖神以免难。使者路允迪以闻，于是中朝始知闽之湄洲屿之神之著灵验于海也。高宗南渡，绍兴丙子（1156），始有灵慧夫人之封；绍熙壬子（1192），加以妃号。元人海运以足国，于是配妃以天。

明太宗朱棣迁都于北京，"初资海道以馈运，继又造巨舰，遣使通西南夷"，② 出于海上安全考虑，永乐七年，太宗诏曰："封天妃为护国庇民妙灵昭应弘仁普济天妃；赐庙额曰：弘仁普济天妃之宫；岁以正月十五日及三月二十三日遣官致祭，著为令。"③ 这就是说，天妃祭祀已获得国家层面的认可。海南的天妃庙，最早建于元代。耐人寻味的是，入明之后，其在海南非通祀，而是以"土人私祀"的方式出现。

（2）关公。较之妈祖模糊身份，关公在历史上有着较为明晰的记载："关羽，字云长，本字长生，河东解人也。"④ 这位历史人物，经过《三国演义》演绎，成为人们耳熟能详的"桃园三结义"中著名人物之一。一个三国时期的战将，在其死去之后，经过中国文化的"变异与复合"，从而使得其人渐次获得"儒称圣，释称佛，道称天尊"。⑤ 行走在儒释道之间，穿越历史时空，由一个中古时期的武将而最后定格在道家的神祇之上。

---

① 朱天顺：《妈祖信仰的起源及其在宋代的传播》，《厦门大学学报》1986 年第 5 期，第 102－108 页。
② （明）唐胄：《正德琼台志》卷 26《坛庙·天妃庙》。
③ 《明太宗实录》卷 87，第 1152 页。
④ 〔晋〕陈寿：《三国志》卷 36《蜀书·关羽传》，中华书局，1964，第 939 页。
⑤ 于志斌：《关羽：儒称圣，释称佛，道称天尊——文化的"变异与复合"》，《苏州大学学报》1996 年第 1 期，第 89－90、112 页。

"关羽现象"经历了这样的阶段：隋唐五代是其"宗教形态初步形成"时期，关羽信仰因区域不同其身份也发生变化，既为"佛教寺庙的护法伽蓝"，又在宗法礼仪中"配享"；民间的关羽形象尚未脱离"厉鬼的魔影"。[①] 两宋交替之际，宋金对峙，高扬民族情感与关羽的忠勇精神十分合拍，再加上道教的盛行，关羽崇拜有着赖以生存的文化土壤。关羽退出佛教的护法伽蓝进入道教神祇系统，其祠庙随之在各地兴建。

元文宗天历元年（1328）九月，"加封汉将军关羽为显灵义勇武安英济王，遣使祠其庙"。[②] 元代，祠祀关羽日益隆盛，其在海南祭祀中也有所反映。步入明代，南北两京皆设庙祭祀关羽，从而使之纳入全国通祀范围之内。

> 关公庙，洪武二十七年建于鸡笼山之阳，称汉前将军寿亭侯。嘉靖十年订其误，改称汉前将军汉寿亭侯。以四孟岁暮，应天府官祭，五月十三日，南京太常寺官祭……汉寿亭侯关公庙，永乐间建。成化十三年，又奉敕建庙宛平县之东，祭以五月十三日。皆太常寺官祭。[③]

明太祖在洪武三年"诏革诸神封号"，元文宗的八字敕封，到明代仅以"汉寿亭侯"替代，嘉靖年间"订其误"的插曲，并未对关公早先省略的"溢美之称"予以恢复。明太宗对天妃十二字的敕封，关公依然如旧。明初两代君主迥然不同的做法，充分反映出国家祀典功利性及其对"神"的利用。由此可知，关公在礼遇上有所降低。是时海南祭祀关公，仍属于"土人私祀"。

2. 本地神祇

以本地神祇为中心的岛内祭祀，分层明显。第一层对"客贤""主贤"[④] 的祠祀。"客贤"因武略入祠者，主要有汉代的路博德、马援；梁陈

---

① 刘海燕：《从民间到经典：关羽形象与关羽崇拜的生成演变史论》，上海三联书店，2004，第 30 – 37、46 – 49 页。

② （明）宋濂：《元史》卷 32《文宗本纪一》，第 711 页。

③ （清）张廷玉：《明史》卷 50《礼志四》，第 1304 – 1305 页。

④ 所谓"客贤"与"主贤"，唐胄指出："客贤自汉凡四十五人，其过化之远，此所以致乡之有贤也。主贤自宋凡十四人，其声应之迟，益见化难于客贤也。"[（明）唐胄：《传芳集·三祠录序》，（民国）王国宪辑《海南丛书》第 3 集第 2 卷，第 9 – 10 页] 从唐胄的叙述中不难发现，王朝政府委派经略海南的历代人物中，以文韬武略留下治绩为后世所景仰者，曰"客贤"；所谓"主贤"，即是海南籍人物为本岛或国家层面做出贡献者。

隋时期的冯冼夫人；以文韬入祀者为宋代贬谪文人苏轼。而"主贤"入祠，始于宋元交替之际，人数不多。入明之后，丘濬、海瑞纷纷入祠，主贤神祇有所增加。此外，明代中后期，生祠现象在本岛开始出现。第二层对自然力的崇拜，如黎母庙等，但是这一现象仅存在于明代中期及其以前。中期以后，民间信仰由自然崇拜向冯冼夫人的转向，是道教的民间化主要表现。

（1）冼夫人。南北朝之际，广东高凉（今广东高州市）俚人大姓冼氏家族势力崛起。《隋书》对其作生平事迹，给出如下结论：

> 谯国夫人者，高凉冼氏之女也。世为南越首领，跨据山洞，部落十余万家。夫人幼贤明，多筹略，在父母家，抚循部众，能行军用师，压服诸越。每劝亲族为善，由是信义结于本乡。越人之俗，好相攻击，夫人兄南梁州刺史挺，恃其富强，侵掠傍郡，岭表苦之。夫人多所规谏，由是怨隙止息，海南、儋耳归附者千余洞。梁大同初，罗州刺史冯融闻夫人有志行，为其子高凉太守宝娉以为妻……后遇陈国亡，岭南未有所附，数郡共奉夫人，号为圣母，保境安民。

隋初，高祖"追赠宝为广州总管、谯国公，册夫人为谯国夫人"。是时因岭南大乱，高祖"降敕委夫人招慰亡叛。夫人亲载诏书，自称使者，历十余州，宣述上意，谕诸俚獠，所至皆降"。鉴于其对贡献，隋高祖赐临振县（今三亚市）一千五百户为其汤沐邑，并赠其子冯仆为崖州总管，"仁寿（601－604）初，卒，赙物一千段，谥为诚敬夫人"。[①]

正史对冯冼家族与海南的关联、冼夫人的封谥情况做出翔实的交代。这一巾帼英雄式的人物，在方志"及没后，于儋又有移城之功"的补充下，而开始了由人向神的转变历程：

> 宋绍兴间（1131－1162），贵州教授、乡人羊郁乞赐号，封显应夫人，庙额曰：宁济。厥后，知军叶元璘又请加封"柔惠"。国朝洪武丁巳（1377），儋仓大使李德新建言入祀典，报以夫人血食高凉，

---

① （唐）魏征：《隋书》卷80《列女·谯国夫人传》，中华书局，1973，第1800－1803页。

其在儋行祠耳。①

上述信息一定程度上丰满了冼夫人由人成神的过程，同时也反映出其神祇祭祀在明代的变动情况。一是庙宇名称多样化，郡主夫人庙、柔惠祠、宁济庙等不一；二是琼州海峡对面高凉地区供奉的冼夫人庙宇是主祠，海南所关涉的建筑皆是其行祠；三是入明之后，因冼夫人的身份符合国家祀典规定的先贤，故而对其祭祀属于岛内"通祀"，超越了"土人私祀"的范畴。

（2）苏东坡。北宋哲宗绍圣四年（1097）至元符三年（1100），谪居海南儋州。在其居琼时间内，极力传播中原文化，使得海南文人仕途与科举制度实现对接。其对海南的贡献为后人所景仰，最早为之建祠始于元代的儋州，随后在明代的海口也为其建祠，属于"先贤"而通祀。

（3）丘濬、海瑞。这两位海南本土籍的"主贤"，分别因其学术和人品，成为全国性的著名人物，在其身后被列为"先贤"，为全岛通祀。

3. 自然神

所谓自然神，是指自然现象经过加工而被赋予人格化。道家之自然神，上自天上玉皇大帝、王母娘娘、雷公电母，地上城隍土地、灶君、山川，乃至鬼神，无所不包。此类神祇，除玉皇大帝、王母娘娘之外，在海南祭祀中普遍存在。

（1）通祀。

1）社稷坛。社稷是"太社"和"太稷"的合称，社是土地神，稷是五谷神，两者是农业社会最重要的根基。明代两京有国家的祭坛，各地府州县皆有祭祀社稷的场所。海南的祭祀最早始于宋，明代悉照洪武《礼制》。

2）城隍庙。"城隍是保，庇庶是依"，此为前代崇祀城隍的本意。洪武二年，将城隍"附祭于岳渎诸神之坛"，并给为其加以封爵。次年，朱元璋诏令：

_____

① （明）唐胄：《正德琼台志》卷 26《坛庙·儋州·宁济庙》。坊间流传故事大意为：相传，冼夫人想把州治从旧坡迁到山清水秀的高坡（即今中和镇），遭到当地黎人头领的反对。冼夫人想出了一条妙计，选了一个有大风的日子起大梁。适时，一阵狂风将横梁上的红布卷起，一直飘落到了高坡。冼夫人趁机说迁城高坡是上天的旨意，才得以顺利迁城至高坡。故事没有解释"及没后"，即冼夫人死后，儋州移城问题。

去封号，止称某府州县城隍之神。又令各庙屏去他神。定庙制，高广视官署厅堂。造木为主，毁塑像异置水中，取其泥涂壁，绘以云山……嘉靖九年罢山川坛从祀，岁以仲秋祭旗纛日，并祭都城隍之神。凡圣诞节及五月十一日神诞，皆遣太常寺堂上官行礼。国有大灾则告庙。在王国者王亲祭之，在各府州县者守令主之。①

海南城隍祭祀，始于宋代。毫无疑问，明代对城隍神的相关规制，成为岛内该神祇建造的主要依据。

3）厉坛。专祀"无祭之鬼神"，洪武三年规定王国、府、州、县分层祭祀："府州祭郡厉，县祭邑厉，皆设坛城北，一年二祭如京师。里社则祭乡厉。后定郡邑厉、乡厉，皆以清明日、七月十五日、十月朔日。"② 海南郡邑厉坛，创建于明代。其主要建筑规格、祭祀方式一如洪武之制。

（2）私祀。岛内民众对历史上曾为本岛做出贡献的神灵，以建庙修祠的方式，经过祈祷而"灵验"的自然神，纳入祭祀的对象。民间造神，经中央政府的"取勘"而合法化，这些神祇多为土人私祀，地方特色明显。

1）陈村庙。祀泰华仙妃，元建，坐落琼山县东北十里的兴义都。该神祇的来历，唐胄作了简单介绍："妃陈姓，于元至顺三年（1132）十月望日，浣纱于井，升化，遗屦井傍，后二弟亦随化。至仲冬，路人有见坐于树，因庙祀之。灾、旱、疫、盗，祷即应。"晚明时期，该庙改名为"陈妃庙"，但"今分祀于南桥庙"③ 表明该神祇的影响力，至少在琼山地区有着进一步扩大的趋势。

2）黎母庙。元时建立的黎母庙，在府城西一里之地。明洪武时移至府城小西门内大街，永乐四年重建，并"范铜为像"。该神祇来历如下："故老相传，雷摄一卵在黎山中，生一女，号为黎母。食山果为粮，巢林木为居。岁久致交趾之蛮过海采香，因与结配，子孙众多，开山种粮。"④ 显然，黎母是黎族族源的神话传说。在汉人区域内，供奉黎族祖先，这本

---

① （清）张廷玉：《明史》卷49《礼志三·城隍》，第1285-1286页。
② （清）张廷玉：《明史》卷50《礼志四·厉坛》，第1311页。
③ （明）唐胄：《正德琼台志》卷26《坛庙·本府》；（明）欧阳璨：《万历琼州府志》卷4《建置志》，第107页。
④ （明）唐胄：《正德琼台志》卷26《坛庙·本府》、卷41《纪异·定安》。

身足以说明黎汉交流密切。不过，明代后期，因方志无载，该神祇似乎已被废弃。

（二）主要坛庙分布

1. 通祀坛庙系列

社稷坛、风云雷雨境内山川神坛、城隍庙，其最早的时间可以上溯至宋，而分布空间则仅限于琼州府城。境内其他地区，在宋元时段鲜有设置。

洪武二年，上述三坛庙与郡厉坛，皆在府城地区得以迁建、重建和新建。

洪武三年，三州十县的社稷坛、风云雷雨山川坛、城隍庙、州邑厉坛，皆由所在州县同时建成。

万历三十三年大地震，在琼州府城遭到不同程度损坏的庙宇，得到进一步的修缮。分布在各地的建筑，终明一代都得到一定的维护。

2. 中原神祇系列

在历史人物为中心、中原传入的神祇中，最具特色的要数关王庙和天妃庙。

（1）关王庙。其布局在明代逐步完善（参见表4-7），信仰群体开始发生转变。

表4-7　明代关王庙修、建及其分布

属地	时间	地点	备注	属地	时间	地点	备注
琼山	元	卫右	明代数次重修	临高	元	县西	乡人建"武安庙"
澄迈	嘉靖三十八年	通潮驿右	知县唐启宾建	文昌	万历三十六年	便民桥北	知县冯一凤建
乐会	崇祯三年	朝阳市东	教谕马宗儒创建	儋州	弘治间	所前	指挥周远建
万州	元	州东	正德后，在州西	昌化	明	所西	
陵水	明	县南	正德后，所治左	崖州	洪武间	所右	正德后，州治右

资料来源：（明）唐胄：《正德琼台志》卷26《坛庙》；（明）欧阳璨：《万历琼州府志》卷4《建置志》，第104-110页；（清）丁斗柄：《康熙澄迈县志》卷1《建置志第5》，第62-63页；（清）马日炳：《康熙文昌县志》卷2《建置志》，第44-45页；（清）林子兰、程秉慥：《康熙乐会县志·建置志·秩祀》，第49页。

元代建立的关王庙，主要为府城、临高和万州三地。临高县以武安庙来祭祀关王的活动，在万历府志中无载；而琼山、万州的庙宇在明代都有不同程度的修缮。昌化和陵水的关王庙，载于万历志而不见之于唐胄《正德琼台志》，可以判定其在正德之后修建。在琼山附郭的三州十县行政体制下，该庙宇由明代前中期的5所，晚明后新增5所，总数为9所（临高缺载）。这表明关王信仰，在岛内有进一步扩大的趋势。

以卫所为中心，是关王庙在明代中前期的主要分布特点。这一布局在晚明之后有所改变，澄迈、文昌、乐会便是其代表。这一现象表明，早期以崇尚忠勇为核心、卫所人员为主要信仰群体的关羽崇拜，在明代中后期，开始向民间化转变。

（2）天妃庙。与关王的民间信仰路线不同，以祭祀妈祖为核心的信仰群体，随着天妃庙宇的增加而逐步推广。

元代在琼山、万州、崖州和感恩四地，分别建立天妃庙。资料表明，晚明的感恩，天妃庙不载，其他三处香火不断。其在其他州县，有一定程度的增加（参见表4-8）。

表4-8　明代新建天妃庙情况

州县	时间	地点	增修情况
澄迈	洪武十九年	城西	知县邓春创建；天顺八年，同知徐鉴迁于海港；嘉靖间置田；万历间增拓庙制；万历四十年，知县曾拱璧重修
临高		县治东	成化二十年，主簿曹敏重建
文昌	洪武三年	县南	知县周观创建于新安桥南；成化十年，知县宋经移至桥北。正德之后，于清澜城南门外建清澜天妃庙
乐会	洪武二年	县北门外	知县王思恭建；正德十一年，知县严祚重修
儋州	明	城西5里	旧在军船厂内，废；嘉靖四十五年，知州马尚德迁于西楼，又废；万历二十五年吏目率商人创建于朝天宫 [1]
昌化	永乐十一年	所治西	千户王信建
陵水		城南	

注：

[1]（明）曾邦泰：《万历儋州志》地集《秩祀志·庙坛祠》，第72页。儋州该项建筑，州志没有给出明确的时间，也不载于二部府志。故据此推测该庙宇建筑时间应为明代。

本岛东北部文昌地区，正德之后，清澜天妃庙的新建，说明妈祖信仰在本地的火热程度。与之相反，定安、会同二地却一直没有天妃庙设置相关信息。

众所周知，天妃庙的传入有两个基本要素：一是水，一是和闽南人的迁徙有着极大关联。庙宇建设是需要一定的经济作为支撑的。如果说定安地处内陆，是其未建天妃庙主要原因的话，那么位于岛东部的会同缺载，则从侧面反映出在该地经济的残破。

（三）"军坡节"的最初形态

所谓"军坡节"，当前海南民俗为之赋予了较为独特的文化内涵——"冼夫人文化节"。以祭祀冼夫人神祇为主，于每年农历二月初六至十二日举行，这一活动以海口市琼山区新坡镇为最。内容有：装军、行公、过火山、上刀梯、婆祖巡游、道士跳神武、装神穿杖（即用铁杖穿过人的两腮）等民俗活动。

流行于海南其他地方的"军坡节"，其举办时间和供奉神祇不尽相同，但基本仪式大略相似。今天这种较为独特民俗，在道教民间化过程中有所反映。

1. "装军"与"军期"

所谓"装军"，是海南民间祭祀中较为特殊的表现形式，众人抬着所祀奉的神像，按照古时部队的出征仪式，组织队伍，举着刀剑行走于乡落之间的一种民间活动。唐胄《正德琼台志》最早记录了乡落私祀"泰华仙妃"的场面："每岁六月中旬，乡人舁之（泰华仙妃——引者注）出游，许醮、装军容，随者以千计。"[1]

唐胄《正德琼台志》的记录说明，装军活动至迟在正德以前，已在岛内琼山县北的兴义都流行。"以千计"的随从，反映出这一活动的盛人场面。万历府志对这一盛况予以"赛祷"的描述，随着该神祇"分祀于南桥庙"，[2] 有理由相信，这一装军活动在南桥庙一带也同时存在。类似的活动，在晚明的文昌县民间私祀中也有反映："明正德间，有石炉飞来水尾地方，因建庙焉，英显特异；又，庙滨海港，当往来之冲，祈祷立应，血食不衰。每年十月十五军期，四方杂集，殊称盛会。"[3]

---

① （明）唐胄：《正德琼台志》卷26《坛庙·琼山县附陈村庙》。
② （明）欧阳璨：《万历琼州府志》卷4《建置志》，第107页。
③ （清）马日炳：《康熙文昌县志》卷2《建置志·坛庙》，第46页。

以"南天夫人"为神祇的清澜水尾庙建筑情况、"军期"活动始自何时，因万历府志不载而无考。但是，能成为"盛会"的民间祭祀活动，是有一定历史渊源的。换句话说，成书于康熙末年的文昌县志①对这一情况的记载，其源头至少可以追溯至晚明时期。

无论是祭祀泰华仙妃"装军"，还是"南天夫人"的"军期"，这些源于乡落，以自发组织形式，祭祀本地神祇，成为本岛民间私祀活动重要组成部分。

2. 卫所装扮"关王会"

与民间"装军"最大的不同，是卫所组织装扮的"关王会"。唐胄《正德琼台志》曰：

> （五月）十一日，卫所装扮关王会。街游至十三日，毕集庙中，因演所装游会之戏。军士每于是时为赛，祈保武官心愿，各带枷锁。有沙刀仗立王像前三日者，谓之站刀；甚有剪焚肉香，膊刺大小刀箭、腰背签枪者。②

在唐胄的叙述中，军士为了祈求"关王"的神灵保佑，满足自己获得晋级"武官"之心愿，不惜以残害自身的身体为代价。这种较为"野蛮"的做法，从见存的明代方志来看，似乎并没有对民间的"装军"产生太大的影响。然而，这一做法与今天民俗活动中较为流行的"过火山""上刀梯""装神穿杖"之间，多少有着前后相继之处。

3. 冼夫人神祇的"装军"

万历三十三年琼州大地震期间，供奉冼夫人神祇的庙宇，新建于定安李家都龙梅里，以该神祇为主体的"装军"盛况，在王弘诲的碑记中有所体现："每令节届期，即云集飙附，若三军之奉主帅，曾无敢有越阙志者。"③

① 该志"叙事时间断限为清康熙五十七年"。[（清）马日炳：《康熙文昌县志·前言》，第1页] 意在说明该志成书于是年，这一说法恐需进一步推敲。卷2《建置志·坛庙》"铜鼓山神庙"项下曰："康熙五十八年（1719），道士林其参等十二名呈，愿轮管香灯，递年合力修理。知县马日炳给照，免其差役"（第46页）。这就是说，其成书时间应在康熙五十八年。

② （明）唐胄：《正德琼台志》卷7《风俗·节序》。

③ （明）王弘诲：《天池草重编》卷9《碑记·新建谯国诚敬夫人庙碑》，《四库存目》集部第138册，第188－189页。

这是为数不多的反映以冼夫人为主的本岛"装军"情况的史料之一。毕竟冼夫人及其家族在梁、陈、隋唐之际，对本岛做出了重大贡献。明代中后期，本岛局势不靖，黎人构乱于内、倭寇海盗入侵于外，腹背受敌。如何削平"僭乱"，人们祈祷冼夫人显灵，保佑岛内众生平安。王弘海的《谯国冼夫人庙诗》，具有这种明显的价值取向：

> 年年诞节启仲春，考钟伐鼓声渊渊。军麾俨从开府日，杀气直扫蛮荒尘。李家墟市龙梅里，一区新筑神之宇……迩来豺虎日纵横，青天魑魅群妖精；愿仗神威一驱逐，阖境耕凿康哉宁。[①]

毫无疑问，乡贤王弘海对冼夫人神祇的期盼，一定程度上反映出岛内民间某种诉求。这或许对入清之后，岛内民间祭祀热衷于冼夫人神祇的"闹军坡"活动，起到了一定的助推作用。

第三节　伊斯兰教

与佛、道两教在本岛传播发展得益于王朝政策推进不同，伊斯兰教在海南的早期传播，则是随着波斯人及后来的占城人的到来而展开的，可谓是外地和尚念外地经。由于伊斯兰教的排他性，该教义仅局限于伊斯兰教信仰者群体中。

一　早期伊斯兰教传播

（一）教徒的来源

1. 波斯人

至迟在唐天宝（742－756）年间，便有波斯商人被海盗掳掠为奴，或是遭遇台风而留居海南。前者从《唐大和上东征传》对万安州首领冯若芳

---

① （明）王弘海：《天池草重编》卷22《七言古诗·谯国冼夫人庙诗》，《四库存目》集部第138册，第341页。

的记载中可知："每年常劫取波斯船二三艘，取物为己货，掠人为奴婢。其奴婢居处，南北三日行，东西五日行，村村相次，总是若芳奴婢之住处也。"① 后者载于《太平广记》，该记转引唐代房千里在《投荒杂录》中记述的唐代振州民陈武振之故事：

> 陈武振者，家累万金，为海中大豪。犀、象、玳瑁，仓库数百。先是西域贾漂泊溺至者，因而有焉。海中人善咒术，俗谓得牟法。凡贾船经海路，与海中五郡绝远，不幸风漂失路，入振州境内，振民即登山披发以咒诅，起风扬波，舶不能去，必漂于所咒之地，武振由是而富。②

历史专著和古代文人笔记，展示了波斯人在唐代落籍海南的大略情形。考古发掘也为人们提供了古代穆斯林活动的相关证据。20 世纪七八十年代，在今天陵水、三亚二地区共发现六处穆斯林古墓群。其中，陵水县有干教坡古墓群、土福湾古墓群。三亚市有梅山古墓群、大蛋古墓群、番岭坡古墓群、回新拱北古墓群。这六处古墓群，靠近海边的沙滩上，是其共同分布特点。

根据墓葬的形制、葬俗、葬碑纹饰、书写习惯等综合考虑，墓葬时间上限为唐代，下限为元代。③ 在陵水土福湾古墓葬中，"殉教者伊本·赛爱德·宛葛斯，死于 12 月"之墓主人，"据说"便是唐代"第一位到海南岛来传教的人"。④ 这种"据说"的科学性究竟多大，无法臆测。但是，"绝大多数的铭文记载《古兰经》第 55 章 26 节的文句，部分记载第 55 章 27 节，只有一方铭文记载'清真言'"。⑤ 碑文对《古兰经》的集体记忆，应该可以佐证早期波斯人在生活地区传播伊斯兰教的可能性。

---

① 〔日〕真人元开著，汪向荣校注《唐大和上东征传》，第 68 页。
② （宋）李昉：《太平广记》卷 286《幻术三·陈武振》，中华书局，1961，第 2282 页。
③ 李居礼、王克荣：《从陵水、三亚发现的穆斯林墓葬中看古代穆斯林在海南岛的活动》，《海南黎苗自治州民族博物馆馆刊》1987（创刊号），第 53－59 页。
④ 江青武：《初探海南回族先民的来源及其去向》，《回族研究》2003 年第 2 期，第 54－55 页。
⑤ 陈达生、〔法〕克洛蒂娜·苏尔梦：《海南岛穆斯林墓地考》，《回族研究》1993 年第 2 期，第 51 页。

2. 占城人

宋元时期，本岛穆斯林人数有着一定的增加，主要源自占城人主动内附、战争避乱及元政府"纳番人降"等途径。其空间分布上也突破东南海域一隅而向本岛的北部、西部扩展，从而推动了明代伊斯兰教在本岛的传播。

宋代，中南半岛南部占城国，北部隔交州国与宋接壤，西部与真腊为邻，处于东西海上"丝绸之路"的重要中转站上，占城、真腊、交州三国皆属于宋朝的藩属国。它们之间不断战争，是信仰穆斯林的占城人向外迁移的主要推力。宋太宗雍熙三年（986）："儋州上言，占城人蒲罗遏为交州所逼，率其族百口来附。"这种"风俗衣服与大食国相类"，[①] 反映了入宋以来，第一位有史记载的穆斯林信徒蒲罗遏率民在本岛西部落籍情况。

南宋光宗绍熙年间（1190－1194），"复直龙图阁、知静江府"的詹体仁，[②] 也有类似的经历："占城、真腊相攻，余兵逸入琼管，公（詹体仁）调兵且招，而海道宁。"[③] 真德秀在此没有明确逸入琼管"余兵"的国籍，但是，与海南一水之隔的占城兵的可能性应该更大一些。自然逸入琼管何处也不清晰，但这并不影响占城穆斯林又一次有规模移入海南的判断。

与宋代主动投附不同，宋元交替之际占城人入居本岛的动因，具有多层面：

> 元初驸马唆都右丞征占城，纳番人降，并其属发海口浦安置立营，籍为南番。兵无老稚，皆月给粮，三年优之。立番民所，以番酋麻林为总管，世袭，降给四品印信。其外州者，乃宋元间因乱，挈家驾舟而来，散泊海岸，谓之番坊、番浦，不与土人杂居。[④]

宋元交替是海南穆斯林积聚时期，这为伊斯兰教在本岛的传播提供了重要的基础条件。由于迁居路径、迁入地的不同，元朝对于迁入本岛的占城人所采取的安置方法也不尽相同。

---

① （元）脱脱：《宋史》卷489《外国五·占城》，第14078－14080页。
② （元）脱脱：《宋史》卷393《詹体仁传》，第12021页。
③ （宋）真德秀：《西山先生真文忠公文集》卷47《司农卿湖广总领詹公行状》，《四部丛刊初编》第1285册，第23页。
④ （明）唐胄：《正德琼台志》卷7《风俗》。

（二）传播方式变化

伊斯兰教在本岛的传播是随着信仰者的迁居而同步进行的。其早期教义的传播，因聚集地人数的增加和各朝代不尽相同的宗教政策，而各具特色。

1. 家庭内部传播

早期伊斯兰教是通过何种途径在信仰者之间传播，因资料短缺而无从考证。从唐代落籍为奴婢身份判断，建立类似于清真寺之类建筑，恐怕既无经济实力，又不待见于主人。如此，完成《古兰经》所规定的"五功"，即礼拜、念功、斋功、课功、朝功，除需要去圣地朝圣朝功外，其他四功只能靠在家庭内完成。

宋代采取"怀柔与制约并重"① 的伊斯兰宗教政策，因散居在本岛的从教人数有限，相关政策执行及其落实情况并不多见。教义传播也大略如唐代。

2. 元代穆斯林政策

成吉思汗的宗教观，影响后继者政策制定。他认为：

> 基督教徒，把耶稣作为他们的神；撒拉逊人，把穆罕默德看成他们的神；犹太人，把摩西当成他们的神；而佛教徒，则把释迦牟尼当作他们的偶像中最为杰出的神来崇拜。我对四大先知都表示敬仰，恳求他们中间真正在天上的一个尊者给我帮助。②

蒙古的三次西征，颠覆了伊斯兰国家旧有的社会秩序，从而"出现了一个大规模的向东方中国本土移民的高潮"，③ 随之诞生了一个新的民族——回回族。

元朝入主中原之后，为了维护蒙古贵族利益和民族特权，实行社会等级制，推行歧视汉人的宗教政策，并利用包括回回人在内的色目人来制约汉人，从而为伊斯兰教的传播创造了较为适宜的外部条件。尽管在相关资

---

① 王灵桂：《中国伊斯兰教史》，中国友谊出版公司，2010，第 171 页。
② 《马可波罗游记》，陈开俊等译，福建科学技术出版社，1982，第 87 页。
③ 杨怀中、余振贵：《伊斯兰与中国文化》，宁夏人民出版社，1996，第 88 页。

料中，番人为是时海南对回回人的主要称呼，但是较为宽松的宗教政策，海南也不例外。

3. 传播方式上的南北差异

元代分居在岛内南北地区的占城人，因移民的路径不同而导致其教义传播有极大的差异。具而言之，在北部有相当规模的传教建筑物存在，南部则只能在家庭内传播。

前文所述的在海口浦"纳番人降"，即是元朝迁徙伊斯兰教徒于海南的政府行为。具体措施上，琼山海口浦的居住者给予较好的待遇：无论老幼士兵，以三年为优待期限，月给粮食。最为主要的是"立番民所"，并设置可以世袭的四品总管职位，以便于统管。"籍为南番"，表明占城入居者游离于国家的编户齐民之外，因而保留一个相对独立的生活圈。在唐胄的记录中，没有传教机构设置相关信息。有理由相信，在这个较为庞大的外来社区中，以追随真主为终生目标的穆斯林群体，在此方面应该会有所作为的，其规模也可以想见。由此可观，本岛北部的占城人，由元朝政府主导下的番民自治色彩十分浓厚。

对于那些非琼山居住、"挈家驾舟而来"的占城人，究竟散居于本岛何处，历史典籍提供了如下线索。《万历儋州志》曰："番俗：本占城人。宋元间因乱挈家驾舟而来，散泊海岸，谓之番浦。"[1] 至于万州和崖州，占城人分布则是"其在崖、万者，亦皆元初因乱，挈家驾舟而来，散泊海岸，谓之番方、番浦"。[2] 其在崖州的具体分布如下："番俗，本占城人。宋元间，因乱挈家驾舟而来，散泊海岸，谓之番村、番浦。"[3] 直至《光绪崖州志》，进一步将其在崖州散泊的地点具体化："番民，本占城回教人。宋元间因乱挈家泛舟而来，散居大蛋港、酸梅铺海岸。后聚居所三亚里番村。"[4]

也就是说，宋元间来本岛占城人，散居于本岛西部儋州、南部崖州及

---

[1] （明）曾邦泰：《万历儋州志》天集《番俗》，第 25 页。
[2] （清）萧应植：《乾隆琼州府志》卷 8《海黎志·边海外国》，《续修四库全书》第 676 册，第 483－484 页。
[3] （清）陈梦雷：《琼州府部·琼州古迹考》，《古今图书集成·方舆汇编职方典》卷 1328，中华书局，1934，第 169－59 页。
[4] （清）张嶲、邢定纶等纂修《崖州志》卷 1《风俗》，第 34 页。

东南部万宁和陵水等地的沿海台地上。这种民间自发移民行为，并没有受到北部移民一样的待遇。政府干预甚少，而完全处于听民自便状态。所以这一群体的宗教传播，大约沿袭唐宋的家庭教育模式。

二 明代的新变化

（一）明代的回教政策

明初，一批回回人在国家统一及早期的对外政策上成绩卓著，如太祖时期安徽定远丁德兴、泗县胡大海、怀远常遇春等著名将领，[①] 他们在对元战争中做出巨大贡献；太宗时期的著名外交家、航海家郑和等。明初二代人对回回的起用，为帝国早期对伊斯兰教利用与保护并举政策制定奠定了基础。

有明一代，对于伊斯兰教政策执行情况，白寿彝先生做出中肯的评介："明人对于回教，多致好评。政府亦从未有禁止回教之事，与佛教、摩尼教、耶稣教之屡受政府禁止者，其历史特异也。"[②] 就本岛伊斯兰教发展情况来看，这一政策并没有给元海口浦番民所带来太大的转机，相反却出现了巨大的流变。在唐胄的描述中，则是"今皆附版图，采鱼办课"；儋州的情况也基本如此，只不过在时间上或许比唐氏的记录略显滞后而已。与此同时，万州情况也不尽如人意。崖州的番村、番浦成为明代穆斯林的最后家园。

（二）穆斯林新变化

1. 穆斯林新移民

中原汉化程度较高的蒲氏家族移入儋州地区，并在明代中后期完成其汉化。《南海甘蕉蒲氏家谱》解开了该家族落源流、落籍儋州及迁琼始祖相关情况：该家族为宋时西域迁入中国，迁徙路线为：山东—广东；至八世，蒲秋涛迁居南海县，开创甘蕉房。第十世，兄弟四人，仲弟蒲杰为迁琼始祖："属琼州府儋州那细司登龙图五甲民籍。明时，由我甘蕉房三世

---

① 王灵桂：《中国伊斯兰教史》，第 141 – 142 页。
② 白寿彝：《中国伊斯兰史研究存稿》，宁夏人民出版社，1983，第 361 页。

伯祖俊公（蒲杰——引者注）往海南贸易，其子玉璞公遂家于儋州茭蔓乡。"这种具有典型回族血统的蒲氏家族，在一路南迁的过程中，不断与汉人通婚，伊斯兰信仰逐渐丧失，至万历四十年：

> 聚族已生齿迭增，体制既已通行，众擎又复易举，乃择地于村之北，后倚庐山，前朝虎岭，坐卯向酉，兼己辛之原，深两进，广三间。力木由益吾公捐助，上墙版筑，题其名曰"蒲氏宗祠"。①

以建宗立祠的方式替代清真寺建筑，这是该族完全汉化的标志。

2. 海南穆斯林的派别

伊斯兰教的派别，主要由逊尼派、什叶派、哈瓦利吉派、穆尔太及勒派和苏菲派组成。其中，逊尼派和什叶派影响最大。"伊斯兰教派的分化，主要在阿拉伯帝国时期形成的"，这一阶段大约处于中国的唐宋王朝时期。从前文的叙述中，该时段正好是波斯、占城穆斯林移居海南的高峰期，元明以后，迁入不多，所以海南穆斯林属于早期的逊尼派。

所谓"逊尼"是"圣训"的阿拉伯语音译。逊尼派意为遵守圣训的人、信守传统的人。他们既尊崇《古兰经》，也承认圣训，认为圣训是《古兰经》的补充，六大圣训是穆罕默德可信的言语和行为。② 在具体行为上较为温和，少有极端表现并严格履行伊斯兰教的五功。

3. 传播方式的变化

明代伊斯兰教义在传播方式上呈现出由家庭、佛堂、礼拜寺三个层次的变化。

家庭是最为基本的形式。它既完成信仰者每日课功，又对家庭子女产生直接影响，具体内容沿袭前期的传播方式。

佛堂的建立，由懂得"番书"的先生具体讲授《古兰经》和圣训，并以村为单位而设置"佛堂"："其识番书称先生者，用一小凳安置香炉，一村共设佛堂一所，早晚念经、礼拜。"③ 该机构设置是否具有普遍性，万历时期的儋州："一村共设佛堂一所，早晚念经，礼拜。"显然作为"外州"

---

①　《南海甘蔗蒲氏家谱》，丁国勇标点，天津古籍出版社，1987，第6－9、149页。

②　王灵桂：《中国伊斯兰教史》，第51页。

③　（明）唐胄：《正德琼台志》卷7《风俗》。

的儋州佛堂受到"识番书"人数的制约，比起海口浦来说存在着一定差距。但是，它标志着家庭传教的转型，可以说是本岛最早的经堂教育开端。

最为显著的变化是"礼拜寺"的建立。所谓礼拜寺，又称清真寺，它的建立与穆斯林人数成正相关关系，主要分布于北部琼山地区。"礼拜寺，土城北街巷内，宣德初，军海兰答建。废。"存在时间大约百年，其"废"，也意味着海口浦所剩无几的占城人最终的版籍化。而南部崖州，数量和规模都要超过北部地区：

> 礼拜寺：在州东一百里番人村，洪武间建。中只作木庵刻番书，以一人为佛奴，早晚鸣梵，有识番书称"先生"者，俱穿白布法衣，如回回之服，寺中席地念经、礼拜，过斋日亦然。
>
> 佛堂寺：在州南三里番村。堂制、礼念，与礼拜寺同。①

阿訇诵经、宣讲伊斯兰教教义和宗教常识等，在崖州的礼拜寺中似乎没有类似的表述，以识番书的"先生"来代替阿訇，只能说是变通的结果，但严格履行各项宗教仪式是毫无疑问的。

唐胄对崖州穆斯林日常宗教仪式极为详细的描述，为万历府志所不载，并影响着后来的方志。尽管如此，从穆斯林对清真寺的依附关系来看，有明一代，崖州伊斯兰教信仰者人数的积聚，故而其清真寺也会有随之增加的趋势。

第四节　天主教

政府极力推崇并为本土文化所吸收，是佛教和道教的主要传播路径；穆斯林对伊斯兰教教义的坚守，使其得以在海南有一隅之地。然而，天主教能在晚明时期传入海南并取得不错的成就，最终却旋即趋于沉寂。究其原因，传入及其开展得益于王弘诲及其家人的努力，后者则是朝代更迭的结果。

---

① （明）唐胄：《正德琼台志》卷27《寺观·崖州》。

一　基督教及其在中国早期传播

（一）基督教起源与变迁

作为"犹太教的私生子"的基督教，[1] 来自犹太民族的民间信仰——犹太教，其在公元 1 世纪诞生之后，便逐步走上独立发展的道路。不过，由于其只信仰上帝而反对祭祀皇帝，[2] 从而使得这条通往上帝之路在欧洲推广时，显得十分艰辛与坎坷。313 年，《米兰敕令》颁布，基督教"与罗马帝国的其他宗教具有完全同等的法律地位"，并逐步成为"与政治关系密切的罗马主流宗教"。[3] 成为国家精神支柱的基督教，随着欧洲进入封建社会，其发展也步入黄金时代。

16 - 17 世纪，随着封建制度的渐趋崩溃，资本主义生产关系逐步产生；西欧民族国家逐步兴起，强烈要求摆脱罗马教廷为首的宗教控制，建立民族教会的呼声日益强烈。所有这些，推动着欧洲的宗教改革。

1054 年东、西罗马帝国的成立与 16 - 17 世纪的宗教改革，是基督教发展史上的两大分裂时期，相对统一的基督教因之而演变成诸多教派。前一次的分裂形成了东西两大教派：在西罗马帝国，以罗马主教为中心的"公教派"，中文曰"天主教"；东罗马帝国，以君士坦丁堡主教为首的"正教"，中国称之为"东正教"。后一次裂变而产生的新旧教派：新教自称为"抗议教"；天主教徒称之为"誓反教"；民间呼之为"基督教"或"耶稣教"。比较新教而言，旧教则指天主教。

尽管宗教改革之后，教派林立、称呼不一，其教义、教仪也多有差异。但是，他们皆承认基督为救世主，故又统称为基督教。

（二）基督教在中国早期传播概况

明代以前，基督教曾经两度传入中国。

---

① 《马克思恩格斯全集》第 19 卷，人民出版社，1963，第 328 页。
② 郭振铎、孔祥民、张笑梅：《宗教改革史纲》，河南大学出版社，1989，第 59 页。
③ 游斌：《基督教史纲》，北京大学出版社，2010，第 80 页。

1. 聂斯脱利

该教派由叙利亚人聂斯脱利创立，主要特点为不崇拜圣母玛利亚、不用偶像，主教以下的五级教士，可娶妻生子，等等。聂斯脱利教派，因之被正统基督教视为异端。这一教派在唐代传入中国，并称之为景教。

唐太宗贞观九年（635），"大德"（主教）阿罗本（Olopen）自中亚携带经籍至唐都长安始，经历会昌五年（845）唐武宗灭佛，景教徒受到牵连，至唐僖宗乾符五年（878），黄巢攻破广州，屠杀包括基督徒在内的"十二万之众"。[①] 景教在唐代近 250 年传播盛衰历史，体现了外来宗教立足于中华文化之艰难。

2. 也里可温

随着蒙古人入主中原，基督教随着蒙古人、中亚色目人一道再度内传。元代称基督徒为"也里可温"，后来以教徒称呼替代教名，也称为"十字教"。该教由唐代景教的聂斯脱利派及圣方济各派构成，也里可温乃总其名而称之。[②]

元代设置"崇福寺（院）"的从二品衙门机构，管理也里可温教务事宜。并设置主教，称为马儿·哈昔，教士称为列班。[③] 1368 年，元顺帝退出大都，信仰天主教的阿兰人也随之撤往漠北。元亡，该教在中原几近绝迹。[④]

基督教两度在中原的传播，并没有与地处中国南部边陲的海南产生关联。

二 晚明天主教在中国的传播

明代中晚期，来华传播主要为基督教旧教。为了防止理解歧义，本书在叙述这一部分基督教史时，以天主教为基本叙事词汇。

---

① 顾卫民：《中国天主教编年史》，上海书店出版社，2003，第 3 - 8 页。
② 庞乃明：《明代中国人的欧洲观》，天津人民出版社，2006，第 33 页。
③ （明）宋濂：《元史》卷 89《百官志五》，第 2273 页。
④ 顾卫民：《中国天主教编年史》，第 45 页。

（一）传播策略及其变化

与唐、元两次基督教从中亚陆路传入中国不同，第三次天主教东来的主要路径，因欧洲地理大发现而选择海上通道，开始向东方地区传播。

1. 澳门教区的设立

教宗保禄三世，1551 年（嘉靖三十年）11 月发布"*Pracelara Charissimi*"通谕，"将印度果阿（Goa）升为总教区，它包括科钦和马六甲教区"。[①] 并以此为据点，向菲律宾、日本等地区传播。

最早确定将中国作为传播福音"最有效的基地"，[②] 是西班牙人方济各·沙勿略（Francis Xavier）。沙勿略于 1549－1551 年间，以鹿儿岛为基点，在日本进行宗教传播活动。期间，深刻感受到中国文化对日本影响之深远，而做出上述决定。作为教廷大使的沙勿略，并没有因其虔诚而获得在中国内地传教的机会。

嘉靖三十二年葡萄牙人入居澳门，西方传教士开始考虑将此地作为"重要活动基地和中国天主教徒的聚集之地"。[③] 1576 年（万历四年）1 月23 日，罗马教宗格雷戈里十三世（Gregary XIII），颁布"*Super Specula Eclesiae*"通谕，分立马六甲、澳门两个教区。规定澳门教区辖区包括中国、朝鲜、日本及附属各岛，隶属于果阿总主教区，同时任命贾耐劳（Dom Bechior Cameiro）为澳门署理主教。[④] 与澳门隔琼州海峡相望的海南，隶属于该教区，天主教在明末清初的海南有所发展。

2. 传教士传播策略变化

1565 年（嘉靖四十四年），澳门传教工作取得一定进展——"信友5000 名以上"。[⑤] 1576 年，贾耐劳履任主教之后，为了吸引教外人受洗入教，通过设置医院、仁慈堂等系列举措，教会因之而具有"慈善机构"性质。无疑，对当时众多难以维持温饱或需要救助的底层百姓，有着一定的

① 顾卫民：《中国天主教编年史》，第 57 页。
② 方豪：《中国天主教史人物传·方济各·沙勿略》，中华书局，1988，第 60 页。
③ 章文钦：《澳门历史文化》，中华书局，1999，第 37 页。
④ 顾卫民：《中国天主教编年史》，第 76 页。
⑤ 〔法〕裴化行（H. Bernard）：《天主教十六世纪在华传教志》，萧濬华译，商务印书馆，1936，第 126 页。

吸引力。然而，入教人数并没有明显增长。究其原因，"学习葡萄牙语言、取葡国名姓、度葡国生活"的"葡萄牙化"① 的传教方法，将被施舍对象拒之于葡萄牙语言的门槛之外。

此前，沙勿略就中国内地传教策略有着积极思考。在其给葡萄牙国王的信函中，对中国潜在的教徒作如是分析："拥有多数杰出的人才与高深的学士，并且以研究学术是一件顶光荣不过的事情。在那里有大学问的人都有重要的位置，都是有权柄的。"② 有鉴于此，沙勿略抛弃了迅速在传教国实现基督化的幻想，强调传教士要以"学术研究"和"传授知识"作为间接的劝诱方式，同最有社会地位、最有学问的人建立密切联系，将该群体作为归化重点，从而达到渐次归化民众的目的。

贾耐劳之后到中国内地的传教士，基本执行沙勿略的传教手段，极力注重处理与中国各级官员、士人之间的关系。意大利籍的耶稣会士利玛窦（Matteo Ricci, 1552 - 1610）便是晚明来华传教士中极具有成就的一位。

在张维枢的《大西利西泰子传》中，传主利玛窦的传教策略清晰可见："晓中国语言、旁通文字，如《六经》《子》《史》等篇，俱谙其义。始著书，发明圣教，多方诱掖，使人人识认天地大主。"利玛窦通过《天主实义》等著作展示其对中国文化理解，还制作《坤舆图》、浑仪、天地球、考时晷、惜时之具，"以赠于当道"，③ 从而赢得高层官员赏识。这些官员，包括南京礼部尚书王弘海、晚明天主教享有盛誉"三大柱石"徐光启、李之藻、杨廷筠等人物。这种以汉学来武装自己，用西方先进科技作为布道手段，以结交朝廷命臣为核心的传教策略，恐非沙勿略之辈所能企及。

（二）"南京教案"与明代后期的天主教政策

1. 南京教案

信奉上帝的天主教传教士，以"排佛补儒"的姿态，推行教化工作，与中国传统文化无法兼容，自然触动了宋明理学长期浸淫的国人信

---

① 徐宗泽：《中国天主教传教史概论》，转引自章文钦《澳门历史文化》，第37 - 38 页。

② 〔法〕裴化行：《天主教十六世纪在华传教志》，萧濬华译，第70 页。

③ 钟鸣旦、杜鼎克：《明清天主教文献》第12 册，台北利氏学社，2002，第189 - 199 页。

仰体系之根基，从而引起广泛的社会不满。其直接表现为教案在各地不断发生，"南京仇教以前教案之数，共有五十四案"，尤以传教初年的广东居多。①

利玛窦死后，意大利籍耶稣会士王丰肃在南京，以"完全公开的方式来宣讲福音"，一改此前"小心谨慎"。② 传教方式改变，积压矛盾随之表面化。万历四十四年六月，以南京礼部侍郎沈漼为首的反教派，以"勾结白莲教"等名目，向王丰肃等传教士发难，护教派徐光启以《辩学章疏》为之辩解。是年十二月朝廷诏旨："王丰肃等立教惑众，蓄谋叵测，可递送广东抚按，督令西归；其庞迪峨等，礼部曾言：'晓知历法，请与各官推演七政'，且系向化来，亦令归还本国。"③ 此乃南京教案。南京"仇教"事件之后，福音传播因之遭受重挫，随之而来的是明朝官僚集团内部，反教派和护教派的人事沉浮。

2. 崇祯帝对天主教的利用

崇祯二年（1629）九月，礼部侍郎徐光启上《历法修正十事》奏疏，提出用西洋人修正历法的建议，举荐"南京太仆少卿李之藻、西洋人龙华民、邓玉函"参与其事。为崇祯皇帝所同意，设置"历局"。崇祯三年，邓玉函卒，"又征西洋人汤若望、罗雅谷译书演算"，修订历法。同年，徐光启进"本部尚书"。④"历局"的开设，标志着自南京教案"十三年来传教士们头一次可以公开地做传教工作"。⑤ 海南的传教，便是在这一背景下展开的。

三　天主教传入海南

（一）天主教徒早期海南之行

耶稣会士第一次来海南，差不多像鉴真和尚一样，一场台风将高戈

① 〔法〕费赖之：《在华耶稣会士列传及书目》（上），冯承钧译，中华书局，1995，第66页。
② 〔美〕邓恩：《从利玛窦到汤若望——晚明的耶稣会传教士》，余三乐、石蓉译，上海古籍出版社，2003，第110页。
③ 《明神宗实录》卷552，第10425－10427页。
④ （清）张廷玉：《明史》卷31《历志一》，第530－531页。
⑤ 〔美〕邓恩：《从利玛窦到汤若望——晚明的耶稣会传教士》，余三乐、石蓉译，第198页。

(Father Gogo)① 带到海南，只不过其时间发生在八百余年后的 1560 年（嘉靖三十九年）。该传教士在海南滞留一段时日，而返回澳门。

嘉靖四十二年（1563）五月，从菲律宾派到交趾支那（Cochinchina）以 P. Diego De oropesa 为首的西班牙传教团一行去传教，因为在该地传教不顺，于 6 月 17 日离开岘港返回菲律宾。随遭遇一场台风，次日晨达到海南西南部昌化县棋子湾，为明军所获，被当作"汪洋大盗"经儋州押解至琼州府。后经福建商人保释而"洗脱了海盗身份"，7 月 17 日离开海南，经肇庆—广州—澳门，最后返回菲律宾。②

两次"飘风事件"，涉足海南的传教士居然无功而返，但将其归结为"当时中国沿海的禁教政策"，③ 值得商榷。

从上文的叙事中可以看出，第一次滞留海南，其原先既定目标是去印度；第二次则是返回菲律宾。尽管传教是传教士的天职，但是主观上不是以海南传教为目的；客观上，他们不具备在此传教条件。在第二次事件中，传教士从昌化至儋州再到府城，一直处于押解状态，甚至还不乏牢狱之灾。尽管第一次的情况不甚明了，想必也不会太好。人身自由都缺乏，传教岂不是空谈？

就明清王朝"禁教政策"实施的时间而言，海南"飘风事件"，比明代南京教案发生至少要早 50 年。清代的"禁教"，始自康熙六十年（1721），④ 则更在明代禁教之后。是故，早期天主教徒两次海南之行，福音传播无甚收获，与明清的"禁教政策"，基本上没有因果联系。

---

① *The Isle of palms*，*sketches of Hainan*：*the American Presbyterian Mission*，*island of Hainan*，*South China*，Printed at the Commercial Press，Ltd，Shanghai，1919，p. 47. 中国国家图书馆藏。小叶田淳认为，该年，葡萄牙人派特来·卡我（P. Cago）身份为教师，而非"Father"，从日本往印度途中，飘到三亚，数月以后，给送到澳门。（参见《海南岛史》，第 315 页）

② 张先清：《传教士、海难与跨文化接触：1583 年海南岛飘风事件分析》，《晋阳学刊》2011 年第 6 期，第 84－98 页。小叶田淳也对此事做了相关介绍，指出"因为风暴的关系，漂流到海口附近"（《海南岛史》，第 315 页）。这与张先清先生来自五位事件经历者的资料（上引张先清文，第 85 页）；以及 The Isle of Palms，Sketches of Hainan，也指出在昌化县登陆的情况（p. 47）等相比，显然小叶田淳"漂流到海口附近"缺少可信性。

③ 汤开建、袁国客：《明清之际天主教在海南的传播、发展及兴衰》，《海南大学学报》2001年第 12 期，第 49 页。

④ 顾卫民：《中国天主教编年史》，第 260 页。

（二）天主教传入海南

1. 王保禄与天主教结缘

早在万历二十三年（1595）十一月，"以起复南京礼部尚书王弘诲为南京礼部尚书、太子少保"，[①] 王弘诲及其家人到达南昌与在该地传教的利玛窦相见，并同赴南京。旅途中，利玛窦与王氏家人甚至仆人都建立了友好关系，这为福音传播打下了基础。后来，王弘诲之子接受洗礼，教名保禄（亦译为保罗）。[②] 也就是说，王弘诲利玛窦的南昌之会，是王保禄与天主教结缘的起点。

万历二十七年十月，"王弘诲引疾乞休，许之"，[③] 王保禄随父一道返回海南。由于资料的短缺，或许是受到其他原因掣肘，王保禄在返回海南的30多年时间内，在福音传播上似乎没有取得太大的进展。直至崇祯五年（1632），王保禄去澳门，"请求派遣一个神父来海南为他的妻子和孩子施洗礼"，[④] 在王保禄力请之下，并请求丘良禀修士为通译，终于促成了天主教徒的海南之行。未几，王全家皆受洗，[⑤] 从而开启天主教在海南传播之先河。

2. 在海南传播情况

给保禄一家洗礼的神父，因语言上存在障碍，在海南传教收获甚微。澳门方面很快将其召回，并派有福建传教经历的马陶斯神父（Father Benoit de Mattos）前往该地传教，马神父"很快就能够很好地使用这里的方言"，并在此获得一处"有鬼魂出没而无人敢住"的房子，一年内，超过"300

[①] 《明神宗实录》卷291，第5391页；《利玛窦中国札记》曰为1598年（万历二十六年），恐误。（参见〔意〕利玛窦、金尼阁《利玛窦中国札记》，何高济等译，何兆武校，中华书局，1983，第317页）

[②] 章文钦：《澳门历史文化》，第42页。关于王保罗抑或王保禄是其教名；指出其真实名字为"王汝龙"（韦经照：《基督教在海南的传播》，《海南大学学报》1987年第4期，第81页），后经汤开建、袁国客《明清之际天主教在海南的传播、发展及兴衰》一文所认定而传开。考之王氏家谱及《天池草》（《四库存目》集部第138册，第38页），皆未见"王汝龙"其名。待考。

[③] 《明神宗实录》卷340，第6309页。

[④] he Isle of palms, sketches of Hainan: the American Presbyterian Mission, island of Hainan, South China, p. 48。该著描述王保禄回海南30多年的时间内所做之事，用了极为含糊的一句话带过："During his first few years in Hainan he was not idle, and soon went to Macao"（p. 48）。

[⑤] 赖之：《在华耶稣会士列传及书目》，冯承钧译，中华书局，1995，第222－223页。

名"的人接受洗礼。

至崇祯九年（1636），天主教在本岛东北部有四个教区分布：琼州〔府城〕（Kiungchow）、定安（Deng‐ang）、仙沟（Bang‐kao）及岭门（Long‐moun）。每个教区皆有设备齐全、装饰一新的教堂。此外，接受洗礼的人数越来越多，崇祯十年，仅一次就有"超过300人"①的规模。

3. 尾声

天主教迅猛发展的势头，为本地势力所不容。他们勾结政府，马神父也因之"三次更改住所"，被迫返回澳门。接替马神父的人，为僧侣所毒杀。

清顺治元年（1644），马神父再次来到海南，然而就在是年，王保禄这位"海南岛传教开拓的有功人物"不幸辞世。至清顺治九年（1652），海南入清之际，天主教徒仅载之名册可稽者已达"2253名之多"。②由于"随后开始了一个执行镇压外国人的法令的严酷时期"，传教士人员不继，海南的天主教传播工作随着乔契姆·考姆斯神父（Father Joachim Calmes）在康熙二十五年（1686）死去，而正式结束。

此后，天主教再次登陆海南岛的时间，则是在鸦片战争之后的1849年。③

（三）晚明海南天主教传播特点

1652年，李成栋势力进入海南，并确立清朝在本岛统治。以此时间为下限，天主教在本岛传播20年时间，其成绩为建立了四个教区、教徒在册人数2253名。南京教案后，福建、广东等东南沿海地区的传教情况又是怎样的情形？

三个方面数据，可以看出广东的发展情况：南京教案后，原先的肇庆、韶州、南雄等传教据点全部丧失，相关的教堂也随之废弃；至万历四

---

① *The Isle of palms, sketches of Hainan: the American Presbyterian Mission, island of Hainan, South China*, p. 48.

② 〔日〕小叶田淳：《海南岛史》，第316页。

③ *The Isle of palms, sketches of Hainan: the American Presbyterian Mission, island of Hainan, South China*, pp. 49 – 50.

十四年（1616），全国教友人数达到 38200 人，广东无教友记录；到崇祯十三年（1640），全国外籍教士 24 人，辅助修士 4 人，广东无一人。[①] 作为天主教最早传入地的广东，其全面衰落，标志着南京教案对该地天主教的传播影响巨大。

与广东比较，福建则是另一番景象。至崇祯十年（1637）时，福建每年皈依天主教的人数，平均在 800 人至 900 人之间，全省有 90 座小教堂和一定数量、设备齐全的教堂，最大和最富丽堂皇的教堂在福州。天主教在华组织机构中，八个互相独立的教区之一的福建，成为"可以与陕西竞争的最有希望的传教中心省份"。[②]

艾儒略福建传教的巨大成就，使之成为"早期耶稣会士中的伟人之一"。究其原因，与福建闽清人、晚明大学士、首辅叶向高的鼎力支持有莫大的关系。[③]

与闽、广两地比较，海南的福音传播具有以下两个特点。

1. 王保禄的极力推动与民间自发信教

晚明时期边陲海南信教人数总量无法与福建相比，但是比起广东却有一定的增长。福建信徒人数激增与叶向高为首的官僚、士人的大力推动有着不可分割的关系。南京教案发生的前一年，王弘海辞世，即便他生前与利玛窦交往过密，仍无其具体扶植、推崇天主教在本岛传播的相关记录。此外，本岛是否也有像福建的儒生积极参与天主教的情况一样，资料缺乏相应的佐证。

通过科举而入仕途的地方上人物，即便致仕回乡，其在地方民情、舆情乃至社会风俗等方面所起到引领作用不可低估。然而王弘海，似乎并没有对天主教在海南传播起到太大的作用。领导性人物既缺，那么马陶斯神父采用何种手段，在崇祯十年（1637）的一次，让 300 多名的海南人接受洗礼？此外，每个教区都有装饰一新的教堂，其经费应该多为岛内信徒的捐助，可见民间对天主教的热情之高。可能的解释是，王保禄借助其家族

---

① 叶农：《明末天主教在广东地区的传播与发展》，《暨南学报》2001 年第 9 期，第 138 页。
② 〔美〕邓恩：《从利玛窦到汤若望——晚明的耶稣会传教士》，余三乐、石蓉译，第 243 页。
③ 〔美〕邓恩：《从利玛窦到汤若望——晚明的耶稣会传教士》，余三乐、石蓉译，第 173 - 176 页。

余荫与个人努力，再加上民间对天主教的模糊认知以及马神父的个人魅力等，多重合力的结果。

2. 教区虽少，但分布相对集中

传教神父在本岛活动时间较短、变更频繁，或许是便于传教的原因，教区集中分布在琼山和定安两县境内，当然，这与王氏家族在世居定安不无关系。比之于福建的南北布局、福州为中心的教区的分布，海南不仅教区少，且仅局限于本岛的一隅之地，岛内其他地区鲜有涉及。

总之，崇祯之后，天主教得以在海南传播，是王保禄及其家族努力的结果。清军入关之后，战事不断，中原地区的教务活动也随之终止，而海南传教士的布道活动仍在进行，是地处南海之中独特的地理位置使然。本岛早期传教工作终于入清之后，则是由于清初"禁海令"的结果。

第五章　社会风气与习俗

所谓"风俗"，明人叶春及如是说："凡民，函五常之性。刚柔、缓急、音声不同，系水土之风气，故谓之'风'；好恶取舍、动静无常，随君上之情欲，故谓之'俗'。"① 叶氏从"地域—空间"和"朝代—时间"来界定"风""俗"，并指出"风"的形成受自然条件制约；而自上而下的王朝政治所产生的社会文化差异，是"俗"产生的主要原因。如此，"风俗"便是在一定历史时间内、特定区域中人们共同遵守的行为模式或规范。时间上具有一定的相继性，空间上则体现出差异性。

海南"僻居海屿，旧俗殊陋"。经由唐宋谪臣和侨寓士族的努力，"风声气息，后先濡染"。入明之后，王朝政府的积极经略，本岛人士改变旧习的诸多努力，社会风俗由"浇薄"开始逐渐转向"醇厚"，进而与中州相埒。

明代海南的社会风气与习俗，在趋同中存在明显差异，主要是由落籍本岛之民，族别、迁出地、迁入地及迁入时间等诸多不同因素所共同作用的结果。

第一节　方言

方言，是一定人群间相互交流、传递信息的主要工具，其形成和发展，与使用该种方言的人群关系密切。海南是一个五方杂处的移民社会，

---

① （明）叶春及：《石洞集》卷11《风俗论》，《四库全书》第1286册，第601页。

语言因族群的不同而表现出极大的差异。这点，唐氏方志曾做出如此介绍
（参见图 5 - 1）：

> 州城为正语。村落乡音有数种：一曰东语，又名客语，似闽音；
> 一曰西江黎语，即广西梧、浔等处音；一曰土军语、一曰地黎语，乃
> 本土音也。其僧、崖及生黎与蛋、猺、番等人语又各不同。①

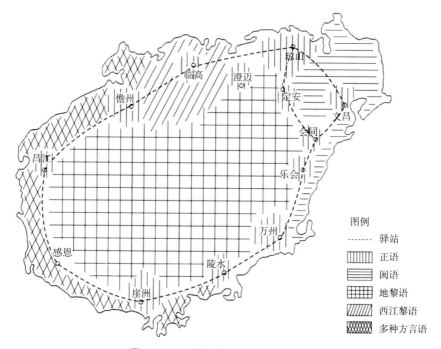

图 5 - 1　明代海南方言分布示意图

资料来源：本图是作者在张睿先生的帮助下绘制而成。

一　丰富而又复杂的方言

（一）中州正音

明初，全国因地域不同而语言迥异："吴楚伤于轻浮，燕蓟失于重浊，
秦陇去声为入，梁益平声似去，江东河北取韵尤远"。为了使"五方殊习，

---

① （明）唐胄：《正德琼台志》卷 7《风俗》。

人人不同"而"一之"，从而达到"五方之人，皆能通解"之目的，"正音"成为王朝的重要举措，十六卷的《洪武正韵》①便是在这一背景下出台的。由《洪武正韵》而推及全国的官方语言体系，应该就是海南方志中所说的"正语"，或"中州正音"。

1. "正语"分布

唐胄认为"正语"的使用范围主要在"州城"；②万历府志对此做进一步解释曰："缙绅、士大夫及居城、所者类言之，乡落莫晓。"③也就是说，这一语言主要集中分布在军、政两个系统之中：一是以府、州为核心的二级政府机构；一是以一卫十一所（万历二十八年，增至十二所）为主体的军队系统。卫所系统在本岛的设置地点，除文昌的清澜所、万州的南山二所（包括后来的水会所）外，其他皆依附在相应的府州县治（昌化所，在昌化县治内）内。由此可知"正语"的分布区域为：琼州府城－附郭琼山县、万州、崖州、儋州的四个不相连接语言片，及其他九个县治所在地。

2. 主要使用人群

使用这一语言的群体有四个层面构成：构成本岛一府三州十县的大量政府官员——官僚系统；本岛的驻军系统——军户群体；本岛因科举入仕、致仕的士大夫阶层；府州县学的教授、教谕和庠生的儒学系统。尽管该语言圈的人数不多，在全岛人口总数中所占比例不大，但它代表着官方语言。

3. 发展趋势

至万历府志编纂时止，府城作为本岛政治、军事、文化乃至经济中心，已经连续运行了250多年，"正语"的使用有了一定的普及，其逐步成为标准语言的地位也有所显现："大率音语以琼山郡城为正，使乡落一切以此，渐相染习，皆四通八达之正韵矣。"然而，令方志编纂者大惑不解的是，"正语"并没有成为全岛通用的语言，相反，"尚得以胡、黎杂语病之"。对此，方志纂者很自嘲地解释曰："然习已成俗，弗能易也。"④换

---

① （明）宋濂等：《洪武正韵·凡例》，《四库全书》第239册，第6页。
② （明）唐胄：《正德琼台志》卷7《风俗》。
③ （明）欧阳璨：《万历琼州府志》卷3《方言》，第68页。
④ （明）欧阳璨：《万历琼州府志》卷3《方言》，第69页。

而言之，民间习俗阻碍了"正语"的推广。那么，究竟是何种语言与官方语言对抗？

（二）闽南话

宋室南渡、宋元交替之际，闽南人作为自发移民主体大量移入本岛。《海南家谱提要》为此提供了相关信息。该《提要》共收集本岛 66 姓氏、170 种族谱，[①] 有名可考的迁琼始祖（又曰"过琼公"）计 110 人。其中有36 姓氏、74 位迁琼始祖来自福建，分别占总数的 54.5%、67.3%；从其入琼时间来看，时间不明者 7 位、宋以前迁入本岛的 9 位、清代迁入者 2位。宋元明时期迁入本岛 52 位，占总数的 47.3%；74 位过琼公中，以福建为迁出地 8 位，福州为迁出地 2 位，其他多来自闽南地区兴化府、泉州等地。闽南地区迁入之数，占过琼公总数的 58.2%。

上述数字说明，宋元明时期是闽南迁入本岛的高峰值。尽管通过相关族谱了解其最初的迁入地点及明代岛内再迁徙情况，十分困难。有理由相信，文昌为迁入重点，基本分布于环岛的沿海台地；随着时间推移，并逐步向腹里扩散，是移民在本岛分布的基本规律。

有明一代，随着岛内民众交流的进一步加深，以"闽语"为主体，不断吸纳海南本地词汇，海南地方方言——海南话雏形开始显现。闽南人在本岛的人口不断生息繁衍，闽南话的传播半径也随之扩大。明代中后期，琼州东北部的"乡落"地区，以文昌为中心，逐步连接琼山、会同、乐会的琼文闽南方言区初具规模。这一方言区是对抗官方"正音"的主要地区。

（三）"土军语"

唐胄《正德琼台志》记录了"土军语"，但没有说明其使用的群体及具体分布区域，这一模糊记述为万历府志所沿袭。权威解释既缺，当下对此问题理解未免南辕北辙。

---

① 陈虹选编《海南家谱提要》，海南出版社、三环出版社，2008。该著共收集海南族谱 66姓氏 169 种谱，但是丘氏与邱氏实为一姓，故只有 65 姓氏。海南十所孟氏支谱未被收集，现补入。根据该谱提供的信息，孟氏为嘉靖二年从福建莆田迁入本岛文昌。（参见孟允云主编《孟子世家流寓海南十所支谱》，2009 年续修，第 12 页）

"军话"与"中州正音"完全一致;① "土军语"即军语,为"北方方言",有"东坡话"② 之称。孰是孰非?《民国儋县志》在征引《旧志》基础上,就"军话"与"东坡话"之间渊源关系做出具体分析,为后人提供某种参考:

> 俗传军话由东坡苏公所教,其实非也。元明以前,琼为安置罪人之地,凡军戍于琼者,非崖即儋,故儋崖皆习知军话。如儋话为苏公所教,则崖之军话又将谁教也?前明,吾儋有称"所人"者,皆系军籍。军籍即言军话,确无可疑。

显然,前一观点是建立在《旧志》的认知基础之上,后一观点恰恰为《旧志》所反对。何谓"军话"?《民国儋县志》对此做出这样的解释:"与南省官话正音相同,而声韵颇长。此乃五代前士大夫以军戍儋,遂相习传。"③ 王国宪在钩稽地方历史的基础上,指出"军话"的由来及其变迁,意在说明军话至迟在晚清之前的儋州地区已经流行。并进而将"军话"与明代的儋州"所人"联系在一起,旨在说明其所操语言实为"土军语"的一个组成部分。

明代儋州的方言情况究竟如何?万历时期的儋州方志记载如下:"华言者寡,近村落略似闽。黎真鴃舌之音,莫可解。"④ 对本州语言寥寥数语的勾勒,再加上儋州城内语言系统描述的缺失,再次见识了方志的简略风格。如前所述,城内的语言实为"中州正音","闽音"和"黎语"构成该地乡落的主要语言,并无"土军语"的相关记载。"一曰土军语、一曰地黎语,乃本土音也。"⑤ 唐胄将"土军语"与"地黎语"并列,进而将二者纳入"本土音"范畴。无疑,至迟在正德以前,"土军语"已经存在。其流行时间,要早于"中州正音";从使用人群来看,二者之间缺少共性。明代之后,"中州正音"对"土军语"是否产生影响,

---

① 司徒尚纪:《海南岛历史上土地开发研究》,海南出版社,1992,第109页。
② 海南省地方志办公室:《海南省志》第3卷,《方言志》,南方出版公司,2006,第256页。
③ (民国)王国宪:《儋县志》卷2,琼州海南书局,1936,台北成文出版社影印,第179、176页。
④ (明)曾邦泰:《万历儋州志》天集《民俗志·言语》,第23页。
⑤ (明)唐胄:《正德琼台志》卷7《风俗》。

不甚明了。

就目前军话的分布情况来看，这种影响似乎是存在的。据不完全调查，该语言现仍存在于"儋县西北王五、长坡一带，儋州旧治附近以及崖城、昌江县城等地"。① 毋庸置疑，儋州旧治、崖城、昌江等地是明代"所人"驻军之地。但是，这种"所人"在本岛东部的陵水、万州、文昌、海口也有同样分布，为什么东部、北部地区没有军话的遗存？

可能的解释是，明代后期募兵制代替卫所兵制后，大量的卫所兵脱离军籍。西部地区脱离"所人"身份向民籍转变，推动了"土军语"向两个方面转化：一方面是新入民籍的"所人"与"土军语"群体之间交流，从而使得原"土军语"带有一定的"中州正音"词汇；另一方面是与新民籍没有太多沟通、地处偏远"土军语"使用群体，继续维持原先的语言。

总之，该方言在本岛西部、南部沿海台地集中分布，折射着包括明代在内，历代王朝军事治理、或官或宦或谪等移民群体，对于该地方言的影响。

（四）其他方言分布

积聚在中西部地区的高山丘陵地区，没有纳入国家编户的黎族（生黎），他们使用"地黎语"；滨海地带，疍民所操的疍家话；流行于临高及临高、儋州交界地带的西江黎语（即临高话）；崖州所三亚里的回回语（即后来的回辉话）；崖州附郭的迈语、番方等地的客语等。此外，万历二十八年，调广西弓弩手苗兵入琼镇压黎马矢之乱。他们的到来，使得十分丰富的海南方言，又增加了新元素——苗语。

明代海南方言十分丰富。唐胄所处时代，无法对黎语五种方言进行划分，就已经罗列出 10 多个方言支，可见海南方言之复杂。兹根据唐氏材料，将明代岛内方言种类及其区域分布整理如下（参见表 5 - 1）。

---

① 司徒尚纪：《海南岛历史上土地开发研究》，第 109 页。

表 5 - 1 明代海南方言地区分布

方　言	分布地区	方　言	分布地区
正　语	府城及儋、万、崖州治	地黎语	岛内中西部地区的高山丘陵地带
土军语	西部沿海台地、儋州、崖州、昌江	闽　语	环岛沿海台地，集中在文昌、乐会、会同、琼山等地
疍　语	环岛滨海沙洲	猫　语	文昌东猫山
番　语	海口浦、崖州所三亚里	迈　语	崖州附郭，三亚、田寮、椰根、多银村，永宁乡
客　语	番方、新地、保平三村	西江黎语	临高及其与儋州交界地带
苗　语	崖州抱由、罗活等地		

二　海南语系构成

按照语言学的划分法，众多的海南方言支系中，是由汉藏语系和海岛语系二大语系组成（参见图 5 - 2）。

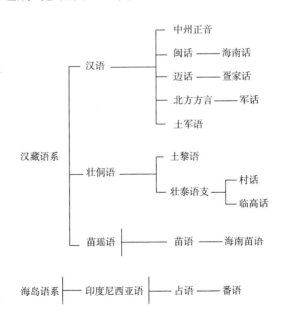

图 5 - 2　明代海南方言语系示意图

资料来源：作者自绘。

图 5 - 2 表明，由两大语系构成的本岛基本语言中，汉语语系至少有五个方言支。壮侗语，由黎语支和临高话组成，其实际构成远非如此简单。仅就黎语支而言，其内部就包含五种不同的黎族族群，只不过明代的时候对其认识不够清晰而已。属于海岛语系的番话，人口数量不多，流传范围不广泛。

第二节　汉族风俗

明代立国之后，强调以礼法治国，因之而建立了较为苛严、繁文缛节的各种行为规范。社会成员必须要循礼而行，否则即为僭越。但是，在地处遐荒的海南社会中，因民族构成之复杂，这些规定多在汉族社会中逐步推进，且因居住地不同而变化不一。

一　节序①

春夏秋冬，四季往复。岛内民众在物质贫乏的条件下，通过参与各种节日活动而丰富自己的精神生活。

（一）春季

按照中国古代历法，农历一二三月为春季，在这季节里主要节日有迎春、上元节、清明等。

1. 迎春日（正月初一至初四）

初一日，府、卫官员身穿官服至府城外东郊迎春馆，祭祀耕牧之神——芒神，完毕之后，由武弁导入城内。周围百姓除了观看由卫所举办

① （明）唐胄：《正德琼台志》卷 7《风俗》；（明）欧阳璨：《万历琼州府志》卷 4《风俗》，第 69－72 页。该段文字的资料来源除主要参考上述二部府志外，还参阅（明）曾邦泰《万历儋州志》天集《节序》，第 23－24 页；以及清代早期方志，如（清）丁斗柄：《康熙澄迈县志》（康熙十一年本）卷 1《风俗》、（清）陈宗琛：《康熙乐会县志》卷 1《地理志·风俗》，海南出版社，2006。由于明代海南州县方志存书无几，考虑到风俗的相对稳定性，故而采用较靠近明代康熙前期方志版本作为适当的补充。由海南出版社重新排版的本岛方志，因断句之故，本书在使用过程中略有改动，专此说明。

的杂剧外，还要背负自己的幼儿幼女参与一项由政府组织的集体消灭恶性传染病——天花的活动，具体过程为：土牛自河口街经西门或南门入府城途中，百姓将自带的豆谷撒于地上，让土牛踩踏，曰"消压痘疹"。

万历时期，该项活动的时间提前至迎春前一日，即除夕，参与者也由府卫官变为"府县官"。这说明天花在本岛流行较为猖獗，乃至三州十县的官员皆参与进来。撒豆谷活动终明一代，该方法的实际效果并不尽如人意。

值得一提的是澄迈县的迎春日，有"鞭春"习俗。等"消痘疹"活动结束后，城郭之民以县治界分东西两行，立于土牛的左右，"候官府礼毕，左右人相协力推仆土牛，任其左右"，用来占凶吉。① 在迎春日的四天内，人们互相拜贺，曰"拜年"。期间为出行吉利，阴阳家以《四日出行图》（万历时期曰《牛图》）予以指导。

初三日，为防止口舌之灾，将主斗讼之神以书帖方式订于门上，曰"订赤口"；并邀众渔猎，曰"斗口"。城内店铺闭门，有客敲门者才开门。

初六日后，祀奉驱除瘟疫傩神。此项活动，城乡表现有所不同。城内各坊户请道士设道场，祈福消灾；村落抬神、贴符，遣瘟神。为了还愿，城内多做秋千。女式为"用四木，两分相叉为架，高而垂下"；男式则"两木如柱，两孔横架，短而翻转"。此外，也有用竹木捆绑 2 - 3 丈高的灯笼——立天灯，也用来还愿。

2. 上元日（正月十五元宵节）

官府、富家积极参与元宵节活动，以"缚竹糊纸"做成"鳌山灯"及名称不一的走马灯；将雕刻的人、马加以彩绘，并为其穿上绫罗衣裳，设置机关，使之活动起来。放灯活动从正月十一日开始，一直到十八日。官府燃烧"火树银花"，"炮仗声震不绝"。周边二三十里者入城观看"放烟火"。正德初，琼州兵备道副使王弘记载了这一盛况：

> 海南元宵，郡人各张灯，高架旁突于通衢，巧奇百出。远近聚观，儿童走卒，歌舞欢呼不绝。区区台端独坐，属目大门之外，幸分一夜之光。海南僻在一隅，人情如此，亦足见太平气象。②

---

① （清）丁斗柄：《康熙澄迈县志》，第 31 页。
② （明）王弘：《〈海南元宵节〉诗并序》，转引自（明）唐胄《正德琼台志》卷 7《风俗》。

士大夫也参与放灯，并根据经书典故，制造灯谜，从而使得这一活动散发出浓浓的文化气息。

此外，占城节日活动也在本岛南北有所体现。成化二十二年十一月："占城国王子古来攻杀交趾所置伪王提婆苔，交趾怒，举兵压其境，必欲得提婆苔，古来惧，率其王妃王孙及部落千人载方物至广东崖州。"①

古来在崖州居住期间，曾将其"鲍老"等滑稽戏及"装番鬼、舞象"等娱乐节目在崖州演出，从而风行全岛。正德时期，府城便有此项活动。遗憾的是在万历时期似乎销声匿迹。

十六日夜，以女人为主体的"走百病"，她们结对而出，或探亲、抛桥、谒庙，男人不参与。此风俗在北京等地也极为盛行，但时间不一。这天妇女们穿着节日盛装，成群结队走出家门，走桥渡危、登城、摸钉求子，直到半夜始归。万历时期北京地区的情况如是："（正月八日至十八日）妇女着白绫衫，队而宵行，谓无腰腿诸疾，曰'走桥'；至城各门，手暗触钉，谓男子顺，曰'摸钉儿'。"②

各村落皆设有上元道场，为鳌山祝圣寿、祈年丰斋等活动。

3. 拔墓与清明

在清明节前一天，即冬至节后的第 105 天为寒食节，插柳、扫墓、放风筝等活动是北方的习俗。从文献记载的情况来看，海南的寒食节易名为"拔墓"，与北方比较，少了些放风筝的欢愉，而显得肃穆。二三月间，城里的人给坟茔添新土；乡村的人剪除坟墓上的荆棘，这一活动被称之为"拔墓"。活动结束后，人们通常将祭奠的酒肴、牲仪，用于会餐。此时适宜于插柳。其他主要是女性活动，诸如"簪榴花""以米易海蛳（即海螺——引者注），呷之"，目的是为了"不害眼""目明"等眼睛保健。

与府城地区比较，二至三月份的节日在不同地区有所变化。唐胄认为苏东坡所言的"海南人不作寒食，而以上巳日（旧历三月初三）上冢"，实是指儋州而言，从万历儋州方志记载的情况来看，并非虚言。但是，儋州的清明节事实上是将海府地区的"拔墓"和清明节集于一体："清明日，先期添墓土，除草莱。至期，男妇载酒肴上墓，张挂纸钱。""妇女簪榴

① 《明宪宗实录》卷 284，第 4806 页。

② （明）刘侗、于弈正：《帝都景物略》卷 2《春场》，《续修四库全书》第 729 册，第 263 页。

花，谓不害眼。"此外，儋州地区还有二月十二日，为祭祀冼夫人诞辰而设立"宁济夫人诞"；二月十九日，有"观音诞"；三月初三日，庆祝道教真武大帝诞辰的"真武诞"；三月二十三日，庆祝妈祖的"天妃诞"等节日。不仅如此，还有关于"禁忌"的规定，如"二月雷禁"即是其中之一，"凡一切事，初一二三日，皆不与兴作，犯禁者有罪"。[①] "雷禁"在海南各地皆有类似规定。

（二）夏季

农历四至六月，主要节日有龙华会、端午节、关王会等。

1. 佛诞节（四月八日）

此日为释迦牟尼诞辰，故曰佛诞节，又称为佛诞日、浴佛节、龙华会、华严会等。佛教信徒用"五香和蜜水，浴释答太子佛"，信佛妇女，"集尼庵，饮浴水"，将剩余浴水分送给未到场"檀越"（即施主——引者注）。这一活动，主要集中在府城地区。

2. 端午节（五月初五）

又曰端阳节。为迎接该节日，从两个方面准备：其一，将鸡抛到溪水中，谓之"洗龙"，并将其加以装饰，作为端阳节的食物；其二，乡间组成"龙会"，"以木刻龙首、尾"，祀奉在各乡落庙中，"唱龙歌迎之"。从初一到初四日开始，各会首轮流将"龙"迎回家，唱歌、饮酒："其家（会首家）先密作歌句，以帕结之，悬龙座前，独露韵脚一字，俾会中人度韵凑歌，得中句中字多寡，以钱、扇如数酬之。"乡谚曰："未斗龙船，先斗龙歌。欲求钱帛，中字须多"，[②] 可谓道出了实情。

到端午节这一天，各村迎龙会于大溪（即今美舍河），进行划龙舟比赛，两岸观者无数。丘濬在其送衡州通判唐履信致仕归琼山的《归田乐诗序》曰：

> 寒食清明都已过，枝上榴花红朵朵。龙舟击浪去如飞，鼍鼓喧天槌欲破。掀髯岸帻坐船头，指挥白羽横中流。锦标入手拍掌笑，楚声一曲带醉讴。向晚拿舟沙嘴泊，开筵把酒争酬酢。厌厌不醉夜不归，

---

① （明）曾邦泰：《万历儋州志》天集《节序》，第24页。
② （清）屈大均：《广东新语》卷18《舟语》，第489页。

人生无如归田乐。①

龙舟竞赛场面之激烈，情趣之高涨，以及作者的乡情流露，由此可见。无独有偶，海南女诗人冯银的诗也佐证了这一场面：

> 端阳竞渡楚风存，疾较飞兔复出群。棹起浪花飞作雪，杆扬旗彩集如云。一时豪杰追卢肇，千载忠魂吊屈君。两岸红裙笑俚妇，那知斗草独笼芸。②

冯银不仅道出了海南端午节的历史源流，展示了宏大的龙舟竞赛场面，还描述了女性"斗草"游戏在此时间段内的流行情况。

驻扎本地卫所也组织活动。端午节黎明时分，武官备弓马、柳刀、柳剑，相会于教场，进行走马剪柳、射球比赛，由太守主持，并有民间善拳者参与，是为"剪柳"。结束后，请太守往南湖游宴，曰"采莲"。同时，府城内也有"划旱船"活动。

儿童斗蟋蟀，争胜负；青年女性采白花草相斗，较输赢。

为了避灾免疫，人们开始利用艾草制香袋，涂雄黄酒，杀灭虫害。男妇皆佩戴香袋，小孩子则用涂有雄黄的彩色丝绳缠在臂上，喝菖蒲熬成的水；用艾草悬于门上，以避邪除毒。用水浸泡蒲艾及有芬芳之气的百卉，供人们洗浴和饮用。

3. 关王会（五月十三日）

传说该日为关羽诞辰，儋州、澄迈谓之为"庆寿亭侯诞"。卫所具体承办，自十一日起装扮关王会游街，至十三日于关王庙集中。军士互相竞赛，为祈求个人心愿，竟有"仁立王像前三日"的"站刀"之举。

较为特殊的是，儋州在五月二十八日还有"庆城隍诞"。

六月，祀灶神。六月是海南降水较少、气候炎热的季节，人们选择六月六日晒衣服。

---

① （明）丘濬：《琼台诗文会稿重编》卷15《归田乐诗序·竞渡》，《丛书集成三编》第39册，第3页。该诗为唐胄《正德琼台志》卷7《风俗》所转载，所加标题为《丘深庵送唐衡判敬归田诗》；该文也为王国宪的《海南丛书》所收集，但是"拿舟"为"挐舟"。[参见（民国）王国宪辑《海南丛书》卷4《序》，第1集，第44－45页]
② （明）唐胄：《正德琼台志》卷7《风俗》。

（三）秋季

秋季时间段为七至九三个月，主要有乞巧、盂兰会、中秋及重阳等节。

1. 乞巧节（七月七日）

原本属于女性的节日，在此演变成祭祀先人的活动。用彩纸裁剪成衣裙、金银首饰等状，焚烧给祖先的"烧冥衣"；富家斋醮焚纸衣以赈孤魂的曰"施设"。

2. 盂兰会（七月十五日）

主要是为已逝先人念经、做佛事，使其亡灵早日脱难超生。在前三日，"佑父母者"或"负冤枉者"，"洁衣清斋"，汇集斋坛，后沿村乡道路，随行随拜。当日，回到原先的斋坛所设置的斋场团拜。斋场布置一个2－3丈高、10－20丈宽的桥，参拜的人们在僧侣的引导下，通过一个装饰有牛头马面、阎罗、鬼像的门，在桥上一步一拜，并各有所呼，到达斋坛前，在各自的先祖处焚烧纸衣。制作大小风筝，"相担搭为胜负"，万历时期，这一活动时间后移至重阳节。

不过，万历时期儋州将二者时间连在一起，"（七月）初一至十五日止，家各具牲醴，焚纸衣，以奉祀祖先"，而无盂兰会；澄迈与儋州在时间上大略相似，也有做盂兰会以"荐亡"的活动，间或有"乞巧之戏"。

3. 中秋节（八月十五日）

府城地区"玩月"，小孩以捉蜻蜓游戏为乐。而儋州、澄迈则"聚亲朋赏月"。

4. 重阳节（九月九日）

士大夫行登高赋咏。此外，万历时期儿童制作"纸鸢（即风筝——引者注）"，互比胜负。儋州和澄迈也有类似儿童制作"纸鸢"的活动，而登高赋咏则成为"好事者"的行为。澄迈在此日，有"观潮之大小，以验来岁之丰歉"的做法。

（四）冬季

时间为十月至十二月，主要有祭墓、冬至、送灶和除夕等。

1. 祭墓（十月）

府城地区，凭吊先人集中在是月进行。此外，该地儿童游戏较为盛行，谚曰："杨柳青，放风撑（即风筝）；杨柳黄，打达忙；杨柳落，斫得乐"。此时正是打达、得乐的时节。所谓"打达"，即在地上画线，在一丈远的地方用寸许的小木块，撞击该线，过线者为胜；得乐，即是把木头或牛角弄成圆底，在其下部嵌入铁钉，用绳子缠绕，抽打使之运转，进行比赛。

儋州的祭墓活动，在十月初一，士大夫"间或"行之；澄迈则是在农忙季节。既是大熟收割，又是小熟播种之时，有"佃仆醉饱、喧歌"之景象。至于小孩游戏，二地皆无此记载。

2. 冬至（十一月）

是日，人们互相拜贺。早期的"亦相拜贺"，到万历时期的"迭相交贺"，表明府城地区对这一节日的重视程度有所增加。而儋州、澄迈"俗多不尚"，不过，儋州在士大夫间，"亦相拜贺"，在澄迈则"少交贺"。

3. 送灶（十二月二十四日）

是日，白天人们用竹枝扫尘，清洁家里卫生，将炉灰打扫干净；晚上则"具酒果，送灶君"。澄迈县在此前还有祀祖、祭雷的做法，并将换炉灰、扫尘的事情放在大年三十；婚事、迁坟多在本月内进行。

4. 除夕（十二月三十日）

午后，祭祀先祖，因之有"分岁"或"辞岁"之说；晚辈将酒馔送至桌上，同父母围炉而坐，吃年饭；至夜，燃火于门外，"焚辟瘟丹"，放炮仗；一鼓时分，设酒果，迎灶君；再次清扫家中污秽，将扫尘用的竹枝等一并载于破旧箩筐中，抛至郊外，曰"送穷"；家中各厅、房、廊、室皆点灯，全家人共同坐守，曰"守岁"；半夜时刻，挂纸币于门上，换门神，贴春联；进行撒灰活动，在夜深人静时画灰于道，做弓矢形状，以求射祟攘灾。

乐会各节日的情况及其变化，基本上与府城地区大略相当。

二 饮食与服饰

（一）饮食

有道是"民以食为天"，唐胄对海南粮食问题做出总结："今吾琼米谷虽不多于高雷，然岁不太荒，亦不取资于彼"。① 这就是说，正德时期本岛粮食基本上实现自给。从实际来看，这种判断似乎过于乐观。尽管新的作物品种传入，但是由于粗放式耕作及自然灾害频仍，缺粮现象尤其是万历时期，时有发生。苏东坡笔下"所产秔稌不足于食，乃以薯蓣杂米作粥，糜以取饱"② 的情况，在方志记载中并不少见，"以薯蓣为粮"是一般民众日常饮食常态。通过节令中的饮食梳理，可略窥其端倪。

春饼。用面粉烙制较薄的饼子，一般要卷菜而食。在立春日吃春饼有喜迎春季，祈盼丰收之意。至迟在正德时期，海南春饼所裹之菜，就有"生菜、诸肉品"，比之于万历时期北京在初一、初七、八三天，"和菜"③ 而吃春饼之种类要丰富。

春糕。将糯米碾成粉，用水调匀后加蔗糖搅拌，使之成为糊状物，用笼蒸，蒸熟后其形状为"围径尺许，厚五六寸"的圆形物。春糕与"诸果品"一道，用于"岁祀"。完毕后，即以之为"年茶"，馈赠和答谢亲友。

晚明时期，在早期兼有自吃或送给他人吃的春饼，变成"相馈"的礼品。儋州"城中办糖糍、糖圆，乡落办米果及诸果品，以供岁祀"；澄迈"各家蒸糕设肴酒果以供岁"。

元宵丸。元宵节食品，用糯粉搓成大小不等的丸子，小的与糖水一起煮；大丸子内包糖馅；后期则有"相送"意思。儋州还具有"奉先"的含义。

粽子。端午节特色食品。无论城乡皆有包粽子的习惯，且种类较多。材料上，有糯米、黍等；其形状，则为羊角、牛胫和门闩等品种。除自家品尝外，部分用于馈赠。

接荔枝。端午节前后，正是荔枝成熟季节。这一活动，以居住在府城里的人为主体，他们聚集在丁村桥宴乐，并派人去购买新鲜荔枝品尝。晚明时期，这一活动不甚活跃。

① （明）唐胄：《正德琼台志》卷 8《土产上》。
② （宋）苏轼著《苏轼诗集》卷 41，（清）王文诰辑注《和陶渊明劝农诗·序》，中华书局，1982，第 2254 页。
③ （明）刘若愚：《酌中志》卷 20《饮食好尚纪略》，《续修四库全书》第 437 册，第 559 页。

团圆饼。八月粮食青黄不接，谚语谓之为"饥月"。① 中秋节食品，主要以面为材料制作而成，曰"团圆饼"。城乡一直有"煮天南星"吃，名曰"剥鬼皮"；澄迈情况与此相同；儋州则"煮薯去皮"，并吃甘蔗，名曰"剥虎皮"。

此外，关于"阁老饼"的制作，明人陈洪谟有如下记录："丘琼台（指丘濬——引者注）尝以糯米淘净，拌水粉之沥干，计粉二分、白面一分，搜和团为饼。其中馅随用，煠熟为供，软腻甚适口。以此饼托中官进上，上食之嘉，命尚膳监效为之。进食，不中式，司膳者俱被责，盖不知丘之法制耳。"② 陈洪谟指出，京师将此饼传为"阁老饼"。继陈氏之后焦竑对此也有类似记载。③ 二者皆有通过内侍口吻，进而怀疑丘氏"心术之微"的用意。某种程度上来看，经由丘濬加工，提升了海南面饼制作技术在全国的地位。

毫无疑问，类似阁老饼之类食物，在海南也并非平常人家所能吃到的。端午节中黍粽子、中秋节中的煮吃天南星，只能算是民间偶尔为之的食品，日常三餐基本上是薯蓣和大米交替食用。

（二）服饰

明朝开国之初，关于服饰礼仪方面政府就有禁止元代的"胡服"而恢复唐代之制的规定。洪武三年二月，又将"四方平定巾"进一步具体化：

> 命制四方平定巾式，颁行天下。初，上既即位，更定制度：凡官民男女，衣冠服饰，悉复中国之制。至是，又以士民所服四带巾未尽善，复制四方平定巾，颁行天下。令：士人吏民咸如式制服之。皂隶、伶人如初所定，以异其制。④

有明一代，服饰礼仪上的诸多规定，除了对本岛的各级官吏、军士及一定数量的士人起到制约作用外，与普通百姓关涉不大。儋州的情况极具

---

① （清）丁斗柄：《康熙澄迈县志》卷1《风俗》，第32页。
② （明）陈洪谟：《治世馀闻录》下篇卷1，《四库存目》史部第46册，第526页。
③ （明）焦竑：《玉堂丛语》卷8《刺毁》，《续修四库全书》第1172册，第570页。
④ 《明太祖实录》卷49，第964－965页。

有代表性："男女出入，多缦布帕"，而冠礼则是"士大夫家行之"。① 万历二十九年的《广东通志》将此描述为："民皆服布务农，鲜商贾之业"②，这一情况为万历《琼州府志》所认同。③ 同"服饰逾越等级制度的情形更甚"的明朝末期④总体社会状况比较，海南服饰处于明显滞后状态。

三　婚姻

（一）女性婚龄情况

洪武初年，以《朱子家礼》作为庶人婚姻礼仪的准则，并就其阙如的"问名、纳吉，止纳采、纳币、请期"进一步完善，作出如下规定：

> 下令禁指腹、割衫襟为亲者。凡庶人娶妇，男年十六，女年十四以上，并听婚娶。婿常服或假九品服，妇服花钗大袖。其纳采、纳币、请期，略仿品官之仪。有媒无宾，词亦稍异。亲迎前一日，女氏使人陈设于婿之寝室，俗谓之铺房。至若告词、醮戒、奠雁、合卺，并如品官仪。见祖祢舅姑，舅姑醴妇，亦略相准。⑤

从现有资料来看，海南在落实这一政策过程中，女性婚龄皆有所滞后。岛内各地方志，对有明一代本地区的贞烈情况，都有详略不同的记载，兹将文献所载的婚龄整理如下（参见表 5 - 2）。

表 5 - 2　明代海南部分女性初婚婚龄统计

地　区	姓　氏	夫　家	婚　龄	地　区	姓　氏	夫　家	婚　龄
琼山 [1]	程氏	贾岳	18	万州 [2]	陈氏	纪明钦	17
	方氏	岑冕	15		王氏	曾绍荣	17

---

① （明）曾邦泰：《万历儋州志》天集《民俗志·习尚》，第 23 页。
② （明）郭棐：《万历广东通志》卷 57《风俗》，《四库存目》史部第 198 册，第 454 页。
③ （明）欧阳璨：《万历琼州府志》卷 3《风俗》，第 68 页。
④ 南炳文、何孝荣：《明代文化研究》，第 341 页。
⑤ （清）张廷玉：《明史》卷 55《礼志九·庶人婚礼》，第 1403 页。

续表

地 区	姓 氏	夫 家	婚 龄	地 区	姓 氏	夫 家	婚 龄
琼山 [1]	毕氏	屠经	15	文昌 [3]	李七娘	黄务	16
	丘氏	海瑞	14		林淑温	沈鲂	16
	周氏	潘积	18		林氏	吴世杰	17
	王氏	张玉	20		王氏	韩节俭	17
儋州 [4]	朱氏	陆刚	18		韩氏	云昺	16
	徐氏	萧凤	15		林氏	邢文叙	17
	林氏	李培春	17		邓氏	叶景熙	19
	符氏	曾廷璠	19		林氏	陈天聪	17
定安 [5]	吴氏	陈时皞	18		潘氏	韩文源	16
	李氏	何芳	16		吴氏	韩文濬	16
	甘氏	吴翼	18		李氏	韩元敏	16
临高 [6]	苏氏	杨应	18		符氏	赵元	16
陵水 [7]	陈氏	王造龙	16	澄迈 [8]	徐氏	林煌春	19
崖州 [9]	李氏	冯氏	18		林氏	王氏	15

资料来源:

[1] (清) 王贽、关必登:《康熙琼山县志》卷7《人物志·列女》,海南出版社,2006,第 230－240 页。

[2] (清) 李琰:《康熙万州志》卷3《节烈志》,第 136－137 页。

[3] (清) 马日炳:《康熙文昌县志》卷7《节烈》,第 171－182 页。

[4] (清) 韩祐重:《康熙儋州志》卷2《贞节志》,第 158－160 页。

[5] (清) 张文豹:《康熙定安县志》卷2《节烈》,第 161－164 页。

[6] (清) 樊庶:《康熙临高县志》卷8《人物志·列女》,第 144－145 页。

[7] (清) 潘廷侯:《康熙陵水县志》卷10《人物志·烈女》,第 65 页。

[8] (清) 丁斗柄:《康熙澄迈县志》卷12《烈女》,第 215－216 页。

[9] (清) 张擢士、李如柏:《康熙崖州志》卷1《贞烈》,第 39－40 页。

除昌化、乐会、会同三县记载不明外,对上列 32 个案例分析,可以看出海南女性初婚年龄,比朝廷规定的 14 岁年龄 (仅为 1 例,海瑞娶丘氏为继室),反而有所滞后。15 岁结婚 4 例,占总数的 12.5%;16－17 岁出嫁者为 16 例,占总数的 50%,且多集中在本岛的文昌、万州等东部沿海地区;而 18－20 岁段,主要分布在海口、澄迈和儋州地区。

当然,上引材料仅仅是明代海南众多女性中极其微小的一部分,就贞烈而言,其中还有一大批在 20 岁以前守节者,由于年龄没有明确记载之故,没有录入。或许是由于入选贞节、烈妇的标准所致,所引用的诸方志中，没有发现一例童养媳等现象，但并不能因之而否定其存在。

（二）婚姻观念

明代海南婚姻重门第的等级观念较为明显，进而演绎成分层婚姻，且有逐渐蔓延的趋势。"故家"间婚姻；"赤籍（军籍——引者注）"婚姻；"乍富乍贵者"与"故家"攀援。① 唐胄对这三层婚姻，有着极为精彩的描述。

1. "故家"间的婚姻

"故家"在海南的不同地方皆有分布，苍原（今海口市）陈家，水北（今文昌市）邢家，叠村蔡家、蕃旦（今海口市）唐家，倘驿（今澄迈县）李家，莫村（今定安县）莫家等近二十家的名门大族。他们之间"宗衮宗盟，愈绵愈繁；世婚世姻，联瓜联葛"，即便偶有家道中衰者，"闾里犹以'官'呼之"。分布在乡落的故家多"竞持门第"，非故家者难以与之通婚。万历时期，这一情况有进一步发展的趋势："故家矜门第，谨结纳，宗衮世姻竞持不改。"其中，文昌地区表现得尤为显著，"故家遗族，门第相矜"，② 是万历通志和府志对此情况的一致表述。

2. "赤籍"婚姻

因驻军而来海南的人员，其户籍皆为军籍，而隶属于都督府，身份世袭。但当其"有趋起者"，人们"辄争求结婚"，且"不相鄙笑"。与"民家虑与为婚姻，赋役将累己，男女至年四十尚不婚"③ 的明初武陵地区的军户比较，有着明显的差异。这一情况表明，军籍在海南的地位有所提高。

3. "乍富乍贵者"婚姻

因机缘所致，而富贵一时。这些新富者试图通过婚姻的手段，与故家大族攀援，以提高自己的地位。一般民家"耻于为婚"，更遑论世家大族。但是，为了能与大族联姻，他们采取"先与故族衰薄户丁为之"，即通过寄丁身于破落的故族之家，改变其"乍富乍贵"的家庭身份。究竟能否达

---

① （明）唐胄：《正德琼台志》卷7《风俗》。
② （明）郭棐：《万历广东通志》卷57《郡县志·琼州府·风俗》，《四库存目》史部第198
　　册，第454–455；（明）欧阳璨：《万历琼州府志》卷3《风俗》，第71页。
③ （清）张廷玉：《明史》卷158《黄宗载传》，第4309页。

到其最终目的，不得而知。但是，从万历《广东通志》的记述来看，结果似乎并不理想："小民奉巨室若官府，间有衰薄不振者，子孙凌替，闾里犹尚以官呼之。其一旦起家，名声虽赫，故族羞与为构。"万历时期"小民"将"巨室"视之为"官府"，称谓上的改变，其原先"耻于为婚"，鄙视"巨室"的态度，应该会有所改观。但是"巨室"与世家大族中间的鸿沟，因"故族羞与为构"，而日益扩大。

此外，以延续香火为目的的婚姻，也有不同程度的存在。曾双溪（字僖），婚后膝下无子，常有卖田买妾之举，乡人"诮之"其行为。于是，他便自题诗一首，为自己辩白："卖田买妾人皆笑，四十无儿我独伤。但看山头无主墓，一杯谁肯酹斜阳？""识者是之"，[1] 表明人们对这一婚姻状态的认同。

（三）婚姻礼仪

海南细民之家，"凡婚姻亲事，有未知择日者"，多于四月八日或六月六日举行；而结婚日期多在十二月。[2] 结婚之日也有所提前者，如定安则"十一月至岁暮多嫁娶，谚曰'做亲家'"。根据本地的风俗，迎新多在傍晚进行。婚礼其他内容，如铺床、见庙、奁筐、器用、添箱、复脸、朝数、会亲等诸多礼节，与中原基本一致。澄迈、定安地区的定亲、迎亲等具体情况如下：

> 初，以庚帖请。庚帖者，书女之生年庚甲也。男家报可，则奉金银钗环以从。已而纳币，则两家各用婚书。槟榔动以千计，至有金银为蒂者。彩币、猪、羊、酒、粿、茶、面，惟女家是命。已而请期、已而亲迎，间效《六礼》行之。

> 女至男家，首饰、器皿俱用金银，或有折为奁田者。既合卺之明日，乃谒庙。已乃谒舅姑，而献布帛鞋被之仪；已乃以次谒诸尊长，视其亲疏答以贺仪。[3]

---

① （明）唐胄：《正德琼台志》卷42《杂事》。
② （清）丁斗柄：《康熙澄迈县志》卷1《风俗》，第31-32页。
③ （清）张文豹：《康熙定安县志》卷1《风俗》，第39-41页；（清）丁斗柄：《康熙澄迈县志》卷1《风俗》，第29页。

正德时期的婚礼，琼山地区"多越礼度"。万历之后，财富在婚姻中占据一定的地位，除琼山一地外还有所蔓延。以儋州为例："婚用槟榔动以千计，至有金银为蒂者。彩币、猪、果，唯女家是命。"① 海南"以槟榔为命"由来已久，也是本岛最为显著的民俗特征。会同县"田土膏腴，竞种槟榔"；万州"树槟榔为业，居常昼夜啖槟榔，宴会以敬客"，"婚定槟榔"。② 槟榔既是财富的象征，也显示主家待客的诚意。此外，晚明时期定安金银陪嫁抑或折成"奁田"，儋州婚礼的金钱化趋势已十分明显。

有甚者，定安"富者装办以美观，而贫民亦勉强以从事"，进而达到"遣女不忌空囊"的地步，澄迈与定安在婚礼上花费、相关程序，基本相同。万州、陵水地区："婚侈张筵，富者欲高，贫者欲及，而日趋于侈。"③以参与婚宴人数多寡来炫耀家庭财富，贫者同富家攀比，从而推动了海南的奢侈婚礼之风。

四　丧葬

"入土为安"是对死者的最高尊敬，这是历代以来的传统。有明一代，海南即便是极贫之家的丧葬"亦寻一抔土以为掩埋之计"，而"绝无水火之葬"。④ 丧葬习俗则有明显的不同：在琼山、文昌、会同、乐会等地，从旧俗开始向循礼方面转变；旧俗的"浮屠"治丧事，则在澄迈、定安、儋州等地有愈演愈烈之趋势；万州、临高则与上述有差异。造成如此情况，既有士大夫的主观努力，又有因地域不同而风俗迥异的客观原因。

（一）葬礼新风尚

以拒绝使用"浮屠"习俗为始端，开启了海南丧葬习俗礼仪从古俗向中原化的转变。此项移风易俗的实践，最初始自永乐乙酉科（1405）乡举

---

① （明）曾邦泰：《万历儋州志》天集《民俗志·习尚》，第 23 页。
② （清）李琰：《康熙万州志》卷 3《风俗》，第 140 页。
③ （明）郭棐：《万历广东通志》卷 57《郡县志·琼州府·风俗》，《四库存目》第 198 册，第 455 页。
④ （清）丁斗柄：《康熙澄迈县志》卷 1《风俗》，第 29 – 30 页；（清）张文豹：《康熙定安县志》卷 1《风俗》，第 39 – 40 页；（明）曾邦泰：《万历儋州志》天集《民俗志·习尚》，第 23 页。

的文昌人邢贵，在其居乡期间的倡导下，"邑人丧不用浮屠，自贵始"；① 稍后，永乐十九年进士，琼山人吴锜致仕回乡时，"以诗礼倡导，乡邑凡冠婚丧祭多所取则"；② 先行者早期实践，范围仅局限于文昌和琼山的局部地区。

成书于成化甲午（1474）的《家礼仪节》，试图就社会交往诸多礼节的混乱局面进行规范，从某种程度上给海南带来一定的影响。

丘濬在《家礼仪节·原序》中道出"慎终有道，追远有礼"，为该著写作的主要目的；"礼文深奥，而其事未易以行"，故以"文公（司马光——引者注）《家礼》本注"为蓝本，"以浅近之言"予以解读，从而"使人易晓而可行"。共有八卷组成的《家礼仪节》，③ 丘氏各用一卷来规范"通礼""冠礼""昏礼""祭礼"，而卷4至卷7则集中阐述"丧礼"。可见丘濬对丧礼的重视程度。尤其在卷4中提出"不用佛事"，道出其反对"浮屠"之理由：

> 世俗信浮屠诳诱，于始死及"七七日"、百日、期年、再期、除丧。无不供佛饭僧，或为经造像、修建塔庙。云：为死者灭罪，必升天堂；不为者，必下地狱，受无边之苦。殊不知，人生含血气，知痛痒；死则形体消灭，与木石等。其神飘若风火，纵有刲、烧、舂、磨，亦无所施。④

丘氏借助司马光理论上尚不完备的反"浮屠"言论，来阐述自己的主张。凭借丘濬的身份和地位，该著的影响力不可忽视。然而从本岛的实际情况来看，其影响程度和范围皆大打折扣，可见改变落后习俗非一蹴而就。

正德之后，这一情况有所改变，唐胄在其方志的《风俗》中说："故家士族益多化之，远及僻邑，间有徇俗，丧用浮屠亦少"，算是对丘氏用心肯定。

---

① （明）唐胄：《正德琼台志》卷38《人物三·乡举》。
② （清）吴南杰：《康熙琼山县志》卷9《人物志·进士》，第171页。
③ （明）丘濬：《家礼仪节》，乾隆庚寅年重修，宝敕楼版藏，《丛书集成三编》第24册，第119-212页。
④ （明）丘濬：《家礼仪节》卷4，第13页上。

明代后期，在琼山、文昌地区境内，《家礼仪节》成为人们日常的行为准则，且对东部地区的风俗产生影响，在康熙早期的方志记载中可见。乐会，"居家行家礼，丧礼尤重"；① 陵水，"婚丧循礼"。② 这表明丘氏的《家礼仪节》，在包括琼山在内的东北部地区较为盛行。

（二）浮屠治丧

与上述地区不同，在本岛的中、西部地区，婚丧等诸多方面，"循礼"之举受到摒弃，代之以"旧俗"，且愈演愈炽。前文的婚姻习俗中，已有所涉及。较之于婚礼来说，丧礼有过之而无不及。这些地方，除了儋州、澄迈二地"丧礼，间作佛事"③ 而外，最为典型的要数定安地区：

> 丧礼作佛事。初丧棺殓，称家有无，每七日一奠，四十九日乃止，名曰："七七"；百日乃哭足；期年曰"对周"。俱以奠胙致馈，或置酒肴以邀亲朋。葬不拘年月久近。不吝谢金，厚仪以延地师，必得风水、年月利便乃襄厥事……富者，用石冢或灰隔。行丧多用锣或用鼓乐导引，竹舆、亭架、幢旌皆有齐备。婿家盛设酒席，列于郊外以侑众，曰"食百客"。祭时惟岁节奉荐于寝，而无祠堂。④

（三）其他地区治丧礼仪

万州从地理位置来看，北与会同、乐会毗邻，南与陵水相接，东面大海，西依黎峒。其南、北相邻的地区婚丧礼仪，皆受到琼山的影响，唯万州例外。该地反映在丧礼上，既不同于琼山等地的"循礼"，也非定安等地的"佛事"，而是另一种形式，兹整理如下："居丧无度。宰牲设筵，箫

---

① （清）林子兰：《康熙乐会县志》，《地理志·风俗》，第35页。
② （清）潘廷侯：《康熙陵水县志》卷3《地理志》，第17页。
③ （明）曾邦泰：《万历儋州志》天集《民俗志·习尚》，第23页；（清）丁斗柄：《康熙澄迈县志》（康熙十一年本）卷1《风俗》，第29页。
④ （清）张文豹：《康熙定安县志》卷1《风俗》，第39-40页；（清）丁斗柄：《康熙澄迈县志》卷1《风俗》，第29页。丁斗柄的澄迈县志成书时间在康熙十一年，而张文豹定安县志成书约为康熙二十九年。二者在叙述《风俗》上几近一致。此外，这段文字与《万历儋州志》的相关描述也有共同之处。（参见该著第23页）

鼓招待宾客。殡日，鼓吹幡旐导于前，结楮为神像。墓所具酒食待客，曰'作墓头'。"① 以招魂幡作为前导，结楮为神像，尽管没有道士参与的记载，但是还是受到道教的影响。比起做佛事的西北部地区来说，万州的丧礼有所简略。

位于本岛西北部临高的葬礼，则是"亲终，多不立主，鲜识高曾（僧——引者注）"。② 尽管该地在儋州、澄迈之间，面向大海，背依五指山，很明显该地葬礼与浮屠、道士的影响无涉，更无"循礼"的迹象可言。

五　陋俗与劣习

"其俗朴野"的海南社会，在明代极力推行的教化礼仪之下，因各地反应不同，未免出现新旧杂陈，循礼与陋俗、劣习并存的局面。其陋俗与劣习主要有：

（一）　六弊

早在正德年间，出于以"正风俗为本"之目的，便有提出了禁革"极弊"之六条，这就是后来方家所谓的《唐西洲劝俗说》，③ 主要内容如次："一曰赌博；二曰潜养；三曰拐诱；四曰屠牛；五曰浮海；六曰饮酽。"从今天来加以解读，唐胄所云的六条中，"赌博"可以说成是风俗问题，而后五条基本上可算是当时社会现实问题。比如：

1. "潜养"

古语云：不孝有三，无后为大。为解决家族香火传承问题，族中抱养较为普遍，但是海南情况特别。"凡无嗣者，不肯显立同宗之人，多是潜养异姓之儿"，风气最盛者属卫所武弁，"多潜抱他子为袭"。

2. "拐诱"

主要是琼州海峡对面的高州、雷州一带，人烟稀少，因该地"喜仆役"，故而"滨海奸恶"，多在海南北部沿海尤其是文昌等地诱拐儿童，

---

① （清）李琰：《康熙万州志》卷3《土俗志·风俗》，第140页。
② （清）樊庶：《康熙临高县志》卷2《疆域志·民俗》，第48页。
③ （明）唐胄：《正德琼台志》卷42《杂事》。《唐西洲劝俗说》之说，最早见于（清）方岱、璩之璨《康熙昌化县志》卷1《舆图志·风土》，海南出版社，2006，第20页。

"有至数千金者"。其"苦极惨切",进而达到"官司无可奈何"之地步。

3. "屠牛"

在古代农业社会中,牛属于大型的生产资料。因偷盗而来被宰杀的牛肉,充斥海南市场。唐胄认为,"惟在有司常禁屠绝肉,则彼无乘",这样可以抑制偷牛现象的发生。遗憾的是,"近有官琼佥考者,性亦慈缓不滥,惟喜牛判",尽管"日入数判,纸钱仅数百",惩罚力度太小,偷盗之风日盛。

4. "浮海"

海南往广州的途径主要有两条:一是经由琼州海峡、雷州半岛而后至广州;另一个捷径便是浮海去广州。因飓风和海盗之故,使得浮海险象环生。从珍惜生命着手,希望人们莫行"浮海"之举。

5. "饮酽"

主要是对酗酒者的劝诫。

(二)其他劣习

其实,海南的陋俗、劣习,除上述已经谈及之外,还有以下几个方面。

1. 信巫治病

这一流弊由来已久。早在宋太祖赵匡胤开宝七年(974),政府为改变琼州无医,但求"巫祝"的情况,试图通过给"方书、本草"来加以改变。120余年之后苏东坡来琼,其俗未衰反而更盛,《书柳子厚〈牛赋〉后》跋文中如是说:

> 岭外俗皆恬杀牛,而海南为甚。客自高化载牛渡海,百尾一舟,遇风不顺、饥渴相倚以死者无数。牛登舟皆哀鸣出涕。既至海南,耕者与屠者相半。病不饮药,但杀牛以祷,富者至杀十数牛。死者不复云,幸而不死,即归德于巫。以巫为医,以牛为药。间有饮药者,巫辄云:"神怒,病不可复治。"亲戚皆为却药,禁医不得入门,人、牛皆亡而后已。①

也就是说,至迟在北宋时期,这一"信巫、屠牛治病"的习俗在儋州地区已经较为严重。由于受到高州、化州供给及过海等因素影响,输入本

---

① (宋)苏轼:《苏轼文集》卷66《书柳子厚〈牛赋〉后》,第2058页。

岛牛的数量因之而受限，其传播范围究竟如何，不得而知。入明之后，牛在本地"自息"而无须仰仗高化输送，无疑对这一流弊的扩散起到推波助澜的作用。

宣德间（1426－1435），至"病不服药，惟杀牛祭鬼，至鬻子女为禳祷费"① 的地步。尽管知琼州的徐鉴在任期间采取"婉而导之"，使得"民寖化"，乃至为其"立生祠"。但是这一效果并不具有持续性，正德期间，"俗无医，病求巫祝"仍旧；即便在万历时期仍然是"以巫为医，以牛为药"。除琼山、文昌二地该习俗被逐渐扭转外，明初在本岛设置"医学"机构，几形同虚设。分州县情况：

万历时期的儋州：疾病，以巫为医，以牛为药。

晚明清初时期，其他各州县情况，在清早期方志皆有大同小异的描述：

澄迈：疾病则求神，以巫为医，以牛为药。贫者至鬻子女，以禳祷日用饮食。

乐会：寡尚医药，病多祈鬼神。

万州：病不服药，用巫觋。踏歌降神、跳舞、说祸福，曰"调灯祭"。

陵水：疾病以巫为医，以草为药。

临高：有病辄椎牛祈禳。

昌化：以巫为医，以牛为药。

其中，崖州情况在康熙州志未载，至乾隆时期在损益旧志的基础上，载之曰："惟疾病不事医药，偏信道童诞妄，迎神杀牲。"② 对此风俗的流传，地方官也有所禁绝，然"虽严饬，不能禁也"，这表明该积习由来已久。

尽管定安县志对一问题无片言只语记载，但是从其与澄迈习俗相近中可以推论出，"以巫为医，以牛为药"在此地盛行的程度。

各地对"医"的排斥，而以"巫"代之。处置此等事关生死大事的乱象，表明海南社会对新事物所采取的排斥态度，由此而引起社会风俗上的

① （明）李东阳：《怀麓堂集》卷65《重修琼州府二贤祠记》，《四库全书》第1250册，第674页。按，所谓"二贤祠"主祭王伯贞和徐鉴。该文在叙述王伯贞时，曰其"洪武间，以前户部主事，起知琼州"，"弘治十五年以内艰去"，离任的时间恐误。可能的原因是该记在四库馆阁抄本过程中产生笔误所致。
② （清）宋锦、黄德厚：《乾隆崖州志》卷8《风土志·风俗》，海南出版社，2006，第296页。

新旧杂陈。

2. 赌博

至迟在苏轼来海南之前，赌博已经在儋州出现。为了改变这一风气，苏东坡甚至建议将这些赌徒"投之生黎"作为处罚，以纯正风俗："逸谚戏侮，博弈顽鄙。投之生黎，俾勿冠履。"① 以儋州一带为赌博活动地点，在明代有所扩散。唐胄在其"劝俗说"中，通过赌徒在入明以来沉浮，告诫莫要赌博，初步梳理了明中期前这一活动兴衰史。

在景泰、天顺（1450－1457；1457－1464）间，柳英、洪全因之而起家，但转眼而败谢，却留下了"柳英家有银，儿子跳神；洪全家有金，妈妈卖针"的谚语，算是对从事该行业人员的劝诫。

天顺四年十一月十一日至闰十一月初二，发生在本岛的邵瑄叛乱②事件中，因"戒敕兵徒于赌党家杀掠"，而赢得赌党支持。事败，赌党因之而丧身丧家。唐氏使用"赌党"一词，说明从事该行业人员和规模皆达到一定程度。

正德时期，赌风在武职人员日益蔓延。其主要分布在琼北地区的黎汉结合带，赌场主要设置在黎峒的峒首、土舍家中，赌徒常达数十人，"宛如市肆"。有甚者"狂黎起楼为赌坊，淫妇借鸶射摊息"，其疯狂程度可窥一斑。

也许是简略所致，抑或是其他地方赌风不及之故，正德府志在对全岛各地风俗作一简单评介时，仅定安一处"事赌博"的记载。而万历府志在风俗的记载中，除了定安外，尚有会同"赌风颇盛，盗源渐开"；乐会"习赌成风，视会同无异"。

万历儋州志对该地情况记载——大体上抄录了唐西洲的"劝俗说"中涉及赌博一事，并用"今日此风尤甚"作为结尾。

到晚明清初时期，赌博之风有明显的扩大化：万州"至于祈禳、游

① （宋）苏轼著，（清）王文诰辑注《苏轼诗集》卷41《和陶渊明劝农诗五》，第2256页。
② （明）唐胄：《正德琼台志》卷21《平乱》。这一消息在天顺五年正月传到北京："广东副总兵都督同知欧信奏：海南卫贼首邵瑄等占据城池，署都指挥安福率兵攻围，瑄开门遁走，追斩之，尽获其党。瑄，故千户邵伟之子，中夜纠众，行劫指挥石鉴家，卫府官仓促闻变，遽弃城遁。瑄遂据城作乱，凡二十余日。至是克复其城。"（参见《明英宗实录》卷324，第6709－6710页）

戏，罄家赀为之无悔也"。临高"独赌博、盗牛为俗之疵"。赌博与偷盗实为孪生兄弟。《唐西洲劝俗说》中，"屠牛"便因偷盗而起，而"盗源渐开"的会同，以及临高的"盗牛"等，无不与偷盗有关。

海瑞在其罢官居乡期间，琼山县龙岐村人秀才蒙端（字德范），于隆庆五年（1571）三月，海寇犯村，举村外逃之际，拾得村人余达之妻遗失的包袱裹银四十两等，数日后完璧奉还失主。余达欲分金酬谢，蒙端答曰："原非我有，原无此义"，而拒绝接受。海瑞得知这一事迹后，特撰《赠蒙生德范还遗金序》一文："只今财帛世界，居财帛世界之中，独能自脱于财帛世界之外，义利之辨别不爽，屋漏之昭监如见，有之乎？不复有斯人也，而今或有之！"并指出："攘攘利往，天下皆然也，而谁与易之？"① 尽管该序并没有直接针对海南的偷盗现象而说，但是在世风日下的家乡，海瑞正好抓住了蒙德范拾金不昧的典型，进而予以表彰。从某种程度上来看，可以说是为了挽救日益败坏的家乡风俗而做出的努力。

第三节　黎族社会风俗

黎族是海南最早的先住民，他们筚路蓝缕，在岛上生生息息。但是，这是一个没有文字的民族，他们在岛内所有活动除了为数不多的文物遗存之外，其他方面的内容，只能借助于汉族的相关文献记载进行解读。

一　宋代黎族社会习俗

南宋时期范成大《桂海虞衡志》、② 周去非《岭外代答》③ 及赵汝适《诸蕃志》，④ 较为系统地介绍了黎族的社会习俗，根据三家相关记录，作一简单梳理：

---

① （明）海瑞：《海瑞集·赠蒙生德范还遗金序》，第 343 - 344 页。
② （宋）范成大著，胡起望、覃光广校注《桂海虞衡志辑佚校注》，四川民族出版社，1986，第 220 - 222 页。
③ （宋）周去非著，杨武泉校注《岭外代答校注》，第 71 - 72、419 页。
④ （宋）赵汝适著，杨博文校释《诸蕃志校释》，第 220 - 221 页。

婚姻习俗。范成大、周去非、赵汝适分别如是说：

范：婚姻折箭为定，聚会亦椎鼓鼓舞。

周：婚姻以折箭为信。商旅在其家，黎女有不洁者，父母反对，邻里夸之。

赵：同姓为婚。议婚姻折箭为质，聚会椎鼓鼓舞。

丧葬习俗。上述三位各自认为：

范：亲死不哭，不粥饭，惟食生牛肉以为哀痛之至。葬则异榇而行，令一人前行，以鸡子掷地，鸡子不破处，即为吉穴。

周：其亲死，杀牛以祭。不哭不饭，唯食生牛肉。其葬也，异榇而行，前一人以鸡子掷地，不破即为吉地也。

赵：死必杀牛以祭。

服饰习俗。各记录如下：

范：皆椎髻跣足，插银铜锡钗，腰缭花布。妇人，绣面高髻，钗上加铜环，耳坠垂肩，衣裙皆五色吉贝，无裤襦，但系裙数重，制四围合缝，以足穿而系之腰。

周：黎装，椎髻徒跣、裸袒，而腰缭吉贝，首珥银钗，或铜或锡。首或以绛帛、彩帛包髻，或戴小花笠，或加鸡尾，而皆簪银篦二枝，亦有着短织花裙者。

赵：其人椎髻跣足，插银铜锡钗，腰缭花布。妇人加铜环，耳坠垂肩。

绣面习俗。根据三位记载，分述如下：

范：绣面乃其吉礼，女子将及笄，置酒会亲属，女伴自施针笔，涅为极细虫蛾花卉，而以淡粟纹编其余地，谓之绣面。女婢获则否。

周：海南黎女，以绣面为饰。盖黎女多美，昔尝为外人所窃，黎女有节者，涅面以砺俗，至今慕而效之。其绣面也，犹中州之笄也。女年及笄，置酒会亲旧，女伴自施针笔，为极细花卉、飞蛾之形，绚之以遍地淡粟纹。有晰白而绣文翠青，花纹晓了，工致极佳者。唯其婢使不绣。邕州溪峒使女，惧其逃亡，则鲸其面，与黎女异矣。

赵：女及笄即黥颊为细花纹，谓之绣面，女既黥，集亲客相贺庆，惟女婢获则不绣面。

社交礼仪。主要为黎族人的待客之道及黎人性格：

范：客来未尝识，主人先于隙间窥之，客俨然矜庄，始遣奴布席于地，客即坐。又移时，主人乃出，对坐不交一谈，少焉置酒，先以恶臭秽味尝客，客食不疑，则喜，继设中酒，遂相亲。否则遣客，不复与交。会饮，未尝舍刀，三杯后，各请驰备，虽解器械，犹置身旁也。一语不能则起而相戕。性喜仇杀，谓之捉拗。所亲为人所杀，后见仇家人及其洞中种类，皆擒取，以荔枝木械之，要牛、酒、银瓶乃释，谓之赎命。

周：大抵黎俗多猜。客来不遽见之，而于隙间察客俨然不动，然后遣奴出布席。客即席坐，移时，主乃出见，不交一谈。少焉置酒，先以恶秽味尝客，客忍食不疑，则喜，继以牛酒。否则遣客。其亲故聚会，椎鼓歌舞，三杯后请去备，犹以弓刀置身侧也。性好仇杀，谓之作拗。遇亲戚之仇，即械系之，要牛、酒、银瓶，谓之赎命。

赵：喜仇杀，谓之捉拗。其亲为人所杀，后见仇家人及其峒中种类，即擒取而械之，械用荔枝木，长六尺许，其状如碓，要牛酒银瓶乃释，谓之赎命。

通过对三家关于黎族五种风俗记述的简单罗列，发现记述大略相当。尤其是范成大与周去非二个本子的叙述基本一致。纪昀在《〈岭外代答〉提要》指出"（周去非）自序谓：本范成大《桂海虞衡志》而益以耳目所见闻"，[①] 可作为参考。

---

① （清）纪昀：《〈岭外代答〉提要》，《四库全书》第 589 册，第 389 页。《桂海虞衡志》成书于宋孝宗淳熙二年（1175）（参见该著"序一"）；《岭外代答》成书于淳熙戊戌（即淳熙五年，1178）（参见《岭外代答原序》，《四库全书》第 589 册，第 391 页）；比成书于宋理宗宝庆元年（1225）的《诸蕃志》（参见该著《赵汝适序》，第 1 页）差不多要早半个世纪，故而陈陈相因难以避免。

此外，范成大在记录黎人与省地商人博易时说，黎人"甚有信而不受欺绐，商人有信则相与如至亲"，这种对黎人守信的记录是其他两家所无。而周去非则对"儋耳"风俗也进行了另一番解释：

> 儋耳，今昌化军也。自昔谓其人耳长至肩，故有此号。今昌化曷尝有大耳儿哉？盖南蕃及黎人，人慕佛相好，故作大环以坠其耳，俾下垂至肩。实无益于耳之长，其窍乃大寸许。[①]

这种将"儋耳"风俗归之于"人慕佛相好"之故，似乎带有很强的主观臆断。这一习俗的消失，恐非如此之简单。综合上述三家观点，可以大略得知：

其一，黎族盛大的节日活动，仅及女子"及笄"时的绣面及婚姻二个场面。前者亲客相贺，后者场面热烈，汉族的节序并不多见。绣面活动也仅仅在及笄女性中展开，而奴婢、男性没有涉及。是否有奴婢，本书暂不予以讨论。

其二，祭祀集中体现在丧葬仪式上，且以椎牛，并伴有"鸡子"即鸡卜活动。

其三，男性服饰集中在头部和下体，上身袒露、光脚：即"椎髻""跣足""腰缭花布"；女性头部"椎髻"，上身着"衣"、下体的"裙"皆以五色吉贝所织成，但"无裤襦"，跣足。

其四，性猜忌，喜仇杀。亦有守信者。

元代对黎族风俗记录资料不多，上述材料便成为认识明代黎族社会习俗变迁的重要参照。他们的上述成果，对明、清海南方志的编纂影响至为深远。

二　明代黎族社会风俗

宋代由岛外士大夫主导、以文人笔记方式，记述海南黎人情形，入明之后，这一情况有所改观。蔡微《琼海方舆志》、王佐《琼台外纪》等方志，以及唐胄《正德琼台志》中卷22、卷23"黎情（上、下）"，成为研

---

① （宋）周去非著，杨武泉校注《岭外代答校注》，第411页。

究"黎情"的重要资料。可惜，这些相关文献皆散佚，尽管后来的方志对于上述文献有着片言只语的转引，终究无法再现是时段内本岛文人对黎族的真实认知。

有趣的是，明代海南文风蔚起，本岛文人文集中有大量的关于治黎的文章，对于"黎情"探讨，除了钟芳《悯群黎文》外，其他文章鲜有记载。嘉靖之后，顾岕宰职儋州而留下《海槎余录》、万历府志对唐胄"黎情"转载及清代康熙早期州县方志对前代文献转引，为复原明代黎族习俗提供了可能。

（一）节庆活动

主要有"饮年酒""秋千会"。

1. 饮年酒

该项活动主要集中在澄迈、定安二县境内，是黎族的主要节庆方式，大抵与汉族元旦日相似。只不过二者举行的时间有所不同，《琼台外纪》曰："（黎族）不识年岁，十一二月即饮年酒"，① 说明其积习已久。《永乐志》："一、二月即饮年酒"。② 说明该习俗至少在永乐年间开始形成风气，而到成化、弘治年间开始在不同地区传播。且从传入方向来看，该风气是从熟黎开始向生黎地区渐进（澄迈地区在熟黎进行，定安则是生黎区）。

2. 秋千会

在春季进行，主要在琼山、③ 澄迈、儋州、④ 昌化、⑤ 崖州、⑥ 陵水⑦等州县展开。记述的内容基本一致："邻峒男女妆饰来游，携手并肩，互歌互答，名曰'作剧'。有乘时婚合者，父母率从无禁。"从该活动的内容来看，这一节日与今天盛行在海南各黎苗自治市县的"三月三"⑧ 节日基本

---

① 引自（清）丁斗柄《康熙澄迈县志》卷 3《黎情》，第 181 页。
② 引自（清）张文豹《康熙定安县志》卷 4《黎俗》，第 289 页。
③ （清）王赞、关必登：《康熙琼山县志》卷 8《黎》，第 251－252 页。
④ （明）曾邦泰：《万历儋州志》地集《黎岐志》，第 100－101 页。
⑤ （清）方岱、璩之璨：《康熙昌化县志》卷 5《兵防志·原黎》，第 58－61 页。
⑥ （清）张擢士、李如柏：《康熙崖州志》卷 1《疆域志·黎情》，第 16－18 页。
⑦ （清）潘廷侯：《康熙陵水县志》卷 8《海黎志·黎情》，第 47－49 页。
⑧ 该节日正式成为海南黎苗地区的法定节日，始自 1984 年。（参见王学萍《中国黎族》，第 212 页）

相似。从上述各州县的记载情况，结合万历府志①的记载，即便在清代早期，这一活动一直在熟黎地区进行，没有向岛内生黎区扩展的迹象，也无生黎地区开展这一项活动的记载。那么，这一节日的来源究竟是先从生黎区开展后波及熟黎地区，还是反向传播？这确实是一个颇有意思的问题。《中国黎族》对此做出解释，认为："三月三节。这是自古以来民间悼念先祖、庆贺新生、赞美生活和歌颂英雄的传统佳节。因在农历三月三日欢庆，故称三月三。"②

上述材料梳理似乎并不支持黎族（无论是生黎、熟黎）"自古以来"的民间活动。诚然，黎族无文字记载使之一直处于"被叙述"的状态中，即便在明代地方文人士大夫对其仍有"介鳞易我衣裳"的恐惧。但是，宋代大量沉香、槟榔等名贵物品出自深黎峒中，闽商多与之接触，这点在时为"朝散大夫提举福建路市舶兼权泉州市舶"③的赵汝适《诸蕃志》中有所记载。在其记述中并没有发现任何"三月三"的活动迹象。明代及明清交替时期岛内各市县方志对该活动区域记载，集中体现在熟黎区，甚至向生黎区扩散的迹象皆未发现。

关于"秋千会"活动，文昌、定安、临高、万州皆无记载。"斩脚峒治平已久"，④标志着文昌"无黎"的话，那么其他一州二县缺载之下的情况无法知晓。

（二）社会习俗

主要包括婚姻、丧葬、文身及服饰等内容，这些内容从相关记载来看，基本上是以范成大、周去非及赵汝适为蓝本，略加损益。重要的是生、熟黎相关习俗有所区别，并呈现出一些新的内容。

1. 婚姻习俗

在生黎区的婚姻中，"刻箭为定"在乐会有所体现；"聘、嫁皆用牛"则在临高，这表明以"牛"作为聘礼的婚姻，在临高地区开始出现。

环岛熟黎区婚姻特点体现在两个方面，一是"不避同姓"，二是"秋

---

① （明）欧阳璨：《万历琼州府志》卷8《海黎志·黎情·原黎》，第253–255页。
② 王学萍：《中国黎族》，第211–212页。
③ （宋）赵汝适著，杨博文校释《诸蕃志校释·前言》，第1页。
④ （明）欧阳璨：《万历琼州府志》卷8《海黎志·黎情·原黎》，第255页。

千会"的"乘时为婚合"行为。此外，还有一种现象值得注意：

> 凡深黎村，男女众多，必伐长木，两头搭屋各数间，上覆以草，中剖竹，下横上直，平铺如楼板，其下则虚焉。登陟必用梯，其俗呼曰"栏房"。遇晚村中幼男女尽而上，听其自相谐偶。婚姻，仍用讲求，不以此也。①

这种对黎族婚前恋爱过程描述，表明以"隆闺"② 为恋爱场所的习俗，至迟在嘉靖以前已经存在，其发生地点为儋州地区。

2. 丧葬习俗

在生黎丧葬风俗中，"凿圆木为棺"成为明代的新特点。其他如不哭、不饮、椎食生牛肉、鸡卜等一仍其旧。熟黎多行"斩牛待客"之礼。

3. 文身习俗

与宋代三家记述比较，明代黎族文身习俗主要呈现三个方面的变化。

（1）时间上的变化。多为"及笄"，也有"女子将嫁"时，如定安。也有"男女周岁及文身"③ 记载，显然顾岕的文身时间为《峒溪纤志》所沿袭，明清岛内方志集体解释下，使之显得有点另类。

（2）文身群体及部位的变化。除了大多数为女子绣面外，乐会有"男文臂"及女子"文身面"④ 的行为；澄迈、儋州有"男文臂腿"，女子"文身面"；顾岕和陆次云的"男女"皆文身等现象。

（3）文身目的不尽相同。与宋代"为美""有节"的绣面比较，明代绣面目的也发生某些变化。夫家对于女子绣面上的样式、纹路的疏密程度，有着绝对话语权，这一情况主要集中在陵水、定安二地，即如陵水县志所云："采刺纹涅其面，或疏或密，悉照夫家。"对此《黎岐纪闻》就

---

① （明）顾岕：《海槎余录》，第 20－21 页；该文在（清）陆次云《峒溪纤志》中也有相同的记载，很明显后者因袭前者的可能性极大。（参见《峒溪纤志》，《四库存目》史部第 256 册，第 132 页）

② 所谓"隆闺"即是："黎族社会的风俗，当少女的身体发育到青春时期，家长即须于家屋之傍，另造一小室为少女私居的闺阁。给予她交接村中青年男子，允分地享受自由的性生活之机会，而且这里也是谈恋爱和选择她'白头偕老'的终身伴侣的场所。"（参见李俊新《黎族婚制的演变》，《东方杂志》1937 年第 34 期）

③ （明）顾岕：《海槎余录》，第 6 页。

④ （清）陈宗琛：《康熙乐会县志》卷 7《兵防志·黎情》，第 86－88 页。

"夫家"意图作如下解释："女将嫁，面上刺花纹，涅以靛，其花或直或曲，各随其俗。盖夫家以花样予之，照样刺面上以为记，所以示有配而不二也。"①

文身还有一层意思，如顾岕、陆次云所说："不然则上世祖宗不认其为子孙也。"值得注意的是，无论是男子的文身还是女子的"文身面"，皆在生黎区进行。

4. 服饰礼仪

在方志叙述中，最有时代特色的是宋代服饰基本上在明代生黎区流行，男性穿着变化及女性服饰新名词出现，皆是这种特色体现。"衣裙皆五色吉贝，无裤襦，但系裙数重，制四围合缝"，这种黎族女性典型服饰，在明代被冠以"黎桶"；此外，男子的服饰在南宋只注重头、下身，而祖露上肢的情况有所变化。万历府志记载曰："服布如单被，穿中央为贯头，吉贝为衣，两幅前后为裙，阔不过尺掩不及膝。椎髻跣足，插银铜钗，花幔缠头腰，戴藤六角帽。"

在清代早期的各地方志叙述中，差不多将该模式格式化而成为全岛流行服饰的同时，也有一些地方特色显现，澄迈县志引用《方舆志》，描述该地男性服饰："贝布为衣，两幅前后为裙，长阔不过一尺，掩不至膝，两腿俱露。椎结额前，鸟语花面。"陵水的着装不仅有季节性差异，还有贫富差距："男子以幅布为衣，掩不及膝。冬夏不着裙，惟一段布兜其前后。椎髻跣足，插银铜钗。""（女子）其衣，富者用五色吉贝，贫者用黎幔。"

在生黎区的服饰变化同时，万历儋州志对该地的熟黎男、妇服饰如是说："男子着短衫，花幔缠头围腰，戴藤六角帽。或两耳垂环悬双，带如刀样。垂裙两幅；妇人戴花箬笠，文领露胸。"

5. 社交礼仪

范成大对黎族博易时的"甚守信"，在明代得到进一步肯定："然其重契箭，谨信约，毫发不爽，虽土人不过也。"② 这种"守信"品质，在清代

---

① （清）张庆长：《黎岐纪闻》，《丛书集成续编》，台北新文丰出版公司，1988，第236册，第369页。按张庆长，直隶南皮人，乾隆十七年至二十年为定安县知县。（参见张岳崧《道光琼州府志》卷24《定安》，第568页）
② （明）钟芳：《筠溪文集》卷23《悯群黎文》，《四库存目》集部第65册，第79页。

的方志表述中，主要是针对生黎区、黎汉贸易之际而展现。生黎虽然性格"犷悍、不服王化"，但不出为民害；而熟黎则性格狡诈，好仇杀。在琼山"常因争忿起衅，屠牛聚众，构生黎以为州县之患"，便是岛内熟黎这一性格的典型代表。就熟黎的争斗双方而言，"其妻当中一过即解"，万历府志这一记载表明女性调停作用有所凸显。但是，在澄迈、乐会，女性的作用似乎并没有正常发挥，而不见之于方志。

以恶臭秽食招待来客的习俗，被明清方志集体屏蔽。可能的解释有二：一是对宋代文人笔记错误记载的纠正；一是明代社会风气的浸染，使得该项习俗逐步消失。就社会习俗运行的惯性来看，前者的可能性或许更大一些。

明代黎族社交礼仪中，最为突出的一点是家庭内成员之间关系，不像汉人那样尊卑有序，而是无长幼之分。

6. 信仰

祖先崇拜和鬼神崇拜，是黎族信仰的主要组成。

（1）祖先崇拜。在宴会亲朋，酒酣之际，"顾梁上弓矢"，而崇拜祖先："其弓矢盖其祖先有几次斗败之耻，则射箭几次，射于梁上以记之，故曰'饮醉鼓'。众复饮，相与叫号，作狗吠声，辄二三昼夜。自云系狗种，欲使祖先知而庇之也。"[①] 这种"饮醉鼓"特定环境下的行为，使"祖先崇拜"处于偶发状态，严格意义上讲尚不能看成是信仰。

（2）鬼神崇拜。祭鬼，是人在生病状态下，用"椎牛"方式进行祭祀的常规行为，万历府志和儋州志专指熟黎。但是，晚明之后，乐会的生黎区开始出现此种习俗。张庆长解释了这一具体过程："病不知医，尚跳鬼。数十人为群，击鼓鸣钲，跳舞呼号。"[②] 此外，还有一种现象："深黎自婺岭以北，有一种曰遐黎，其俗去黎益远，习俗又相违。居常以椰瓢蔽体，更闲习弓矢。"顾岕对遐黎"烹食"年过五十父母[③]的资料来源，不得而知。其真实性也需要进一步推敲。毫无疑问，有明一代，处于被叙事状态下的黎族族群相关情况仍不清晰。

当然使黎族风俗趋同，进而完全汉化，一直是历代王朝努力的目标。

---

① （明）顾岕：《海槎余录》，第 21 - 22 页。

② （清）张庆长：《黎岐纪闻》，第 370 页。

③ （明）顾岕：《海槎余录》，第 7 - 8 页。

到万历时期，熟黎的分层标志着这一目标已取得阶段性成果：近生黎者，其习俗与之同；民居者，习俗与齐民等。

第四节 疍、回、苗民习俗

一 疍民习俗

疍是一个以舟为室，视水为陆，浮生江海的族群，主要活动范围从福建至东南亚沿海一带。史料记载的蛋、蜑、疍、龙户、獭家、科题（曲题或裸题）、卢亭、卢余等称呼不一。其实，所指的皆是这一浮江海而生的群体。本书在记述该族群相关情况时，统一使用"疍"。

（一）生活习俗

濒海而居，是疍民的共同特征。但因所居的水域不同，风俗随之产生差异。

《正德琼台志》卷7《风俗》篇中指出，生活在本岛南北水域疍民的共性与差异：

> 居海滨沙洲，茅檐垂地，或从屋山头开门。男子罕事农桑，惟缉麻为网罟，以渔为生，子孙世守其业，岁办鱼课。其在崖者，或种山园置产，自相婚娶，养牛耕种。妇女织纺布被为业。

各地习俗差异明显。居住在琼山一带的疍民女性，参加一种叫作"纺场"的晚间户外活动。这一活动至少在明初就已经盛行。中间经过正统时期知府陈莹的整饬，"然余韵犹存，至成化中，始无矣"。具体情况如下："时郡俗，村落盐、蛋、小民家女妇，多于月明中聚纺织，与男子歌答为戏。凡龙岐、二水、大英、白沙、海囗诸处，俱有之，号曰'纺场'。"①这一活动，除叙述的两个主要人物王直、张思惠外，唐胄的先祖寄诗游戏

---

① （明）唐胄：《正德琼台志》卷42《杂事》。

其间，以及曾双溪以此为题写给丘濬的诗歌，影响之大，参与之众，可以想见。

儋州则是另一番景象："蛋人居海滨沙洲茅舍，男子少事农圃，惟缉麻为网罟，以捕鱼为生，子孙世守其业，岁办鱼课。妇女专事抓螺，织纺者少。"① 万州蛋民尤好过长至日（即冬至），陈梦雷如是说："宰牲备酒，招亲邻，曰，作冬节，近日不使得捕鱼，仍纳岁课焉。节序与上各州县同，惟端阳午后，浴于河，披发归。谓之吊屈原，异矣。"文中"近日"究竟如何解读，恐怕要以"不使得捕鱼"来衡量。就"作冬节"和"吊屈原"而言，是明代习俗无须争论。不仅如此，万州蛋民还有："茅屋居海滨，业渔。以鱼趁墟换谷，岁纳鱼课。妇人髻垂后，或插簪、包金。戴平头藤笠，负贩。"根据陈梦雷的记载，文昌的情况为："蛋，世渔户也。茅檐覆地，屋顶出入。男女结网取鱼，不知耕种。鱼课贻累，望洋立稿云。"②

从上引几则史料来看，男子是从事渔业、办税纳课的主体，且这一职业有明显的子承父业的倾向。各地女性对这一职业坚守程度则表现得有所不一：海口蛋民女性以通过"纺场"户外活动，在该群体中自由度最高；从原先的职业中分离出来，最为彻底的是"以织纺布被为业"的崖州；万州蛋民女子则从事着商业活动。继续从事这一职业的是文昌和儋州二个地区。从衣着方面来看，万州蛋民女性与民妇已经难以区分。

居住情况则集中体现在"滨海而居"，建筑简陋是其共同特征。从"屋山头开门"也好，"屋顶出入"也罢，比起"水居"是一个巨大进步。婚姻半径是决定该族繁衍的前提条件，从海口和万州女性的表现，以及崖州地区从事农耕、置产等方面来看，族外通婚的可能性是存在的。由于资料原因，细节问题不得而知。此外，万州蛋民的节日观念较为独特。至于饮食习俗，早期那种生食食物的原始状态没有再现。所有这些信息表明，海南蛋民生活习俗与齐民几近相同。

由此可以看出，明代尤其是明代中晚期以后，海南蛋民的渔民化倾向已经十分明显，陈梦雷对文昌"蛋，世渔户也"的判断，儋州近400只渔

① （明）曾邦泰：《万历儋州志》天集《蛋俗》，第25页。
② （清）陈梦雷：《古今图书集成·方舆丛编·职方典》第1380卷《琼州府部汇考八·风俗考》，中华书局，1934，第169册，第48–51页。

船在新场海①活动情况中都可以得到证明。这一结论并不排除这样的可能，即今天分布在海南儋州、琼海潭门港及文昌等地的东、西水域活动渔民，与海南疍民有着直接渊源关系。疍民的渔民化，为南海深海海洋作业提供了技术保障和人力支持。

（二）生产习俗

文昌和儋州地区是海南东西两大疍民聚集地，因所处的水域不同而生产工具——疍船也表现出明显的差异。

儋州新场海的渔船基本上如苏东坡所言："蕃人舟不用铁钉，止以桄榔须缚之，以橄榄糖泥之，泥干甚坚，入水如漆"。② 顾岕记述了该族群的活动时间，风浪大小是他们外出作业与否的主要标准，也就是说有风天气主要在新场海这一内海捕鱼，无风季节则结伴去外洋作业。其活动区域主要围绕在琼州海峡、北部湾水域，最南端到今天南海的西沙水域。③

会同、文昌地区（这两地的疍民居住尤为接近，今天会同属于琼海市），在生产工具上比起西部有着极大的进步——帆桨混合式渔船的使用。

主要作业地点为东至东沙群岛、最南端也有越过赤道，但最主要是在南沙群岛一带从事深海捕捞。作业时间为东北信风盛行之际，从东部港口聚集出发，并于次年西南风盛行期间返回。除了捕鱼纳课，维持家庭正常的生活外，这一群体最大的贡献有二：一是通过数代人的探索、总结，逐步产生了水上航行手册——更路簿；二是自觉不自觉地在保护、开发祖国南海海域。

二　回族社会习俗

海南的回族源流问题，在前文的伊斯兰教一节中已有介绍。现仅就该族群在明代崖州地区所表现出的社会习俗作一简单概括。

---

① （明）顾岕：《海槎余录》，第11页。
② （宋）苏轼语，转引自（清）屈大均《广东新语》，第483页。
③ 关于海南儋州、琼海东西两水域渔民的活动区域材料来源，2009年8月1-7日，由中国社会科学院边疆史地研究中心组织的"海南渔民南海维权维稳调查"，本人属于该课题成员之一，此项材料来源于本人对儋州、琼海各4户渔民实际调查。

（一）节日习俗

回族的全民性节日主要有开斋节、古尔邦节、圣纪节等八个之多。[①] 但是，从现有资料来看，明代海南的回族只注重开斋节。[②]

每年的开斋节时间并不固定，根据"识番书"先生的测算，以"轮斋"的方式过"斋月"，其起讫时间是上月初三日至下月初三日（按伊斯兰教历——引者注）。斋月内，所有信徒"不吞涎"——封斋，只有月满"见星月"之后才可以饮食。这一天叫"开斋日"，也是伊斯兰教历的新年。信徒们聚集于"礼拜寺"参加诵拜活动。活动结束之后，各家相互拜年。

（二）生活习俗

1. 日常习俗

"番人"的言语、相貌与回回相似。但是，至迟在明代中后期所三亚里社区形成之后，海南回族较为独特的"回辉话"[③] 开始初步形成，并用于该族群之间的交流。他们不与土人杂居。以蒲、方二姓为多，家不供祖先。一村共设佛堂一所，用一小凳安置香炉，由识番书的先生主持信徒早晚念经、礼拜。平常交往之际，有长幼分别。早晨见尊者，需要下跪并以手摩尊者脚；平辈之间分别"以手相摩"，完毕后"各收手回摩己面"。众人聚集时则"席地列坐"。

2. 饮食习俗

忌吃猪肉，它牲亦须自宰见血。喜吃槟榔。[④] 用大青盘贮饭，以手捻

---

① 王献军：《海南回族的历史与文化》，第 199 页。

② （明）唐胄：《正德琼台志》卷 7《风俗·番俗》。

③ 郑贻青：《回辉话研究》，远东出版社，1997。郑贻青先生研究结果认为：回辉话主要有迈话（粤语）、海南话（闽语）、官话等成分，也有一些黎语的借词，汉语借词约占 20%。语言成分的复杂化，正反映出该族群在本岛自北向南流动的历史过程。从郑先生的研究结果来看，基本上符合海口、儋州及其他区域占城穆斯林，在明代南迁的判断。

④ 关于海南回族吃槟榔习俗来源说法不一。王献军先生从食槟榔是东南亚"许多民族的一种古老习俗"，进而从越南人吃槟榔的历史着眼，认为："海南回族嚼食槟榔的风俗习惯很有可能是从其母国——越南占城（古占婆国）带过来的，而不大可能是来到海南后向周边民族学来的。"（参见《海南回族的历史与文化》，第 169－170 页）这一说法颇有见地。槟榔树"后来引种到海南"，这一判断尚需进一步探讨。

食。男子不饮酒，妇女则嗜酒与茶。

（三）婚葬习俗

1. 婚姻习俗

男子年二十，则意味着其属于成年人。其成年仪式为，"请师为之剪发齐眉，白布缠头，腰围以幔"。女性以"脑髻"为成年的标志，其服饰为"短衣长裙。用金、银、铜、锡为环，穿其耳孔，下垂至肩，好熏诸花洁身"。或许是爱吃槟榔之故，"黑齿"是回民较为显著特征。回族青年男女恋爱，谓之"做契"，婚姻不论贫富。此外，回族婚姻中最为重要的一点是严格实行"族内婚制度"，并禁止近亲结婚。即便在乾隆时期，仍可以看到这一刚性规定："婚嫁不忌同姓，惟忌同族。不与民俗为婚，人亦无与婚者。"①

2. 丧葬礼仪

回民死后，要以水洗净身体，实行土葬。"殁不用棺，布裹以身"，且"向西而葬"。从现有的资料来看，唐宋时期在陵水、三亚伊斯兰墓前雕刻《古兰经》的习俗，在明代墓葬中并不多见。

（四）社会职业

"采鱼办课"，说明该族群的主体是以捕鱼为业。根据正德琼台志对崖州疍民"或种山园置产"的记载，再结合乾隆崖州志"采办鱼课，间置生产"来看，明代中后期，崖州回民可能有部分从事农耕。

三 海南苗族习俗

海南苗族由于迁居本岛时间较晚，故而不见于同时期的方志。尽管明代文献对该族群的社会习俗记载几乎阙如，但是至迟在晚清民国之际仍保留的相关习俗，② 可以作为一些参照。

婚姻习俗：族内婚制；

---

① （清）宋锦增、黄德厚：《乾隆崖州志》卷 8《风土志·风俗》，第 296 页。

② （清）张巂、邢定纶等纂修《崖州志》卷 13《黎情》，第 247 页；卢宗堂、唐之莹：《民国感恩县志》卷 13《黎防志·黎情》，海南出版社，2006，第 275 页。

生产习俗："伐岭为园，以种山稻"——即刀耕火种的生产方式，并伴以"一年一徙"的周期性山栏垦殖活动；

丧葬习俗：火化，或者悬于树梢而风化；

主要武器：药弩弓。以之射物，虽不见血亦死，故深为生熟黎所畏服。

第六章　名士与中华文化

一般而言，举人、进士群体数量多寡，是反映一个地区文脉盛衰的重要标志。随着国家文教政策的不断推进，明代海南该群体总数达到 586 人，他们因时代之需，参与国家不同层面的政策制定和事务管理。大量的人才脱颖而出，海南因之由完全的文化输入地，转变为文化输出地，并逐渐融入主流文化之中。明代海南士人在不同时段，在官方哲学、政治学、经济学等诸多学术领域中，都有着较为深刻的探讨，对其梳理既可以窥视海南士人的认知轨迹，也能反映其对中华文化的反哺。

第一节　丘濬及其学术思想

丘濬[①]（1421－1495），字仲深，号深菴，琼山人。自景泰五年中进士之后，为官 40 余年，历事景泰（1450－1457）、天顺（1457－1464）、成化（1465－1487）、弘治（1488－1505）四朝，官至户部尚书兼武英殿大学士等职。卒后"赠太傅，谥文庄"。[②] 为明代著名思想家、政治家、史学

---

① 目前对于丘濬的相关研究文章颇丰，论文围绕着其政治、经济、思想等领域展开。专著也有数部，其中以新加坡学者李焯然先生的《丘濬评传》（南京大学出版社，2005）影响较大。此外，关于丘濬名、字的写法十分混乱："邱浚""丘浚""邱濬"等称呼在不同场合皆有存在。试图对其姓氏用字加以规范的文章始于台湾学者（参见王定华《对统一丘文庄公姓氏用字的提议》，《海南文献》卷 3，1972 年第 10 期），但是直至今天，国内学者仍然各行其是。《明史》丘濬传中的"丘濬"二字，被改得面目全非。即便今天丘氏故居中，仍然挂匾曰"丘浚故居"。

② （清）张廷玉：《明史》卷 181《丘濬传》，第 4808－4810 页；（明）何乔新：《椒丘文集》卷 30《赠特进左柱国太傅谥文庄丘公墓志铭》，《四库全书》第 1249 册，第 455－458。

家。"博极群书",著述丰甚。丘濬在医学、文学等方面的贡献,前文已有所交代,兹不赘述。本节着重探讨其在理学、政治、经济、史学等方面的思想。

一 理学的坚守者

天顺七年(1463),丘濬根据朱熹在修身、治学、儒家经典等相关阐释与见解之上,汇编而成《朱子学的》上、下二卷本。这部丘氏早年著作,奠定了其生前身后"理学名臣"之誉的基础,是其理学思想的集中体现,而《世史正纲》和《大学衍义补》则从史学和政治学的角度给予相应的补充。

(一)《朱子学的》编纂

1. 编纂目的

清人张伯行曾对《朱子学的》做如下评述:

> 文庄丘氏依仿《论语》二十篇,采朱子言,次为《学的》,以为吾道之体要、圣学之统宗。下学上达之旨、天德王道之全,靡不兼收条贯,会归于斯集,盖文庄之所纂辑即文庄之所得力者。故荟萃先训,昭示来兹,或原或委,若此其深切著明也。

"由周张二程上溯孔孟,迄明宪宗之世",经由朱熹倡明的绝学,二百余年来"日以益晦"。究其原因,实乃"金溪之学(陆九渊之心学——引者注)盛,姚江(王阳明)、新会(陈献章)并起争衡",从而导致"群言混淆",后世学者"莫知所宗",自然也就无法"窥于道德之要"。① 可以说,阐述儒家道统是丘氏的主要旨趣。这一点在明刻二卷四册本《学的》卷前的"道统相传之图"插图中,表述得尤为显著:

伏羲→神农→黄帝→尧→舜→禹→汤→文王、武王→周公→孔

---

① (清)张伯行:《朱子学的·原序》,《丛书集成三编》第14册,第397页。

子→颜子、曾子→子思→孟子→周子→程子、张子→朱子。①

毫无疑问，将朱熹纳入丘氏的儒道之中，并试图通过重振儒学来抵抗心学，是丘濬的根本追求。

2. 取名《学的》之用意

丘濬依照二程弟子杨时（字中立，号龟山）"学以圣人为的"之言，进而以朱熹言论为主要内容编辑而成。这一用意，在《学的后序》中有进一步的论述：

> 名以《学的》者何？"学以圣人为的"，龟山杨子之言也。而朱夫子于《中庸或问》论"中和位育"处，亦以是为言。喻学者之必志于圣贤，亦如射者之志于中的也。愚于九篇载之，不无意焉。②

丘氏从杨时和朱熹皆强调"学以圣人为的"出发，用一个十分形象的比喻，即"射者"对于"中的"的追求，来告诫后之学者为学应"志于圣贤"。

3.《朱子学的》的主要内容

清人蔡衍晃就《朱子学的》的内容进行归纳：

> 数百年后，有琼山丘文庄先生，雅摭其言，分上、下卷以拟《小学》，总二十篇以拟《论语》。上篇自"下学"以至"天德"，由事以达理，而终之以"韦斋"（朱松，字乔年，号韦斋，朱熹之父——引者注）。所以纪朱子之生平言行，犹《论语》之有"乡党"也。下篇自"上达"以至"斯文"，由理而散事，而终之以"道统"，所以纪濂、洛、关、闽之学之所由来，犹《论语》之有"尧曰"也。③

蔡氏对于《朱子学的》《论语》二文架构的比较，与丘濬在《学的后序》中"《学的》曷为而作？拟《论语》也"的编纂意图十分贴切。

丘氏的文章编次，有助于加深对这一问题的了解（参见表6-1）。

---

① （明）丘濬：《学的·卷首》，明刊本，中国国家图书馆藏。
② （明）丘濬：《琼台会稿》卷9《学的后序》，《四库全书》第1248册，第185页。
③ （清）蔡衍晃：《朱子学的·序》，《丛书集成三编》第14册，第399页。

表 6 – 1　《朱子学的》目录

卷 1		卷 2	
1. 下学	6. 鞭策	11. 上达	16. 纪纲
2. 持敬	7. 进德	12. 古者	17. 圣人
3. 穷理	8. 道在	13. 此学	18. 前辈
4. 精蕴	9. 天德	14. 仁礼	19. 斯文
5. 须看	10. 韦斋	15. 为治	20. 道统

诚如李焯然先生所言，"这二十篇的篇名并不一定是特别设计的，部分是由选取内容的关键词而成"。[①] 但是，之所以如此安排，丘濬还是有着自己的考虑。他说：前十篇为"小学之内篇"，目的在"由事以达于理"："自昔理性诸书，皆始于'太极'，今先'下学'何？书为初学者作也……盖今人既无小学工夫，须必先于'持敬'，敬不可不立，而理不可不穷。"在第四至第九篇的安排中，希望"学者下学人事，而至于上达天理"，从而使儒者能够得到"全体大用之学"。而第十篇则"仿《论语》之'乡党'，举朱子平生言行出处，示学者以'标的'也"。后十篇则为其"外篇"，"由理而散之事，一以进德言；一以成德言"。[②] 为后学者掌握朱子思想提供便捷路径的意图，因此而凸显。

（二）对程朱理学的坚守

明中前期，一批很有影响的学者，崇尚被明初确立的程朱理学的官方思想，然"因各自的体认不同，出现了改造程朱理学的倾向"。[③] 成化年间，以倡导"贵疑""自得"新学风的岭南人物陈献章及其白沙学派，高度肯定人的主观能动作用，开启了向心学转变。面对程朱理学的日益僵化、影响式微及心学流行的现状，丘濬试图"把矫正程朱学风之流弊、排斥高谈无根之学视为己任"，通过《朱子学的》，"鼓吹更加正面和恰当的治学态度"，[④] 通过强调"全体大用"的重要性，标榜程朱理学的精粹，从而抗衡流行的心学。为此，丘濬从理论和实践两方面着手，试图对宋明理学振衰起弊。

---

① 李焯然：《丘濬评传》，第 102 页。
② （明）丘濬：《琼台会稿》卷 9《学的后序》，《四库全书》第 1248 册，第 185 – 186 页。
③ 陈梧桐：《中国文化通史》明代卷，北京师范大学出版社，2009，第 155 页。
④ 李焯然：《丘濬评传》，第 102 页。

1. 为学路径

丘濬极力倡导实学，以"上达"圣人之道：

> 人之为学，必自下学人事始，下学则可以上达矣，是则儒者之学也。儒者之学，学所以至乎圣人之道也，其要莫先于为己为人之学，必先效法于人，而后用功于己。其用功之要，程子所谓"涵养需用敬，敬学则在致知。"是也。以此立志用功，循序积累，则知与行皆进，心与理昭融，中外本末，隐显精粗，一一周编，是则儒者之学矣。古之学者，始乎士而终于圣人，不过下学上达而已。[①]

儒生只有通过对圣贤经典的反复研读，以循序渐进的方式不断积累，以达到"知与行""心与理"的贯通，从而完成知识的储备。丘濬试图为时下迷失学习方向的儒生，提供一条通往圣贤之道的路径，其实质是倡导实学以抵制空谈性理的心学。从朱陆之学内涵出发，对心学进行理论的批判：

> 熹之学专主程颐，所谓"涵养须用敬，进学在致知"二言。盖孔孟正传，行之万世而无弊者也。九渊则以"读书穷理者"为意见，而注心于茫昧不可执著之地，以求其所谓自悟者。诚如所言，则孔子之博学于文，颜子之博我以文，子思言博学而继以问思辨，孟子言博学而详说之，皆可废，而惟从事于约礼、笃行以为学，可乎哉？[②]

丘濬从源头区别朱陆之学，指出"惟从事于约礼、笃行以为学"观念，缺少"博学"内涵，不可能达到修身之目的，进而为迷茫士人揭开当下盛行心学面纱。

2. 具体实践

成化后期，心学在文风上有了一定的反映，命题官以生僻怪异之题来标榜自己的学问。考风影响文风、文风决定士风、士风关乎国运。成化十三年至二十三年（1477－1487）的十多年时间内，身为国子监祭酒的丘濬允分发挥其职责，试图将诡谲文风恢复到浑厚醇正的轨道。《大学私事策

---

① （明）丘濬：《琼台会稿》卷9《学的后序》，《四库全书》第1248册，第185页。
② （明）丘濬：《世史正纲》卷29，《四库存目》史部第6册，第576页。

问》则反映丘氏在此方面的努力：

> （其二）问：文章关乎气运之盛衰，善观世者不观其吏治，而恒于其人文验之……皇明复古三光五岳之气，复完洪武永乐之盛，其文章浑厚醇正，明白俊伟，无有雕琢刻画之弊。近年以来，书肆无故刻出晚宋《论范》等书，学者靡然效之，科举之文遂为一变。说者谓宋南渡以后无文章，气势因之不振，殆谓此等文字欤？伊欲正人心，作士气，以复祖宗之旧，使明经者潜心玩理，无穿凿空疏之失；修辞者顺理达意，无险怪新奇之作；命题者随文取义，无偏主立异之非。二三子试策之，其转移之机安在？①

显而易见，丘濬意在纠正已出现的"穿凿空疏""险怪新奇""偏主立异"的文风。《明史》对此做出如下评判："时经生文尚险怪，濬主南畿乡试，分考会试，皆痛抑之。及是，课国学生尤谆切告诫，返文体于正。"② 然而，任何一种社会思潮的产生都与其相应的经济基础密切关联。明中叶资本主义性质的生产单位已经出现，尽管其"数量极少，处偶发状态"，③ 随着明朝中后期商品经济的发展，其在意识形态对传统的程朱理学的颠覆与破坏，使得心学得以进一步扩展。白沙学派出现，便是其意识形态领域的自然反映。

丘濬为重振儒学做了一定的努力，结果并不理想。其积极意义在于，丘濬所倡导的经世致用思想，"仍然潜伏在部分学人的思想里"，直至晚明，心学的热潮过去，"重新在学术界萌生出希望的种子"。④

（三）方法论、认识论上的探讨

1. 方法论

明初将四书五经的文句命题，解释要以朱熹的为依据，作为科举选拔人才的制度规定，"卿相皆由此出"。⑤

---

① （明）丘濬：《琼台会稿》卷8《大学私试策问》，《四库全书》第1248册，第166页。
② （清）张廷玉：《明史》卷181《丘濬传》，第4808页。
③ 南炳文、汤纲：《明史》，上海人民出版社，2003，第520页。
④ 李焯然：《丘濬评传》，第122页。
⑤ （清）张廷玉：《明史》卷69《选举志一》，第1675页。

通过研读朱子学说，循由科举之路，生于遐荒的丘濬于景泰五年（1454）中进士二甲一名，自此进入仕途。如何为后学提供朱子学便捷的入门途径，天顺七年（1463），《朱子学的》书成，虽然该著没有丘濬个人的思想表达，如前文所述，其架构安排上则体现出其个人主观意图。即是从自身研习朱子心得出发，授以后学学习方法，强调学者应遵循"立志用功，循序积累"，才能达到"知与行皆进，心与理昭融"、上达体悟与下学穷理的境地，其实质就是重拾"格物致知"之方法，反对"注心于茫昧不可执著之地，以求其所谓自悟者"的所谓"心学"。显然，丘氏的学术积累，比起心学的"内省"更易于接近真实。

2. 对"几微"认识

丘濬对于"几微"把握，充分反映其在认识论上的贡献。在其《大学衍义补》的开篇，增设"审几微"，① 并将其列入"补全书一卷"中。丘氏在真德秀"崇敬畏""戒逸欲"中，加上朱熹《诚意章解》关于"审几"的认识。丘濬以此说明其著作是建立在程朱理学的学术源流基础上，来阐发自己的主张。他认为帝王仅仅通过个人的身心自修是不够的，在治理国事上还应该具备必要的应变能力——"审几微"。

所谓"几微"，丘濬从《章句》"谨之于此，以审其几"一句着手，指出"此"实为"独"，即"人所不知，而己所独知"的境界。处理和解决现实问题时，在"人心念虑初萌动之端，善恶、诚伪所由分之始"，这种"细微而幽隐"的状态，便是其描述的"几微"。丘氏对"几微"的认识，体现在其四个细目之中。

（1）丘氏的"性善论"，在"谨理欲之初分"细目中有具体的阐述。指出《易》兼言善恶，而孟子则持性善说。丘濬并没有停留于"性善说"之上，而是对孟子"恻隐之心""羞恶之心""辞让之心""是否之心"之"四端"，通过"审几微"来加以改造，即在"端绪略露"之际，用"审"将"人心初动处，便有善、恶之分"中的"恶"消灭在萌芽状态，从而达到以仁义礼智信的儒家伦理思想规范之目的。丘濬此举，事实上是将孟子之说中人对客观事物的直觉反映，转变为认识主体对事物认识中主观能动。

---

① （明）丘濬：《大学衍义补》补前书一卷，《丛书集成三编》第 11 册，第 437－453 页。

（2）"事几之在，天下无处无之"，指出"几微"存在的客观性和普遍性，并将其与"人君治国之道"相联系，建议帝王在处理"其多乃盈于万"的日常事务之时，尤须"研审其几微之兆，以成天下之务"。为此，他强调：

> 事之具也，各有其理；事之发也，必有其端。人君诚能于其方动未形之初，察于有无之间，审于隐显之际，端倪始露，豫致其研究之功；萌芽始生即加夫审察之力。由是以厘天下之务，御天下之人，应天下之变。①

此外，人君在处理人事之际，也应该"审"。那些"谄谀之态"和"狎渎之意"者，分别予以"抑绝"和"戒绝"。丘濬在"察事几之萌动"之中，将"审几微"作为方法论推介给帝王。只有掌握这种方法，才能使人君驾驭繁杂的日常事务，从而显现出《大学衍义补》为帝王之学的编纂用意。

（3）"防奸萌之渐长"，则是防范"小人"篡夺国家权柄。

（4）"炳治乱之几先"中指出，"乱不生于乱，而常生于治之时；危不起于危，而常起于安之日"，丘濬通过居安思危忧患意识，要求帝王不断地"审几微"，才能达到"国家常治而不乱，君位常安而不危"。

丘濬对于"几微"的认知，有着自相矛盾的意味。一方面，他承认"天下无处无之"是客观存在的；"用功于致知"，也就是说日积月累的知识积淀是认识"几微"的前提条件，这说明"几微"是可知的。另一方面，他又认为，"惟神明不测"的"几微"，只有靠个体的主观自觉才能加以判断，使得"几微"带有神秘色彩。究其原因，对事物发展中质变与量变缺乏"量"的界定，使得其认识论具有先验论倾向。是故，继承程朱理学的丘濬哲学思想属于客观唯心主义。

二 《大学衍义补》与"治国平天下"蓝图

15世纪中叶前后，正是"中国封建社会开始发生新的也是重大的变

---

① （明）丘濬：《大学衍义补》补前书一卷，《丛书集成三编》第11册，第441页。

化"，"这个变化是伴随着明王朝的衰弱开始的"。① 在这个重大的社会变革面前，为了加强皇权，强化国家各项机器的运转功能，丘濬以重构儒家经典的方式，编纂其巨著《大学衍义补》，系统地阐述治国理念。

明初 70 年，经过几代人努力而取得的盛世图景，因土木堡之变开始呈现政治败坏、民变迭出的乱世景象：蒙古军队的不断南下，北方边事未靖；夺门之变后宦官势力有了明显的增长；政治腐败，土地兼并严重，各项科税的加派，使得社会矛盾日趋尖锐。正是中央集权系统内部的紊乱，为人口流动和商品经济的发展提供可能。江南地区土地经营面积的扩大，以及国外国产作物的引进，推动了商品经济的发展，即便在海南也出现了"帆樯之聚，森如立竹"的情景。区域性商品经济发展，必然要求与之对应的上层建筑变动，陈白沙的心学便是在商品经济发展之上的一种反映。

景泰五年，以"经济"自负，由进士而入翰林院供职的丘濬，经历了王朝由盛向衰转变的阵痛。而此时，宋、元及明初所推崇的帝王之学——《大学衍义》，在明代中期的"经筵"中占据重要的地位。"先帝在御之日，首开经筵，（臣）即缀班行之末，亲睹儒臣以真氏之书进讲。陛下毓德青宫，又见宫臣之执经者，日以是书进焉。"② 然而，这种过分强调君主自身修养以达到"四要"——格物致知之要、诚意正心之要、修身之要、齐家之要，从而"四者之道得，则治国平天下在其中矣"③ 的《大学衍义》，对治国平天下的缺失，使得其在解决现实问题时显得力不从心。这点，对有成化"经筵"实践的丘濬来说感悟颇多：

> 其（《大学衍义》——引者注）所衍者，止于"格物致知、诚意正心、修身、齐家"，盖即人君所切近者而言。欲其举此而措之于国天下耳，臣窃以谓：儒者之学，有体有用，体虽本乎一理，用则散于万事。要必析之极其精而不乱，然后合之尽其大而无余。是以《大学》之教，既举其纲领之大，复列其条目之详。而其条目之中，又各有条理款目者焉。其序不可乱，其功不可阙；阙其一功，则少其一

① 李洵：《正统皇帝大传》，辽宁教育出版社，1993，第 3 页。
② （明）丘濬：《大学衍义补序》，《丛书集成三编》第 11 册，第 415 页。
③ （宋）真德秀：《大学衍义序》，《四库全书》第 704 册，第 499 页。

事，欠其一节，而不足以成其用之大。而体之为体，亦有所不全矣……此臣所以不揆愚陋，窃仿真氏所衍之义，而于"齐家"之下，又补以"治国平天下之要"也。①

显而易见，真氏《大学衍义》在"用"上的不足，是丘濬编纂《大学衍义补》的直接动因。

（一）《大学衍义补》架构

成化二十三年（1487）十一月，丘濬将其"平生精力尽在于是"② 的《大学衍义补》，连同《进〈大学衍义补〉奏》呈献给刚登大位的孝宗朱祐樘，希望"有补于政治"：

> 臣所纂辑者，非臣之私意杜撰，无一非古圣贤经书史传之前言往事也，参以本朝之制，附以一得之愚……遇用人则检"正百官"之类，遇理财则检"制国用"之类。与凡臣有所建请，朝廷有所区处，各随其事而检其本类。则一类之中，条件之众，必有古人之事合于今时之宜者矣。于是，审而择之，酌古准今，因时制宜，以应天下之变，以成天下之务。③

这就是说，《大学衍义补》的编撰方针是从儒学经典出发，再以本朝制度为参照，以"按"的方式表述自己的见解和看法。以古鉴今，从而为帝王提供一个百科全书式的、解决明代中叶以来业已暴露出来的各种社会问题的方案。

儒家经典《大学》，经真德秀的"衍义"向帝王教科书转变，④ 到丘濬的"补"之后，进而转变成帝王解决诸多现实问题的参考书。这个过程，反映出明儒由宋儒空谈性理、鄙视事功的价值取向，开始向"经世"思想的转变。全书整体架构由一百十九个细目（共 176 条）

---

① （明）丘濬：《大学衍义补序》，《丛书集成三编》第 11 册，第 413 页。
② 《明宪宗实录》卷 57，第 1094 页。
③ （明）丘濬：《进〈大学衍义补〉奏》，《明臣奏议》卷 5，《丛书集成初编》第 917 册，第 79 - 80 页。
④ 李焯然：《丘濬评传》，第 146 页。

来支持十二子目，围绕着"治国平天下之要"的主旨组织材料，分别
论述（参见表6-2）。

表6-2　《大学衍义补》架构

卷　次	子　目		细　目
补前书一卷	诚意正心之要	审几微	谨理欲之初分；察事几之萌动；防奸萌之渐长；炳治乱之几先
1-4	治国平天下之要一	正朝廷	总论朝廷之政；正纲纪之常、定名分之等；公赏罚之施、谨号令之颁；广陈言之路
5-12	治国平天下之要二	正百官	总论任官之道；定职官之品；颁爵禄之制、敬大臣之礼；简侍从之臣；重台谏之任；清入仕之路；公铨选之法；严考课之法；崇推荐之道；戒滥用之失
13-19	治国平天下之要三	固邦本	总论固本之道、蕃民之生；制民之产；重民之事、宽民之力、悯民之穷；恤民之患；除民之害；择民之长；分民之牧、询民之瘼
20-35	治国平天下之要四	制国用	总论理财之道（上、下）；贡赋之常；经制之义（上、下）；市籴之令；铜楮之币（上、下）；山泽之利（上、下）；征榷之课；傅算之籍；蠹算之失；漕挽之宜（上、下）；屯营之田
36-53	治国平天下之要五	明礼乐	总论礼乐之道（上、下）；义礼之节（上、中、下）；乐律之制（上之上、上之下；中、下）；王朝之礼（上、中、下）；郡国之礼；家乡之礼（上之上、上之中、上之下；中、下）
54-66	治国平天下之要六	秩祭祀	总论祭祀之理（上、下）；郊祭天地之礼（上、下）；宗庙缵祀之礼（上、下）；国家常祀之礼（上、下）；内外群祀之礼；祭告祈祷之礼（上、下）；释奠先师之礼（上、下）
67　84	治国平天下之要七	崇教化	总论教化之道；设学校以立教（上、中、下）；明道学以成教（上、下）；本经术以为教（上之上、上之中、上之下；中、下）；一道德以同俗；躬孝悌以敦化；崇师儒以重道；谨好尚以率民；广教化以变俗；严旌别以示劝；举赠谥以劝忠
85-99	治国平天下之要八	备规制	都邑之建（上、下）；城池之守；宫阙之居；囿游之设；冕服之章、玺节之制；舆卫之仪；历象之法（上、下）；图籍之储；权量之谨；宝玉之器；工作之用；章服之辨、胥隶之役；邮传之置、道涂之备

续表

卷　次	子　目		细　目
100-113	治国平天下之要九	慎刑宪	总论制刑之义（上、下）；定律令之制（上、下）；制刑狱之具；明流赎之意；祥听断之法；议当原之辟、顺天时之令；谨详谳之议；伸冤抑之情、慎眚灾之赦；明复仇之义；简典狱之官；存钦恤之心；戒滥纵之失
114-142	治国平天下之要下十	严武备	总论武备之道（上、中、下）；军武之制；宫禁之卫；京辅之屯、郡国之守；本兵之本；器械之利（上、下）；牧马之政（上、中、下）；简阅之教（上、下）；将帅之任（上之上、上之下；中、下）；出师之律；战陈之法（上、下）；察军之情；遏盗之机（上、中、下）；赏功之格（上、下）；经武之要（上、下）
143-156	治国平天下之要十一	驭夷狄	内夏外夷之限（上、下）；慎德怀远之道、译言宾待之礼；征讨绥和之义（上、下）；修攘制御之策（上、下）；守边固围之略（上、下）；列屯遣戍之制；四方夷落之情（上、中、下）；劫诱穷黩之失
157-160	治国平天下之要十二	成功化	神圣功化之极（上之上、上之下；中、下）

资料来源：（明）丘濬：《大学衍义补》，《丛书集成三编》第 11 册，第 416-428 页。

通过上述架构，可以发现，在丘濬的心目中，治理国家是一个巨大的系统工程。十二个子目，各自成为一个子系统，每个子系统再根据情况划分成不同的细目。只有解决好每个细目之后，这个大的系统才能运转平稳。对此，丘氏做了一个很形象的比喻："譬则网焉，网虽不止乎一目，然一目或解，则网有不张；譬若室焉，室虽不止乎一榱，然一榱或亏，则室有不具。"[1] 丘濬试图以一个自己构建的系统，用来解决帝国运行面临的一揽子问题。

（二）《大学衍义补》中的治国主张

1. 君、臣、民三者内涵及其关系

"正朝廷""正百官""固邦本"，为"治国平天下之要"的前三子目，

---

[1] （明）丘濬：《大学衍义补·序》，《丛书集成三编》第 11 册，第 413 页。

著者分别探讨了"君""臣""民"三方面问题："人君居圣人大宝之位，
当体天地生生之大德，以育天地所生之人民，使之得所生聚，然后有以保
守其莫大之位焉。"① 人君必须要通过"立德""施仁""立义"，即强调君
主个人修养，才能确保其"大宝之位"。君只有让民"得所生聚"，才能保
住其"大位"，事实上就是强调君与民之间"水"与"舟"的关系，这是
该著的逻辑起点。丘氏并没有继续真德秀对"体"的探讨，而是通过"纲
纪""名分""赏罚""号令"及"陈言"等"用"的具体六个方面，设
计其相关施政原则，来构建中央层级秩序。

关于"正百官"，丘濬认为百官"代天而为之"，是故百官任用是否得
当，事关国家兴亡。为此就选官的标准和官员个人素质分别做出界定：

> 为治之道，在于用人；用人之道，在于任官。人君之任官，惟其
> 贤而有德才、而有能者则用之……人臣之职，在乎致君泽民，其为乎
> 上也。必陈善闭邪，以为乎君之德，其为乎下也。必发政施仁，以为
> 乎民之生。如此之人，然后任之于左右。俾其上辅君德，下济民生。②

并就职官定品、爵禄、礼遇大臣、侍臣数量、台谏、清入仕之路、铨
选之法、考课之法、崇推荐之道、滥用之失等十个方面纵论其渊源、流
变，评析时下之法的得失，进而加以完善。

"固邦本"则是从安民、富民的角度加以论述。丘濬认为：

> 山高出于地而反附着于地，犹君居民之上而反依附于民，何也？
> 盖君之所以为君者，以其有民也。君而无民，则君何所依以为君哉？
> 为人上者，诚知其所以为君而得以安其位者，由乎有民也。可不思所
> 以厚民之生，而使之得其安乎？民生安，则君得所依附，而其位
> 安矣。③

著者从君、民相互依附的关系出发，指出"君位"安稳与否与"厚民
之生"有着直接的关联。提出民生、民产、民事、民力、民穷、民患、民

---

① （明）丘濬：《大学衍义补》卷1，《丛书集成三编》第11册，第454页。
② （明）丘濬：《大学衍义补》卷5，《丛书集成三编》第11册，第495页。
③ （明）丘濬：《大学衍义补》卷13，《丛书集成三编》第11册，第580－581页。

害等诸问题及其解决办法，并通过"择民之长""分民之牧""询民之瘼"的方式，进一步阐述其"民本"思想。在君臣民体系中，君、民互为依靠。拥有"德""仁""义"的君主需要慎重选择臣属代其牧民，使得安民、富民落到实处。如此，才能使其皇位永固。

2. 国富与民富

这是《大学衍义补》篇幅最多的用来论述国家经济运行一个话题，包括"制国用"的十六个子目，"固邦本"中也大量涉及。丘氏认为，民富是国富的前提：

> 是其所以理财者，乃为民而理，理民之财尔，岂后世敛民之食用者，以贮于官而为君用度者哉？古者藏富于民，民财既理，则人君之用度无不足者。是故，善于富国者，必究理民之财，而为国理财者次之。①

在理顺国富与民富的关系之后，丘氏就国家的岁入和支出、赋税财税、钱钞专卖、商业、运输以及土地等相关问题进行论述。"善于富国者，必究理民之财，而为国理财者次之"，旨在强调民富才能国富，即社会经济的发展是国家富强的根本，是丘氏"固邦本"中民本思想在国家经济中的落实。

3. 文教与武备

在强调君臣民的关系和国家财富之后，丘氏从文教和武备两方面着手，以避免"礼崩乐坏"和"武备不修"带来的恶果。丘濬将"礼乐"的治国功能，推崇到"治国之大本"："自昔人君为治之大本，唯在于礼乐……自古善观人国者，唯于其礼乐观之，而于其政刑则略焉。此无他，求其本也。其本乱而未治者，否矣。"② 在此前提下，进一步明确礼乐秩序和祭祀的等级。

"崇教化"则是强调以崇尚儒学，尤其是理学为主要旨归的前提下，重点厘定各级学校的制度和制定基本的教法。武备方面围绕着城市防御、邮传等基础建设；构建"宽严相济"的司法制度，则围绕着预防犯罪及国

---

① （明）丘濬：《大学衍义补》卷20，《丛书集成三编》第11册，第667页。
② （明）丘濬：《大学衍义补》卷36，《丛书集成三编》第12册，第13页。

防安全等层面展开。加强武备建设，以维护国家安全，是丘濬关注的另一个层面："国家之有众，亦犹土地之有险也。地有险，则人不敢逾；国有兵，则人不敢犯。"① 在此认识的基础上，从军队建设、器械、牧马、将帅人选、军纪、战法、赏罚等方面一一加以落实。

土木堡之变，来自北方蒙古族威胁成为帝国国防安全的重大隐患。据此，丘氏在加强武备建设之际，以"驭夷狄"子目专门论述如何处理同边疆地区民族关系问题。为此，丘氏认为应建立长效机制的御边之策——"夷狄自治"。针对汉文帝闻边报，即欲"勒兵自征匈奴"，丘濬指出此"非帝王御边之常道"。② 而"守备为本，不以攻占为先"，③ 乃为帝王御戎狄之要法。因"势异而情殊"，"修其教不易其俗，齐其政不易其宜，随机而应变，因事而制宜"，目的是"各止其所"，而"不为疆场之害"，"内地华民得其安矣"。④ 为了确保上述治国理念的顺利进行，帝王道德修养是根本保障。这一安排，在卷末"成功化"和文首的"审几微"二目中有所体现。

如此，丘濬构建治理帝国的政治蓝图已清晰可辨：在这一巨大的系统中，由十二个子目将政治、经济、文化、军事进行分解，事实上是对内阁六部职能的进一步细化，帝王通过知人善任的手段驾驭六部，从而使得帝国政治良好运行。

丘濬在其《进〈大学衍义补〉奏》中"遇用人则检'正百官'之类，遇理财则检'制国用'之类……审而择之，酌古准今，因时制宜，以应天下之变，以成天下之务"的用意，使该著具有浓厚帝王治国参考性质。而对于政治、经济、文化、军事的条理化分析和诸多细化措施，使之成为内阁六部处理问题的行动指南。⑤

---

① （明）丘濬：《大学衍义补》卷114，《丛书集成三编》第11册，第712页。
② （明）丘濬：《大学衍义补》卷150，《丛书集成三编》第13册，第257页。
③ （明）丘濬：《大学衍义补》卷150，《丛书集成三编》第11册，第253页。
④ （明）丘濬：《大学衍义补》卷153，《丛书集成三编》第11册，第279页。
⑤ 关于《大学衍义补》性质，香港朱鸿林先生认为：本书的公开目的是为皇帝和百官提供令他们能够胜任治国之事的基本知识；即使仅就此点而言，本书已不单只是一本"帝王之学"之书，它其实是一本君臣均可共学共用之书（参见《丘濬〈大学衍义补〉及其在十六十七世纪的影响》，《丘濬海瑞评介集》，海南出版社，2004，第277页）；新加坡李焯然先生认为：在编纂过程中，丘濬凭借其博识及实际政治经验，广泛地讨论了当时行政上及制度上的问题，使这一补篇成为一部全面的公共行动指南。（《丘濬评传》，第158页）。

三 《世史正纲》与其史学思想

丘濬除了《大学衍义补》的政治贡献之外，在史学方面也有很深的造诣，成书于成化十七年（1481）的《世史正纲》，[①] 以"显而直"叙事方式取代"婉而正"圣贤之书的努力，不仅给明代中后期史学的经世路径指明了方向，同时也为"当世之学生小子"[②] 了解历史提供了捷径。就历史知识的普及而言，功莫大焉。

（一）编纂目的

丘氏在其卷首序中指出该著的写作目的：

> 《世史正纲》曷为而作也？著世变也，纪事始也。其事则记乎其大者，其义则明夫统之正而已……人之生也，禀赋不齐。贤者、知者恒少，而愚者、不肖者恒多。圣贤之书，用意深而立例严，非贤人君子不能知也，是以知之者恒鲜。愚为此书，直述其事，鲜明其意。使凡有目者所共睹，有耳者所共闻；粗知文义者，不待讲明思索，皆可知也。[③]

这就是说，面对"微言大义"而经典化、晦涩式的儒家叙事历史，丘濬试图通过自己的努力使之通俗化。毫无疑问，"显而直"的语言，强化了历史学的教育功能，史学"经世"作用逐渐放大。

关于其"宏纲大旨"，丘氏认为："严华夷之分""立君臣之义""原父子之心"，其目的是为了"明夫统之正"，即是通过世运变迁来阐明正统之义。在这一思想指导下，进而勾勒出其理想中的社会愿景：

> 华夷之分，其界限在疆域。华华夷夷，正也。华不华，夷不夷，则人类淆，世不可以不正也。君臣之义，其体统在朝廷。君君臣臣，正也。君不君，臣不臣，则人纪斁，国不可以不正也。父子之心，其

---

① （明）丘濬：《世史正纲》，史部第 6 册，第 148－635 页。
② （明）丘濬：《世史正纲序》，《四库存目》史部第 6 册，第 151－152 页。
③ （明）丘濬：《世史正纲序》，《四库存目》史部第 6 册，第 151－152 页。

传序在世及。父父子子，正也。父不父，子不子，则人道乖，家不可以不正也。①

"君之所以为此者，非君之自为也，承天之意也"，也就是说"上天立君之意"是丘濬"世运"变迁的逻辑起点。通过"君秉诚以事天，天秉象以示君"，而达到"天人合一"的境界。如何保证"世运"的持久，丘濬以纲纪伦常之道为维持社会秩序的利器，从世、国、家三个方面进行探讨。

华夷之防是"世"所关注重点；君臣之义则是"国"的主要内容；父子传序是"家"的核心。进而指出："华必统夫夷，夷绝不可干中国之统；君必统夫臣，臣绝不可萌非分之望；男必统夫女，女绝不可当阳刚之位。"为了确保历史上的夷狄乱华、女主当政的乱世景象不再出现，丘濬试图用"立大义"来规范各种不端行为，具体为：

> 臣非有舜禹之圣，绝不可以言禅；君非有桀纣之暴，绝不可以言伐；君虽不及太甲，臣非有伊尹之志，绝不可以言放；非为天吏，绝不可以兴问罪之师；非奉天讨，绝不可清君侧之恶。事虽至于无可奈何，非济天经，绝不可用权宜之策。天冠地履之分必严，水木本源之心必笃。②

丘氏的世运维系实现途径，是建立在持家、立国"一归于人心"和"道义之正"基础之上。"人极以立，天地以位。夷狄不敢以乱华，禽兽不敢以侵人"，这种秩序既顺应上天立君之意，也是圣人立教之心的体现。显而易见，序言中对家、国、人心之间内在关联，进而与世运长久产生因果关系的论证，是丘濬极力表述的。这表明丘氏的史学理论，与《大学衍义补》的"正心、修身、齐家、治国、平天下"有着直接的承继关系。

（二）编纂特点

1. 体例

关于本书的编纂体例，《世史正纲·凡例》做出五点说明：

---

① （明）丘濬：《世史正纲序》，《四库存目》史部第6册，第152页。
② （明）丘濬：《世史正纲序》，《四库存目》史部第6册，第154页。

一　是书之作，系事以年，而不备其时与月者，盖以圣人作经，备载四时而错，举《春秋》以为名，不敢僭拟之也；

一　是书止提其纲，而不备其事者，不敢仿大贤之《纲目》也；

一　是书异于前史者，以规圆为圈，于甲子下年号上，而即其中以书国号也。然其所书之号，则有朱墨之异焉。自来刻本，凡朱书皆黑其地而白之，今分画为白字者，以其圈之或白或黑，各有取义，非但朱墨之也，盖寓太极阴阳之理；

一　凡作史者，皆有义例。今此书标出前代事体之大而要者，示学者以大意，俾其显明易晓、简约易记耳。随事为文，无有义例。间有异义者，各具本条下；

一　凡序中所引言者，皆书中所合纪载者云，即此便是凡例。①

丘濬以"不敢僭拟"为由，力图摆脱《春秋》《纲目》的体例束缚，从"系事以年，而不备其时与月者"，"止提其纲，而不备其事"中可窥一斑。这种有年无月、有纲无目的撰写方式，单从体例的角度来看确实有很大的创新。很明显，丘濬的用意不止于此。

无论是以年月为历史演进的纵轴来记录历史事件，抑或是纲目式的事件记载，皆以"婉而正"的叙事使历史论述经典化，从而造成"当世之学生小子"无法领会，《世史正纲》对此极力回避。是故，丘濬在年、纲的编排下，附其论于后，阐明个人见解，使"微言大义"变得"显而直"，这是其追求之所在。

体例方面的另一个创新点在于"以规圆为圈，于甲子下年号上，而即其中以书国号也。然其所书之号，则有朱墨之异焉"。对此，丘濬作如下解释：

《史纲》规（圆）为圈，而书国号于其中，用以冠于逐年之上者何？视《纲目》书某甲子例也。盖天运于上，而以岁周之，人生于下，而以国统之。标国号于甲子之下，逐年之上，所以著奉天运以主民生者，当时统系在此也。若书有朱墨之殊者，则又以别其统之有偏全焉。无统之世，则虚其中不书。②

---

① （明）丘濬：《世史正纲凡例》，《四库存目》史部第 6 册，第 156 页。
② （明）丘濬：《世史正纲》卷 1，《四库存目》史部第 6 册，第 156 - 157 页。

这种被李焯然先生认为是"发前人所未发"①书国号和纪年号方法的巧妙设计，事实上是丘濬对于"统系"的个人解读。

体例的设计取决于史家对儒家价值体系的主观裁度。丘濬在《春秋》《纲目》的品评史实的价值判断之上，以"奉天运以主民生者"为"正统"的基本尺度，来重构较为混乱的"正统"史学。因有年无月及有纲无目的体例所限，"规圆为圈"及年号、国号的书写方式，朱墨二色的充分运用，便成为丘氏用心之所在：

（1）国号置于圆圈之内，朱书者，为大一统政权。统继者是否"非所继"，"书国号于甲子之下"，国号以"大书"和"分书"区别。以秦二世元年为例：

> 自始皇并天下，既大书其年矣。至二世乃分书之何？以胡亥立，非始皇意。故上系以秦而分书其年月于下，明统之在秦者未绝，而所以继其统者非所继也。不然，据其见得者则予之是，以成败论事，而没其逆父之心，杀兄之罪，乱臣贼子接迹于世矣。②

墨书者，为偏统之世。地域多寡是其重要的参考标准外，还有其他意味。如汉高祖五年（前202），就是墨书"汉"于圆圈中，作者对如此设计解释如下："《史纲》于前既大书汉号，而下分注汉王元年矣。至是又大书汉高祖皇帝五年何？此《纲目》一统之大例也。前书以见人心之归，后书以见大统之一。"③墨书国号反映出地域多寡、人心和"大统之一"三个方面归属的含义。

（2）规圆为圈，圈内虚其中以不书，是无统之世的标志。其著作中也呈现出层次性。天下割据，无继统之主。魏蜀吴的三国时期、④南北朝之际⑤及唐末五季；⑥至于天下混一，夷狄入主中国，丘濬认为此时属于无统时期。是故，元代的圆圈空置，且黑底。⑦元至正十五年（1355），宋主韩

① 李焯然：《丘濬评传》，第201页。
② （明）丘濬：《世史正纲》卷1，《四库存目》史部第6册，第166页。
③ （明）丘濬：《世史正纲》卷2，《四库存目》史部第6册，第172页。
④ （明）丘濬：《世史正纲》卷10，《四库存目》史部第6册，第286页。
⑤ （明）丘濬：《世史正纲》卷13，《四库存目》史部第6册，第332页。
⑥ （明）丘濬：《世史正纲》卷22，《四库存目》史部第6册，第471页。
⑦ （明）丘濬：《世史正纲》卷31，《四库存目》史部第6册，第600页。

林儿龙凤元年开始有所改变,一直到元至正二十八年七月,即洪武元年(1368)止,一直以白底、"虚其中不书"①的方式叙事。元代如此设计,丘濬道出其原委:"入元以来,岁下之圈皆涂以黑,而此年(指至正十五年——引者注)白之者何?天运转而阳道复,阴翳消也。然则,圈之黑白亦有所本欤?曰:本太极图之阴阳也。中国为阳,夷狄为阴。"②

2. 笔法

中国古代史家编纂史书所采用的笔法义例,与其对"统系"的认识密切相关。丘氏《世史正纲》之笔法,与其对"统系"的认识有着一定的渊源关系。自《春秋》关于"统系"的认识,明初大儒方孝孺就曾作《释统三篇》进行相关探讨:

> 周秦以来甚悉,其要谓正统之说,不当以全有天下者概加是名。见周为正统,汉、唐、宋宜如朱子意,亦为正统。秦、晋、隋、女后、夷狄,当立变统待之。变统之制,必异天子之礼。又著《后正统论》一篇,所以发明《春秋》正统之说,至是始昭晰不疑。

据此,孙应鳌指出《世史正纲》"统系"等方面与方孝孺之间的诸多联系:"琼山丘氏乃取逊志(即方孝孺——引者注)意,掇《纲目》《大事记》二书,镕裁之,著为《世史正纲》。凡非所据而据者,虽不明立变统,迺今注甲子、帝年、国号、名谥、死殂,无不依仿逊志。"③与方氏思想有密切关联的丘氏"统系"理论,比起前者"正统""变统"有了更深刻的表现。除了"正统""偏统"之外,还有"无统"。丘濬对于"上天立君"的帝王家族史的解读,就"统系"而言,比起前人有着更进一步的认识。

毫无疑问,与上述诸著作一样,"明正统"是《世史正纲》核心价值。

孙应鳌的评判并没有否定丘氏独特的笔法义例,这恰恰是丘氏作品区别于其他著作的关键所在。李焯然先生认为该著"是没有具体的笔法义例",④是很值得商榷的。自从《春秋》五例⑤亦即《春秋》笔法行世以

---

① (明)丘濬:《世史正纲》卷32,《四库存目》史部第6册,第625–631页。
② (明)丘濬:《世史正纲》卷32,《四库存目》史部第6册,第625页。
③ (明)孙应鳌:《刻〈世史正纲〉序》,《四库存目》史部第6册,第150页。
④ 李焯然:《丘濬评传》,第200页。
⑤ 范文澜:《文心雕龙注》,人民文学出版社,1958,第15页。

来，借"隐"说"显"，以"晦"道"明"的权威学术话语模式，成为后世学者努力效法的对象。丘濬所处的明代中期，这一现象居然在科举考试中不断出现，"时经生文尚险怪，濬主南畿乡试，分考会试皆痛抑之。及是，课国学生尤谆切告诫，返文体于正"。① 《明史》的这段记录，与《琼台诗文会稿》卷9中《应天府乡试录序》《会试录序》两序的后注时间对应，丘濬于成化元年（1465）、十一年分别主试应天府乡试及充当会试副总裁。② 丘濬究竟采取怎样的措施来"痛抑"这种"险怪"的文风，不得而知。毫无疑问，与《世史正纲》写作有先后时间承接的这段履历，对于丘氏的笔法义例应该产生了极为重要的影响。

或许是为了避免以"显而直"来代替"婉而正"，引起对儒家经典不恭，丘濬在其《凡例》中强调"随事为文，无有义例"，这不能成为该著"没有具体的笔法义例"的理由。相反，这正是该著从儒家经典式记述向史学"经世"方向转变的重要标尺，也是其为"当世之学生小子"接受正统史学熏陶提供了可能。

（三）主要内容

该著始于"嬴秦庚辰之岁"（前221），止于"皇明戊申之春"（1368），凡"一千五百八十有九年"，③ 共三十二卷（参见表6-3）。

表6-3 《世史正纲》世系及卷次分布

世 系	卷 次	起—止时间
秦世史	卷1	（庚辰）秦始皇帝二十六年—（甲午）秦二世三年
汉世史	卷2-9	（乙未）楚义帝元年、汉主刘邦元年—（庚子）汉建安二十五年
三国世史	卷10	（辛丑）汉昭烈皇帝章武元年、魏主丕黄初二年—（庚子）吴天纪四年、晋咸六年
晋世史	卷11	（辛丑）晋太康二年—（丁丑）晋建兴五年
东晋世史	卷12	戊寅晋太兴元年—庚申晋元熙二年

---

① （清）张廷玉：《明史》卷181《丘濬传》，第4808页。
② （明）丘濬：《琼台诗文会稿》卷9，《丛书集成三编》第39册，第170页。
③ （明）丘濬：《世史正纲序》，《四库存目》史部第6册，第155页。

续表

世　系	卷　次	起止时间
南北朝世史	卷 13–15	（辛酉）宋主刘裕永初二年、魏主拓跋嗣泰常六年、北燕冯跋太平十年、西秦乞伏炽磐建弘二年、北凉沮渠蒙逊玄始十年、夏赫连勃勃真兴十年、西凉李恂永建二年—（己卯）隋皇泰二年、唐武德二年
唐世史	卷 16–21	（庚辰）唐高祖神尧皇帝武德三年—（丁卯）唐天祐四年
五季世史	卷 22	（戊辰）晋岐淮南称唐天祐五年、梁主晃（温称帝改——引者注）开平二年、蜀王建成元年、蜀武成元年、吴越钱镠天宝元年—（己未）汉天会三年、周显德六年、南汉大宝二年、蜀广政二十一年
宋世史	卷 23–30	（庚申）汉刘钧天会四年、周主宗训元年（凡四日）、宋太祖建隆元年、南唐李景中兴三年、南汉刘鋹大宝三年、蜀孟昶广政二十一年—（己卯）宋帝昺祥兴二年
元世史	卷 31–32	（庚辰）元主忽必烈至元十七年—（戊申）明太祖洪武元年

在表 6–3 中，有以下几个问题值得关注。

1. 叙事起于秦始皇二十六年原因

与司马光著《资治通鉴》、吕祖谦著《大事记》一样，以正统史学为指归的丘氏《世史正纲》，在时间起点上有着很大的不同。前二者分别始于周威烈王二十三年（前403）、周敬王三十九年（前481），《史纲》则从秦始皇二十六年（前221）开始。这一时间安排，其门生费訚解读曰：

> 盖《治鉴》接左氏之终篇，《大记》续"获麟"之绝笔。是时，虽曰末季，然犹三代封建之余也。秦罢侯置守以来，自汉魏讫于今日，更十数代，阅千数百年。其建立规模、称谓、名号，维持法制，皆自此权舆之也；前乎此，而为夏商周；后乎此，而为汉唐宋。是盖天地间世道一大变也。①

其实，最让丘濬纠结的是"始称皇帝"之事。他认为：

> 自有此名称（即皇帝——引者注）以来，古道日以湮微，世道日

---

① （明）费訚：《世史正纲后序》，《四库存目》史部第 6 册，第 633 页。

以沦降。名虽尊于古，而实不及之远矣。遂使君道日尊，臣道日卑，上下遂至于悬绝。师臣之礼，世不复闻；格心之学，竟莫能施。呜呼！是亦世道大变之一初也欤？①

这就是说，秦建立中央集权的国家，随之而建立的帝王体系和三公六卿的中央官制，使得秦代处于夏商周政治制度的终结和肇造汉唐宋制度的临界点上。作为史家的丘濬，敏锐地发现这一"大机会""大界限"。史家对于夏商周三代制度的向往，从"古道之不可复，而世道之日以降"② 的感叹中隐约可见。

2. 隋朝问题的处理

《史纲》对于南北朝和唐之间的隋朝，并没有单列而将其附之于南北朝世史中，这与前代史著迥异的又一体现。尽管丘濬并没有特别说出具体缘由，但是通过其对秦世史"初并天下"的附论研读，还是可以揣度其用心：

秦至无道也，乃能定天下于一。孟子"不嗜杀人"之言无乃不验乎？吁！是不然。秦人吞噬六国，盖恃其势力以兼并之也。岂所谓定乎？所谓并天下者，特为汉主驱除焉耳……周之衰也，分而为春秋战国，终而收拾之以秦，于是乎汉兴焉；汉之衰也，分而为三国南北朝，终而收拾之以隋，于是乎唐兴焉；唐衰而五季纷乱，世宗于其间以治易乱，气势将合矣，有宋继而阐以文；宋衰而女真分裂，蒙古乘其后，以夷混华，坏乱已极矣，我朝拨而反之正。③

在丘濬看来，隋和秦一样，都处于由乱世到治世的转捩点上。更何况："（开皇元年，581）春二月周杨坚逐其主居别宫，篡位。国号隋。隋改周官名。隋主坚追尊其考为武元帝，立其妻独孤氏为后，子勇为太子，诸子皆为王。杨坚废其主为介公，废周太后杨氏以为乐平公主，尽灭宇文氏之族。"④ 杨坚如此做法，与史家所强调的"上天立君之意"大相背离，

① （明）丘濬：《世史正纲》卷1，《四库存目》史部第6册，第158页。
② （明）丘濬：《世史正纲》卷1，《四库存目》史部第6册，第156页。
③ （明）丘濬：《世史正纲》卷1，《四库存目》史部第6册，第157页。
④ （明）丘濬：《世史正纲》卷15，《四库存目》史部第6册，第357页。

授受取予之道已违背纲常伦纪，故隋没有单列为世史是可以理解的。

3. 对夷狄关系的检讨

十世系的架构中，丘氏努力强调"华华夷夷"，以确保"各止其所，而不相侵乱"的社会秩序。但是，历史的发展总是不断地突破圣贤所憧憬的理想模式，后继者只能在圣贤既定的框架中圈点是非。据此，丘濬就明以前历史中的华夷关系按"世"进行了划分：

> 华夏纯全之世：汉、唐；
>
> 华夏割据之世：三国；
>
> 华夷分裂之世：南北朝、宋南渡；
>
> 华夷混乱之世：东晋、五代；
>
> 夷狄纯全之世：元。

元入主中国，"世道至此坏极"。最让丘濬难以忍受的是史家对元正统地位默认的态度，宋濂等修纂的《元史》便是其中一例。这种突破华夷大防，以成败论英雄的历史观为丘濬不断地指责和质疑：

> 人所以不得其所者，孰使之哉？夷狄害之也。天生圣人以为一世之主，必使华夷各止其所，而安其分，则人道立而天理明，地利得矣。不然，则纷纷扰扰，相争相夺，竞地之利，昧天之理，而人道于是乎不立矣。圣人有见乎此，故其致（制）治保邦，拳拳以蛮夷猾夏为忧，著书立言，谆谆以内夏外夷为戒，非徒为一世计，所以为万世计也。世儒以其一世之微功，而忘万世之大戒。是岂上天立君之意哉？是岂圣人立教之心哉①？

如此言论在"元世史"二卷中俯拾皆是。或许是出于对家乡黎汉关系的充分认识，华夷关系在丘氏作品中一直占据重要地位。《世史正纲》如是，即便其政论性《大学衍义补》也专设"驭夷狄"一节，足见其重视程度。

丘濬站在国家层面，以"世道"变迁为主要论述对象的宏大巨制《世

---

① （明）丘濬：《世史正纲》卷31，《四库存目》史部第6册，第600页。

史正纲》，堪称明代史学的典范之作，也是海南史学最为杰出的成果。

以"经世济国"为己任的丘濬，其个人著述无不体现出这种责任担当。诚然，国家层面的探讨与海南现实政治需要之间缺少必要的衔接，使得丘氏著作在其家乡无法发挥应有的作用。丘氏提纲挈领式的史著，令后世学人仰止，终明一代，岛内文人乃至明帝国在史学建树上无出其右者。

四　经济思想

《大学衍义补》"固邦本""制国用"二个子目（卷 13 至卷 35）共 23 卷本，是丘濬经济思想最为核心部分。除了前文已经提及的"国富"与"民富"之外，还有以下三点。

（一）理财思想

丘濬从大禹"懋迁有无，化居"六字发微，指出此乃万世理财的根本。他认为"其所以徙有于无，变化其所居积者，乃为烝民粒食之故耳"，即政府应该劝勉"资民食"之谷与"资民用"之物的流通，使民有生养之具而安居乐业。是故"善于富国者，必先理民之财，而为国理财者次之"。①

明初"必当阜民之财，而息民之力。不节用，则民财竭；不省役，则民力困……故养民者，必务其本；种树者，必培其根"② 的宽仁政策，到明中叶之后被"敛民之食用者，以贮於官，而为君用度者"所取代。"逃户""流民""民变"事件不断，其中就有二起民变发生在与海南一水之隔的广东（1448－1450，黄肖养起义）、广西（1456－1465、1466－1472，大藤峡起义）。《明宪宗实录》中就有丘濬关于平定大藤峡"逐""困"的用兵之策。③ 其直接结果是政府赋税的流失，也加剧了社会的动荡。丘濬以古人"藏富于民"为基调，强调在民"相安"的前提下，发展社会生产，亦即"固邦本"，从而达到为国理财目的。

丘濬认为，"固邦本"的着眼点在于户口的多寡。"天下盛衰在庶民，

① （明）丘濬：《大学衍义补》卷 20，《丛书集成三编》第 11 册，第 667 页。
② 《明太祖实录》卷 29，第 496 页。
③ 《明宪宗实录》卷 13，第 294－301 页。

庶民多则国势盛，庶民寡则国势衰，盖国之有民，犹仓廪之有粟，府藏之有财也"。① 为此，必须要"蕃民之生"，"民生既蕃，户口必增，则国家之根本以固，元气以壮"。② 这就是说，系之于丁身的赋役制度与户口之间，存在着正比例关系。为了有效地解决这一问题，丘濬认为人君除应有"爱民之实"外，还应该采取以下措施予以保障。

1. 加强人口登记管理

户籍多寡关涉王朝兴衰，还涉及"庶事之所出"，"以分田里，以合贡赋，以造器用，以制禄食，以起田役，以作军旅，国以建典，家以立度，五礼用修，九刑用措"。是故户口问题为历代王朝所重视。"生齿以上，皆书于版籍，辨其国中与其都鄙及其郊野，异其男女，岁登下其生死，及三年大比"，这是历史上业已形成人口登记制度，经过明代的变革，这一制度已经被修订为"十年一次大造黄籍，民十五为成丁，十四以下为不成丁"，③"登民之数"目的在于"以制国用"。"始之内史，以书其名；继之司会，以计其数；终之冢宰，以统其成。盖因其户口之多少，年齿之长幼，以会计其用度之盈缩，以见先王之举事，无非所以为民。"④

2. 脱离版籍的解决方案

丘濬所处时代，侨寓于江右地区的荆湖人群日益增加，这一侨寓群体，"既不供江右公家之役，而荆湖之公府亦不得以役之焉"，脱离版籍现象十分严重。丘濬以财产多寡，将之划分为三个层次，并制定不同的标准，即所谓"产业者，则名以税户之目"；"耕佃者，则曰承佃户"；"贩易佣作者，则曰营生户"，在其"情愿不归其故乡"的前提下，根据其所在的邑里，确定其版籍。若为军匠，经官勘实，即予开豁，所在郡邑，收为见户。

丘濬目的是建立一个由税户、承佃户、营生户、见户与主户"错居共役"，从而达到"有产者出财，无产者出力"，"两得其用"⑤的局面。

3. 培育富家，蕃息人口

《周礼·地官·大司徒》提出养万民的六项具体措施：一曰慈幼，二

---

① （明）丘濬：《大学衍义补》卷13，《丛书集成三编》第11册，第589页。
② （明）丘濬：《大学衍义补》卷13，《丛书集成三编》第11册，第585页。
③ （明）丘濬：《大学衍义补》卷13，《丛书集成三编》第11册，第20页。
④ （明）丘濬：《大学衍义补》卷13，《丛书集成三编》第11册，第586页。
⑤ （明）丘濬：《大学衍义补》卷13，《丛书集成三编》第11册，第587-588页。

曰养老，三曰振穷，四曰恤贫，五曰宽疾，六曰安富。所谓"安富"，即平其徭役，保其常产。对"安富"政策持肯定态度的是北宋的李觏，认为"平其徭役，不专取以安之"，并对后世"击强为事"的做法加以抨击。这一观点，为南宋吕祖谦所认同。

在前人的基础上，丘濬从人性出发，认为人的一生，其青壮年可以自养。但是，"幼者""老者""穷匮""贫乏""疾病"等五者，自身无法自安，需要"振之、恤之"。国家财政无法解决之际，需要培育富家巨室来安养五者：

> 惟富而有财者，则又因此所有余，而养之焉，诚以富家巨室，小民之所依赖。国家所以藏富与民者也，小人无知，或以为怨。庶先王以"保息六，养万民"，而于其丘者，皆不以安言，独言安富者，其意盖可见也。

进而指出，"富者，非独小民赖之，而国家亦将有赖焉"，[①] 反对那种"抑富"的行为，这也是丘濬备受争议的观点之一。概而言之，丘濬试图将政府应该承担的社会救助责任下放给富家巨室，事实上是对明代中叶以来，社会财富向部分富家巨室积聚的一种默认。这种寄希望富家巨室的道德良心来承担相应的责任，缺少必要的制度构建，无异于"与虎谋皮"，因而多少具有一定的主观色彩。

（二）商业理念

与"重农抑商"的传统理念不同，丘濬认为"所谓财者，谷与货而已。谷，所以资民食；货，所以资民用"，[②] 显然具有"农""商"并重的意味。不过，其"切切焉劝农桑，抑末作，则天下之民咸趋于南亩，而为农之是务矣"中"抑末作"的表述，似乎有抑制商业的意思。其实，丘濬此处所谓"本""末"，是通过晁错与汉文帝在论述"黄金珠玉"和"谷物丝麻"实际功用的语境下而展开的。因为"粟者，王者大用，政之本

---

① （明）丘濬：《大学衍义补》卷 13，《丛书集成三编》第 11 册，第 586 页。
② （明）丘濬：《大学衍义补》卷 20，《丛书集成三编》第 11 册，第 667 页。

务"，"黄金珠玉，饥不可食，寒不可衣"。① 故而"抑末作"，应该是针对"黄金珠玉"而言，而非指"抑商"。将此解释为"无非是要求抑制有碍'农桑'的商工业"，② 未免显得牵强。

对于政府与商人争利之事，丘濬认为，"市者，商贾之事。古之帝王，其物货取之，任土作贡而有余，未有国家而市物者也"。针对"乘时贵贱，以为敛散"的商贾行为，政府入市，虽然有着打击商人囤积和哄抬物价的政治考量，但是丘濬并不如是认为："然贫吾民也，富亦吾民也。彼之所有，孰非吾之所有哉？况物货居之既多，则虽甚乏，其价自然不至甚贵也哉。"③ 明中叶以来，商品经济急速发展的浪潮滚滚而来，在对待商业问题上，丘濬主张在政府的监管下采取听之任之、反对政府干预的理念，表明其对历史发展趋势的一种自觉。

为了扶植商业，丘濬在上述的理念基础之上提出一些具体措施。

1. 减免课征

丘濬从关税之征"龙断"溯源，指出孟子之意"恶人逐末而专利，故立法以抑之"，并非从中取利。"今民自纳租于官仓矣，而关市又征其税，岂非重哉？"时下所行"重商税"之策，已使商"困辱"。④ 不仅如此，即便是酒、麴、醋之税，也日趋增多：

> 谷麦既已纳税，用谷以为酒，又税之；造麦为麴以酝酒，又税之；用米与糟以为醋，又税之。是则谷麦一类，农耕以为食，官既取之。商籴于农，以为酒、为麴、为醋，官又取之。此一物而三、四出税也。呜呼！此皆末世之事也！⑤

与酒、麴、醋没有具体的减免办法不同，"盐"作为日常消耗品，是丘濬主要关注的对象。认为政府在盐的生产、运销过程中，予以规范并进行监控：

对于煮盐户：提供官铸的"一定尺寸"劳盆（即煮盐的工具），在官

---

① （明）丘濬：《大学衍义补》卷15，《丛书集成三编》第11册，第608页。
② 李普国：《论丘濬的经济思想》，《江淮论坛》1981年第3期，第72页。
③ （明）丘濬：《大学衍义补》卷25，《丛书集成三编》第11册，第725页。
④ （明）丘濬：《大学衍义补》卷30，《丛书集成三编》第11册，第756页。
⑤ （明）丘濬：《大学衍义补》卷30，《丛书集成三编》第11册，第762页。

给券、灶户缴纳一定的"举火钱"后，"举火"煮盐。然后"听其自煮自卖"，严禁那种"煮而不闻官者"的私盐生产。

对于从事盐业买卖的商贾，要求其"具数以告官，官给钞引，付之执照"，期间，"每引取工墨钱百文（自注：或三十、五十）"，[①] 作为手续费。主张废除国家的榷盐制度，实行私人生产、商人运销。

2. 发展漕运

由于"国家都燕，盖极北之地，而财富之入，皆自东南而来"，这是元朝和朱棣以后的明朝较为相似的地方。在漕粮运输问题上，丘濬梳理了历史上的陆运、河运和海运的三种办法，并对各自的运费进行比较，认为"河漕视陆运之费，省什三四；海运视陆运之费，省七八"，此外，陆运、河漕皆需人力"牵率之劳"，海运虽有"漂溺之患"，其动力主要来自自然力。如此，丘濬在主张河运之外，希望恢复元代的海运路线，以保证国家的粮食安全。

在此基础上，丘濬更主张沟通南北有无，促进商品交流。一千石的海船中，"每艘载八百石"，"许其以二百石载私货"，以三年为期限，此后，军夫自载者"二十税一"。而客商附载者，"照依税课常例"。如此，"南货日集于北，空船南回者，必须物实"，从而使得"北货日流于南"。[②]

3. 加强海外贸易

起源于汉代通南越的互市之法，宋代开始设置市舶司，元代则由政府出面，"每岁招集舶商，于番邦博易"，并实行"验货抽解"。风气已开，沿海多以此为业。入明之后，为防止"招惹边患"，《大明律·户律》规定严惩"舶商匿货"，正常海外贸易被迫中断。"利之所在，民不畏死"，民间私下海外贸易屡禁不止。

丘濬从堵塞"私通溢出之患"的漏厄和"怀柔远人"出发，认为"岁计常赋之外，未必不得其助"及"外夷所用，则不可无中国物"，劝勉政府加大对市舶司的管理力度，允许商人自备船舶在规定航线上，从事远洋贸易，实施"封检抽分"。

至于规定的航线，丘濬指出，唯"日本一国，号为倭奴"，"屡为沿海

---

① （明）丘濬：《大学衍义补》卷28，《丛书集成三编》第 11 册，第 744–745 页。
② （明）丘濬：《大学衍义补》卷34，《丛书集成三编》第 11 册，第 792–794 页。

之寇"，应遵照祖训，不与之通商外，其他海上诸蕃，如"暹罗、爪哇诸蕃"，可与之贸易，即加大与南海诸国海外贸易。①

（三）经济学的贡献

1. 货币基本职能及发行量

丘濬从《周礼》中所谓"傅别"，追溯"券书"的缘起，指出："称谓代之以物，责谓责其所偿。此乃后世契券文约之始，特民间私相以为符验耳，非以交易也。然用券书以通货物之有无，与后世交会、楮钞，其用虽不同，而其以空文质实货，其原盖兆于是矣。"②"以空文质实货"，是丘濬对于货币是信用符号的最初探索。但是"所谓钞者，所费之直不过三五钱，而以售人千钱之物"③的认识，确实是其"不理解钞币只是信用的价值符号"④的主要表现。通过"交子"代替铜钱而为"行使之币"，指出在货币材质选择上"以无用之物易有用之物"⑤是一个历史进步，这表明丘濬对纸币便易携带功能的承认。

此外，在流通手段上，他认为："天下百货皆资于钱以流通，重者不可举，非钱不能以致远；滞者不能通，非钱不得以兼济；大者不可分，非钱不得以小用，货则重而钱轻、物则滞而钱无不通故也。"⑥关于货币的发行量，"以为通融转移之法，务必使钱常不至于多余；谷常不至于不给"，在肯定钱谷之数总量平衡的基础上，丘濬斥责吴孙权铸"当千钱"，成为人间之患。指出钱币铸造所遵循的原则："必物与币两相当值而无轻重悬绝之偏，然后可以久行而无弊。"⑦

2. 货币本位制

入明之后，货币银、钱、钞三者在使用过程中，遭遇到时而禁止、时而使用，且兑换比率变动无常的混乱局面。对此，丘氏主要思想表现为："通行钞法者，臣请稽古三币之法，以银为上币、钞为中币、钱为下币，

---

① （明）丘濬：《大学衍义补》卷25，《丛书集成三编》第11册，第720页。
② （明）丘濬：《大学衍义补》卷27，《丛书集成三编》第11册，第734页。
③ （明）丘濬：《大学衍义补》卷27，第737页。
④ 李龙潜：《试评丘浚经济思想中的几个问题》，《暨南学报》1999年第2期，第72页。
⑤ （明）丘濬：《大学衍义补》卷27，《丛书集成三编》第11册，第735页。
⑥ （明）丘濬：《大学衍义补》卷27，《丛书集成三编》第11册，第733页。
⑦ （明）丘濬：《大学衍义补》卷27，《丛书集成三编》第11册，第735页。

以中下二币为公私通用之具，而一准上币以权之焉。"确立币种之间的具体兑换标准，如下：

> 以银与钱钞相权而行，每银一分易钱十文，新制之钞每贯易钱十文，四角完全未中折者每贯易钱五文，中折者三文，昏烂而有一贯字者一文。通诏天下以为定制，而严立擅自加减之罪。既定此制之后，钱多则出钞以收钱，钞多则出钱以收钞，银之用非十两以上禁不许以交易，银之成色以火试，白者为准，宝钞、铜钱通行上下而一权之以银，足国便民之法盖亦庶几焉。①

"宝钞、铜钱通行上下而一权之以银"的规定，标志着以白银为基础，银、钱、钞三位本位制货币体制建立。②

3. 劳动价值论

丘濬下面一段论述，对于劳动价值论有着一定的见解："世间之物虽生于天地，然皆必资以人力而后能成其用，其体有大小精粗，其功力有浅深，其价有多少，直而至于千钱，其体非大则精，必非一日之功所成也。"③ 在丘濬看来，一切"资以人力"的"世间之物"，其生产过程"必非一日之功所成"。换句话说，劳动产品的价值取决于投入该产品生产的劳动时间；"功力"的深浅与"其价"的高低存在一定的关联，则表明劳动效率和劳动时间与产品价格存在着正相关关系。

"邱濬的这段话以相当明确的形式提出了劳动决定价值的论点"，赵靖先生认为比英国古典学派创始人威廉·配第早 174 年，"对价值的分析，自然没有配第细致，但在表达方式的抽象程度和普遍性方面，却显然比配第还高一些"。④ 这一评价，事实上也揭示了丘氏对劳动价值论的主要

---

① （明）丘濬：《大学衍义补》卷 27，《丛书集成三编》第 11 册，第 738 页。
② 关于丘濬货币本位制："银本位说"（彭信威：《中国货币史》，上海人民出版社，1959，第 508 页）；"银铜复本位制"（李普国：《论丘浚的经济思想》，《江淮论坛》1981 年第 3 期）；白银为基础"银钱钞三本位制"（胡寄窗：《中国经济思想史下》，上海人民出版社，1981，第 348 页，李龙潜：《试评丘浚经济思想中的几个问题》，《暨南学报》1999 年第 2 期）。
③ （明）丘濬：《大学衍义补》卷 27，《丛书集成三编》第 11 册，第 737 页。
④ 赵靖：《邱濬——中国十五世纪经济思想的卓越代表人物》，《北京大学学报》1981 年第 2 期，第 53 页。

贡献。

五 典籍整理与收藏理论

丘濬在其早年求学之际，对于书籍十分爱好：

> 遍于内外姻亲交旧之家，访求质问。苟有蓄，不问其为何书，辄假以归，顾力不能抄录，随即奉还之。然必谨护爱惜，冀可再求也。及闻有多藏之家，必豫以计纳交之，卑辞下气惟恐不当其意。有远涉至数百里，转浼至十数人，积久至三五年而后得者。甚至为人所厌，薄厉声色，以相拒绝，亦甘受之，不敢怨怼。期于必得而后已。人或笑其痴且迂，不恤也。①

丘氏对图籍宗教徒般虔诚与狂热追求，深刻影响着其《大学衍义补》的文章架构。"治国平天下之要八备规制"中，专门设置一卷来论述"图籍之储"，而并没有将其列入"崇教化"之中，丘濬对图书典籍的重视程度，可见一斑。

（一）对典籍的基本认识

丘濬将搜求四书五经上升到国家备规制层面，源自其对典籍的深刻认识。

其一，"书契"，不仅是"文学之所由宗"，也是"万世之下，所以治百官、察万民"之依靠。

其二，"地志图经"，关涉"万民之数，九州之域，五土之名物"，即国家所掌控的财政税收的重要凭据。是故，针对明英宗时期纂修的《大明一统志》中"建邦之土地，人民之数"未备，丘濬建议朝廷"于地图之外，依《周礼》，别为一籍"，以达到"凡其疆域、道理、山川、物产、里数、户口、钱谷，应所有者，皆具其中，一有取舍敛散，按图而考其实，粲然如指诸掌"。

其三，孔子为万世儒道之宗，经由孔子之手的《六经》是天下书籍之

---

① （明）丘濬：《丘文庄公集》卷7《藏书石室记》，《四库存目》集部第406册，第356页。

本。由于《六经》决定着为学、立言、施治是否为正学、雅言、善治，故"尊孔"就应该"明《六经》之文，使其义之不舛误；正《六经》之义，使其道之不悖；行《六经》之道，使其言之不虚"。

其四，经籍经历了秦火之后，不止于"五厄"的命运，无复"先王盛时之旧"。对于汉代"开献书之路"以及汉唐以来，雕版印刷的流行，分处设置藏书等保留书籍的举措，予以肯定。

建立在对历史典籍系统认识之上，丘氏指出，人君为治之道虽非一端，然皆一世一时之事，而"经籍图书者，乃万年百世之事"。[1] 在上《大学衍义补》之后的弘治五年（1492），丘濬再次上《请访求遗书奏》，进一步阐述其主张：经籍图书是古代圣帝明王、贤人君子之"精神心术"，"道德文章"所系。不仅如此，典籍还具有重要的传承功能，即"今世赖之以知古，后世赖之以知今"。由是之故，在其所处之时代，应该"修辑整比之"，而不应该"废坠放失"。

（二）主要举措

元明交替之际，庶务草创、日不暇给，明太祖"首求遗书于至正丙午（1366）之秋"，在平元都之后，"得其馆阁秘藏，而又广购于民间"。稍后，太宗组织人马编纂《永乐大典》，经过明初二代人的努力，"一时图籍不减前代"。然而"乱杂""积压年久""鼠蠹"[2] 等情况的存在，再加上"我朝不专设馆阁官，凡前代所谓省监，皆归于翰林院，翰林院专设官以司经籍图书，名曰典籍"，"两京太学典籍，几于虚设"。[3] 出于对典籍的保护，丘濬建议采取如下步骤。

1. 分类整理，"案卷"保管

按照经、史、子、集、杂书、类书等六类划分，对现有藏书进行分类，并将各类总数如实上报。为保证其实际落实，由内阁大学士、学士、讲读等督同典籍等官，及吏典、班匠等人，"逐厨开盘，将书目一一比较"，并为书籍设置"案卷"，以便永久保存。

---

① （明）丘濬：《大学衍义补》卷94，《丛书集成三编》第12册，第1–25页。
② （明）丘濬：《请访求遗书奏》，《丛书集成三编》第39册，第134页。
③ （明）丘濬：《大学衍义补》卷94，《丛书集成三编》第12册，第23页。

2. 抄录孤本，异处典藏

永乐年间曾将南京所贮藏古今书籍，按照"一部至有百部以上，各取一部北上"，使得南北二京皆有储书。但是直至成化、弘治年间，天下图书"尽归内府"，二京国子监所收藏的"止是累朝颁降之书及原贮书板，别无他"，书籍之官形同虚设。图书积聚内府，一旦遭"厄"，天下图书尽毁。针对这一情况，丘氏指出：

其一，将内府"富余之本，各分一本送两京国子监"；

其二，对南京内府书籍进行清点，孤本之书以"字不必工，惟取端楷""不许差错"为原则，让监生抄录。如此，则"一书而有数本，藏贮而又有异所"。

3. 整理宝训，丰富种类

丘濬认为洪武以来历代帝王诏令、文集等，应该仿照唐朝《贞观政要》体例，予以刻梓颁布，"俾学校用以教人，科举用以取士，朝廷用以资治"，使得圣祖之盛德神功与《六经》并行而同天地之长久。

在全国范围内广泛收集文献，发现与"内阁开去目录无有者及虽有而不全者"，版本无论其旧版、新刊、抄本或者未刻者；内容上涵盖古今经史子集、阴阳艺术、稗官小说等文书，皆是收集的对象。具体做法为从原书主处借来抄、刻，在"不许损坏"的情况下，"原本归主"，以丰富图书藏品。

（三）图书管理上的新变化

图书保管上的科学化、图书借阅上的制度化，在丘氏的系列文章中得到进一步阐述，这些文章主要包括《藏书石室记》《大学衍义补》中的《图籍之储》，以及稍后的《请访求遗书奏》。丘濬在丁母忧期间，于琼州府学明伦堂之后构建藏书石室的实践，成为其后来关于"图籍之储"的理论基础，这些前后相继的三篇文章标志着其图书理论的初步形成。

1. 图书保管科学化

防潮、防蛀、防火、防盗等安全问题，是图书保管最为核心的问题。海南气候常年高温，但空气湿度大，有利于白蚁的生长，对于书籍保存极为不利。为了防湿、防蛀，用石筑屋成为最佳选择。"鸠工凿石以为屋，凡梁、柱、楹、瓦之类，皆石为之，不用寸木"，藏书石室的构成，可窥构建者的用心所在。

北方气候干燥，雨水季节分明，有利于图书久存。但是，雨季潮湿天气给图书保存带来一定的困难，为此，丘氏提出应借鉴宋代图书管理上先进经验，于"每年三伏日"曝晒图书。翰林院委派官吏赴国子监晾晒书籍，并负责清点数字、封识等相关事宜。"岁以为常"，表明丘氏试图将图书管理上诸多问题纳入常规化管理轨道。

异地典藏是解决防火问题的一个有效途径。为此丘氏认为，藏书之所分为三处，二处在北京，一存于南京。一书有三本分三处典藏，即便一处发生不幸，尚可赖其他二处之存。

至于防盗，丘氏强调除了典籍官的职责之外，应加强钥匙的掌管，钥匙分别由南、北翰林院掌印管收掌。①

2. 图书借阅制度化

图书典籍只有通过流通，让人借阅才能发挥其价值。有鉴于家道中衰，所藏典籍消失殆尽的痛苦经历，丘濬在修筑藏书石室时，尤为担心的是"恐后人不知予得书之难，而易视之。或者，又取之以去也"。如何规范图书的借还，《藏书石室记》并没有对此进行细化。而稍后的《请访求遗书奏》中则提出了相关规定："皆不许其监官擅有开匮取书观阅，并转借与人"，内外大小衙门因事欲有稽考者，"须请旨"之后方可借阅，否则应追究其"违制之罪"。

第二节　海瑞及其历史贡献

海瑞（1514－1587），② 字汝贤，号刚峰，琼山人。幼时丧父，母谢氏

---

① （明）丘濬：《请访求遗书奏》，《丛书集成三编》第 39 册，第 133－139 页。
② 关于海瑞研究中的一些问题，目前主要存在在其出生年月差异、族别归属的两个方面。
　 1. 出生年月。学界对此说法不一。海瑞辞世后，门生许子伟没有对其师的出生年月予以明确〔许子伟：《许忠直公遗集·祭海忠介公文》，（民国）王国宪辑《海南丛书》第 6 集〕；是时海南官宦南京的土弘海（《大池草》卷 15《海忠介公传》，《四库存目》集部第 138 册，第 255－258 页）、为官湖北的梁云龙（《海忠介公行状》，陈义钟编校《海瑞集》，第 533－545 页），包括"行状"在内，三篇文章皆未记载其出生日期。此外，李贽（《太子少保海忠介公传》，陈义钟编校《海瑞集》，第 545－547 页）、黄秉石（《海忠介公传》，陈义钟编校《海瑞集》，第 548－577 页）缺载。就目前掌握资料来看，最早指出海瑞生年时间为

抚育。嘉靖二十八年（1549）中举。嘉靖四十五年（1566）二月，身为户部云南主事的海瑞，因世宗一意玄修，而"直言天下第一事"（又曰《治安疏》），而入诏狱。隆庆初获释，复官职。改任兵部，又晋升为尚宝丞、大理右丞、两京左右通政，以右佥都御史巡抚应天十府。与掌权的高拱不合，而"遂谢病归"，居家将近 16 年。万历十三年（1585），召为南京右佥都御史，改任为南京吏部右侍郎、南京右都御史。万历十五年卒于任上，赠太子少保，谥忠介，今有《海瑞集》传世。这位"起海隅，处下位，而以其身砥柱天下"① 的海南籍人物，以《治安疏》而名留青史。其"美曰美，不一毫虚美；过曰过，不一毫讳过"② 的严谨与执著，从而被世人所景仰。

在海瑞辞世近 380 年之后的 1966 年，一出新编历史剧《海瑞罢官》将这位历史名人与"文化大革命"纠缠在一起，使海瑞的清官形象再次放大，为人们所铭记。根据海口市的"十二五"发展规划，海瑞墓将被打造为"全国廉政教育示范基地"，这算是历史文化名人对故土的一份回报吧。

"正德八年癸酉十二月二十七日" 的是清宣统元年（1909），（民国）王国宪辑《海忠介公年谱》（北京图书馆编：北京图书馆藏珍本年谱丛刊，北京图书馆出版社，1998，第 49 册，第 293－439 页；同文转载于《海瑞集》，第 577－603 页）。根据历法记载，武宗癸酉年十二月共 30 天，起始于农历十二月乙未，止于正德九年正月甲子，即 1513 年 12 月 27 日至 1514 年 1 月 25 日。所谓"十二月二十七日"，即是十二月辛酉日，1514 年 1 月 22 日，后来研究者多以王国宪《年谱》为依据。（李鸿然：《海瑞年谱》，《海南大学学报》1995 年第 3 期，第 67 页）有"公元 1514 年农历 12 月 27 日"之说（阎根齐、陈涛：《粤东正气——海瑞》，南方出版社、海南出版社，2008，第 5 页），是否受吴晗先生"1514－1587"，即明武宗正德九年至神宗万历十五年（吴晗：《海瑞论》，《海瑞集·卷首》，第 1 页）的影响，不得而知。2. 族别问题。这是明史研究与海瑞研究的一段公案。《辞海》1965 年试刊本、1979 年定稿本及 1989 年修订本，皆持"回族"说。以海氏家谱及其"海"姓为主要依据，论证其为回族，其迁琼始祖海答尔"当为穆斯林，阿拉伯文写法为 ⟨ـ⟩，读 Kitoro"（李鸿然：《海瑞年谱》，第 68 页）；王献军先生也如此认为。（王献军：《海南回族的历史与文化》，第 69 页）认为"汉族"说者，从《海氏族谱》提出如下的反对理由：祠堂、祭祀祖先用猪肉、与汉人通婚等内容，证明其非回族，而是汉族。（阎根齐：《海瑞籍贯、祖居、族别、祖墓研究》，《海南历史文化》第 1 集，南方出版社，2011，第 144－150 页）还有"由汉族向回族过渡"说，指出"海瑞的迁琼始祖原为回族，海答尔迁琼以后已经融入汉族的生活方式和风俗习惯，并按汉族习惯生活，所以自认为是汉族就不足为怪了"。（陈涛：《海瑞研究若干问题刍议》，《思想战线》2010 年第 S1 期，第 170 页）以"海答尔"来断定族属未免有武断之嫌，后者的推测成分似乎又多一些。究竟如何，尚需进一步研究。

① （明）黄秉石：《海忠介公传》，陈义钟编校《海瑞集·附录·传记》，第 548 页。
② 《明世宗实录》卷 555，第 8919－8920 页。

一 理学向心学的转变

就目前成果来看，对海瑞哲学思想相关研究的结论，颇耐人寻味。[①]
这些研究指出海瑞哲学观中有着相异的成分，但是这种大异其趣的世界观
如何统一于一个人的身上？在对此解释中，"调合"论者有之，"在官僚集
团内部被视为另类"者有之，不一而足。或许，从哲学层面加以分析不无
道理。

世界观的形成总是一个过程，在这一过程中有所反复并不鲜见，朱熹
思想转变便是其中一例。朱熹在31岁以前思想很驳杂，一方面强调儒家的
《论语》《孟子》为本，另一方面又企慕得道成仙而嗜佛。此后，其便纳入
二程的轨道。[②]

海瑞的哲学转型时间，大约在其46岁的嘉靖三十八年（1558）之
际，即南平教谕任上向淳安县令的身份转变。前者是其事举子业、向
儒生讲授国家规定的程朱理学时期；后者则是其在经历县丞至十府巡
抚、右佥都御史等宦海生涯，从丰富政治实践中体验出来的为政经世
理念。比起学识淹博、著作等身的"理学名臣"丘濬，海瑞在哲学上
的相关探讨显得十分零碎而不系统，对其著作的梳理，还是可以厘清
这一转型的脉络。

---

① 关于海瑞哲学思想问题的研究，著者皆注意到海瑞哲学思想相互矛盾之处。如"在哲学
上是个主观唯心论者，又有一些唯物论的思想观点"（李锦全：《海瑞哲学思想述评》，
《学术研究》1984年第6期，第65－69页）；"在制度上的复旧与意识形态上的趋新并行
不悖"（阎韬：《海瑞思想的多元结构》，《海南大学学报》1998年第1期，第13－17
页）；"对朱、陆思想各有褒贬，但求求实的认识方法却是采两家之长，即是通过求真
求实，将两家思想加以调合，再形成自己的思想特色"（李锦全：《矛盾调合 扬弃承
传——朱、陆思想对海瑞影响的个案研究》，《船山学刊》2000年第3期，第72－75
页）；"在哲学上表现出矛盾的两重性，即在世界观和认识论上的主观唯心主义，和在用
世上的唯物主义"（林日举：《海南史》，吉林人民出版社，2002，第256页）。此外，对
于海瑞心学相关探讨的还有，吴雁南：《海瑞的"忠介"与心学》，《史学月刊》1994年
第4期，第33－37页；陈旭：《陆王心学的实践者》，《阴山学刊》2005年第8期，第
90－94页等。

② 李禹阶：《朱熹青少年时代对佛教思想的继承与扬弃》，《西南师范大学学报》1987年第2
期，第25－32页。

（一）早期的理学思想

《严师教戒》《训诸子说》及其在南平教谕时期的《教约》是海瑞早期作品，通过它们，可以看到其对朱子理学的推崇。

1. 致知的途径

在海瑞早期文章中，关于知识的获得，表现出"外求"而非"内省"的认识。

（1）师友之益：

> 尝读至论，谓尊崇正学在君师，绍明绝学在宗师，至发蒙后学而提督之，又教师职焉。此欧阳永叔祖韩昌黎之严谨而宗风之者，师固足重也。若人能攻我之病，我又能受人之攻，非义友耶？故尼父以善为芝兰，臧孙以恶为药石。君子能降师亲友，则雾扫空澄，纤毫不苟，浩然之气塞乎苍溟。果何至是，得力于师友者良多也。夫人外无师友之益，而欲行之协于道，亦难矣。①

海瑞在此认为，发蒙后学是教师的职责所在，也就是强调人非生而知之，后天教育是人们获得知识的途径。此外，通过外有师友之益兼及"受人之攻"，才能到达"致知"的境界。

（2）为学之道：

> 二三子之从游于吾者，何为哉？天之生此人也而百责萃焉。古之人所谓通天地人曰儒。《大学》之八条目，知所先后其事也。人非生而知之者，孰能了此无惑，故从其先得而问焉。其不免日程课于文艺者，盖有司须此以贡士，发挥而涵泳之，于此与有力也。其售不售不与焉。今之从事于学，有以圣贤自许者乎？而决状元进士于科第者，人恒壮之。此学自奚而来哉？②

海瑞从"人非生而知之"论述学问之道，通过问学加以实现。不是自身的"内省"，而是从"先得"者问之，并加以"日程课于文艺者"的个

---

① （明）海瑞：《严师教戒》，陈义钟编校《海瑞集》，第1页。
② （明）海瑞：《训诸子说》，陈义钟编校《海瑞集》，第3页。

人努力。

2. 朱子思想的推广

海瑞为南平教谕时，训诫从事举业的儒学诸生，应该研读圣贤之书，以备国家人才选拔，由此而展现的哲学观与其身份基本一致。读圣贤之书可以让人知晓人伦大义，海瑞尤为倡导。并极力推介朱子思想，以加强儒生的学业与修行。

（1）修身之道：

> 为学之序：博学之、审问之、慎思之、明辨之、笃行之。言忠信，行笃敬，惩忿窒欲，迁善改过，修身之要。正其谊不谋其利，明其道不计其功，处事之要。己所不欲，勿施于人，行有不得，反求诸己，接物之要。大概备矣。诸生率此而行，夫何学不进？

海瑞希望儒生遵循朱子循序渐进的学习秩序，并按照朱子的修身、接物之道，来历练自己，以便于学业的精进。

（2）知行的学习方法：

> 圣门之学在知行。德行属行，讲学属知。慎自修饬者，决无不讲之学。真实读书者，肯弃身于小人之归乎！是故知行非有二道也。
>
> 学以知为先，读书所以致知也。昔辅汉卿荟粹朱子平日教人之法，定为六条：曰居敬持志，曰循序渐进，曰熟读精思，曰虚心涵泳，曰切己体察，曰著紧用力。兼之前博学、审问数事，读书之法无越此矣。①

海瑞对于朱子学说的心仪，从上述中可窥一斑。师友在获取学问中的帮助作用，与"问吾之心"的陆王学说有着根本的区别；对于朱子在白鹿洞所授"父子有亲、君臣有义、夫妇有别、长幼有序、朋友有信"的五教内容，以及为学之序的肯定，意在说明知识的获得是一个由外而内的过程，而读书是猎取知识的重要途径。这一点，也有别于心学的认识；知在行先，并通过熟读精思才能"涵泳"与体己，即是在前人间接知识的基础

---

① （明）海瑞：《教约》，陈义钟编校《海瑞集》，第13、14、15页。

上，通过自身的感受和理解而上升为理性认识。所有这些，无不打上朱子学说的印迹。

（二）心学理论

《朱陆》①是海瑞为数不多论及哲学的重要文章。该著写作是否在其琼山闲住期间，因文献缺载而无法知晓，不是其早期作品是可以肯定的。此中，阐述了海瑞哲学从理学向心学转变：

> 维天之命，其在人则为性而具于心，古今共之，圣愚同之。得此而先，尧、舜、禹有"危微精一，允执厥中"之传；得此而后，孟子有求"放心先立乎其大"之论。未有舍去本心，别求之外，而曰圣人之道者。轲之死不得其传，而人心之天则在也。孟子曰："大人者，不失其赤子之心者也。"恃有赤子之心，故虽出之千百载之前，其事千百载之下，可以一言而定。陆子门人问陆子学以何进，曰得之孟子。则精一执中之旨，陆子得之矣。

这种由"本心"决定着人们立身行事、是非得失的哲学观点，与孟子"万物皆备于我"以及陆王心学"心即是理"一脉相通，从而具有明显主观唯心主义的倾向。

海瑞与门生许子伟的对话中，认为王阳明乃"多才多艺的圣人"。② 海瑞对阳明心学的心仪及对朱子学说的不满，在《朱陆》一文中进行了系统阐述。

1. 格物致知

海瑞在这点上，与朱熹有着不同的看法。"朱子笃信《大学》，平生欲读尽天下之书，议尽天下之事，'引而申之，触类而长之，天下之事毕矣'。"海瑞认为：天下之书不可尽读，事也不能尽议。并以韩愈《原道》为例，指出该书因"言诚正不及格致"，被朱熹指责为"无头学问"，进而推指出"格物""致知"为《大学》的"头一事"。如此，自然也就是"无得于心，所知反限"："舍去本心，日从事于古本册子，章章句句之。

---

① （明）海瑞：《朱陆》，陈义钟编校《海瑞集》，第 322 - 326 页。
② （明）黄秉石：《海忠介公传》，陈义钟编校《海瑞集》，第 570 页。

好胜之私心，好名之为累。据此发念之初，已不可以入尧舜之道矣。"

至于陆子之不足，海瑞指出，"不免应举子业，即其语录文集年谱，可见余力学文"，此外，"自传心之法视之，犹俗学也"。

2. 指陆为禅

海瑞认为，儒道"寂守其心，中涵事物，有天下国家之用"；而禅宗则大异其趣，"废弃百业，徒为空虚寂灭之养"。他认为："朱子指陆为禅，然则将不讲其心，就外为天下国家之用。呻吟其佔毕，而曰其某章某句如此，某章某句如彼，然后为能学欤？颜子'终日不违如愚'，夫子以道统寄之。生丁朱子之时，言论相及，不知其如之何而为禅之诋矣。"

陆子之所以受到朱子的诋毁，海瑞认为，"陆子不免少溺于俗，然心知其然"。比起"舍去本心"整日溺于训诂，"令此心全体都奔在册子上"的朱子来说，陆子则以"求放心，先立其大"为宗，承继了孟子学说。

3. 对朱子评价

对朱子"读书为先，求心反为后"学问宗旨，海瑞颇有微词：

> 朱子羽翼六经，嘉惠后学，其功不浅。夫朱子自少至老，无一日不在经书子史间，平生精力尽于训诂，而其所训又多圣人之经、贤人之传也。夫岂得无功于后。圣真以此破碎，道一由此支离，又不能不为后人之误。功过并之而使人繁于枝叶，昧厥本原，其过为大。三代而后，学之陷溺于朱者，比比然也。朱子欲以其学为天下宗，天下亦以此信宗于朱子。故予不及其他，独指朱子为过。

在朱、陆的比较中，陆九渊也有相对不足的地方，但是这并不影响海瑞的是陆非朱。朱熹强调天理源自心外，穷理要从格物致知入手，其终极目标是要通过众物而去认识"一理分殊"，故而将其认识论上的唯物主义成分湮灭。"心即理"，即认识主体通过内心自省就能达到的陆王之学，似乎在对天理的认知过程中，比朱子要更加直接。即王氏把致良知落实到心性上，直抵人心，因而也就掌握了做学问的本原；而朱熹则停留在读书而多识的层面，从而使得本末倒置，这是朱子学说为海瑞所攻击的主要原因。

研究者没有从海瑞生活的阶段性入手，是得出其哲学的矛盾性及其世界观多元性结论的主要原因。程朱理学一直是明代的官方哲学，尤其是朱子学说与科举制度相缠绕，海瑞从事举业，这种影响对于其早期世界观形成可以想见。海瑞初为儒生时，琼州府学藏书石室中，想必仍然可见的大儒丘濬对程朱学说解读的学术著作。通过这些著作，让后学海瑞对丘濬其人、著作及朱子产生景仰，这种影响也不应该忽视。及至嘉靖三十二年至三十六年，即1553年十二月至1557年底为南平教谕4年内，职责所系，以程朱理学为宗，传道授业解惑，不难理解。

嘉靖三十七年（1558）之后，海瑞开始几经沉浮的官宦生涯，身份的转变使其所要解决的问题发生了根本的变化。失地农民的生活；土地相对集中与"飞洒"等存在而引起赋役不公；因自然灾害而进行的"以工代赈"的水利兴修；江南地区商品经济的高度发达引起社会秩序的重构；嘉靖皇帝"斋醮玄修"而导致"君道不正，臣职不明"等，在解决这些现实问题时，陆王心学所倡导的"学以致用"，比起程朱理学僵化、教条更符合时代的需要。这是海瑞哲学转型的重要原因。

二 海瑞经济改革的见解与实践

较之丘濬理论构建和系统论述，海瑞在经济领域的成就则是通过切中时弊的见解和具体的实践来体现的。

（一）相关见解

1. 利国利民论

"意主于利民"[①] 是海瑞经世思想中重要一环。在处理"利国"与"利天下"这一治国方略中，海瑞认为，"夫利天下，言民也"，即"利民"。"利国之道"除利民外，别无他途。仅从这方面来看，与本岛先贤丘濬的"富国富民论"，似乎有着共通之处。

宋明以来空谈心性的道学家，耻于言利，不关心国计民生。对此，海瑞指出，"有天下而讳言利，不可能也"，极力强调"生其财于先"，然后才能为国之所用。[②] 如何生财？在古代中国唯农、商二途。海瑞早在其已

---

① （清）张廷玉：《明史》卷226《海瑞传》，第5933页。
② （明）海瑞：《生财有大道节·四书讲义》，陈义钟编校《海瑞集》，第493页。

酉科（1549）中式策中对商人趋利本性就有一定的认识："夫利之所在，
人共趋之，虽死有所不顾"。① 不过，他并不轻视商业："今之为民者五，
曰士、农、工、商、军。士以明道，军以卫国，农以生九谷，工以利器
用，商贾通焉而资于天下。身不居一于此，谓之游惰之民。游惰之民，君
子不齿。"② 这就是说，农"生九谷"及商贾"生财"而"资于天下"，是
海瑞"生财"的两个方面。但是，如何发展商业，海瑞并没有太多阐述。
所以其"利国利民"主要源自对"农"的相关认识和举措。

（1）生财。淳安县令履新伊始，让海瑞"恻然痛矣"的是"民之逃亡
者过半，问之则曰备困不能堪赋役，朴直不能胜奸强使之"③ 的现状。民
生凋敝如此，安集流民，发展生产便成为其"生财"主要内容。

海瑞认为那些"忍割天性之爱，含泪逃流他方"之人，是因为"不能
赔贴钱粮"，"以求衣食，以避繁刑"。最有效的解决途径，是采用"丈量
田山"，按照"一亩收成者，方与一亩差税，无则除豁"的办法。对那些
"无业者"，将给助功力，开垦荒田；不能耕作者，则"照乡例，日给银二
分"；新返回之人，给予执照，三年后再科派身役。以达"无赔贴，无虚
钱粮"，"家室相保，上下相安"局面。④

（2）用财。"立财在民，酌量在君"，海瑞认为，君"酌量"的底线
是"为天下之用"，"不可以已"，也就是说必须要保证国家正常的财政运
转。为此，要遵循"量入为出，其取则缓"的原则。那种"竭其源而欲流
之长"，是"拙于谋利者"⑤ 之为。

（3）厉行节约。海瑞主张厉行节俭，对宫内的冗官、冗费甚为不满，
这点在其《治安疏》中有着强烈地反映："此则在陛下一节省间而已。京
师之一金，田野之百金也。一节省而国有余用，民有盖藏，不知其几也。
而陛下何不为之？"⑥ 他认为嘉靖皇帝应该率先垂范，如此，才能民安而财
足，利国利民，从而达到国家长治久安。

① （明）海瑞：《治黎策》，陈义钟编校《海瑞集》，第 5 页。
② （明）海瑞：《乐耕亭记》，陈义钟编校《海瑞集》，第 488 页。
③ （明）海瑞：《淳安县政事序》，陈义钟编校《海瑞集》，第 37 - 38 页。
④ （明）海瑞：《招抚逃民告示》，陈义钟编校《海瑞集》，第 186 页。
⑤ （明）海瑞：《生财有大道节》，陈义钟编校《海瑞集》，第 493 页。
⑥ （明）海瑞：《治安疏》，陈义钟编校《海瑞集》，第 220 - 221 页。

2. 井田名实论

中国封建社会赋税制度的衍变，大抵以唐两税法为主要标志，分前后二个时期。此前，系之于丁身的赋税制度，使得隐藏户口成为规避赋役的主要手段；两税法之后，田地成为主要征收对象，为逃避纳税，飞洒、诡名等形式便开始出现。海瑞所处的时代，正是人身依附关系减弱、商品经济急速发展的时代。而土地兼并的激烈，使得其"生财"的主力——自耕农大量破产，这是海瑞不愿接受的。海瑞试图以"井田名实论"来遏制这种对土地非法侵占，以避免社会动乱。

在其《使毕战问井地》一文中，就"井田名实论"作了一番论述。能致"天下之治""返朴还淳之道"，然而"自三代而下，垂千载而莫之行者"，海瑞认为：吏治腐败和"胶柱鼓瑟"式的因循是其主要原因。进而指出："井田者，井田之名也。人必有田而不必于井者，井田之实也。观野行助法，国中什一自赋，圣人变通之权可想见矣。"海瑞从"可井则井""可同则同"的变通之法入手，进行井田名实之辩，从而达到"人必有田"，这是"井田名实论"的主要出发点。

就如何才能实现"人必有田"，海瑞认为："按今日之土田随地区划，举周礼大司徒所谓'不易之地家百亩'，小司徒'上地家七人'与夫大宰'九职任万民'者酌而用之。"在具体操作层面上，要求县令总其事，一里之长处理"纤悉"之事。为求"久远之计"，县令要有"委曲以力行"的准备；方案确定后，"举簿书以验田土。度地不足则吏胥之奸弊可稽……可以济斯世于虞周之盛，区斯民于乐乐利利之中矣"。

海瑞对其"夺富人之田"或致"召乱"的做法，做出如下解释：

> 然天下富人多乎，贫人多乎？井田而贫者得免奴佃富家之苦，吾知其欣从必矣。王者固有灭人之族，没人之产而束手听者，取其有余之田而不夺其上下之养，彼亦安得而违之？窃以为井田之决可复于后世者，谅夫有同然之心，而不必恤其众多之口。反覆晓谕，委曲变通，必无召乱之事也。①

海瑞从四个层面分析"夺富人之田"，行井田之实的可行性。"贫者"

---

① （明）海瑞：《使毕战问井地》，陈义钟编校《海瑞集》，第 312 - 315 页。

因得田，"免奴佃富家之苦"，而"欣从"。就是说，贫者是最大的受益者；寄希望于"王者"的权力，取"有余之田"；富家在"不夺其上下之养"的情况下，必有"同然之心"，故而不敢"违"；最后，"反覆晓谕"并取"委曲变通"之法，其行"井田之实"，可以复于后世。

海瑞打着"井田"旗号，行"夺富人之田"之实。"之所以这样做，是因为穿上这样的传统服装可以掩人耳目，在儒学统治思想界的封建社会比较容易通行。"① 诚如斯言，然而海瑞试图借助"王者"权威，以及靠富者"同然之心"来实现其"人必有田"的愿景，从其实际落实情况来看，也只能是"昙花一现"。隆庆三年（1569），海瑞以右金都御史巡抚应天十府，其"力摧豪强，抚穷弱"的举措，为其换来"鱼肉搢绅，沽名乱政"的罪名，随改"督南京粮储"，② 短短七个月的巡抚履历，便是其推行"井田名实"结果的注释。

3. "均赋役"思想

"冲荒欺占，飞洒那移之弊"而导致赋税征收严重不公，引起海瑞极度关注："富豪享三四百亩之产，而户无分厘之税。贫者产无一粒之收，虚出百十亩税差。不均之事，莫甚于此。"③ 为了改变这种因"虚税"导致贫民脱离版籍而流亡的现象，在其为淳安县令之际，海瑞便"加意"于此，并极力推行"均徭"：

> 徭而谓之均者，谓均平如一，不当偏有轻重也。然人家有贫富，户丁有多少，税有虚实。富者出百十两，虽或费力，亦有从来。贫人应正银，致变产、致典卖妻子有之。若不审其家之贫富，丁之多少，税之虚实，而徒曰均之云者，不可以谓之均也。均徭，富者宜当重差，当银差；贫者宜当轻差，当力差……不许照丁均役，仍照各贫富各田多少，贫者轻，富者重，田多者重，田少者轻，然后为均平也。④

这表明田地多寡是海瑞推行"均平"的核心问题，"不许照丁均役"的提出，尤具有积极意义。明代中后期，商品经济的急速发展，使得人身

---

① 吴申元：《海瑞重农思想初探》，《中国农史》1983 年第 1 期，第 11 页。
② （清）张廷玉：《明史》卷 226《海瑞传》，第 5931 页。
③ （明）海瑞：《兴革条例》，陈义钟编校《海瑞集》，第 73 页。
④ （明）海瑞：《兴革条例》，陈义钟编校《海瑞集》，第 61 页。

与封建国家的依附关系日趋减弱，东南地区尤甚。这种认识，是海瑞在封建国家赋税制度史演变过程中的自觉把握。

（二）经济改革实践

1. 以工代赈

自南宋以来，以今江苏苏州、浙江湖州为中心的粮食生产在全国占有重要的地位，"苏湖熟，天下足"① 谚语的形成，便是对这一地位的肯定。即便在明代中晚期的隆庆之际，仍为"国计所需，民生攸赖"。②

苏、湖地区的农业是建立在以吴淞江、白茆河为中心，分泄太湖水的基础之上的。这两条河流沟通太湖汇入江海，它们泄洪能力的大小，与本地粮食产量的丰歉程度直接相关。隆庆三年（1569），本区域水灾异常，外加河道淤塞，形成内涝。在播麦之前的冬至，"播麦之地，尚十有五六淹深水中"，可见受灾程度之重。而苏、湖周边府州亦因灾，使得本地借贷无望。③ 秋粮绝收，米价昂贵，饥馑遍野。面对"饥民动以千百，告求赈济"，为官不久的海瑞，将赈灾与治水结合起来，即所谓"以工代赈"，他认为："借饥民之力而故道可通，民借银米之需而荒歉有济，一举两利。"④ 源自中国古代智慧的"以工代赈"，经由海瑞在苏、湖一带的治水实践而日趋完善，在荒政实践中具有重要的意义，即便在今天仍有值得借鉴的地方。

2. 推行"条鞭法"

海瑞所推行的"条鞭法"，是其"井田名实论"和"均赋役"理论之下的具体实践。早在兴国为政时期，"江西均徭均平，盖以一条鞭法行之。银止总数，役无指名。以此小民得只输正数"的规定，便反映在其"便民良法"⑤ 上的努力。巡抚江南时，他认为一条鞭为"补偏救弊之法"，为"一时良法"。⑥ 海瑞早期在"条鞭法"上的探索，主要是围绕着均徭展

① 朱瑞熙：《宋代"苏湖熟，天下足"谚语的形成》，《农业考古》1987 年第 2 期，第 48 页。
② （明）海瑞：《开吴淞江疏》，陈义钟编校《海瑞集》，第 231 页。
③ （明）海瑞：《改折禄米仓粮疏》，陈义钟编校《海瑞集》，第 230 页。
④ （明）海瑞：《开吴淞江疏》，陈义钟编校《海瑞集》，第 232 页。
⑤ （明）海瑞：《兴国八条》，陈义钟编校《海瑞集》，第 206 页。
⑥ （明）海瑞：《督抚条约》，陈义钟编校《海瑞集》，第 249 页。

开，将系之于丁身的徭役负担，改成部分或全部由土地多寡来承担。

与条鞭法相继的是土地丈量问题，制定《量田例则》，[1] 以图例的方式，对此进行详细规定。海瑞对于土地丈量的重视除了理论探讨外，还身体力行，即便回籍海南，也对本岛的丈田予以关注，就文昌县尹罗近云在海南文昌、定安两县丈量土地获得成功，予以高度肯定。[2]

三　海瑞廉政实践

明代中后期之后，江南一带商品经济的发展，社会财富急剧增加，而朝政日非，弊端重重，鄢懋卿事件便是一个典型的案例。御史林润尝劾鄢懋卿要索属吏，馈遗巨万，滥受民讼，勒富人贿等五项罪状，其结果"帝置不问"。[3] 惩治官员源头如此态度，贪官污吏猖獗便在意料之中。

海瑞毕生恪守"不负平生所学，一介不取，抱守终身"[4] 的人生信条。为官期间，在抵制贪官的同时，不断进行相关制度层面的探讨。

（一）严于律己

海南方志对海瑞一生作如下评述："瑞清苦异常，始终如一。虽官历六卿，编茅自处，环堵萧然。俸禄所入，自给之外，悉周族属之贫者。"任淳安知县时，"深念民瘼，节省备至"，[5] 以至于"布袍脱粟，令老仆艺蔬自给"。有甚者，"海令为母寿，市肉二斤矣"，居然成为时闻。万历初，张居正因对海瑞不满，而令巡按御史察之。"瑞设鸡黍相对食，居舍萧然"，这一境况让御史也为之叹息。在南京右都御史任上的海瑞，在其辞世前三日，"兵部送柴薪，多耗七钱，犹扣回"。[6] 万历十五年（1587），

---

① （明）海瑞：《量田例则》，陈义钟编校《海瑞集》，第 190－201 页。

② （明）海瑞：《赠文昌大尹罗近云入觐序、赠罗近云代丈定安田序》，陈义钟编校《海瑞集》，第 393、397 页。

③ （清）张廷玉：《明史》卷 308《奸臣·鄢懋卿等列传》，第 7925 页。

④ （明）海瑞：《交印文》，陈义钟编校《海瑞集》，第 164 页。

⑤ （明）欧阳璨等：《万历琼州府志》卷 10《乡贤》，第 500－501 页。

⑥ （明）梁云龙：《梁中丞遗稿·海忠介公行状》，（民国）王国宪辑《海南丛书》第 6 集，第 29 页。

海瑞卒于南京，"佥都御史王用汲入视，葛帏敝篚，有寒士所不堪者。因泣下，醵金为敛"。①

《明史》和地方志对其一生几个片段的记录，其清贫和洁己程度超出人们想象。这表明，海瑞"为人世间树立了一个廉以处己的典范"。②

（二）严惩贪官

海瑞以清廉自处，并积极强调洁人。是故，在其不同的履官时期，采取措施打击各种贪残现象。淳安时期，面对"津要知厚有馈问，外官入京有交际"的官场通病，海瑞阐明自己"尽天下而不为上官之赂也"的鲜明态度。海瑞与贵为都御史、挟相权、总制八省蠡政的鄢懋卿之间的交锋，一直为人们津津乐道。梁云龙极为生动地记述了这一场面：

> 先是鄢宪令巡历所至，务为节省，而其实不然，大率有司皆穷极淫靡以事之，动费千百。计程只一日，当至严（州，淳安县为之所辖——引者注），严（州）守相戒，盛为供具以待。公独上禀帖曰："传闻所至，与宪牌异。欲从宪牌，则惧招尤；欲从传闻，则恐违宪。下邑瘦敝，未知所从。"鄢匿言曰："照宪牌行。"然后遁去，不过严（州）矣。严（州）守备闻鄢且至而中止，疑之。已知公具禀之故，虑祸且不测，盛怒。待公入见，辄踞坐击案曰："几大官敢尔"？骂不停口。公惟敛容长跽，无一语辩，气稍平，起揖而退，亦无后言。迨鄢事竣，严（州）诸官故无害。太守见，谢曰："好了。淳安百姓难为汝！难为汝！"③

与严州官员比较中，可以看出海瑞对待贪官的基本态度。在处理浙江总督胡宗宪之子大闹淳安驿站的问题上，海瑞也严惩不贷，绝不姑息。不过，处理的过程则充分展示出其智慧。他以"曩胡公按部，令所过毋供张"为由，推断出将驿臣"倒悬之"者非胡公子，并"发橐金数千，纳之

---

① （清）张廷玉：《明史》卷 226《海瑞列传》，第 5927、5932 页。
② 南炳文：《海瑞之廉洁反贪与传统文化的优秀成分》，《史学集刊》2011 年第 4 期，第 24 页。
③ （明）梁云龙：《梁中丞遗稿·海忠介公行状》，（民国）王国宪辑《海南丛书》第 6 集，第 20－21 页。

库"，从而获得"宗宪无以罪"① 的结果。

兴国当政期间，前尚书张鳌之侄张魁、张豹因"骗买木银两，返触打抢"而被海瑞治罪下狱。然而，在张鳌的串通说情之下，赣州府将其释放。海瑞得知后，指出张鳌之侄"非化外之民，王法度不相及"；痛斥州府官吏"视民怨而不为言，知奸发而莫以告，上慢残下，可以为民父母哉"，② 不能任其逍遥法外。

（三）制度建设

将惩治腐败问题制度化，无论是其为官或是在籍时期，都致力于这一问题的解决。为官淳安县令，甫一上任，海瑞便敏锐地观察到由于"惫困不能堪赋役，朴直不能胜奸强使之"，致使"民之逃亡者过半"；对于贪官污吏"剥民以媚人，多科而厚费"的情形，"识者"的态度是"宁可刻民，不可取怒于上；宁可薄下，不可不厚于过往"。出于"以究竟利弊，粹乎圣贤中正之道，公己公人之理"，③ 海瑞着手制定《兴革条例》及参评对象、标准，试图从制度方面入手，革除积弊，以期刷新吏治（参见表6-4）。

表6-4 海瑞淳安政事内容

兴革条例	参评对象	
吏属 户属 礼属 兵属 刑属 工属	知县 县丞 主簿 典史 教官	阴阳官 医官 老人 里长 生员 吏书

资料来源：（明）海瑞：《兴革条例》，陈义钟编校《海瑞集》，第36-153页。

将海瑞在淳安政事内容作一个简单梳理，便发现一个十分有趣的问题：其革新淳安政治的内容，与其乡贤丘濬的《大学衍义补》何其相似。

---

① （清）张廷玉：《明史》卷226《海瑞传》，第5927页。

② （明）海瑞：《申军门吴尧山并守巡道请改招详文》，陈义钟编校《海瑞集》，第213-214页。

③ （明）海瑞：《淳安县政事序》，陈义钟编校《海瑞集》，第37-38页。

某种程度上来说，海瑞是在实践丘氏的政治主张。只不过，海瑞的文章更多地针对淳安一县的现实而缺少大跨度的历史问题梳理，但具有直接的可操作性。

《兴革条例》所涉及县属各职能部门，与中央六部相对应。从《兴革条例》内容来看，海瑞致力于革除弊政，以苏民困主张无处不见。仅就"吏属"而言，该内容就官员的参谒、朝觐、纸笔等事项相关用度详细规定，是其廉政建设核心部分。为了保证低投入、高效率政府的有序运作，海瑞制定了《参评》来实施监督。《参评》用当下的词语来解释，即是涵盖了各参评对象的职责、管理权限、目标、责任等事项及奖惩办法等内容。

《兴革条例》关于制度的刚性规定，全凭执政者自身"洁己"的程度而推及"洁人"，使得海瑞的廉政建设带有一定的主观成分。也就是说，在"人亡政息"古代人治社会中，其廉政措施仅具有个案色彩，而不具有明显的普遍性特征。但用《参评》来行使监督职能，是其对廉政制度建设的重要贡献所在。

与淳安政事比较，《兴国八议》缺少细化的规定。在"屯田"一节中，认为"屯田之为害于民，自有屯至今，无止日也"，将百姓疲惫的原因直接指向军屯及屯军；"隘所"中乡兵"不能诘奸缉盗，专一吓骗商民"的行径，而"痛加禁革"。比起淳安县令雷厉风行，兴国时期"伏乞裁度施行，卑县不胜信甚"，① 希望获得赣南都御史王尧山的支持下进行，则体现其推行廉政在策略上的重大调整。

随着官阶的攀升，面临的人和事自然与县官有着很大的不同，履历的丰富，使得海瑞廉政建设的认识、思想日趋成熟。"民间困苦日甚一日，第一是贪官污吏，其次是过客骚扰，过客之费，不减贪吏"，这是海瑞为应天巡抚时期对贪官污吏的新认识，海瑞制定《应付册式》，② 从廉政出发，细化招待的等级，从源头遏制腐败的发生。

三十五款的《督抚条约》，事实上是海瑞整合其在南平教谕、淳安县令、兴国县令诸方案的基础上，稍加润色，扩充而成的。目的是"斥黜贪

---

① （明）海瑞：《兴国八议》，陈义钟编校《海瑞集》，第 202 - 209 页。
② （明）海瑞：《应付册式》，陈义钟编校《海瑞集》，第 266 - 268 页。

墨、搏击豪强、矫革浮淫、厘正宿弊",① 开具了洁己洁人及地方政治兴革等诸多措施。其中，海瑞自己按临各州县，在衣食住行方面招待标准为："止鸡、肉、鱼、小瓶酒等件，不用鹅及金酒。物价贵地方费银不过叁钱，物价贱地方费银贰钱，烛柴俱在内。驿送，县不许送，不携家行别有牌减数。"其廉洁自律之程度，可以想见。

此外，该条约对于贪官污吏的处置日趋完备。官员除了自省之外，并提出强硬的措施，对于那些"敢有一事一字不遵，一时一刻迟误者"，将"决不轻贷"。倡导秉公执法，绝不徇私，"若本院妄行取用，是法司官犯法也，州县鸣鼓攻之",② 这种重视百姓在司法监督的作用，表明海瑞关于廉政制度建设已正式形成。

四 海瑞的宗教观

(一) 对佛教态度

海瑞对于佛教的认识没有直接的文章，其对佛老的肯定则是通过对"辟佛"者之诘难而婉转表达。他在给马东梧③的赠序中如是说：

> 明心见性，今天下士动辟佛老，日流于机械变诈而莫之反。纯白不备，神生不定，又佛老之所羞称，陋之而不为者。侯（对马东悟的尊称——引者注）先立其大，独认本心，与俗见迥异，人误以无用于世认之。侯涖事临民，应于其心，有规为，有挥霍，讲信修睦，息民争而不示之伪，则佛老之心而吾儒家法也。④

这是在隆庆四年（1570）秋天，海瑞辞应天巡抚之职回到家乡写的一篇赠序。文中指出，那些否定明心见性，不在本原上下工夫，而道德水平低下的辟佛者，他们的做法为佛老所"羞称"。马东悟的例子表明，认明

---

① （明）梁云龙：《海忠介公行状》，陈义钟编校《海瑞集》，第 24 页。
② （明）海瑞：《督抚条约》，陈义钟编校《海瑞集》，第 242－246 页。
③ 马东悟即马宗曾，广西人，隆庆中由澄迈教谕升至琼州府推官，"操行清白，苟且不染"，对海寇入侵而挺身招慰，"一境咸赖以安"。（明）欧阳璨：《万历琼州府志》卷 9《郡守》，第 397－398 页。
④ （明）海瑞：《赠东悟马侯荣奖序》，陈义钟编校《海瑞集》，第 359－360 页。

本心者，自然也就符合儒家之需要，因之而政绩斐然。当时的学术界，佛老是与心学所挂钩的，海瑞对"辟佛"的诘难，自然也就表明其心学立场。

（二）对道家的态度

与对佛教态度不甚明晰比较，海瑞反对道家思想显得旗帜鲜明。成书于嘉靖末年的《治安疏》，是其代表。文章对朱厚熜在其中后期一心玄修、梦想长生而迷恋道教，不理朝政的行为提出强烈批评：

> 陛下之误多矣，大端在修醮。修醮所以求长生也。自古圣贤止说修身立命，止说顺受其正。盖天地赋予于人而为性命者，此尽之矣。尧、舜、禹、汤、文、武之君，圣之盛也，未能久世不终。下之亦未见方外士汉、唐、宋存至今日，使陛下得以访其术者。陶仲文陛下以师呼之，仲文则既死矣。仲文不能不长生，而陛下何独求之？至谓天赐仙桃药丸，怪妄尤甚……宋真宗获天书于乾佑山，孙奭进曰："天何言哉！岂有书也？"桃言采而得，药人工搗合以成者也。无因而至，桃药有足行耶？天赐之者，有手执而付之耶？陛下玄修多年矣，一无所得。至今日左右奸人，逆陛下悬思妄念，区区桃药导之长生，理之所无，而玄修之无益可知矣。

对于嘉靖皇帝"求长生"的行为，海瑞指出：圣贤大德的六代之君，未能长生；自汉至宋的炼丹方士，未有见存于今；炼丹之师陶仲文不能长生，从而得出无法长生不老的结论。关于"桃药"，海瑞认为：实是人工合成，而非"天赐"。是故，这种祈求长生，纯属"妄念"之行为。此外：

> 二十余年不视朝，纲纪弛矣。数行推广事例，名爵滥矣。二王不相见，人以为薄于父子；以猜疑诽谤戮辱臣下，人以为薄于君臣；乐西苑而不返宫，人以为薄于夫妇。吏贪将弱，民不聊生，水旱靡时，盗贼滋炽，自陛下登极初年，亦有之而未甚也。①

---

① （明）海瑞：《治安疏》，陈义钟编校《海瑞集》，第 217–221 页。

海瑞认为，这种一意玄修的结果从根本上颠覆了儒家所规定的君臣、父子、夫妻间的纲常伦理，同时也是导致天下大乱的根源所在。不仅如此，海瑞还将其反对道家付诸行动中，并因之而下"诏狱"。《明史》有如下记载："上疏时，自知触忤当死，市一棺，诀妻子，待罪于朝，僮仆亦奔散无留者，是不遁也。"① 海瑞最终因世宗崩、穆宗立而获释出狱。其对崇尚道教嘉靖皇帝所采取特殊方式——上疏劝谏，对全国的道教热是否产生过某种抑制作用，不得而知。但是，从《治安疏》的出台到应天巡抚任上，并因之名声大振，四年后辞官返乡，其对海南道教发展究竟产生了怎样的影响，尚缺乏资料佐证。

第三节　王弘诲与天主教

王弘诲（1541－1615），② 字绍传，号忠铭，定安人。嘉靖四十四年（1565）进士，官至南京礼部尚书。万历二十七年（1599），获准辞官还

① （清）张廷玉：《明史》卷226《海瑞传》，第5930页。
② 关于王弘诲的生卒时间。记载不一：1. 辞世时间存在"1615年"说（王立平：《海隅名臣——晚明王弘诲研究》，海南出版社、南方出版社，2008，第45页）和"1617年"说（林日举：《海南史》，吉林人民出版社，2002，第249－250页）。其实，关于王弘诲的卒年，《明实录》曰："万历四十三年五月丙午，南京礼部尚书王弘诲卒。弘诲，琼州定安县人，嘉靖乙丑进士。历编修、司业、祭酒、南京吏部侍郎改礼部侍郎、加太子宾客教习、庶吉士充日讲官，与修穆宗实录，升南礼部尚书，乞休，卒于家。礼部请优恤，以逮著，顾予祭二坛，造坟安葬。"（参见《明神宗实录》卷532，第10012页）如此，"1615年"说是可信的。2. 其出生年月，上述二著分别曰"1542年"（王立平，同著，第5页）和"1541年"（林日举，同著，第249页），王立平先生并没有说出其资料来源。王弘诲"门人"区大伦在天启四年为之作传，未见其出生年月的记载（（明）区大伦：《赠太子少保南京礼部尚书忠铭王先生传》，《四库存目》集部第138册，第11－16页），而此前的万历琼州府志也缺载（（明）欧阳璨：《万历琼州府志》卷10《乡贤》，第503页）。但是，其文集《天池草》中收录了《五言古风七章》的组诗，该诗作的前面有这样的一段话："癸丑七月八日，贱生七十有二。初度日，举年高会。约家兄八十翁德铭，偕莫、吴、周、程、褚五老在坐，合五百余岁"。[（明）王弘诲：《天池草》卷21，《四库存目》集部第138册，第324页] 由此观之，王氏在万历癸丑（1613年，即万历四十一年）为72岁，而"七月八日"是其生辰。故，反推其出生年月，应该为1541年7月30日。王弘诲，享年74岁。此外，至于王弘诲之名字，"又作王宏海"的提法，恐欠妥。"弘"成"宏"是在乾隆时期，纪昀等为避乾隆皇帝（爱新觉罗·弘历）之讳的缘故。而"诲"写成"海"，则明显是错字。

乡。其做人待物，极具个性："初释褐时，值海瑞廷杖下诏狱，力调护之。张居正当国，又尝作《火树篇》《春雪歌》以讽，为居正所衔。"因之而被四库阁臣誉为"介特之士"。① 这种不随流俗的评价，从王弘诲的言、行中可以得到进一步的证实。如果说其所著的《尚友堂集》《南溟奇甸》《吴越游记》《来鹤轩集》《居乡约言》《天池草》等，② 是其在言论上的反映的话，那么西学东渐伊始，出于对天主教"济世"的欣赏及其科学成分的兴趣，王氏以开放的胸怀，极力推介天主教士利玛窦，使得天主教得以在晚明的中国传播，而成为沟通中西文化的重要人物，则是其行动上的主要表现。

一 对天主教的推介

天主教能够得以在晚明的中国有所作为，与万历年间官居"南京礼部尚书"王弘诲对利玛窦的赏识有着不可分割的关系。

（一）初识天主教徒

利玛窦，意大利籍耶稣会士。万历九年（1581），泛海"抵广州之香山澳（今澳门）"，③ 约一年时间熟悉中国文化，后与同籍教士罗明坚（Michele Ruggleri）一起前往时为两广总督府的肇庆，从事传教活动，并在此建立了第一个中国内地传教所。④

万历十九年，在礼部尚书任上，因仕途不顺而"再疏告休，得旨回籍"⑤ 的王弘诲，在广东韶州（今韶关市）与在此传教的利玛窦初次相见。此前，因"外国传教士所表现的奇迹"让王弘诲对利玛窦表示出兴趣，并一改"从来没有离开他所乘的豪华船只登岸去做正式访问的习惯"，而专

① （清）纪昀等：《四库全书总目》卷178，《四库全书》第4册，第770页。
② （明）区大伦：《赠太子少保南京礼部尚书忠铭王先生传》，《四库存目》集部第138册，第15页。
③ （清）张廷玉：《明史》卷326《外国传七·意大利亚传》，第8459页。
④ 〔瑞典〕龙思泰：《早期澳门史》，吴义雄等译，张文钦校注，东方出版社，1997，第193–194页。
⑤ （明）区大伦：《赠太子少保南京礼部尚书忠铭王先生传》，《四库存目》集部第138册，第14页。

程拜访利玛窦，二人相谈甚欢。次日，利玛窦对王氏停泊的官船进行回访，并受到"超出他所预期的尊敬而又客气的接待"。之所以如此，是由于：

> 这次访问中，他的主人谈到副长官曾告诉他说，神父们在夜里遭到强盗袭击和一些虐待。他深受感动的是，神父们不是为受辱而寻求报复，当这些人已经是被判处死刑的时候，他们却做到了把他们的袭击者从罚作船奴和终生徒刑的判决之下解救出来。这种宽仁使他相信，基督教义是难以理解的尽善尽美，他对这一点赞不绝口。

也就是说，泰西传教者的"宽仁"使得王弘诲对其产生好感。此外，传道者本身所具备的专业技术素养也为其所赏识，《利玛窦中国札记》如是说："最使他高兴的是对一些数学问题的解法，他在北京时就已听说了不少。离别前，他答应在他从故乡回北京的途中，将把利玛窦带到京城去校正中国历法中的错误。"[①]此外，传教士呈贡给皇帝礼品中的地图，让王弘诲感到新奇：

> 在他们所携带呈给皇帝的礼品中，有一个大木版，上面刻着世界地图，附有利玛窦神父用中文写的简略说明。尚书非常高兴地观看了这幅世界地图，使他感到惊讶的是他能看到在这样一个小小的表面上雕刻出广阔的世界，包括那么多新国家的名称和它们的习俗一览。他愿意非常仔细地反复观看他，力求记住这个世界的新概念。[②]

上述诸项是王弘诲不遗余力地帮助这位"泰西儒士"，去北京拜见明神宗，并极力在南京同僚间推介的原因所在。

（二）对天主教的推介

王弘诲为利玛窦第二次进入南京、第一次进入北京、定居南京及再次进京提供过实实在在的帮助。这些在《利玛窦中国札记》里都有详细叙述，第4卷第1章"回到南京"写道：

---

① 〔意〕利玛窦、金尼阁：《利玛窦中国札记》，第271－272页。
② 〔意〕利玛窦、金尼阁：《利玛窦中国札记》，第320页。

在他们第一次拜访时，神父们就及时谈到他们自己的事情，并说他们很想去北京，给皇帝带去一些礼品。尚书要求看看礼品并大为高兴。为了使事情顺利进行，他们向他保证，他们所希望于皇帝的没有别的，只不过是他的友好，并且他们愿付这笔旅费，遵守必须注意的事项，做出一切必要的准备。尚书回答他们说，他很高兴不仅要他们陪他一起去南京，而且还一起去北京。①

旅途中，如何使这次计划得以完成，"尚书建议，一座钟送给皇宫的主管，另一座钟送给宫中的一个太监。尚书想着他能帮助引见"。② 第 4 卷第 2 章 "从南京到北京" 称："王尚书由于未能在南京实现他的计划而感到失望，但又不愿在受大礼之后食言，就决定带着神父们同他一起去北京。一旦到了那里，他认为可以通过与他关系友好的宫廷太监把礼品送给皇帝"。③ 第 3 章 "在北京的失败" 指出，王弘诲试图通过贿赂太监，使传教士达到觐见万历皇帝的目的，但因利玛窦等并不具备能把水银变成白银的神奇魔力，这位太监对他们的请求置若罔闻。王弘诲 "对自己的努力感到绝望，所以想把神父们送回南京去"。④

同著第 4 卷第 4 章 "陆路去南京的旅程" 记载，利玛窦从北京回到南京后，王弘诲劝利玛窦在南京买一座房子，"他很愿意他住在附近，以便保护他；还没有等到答复，他就把他府中的两个熟悉南京情况的官员找来，吩咐他们到外面租一座适合神父需要的房子"。北京觐见失败，作为 "神父们的保护人" 的王弘诲有所灰心，"听说他的同僚们对利玛窦神父的深情厚谊，开始表现出更大的勇气和决心"。⑤ 第 4 卷第 10 章 "他们再度启程去北京" 曰，在王弘诲休致回乡前，又 "向他在北京的朋友们发了信，推荐神父们到首都去工作"。⑥ 王弘诲不遗余力的安排与设计，足见其对天主教在中国传播的热忱。

在这场 "王——利" 交流过程中，利玛窦所展示的学术底蕴、基督教

---

① 〔意〕利玛窦、金尼阁：《利玛窦中国札记》，第 316 页。
② 〔意〕利玛窦、金尼阁：《利玛窦中国札记》，第 318 页。
③ 〔意〕利玛窦、金尼阁：《利玛窦中国札记》，第 319 – 320 页。
④ 〔意〕利玛窦、金尼阁：《利玛窦中国札记》，第 334 – 335 页。
⑤ 〔意〕利玛窦、金尼阁：《利玛窦中国札记》，第 342、346 页。
⑥ 〔意〕利玛窦、金尼阁：《利玛窦中国札记》，第 383 页。

那种与人为善的精神也很适合儒家的口味，对宣扬教化不无裨益，故而为王氏所欣赏并试图加以利用。而利氏则通过王弘诲的高层路线，从而达到其传教的目的，经营颇为用心。至于"帮助利玛窦传教"① 的深层动机之说，值得推敲。与之相反，通过二者之间的交往来"感知中国士大夫对西学的态度，甚至可以揣摩他们对外观感的细微变化"，② 似乎是研究者努力的方向。

二　未成为天主教徒的原因

在与利氏交往过程中，王弘诲"对神意和信仰的兴趣更浓厚了；因而从那时起，他总是很喜欢别人向他进一步讲解它"，③ 但最终还是没有成为基督徒。《利玛窦中国札记》将这一结果归结为"姬妾内宠的羁绊"，似乎并不尽然。

晚明天主教"三大柱石"，除徐光启先入教，后走仕途外，李之藻尽管有"侍妾问题的困扰"，最终还是入教；杨廷筠在致仕之后，转向天主教，也遇到类似问题，因"打发了那个小妾"④ 的举动，而获得教徒的身份。

同样都是在神宗朝，如此结果不难发现王弘诲的顾虑所在：安排、策划利玛窦首次北京之行因与神宗皇帝无法对接，其态度究竟如何，一时无法明了，这是王弘诲不能不考虑的。利玛窦于万历二十九年（1601）再入京师，因皇帝"给赐优厚"的待遇，"公卿以下重其人，咸与晋接"，⑤ 天主教得到自上而下的欣赏，故而才出现"三大柱石"。所以用"妻妾"作为托词，似乎理由也比较充分，这或许是王氏的用心所在。

---

① 李君明，杨权：《王弘诲与利玛窦首次进京》，《图书馆论坛》2007 年第 4 期，第 146 - 150 页。

② 庞乃明：《利玛窦中国叙事中的王弘诲》，《海南历史文化》第 2 集，社会科学文献出版社，2012，第 210 页。

③ 〔意〕利玛窦、金尼阁：《利玛窦中国札记》，第 371 页。

④ 王晓朝：《基督教与帝国文化——关于希腊罗马护教论与中国护教论的比较研究》，东方出版社，1997，第 136 - 140 页。

⑤ （清）张廷玉：《明史》卷 326《外国七·意大利亚传》，第 8459 - 8460 页。

第四节　其他人物的相关贡献

一　钟芳及其哲学思想

钟芳（1476－1544），字仲实，崖州所人，后改籍琼山。"少育外亲，因黄姓，后奏复焉"，改黄芳为钟芳，正德戊辰（1508）进士。选为翰林庶吉士，授编修。历任漳州同知、知府、南京户部员外郎、吏部稽勋司郎中、考功司郎中、浙江提学副使、广西右参政，江西右布政使、南京太常寺卿、国子监祭酒、南京兵部左侍郎、户部右侍郎。后辞官回乡，定居府城。为学博极而精，律历医卜之书，靡不通贯，有"岭海巨儒"之誉。"赠右都御史，赐葬祭"。著有《学易疑义》《春秋集要》《皇极经世图》《续古今纪要》《崖志略》及诗文二十卷。①

（一）对"道"的认识

世界的本体，即"理"与"气"之间的关系，究竟如何？本岛人士钟芳的《理气》②一文，具体阐述他的个人见解。所谓"道"，《易经》曰"一阴一阳谓之道"，《本义》进而解释为"阴阳迭运者，气也，其理则所谓道"，钟芳认同这种对世界本体"道"的基本认知。

但是程朱将理、气割裂开来，来解释世界万物。在朱熹的哲学里，理是最高的哲学范畴，是宇宙万物的本体："宇宙之间，一理而已。天得之而为天，地得之而为地。而凡生于天地之间者，又各得之以为性。其张之为三纲，其纪之为五常，盖皆此理之流行，无所适而不在。"③在理、气关系中，朱熹认为气是有理而派生出来的："有是理后生是气"；"（理与气）

---

① （明）黄佐：《通议大夫户部侍郎赠都察院左都御史筠溪钟公墓志铭》，（民国）王国宪辑《海南丛书》第5集，第6－11页；（明）黄佐：《嘉靖广东通志》卷63《人物》，第1604－1605页。

② （明）钟芳：《筠溪文集》卷10《理气》，《四库存目》集部第64册，第22－24页。

③ （宋）朱熹：《晦庵先生朱文公文集》卷70《读大纪》，《四部丛刊初编》第1090册。

此本无先后之可言，然必欲推其所从来，则须说先有是理。"①

"气"在中国古代哲学中，被认定为天地万物赖以存在的基础。但在程朱的哲学中"理"替代了万物之本"气"的地位，朱熹用形而上、形而下作为区别理、气之标识，使得"气"成了"理"具体的、形而下的表现。在"形而上"层面，理学试图建构一个逾越天下之上"理在气先"的本体论——理本论体系。

钟芳在《理气》中，将这一见解斥之为"未得其旨"：

> 夫子曰："易有太极。"易者何？阴阳也，气也，而有至极之理存焉。则理之与气固未尝离而为二，亦未尝混而无说。曰其理者，阴阳之理，非别有所谓理。朱子非，则夫子亦非矣。

《易经》"太极生两仪，两仪生四象"，钟芳就"太极""两仪"和"象"之间的关系进行分析，认为"太极"与"两仪"之间并不像先父后子一样，而无先后之分。而"两仪者，象也"，先有无涯之"气"，后有有涯之"象"。由此，可以看出钟氏的"至极之理"与"气"不是"为二"，而是理与气合。

（二）对"人性"认识

孔子"性相近，习相远"的命题，是历代哲人关于人性问题探讨的主要话题。朱熹以孔孟"性善"为基础，认为性就是理，是天理在人身上的表现，人因为有了它这才成为万物之灵长。人之为人，独立于动物界，正是因为具有了"人性"，故而这"性"的内容便是使人成其为人——"仁义礼智信"，而这正是儒家的道德规范，是理的题中之义。钟芳对此不以为然：

> 今言性者，惟以"性相近也"二句为主，更不知智、愚、贤、不肖，何自而来？乃曰："习相远耳"，夫昔始相远，而受性之初，本无不同，则谓之同可也。何故言近？既曰"相近"，则刚柔善恶已不同矣。刚柔善恶不同，而见孺子入井，皆有怵惕恻隐之心，则又何为而

---

① （宋）黎靖德编《朱子语类》卷1《理气上》，《四库全书》第700册，第17、18页。

同？而其所以同者，何自而来耶？

钟芳指出，孔子的大旨仅就"立教"而言，"欲人自强，同归于善"。在肯定张子的"天地之性"和孟子的"性善之说"之下，进一步指出："是故，资禀以气异，性善以理同。不知其异，无以显义，而政教为无用；不知其同，无以敦仁，而学问为无益。"之所以造成这种"以反前闻，而乱是非之实"，钟芳认为是由于朱熹的"天地气质之分"造成的，自然也就无法接近"天命赋受之原，圣人立教之本"。

钟芳对于哲学本体"理气合一"及"人性"方面的相关探讨，是建立在对朱熹学说强烈批评的基础上，具有明显的时代性和由程朱理学向心学靠拢的痕迹。尽管有些认识值得进一步推敲，但是毕竟弥补了边陲海南在此方面探索的空白。

二　许子伟及其"朱陆同然"说

许子伟（1555－1613），字用一，号甸南，琼山人。万历十四年（1586）进士，为海瑞门生，海瑞"捐馆"便是许子伟护送回琼。历任兵科左给事中、吏科左给事中、户部左给事中。

万历二十八年（1600）十月，因疏劾鸿胪寺卿张栋等，受神宗皇帝"切责"，而"镌一秩，谪边方用"，[①] 被贬谪铜仁府，后弃官归琼养母。许子伟居京期间，创办琼州会馆；弃官归琼后，置义学、办敦仁书院、掌教文昌玉阳书院，建昌明塔。著有《谏垣录》《广易通》《敦仁编》《许忠直集》等。[②]

晚明时期，朱、陆学之争，如"凿枘不相入"，日趋激烈。在商品经济大潮的冲击下，以朱子学说为核心的主流意识形态，遭遇陆子之学的挑战，在解决现实问题之际，而显得力不从心。社会转型而引起思想界的急剧震荡，思想家纷纷提出自己的主张，一种调和朱陆关系——"调停其异

---

① 《明神宗实录》卷 352，第 6601 页。
② （清）郝玉麟、鲁曾煜：《雍正广东通志》卷 46《人物·许子伟》，《四库全书》第 564 册，第 233 页；（明）蒋德璟：《赐进士吏户兵三科给事中许忠直公墓表》，（民国）王国宪辑《海南丛书》第 6 集。

而强归之同"，随之鹊起。许子伟的《喻义亭朱陆同然记》，[①] 便是这一主
张的主要代表之一。

（一）朱陆"同然"的体现

"道学问"与"尊德性"，分别是朱、陆学说的核心，也是二者之间的
根本分歧，随着时间的推移这一分歧被不断放大。许氏通过对朱熹、陆九
渊两位先生著作的潜心阅读，撇开二者之间争论，发现他们的学说体系间
有着诸多关联。如陆九渊"未尝不道学问"，而朱熹也"未尝不尊德性"。
这就是说，二者学术体系对"学问"和"德性"问题的处理上，皆兼而有
之，侧重点不同罢了。至于"无极""太极"的争论，许氏认为两者之间
"止于一时章句意见之偏"，其最终结果，还是"未尝不归一于太极矣"。

尤其为许子伟所推崇的是，这二位见解相左的辩论宿敌，因朱熹修复
白鹿洞书院，邀请陆九渊为生员讲析"君子喻于义，小人喻于利"的命
题，而引发出一场中国书院史上极为经典、有趣的故事。陆九渊以"喻
义""喻利"作为分别君子与小人的标尺，进而引申道："诚能深思是身，
不可使之为小人之归，其于利欲之习，怛焉为之痛心疾首，专志乎义而日
勉焉。"[②] 陆九渊精彩阐述，使得"听者莫不悚然动心"，乃至朱熹为陆氏
《讲义》撰写跋语，要求"凡我同志，于此反身而深察之"，[③] 令人将其刻
成石碑，流传于后。

许氏认为，朱子的跋语体现出两位哲学大师在"喻义"上的共同
认识。

很明显，许氏跳出了二者之间的具体问题争论，而在其趋同性上下工
夫，上述三点是二者之间"同然"的最根本体现。

（二）"同然"是时代的要求

许氏把二者放在历史演进的背景中进行考察，指出"同然"是一种必

---

① （明）许子伟：《许忠直公遗集·喻义亭朱陆同然记》，（民国）王国宪辑《海南丛书》第
　　6 集，第 10 - 11 页。《同然记》中所提的：许氏在白鹿洞的文会堂之后麓，建造"喻义
　　亭"，扁曰"朱陆同然"，并作该记。

② （宋）陆九渊：《白鹿书堂讲义》，浙江教育出版社，1998，第 213 - 214 页。

③ （宋）朱熹：《跋金溪陆主簿白鹿洞书堂讲义后·跋》。

然趋势。他认为，朱陆所处时代距离孔孟之世久远，而晚明与朱陆时代也有很长的时间。由此，舍利取义的价值取向，已经逐渐被人们所淡忘，而追求富贵、功名却浸淫着人们的骨髓。面对人生观、价值观紊乱的时代，即便朱陆在世，也难以处理这一复杂问题。那么如何解决？"先天后天，前圣后圣，其不然而愧，愧而求其必然者，亦同然也。"也就是说，朱陆再生的话，看到各自的学问被后辈"异造"而导致人们思想混乱，将会感到羞愧，因为"圣人"的羞愧，而会产生二者对"必然"的追求。

基于此种认识，许子伟在白鹿洞的文会堂之后麓，建造了"喻义亭"，匾曰"朱陆同然"，并作"朱陆同然记"。前文叙述的内容，大抵反映了该记所表达的含义。

陆学与朱学，无论是在世界观和方法论上还是有着一定区别的，这点在前文有所叙述。许氏不受乃师海瑞"是陆非朱"的影响，也无视朱陆之间的相异部分，而将其相同的部分放大，进而追求二者之间的"同然"，这是其努力的重点。

在晚明官方哲学败坏，社会思潮激荡，为寻找救世良方，思想家通过著书立说来解读世界。海南士人提出的"朱陆同然"说，尽管存在着这样或那样的不足，至少可以算作一束小花，绽放在思想界的百花园中。

三 王佐与其朴素的唯物主义认知

王佐（1428－1512），字汝学，号桐乡，临高人，少受业于唐舟、丘濬。正统丁卯科（1447）举人，旋就读于国子监，每试居第一；后试南宫五策，条答无遗，为忌者所黜，因忤权贵，终未克成进士。成化二年（1466）选授高州同知，继而改授福建邵武、江西临江等府同知，游宦20余年迄告老还乡，未获得升迁。以诗闻名，著有《鸡肋集》《经籍目略》《原教篇》《庚申录》《珠崖录》及《琼台外纪》等。[1]

王佐在对待岛内"托天佛""石吞人"等现象的态度，充分反映出其朴素的唯物史观。入明之初，有位"炼形者，自焚其身"，岛内人给其画像，并称其为东天、南天、北天之佛，奉若神灵。其中，在临高居洋山庵

① （明）唐胄：《正德琼台志》卷36《人物一·明德》。

中，以木像供奉北天佛。成化之初，"适有神物来凭其像，事甚奇异"。而
王佐的朋友王聪（字子达）十分虔诚，"每欲神降，即置像竹奥中，令二
人手舁，以扳布灰"。不久，岛内各地纷纷效仿，皆称此佛为死而复回的
"托天佛"，使"感化者甚众"，其庙宇"建遍阖郡"。王佐对此指出：

> 四时之序，功成者造化万物，孰有向于有而不归于无者。盖气聚
> 而来，气散而往，常理也。反是焉，必有不得其常者矣。众往必死，
> 死必归土，骨肉毙于下为野土。至其所谓其气发扬于上，为昭明熏蒿
> 凄怆者，不过状其神气之著，未有能造作人言语，肆胸臆于冥冥之
> 中。历稽往古，虽大圣贤如三皇五帝、三王、周公、孔孟，皆不免一
> 死，然皆一去不返者，常也。

王佐从"常理"和"大圣贤"的归宿出发，揭示"托天佛"所谓死
而复回的假象，指出信奉者的无知。

王佐在考察本岛历史时发现，记载"石吞人"现象有两处。一为《太
平寰宇记》所载：在王佐家乡的毗耶山，汉建武二年（公元 26 年），王
祁、王律兄弟与乡人王居杰在山中打猎。王祁在石头上坐着休息，结果为
石所吞，王居杰相救未果。稍后，王祁化作毗耶大神，要求每三年以纯白
三牲祭祀。一为《地志》记录：崖州城东 120 里的罗活峒巨石，也发生过
类似情况，但年代失考。黎人罗艾打猎经此，而为巨石吞足，其父罗介率
众相救无果，被石吞没。此外，程氏《遗书》及元马氏《文献通考》中皆
有大同小异之记载。王佐认为此实乃"荒诞不经"，故而不可录。① 并据此
而体现出对《山海经》关于神怪相关记载不满的意向。

从对上述两件事情的处置上看，尽管王佐无法从科学的角度予以解
释，但其观点确实具有一些朴素的唯物主义成分。

四 唐胄及其民众史观

唐胄（1471－1539），字平侯，号西洲，琼山人。师从王桐乡先生，

---

① （明）王佐：《鸡肋集》卷 5《志怪》，（民国）王国宪辑《海南丛书》第 3 集第 1 卷，第
7－12 页。

博通经史百家。弘治十五年（1502）进士，授户部山西司主事。"以忧归。刘瑾斥诸服除久不赴官者，坐夺职"。刘瑾被诛后，朝廷"召用，以母老不出"。嘉靖初，恢复原职，不久进为员外郎、广西提学金事、右副都御史，巡抚南赣、山东，南京户部右侍郎、北京户部右侍郎、户部左侍郎。因大礼仪之争而"下诏狱拷掠，削籍归"，"遇赦复冠带"时已卒。勤于著述，留世著作有《江闽湖岭都台志》《正德琼台志》《西洲存稿》《传芳集》等。《明史》为之立传，云："胄耿介孝友，好学多著述，立朝有执持，为岭南人士之冠。"①

唐胄给予后人最为厚重的文化遗产——四十卷本的《正德琼台志》（原四十四卷，佚四卷）。其翔实的记述风格，充分体现出著者对故土的热爱。此外，该著在"气候"中征引大量的民间谚语，"药之属"中收集诸多的民间药方等，较为全面地反映出唐氏的写作立场，即对民间经验进行总结，并用之来指导岛内的民众实践。其实，最能体现唐胄民众史观的是，在宋元交替之际海南岛民众参与"勤王"这段历史的处理上。

景炎元年（1276），元军占领南宋都城临安，是年五月，大臣陈宜中、张世杰、陆秀夫等在福州拥立益王赵昰为帝，向广东沿海一带流亡。祥兴元年（1278）三月，"昰欲往占城不果，随驻碙洲（今广东吴川市南海中）"，六月，"昺徙居厓山（今广东新会市南大海中）"，次年二月，大臣陆秀夫"负昺投海中"，② 南宋政权结束。

赵昰居碙洲时，为了解决缺粮问题，"遣人征粮于琼州"，因元军袭击无果。祥兴元年（1278）七月，南宋湖南制置司张烈良及提刑刘应龙起兵以应厓山，"雷、琼、全、永与潭属县之民周隆、贺十二等咸应之，大者众数万，小者不下数千"。同月，元军阿尔哈雅对海南用兵，以切断与厓山政权之间的联系，不久海南入元。但琼州安抚赵与珞与义勇冉安国、黄之杰等"相约固守，以死自誓"，③ 率兵抵元军于白沙口。十一月，阿尔哈

① （明）黄佐：《嘉靖广东通志》卷63《人物》，第1596–1598页；（清）张廷玉：《明史》卷203《唐胄传》，第5357–5359页。唐胄文集《传芳集》由民国本岛先贤王国宪搜集整理，纳入《海南丛书》，由海南书局出版；目前对于唐胄相关研究的文章和著作，尤为不足。
② （元）脱脱：《宋史》卷47《卫王本纪》，第944–945页。
③ （清）毕沅：《续资治通鉴》卷181，《续修四库全书》第346册，第257–258页。

雅用原宋南宁军管帅马成旺（亦曰马旺）之名，购买内应，将赵与珞等裂杀。至此，海南抗元主体力量基本被瓦解殆尽。

明代岛内文人，对这一历史场面多有记述。其中，王佐《哀使君》及《哀四义士》诗，主要针对重要历史人物有感而发。与之不同的是，唐胄的记述，更多地着墨于岛内民众在保宋抗元战争中的非凡业绩，从而折射出其民众史观。

入元之后，相关历史典籍对此次海南勤王事件的错误记述，唐胄予以纠正并极力宣扬海南民众的民族气节。该事件源自"旺（马成旺）购旧部党，卒以应"的记录。唐胄认为，"非尽州人意也"："盖琼民当是年，虽与广右诸郡同饷厓山，而尤加造舟楫，制器械，经夏末冬初，犹困竭不辞。况自海中称制以来，尽心勤王。至郡已亡，尚奋旧兴乱，岂有叛志者哉？"据此，唐氏认为，造成这一情况的原因在于《厓山志》损益《行朝录》《元史续编》等记载，而出现"州民作乱，执与珞"及"民不堪，遂有叛志"的局面。这一结论，抹杀了宋元鼎革之际，海南作为抗元最后基地的历史事实。这些皆为传闻和附会之说，故不足以信。

此外，该著对岛内民众在此次勤王中的表现，也给予充分肯定："琼民当海中之再称制，则首起以应之。厓波忠魂，不知几许。钦廉高化粮积，既为史格所运，独尽室倾困以济，冒浩漾而不辞。"正是海南及琼州海峡对面的民众鼎力勤王，才使得南宋政权得以延缓。为此，唐胄专为在此次而献出生命的海南百姓赋诗一首——《哀百姓》：

> 與图二百尽皇州，宋室遗民尚有不？松柏谁扪共客腹，纮歌未散鲁公头。忠魂几许随波恨，孤旅三千特地投。那道深仁炎赵录，无端气脉向兹收。[1]

当然，唐胄民众史观是建立在对宋室歌颂基础之上，岛内民众得到三百年大宋"朝廷政泽之沾"后，面对政权更迭，勤王是他们发自内心对旧王朝的回报，同时也体现出唐氏对元王朝入主中原的不满。

---

[1]　（明）唐胄：《正德琼台志》卷33《名宦》。

第七章　文化类型与独特文化现象

海南岛内汉、黎、回、苗、疍等诸族群经过不断的迁徙与整合，至迟在晚明时期，各个族群的生活空间已初步固定下来。他们共同聚集、生活于此，使得本岛形成了多元文化并存、个性极为鲜明的文化地理单元。

这些不同的文化地理单元随着岛内地势的高低起伏，由内向外可分成三种主要文化类型，即山地文化、农商文化及海洋文化。每个文化类型内部由几个次一级的文化层组成，如山地文化类型中就有生黎、熟黎及苗族等文化层构成；以丘陵及沿海台地为核心的农商文化类型，主要生活着宋元以来岛外的移民，他们按照大分散、小集中的原则，以迁出地的语言为纽带，不断组合而形成大小不一的次一级文化单元，如闽南语、临高话、军话等语言层；海洋文化类型则相对固定在背陆面海的区域内，有疍民、灶户及回民等族群构成。

习俗不同、文化背景迥异的岛内居民，以自己独特的生活方式而展现出各自特有的文化现象。各族群以其所特有的资源而互通有无，从而为自身的生活和人口再生产提供基本保障。频繁的商业活动，推动了岛内各族群间的文化交流，习俗相互浸染，体现出不同文化类型间联系的密切。这种相互影响，使得文化上呈现出"你中有我""我中有你"，共同发展的新局面。他们以海南为共同的家园，成为独特的海南文化的一个有机组成部分，而从属于中华文化。

第一节　多民族聚集地

一　黎族

黎族是海南的先住民，一个有语言无文字的族群。所以，了解黎族发展历史，只能通过钩沉历史典籍来实现。就"黎族"的族称来说，实非本族自身的称谓，而是他族赋予的。随着时间的推移，黎汉接触日益频繁，人们对其认知程度逐渐加强。该族群称谓也有早期乱象向单一、固定化方向转变。

（一）族称[①]

1. 早期的称谓

史籍最早对这一族群的描述，见于《礼记·王制》："南方曰蛮，雕

---

① 据 2010 年第六次全国人口普查，黎族人口有 1262262 人，主要分布于 6 个民族自治县（琼中、保亭、白沙、陵水、乐东、昌江）和 3 个民族市（三亚、五指山、东方）。〔海南省统计局、海南省第六次人口普查办公室编《海南省 2010 年人口普查资料（上）》，中国统计出版社，2012，第 124 页〕他们是一个有语言无文字的族群，属汉藏语系壮侗语族黎语支。据 2010 年第六次全国人口普查，黎族人口有 127.7 万，主要分布于 6 个民族自治县（琼中、保亭、白沙、陵水、乐东、昌江）和 3 个民族市（三亚、五指山、东方）。他们是一个有语言无文字的族群，属汉藏语系壮侗语族黎语支。根据其语言和文化上的差异，分为五大方言：即哈（侾黎）方言，人口最多。分布在乐东、陵水、昌江、白沙和三亚、东方二市；杞（岐黎）方言，人口次之。分布于保亭、琼中、五指山二县一市；润（本地黎）方言，居住在白沙县东部、鹦哥岭以北地区；美孚方言，居住于昌化江下游两岸；赛（德透黎、加茂黎）方言，分布在保亭、陵水与三亚交界地。（王学萍：《中国黎族》，第 2 - 3 页）对其研究，有两个方面值得注意：一、族源问题。（一）"南来说"。德国民族学者史图博在 1931 - 1932 年，对海南黎族地区进行实际考察后，第一次系统提出黎族源流问题：海南岛是被多次的民族移动的浪潮——即本地黎（土著居民）、美孚黎、岐黎、哈黎——冲击过来的民族所开发的。这些迁移到海南岛的民族，很明显是由阿乌斯兹罗尼亚（马来亚）和泰族这两种要素组成的（如果这两者的混血不是在大陆上已经进行了的话）。（参见〔德〕史图博《海南岛民族志》，广东民族研究所编印，1964，第 311 页）对史图博结论的回应，国内学者纷纷撰文探讨黎族源流问题。主要有"多源流说"及"北往说"：（二）"多源流说"。1934 年人类学者刘咸，对海南黎族进行考察，并提出自己的看法：由种族名称，体格性质，文化因素，在表示黎人之起源，一方面与大陆之撢族有密切渊源，一方面与南洋群岛之诸民族有显然关系。且三种探讨方法之间，彼此相阐发，相辅相成，故现今居住海南岛之黎族，可信其一部分系由大陆迁往，一部分系由海道而来，一部分系有史以后迁往，一部分似在有史以前移入，

题、交趾，有不火食者矣。"郑玄注"雕"曰："文谓刻其肌，以丹青涅之"；注"交趾"曰："足相乡然，浴则同川，卧则僻（同'舛'——引者注）"；注"不火食"曰："地气煖（暖），不为病"。① 《山海经·海内南经》中注有"离耳国"之说。对此，郭璞注云："镂离其耳，分令下垂以为饰，即儋耳也。在珠崖海渚中。不食五谷，但噉（啖）蚌及薯芋也。"此外，该著《大荒北经》则记录着另一幅景象："有儋耳之国，任姓，禺号子，食谷。"郭璞注曰："其人耳大，下儋（担——引者注）垂在肩上。朱崖、儋耳镂画其耳，亦以放之也。"② 从晋人郭璞的二则注疏中可以看出，"儋耳"并非海南一处独有，"食谷"与否是南北儋耳的主要区别。显然，海南"儋耳"是"不食五谷"的。

更益以后来汉人因素及影响，互为激扬，遂形成今日黎族之状况。（刘咸：《海南黎族起源之初步探讨》，《西南研究》1940 年第 1 期）（三）"北往说"。罗香林先生在结合史料的基础上，认为黎为骆越一部分，即俚所转称，骆越为百越一支，亦古代夏民族所分出。（罗香林：《海南岛黎族人源出越族考》，《青年中国》1939，季刊创刊号）此后，罗香林的观点多为国内学者所认同，并纷纷加以引用和阐述。将海南黎族与台湾少数民族进行比较研究，以此来证实皆源自百越族，是目前较为流行的一种研究取向（詹贤武、邢植朝：《海南黎族和台湾少数民族民俗比较》，南方出版社，2010）；近年来，分子遗传学也加入到这一研究行列之中，并试图寻找海南岛黎族的 Y - DNA 遗传学证据：相关分析发现，黎族与起源于百越的侗台语系侗水语支、壮傣语支和仡央语支及南亚语系族群遗传关系最近，说明他们有极大的同源性，这与体质学和人文学研究结果相一致。其结论似乎与刘咸的多源流说趋于一致。但是，这份仅提供了近 480 字的摘要，又做出这样的结尾：族虽然与百越群体有共同的特征，但分离较早。（李冬娜、区彩莹等：《中国海南岛黎族起源的 Y - DNA 遗传学证据》，《国际遗传学杂志》2009 年第 4 期）二、"原住民"与"先住民"问题，目前学界对此存在着一定的分歧。持"原住民"说，主要有两个方面。其一，以古代典籍资料中的"里"、"俚"及"俚僚"等基础上进行解读，认为"'本地'黎，是汉称，意思是'土著的黎族'"（王学萍：《中国黎族》，第 2 - 3 页）；其二，认为从考古学来看，黎族即是海南的土著，如果将其纳入移民的角度来看，那么除了非洲人类起源之外，所有的地区皆无土著。（郝思德：《关于黎族是否是土著民问题探讨》，2011 年 12 月 20 日，在海南省历史文化研究基地召开的"海南移民史论坛"上的发言。会议由笔者主持）"先住民"观点认为：海南属于热带地区，不具有早期人类孕育的条件，故而属于后期移民。只不过迁移的时间上比较早，故称之为"先住民"，该观点为多数学者所接受。（司徒尚纪：《海南岛历史上土地开发研究》）此外，史图博最早对该族群内部进行较为系统、科学地划分，并为广泛接受，此后没有新突破。

① （汉）郑玄注，（唐）陆德明音义，孔颖达疏《礼记注疏》卷12，《四库全书》第115册，第 278 页。

② （晋）郭璞注《山海经》卷 10、17，《四库全书》第 1042 册，第 62、79 页。

西汉多以"骆越"呼之。认为黎人"犹鱼鳖",该地"非冠带之国"。① 东汉则以"夷"呼之:"儋耳夷,生则镂其头皮,尾相连并;镂其耳匡分为数行,与颊相连。状如鸡腹,下垂肩上。食薯,纺绩为业。"② 南朝、隋唐间,因岭南俚族大姓冯冼家族势力的崛起,黎族因之而多被称之为"俚""僚",或"俚僚":"(冼)夫人亲载诏书,自称使者,历十余州,宣述上意,谕诸狸獠,所至皆降。高祖嘉之,赐夫人临振县汤沐邑,一千五百户。赠仆(冯仆,冼夫人之子——引者注)为崖州总管、平原郡公。"③

2. "黎"的由来

最早使用"黎"族称,出现于唐代正史中。由于朱厓黎、民凭险要之地而固守,拒绝臣服唐政府,时为岭南节度使的杜佑率兵讨伐:"朱厓黎氏三世保险不宾,(杜)佑讨平之。"④ 稍后,《岭表录异》也有类似的称呼:"紫贝即蚜螺也。儋、振(今三亚市)夷黎,海畔采以为货。"⑤

入宋之后,地方官员对于黎情的认知日益清晰,用"黎人""黎峒"等固定称谓,以奏章的形式,向朝廷报告该族群的情况。南宋李焘诠释了黎族称谓来源,"俗呼山岭为'黎'",表明"黎"是他称而非自称,并指出"居其间者(即山岭)号黎人"。⑥ 这一结论,在同时期的范成大、周去非及李心传等文章中都有所表述,于是,"黎"遂成为海南黎族的专有名称。

(二)早期文献对黎族族群的认识

对于古籍文献梳理过程中,有三个方面的问题值得注意。

1. 叙述空间的变化

《礼记》《山海经》对于黎族的记载,以儋耳国为中心,十分清晰;唐

① (汉)班固:《汉书》卷64下《贾捐之传》,第2834页。
② (汉)杨孚著,(清)曾钊辑《异物志》,《丛书集成初编》,商务印书馆,1936,第3页。
③ (唐)魏征:《隋书》卷80《列女·谯国夫人传》,第1803页。
④ (宋)宋祁、欧阳修:《新唐书》卷166《杜佑传》,第5087页。
⑤ (唐)刘恂:《岭表录异》卷中,《四库全书》第589册,第90页。纪昀对该书内容进行相关考证,得出其成书年代为"五代时"。(参见《四库全书》第589册,第79页)
⑥ (宋)李焘:《续资治通鉴长编》,《四库全书》第316册,第809–810页。

代末期之后,文人笔记以"儋、振夷黎"的表述形式,事实上是将岛内西部、南部的民族地区,皆纳入"夷黎"的范围之内。步入南宋之后,范成大(号石湖居士)认为:"岛之中有黎母山,诸蛮环居四旁,号黎人";①差不多同时的周去非也有相同的认识:"海南有黎母山,内为生黎";② 李焘进一步将此具体化,指出该族群的分布从儋州、崖州至岛的东部万州。这就是说,以"黎母山"为叙述中心,以岛内民族为叙述对象,非汉族族群,统称为"黎族"。

2. 族群内部划分

对岛内黎族族群进一步划分,是南宋时期的主要成就。周去非指出:"内为生黎,去州县远,不供赋役;外为熟黎,耕省地,供赋役,而各以所迩隶于四军州",同时也道出,因族群内部构成不同而性格悬殊,"黎质直犷悍,不受欺触,本不为人患。熟黎多湖广、福建之奸民也,狡悍祸贼,外虽供赋于官,而阴结生黎以侵省地,邀掠行旅"。李焘也认为"其服属州县为熟黎,其居山峒无征徭者为生黎,时出与郡人互市"。此时段内,是否"供赋役"成为划分黎族族群的主要标准,即是以其汉化程度将其划分为"生黎"和"熟黎"。

3. 早期黎族风俗

就《礼记》《山海经》关于黎族习俗记载来看,有所不同。前者主要集中于以丹青文身和生吃食物二方面;后者则是强调以"儋耳"为装饰,及以"蚌""薯蓣"为主要食物。生吃食物似乎是二部典籍所描述的共性,而在身体修饰部位上存在较大的差异。郭璞对"离耳国"的注解,或许受到在其之前的东汉杨孚的影响。尽管如此,文身风俗是肯定的。唐代末期之后,黎族有海边居住生活、从事贸易活动等迹象。其明代社会习俗在前文已有交代,不赘述。

(三)明代黎族聚集地

比较与早期黎族环岛分布,明代黎族聚集地逐步向内收缩,并最终形

---

① (宋)范成大著,胡起望、覃光广校注《桂海虞衡志辑佚校注》,四川民族出版社,1986,第220-222页。

② (宋)周去非著,杨武泉校注《岭外代答校注》卷2《海外黎蛮》,第70-71页。

成"黎内汉外"①的分布格局。这一格局形成，与明代积极化黎和军事治理关系密切。

1. 文昌无黎

明成祖永乐八年（1410），"琼州府文昌县斩脚寨黎首周振生等来朝，赐以钞币，俾仍往招诸峒生黎。"② 该则史料说明，明初文昌县有黎峒存在。然而在唐胄《正德琼台志》的卷1"郡州邑疆域图"及卷12"乡都"中，该县并无黎峒的相关记录。这就是说，至迟在正德时期，文昌县境"无黎"，是王朝早期招抚政策的结果。

2. 琼山化黎成就

正德年间（1506－1521），琼山县西南部仁政乡的西黎都属于黎区，无须缴纳国家税收。正德之后，位于琼山南部以"清水峒"生黎为主体的东黎区有所改观：嘉靖二十一年（1542），"立琼山东黎、林湾"二都；万历十年（1582），"增立琼山东黎都二图"。③ 此外，由"南岐、南椰、南虚、环琅、南坤、居采、岭平、沙湾、居碌、居林"等十个生黎峒组成的西黎区，由于嘉靖十三年，"广东琼州府琼山县沙湾洞贼黎佛二等，聚众千余，攻劫营栅"。④ 西黎都的王化始于军队镇压，这种阶段性成果，为万历二十七年（1599），黎马矢率居林等峒"复反"所摧毁。作为军事巩固的重要手段之一，"水会所"建立于此。西黎十都在王朝经略下，开始分化。南岐至岭平七峒，"向化编差"；而沙湾等三峒"叛服不常"。⑤ 西黎都在内属化过程中反复，这表明王化力度已经开始影响到五指山边界。

① "宋代"是海南"环形人文政治地图"——"黎内汉外"的形成时期。（司徒尚纪：《海南岛历史上土地开发研究》，第38－41页）此后，对该结论的解读，时间上多有前推移趋势："唐代说"便是其代表。唐代黎汉分布状态，"从早期的'汉在北，黎在南'变为'汉在外围，黎在腹地'的新格局"。（吴永章：《黎族史》，广东人民出版社，1997，第41页）；与之相似的观点如："（唐代）环岛建置完成之后，初步形成汉在外，俚在内的民族分布新格局"。（周伟民、唐玲玲：《海南史要览》，海南出版社，2008，第78页）

② 《明太宗实录》卷111，第1415页。

③ （明）唐胄：《正德琼台志》卷12《乡都·琼山》；（明）欧阳璨：《万历琼州府志》卷3《地理志·乡都》，卷5《赋役志》，第63、145页。

④ 《明世宗实录》卷166，第3644页。

⑤ （明）曾邦泰：《万历儋州志》地集《平黎》，第108页；（明）欧阳璨：《万历琼州府志》卷8《海黎志·原黎、平黎》，第255、268页。

3. 儋州地区化黎

其辖地之黎"视诸处最蕃",至万历后期其生熟黎仍有抱驿、黎附、顺化、来格、来王五都。军事镇压,使得该地化黎成就最为显著。弘治十四年(1501),符南蛇之乱,官兵平定七坊峒。"招抚"政策取得积极成果,嘉靖十一年(1532),知州萧弘鲁招抚"高眼等峒黎人一千六百余家",立"顺化都";嘉靖二十一年,立"来格、来王"二都。经过整饬,境内黎人管辖权力出现三层流动:"东黎,属土舍、峒首部领";"南黎,属州部领";"其余,自耕食,不属州。"① "南黎"即儋州南部黎族积聚地,位于昌化、感恩的西部驿道交通孔道之上。南黎属州"部领",是儋州化黎最为重要的成果,标志着"生黎"势力在此地丧失,而靠近五指山西麓的"东黎"地区,仍然为土舍、峒首部领。

对上述地区"生黎募化"的成就,嘉靖二十九年二月,海瑞在其进京会试时上《平黎疏》中,给予充分肯定:"文昌县斩脚峒等黎,琼山县南岐峒等黎,今悉输赋听役,与吾治地百姓无异。儋州七方峒今亦习书句、能正语。"②

4. 崖州地区

崖州化黎成就并不显著,这从明代两部府志中"乡都"记载不难得出。乡、都是明代最为基层的社会组织,其数量的多寡,与该地的国家编户齐民数字成正比例关系。正德时期,崖州下辖"厢四、乡二、都一、里十四",至万历时期,尽管底层社会组织的变动需要考虑,但是其实际数字增长并不明显。万历府志道出了该地的实际情形:

> 崖州黎,其地多于州境;其人十倍之。分东西二界,生、熟、半熟三种,屡为害,而州之户口日耗,凡百徭编取给诸县。膏腴田地尽为黎有,罗活、千家为甚,德霞、抱显次之。③

为了平息黎乱,在生黎处建立军事城池,成为崖州地区化黎新特

---

① (明)欧阳璨:《万历琼州府志》卷3,《地理志·乡都》卷5,《赋役志》,第66、145页。

② (明)海瑞:《平黎疏》,陈义钟编校《海瑞集》,第7页。

③ (明)欧阳璨:《万历琼州府志》卷8《海黎志·原黎》,第256页。

点。嘉靖二十八年八月，"广东崖州有黎患。贼首那燕聚众至四千人，流劫乡寨"，并"构感恩、昌化诸处岐，贼势益狂炽，至攻毁城郭"。时为吏科给事中海南籍官员郑廷鹄主张"添调狼土官兵，兼召募打手"，以平定之。并就平定之后，该地治理提出："以德霞、千家、罗活等膏腴之地，尽建州县，设立屯田""建参将府于德霞"，① 该议案为嘉靖皇帝所认可。或许是执行难度所致，这些具体措施皆无进一步的落实。

万历四十一年（1613）八月，"生黎罗活等剽掠儋、崖、琼、定诸郡。熟黎歃血自盟，纠合抱由、多港数十材（村），协力剿之"。② 万历四十三年七月，总督两广张鸣冈"题平黎善后事宜"中提出：在罗活峒建立"乐安营"、德霞建"归德营"、抱由建"乐定营"，如此"三处鼎足，虽无建县之费而有建县之安"建议。③ 该提议为神宗所赞同，而得以在地方实施。乐安、归德、乐定三营建立，使得罗活、德霞、抱由等地乱源得到一定的控制。但是，军事设置向纵深处推进，并没有从实质上改变该地生黎生活空间。

5. 东部治黎

万州鹧鸪峒，南与陵水黎停等峒相"潜通"，北则通过本州龙吟峒与乐会思河、光螺等峒相潜通，"不服统于土舍，时出为患"。尤其是陵水境内大小牛岭，为南北往来交通要冲，境内黎人时常"遮道为寇"。④

综上所述，明代黎族居住区域，由早期四处分布而逐渐向中西部地区收缩的趋势。招抚政策在早期成果较为盛行，文昌无黎便是其代表。弘治之后，军事设置不断向内扩张，这点在琼山、儋州、崖州表现得明显。环中西部高山丘陵地带，成为黎汉的基本分界线，在晚明之后已经十分清晰。换句话说，中西部的高山丘陵地带，便是黎族的基本活动区域。

---

① 《明世宗实录》卷351，第6347－6351页。
② 《明神宗实录》卷511，第9663页。
③ 《明神宗实录》卷534，第10117－10120页。
④ （明）欧阳璨：《万历琼州府志》卷8《海黎志·原黎》，第256页。

二 疍民①

以舟为室，视水为陆，浮生江海，是疍民族群的主要特征。关于其族源，学界颇有异说。20 世纪 40 年代，就该族群起源的学说或传说竟约"30 余种"之多，即便经过陈序经先生梳理、概括，仍有 6 种，② 可谓复杂之至。不过，林惠祥先生认为"越族为古代东南方大族且以精于操舟著名"，为其源流；汉族为其补充；兼有西方民族中"猺、㺜、马来"成分。③

历史上这一"贱民"阶层，其空间分布极其广泛。在晋朝永嘉之后至隋朝，北至甘肃，南至广东，西至四川之西，东至湖北的区域内，都有疍民生活的印迹。他们与其他诸民族杂居，生息繁衍。宋代以后，疍民的活动空间逐渐收缩，并有向东南沿海一带转移的迹象，明末清初相关记载"多只说及广东的疍民"。④

关于疍民的职业问题，周去非在《岭外代答》中做出如下划分："浮生江海者，疍也。钦之疍有三：一为鱼疍，善举网垂纶；二为蚝疍，善没

① 疍民在海南社会发展不同历史时期，皆做出过一定贡献。本书主要探讨明代及其以前的情况，作为补充，有必要对该族群清代以后乃至今天其主要流向作一简单交代：清雍正七年（1729）上谕宣布："蛋户本属良民，无可轻贱摈弃之处，且彼输纳鱼课，与齐民一体，安得因地方积习，强为区别，而使之飘荡靡宁乎？"令地方督抚晓谕"无力之蛋户听其在船自便，不必强令登岸；如有力能建造房屋及搭棚栖身者，准其于近水村庄居住，与齐民一同编列甲户，以便稽查"；并要求"劝谕蜑户开垦荒地，播种力田，共为务本之人"［参见（清）阮元《道光广东通志》卷 1《训典》，《续修四库全书》第 669 册，第 61 页］，始与齐民同列甲户。民国初期，《大总统通令开放疍户惰民等许其一体享有公权私权文》提出解放"疍户"等所谓贱民，允许他们享有选举、参政等"公权"，和居住、言论、出版、集会、信教等"私权"（参见《南京临时政府公报》第 2 号，《近代史资料》总第 25 号，第 12 页）；中华人民共和国建立后，1956 年民族识别，划为汉族。今天，严格意义上来说，疍民一词已不存在，其相关历史遗存在海口新埠岛、三亚及陵水滨海的部分地区仍所保留。目前对该族群的研究文章并不多见。如冯仁鸿《琼崖史海钩沉 海口市民族源流及其风俗习惯》一文，以海口新埠岛的疍家作为调查对象，并探讨其习俗［载海南迁琼先民研究会编《琼崖县民研究》（创刊号），内部出版，2006，第 10 页］；又如以海南区域为中心，从历史的视角梳理该族群的流变。（参见张朔人《海南疍民问题研究》，《安庆师范学院学报》2007 年第 2 期，第 53 – 55 页）

② 陈序经：《疍民的研究》，商务印书馆，1946，第 1 页。

③ 林惠祥：《中国民族史》，商务印书馆，1998，第 139 – 141 页。

④ 陈序经：《疍民的研究》，第 47、50 页。

水取蠔；三为木蜑，善伐山取材。"① 此后，清代李调元认为："蜑有三，蠔蜑、木蜑、鱼蜑，寓浮江者乃鱼蜑"。② 这一划分，是在周去非基础上，将钦州区域蜑民职业简单地推而广之结论。

岭南蜑民没有统一语言，但是他们"对于广东白话的传播非常有功"。③ 这一点从现今居住在海口新埠岛以及三亚蜑民的语言遗存仍保留着大量的广东白话中，可以得到证明。龙、蛇为其主要图腾。

（一）海南蜑民族源

"南海外有鲛人，水居如鱼，不废织绩，其眼能泣出珠"，④ 这是目前研究海南民族史的重要参照。司徒尚纪先生以"南海外有鲛人，水居如鱼，不废织绩"，对黎人早期从事鱼耕活动进行诠释，并结合进而确定黎人活动的地理空间。论者是为了论证黎人族源"实为古越人一部分"。⑤ 然而，同一则史料却被用来解释海南蜑人的起源。⑥ 一则"史料"成为两个民族的起源，令人匪夷所思。

该则"史料"出自西晋张华所著的《博物志》中《异人》篇。这是一部"志怪小说集"，晋武帝认为其"记事采言亦多浮妄"。⑦ 如此看来，用它来说明黎、蜑起源，确实难以令人信服。

1. 早期源流的推测

郭璞对《山海经·海内南经》中"离耳国"注解云："镂离其耳，分令下垂以为饰，即儋耳也。在珠崖海渚中。不食五谷，但噉（啖）蚌及薯芋也。"⑧ 或许这种居住在"海渚中"的"噉蚌"者，就是海南蜑民的最早记录。《博物志》中"其眼能泣出珠"者，可能是海南蜑民的源流。这

---

① （宋）周去非著，杨武泉校注《岭外代答校注》卷 3《蜑蛮》，第 115－116 页。
② （清）李调元辑解《粤风》卷 1《蜑歌》，《丛书集成新编》，台北新文丰出版公司，1985，第 90 册，第 95 页。
③ 徐松石：《粤江流域人民史》，东南亚研究所，1936，第 146 页。
④ （晋）张华：《博物志》卷 2，（清）周日华校本，博展源图书出版公司，2002，第 629 页。
⑤ 司徒尚纪：《海南岛历史上土地开发研究》，海南出版社，1991，第 18 页。
⑥ 冯仁鸿：《琼崖史海钩沉 海口市民族源流及其风俗习惯》，载海南迁琼先民研究会编《琼崖县民研究》（创刊号），内部出版，2006，第 10 页。
⑦ （晋）张华：《博物志》卷 2，（清）周日华校本，第 617 页。
⑧ （晋）郭璞注《山海经》卷 10，《四库全书》第 1042 册，第 62 页。

就是说，"以精于操舟著名"的部分骆越人，与海南早期疍民有着某种渊源关系。

2. 汉人成为疍民重要补充

万历年间，罗曰褧对"马人"如是说：

> 其先，中国士卒随马援南征，羁留未归，散处南海，遂成部落。其人深目狼喙，以采藤、捕蚝为业，产与黎同。昔韩退之（韩愈——引者注）诗云："衙时龙户至（集——引者注），上日马人来。"人皆不识，多强解之。由今而观，殆即此马人，蜑人之谓也。①

在罗曰褧的叙述中，中国士卒与"深目狼喙"的马人之间关系，或许值得推敲。但是，其揭示了一个重要的现象：中原士卒南下并落籍为疍户的可能性。据此，东晋末年孙恩、卢循的余部，有史料记载的南宋末年败兵等移入，从而成为疍民。

3. 占城人的加入

元初是占城人移居海南的高峰时期，他们一部分由元朝政府迁徙而来，聚集于本岛海口浦；另一部分则是民间自发迁徙而散居在本岛的西、南、东南部等地。这些大量的机械性人口移入，并随着时间推移而逐渐地"疍民化"，构成了该族群的重要源流。是故，海南疍人源流基本符合林惠祥先生的判断，即以越族为主，具有多元性，同两广疍族有着一定的关联。

（二）宋元时期疍民一般情况

海南"一洲置海中"，为疍民提供了广阔的生存空间，同时历代中央政权对海南控制力度比起内地，存在着不同程度的减弱，海南疍民因之有着相对宽松的社会环境。

1. 运输作用

两宋时期，因为北土迁民日众，受到土地开发和地力的限制，粮食短缺现象十分严重，这在谪居儋州的苏东坡文稿中多有表述。北方粮食南

---

① （明）罗曰褧：《咸宾录》卷8《马人》，明万历刻本，中国国家图书馆藏，第37页。按原诗题为《送郑尚书赴南海》。

运，是解决海南粮荒的主要手段。北宋至道间（995－997），"使辇军粮，泛海给琼州"，但是北军（即雷、化、高、藤、容、白诸州兵）不识水性，由于琼州海峡阻隔，南运过程中，士兵"率多沉溺，咸苦之"。广南西路转运使陈尧叟规定：将雷、化、高、太平四州之民租米，送到与之水路接近的海峡北岸递角场，"第令琼州遣蛋兵，具舟自取"，① 一支由蛋民组成的水上运粮队伍活跃在琼州海峡上。

2. 蛋民军籍

宋军制，在海南设"澄海军"以戍海，其中"蛋兵以蛋民为之"，② 这是蛋民加入军籍的最早记载。元朝立国之后，出于对海上安全考虑，设"白沙水军"，其士兵主要自宋末"从祥兴帝船遁至本州，为元兵所败，遗卒收为水军"。元初，征占城，"纳番人降，并其父母妻子发海口浦，安置立营，为南番兵"。③ 对于宋败兵和番人的处置，"后俱为蛋人"。④ 如果说，宋初蛋兵的设置为临时举措，那么元朝时期，蛋兵则正式成为朝廷的经制之师。

（三）明代蛋民一般情况

早期蛋民以浮江海为生，多游离于"编户齐民"之外。自唐以后"记丁输课"；洪武初年，"编户立长，属河泊所，供鱼课"。⑤ 然而，明太祖"设立蛋户、渔户、教坊等名色，禁锢敌国大臣之子孙妻女，不与齐民齿"⑥ 的规定，蛋民群体随之沦为社会底层。与之相反，海南蛋民却开始向编户齐民方向转变，并在明代后期有明显的渔民化倾向。

1. 蛋民人口数量

郡人唐胄《正德琼台志》卷 10《人口》中，就正德七年（1512）各州县蛋民人口数字做了统计，从而为人们提供了蛋民人口分布线索（参见表 7－1）。

---

① （明）唐胄：《正德琼台志》卷 33《名宦·尧叟》。
② （清）张岳崧：《道光琼州府志》卷 17 上《经政志十三·兵制》，第 391 页。
③ （明）蔡微：《琼海方舆志》，转引自唐胄《正德琼台志》卷 21，《海防·番方》。
④ （清）张岳崧：《道光琼州府志》卷 17 上《经政志十三·兵制》，第 391 页。
⑤ （清）檀萃：《说蛮》，《丛书集成续编》，第 224 册，第 623 页。
⑥ （清）顾公燮：《消夏闲记摘抄·凤阳人乞食之由》，商务印书馆，涵芬楼秘笈第 2 集第 5 种，第 4 页。

表7-1 蜑民户、口及其分布情况

分 布	户口数	人口数	分 布	户口数	人口数
琼 山	183	835	儋 州	333	1520
澄 迈	221	1009	昌 化	12	58
定 安	—	—	万 州	77	352
文 昌	230	1050	陵 水	100	457
会 同	88	402	崖 州	349	1593
乐 会	112	511	感 恩	56	256
总 计	户：1913 口：8733				

说明：资料来源于唐胄《正德琼台志》卷10《人口》中，正德七年的统计数字；各分布地人口数系由正德七年琼州府的户人口平均数：总人口数与总户数比值（250143÷54798＝4.565）与各地户口数之积。

唐氏开列的蜑民人口统计数据，值得推敲。明正德七年全岛人口总数为250143人：男子179524（其中成丁121147，不成丁58377）人；妇女70619人。以全岛男子和妇女为对象，其人口性别比为254∶100；即便成丁与妇女之比也达到172∶100，也就是说，此时岛内的男女性别比，至少是170个男人对100个女人。如此严重失调的性别比，必然给社会带来严重的动荡。可能的解释是，大量未成年女性在此次统计中被遗漏。如果以全岛男丁为参照，按照人口学理论中男女性别比的正常值106计算，统计数字至少增加近9万的女性。相应地，户人口平均数也将由4.565增至为6.20。如此，正德七年蜑民人口总数应在10000人至13000人之间。

2. 主要分布

从表7-1可知海南蜑民活动区域，在环岛的各个港口之中。从人口数量分布上来看，以崖州、儋州、文昌、澄迈为最，皆超过千人。从地理方位来看，主要分布于岛的南、北、西三大水域。

相对来说，岛的东南部万州、陵水以及西南部的感恩、昌化等地的蜑人活动要少得多（定安县居于内陆，故而无蜑）。但是，这一情况在晚明之后有所改变。一是蜑民户口数不再见之于万历府志，二是分布空间及社会地位也随之产生相应的变化（参见表7-2）。

表7-2 明代各州县疍民乡都图分布

地 区	正德时期	万历时期	明末清初时期
琼 山	五原、乡烈楼、第二图（蛋）		
澄 迈	贵平乡那留都（民蛋）；恭顺乡丰盈都（民蛋）；东水图二（俱蛋）	蛋籍：东水一都、二都	恭贵乡（旧恭顺乡）那留都（民蛋）、安调丰都（旧丰盈都，民蛋）
临 高	富罗乡英丘都二、三、四图（民蛋）；东塘都二图、西塘都三图（民蛋）		
文 昌	奉化乡迈陈三图、四图（蛋）	迈陈都三、四图（蛋户）	迈陈都四图（内二图系民灶、二图系蛋户）
会 同	太平乡太平都三图（蛋）	太平三图（蛋户，免差纳课）	三图（蛋户，原免差纳课）
乐 会	博敖浦莫村都（民蛋）		
儋 州	人温乡新英都图三、大英都图三（俱蛋）	新都一、二、三图（旧分九图，今并三图，俱蛋）	新英都（旧九图，今并为三图。俱蛋户）
万 州	会通都（蛋）		会通都（蛋户）
陵 水	岭黎乡那亮二图、岭脚乡二图（民、蛋、灶）	那亮乡二图（灶蛋）	那亮乡二图（灶蛋）
崖 州	保平里、望楼里、番坊里、大蛋里（俱蛋）	保平里、番坊里、望楼里、所三亚（以上四属河泊所，番蛋采鱼纳课，多佃民田）	

资料来源：《正德琼台志》卷12《乡都》；《万历琼州府志》卷3《地理志·乡都》，第62-67页；《康熙时期的琼山县志》卷3《乡都》，第35页；《澄迈县志》卷1《乡都》，第24-26页；《临高县志》卷1《乡都》，第43-44页；《文昌县志》卷1《乡都》，第33-34页；《会同县志》卷2《都图》，第28-29页；《乐会县志地理志坊乡》，第32-34页；《儋州志》卷1《厢都》，第15-16页；《万州志》卷1《都市》，第44-47页；《陵水县志》卷2《乡都》，第16页；《崖州志》卷1《乡都》，第15-16页。

　　表7-2中，琼山、临高、乐会地区的疍民，在明代中期以后，已经采鱼办课而纳入民户。其他地区因应基层社会组织名称变动，归属略异外，几乎变化不大。万历时期，儋州、崖州是本岛疍民集中活动的两大水域。但是明末之后，崖州地区疍民变动情况值得关注。按照正德七年的户数统计估算，该州至少有2000疍民，在晚明之后群体消失。

　　成书于康熙四十四年（1705）的《古今图书集成》对崖州疍民情况记录如下："蜑民世居保平港、大蛋港、望楼里，濒海诸处。男子罕事农桑，惟绩麻为网罟，以渔为生，子生世守其业。税办鱼课，间有种山园、置产、养牛、耕种，妇女兼织纺布被为业"。同著对万州的情况记载，与《康熙万州志》也有着很大的不同："蜑人隶州者，若新泽、东澳等处，茅屋居海滨，业渔"。①

综上所述：明代蜑民一直围绕着本岛周边海域活动，但侧重点略有变化。正德以前，主要在北、西、南三个水域；正德以后则在西、南、东三大水域。具言之，儋州地区蜑民主要的活动在北部湾、琼州海峡水域，崖州蜑民则是以西沙群岛等地为中心，文昌、会同的蜑民则开始在东沙、南沙群岛等水域从事深水捕捞。

三　海南苗族

（一）源流与族称②

1. 自发移民

至迟在明代中期前，便有瑶族先民自发移居海南。在天顺三年（1459）

---

① （清）陈梦雷：《古今图书集成·方舆丛编·职方典》卷1380《琼州部丛考八·风俗考·崖州》，中华书局影印，第169册，1934，第50-51页。该书为大型类书，从其对海南辑入情况来看，崖州有"郑廷鹄志稿"和昌化县的"唐西州劝风俗说"，可以看出关于海南的相关描述，是建立在万历时期的海南府州县方志的基础上，而有所损益的结果。是故，可作为晚明海南研究的重要补充。

② 海南苗族在省民族人口中居第二位，据2010年的人口统计，该族人口为74482人，全岛市县皆有不同程度的分布，但主要集中分布在琼中、保亭、五指山、三亚、琼海、万宁等民族自治市县。（海南省统计局、海南省第六次人口普查办公室编《海南省2010年人口普查资料（上）》，中国统计出版社，2012，第119页）对海南苗族族源、迁出地等问题，一直颇有争论，且部分所持观点也难以自圆其说。最早从语言学的角度对海南苗族族属质疑的是王兴瑞，王兴瑞先生认为："海南苗人的语言，和广西苗族的语言相差颇远，反之，和傜人的则相近，尤其是和凌云蓝靛傜的几乎完全一致。"（《海南岛之苗人》，珠海大学边疆丛书，1948，第4页）王兴瑞（1912-1977），海南省琼海人。中山大学、上海大夏大学、珠海大学教授，在人类学、历史学等相关领域颇有建树。作者于1937年春，参与"广州国立中山大学研究院文科研究所及私立岭南大学西南社会调查所合组海南岛黎苗考察团"的海南黎苗调查，该著成稿于1938年7月。因时局动荡之故，该著在抗战胜利之后才正式出版。总体来看，王先生的研究成果并没有引起相关重视。20世纪50年代，"海南岛黎族社会性质调查组"开展相关调研工作，"顺便"调查了苗族社会情况，从称谓、传说故事、语言、丧葬习俗、社会组织、家庭形态、生产技术经验等诸多方面进行比较，认定"海南苗族与广西山子瑶（蓝靛瑶）有极为密切的渊源关系"。1955年，按照"名从主人"的民族识别原则，"把与广西山子瑶有密切渊源关系的海南岛苗族群体定名为'苗族'"。（黄友贤、黄仁昌：《海南民族研究》，海南出版社、南方出版社，2008，第7-8页）所以，从历史的视角来看待，瑶族是"海南苗族"的先民。

之后的儋州，便有"黎、蛋、猺、番错居"① 记载。无独有偶，稍后，"猺人，居文昌东猺山，旧说其人形如猿猱。地多田少，种薯蓣给食。纺缉吉贝，细密莹白。今则皆如平人，但语言稍异，地少，吉贝纺绩为布，亦不细密。供税服役，与编民同。"② 如果说杨守陈对儋州的瑶族记述是一笔带过的话，那么在正德时期，居住文昌的瑶人已落籍文昌东瑶山，则十分清晰。儋州、文昌瑶族，从何处来？何时迁居？二者之间是否存在着某种内在的种族关联？不得而知。单就正德时期从"旧说"且版籍化来看，至迟在明代中期以前入居海南。

不过，入住文昌瑶族从原先以"细密莹白"吉贝纺织出名，到"今""亦不细密"转变，反映出其开始向农耕经济转型，诸多习俗也随之产生较大变迁。

2. 从军落籍

明代具有政府行为，调遣"狼兵"③ 来海南有三次。第一次为弘治十四年（1501）儋州"符南蛇之役"而来；第二次是嘉靖二十八年（1549）平定崖州那燕"黎乱"；第三次为万历四十一年（1613）平定崖州罗活、抱由等峒黎乱。兹分述如下。

王佐在其《平黎记》中，道出狼兵第一次参加此次平黎的情况。镇守两广、征蛮将军太子太保伏羌伯毛锐为大将，率两广官校暨汉达军、狼土兵 10 万人讨七坊峒黎乱。狼兵数目究竟多少，王佐并没有详细交代，但是从其"以新场海、田头寨，贼之北门中坚所在"，"以两广汉达军、狼、土兵一万攻中坚"④ 这一军事部署来看，狼兵数字仍然不很清晰。不过，狼

---

① （明）杨守陈：《鳌儋石街记》，引自曾邦泰《万历儋州志》人集《艺文志记》，第 133－134 页。查阅该志的选举、乡贤、流寓及秩官等诸内容，均未发现杨守陈其人相关记载。根据该文中记载：儋州石街，为知州林庆所为，"始于天顺元年二月，讫于天顺三年六月"。修成后，应千户所千户长贾俱"请记"而成。

② （明）唐胄：《正德琼台志》卷7，《风俗》。

③ 狼兵又曰"狼土兵""两广狼土兵""广西狼土兵"等。《明史》对狼兵来源作如下解释："乡兵者，随其风土所长应募，调佐军旅缓急。……西南边服有各土司兵。湖南永顺、保靖二宣慰府部，广西东兰、那地、南丹、归顺诸狼兵，四川酉阳、石砫秦氏、冉氏诸司，宣力最多。末年，边事急，有司专以调三省土司为长策，其利害亦恒相半云"（参见《明史》卷91《兵志三》，第 2251－2252 页），这就是说，狼兵不隶属军籍，且特指广西地区。至于其具体来源，正统二年冬十月，记载："左、右两江土官地方，人多田少，其狼兵素勇，为贼所惮"（参见《英宗实录》卷35，第 673－674 页），由此看来，狼兵在广西分布比较广泛。

④ （明）王佐：《平黎记》，引自（明）曾邦泰《万历儋州志》地集《黎岐志·平黎》，第 111－113 页。

兵参加此次平黎军事行动是肯定的,《明史》"潘蕃传"为此也提供相关佐证:"弘治十四年……黎寇符南蛇乱海南,聚众数万。(潘)蕃令副使胡富调狼土兵讨斩之,平贼巢千二百余所。"① 该役自弘治十四年七月始,至十五年初止。

狼兵第二次参战是为了镇压嘉靖二十八年八月的崖州"那燕聚众至四千人,流劫乡寨"之事。诏:"发两广汉达、土舍兵九千,剿之。"但是感恩、昌化诸处岐黎被蛊惑,使得那燕势力"益狂炽,至攻毁城郭"。面对这一局势,给事中郑廷鹄上疏,请调狼土兵参战:"今日黎患非九千兵可办,若添调狼土官兵,兼召募打手,共集数万众,一鼓而四面攻之,然后可克尔。"兵部认为该疏所提言论"甚当",从而为明世宗所认可。②

第三次调遣"狼兵"事在万历四十一年八月,崖州罗活、抱由等黎峒叛乱:"生黎罗活等剽掠儋、崖、琼、定诸郡。熟黎歃血自盟,纠合抱由、多港数十材(村),协力剿之。院道令知州林应材等宣谕招抚,材故违节制,领兵深入,屯驻骚扰。于是,诸黎疑为掩袭殄灭,倒戈相向,杀伤官兵。"③ 为平息该事件,"命总兵王鸣鹤督各路官兵,并西粤狼兵,云集征剿"。④ 经过近一年的战争,事件终于被平息。

(二)落籍情况

颇有意思的是,前两次来海南的狼兵不知所终,而第三次狼兵行踪,在方志中有明确记载。万历府志就"乐定营屯田"事宜,转述《崖志》记录:"(万历)四十二年,征平罗活贼,奉文清丈黎田一百一十九顷四十二亩零。该参将何斌臣议,将三十顷与广西药弩三百名为屯田,每名十亩,岁抵月粮二两四钱存田。"⑤ 那么,前两次的狼兵究竟是离开,还是留在海南?留在本岛的话,又居何处?从明代兵制来看,狼兵属广西土司兵,故

---

① (清)张廷玉:《明史》卷186,《潘蕃传》,第4938页。
② 《明世宗实录》卷351,第6347-6351页。
③ 《明神宗实录》卷511,第9663页。
④ (明)欧阳璨:《万历琼州府志》卷8《海黎志·平黎》,第270、271(上)、272(上)、273(上)、274(上)页。该段文字在叙述的时候,可能是由于排版的错误,而产生错版。即是说第271-274页的4页上半页叙述万历四十一年平定罗活、抱由黎乱事件,下半页则是分别录入王佐、唐胄平黎的相关言论。
⑤ (明)欧阳璨:《万历琼州府志》卷7《兵防志·屯田》,第220页。

不隶军籍。这就是说，参战是服从命令，战争结束后的去留则是其自由。如此，留在海南的可能性是有的。

张岳崧府志的相关记载，可以为研究者提供某种参考："儋州又有苗黎，凡十村，约九十余家，男妇不满千人。所居近冯虚峒，附归该峒黎总兼管。性最恭顺，时出调南市贸易，从无滋事。"① 毫无疑问，张岳崧的府志在资料采集上是下了很大工夫的。入清之后近 200 年的历史中沿革中，第一次没有囿于旧说，通过调查，将苗人的情况载之于方志。但是，"盖前明时，剿平罗活峒叛黎，建乐安城，调广西苗兵防守，号为药弩手。后迁居于此，即其苗裔也，至今其人善用药弩，兼有邪术，能以符法制人，为生熟黎岐所畏服。"

这一议论似乎显得牵强。在入清之后岛内军事行动中，对这一族群的再利用，似乎并不多见，未见史籍记载便是这一推理的最好说明。那么他们怎么从乐安城（今乐东黎族自治区境内）迁到时为儋州下辖的冯虚峒（今属于白沙黎族自治县境内），即便这一受到黎族"砍山栏"而有迁徙的习惯，转移到冯虚峒而能轻易被其黎峒首接受？否则，发生冲突而不载于史籍？更何况，这一群体已经"性最恭顺"，其手中的药弩似乎也仅仅是处于自我保护而非用于军事扩张行为了吧。先贤张岳崧的府志，显然无法面对这些疑问。

可能的解释是，在弘治十五年七坊峒平叛结束后，这一群体中至少有部分人与早先来儋州的"瑶族"一起，落籍于此。第二次，嘉靖二十八年前来崖州参战的狼兵，也有部分人落籍海南，居住地点大约在崖州西部的感恩一带；第三次屯田狼兵，因朝代鼎革而导致"营汛废"之故，散落于崖州东西黎境和感恩县内。②

（三）族称转换

在冯虚峒的苗黎叙述中，"苗"应该是这一族群的自我称呼，也许被录入者以相近发音所替代，而被呼之为"苗"。但是困扰王兴瑞先生的问题是：

---

① （清）张岳崧：《道光琼州府志》卷 20《海黎志·村峒》，第 456 页。
② （清）张攜、邢定纶等纂修《崖州志》卷 13《黎情》，第 247 页；卢宗堂、唐之莹：《民国感恩县志》卷 13《黎防志·黎情》，海南出版社，2006，第 275 页。

　　苗、黎两族，无论从哪方面观察，都有很显著的不同之处，是不能混为一谈的。然琼州府志（《道光琼州府志》——引者注）和感恩县志（《民国感恩县志》——引者注）俱用"黎苗"之名，把苗族看做黎族的一支，显然是错误的。[①]

　　从瑶族转变成海南苗族，属于偶然因素和人为因素造成的话，那么从苗族到苗黎的转变，则带有强烈政治色彩。道光府志指出：冯虚峒组织为黎总1人，哨官2人，具体管辖熟黎、生黎、霞黎。十个苗村由于靠近该峒之故，而附于该峒黎总兼管。在"非汉人皆为化外之民"语境下，这一做法或许也有其可取之处。

　　瑶族也好、海南苗族也罢，其在海南踪迹在明代的典籍中有所反映，只不过不甚清晰。明代早期该族群落籍本岛的人口数量不多，所以易于同化，文昌东瑶山的瑶人版籍化便是一例。弘治之后，一定数量"狼兵"分批次进入海南，因其军事移民特殊性，该族群相应的社会组织和习俗较为完整地保存下来。但是其总体人数仍然难成规模，主要聚集在本岛西部及西南部的山区。

四　回族

（一）源流

　　回族[②]入住本岛最早可以上溯至唐代。波斯商人在经由本岛东南部海上丝绸之路之际，因台风和海盗掳掠等因素而落籍海南。但是，该族群同当下的海南回族似乎没有直接的渊源关系。

　　宋元之际，以政府"纳降"和民间自由移民的方式进入本岛的占城人，是海南回族的主要源流（回族移民相关问题，参见"伊斯兰教"一节）。元代，分布在本岛海口浦、西部儋州、东南部万州等沿海台地活动的"番人"，至明代中期之后，该族群在上述地区逐渐消失，而集中于崖州地区。

---

①　王兴瑞：《海南岛之苗人》，第2页。
②　据2010年的人口统计，回族人口为10670人，其中三亚市人口为7841人。（海南省统计局，海南省第六次人口普查办公室编《海南省2010年人口普查资料（上）》，中国统计出版社，2012，第118页）

（二）岛内"番民"流向

1. 海口浦番民所

唐胄在其府志"风俗"中有这样的两句话："元末兵乱，今在无几"和"今皆附版图，采鱼办课"。对其进一步解读，便会发现海口浦番民所的消亡可分二个阶段。

（1）逃亡阶段。元末明初，当廖永忠、朱亮祖的明朝军队进入海南前后，朝代更迭而导致地方不靖。位于琼州海峡之滨，居住在海口浦番民所的番民首当其冲，部分乃至大部分番民出现逃逸。这部分人是逃亡岛内还是流向其他地方，不甚明了。但是，其滨海位置，沿着海上通道逃亡的可能性似乎更大一些。

（2）"皆附版图"阶段。文中的"今"，指的是正德期间。也就是说为数不多的番民，已经从元朝特殊政策中走出，而纳入明代的版籍化管理。如此，近250年的穆斯林群体在海口浦消失。

至于海口浦的番民流向，张岳崧如是认为："籍占城降人为兵，立其首领麻林为总管，降四品印信，世袭。后俱为蛋人。"① 这种"俱为蛋人"中的"俱"，没有考虑到元末之乱逃亡情况，尚需进一步斟酌。其对"今在无几"番人的蛋民化处理，是建立在唐氏"采鱼办课"基础之上而得出的结论，基本可信。

2. 儋州的番浦

其情况则是"今皆附版籍，采鱼办课"，"食豕肉，无斋会矣"。不过，这里的"今"指的是万历后期。按照海口浦番民流向理解，儋州番浦也存在着严重的蛋民化转向问题。"广东儋州河泊所奏：本所蜑民原额船纲等业二千二百余户，后因充军、逃故，遗下无征鱼课米八百八十余石，积年负累，里甲陪纳。乞如诏书例开豁，庶不贻民患。上命户部议行。"② 儋州河泊所，在正德年间实际鱼课米的情况为："儋州所，米凡二千零一旦四斗二合五勺，内停征米八百八十一旦九斗七升，实征米一千一百一十九石四斗三升二合五勺，纳本州大丰仓。"③

---

① 张岳崧：《道光琼州府志》卷17《兵制》，第391页。
② 《明英宗实录》卷161，第3125页。
③ （明）唐胄：《正德琼台志》卷11《田赋·鱼课米》。

唐胄的记载证实了英宗正统十二年（1447）十二月，户部议行的结果及其在儋州落实情况。从儋州所鱼课米总征收额的近二千石与2200余户疍民分摊来看，因"充军、逃故"之人数至少在970余家。如此，此次转向人数占儋州疍民总数的44%以上。当然，究竟多少番民就此逃亡、充军，无法明确。毫无疑问，儋州番浦的番人，在其中的数字为数不少。

这表明在明朝中期以前，儋州番浦从逃亡、充军及继续从事采鱼办课的三个层面分流。疍民的版籍化，大约与海口浦时间相继，甚至更为提前。由于此前的儋州方志不存，所以为万历末期的"今"而记录。

3. 万州番村

道光时期，州志已经将其纳入"古迹"："元初遭乱，泛舟泊船于州境滨海，寻迁居城西，曰番村。明初，隶于所，与军余（未正式编入军伍的军籍人员或军籍弟子——引者注）同事……及今风化日久，凡衣冠、典礼，与中州一辙焉。"① 文中的"今"至迟也要数在清代光绪时期。其流动状况有两点值得关注。

（1）元代，番人离开滨海而迁往城西，切断了其与海洋的联系通道，从而在明代"采鱼办课"可能性甚小。

（2）明代隶于"所"，也就确定了其军籍身份。故而，明代万州番人转向汉化的可能性较大。

（三）回民社区形成

从历史典籍出发，论证"所三亚里"回民社区形成于"明末清初"，乃至时间上更细化的结论是站不住脚的。最早记述"所三亚里"地名一词，在《万历琼州府志》卷3《地理·乡都》中便已出现。②

---

① （清）胡端书：《道光万州志》卷9《古迹略·番村》。
② 以"所三亚里"（即今天三亚的回辉村）为核心的回族居住区问题的探讨，最早是日本学者小叶田淳，他认为该地方形成时间为"明朝末年"（参见《海南岛史》，第310页）；最早用斯大林关于民族理论中的四个共同，提出"所三亚里"为海南回族"共同居住区域"，其形成时间，一如小叶田淳之说。但是，对"所三亚里"做了进一步的说明，指出其应该为现在的"回新村"。"回辉村"仅于日本入侵时期在此修建飞机场时由"所三亚里"回民迁至的名称。日本投降后，部分回民迁回"所三亚里"，并将其改为"回新村"（马建钊：《海南回族的历史来源与社会变迁》，《回族研究》2004年第4期，第29页）；王献军先生认同马建钊之说，并在两个方面有所突破：其一，正式提出"所三亚里海南回族社区"这个表述形式；其二，该社区成立时间在1617-1655年之间。（《海南回族的历史与文化》，第78-80页）

另外，近来相关研究成果，既没有解决明代中前期海口浦、儋州番浦番民逃亡的去向；也没有说明所三亚里社区形成的基本动因，所以有探讨的必要。

大量聚集的人口是社区形成的前提条件。也就是说，在崖州的番村、番浦的番人正是在外来人口的推动下，才有形成所三亚里社区的可能。当然，因职业所系，蜑民的死亡率较高，这点在正统十年（1445）朝廷蠲免"儋州昌化县河泊所死亡蜑民五十三户，课米九十三石有奇"① 中可以看出。理论上讲，除了死亡外的逃逸群体，正德前后，大量南迁于本岛南部水域，使这一可能成为现实。

万历府志不载，纪事简略是一个方面；另外，社会认同的滞后性也是造成其没有载于典籍的一个重要原因。入清之后不久的顺治十二年（1655），"番村"被通志②所记载的事实，可以佐证这一推论。

据此，可以认为，回民社区形成于明代中期以后。自然，所三亚里社区，也是明代海南回族族群的主要生活空间。

五　汉族及其移民

（一）不同时期的移民

1. 汉代官方移民

汉族第一次有规模地移入海南，始于汉武帝元封元年（前 110 年），儋耳珠崖二郡的设置。以秩官、军队为主体的政府移民，接踵而至。相关的历史文献和考古材料，为这一推论提供了佐证。

（1）主要秩官。作为政府官员载于史籍的主要有：珠崖太守会稽人孙幸、孙豹父子。③ 军事上主要有：汉武帝遣路博德为伏波将军、杨朴为楼船将军平南粤，置儋耳、珠崖等九郡；④ 东汉光武帝建武十八年（公元 42

---

① 《明英宗实录》卷 129，第 2574 页。
② 〔日〕小叶田淳：《海南岛史》，第 308－311 页。
③ （宋）范晔：《后汉书》卷 86《南蛮传》，第 2835－2836 页。
④ （汉）班固：《汉书》卷 95《南粤传》，中华书局，1964，第 3857－3859 页。

年），遣马援为伏波将军，平交阯征侧、征贰之乱，岭表悉平。[1] 这三位对于海南有开郡之功，[2] 尤其是路博德和马援，被合称为"二伏波将军"。

（2）军事移民的考古证据。1964、1972 年在临高县城北郊、调楼区抱才乡分别发现三个汉代军用炊具的铜釜；1982 年在今东方市沿海新龙区不磨乡也发现类似的铜釜；[3] 1984 年 5 月，在乐东志仲镇潭培村一处山坡出土"朱庐执刲"银印章，这是汉代给立有军功德首领所封之印。[4] 大量与军事有关的考古材料在本岛西部沿海台地及南部宁远河一带出土，证实了汉朝军队在此地活动情况。

汉元帝初元三年（前 46 年），海南罢郡，此次移民也随之终止。[5] 因两郡存在时间短暂之故，并未对海南产生太大影响，但其开疆意义不能因之而低估。

2. 南朝至隋唐的俚族移民

南朝之际，高凉（今广东高州一带）冼氏家族"跨据山洞，部落十余万家"，梁大同（535 - 546）中，冼氏之女因家族背景和果断处事能力，"海南、儋耳归附者千余洞"。隋初，因统一岭南之功，隋高祖"赐夫人临振县汤沐邑，一千五百户"作为嘉赏。[6] 这一决定，标志着岭南冯冼家族势力对琼州海峡对面的海南进行实质性管理阶段。于是，汉化程度较高的俚人开始纷纷落籍海南。

面对岭南大族势力的膨胀，唐初中央政府在对冯盎笼络之际，并"采用析其辖地、限制其权力的做法，试图将他在琼州海峡两岸的影响力局限于高州一带"，[7] 但是，在《唐大和上东征传》中，仍看到冯崇债、冯若芳经营振州、万州的情况。这说明，即便在中唐玄宗时期，冯冼氏家族在海南势力仍然存在。此后，俚人在本岛东南部、南部的活动，不载史籍。[8]

---

① （宋）范晔：《后汉书》卷 86《南蛮传》，第 2836 - 2837 页。
② （明）唐胄：《正德琼台志》卷 32《破荒启土》。
③ 转引自司徒尚纪《海南岛历史上土地开发研究》，第 26 页。
④ 《新华文摘》1985 年第 10 期，第 74 页；海南黎苗自治州：《自治州地方志通讯》1985 年第 2 期，第 64 页。
⑤ 张朔人：《西汉海南置罢郡历史研究》，《海南大学学报》2011 年第 5 期，第 46 - 52 页。
⑥ （唐）魏征：《隋书》卷 80《列女·谯国夫人传》，第 1800 - 1803 页。
⑦ 张朔人：《试论隋唐王朝海南治理政策变迁》，《海南大学学报》2011 年第 1 期，第 8 页。
⑧ 詹长智、张朔人：《中国古代海南人口迁移路径与区域开发》，《华中科技大学学报》2007 年第 1 期，第 78 页。

相反，在临高等地则较为完整地保留着俚人社会的语言及其他社会风俗。①

3. 五代十国时期的中原移民

谪居儋州的苏东坡，对宋代以前的移民情况，给出一个大略结论，他指出："自汉末至五代，中原避乱之人，多家于此。今衣冠礼乐，班班然矣。"② 很明显，在以儋州"伏波庙"为主要记述中心的语境下，文中的"多家于此"之"此"，应该具有明显的指向性——儋州。换而言之，即是在汉代罢郡之后至五代十国期间的近千年历史中，因战乱之故，中原民众迁居海南。

苏氏对于儋州移民史大跨度叙事方法，在晚清文献中，得到进一步明晰：

> 五季之末，神州陆沉。大夫君子，避乱相寻。海门一带，比屋如林。
> 当时中原大家世族，纷纷迁徙，相率而来。居儋者则有羊、杜、曹、陈、张、王、许、谢、黄、吴、唐、赵十二姓，或以仕隐，或以戍谪，挈眷踵至沿海一带。皆由黄沙港上岸，皆以种蔗为业。上自顿积港，下至德义岭，皆系客民住云。③

上引材料来自光绪十五年（1889）中进士、二十六年辞官归里的儋州士人王云清，在光绪三十年编纂本州"志乘"时所作《儋耳赋》及该赋注释中的一段文字。这段移民文字在晚明、清初的二部州志中并无相关记载。王云清究竟是通过什么材料推论出近千年前，"十二姓"在"五季之末"迁居儋州？

也就是说，这一结论是作者的主观臆断还是有资料支持，将直接影响着其使用价值。藏于中山图书馆的《儋县志初集》，因晚清民国之乱，仅存《前序》《后序》及《儋耳赋》。显然，就所藏资料内容而言，无法解开这一谜团。

---

① 关于"临高人"族源问题，争论不已。有汉族、黎族、汉化黎人、黎化汉人、壮族军队后裔、印度支那航海而来的泰族与黎族及汉族混血等诸说。（参见梁敏《"临高人"——百粤子孙的一支》，《民族研究》1981年第5期，第7–17页）梁敏先生通过"'临高话'与同语族诸语言的比较"，进而得出，在"临高全县和儋县、澄迈、琼山及海口市郊的一部分地区——这一地区在地域上连成一片"的范围内，约50万人，使用"汉藏语系侗泰语族壮傣语支"的一种语言，其族属为壮族。本书采纳梁敏等先生的调查及"临高人"相关结论。
② （宋）苏轼撰，（清）王时宇编《苏文忠公海外集》卷1《伏波庙记》，第18页。
③ （清）王云清：《儋耳赋、注释》，转引自（民国）彭元藻修，王国宪纂《儋县志》，台北成文出版社据民国25年铅字本影印，1974，第19、36页。

唐胄对位于儋州西部四十里高麻都的"黎晓山"如是说:"环山居民多习儒、登仕。又名'德义山'。"① 如果王氏所云的"德义岭"即是"德义山"的话,再结合苏东坡、王云清的认识,那么,五代时期中原移民落籍本岛是可以肯定的。

4. 宋元时期的闽籍移民

人口学的推拉力理论,为了解是时段福建人移居海南提供可能。两宋交替之际的"靖康之难",金人南下,中原南迁人口不下百万,"四方之民云集两浙,两浙之民百倍常时"。② 大量人口向东南一带移动,使得闽东南这一背山面海的狭窄平原地区产生了巨大的生存压力;而是时的海南则处于待开发状态,于是便有为数不少人落籍海南。

(1) 文人笔记中的闽商落籍情况。"闽商值风飘荡,赍货陷没,多入黎地耕种之";③"闽商值风水荡去其赍,多入黎地耕种"。④ 宋代,是海南的"沉香""槟榔"等地方特产,吸引沿着"海上丝绸之路"东部航线而来贸易的福建籍商人。虽然赵汝适、李心传的记录,没有明确闽籍破产商人被迫落籍海南的具体位置。根据正常推理,是时东部的陵水、万州、乐会等地,既有优良的港湾,又与境内黎峒毗邻,故而在东部地区落籍的可能性较大。

(2) 方志相关记载。就儋州而言,久寓儋州的福建泉州许珏、许康民父子修建大江桥,召集渡海来琼的泉州工匠,在宋高宗建炎二至三年(1128 – 1129)内完成。⑤ 如果说,这一情况仅具有个案色彩,那么,万历儋州志对于本地方言"近村落略似闽"⑥ 的记载,则表明该地的福建人已经达到一定规模。澄迈亦如此,"多闽人寄居,语类闽音者曰客语"。⑦

作为风俗的重要一样内容——语言,能形成一定规模,恐非朝夕完成。也就是说,晚明清初,儋州、澄迈的"闽音"形成是需要一定时间维度。但是,明代规模性的外来民众移入上述地区,并无相关记载。由是之故,闽籍人士密集落籍本岛的大约时间,可以断定在宋元时期。

---

① (明) 唐胄:《正德琼台志》卷6《山川下·儋州》。
② 杨子慧主编《中国历代人口统计资料研究》,改革出版社,1996,第762页。
③ (宋) 赵汝适著,杨博文校释《诸蕃志校释》,第220 – 221页。
④ (宋) 李心传:《建炎以来系年要录》,《四库全书》第327册,第673页。
⑤ (明) 唐胄:《正德琼台志》卷12《桥梁》。
⑥ (明) 曾邦泰:《万历儋州志·民俗志·言语》,第23页。
⑦ (清) 丁斗柄:《康熙澄迈县志》卷1《风俗》,第28页。

（3）族谱证据。海南诸姓氏的谱牒，对其迁琼始祖的记录，在迁入时间多集中于宋元时期、最早落籍地点集中在文昌、海口、琼海、万宁等地区，可以作为佐证（该问题在前章的谱牒文化中有所探讨）。诸多家乘对迁出地——福建莆田甘蔗园的集体记忆，与之相映成趣的是，今天的海口市琼山区府城也有甘蔗园的村落。其移民情结，由此可窥一斑。

（4）地名学研究的相关结论。据统计，在海南岛 1:100 万的行政区划地图出现的 527 个地名中，有 87 个可以在福建省地图上找到，占海南总地名的 17%。文昌的铺前、东坡、东阁、南阳、湖山、东郊、蓬莱等，在福建省的福清、莆田、闽侯、晋江、长乐、漳浦等地都可以找到；儋州、昌江海头、海尾、光村等港湾，也出现在福建龙溪、莆田、晋江等地；定安县的龙门，在福建的漳平、安溪、长乐等县都有。[①] 海南东北及东部沿海地区与福建沿海一带，众多完全一致的地名分布，足以说明移民在地名学上的反映，也进一步揭示了闽琼两地间关联。

以官、民等方式向海南移民，一直是个持续性的行为，只不过因朝代不同而各具特色罢了。在琼山、文昌等地与迁出地地名一致，这种地名雷同、集中分布文化现象背后，一定程度上反映出宋元时期迁入人群的规模。

（二）流放移民

所谓流放移民，从概念上来说，应包括三个层面的内容，即因触犯国家法律而获死罪者，以远徙戍边的方式免其罪；庶官因罪流放；高层官员贬谪等。海南地处边陲，具有远离中央政权，地处炎荒、瘴气盛行等诸多不利因素，居然成为极为理想的罪犯、庶官流放之所和官员贬谪之地。

最早反对把海南作为流放之地，担心因接纳过多的罪犯而引起地方动乱，是南宋光宗绍熙二年（1191）时为琼州知府的黄揆，他认为：

> 今中外之奸民以罪抵死而获贷者，必尽投之海外以为兵，是聚千百虎狼而共置之一邱也。今日积者已多，而累累递送者方来未已，一旦稔恶积衅，溃裂四出，臣恐偏州之民，项背不能帖席而卧也。请自

---

① 司徒尚纪：《广东文化地理》，广东人民出版社，1993，第 41-42 页。

今凡凶恶贷死而隶于流籍者，许分之沿江诸屯及其他远恶之地，无专指海外以为凶薮，庶几阴消潜削，不至滋蔓流毒偏方。①

显然，对死刑犯人采用宽恕方式，流放远处充当士兵，是宋代戍边的一种制度。这一群体大量云集于"海外偏州"，恐引起海南社会动荡，这是黄揆关注的重点。为此，他认为处置这些"奸民"最好办法，是将其分别流放至"沿江诸屯及其他远恶之地"，从而减少该群体在海南的人口密度。这一建议得到南宋光宗赵惇的认可。

及至明初，仍然规定将"广东儋、崖等处"作为"庶官有罪被黜者"的安置之所。洪武三年正月，明太祖所针对吏部奏章，指出："前代谓儋、崖为化外，以处罪人。朕今天下一家，何用如此？若其风俗未淳，更宜择良吏以化导之，岂宜以有罪人居耶？"② 至此，海南作为庶臣、罪犯流放之所的历史才告结束。但是，该地作为贬谪之地，却是另一番景象。

（三）贬谪群体

1. 贬官制度及其流变

"字人之官"，自古以来一直被推重。唐宪宗元和十一年（816），为了加强对抚治百姓官员的选拔，"许闻荐，冀得循良"。为防止荐举之人"虚陈事迹"，被荐举者的德行才能与"节文不同"、官后不称职等事情发生，中书门下省将视情节轻重，"坐其举主，轻则削夺、重则贬谪"。③ 无疑，其实质乃用"削夺""贬谪"等措施来惩罚"举主"，目的在于加强政府官员选拔制度建设。但是，这一处罚手段，在唐宋之后多为朋党、戚宦等群体所利用，他们以此来作为消除、打击政治异己的一种手段，从而形成一种特殊的贬谪移民群体。

从史料来看，海南作为贬谪之地，早于唐代"贬谪"制度形成。最早接纳朝廷政治斗争中的失意者，始于隋朝的宗室杨纶，④ 以唐代中后期、两宋之交及元代为盛，而止于明代早期。

---

① （元）马端临：《文献通考》卷168《刑考七》，中华书局，1986，第1461页。
② 《明太祖实录》卷48，第955页。
③ （宋）王溥：《唐会要》卷74《选部上·论选事》，《四库全书》第607册，第126页。
④ （明）唐胄：《正德琼台志》卷34《流寓·谪寓》。

2. 贬谪人员与分布

海南作为死囚戍边、庶官罪放之地，具有数量较大、持续时间不长等特点；而贬谪人员情况正好与之相反，时间跨度大、总数不多，群体素质极高（参见表 7 - 3）。

表 7 - 3 海南接纳贬谪人员及其信息

人 物	朝 代	身 份	贬谪原因	谪 地	居琼情况
杨 纶	隋	宗室之子	被诬，怨望下狱	珠崖	后迁儋耳
崔元藻	唐	御史	武宗时，为李德裕所恶	崖州	司户参军，宣宗擢其武功令
李德裕	唐	宰相	宣宗大中二年（848），被诬	崖州	司户参军，次年卒，在崖著《四十九论》，修所志
薛元龟		京兆少尹	因李德裕之狱，贬	崖州	司户参军
卢多逊	宋	中书侍郎同平章事	事宋太祖、太宗朝，与赵普不合，"交通秦王"，削职流放	崖州	雍熙二年（985），卒于流所
丁 谓		真宗朝相	乾兴元年（1022），坐擅改永定陵、刘德妙妖诞等事贬	崖州	司户参军。在崖逾三年，"教人读书为文"，"以家财与土人商贩，蠲其息"。仁宗时，徙雷州
苏 轼		端明、侍读二学士	绍圣（1094 - 1098）初，"讥斥先朝"，连三贬至琼州别驾	昌化	居儋三年（1097 - 1100），与幼子苏过处，结息桄榔庵，授徒、著书为乐，从父老游。后移廉州
任伯雨		居谏省	徽宗崇宁二年（1103），以党事作，削籍	昌化	居三年而归
李 刚		尚书左仆射兼门下中书侍郎	建炎（1127 - 1130）间，为汪黄所潜，贬	万安	偕子宗之方至琼，3 日遇赦得归。居琼 11 天
赵 鼎		高宗朝相	为秦桧所陷，贬	吉阳	居三年，无著述。后绝食而死
李 光		高宗朝参政	绍兴（1131 - 1162）间忤秦桧	琼州	居八年，后被告与胡铨诗赋唱和，讥讪朝政，移昌化军，居三年。"论文考史，怡然自适"，"军之亭堂，多所区咏"
胡 铨		枢密院编修官	抗疏言和议，忤秦桧	吉阳	绍兴十八年移谪，"日以训传诸经为事"，居八年

续表

人 物	朝 代	身 份	贬谪原因	谪 地	居琼情况
图帖睦尔	元	武宗次子，后为文宗	丞相铁木迭尔，构衅骨肉，至治元年（1321），出居海南	琼州	泰定元年（1324），召回；天历元年（1328），登帝位，为文宗
薛祥	明	工部尚书	洪武十四年"坐累杖死"。四子凯、能、政、宣，发籍	卫所	能子远，举进士，成化间，官至南京兵部尚书
赵谦		国子监典簿	洪武二十五年，谪任教谕	琼山	造就后进，一时士类翕然从之，文风丕变。尝著《声音文字通》《造化经纶图》《学范》《历代谱赞》等书

资料来源：（明）唐胄：《正德琼台志》卷33、34、42《名宦、流寓、谪寓、杂事》；（明）黄佐：《嘉靖广东通志》卷51、52、53《流寓上、中、下》，第1320－1372页。

关于表7-3相关内容，有两点需要说明。

（1）"谪地"一栏中的问题。第一，"崖州"位置。唐武德四年（621），"平萧铣，置崖州，领舍城、平昌、澄迈、颜罗、临机五县"；[①]唐德宗贞元五年（789）的建置框架中，振州辖县五，宁远、延德、吉阳、落屯、临川。[②]显然，唐代，振州、崖州在岛内南、北分布。宋开宝四年（973），省振州，迁崖州于振州。[③]这就是说，从宋代开始，崖州专指本岛南部行政区划，一直沿用至晚清。由此可知，李德裕贬崖州，实指其在本岛的北部一带，而非今天的三亚市。第二，昌化、万安、吉阳三军。南宋时期本岛行政区划名称，在明代的行政区划中，实指儋州、万州、崖州。

（2）贬谪人员数量。表7-3所列的15位贬谪人士，仅是这一群体中的一小部分。[④]由于其位高权重，迁移主体因之而具有独特性，成为迁入海南人口构成中极为重要的类型之一。

[①]（后晋）刘昫：《旧唐书》卷21《地理志四》，第1761页。
[②]（宋）欧阳修：《新唐书》卷43下《地理志七下》，第1100－1101页。
[③]（宋）李焘：《续资治通鉴长编》，《四库全书》第314册，第203页。
[④] 唐胄按照"贬官"（降职）和"谪寓"（以削职、罪放等形式）二方面分层别述。以"流寓"中的"谪寓"来记述贬谪人员：隋1人、唐5人、五代1人、宋14人、元12人、明23人，合计56人。而黄佐的通志，则将二者合一，数目为：隋2人、唐8人、五代1人、宋13人、元3人、明5人，合计32人。显然，二者各有所长，表7-3的设计兼顾该群体在朝时期的位高权重、学术渊博、对海南贡献三方面。

3. 贬谪群体的精神遗产

贬谪人员本身携带丰富的文化信息，在不同时代，将中原母体文化输送至边疆，使得化外之民受到中华文化洗礼，是该群体的重要贡献所在。

民国海南士人王国宪，对苏轼居琼期间所做出的成就，进行这样的评价：

> 以诗书礼乐之教，转移其风俗，变化其人心。听书声之琅琅，絃歌四起，不独"千山动鳞甲，万谷酣笙钟"，辟南荒之诗境也。当时，从学之姜、王，早卜其"大破天荒"；问字之黎、符，常聪游于桄榔林下，扬风扢雅，俯畅遥吟，动作起居，悠然适意。教化之移人，所以能化椎鲁，以诗书动黎民之丕变也。[①]

在王国宪赞美之词的背后，可以清晰地了解苏东坡对海南文教的贡献。

李光高度赞扬了胡铨对海南文教所做出的努力，曰："吉阳之居，公之不幸，而一时士类之幸也。"[②]

入明之后，被谪为琼山县教谕的赵谦，其"造就后进"的努力，开启了海南文风蔚起的新时代。

（四）明代移民

明代移民呈现出三个方面的变化。一是政府主导下以"保境息民"为核心的军事移民；二是岛外来琼的秩官群体；三是岛内民众被迫岛外移民。

1. 军事移民

明初，为加强对全国军事控制，洪武七年（1374），申定卫所之制："每卫设前、后、中、左、右五千户所，大率以五千六百人为一卫，一千一百二十人为一千户所，一百一十二人为一百户所，每百户所设总旗二人，小旗十人。"二十三年，"计天下内外卫凡五百四十有七，所凡二千五

---

① （民国）王国宪：《民国儋县志·重修〈儋县志〉叙》，第1页。
② （宋）李光：《庄简集》卷15，《四库全书》第1128册，第12页。

百九十有三"。① 为稳定社会秩序、保卫边防和海防，海南一卫十一所军事建制，至迟在洪武二十八年南山守御所的建立，该机构正式组建完毕（参见表7-4）。

表7-4　海南卫所建立及兵源

时间	兵源	数量名	卫所分布
洪武二年	八月，张士诚余部漫散军士朱小八等；后，续添拨征北溃亡、陈州各处元旧军	1000余 1000余	设东西2所。六年，改名左、右所
洪武六年	迁、配者接踵。该年土寇陷儋州，奏准调福建赖正孙收集陈有定军	3000	七年，拨于前所儋州、后所万州
洪武十年	获罪官吏调拨		设中左所
洪武十五年	安置官吏户丁充军		崖州守御所
洪武十六年			置军屯
洪武二十年	勾捕至者，幼小长成，堪应役者	1500余	添立后所。改中左为前所，儋万为守御所
洪武二十四年			置清澜、昌化守御所
洪武二十八年			南山守御所
万历二十八年	拨清澜、万州、儋州军	300	立水会所
万历四十三年	调兴长兵、广西弩药手于崖州	396 300	乐安（兴长兵） 乐定（广西弩药手）

资料来源：（明）唐胄：《正德琼台志》卷18《兵防上·兵制》；（明）欧阳璨：《万历琼州府志》卷7《兵防志·兵制》，第197页。

（1）兵源。随着廖永忠、朱亮祖两位明代安徽籍开国将领在海南拓边，大批皖籍士兵留驻海南卫所，并担任着不同的职务。明代军户世袭的规定，使得安徽人不断地往海南从军、袭职。颇有意思的是，皖籍人士在海南也有地域分层，"凤阳府和合肥籍人以武官为主，徽州府属县的人物多是文职"。②

（2）移民数量。据明代军制规定，海南卫所兵实额数应为17920人（万历二十八年，卫所建制增加——水会所，但是其军士来自岛内清澜、万州、儋州

---

① （清）张廷玉：《明史》卷76《职官志五》，第1874-1875页。
② 张雪惠：《明清皖籍人士与海南关系之考察》，《安徽史学》1992年第2期，第7-14页。

三所拨给，故不能纳入兵额计算），而实际卫所旗军数为 15927 名。[①]

卫所军制又称世兵制、军户制，"自卫指挥以下，其官多世袭，其军士亦父子相继，为一代定制"。[②] 父死子继的特点，使得该兵制职业化。为了使得该项制度得到进一步落实，除了对军籍有着极为苛严的规定之外，还强调"军士应起解者，皆金妻"，[③] 所谓"金妻"，即是军士携带妻子一同服军役。毫无疑问，以家庭为基本单位的军事移民，是明代海南移民最为突出的一点。

由于相关资料缺失，明代海南军事移民群体数量无法精确，但并不妨碍对其进行适当估算。相对而言，成祖时期军籍户口相对稳定，海南社会也无战事，适宜人口的自然增长。

根据永乐十年（1412）的人口统计情况来看，全岛户口总数分别为337479 口、88606 户，[④] 每户人口数为 3.81。故，岛内军事移民峰值为 6 万余人。即便按照每军户夫妇二人计算，其最低值约在 32000 人。取户人口值 3 来计算，也就是说，明初四十年时间内，岛内机械性移民近 50000 人。

（3）主要分布。海南卫及左、中、右、前、后，皆在府治附近的琼山县境内，操兵额：4971；屯军额：1120，合计 6091 人。换而言之，琼山之地，密集分布着外来军事移民 18000 人。而分布在清澜、万州、南山的东三所，额兵分别为 896、998、896 人；西三所儋州、昌化、崖州则为1126、900、896 人。[⑤] 按照琼山的计算，东、西六守御所，每地大约接纳7000 名军事移民。

这一群体，同时密集地分布在府城地区、清澜所城、万州治、陵水南山所城、儋州治、昌化所城、崖州治等地附近。其所携带的中原文化、社会习俗等，毫无疑问地对海南当地社会产生了诸多影响。尽管明代中后期，脱离军籍现象十分严重，且嘉靖后期，募兵制取代了卫所兵制。有理由相信，经历了二百多年的习俗浸染，军事移民对于上述诸地"风俗醇正"做出了一定的贡献。

---

① （明）欧阳璨：《万历琼州府志》卷 7《兵防志·兵制》，第 197 页。
② （清）张廷玉：《明史》卷 76《职官志五》，第 1875 页。
③ （清）张廷玉：《明史》卷 92《兵志四》，第 2258 页。
④ （明）唐胄：《正德琼台志》卷 10《户口》。
⑤ （明）欧阳璨：《万历琼州府志》卷 7《兵防志·兵制》，第 198－199 页。

2. 朝官群体

入明之后，随着王朝统治力度的加强，岛内的行政建制工作日趋完善。大量朝官，源源不断地走进海南这片土地，开始实施各自的政治抱负。

（1）朝官群体组成及数量。广东省承宣布政使司的派出机构——海南布政分司，曰分守；监察御史代天子巡视出巡海南，曰分巡。二者合称为监司。监司正式莅临海南，始于宣德时期，分守止于万历末期、分巡则终明之世。派员来海南的人数，"分守"为 45 人；"分巡"为 92 人。[①] 在这些人物中，不乏卓有成效者，"奉敕整饬琼州兵备"的涂棐，便是一个颇有政声，也颇具争议的人物之一。

仅以府一级行政体制中秩官情况来看，前来海南执掌府事的知府，自洪武时期宋希贤，至崇祯的张胤佳止，共有知府 73 位。兹将明代海南一府三州十县的朝官情况统计如下（参见表 7 - 5、表 7 - 6）。

表 7 - 5　一府三州非琼籍秩官情况统计

秩官	府	备注	秩官	儋州	备注	万州	备注	崖州	备注
知府	73		知州	58		53		51	
同知	50		州同	43		3	永乐间	9	正统初裁
通判	65		州判	16	宣德 - 弘治初	44		45	万历间裁
推官	47		吏目	51		36		32	始永乐
经历	40		学正	43	琼籍 1 人	42		39	琼籍 1 人
知事	16	永乐 - 万历初	训导	71	琼籍 5 人	64	琼籍 11 人	61	琼籍 7 人
照磨	26	永乐 - 万历末							
检校	11	成化 - 万历末							
教授	54								
训导	116	琼籍 6 人							
总数	498		总数	282		242		237	

由此可知，府一级外来秩官总数为 492 人；而三州秩官总数为 761 人，除去海南籍官员外，外来官员总数为 736 人。

---

① （明）唐胄：《正德琼台志》卷 29、30、31《秩官上、中、下》卷 32《按部》；（明）欧阳璨：《万历琼州府志》卷 9《秩官》，第 288 - 358 页；（清）焦映汉、贾棠：《康熙琼州府志》卷 6《监司、官师》，第 369 - 475 页。下引材料同。

表 7 - 6　十县秩官人数统计

分　项	琼　山	澄　迈	临　高	文　昌	定　安	会　同	乐　会	昌　化	陵　水	感　恩	小　计
知　县	53	53	51	55	48	52	49	54	38①	46	499
县　丞	49	51	45	52	10②		3			1③	211
主　簿	51	43	45	35	5		2④				181
典　史	35	45	40	44	47	44	45	41	27	19	387
教　谕	53	44	49	42	49	46	33	33	34	21	404
训　导	59	44	44	46	45	45	48	31⑤	34	24	420
合　计	300	280	274	274	204	187	180	158	133	111	2101

在十县秩官中，也存在着部分海南籍官员，他们主要分布在"教谕"和"训导"二个职业中，兹统计如下（参见表 7 - 7）。

表 7 - 7　十县琼籍官员人数

分　项	琼　山	澄　迈	临　高	文　昌	定　安	会　同	乐　会	陵　水	感　恩	小　计
知　县									1	1
教　谕	3	1	1	2	3				2	12
训　导	3	8	1	4	2	4	2	3	2	29
合　计	6	9	2	6	5	4	2	3	5	42

通过上述三张表格，对府州县三级秩官进行统计，在明代 277 年时间内，外籍官员在本岛总人数为 3188 人。考虑到该群体人员的特殊性，家庭、随从等相关人员一同迁往，每家按 3 口计算，该群体人口总数约为10000 人。

（2）秩官群体特点。学术背景深厚，是该群体与赤籍军户最为本质的区别。他们充分接受儒家文化正统教育，具有一定的学术水准，进士、举

---

① 陵水"知县""典史"设置于正统年间，未设"县丞""主簿"之职。但是，"教谕""训导"等职，皆在洪武间设置。

② 定安县丞、主簿大约在成化前后裁革。

③ 感恩"县丞"，仅存于洪武一朝；"主簿"未置；"典史"在永乐和万历间；"教谕"从洪武到万历止；"训导"始自景泰。

④ 乐会"县丞"在洪武后裁革；"主簿"，唐胄《正德琼台志》为"刘秉中"1 人，万历府志增加"方毅"，合为 2 人。

⑤ 昌化"教谕"始于永乐；"训导"，始于正统年间。

人不乏其人，最低程度为监生。身为朝廷命官，在岛内权高位重，是国家具体政策的执行者，同时也是岛内相关政策的制定、颁布乃至实施者。

这些来自不同区域的官员，在不同的历史时期纷至沓来，时代特征鲜明。该群体的到来，为海南紧跟时代步伐提供了可能。他们多以自己言行做表率，通过"润物细无声"的方式，不断地推动海南社会发展。

3. 离乡背井的海外移民

安土重迁、眷恋乡土是农耕文化最为本质的特征，海南居民也不例外。但是，有明一代，岛内民众因粮食短缺而"流食"他处，或是因外力强迫而流亡海外的情况时有发生。就性质而言，前者是为了活命而主动移出；后者则是被迫流亡。尽管后者数量不大，但其影响十分恶劣，甚至引起晚明海南社会的极度震荡。

（1）"逃荒"。海南是个自然灾害频发的地区，粮食不济而引起岛内民众"流食"至琼州海峡对面雷州情况，并不少见。天顺二年（1458）七月，"飓风大发飞瓦倒屋，伤人牛马"，"流食"他处现象特别严重，在雷州得到该州太守任孜（一曰林澄）十分周到的接济，竟然达到"流民辞归，皆感泣"的程度。

成化初，"岭南多灾异，琼州尤甚"。海南流民再至，时雷州太守蔡浩"款之亦厚"，竟有"乐土而忘归者"。后经都御史韩雍"委官招抚，还籍复业者凡数百人"。① 正德后，类似"流食"情况不载于方志，但可能会有不同程度的存在。

（2）"拐诱"。这种现象究竟出自何时，已无法断定。但是，从郡人王佐和唐胄的记录来看，以琼州海峡为中心、专门将海南沿海居民掳掠至海峡对岸的人口贩卖活动，至迟在成化、弘治间，已具备一定规模和较为严密的组织。

海峡北面的高州、雷州一带，人烟稀少，习俗"喜仆役"。海北市场的需求，加上一苇可渡的便利条件，于是拐诱海南北部滨海妇女、少儿，成为明代中期以前岛内人口向外迁移的一个重要现象。

王佐在其五言古诗《海边谣》② 中指出："东邻恶少"是从事人口贩

---

① （明）唐胄：《正德琼台志》卷41《纪异·灾异（国朝）》卷42《杂事（皇朝）》。

② （明）王佐：《鸡肋集》卷8《五言古诗·海边谣》，（民国）王国宪辑《海南丛书》第3集第1卷，第20－21页。

卖活动的主要人物，对妇女儿童实施"略术"，"一为略术迷，随之以东西"，被迷惑者随之踏上了离乡别井之路。诗人以女孩口吻，讲述了其被掳掠，因盗贼"破舟"而奇迹般地生还的一夜经历：

> 儿昨出不虞，略至此海隅。先在数十人，亦皆儿所知。同置密室中，事若有所须；半夜须者来，门外声相呼："上船乘早潮，莫待沙干枯。"男女连绳出，贯入如贯鱼。一有喧哗声，落头威其余，连落一二头，谁不惜身躯？人人皆吞声，掩蓬泪如珠。摇摇出中流，天地亦伤感。海洋忽变色，乾坤皆暗惨，舟人葬鱼腹，儿身偶得坎。

诗中说道"此苦长已矣，终天但含悽"，这表明"拐诱"人口的行为由来已久。面对着滨海地区妻离子散、家庭破碎的状况，受害百姓求之于官府，但是"官方有公事，诉云姑去而"，政府的不作为，使掳掠之风日盛。

在唐胄的记录中，事件的主要策划人和参与者，"东邻恶少"为"滨海奸恶"[①] 所取代，而从业者竟"有至数千金者"。其具体程序如下："闻将出港，多贮被略者于笼，防有搜截即沉之。而买所，尤连村盟结互防，少得脱归。"买卖人口之间，组织之严密，由此可见。此外，拐卖对象也有所变化。"途遇孤旅，亦强捉致之"，不仅如此，"弘治间，文昌有男妇数十人，拾蚝海港，俱为恶少舟掳以去"。身居其中的海南百姓因之而"苦极惨切"，进而达到"官司无可奈何"之地步。以"略术"为核心的"拐诱"现象为掳掠人口所取代，表明以琼州海峡为中心的人口贩卖活动十分猖獗。

（3）掳掠。从文献记载来看，这一情况始于嘉靖时期，并延续至明末清初，尤以嘉靖隆庆之际为甚。海盗海寇是掳掠人口最力者，甚至还有倭寇参与其中；被掳掠者多被卖往"外番"；岛内沿海周边的居民，皆成为被掳掠的对象，只不过程度不同而已。万历时期的府、州志，记录了各地的遭遇（参见表 7-8）。

---

① （明）唐胄：《正德琼台志》卷 42《杂事》。

表 7 – 8　晚明岛内被掳掠人口

时　间	地　点	被掠人口
嘉靖元年	昌化盐场	被掳人口，千户王承租等追至鱼鳞洲，夺回
嘉靖十七年	万州新潭	七月，被掳男妇 17 人，吏目姚汝励、千户周昂追至独州湾，夺回
嘉靖十九年	文昌白延	掠生员林继统家男妇，一女受辱死，妇丁氏赴水死
嘉靖四十一年	临高石牌	二月，被掳 99 人，遇千户崇军领军哨海，夺回
嘉靖四十五年	文昌	八月，贼苏大潜劫掳米商黄颐等数十人，晚登深坭港，杀生员云某，掳其子材，及抱虎等处子女数十人，去之番
	崖州大蛋港	十二月，贼何乔、林容，掠陵水犯崖州，复攻抱驾村，掠数十人
隆庆元年	文昌	二月，贼曾一本、何乔等，据罗顿、云楼等村，掳百余人去
	琼山白沙	十二月，贼曾一本，掠推官郑廷璋家及颜卢、卢浓等村千余人
隆庆二年	琼山	春，何乔余党陈高番等，杀掠百余人
	临高	四月，指挥高卓督昌化百户李元机等，夺回被林容掳掠蔡贵等 45 人；五月，林容夜猝登岸，包那术村，掠百人去
隆庆三年	琼山	闰六月，贼大掠东岸、涌潭等村，贼掠教官谢忠、生员林成、谢有垣等及涌潭、陈村男妇 200 余人而去
隆庆四年	儋州	贼首李茂登南庄海岸，掳男妇数十
隆庆五年	文昌	春，贼掠木澜（栏），掠百余人
	琼山、文昌	二月，贼掠白沙、铺前百余人去
隆庆六年	万州、会同	闰二月，李茂自万州入博敖港，攻乐会，掠子女
	儋州	白沙叛兵陈六等，掳去男妇百余人并士夫，并以赎金限数收赎

　　资料来源：（明）欧阳璨：《万历琼州府志》卷 8《海夷志·海寇》，第 244 – 251 页；（明）曾邦泰：《万历儋州志》地集《黎岐志·海境附》，第 117 页。

　　显然，表 7 – 8 所提供的信息，无法统计被掳掠人口的准确数据。仅隆庆元年（1567）十二月，琼山便有千余口被掳掠出岛，有理由相信，晚明时期岛内被人口至少在 2000 人以上。海盗海寇的肆意掠夺，除了对沿海经济造成巨大损失、沿海居民流离失所外，最大的危害，便是"培养"了危害本岛的海南籍海盗。

　　（4）"澳党"及其终结。所谓"澳党"，即是指在沿海弯曲可以泊舟之地，勾结党羽，从事海上非法活动的海盗、海寇。海南沿海周边类似泊舟之地甚多，明代特指占据文昌铺前港的林容、李茂党徒。

　　隆庆三年七月，海寇许瑞与林容间产生内讧，林容被擒。容党苏大、李茂收集余党。李茂，海南琼山小林人，这位琼籍海上大盗，有着较为传奇经历："年十八，被掠鬻之远地。后归林容，为四澳主。从寇麻锡（今海口灵山镇麻锡港），密戒部党，无扰其乡，且谕里长以逃回意。容败，众立茂。"[①] 因被"掳掠"而改变人生轨迹的李茂，在其尚未崭露头角之际，对其家乡的眷恋之情溢于言表。林容兵败，李茂正式代之而成为澳党首领，此时兵宪史朝宜遣海南卫同知高卓追剿李茂，李茂开始其危害乡里的行为。

　　隆庆六年二月至闰二月，海南局势急转直下。漳州庄酉引倭寇 300 余人，过琼州海峡至澄迈、定安，挖钟芳墓、掠石门等处；西边，许万载寇昌化；东路，李茂自崖州犯万州，攻乐会、会同；东北面，章酉复率倭奴寇琼山、文昌。

　　目睹倭寇祸害乡土罪行，万历元年（1573），李茂于文昌设计灭倭，成就其人生转折。清代早期的文昌县志，[②] 记录了这一过程：时倭焚掠文昌县治，"结连茂，大集清澜"。李茂佯以为应，招倭上船，计擒三十余倭。未上船者，"茂将自后斩之"。倭寇发现中计之后，夺船出洋，遭遇风暴，而全部被歼灭。此役后，李茂"令人解倭级"，请求招安。

　　如何应对李茂的招安，广东督府和时为琼州府陈梦雷等皆提倡以征剿代替招抚。适时，海北道徐孚远至海南，力排众议，主张招抚，并为广东督府殷正茂所认同，授李茂"名色把总"，并授其麾下的陈亚观、卓阿四、潘大老、杨文通、陈德乐等哨官职位，余党安置铺前港。

　　徐孚远对海南防海兵力有着较为清醒认识。完整地保存李茂"澳党"实力，并予以合法化，显然是利用其力量达到靖海之目的。但是，事情发展非人所愿："若党在抚绥之后，名为良民，而攘民间利如故。频扬帆西向，载珠合浦，扞宪纲不休。洋里遭舳舰稍脆，辄反戈吞噬。而四方亡命臧获，遁入其中，相倚为奸。"官员更迭之频繁，加之对李茂的海南情节认识不足，尤其是广东水上力量无法制衡日益坐大的澳党，对处置盘踞在

---

①　（明）欧阳璨：《万历琼州府志》卷 8《海夷志·海寇》，第 248 页。

②　（清）马日炳：《康熙文昌县志》卷 8《海黎志·海寇》，第 189－190 页。

铺前港的李党问题上产生分歧："有司踌躇顾盼，谨愍为备，则有疑若党之心；琼之民蜚语摇惑，以瘿毒旦夕溃也，则内以疑有司之心，而外以疑若党之心，则琼之势亦岌岌矣。"① 万历十六年（1588），福建龙岩人蔡梦说巡按琼州，召李茂、陈德乐入郡，"示以包荒不杀之仁，谕以祸福更新之义"。"感泣庭下"的李茂，因之而烧毁铺前"寇薮"的数百间庐舍，"部众党与，散处村落归农"。

断臂以求生的李茂，颇有"树欲静而风不止"的无奈。万历十七年正月，位于本岛西北，隔琼州海峡相望的"珠池"，因守池之兵"卖池通盗"为官兵征剿。事发，李茂、陈德乐被擒。李、陈余党发难，由文昌木兰港兵指清澜所城、万州东澳等村、陵水桐栖港，远近震动。经过两个多月的海上较量，安南国亦派兵助剿，最终将李茂、陈德乐及其64名余党解赴军门，"得旨枭示"，澳党余波随之荡平。为巩固战争成果，在澳党旧地，"遂立"铺前巡检司。②

直至明末，海南的周边海域相对宁静。海外掳掠人口行为，也随之告一段落。

第二节　独特的文化现象

文化人类学认为，所谓文化类型，是指因自然环境和生存方式，以及观念、信仰、行为、习惯、心理性格等诸多方面形成的具有相似文化特征的地理单元。

就明代海南而言，黎、苗、回、苗、汉诸族群共同生活，文化类型种类繁多。族属间的差异，是其存在的主要原因。即便是同样族属——汉族，因迁出地和迁入地不同，其文化上也不尽相同。有趣的是，这些文化类型在本岛不同的地理空间展开，并随着地势高低起伏，而各具特色。

---

① （明）许子伟：《许忠直公遗集·巡按蔡公散澳党碑记》，（民国）王国宪辑《海南丛书》第6集第1卷，第15-17页。同文被（明）欧阳璨：《万历琼州府志》卷11《艺文志记》（第563-564页）所征引。
② （清）焦映汉、贾棠：《康熙琼州府志》卷8《海夷志·海寇》，第747-748页。

一 山地文化类型

该文化类型主要分布在本岛中西部山地丘陵地带。有明一代，该文化类型的聚集地逐步向内收缩，并日益清晰。主要生活着黎、苗二族，故可称之为"黎苗文化类型"，由两个次一级的文化单元"黎族文化圈""苗族文化圈"组成。

在岛内中西部地区生活的黎族，有着"汉藏语系壮侗语族黎语支"的共同语言背景、极为相似的社会风俗；因森林茂密、瘴气盛行，外人难以到达，而形成相对封闭的山地生活圈，该族群因之而呈现出极为独特的文化共性。

明代，对黎族认识仍处于相对模糊状态，方志对于该族群的认识，仍然延续宋代以来的生、熟黎划分标准。"鹜岭以北，有一种曰遐黎"，[①] 算是对黎族内部族群划分较为突出的阶段性成果。黎族文化圈主要包括核心层的生黎；以及外绕在山地周边，介于生黎、汉人之间过渡层的熟黎。

（一）生黎文化层

1. 独特的自然资源

（1）贡品。永乐三年（1405），琼州抚黎知府刘铭率各县土官入贡马匹、黄蜡、麂皮、土香、蚺蛇皮、良姜、益智子等黎区特产，开启本岛"私贡"之源。殆至革除土官之后，竟然相沿成习，"私贡"随被列为地方"土贡"。尽管前后种类有所变化，贡品中除了"鱼胶""翎毛"等"取之山海"，其余物品"俱出诸民"，[②] 其实就其产地而言，仍多出自黎区。

万历四十三年（1615）七月，总督两广张鸣冈在善后抱由、罗活黎乱的奏章中说："各官无艺之征，曰丁鹿、曰霜降鹿、曰翠毛、曰沉速香、曰楠板、曰花黎木、曰藤蜡、曰黎米、曰麂皮、曰蚺蛇胆，黎何堪此重困，是不可不竖牌禁者。"[③] 翡翠，"生于深黎之茂林峻岭"，[④] 有大小之

---

① （明）顾岕：《海槎余录》，第 7 页。
② （明）唐胄：《正德琼台志》卷 11《田赋·土贡》。
③ 《明神宗实录》卷 534，第 10119－10120 页。
④ （明）顾岕：《海槎余录》，第 23 页。

分，"大者毛充贡"，① 即"翠毛"。尽管万历之后，多以"折银"方式，替代土贡的实物征收，② 但非常规的"无艺"之征，一直没有停止。所有这些说明，在中西部黎区，地方特产极为丰富。

（2）商品。上列的朝贡物品，因其稀有、珍贵，自然也就为商人所青睐。此外，大量的物产充斥其间。"花梨木、鸡翅木、苏木，皆产于黎山中。取之必由黎人，外人不识路径，不能寻取，黎众亦不相容耳。又产各种香，黎人不解取，必外人机警而在内行商久惯者，解取之。"③ 在顾岕与"此辈"的对话中，可以发现：有一群能够适应本地特殊气候——"瘴气"并"久惯"者的特殊群体——行商，是他们将此地特产输送出黎区；珍贵木材、各种香料是商人猎取的主要对象。

黎区产品每向外输出一次，标志着此次交易完成。在顾氏描述中，因珍贵木材生长环境不一，"外人"只有通过黎人做向导，才能"寻取"。即便偶尔遇到，也必须要进行交易，否则黎人"不相容"。而香料外传，则是"机警"之人，在七、八月晴霁，"更月扬辉"之时，"探视"的结果，似乎并非正规渠道所得。

期间的商品交换，是否等价？值得探讨。张鸣冈在善后抱由、罗活黎乱的奏章中，允许黎人告理"酬价不登（等）""竟不偿值"④ 的闽广商人欺诈行为，从侧面反映出不等价交换是黎汉贸易中的普遍现象。

2. 自给自足的经济形态

在民族地区，一般而言，生活上的自给自足，是该族群得以生存的基本保证。也就是说，族群在解决自身衣食住行等问题上，外部因素对其影响的程度大小，将决定着该族群被同化还是继续存在。

位于中西部的高山地区，除了独特的资源优势外，还处于本岛放射状河流源头，形成山谷、盆地交错的地势，其中就有"德霞、千家、罗活等膏腴之地"，⑤ 于是，以农耕为主体，兼及部分渔猎，是该族群维持其人口再生产的主要活动。

---

① （明）唐胄：《正德琼台志》卷9《土产下·禽之属》。
② （明）欧阳璨：《万历琼州府志》卷5《赋役志》，第161–163页。
③ （明）顾岕：《海槎余录》，第7页。
④ 《明神宗实录》卷534，第10119页。
⑤ 《明世宗实录》卷351，第6351页。

（1）纺织业。西汉武帝开郡之后，第一次引起黎人反抗杀死珠崖太守，缘起于孙幸"广幅布"的征调。至迟在明代中期，该项纺织工艺已经失传或终止。而盛产于儋州的贝吉布、黎曼（或曰黎幕）等纺织品则较为流行。而"黎桶"则成为黎族男女的主要着装。① 在地处热带的黎区，衣着的常规化有着特殊的意义，是衡量该族群是野蛮社会还是文明社会的重要指针。

（2）生产活动。农耕是主要生产活动，因之而获得最基本的生活资料。黎人以"刀耕火种"的方式，获得最基本的生活资料。当然，除了"山禾"之外，"杂食""菜之属""果之属"皆有不同程度的存在，其中，"色淡红，煮食类厥粉"的"南椰面"② 在黎村广泛分布。这些基本上保证了该群体的生活问题。

（3）渔猎活动。渔猎是农耕活动的补充，所获物品对其日常生活具有一定的调剂功能，因而具有重要的意义。关于捕鱼，史料记载甚少，重要原因之一，便是明代对黎族的认识尚不清晰。今天仍然摆放在海南省民族博物馆（今五指山市）的诸多渔具，可作为某种参考。与之相反，捕猎活动则有翔实的记录。

每年二月、十月是黎族集体狩猎时间。正式活动之前，派人将该项活动告知官府，活动期间内，官府、商人不能入内，否则按"犯禁"之法处置。数十个村子留下 1-20 人留守，以备不测。活动中土舍、峒首为首领，无论男妇携狗一道出发。《海槎余录》对这一热闹场面记述甚为详细。至于最后的产品分配："肉则归于众，皮则归于土官。"③ 很明显，产品分配中所体现出平均分配的原则。

至于其生活必需品——盐等物资，则是"仗熟黎及鱼盐贸易"。④

（二）熟黎图

明代本岛方志将熟黎源流归纳为三部分："旧传，本南、恩、藤、梧、高、化人，多王、符二姓"，"因从征至者，利其山水田地，占食其间"；

---

① （明）王佐：《琼台外纪》、（明）唐胄：《正德琼台志》卷9《土产下·布帛属》。
② （明）唐胄：《正德琼台志》卷8《土产上·谷之属·杂食》。
③ （明）顾岕：《海槎余录》，第10-11页。
④ （明）曾邦泰：《万历儋州志》地集《黎岐志》，第100页。

"又多闽广亡命";"本省土人，贪其水田，占其居食"。① 显然，"本省土人"的加入，比起宋代的文人笔记相关认识，② 有了新的进展。

其实，这种判断与该时段其构成的实际情形并不吻合。熟黎圈，介于生黎和州县之间，视王朝治理力度的强弱而内推或向外反弹，是一个相对动态的圈层。在明代，生黎募化和军事征剿，使得生黎向熟黎转变并取得一定的成就。前者，有文昌的斩脚峒生黎归化，后者则以平定儋州七坊峒为代表。"募化服役"，是衡量"熟黎"的基本标准。所以，生黎的"熟黎化"是熟黎的一个重要来源。此外，生熟黎间相互依存和转化也较为明显，"文昌无黎"便是无生黎为依托的结果。

生熟黎间至少有一定同源性，熟黎在文化上的诸多反映，当从属于黎族文化圈。与相对封闭的生黎区比较，熟黎受汉族影响较为明显而相对开放。

1. 与生黎间的关联

"凡豪酋皆其种落"，③ 也就是说，因明成祖朱棣时代所推行的土官制度，而成为"土知州""土知县"等职位者，皆来自熟黎。永乐三年（1405），朝廷为了遣使诏谕生黎募化，广东按察御史汪俊民的奏章，道出了为朝廷"遣使"官员所必须具备的基本素质：

> 黎性顽狠，诏谕之人非其同类，未易信从。又山水峻恶，风气亦易。中国之人，罹其瘴毒，鲜能全活。臣访得宜伦县熟黎峒首王贤祐，旧尝奉命招谕，黎民信从、归化者多。况其服习水土，不畏瘴疠。臣请追还使命，仍诏贤祐至京，量授以官，俾招谕未服黎人，戒约诸峒无纳逋逃……峒首则量所招民数多寡，授以职事。如此，庶几黎顺服。④

在汪俊民看来，所遣使臣的先决条件，必须是生黎的"同类"，随之自然也就能"服习水土""不畏瘴疠"。为汪氏极力推荐的熟黎峒首王贤

---

① （明）欧阳璨：《万历琼州府志》卷8《海黎志·黎情》，第254－255页；（明）曾邦泰：《万历儋州志》地集《黎岐志》，第100页。
② （宋）周去非著，杨武泉校注《岭外代答校注》卷2《海外黎蛮》，第70－71页。
③ （明）曾邦泰：《万历儋州志》地集《黎岐志》，第100页。
④ 《明太宗实录》卷44，第696页。

祐，显然具备上述诸多条件，是最为合适的人选。

尽管熟黎的族源较为驳杂，"语言皆六处乡音"，[1] 从王贤祐被选中为朝廷"遣使"事件来看，黎语在生熟黎区应为较为通行的语言。于是，"豪酋"主导下的熟黎社会，无论是王、符二姓的六州之从征者、闽广商人，或是本岛土人，其汉民族文化特征至少在同黎族交往过程中，多被屏蔽，代之以浓厚的异域风情。其在社会习俗等诸多方面，与生黎圈有着一定的关联，因此黎族化较为明显。

2. 熟黎内部分层

编户齐民最大化，并以"生黎→熟黎化→熟黎→编户齐民"的运行模式，加强对黎族社会的有效控制，是王朝治理政策努力的目标。毋庸置疑，熟黎的生黎化价值取向，有悖于王朝政治。

明代中后期，为了进一步强化对熟黎区的统治，在原有峒首控制下的各黎峒基层社会中，推行里甲都图制度，将其纳入州县的管理系统之中，熟黎"纳粮当差"的版籍化，在琼山、定安、儋州等地最为突出。

但是，族源构成极为复杂的熟黎层，并非铁板一块。更何况"熟黎之害有三：商人鬻贩而给之，土舍欺蔽而侵之，官吏贪墨而激之。而挑衅其中者，又内地之逃民也"。[2] 于是，有汉族背景的熟黎，尤其是"内地之逃民"，开始游离于熟黎层之外，而相形渐远。"有纳粮当差之处；有纳粮不当差之处。"此外，与州县距离的远近，也成为熟黎内部分层一个参考："近生黎者，其习俗与之同；近民居者，习俗与齐民等。"[3] 生黎的不断熟黎化，是明代该族群人口的重要来源之一。此外，人口生产中的婚姻制度，值得关注。因距离州县远近，其分层现象较为突出。

在生熟黎结合带，极为普遍的是婚姻"仍用讲求，不以此（指'栏房'——引者注）也"，[4] 以"不落夫家"为典型特征的对偶婚制，在婚后逐渐过渡到一夫一妻制。[5]

---

① （明）欧阳璨：《万历琼州府志》卷8《海黎志·黎情》，第254页。所谓"六处乡音"即指：南、恩、藤、梧、高、化六州之音。
② 《明神宗实录》卷534，第10119页。
③ （明）欧阳璨：《万历琼州府志》卷8《海黎志·黎情》，第254页。
④ （明）顾岕：《海槎余录》，第20—21页。
⑤ 李俊新：《黎族婚制的演变》，《东方杂志》1937年第34期。

以豪酋为代表的"殷实之家",出现"畜妻"现象,受汉文化影响可以窥见。

3. 经济生产

(1) 农耕。万历府志对于在不同时段、来源地相异的三个汉族族群进行考察,指出其迁入黎区之目的为"利其山水田地",可以说农耕是这一圈层最为重要的生活资料来源。可以肯定的是,在具有汉族背景的熟黎区内,与迁出地保持同步的铁制农具有着较为广泛的使用。

(2) 贸易。贸易也有所发展:

> 黎村贸易处,近城则曰市场,在乡曰墟场,又曰集场。每三日早晚二次,会集物货,四境妇女担负接踵于路,男子则不出也。其地殷实之家,畜妻多至四五辈,每日与物本令出门贸易,俟回收息,或五分、三分不等,获利多者为好妾,异待之。①

"俟回收息",并以获利多寡作为奖赏的标准,这本身表明,以盈利为目的是熟黎贸易的根本追求,比起生黎被动的"物物交换",有显著的进步。

(三) 苗族(瑶族)文化圈

如果说黎族文化圈层,在时空分布上具有延续性的话,那么属于战争移民而赋予本岛苗族文化,则体现出明显的滞后性和间断性。

天顺间儋州瑶族、正德时期文昌东山瑶,是对该族落籍海南并逐步汉化的记录。东瑶山的瑶族,除了"语言稍异"之外,以精于纺织而闻名的族属文化,在经历纺织工艺由"细密莹白"向"亦不细密"②转变之后,族群特征随之而消失,汉化日益明显。

为平定弘治时期"符南蛇之役"、嘉靖年间崖州那燕"黎乱"及万历中崖州罗活、抱由等峒黎乱,分别在不同时段落籍于儋州冯虚峒、感恩一带及崖州东西境的瑶族,因人员不多、分地而居之故,极大地弱化了其本族属性,奔走于本岛中西部地区山区的瑶族,为了自身的生存而黎化。

---

① (明) 顾岕:《海槎余录》,第 19 页。
② (明) 唐胄:《正德琼台志》卷 7《风俗》。

来自广西左、右两江的狼兵，因"人多田少"① 之故，农耕活动并不重要。而落籍海南之后，"一年一徙"的"伐岭为园，以种山稻"，② 则是维持其生存的主要来源，黎族"刀耕火种"的生活方式，对其影响由此可见。

令人望而生畏的"药弩"，只有在射杀动物时才发挥作用，其威慑力量也随之下降。真正为黎人畏服的，居然是能"以符法制人"的"邪术"。

至迟在道光年间，儋州冯虚峒内，那种驰骋疆场的彪悍已为"性最恭顺"所取代，贸易时也从无滋事。③

作为族属的标志——"族内通婚"及丧葬习俗却依然保持。

二　农商文化类型

地处低山性山岳地带至沿海台地之间，地势较为平坦，适宜于农耕。来自四面八方的汉族族群，集中分布在这一区域内。他们筚路蓝缕、披荆斩棘，随着迁入人口的增加，这一圈层到明代相对固定，也形成了较为成熟的农耕文化及由此而产生的商业文化。

（一）农耕文化

"前代米谷，公私俱不足用"，靠海北的粮食接济，至明代基本实现粮食自给，④ 这是海南农业发展史上最大成就，也为岛内文化发展提供了可靠保障。在此基础之上，农业科技在水利工程、工具、复种指数、耕地利用及作物区域划分上皆取得了一定的发展；带有迁出地烙印的民居风格，开始融入当地气候等元素而本土化；以节令、婚丧嫁娶等为内容的社会习俗相对稳定；宗教信仰和祭祀活动有序展开。所有这些，标志着海南的农耕文化已相对成熟。除了与中原农耕文化诸多共性之外，尚具有以下特色。

---

① 《明英宗实录》卷 35，第 673 – 674 页。
② （清）张嶲、邢定纶等纂修《崖州志》卷 13《黎情》，第 247 页；卢宗堂、唐之莹：《民国感恩县志》卷 13《黎防志·黎情》，第 275 页。
③ （清）张岳崧：《道光琼州府志》卷 20《海黎志·村峒》，第 456 页。
④ （明）唐胄：《正德琼台志》卷 8《土产上》。

1. 士人主导下的宗族社会

在中国古代，一般而言，在社会动荡之际，个人垂直流动，多以"武功"为途径；社会安定时，科举是人们主要追求。就家族来说，人口数量和质量，即人口基数和科举中式人数的多寡，是衡量家族盛衰的重要标准。所以，以农立家、科榜扬名的"耕读世家"，是农耕社会较为理想的模式。明代海南大族的崛起，比起中原地区有着非常规的发展路径。

历史证明，地方势力存在与王朝政治不相容。明代对前元"海南分府元帅"纳款归顺陈乾富的安置上，便体现出王朝的用心。陈乾富，海南文昌人，在元明鼎革之际的"纳款"举动，与其先祖陈仲达"以海南图籍归元"① 极为相似。经过元代近百年培育，陈氏家族在文昌乃至整个海南势力日益强大，该族谱及方志的相关记载，为人们展示了其显赫程度。明初，授陈乾富为"平乐府通判"，② 陈氏异地而官的举措，体现出国家经略海南的决心，也表明王朝对边疆地区大姓的基本态度，从而为海南家族的发展提供了可以参照的样本。

明代承平日久，政府大力倡导教化，儒生因科举而仕途通显者不断，家族名声随之鹊起。为了避免陈氏家族异地为官的命运，无论是旧家还是新贵，廉洁自律是海南文人的整体形象，即便致仕在籍，亦是如此；各大家族以婚姻和学术传承为手段，以保持家族的既得利益。

（1）清贫——海南士人形象。唐氏，居府城东厢番旦村（又蕃诞、蕃旦，即今攀丹村），为地方大族。唐舟，永乐二年（1404）进士，由监察御史致仕，其在籍生活："及归，杜门不出。家无担石之储，处之晏如，乡议高之。"③

邢氏，是文昌大族之一。正统十三年（1448）进士，成化十七年（1481）辞世的邢宥，为官三十余年，《明实录》结论为："清谨廉介，不事华靡；两典剧郡，皆有政声；及巡抚，声名稍损，然能急流勇退，士夫尤有取云。"④ 其十一年的乡居生活，与邢氏有"莫逆之交"的丘濬所补充曰："晚年家居，尊翁逾八秩，公奉养备至。友爱诸弟，其田产多以让之。

---

① 陈大河主修：《陈氏族谱》（昌文大宗祠）卷1，1987年续修。
② （明）唐胄：《正德琼台志》卷40《人物五·诸科·人材》。
③ （明）唐胄：《正德琼台志》卷36《人物一·名德》。
④ 《明宪宗实录》卷222，第3823－3824页。

足迹未尝至城市，凡一切外务，略不介意，暇日杜藜徐行田圃，自乐而已。构草亭于所居之前，额之曰：湄邱，因自号湄邱道人云。"①

唐氏、邢氏的作为，在海南士人中绝非个案。《明史》对丘濬的清贫生活如是说："濬廉介，所居邸第极湫隘，四十年不易"。② 而唐胄的细节记录，让人们对位高权重的"理学名臣"更为景仰：

> 濬自初仕，至位极人臣，凡四十余年，而自处无异韦布，产业仅仅第宅，不逾齐民。在都城，市屋于苏州巷南之委巷中，规模卑陋，聊庇风雨。自为编修，至终未始稍增其旧，所得俸余，即费于官。晚年在阁尤严，虽微至日供赢剩酒肉，即散惠舆从，不入私家。及卒南归，除钦赐白金绮币外，囊无赢资，行装惟图书数万卷而已。③

王佐，临高望族。其自述小传曰："予性疏散，不事家事，生计甚拙"，④ 其生活之惨淡，实难想象；更有甚者，众人凑份子钱为海瑞下葬时，"金都御史王用汲入视，葛帷敝籝，有寒士所不堪者。因泣下，醵金为敛"。⑤ 一代名臣，如此凄惶结局，天人同悲之。

总之，政声卓著、清正廉洁，是海南士人群体形象。

（2）"旧家"家族构成。宋元时期，因官而落籍海南的"故家"，有20多家。从科举的人数考察，日益繁盛者居多。仅以琼山苍原（今海口市东山镇）陈家为例：陈氏因"建炎托名避太学上书之祸"，而家于此，⑥ 在

---

① （明）丘濬：《重编琼台诗文会稿》卷23《都察院左金都御史邢公墓志铭》，《丛书集成三编》第39册，第447页。

② （清）张廷玉：《明史》卷181《丘濬传》，第4810页。

③ （明）唐胄：《正德琼台志》卷36《人物一·名德》。

④ 引自（清）樊庶《王汝学先生传》，（民国）王国宪辑《海南丛书》第3集，第7-8页。

⑤ （清）张廷玉：《明史》卷226《海瑞传》，第5932页。

⑥ （明）唐胄：《正德琼台志》卷7《风俗》。陈氏迁琼始祖为陈豪，闽籍泉州府晋江人，为宋钦宗时"大学国子祭酒、龙图阁直学士"。高宗建炎元年（1127），李纲为黄潜善、汪伯彦所谗而落职，陈豪等上书驱黄、汪，留李纲。迁李纲于琼万安军，上书者因之受牵连。陈豪，因之而改名远渡至琼，择琼之苍原里，入赘千户温朝珍，始附籍。（陈氏三世孙陈伯和：《苍原陈氏族谱序》，《民国琼山县志》卷19《艺文略》，第793-794页）此即为唐氏所谓"避太学上书之祸"。王国宪对此案进行考证，认为"序中皆牵连为一时事，均未得实"。

明代有了进一步发展。天顺之前，陈尚，陈能、陈健父子，皆以"耆旧"入选唐胄《正德琼台志》，其中，陈健在天顺初同进士庄敬纂修《郡志》。① 不仅如此，历代科场也不乏人（参见表7-9）。

表7-9 明代琼山苍原陈氏科榜题名录

姓 名	年 代	科 甲	备 注
陈 福	永乐辛卯科（九年）		孟健之孙
陈 经	宣德乙卯科（十年）	举人	灌阳训导，以子缋赠检讨
陈经邦	成化乙酉科（元年）		才福侄孙
陈 缋	成化丙午科（二十二年）		弱冠从丘文庄公学，称入室弟子；壮岁贡赴廷试，登进士。选庶常、擢检讨。年五十余，丁艰归，服阙赴京，卒于羊城
	弘治癸丑（六年）	进士	
陈世美	正德庚午科（五年）		万年知县
陈 政			宁化知县
陈傅尧	嘉靖甲午科（十三年）		宜章知县
陈 极	嘉靖乙卯科（三十四年）	举人	
陈所有	嘉靖甲子科（四十三年）		
陈在晟	万历甲午科（二十二年）		陈所有子 [1]
陈宗潆	万历庚午科（二十八年）		原名洛，濂之弟，由定安学中
陈宗濂	万历丙午科（三十四年）		传嘉孙，钺之子，洙泗之弟、潆之兄

注：[1]（清）张文豹：《康熙定安县志》卷2《选举·举人》，第129页，认为《府志》[即（清）焦映汉、贾棠《康熙琼州府志》] 云："陈在晟"应为"陈在戉"，并指出该人非"作所养子"，而是"所有子"。关于此条的来源，康熙府志因袭万历府志，皆曰其人为"定安人，所养子"，《康熙琼山县志》未载。如果为陈所有之子的话，很明显即为"苍原人"。

资料来源：（明）唐胄：《正德琼台志》卷38《人物三·进士、乡举》；（明）欧阳璨：《万历琼州府志》卷10《人物志·乡举、进士》，第424-440页；陈缋：《唾余集》本传，《海南丛书》第5集；（清）潘廷侯、佟世南修，吴南杰纂《康熙琼山县志》卷9《人物志·乡举、进士》。

11位举人、1位进士②的苍原陈氏家族，在明代海南属于地道的衣冠

---

① （明）唐胄：《正德琼台志》卷37《人物二·耆旧》。

② 王国宪认为，"陈氏科甲，明代十三人"，除了上述12人而外，还有"陈懋芳"（《民国琼山县志》卷19《艺文略》，第794页），根据万历府志（434），该人为"嘉靖壬子科"举人，"定安人"，并有传曰：定安人，知县丕显子。（第499-500页）康熙府志、定安县志其《传》，完全抄录万历府志。查阅，明定安县知县中，无"陈丕显"之人。王国宪先生此论断，不知何据。待考。

鼎族。其实，最为辉煌的恐怕要数蕃旦的唐家，仅从进士榜分布来看，唐舟、唐亮父子，分别在永乐二年、十六年登曾棨、李骐榜；唐胄、唐穆父子，分别于弘治十五年、嘉靖十七年登康海、毛瓒榜。唐家居然出现二对父子、四位进士，令人惊讶！

（3）"新贵"家族崛起。举业同样也产生了一批"新贵"，其中丘氏家族、海氏家族因之而名扬天下。

丘氏在元末已移居本岛，因人丁不旺，而与唐氏笔下的"旧家"无缘。迁琼始祖、丘濬曾祖丘均禄，来自福建晋江，为元末海南元帅府奏差，后落籍琼山；祖丘普，为明临高医学训科；父丘传。① 丘濬对其家族人丁做过这样的概述："先祖平生止一子，上无伯叔，旁无兄弟群从，推而远之，亦无宗族。茕茕然，仅二孙存，上系宗祧之重，如一丝之引千钧也。"② 人口难成规模，以医学为祖业的丘氏家族，比起上述"旧家"而显得卑微。但是，随着丘氏第四代丘源、丘濬的到来，而产生急剧变化。三代单传现象有所改变，人口日益增加。丘氏家族能成为国内显族，主要还是来自丘濬的政治地位，同时代人无法与之比拟的"经天纬地之才"及其"继往开来之学"。③ 然而，使丘家通显的举业，在丘濬身后却有所滑落。

明代典章制度规定，一品至七品的朝廷命官，对其后人国家皆有"荫叙"的规定，丘濬族支受"荫叙"者四："丘敦，丘濬长子，荫录为太学生，31 岁卒于京邸。曾孙郊，荫授尚宝司丞"；"丘京，以父濬荫中书舍人"；④ "弘治八年，丘濬卒。遣行人归其丧，官其孙为尚宝司丞。"⑤ 丘家荫叙，已经惠及丘濬第四代孙，显然已经超越了"皆得荫一子以世其禄"⑥的规定。丘濬个人的努力，为家族获得了上封至曾祖、下荫叙至曾孙的殊荣，这在边陲海南家族史中仅见。

当丘家进入新贵之后，长子长孙因门荫而进入京官序列，余下子孙以

---

① （明）唐胄：《正德琼台志》卷 40《人物五·封赠》，卷 37《人物二·高行》；《琼山邱氏家谱》，咸丰九年（1859）修，海南大学图书馆，周伟民、唐玲玲藏。
② （明）丘濬：《丘文庄公集》卷 6《可继堂记》，《四库存目》集部第 406 册，第 352 页。
③ （明）丘尔毂：《重编琼台会稿乞引言》，《丛书集成三编》第 38 册，第 764 页。
④ （明）欧阳璨：《万历琼州府志》卷 10《人物志·乡贤、荫叙》，第 486 - 488、472 页。
⑤ 《明孝宗实录》卷 97，第 1775 页。
⑥ （清）张廷玉：《明史》卷 72《职官志一》，第 1735 - 1736 页。

"耕读"守世业，举业随之不举。第六代孙丘承箕，仅为"郡庠生"。① 及至第七代孙，丘尔穀、丘尔懿兄弟在万历丙午（三十四年，1606）、己酉（三十七年）二科中举，分别为贵县知县和凤阳知县。由举业而入仕途的丘尔穀兄弟，虽然给丘家带来重振家风的希望，并且获得"博涉经史"和"居官清介有声"赞誉，② 但无论是官阶还是道德文章与其先祖相距甚远。然而，二十四卷本的《琼台诗文会稿重编》，在其兄弟二人的合力之下，于天启元年（1621）再次付梓，算是对海南文化一大贡献。

在"新贵"大族中，海氏家族成为望族，则是以海瑞为代表，海姓族人共同努力的结果。这与丘濬一人成就家族名望相比，还是有着诸多不同的意味。

海氏为洪武年间从军的新移民，迁琼始祖为海答儿。③ 属于海南卫所军籍的海氏家族弟子，开始了其科举之路（参见表 7－10）。

表 7－10　明代海南海氏科榜题名录

姓　名	年　代	科甲	备　注
海　宽	景泰丙子科（七年）	举　人	左所人。由会同县学中，松溪知县
海　澄	天顺壬午科（六年）		左所人。宽之堂侄，由定安学中。知建阳，选四川道御史。寻调宜城知县
	成化乙未（十一年）	进　士	
海　润	弘治壬子科（五年）		左所人。澄之弟
海　鹏	嘉靖丙午科（二十五年）		右所人。苍梧知县，梧州通判，升同知
海　瑞	嘉靖己酉科（二十八年）	举　人	左所人。历官至右都御史，谥忠介
海　迈	万历戊子科（十六年）		琼山人。新宁教谕，处州府推官，北京南城正兵马司

资料来源：（明）欧阳璨：《万历琼州府志》卷 10《人物志·乡举、进士》，第 429－435、439 页；（清）焦映汉、贾棠：《康熙琼州府志》卷 7《人物志·乡举、进士》。

海南卫左所是海氏家族的著籍之地。在上所列人物中，万历年间的海

① （明）欧阳璨：《万历琼州府志》卷 10《人物志·儒林》，第 518－519 页。
② （明）欧阳璨：《万历琼州府志》卷 10《人物志·乡举》，第 436 页；（清）焦映汉、贾棠：《康熙琼州府志》卷 7《人物志乡举》，第 575 页；（明）丘尔穀、丘尔懿：《重编琼台会稿》，《丛书集成三编》第 39 册，第 485 页。关于丘尔穀身份，自题曰："宁阳公署"。［参见（明）丘尔穀《重编琼台会稿乞引言》，《丛书集成三编》第 38 册，第 764 页］
③ （明）海瑚：《海氏族谱序》，载（民国）王国宪《民国琼山县志》卷 19《艺文略》。

迈，或许由于嘉靖后期募兵制取代卫所军制而由军籍转为民籍；右所籍的海鹏是否为海氏家族一员，姑且存疑。其实，海氏家族早在海刚峰之前便有举人、进士陆续登科，在军籍系统中可谓佼佼者。但是，自嘉靖四十五年（1566）二月起，因"直言天下第一事"而身陷"诏狱"，以及随后海瑞个人的宦海沉浮，将海氏家族推向高峰。不可否认的是，海瑞族支子息不蕃，其族在地方上的影响力因之受损。但是，人们对海瑞"刚正不阿"人品的景仰及对其家族的崇敬，却与日俱增，即便在时隔 4 个多世纪的今天，仍可感知。

（4）家族圈层的扩大。如前所述，入明之后，旧家、新贵为了保证家族利益，举业精进成为其纵向传承核心。这一传承方式，显然无法确保家族的持续发展。于是以婚姻为纽带，成为家族外延式发展的重要手段。从家族自身利益出发，大族间的联姻，成为是时段内海南另一现象。

邢宥，其母许氏，乃"高安知县虔祚之女"；邢宥正室林氏，则为"同里溪西""邑中宦族"；其子女，顼、玮、理三男；冯洛、云霸、陈继宗三婿（邢宥辞世时，尚有二女在室）。邢氏三男的功名事业似乎与其乃父有一定差距，婚姻情况也不甚明了，想必不会太差。① 这一判断，从其女婿家世背景可见：长婿冯洛，琼山苏寻人。乃景泰癸酉科（四年，1453）举人之弟，本人为弘治间琼州府学贡生；云霸的情况不甚清晰，从其"云"姓来看，可能是文昌大族云从龙之后人；而三婿陈继宗，则是文昌南溪人陈乾富之后，其本人由文昌县学入贡，而为"兴安训导"。② 如果说，邢宥青睐冯洛是因为其"耕读世家"的话，那么，对陈继宗的选择，则体现出大族之间的婚姻关联。

---

① （明）丘濬：《重编琼台诗文会稿》卷 23《都察院左金都御史邢公墓志铭》，《丛书集成三编》第 39 册，第 445 页。在《四库全书》第 1428 册第 477 页中亦为"虔祚之女"说。但是，在王国宪的《海南丛书》第 3 集第 2 卷转引丘濬的"湄邱邢公墓志铭"中，不仅题名不一致，内容叙述部分也诸多不同。如丘濬对邢氏"六世祖""高祖"的记述很模糊，而王国宪编辑的丘氏记录却非常清晰，并对邢宥之外公记录为"高安知县有虔"。邢宥《先妣许太孺人墓碑记》记之曰："孺人，故高安知县东瓜许有虔女也"。由是可知，王国宪对丘氏文章进行一定程度的损益。问题是，唐胄却支持丘氏之说"许虔祚，水北人。高安知县，湄邱外祖"。（《正德琼台志》卷 39《人物四·岁贡·文昌县学》）孰是孰非，尚待进一步考证。

② （明）唐胄：《正德琼台志》卷 39《人物四·岁贡·府学、文昌县学》。

在丘濬为核心的早期丘氏家族婚姻中，"嗣续"成为家族传承的主要任务，这在丘濬自己及其长子的婚姻中，表现得尤为清晰。

丘濬，"先娶金氏，继娶吴氏"，"子男二，长曰敦，吴夫人出"，·"季曰京，侧室唐氏出"，"女二，适冯灏（或'颢'——引者注）、岑英"。① 何乔新的线索，并结合相关文献记载，展现了丘濬及其子女的婚姻概况。

25 岁的丘濬，娶"崖州金百户桂公之女"② 为妻，其第一次婚姻，因金氏辞世仅维系 6 年，感情之笃、情谊之绵，在其十首《悼亡》③ 组诗中可见，金氏似乎未留子嗣。此时丘濬身份为举人，丘金联姻倒也门当户对。"继娶吴氏"，乃"海南卫后所百户宁之女"，④ 身为进士且"官禁近"的丘濬，并没有接亲于大族，现有的史料，对其侧室唐氏信息记载不多。

丘濬冢子丘敦，为"郡巨族"的文昌韩氏之婿。成化二十年（1484），24 岁的丘敦独自抵京，因"其所娶韩氏无子"，丘敦以"娶妻未久，情有所不忍"，"固辞"乃父为其纳侧室之意。最后在"阁老徐先生，以义申谕至再三"之下，才勉强从命，"纳徐氏，生二子女三"。⑤ 京居生活 7 年而亡，卒时年 31 岁。

长婿冯颢，丘濬曰：冯氏乃"吾邑之巨家"，冯仕鲁之第三子，其姑父为"乡贡进士王克信"。⑥ 琼山东岸人岑英，则为弘治乙卯（八年，

---

① （明）何乔新：《椒邱文集》卷 30《赠特进左柱国太傅谥文庄丘公墓志铭》，《四库全书》第 1249 册，第 458 页。关于丘濬子嗣问题，有曰："子男四：长曰敦，吴夫人出……次昆、次仑，皆殇；季曰京，侧室唐氏出。女二，适冯颢、岑英。孙男二：长蕾、次旬"。[（明）何乔新：《光禄大夫武英殿大学士文庄丘公神道碑文》，（明）蒋冕辑《琼台诗话·附录》，《丛书集成三编》第 61 册，第 249 页]《附录》按语指出该文来由，实为民国之际王国宪为丘濬作年谱时，从丘濬同宗"慎斋孝廉老先生家，得旧时钞稿四页，急为辑补之"。（第 249 页）二者皆为何氏所作。在《椒邱文集》中无丘濬"神道碑"之文，而仅存"墓志铭"。是否是藏家在抄录保存过程中加以修改，很难断定。但是流传下来于海南的"神道碑"一文，可能接近丘濬子嗣的真实情况。

② 李焯然：《丘濬评传》附录二《丘濬年谱》，第 253 页。

③ （明）丘濬：《重编琼台稿》卷 1《悼亡十首》，《四库全书》第 1248 册，第 4–6 页。

④ （明）唐胄：《正德琼台志》卷 40《人物五·列女·孝义》。

⑤ （明）蒋冕：《湘皋集》卷 32《大学生丘君行状》，《四库存目》集部第 44 册，第 316、324 页。韩氏，乃为文昌南溪都韩继芳之女；侧室徐氏，乃为"北京羽林卫后所千户舍人徐恭女"。[（明）唐胄：《正德琼台志》卷 40《人物五·守节》]

⑥ （明）丘濬：《重编琼台稿》卷 21《冯颢子充字说》，《四库全书》第 1248 册，第 435 页。

1495）科举人。[1]

可以看出，在丘濬自身的婚姻中，大族观念不甚明显。但是，其子女的择偶标准，则注重家族及学业的取向。

当然，明代中后期之后，随着新进科举人数的增加，新贵数量也随之增长，家族圈层随之扩大，已经成为一种基本趋势。

（二）手工业、商业的逐步发展

1. 手工业

农业和家庭手工业结合，是农耕文化的特征之一。材料因地制宜、利用农闲时间，是家庭手工业制作的主要特点。家庭手工业使得生产者和消费者之间供求关系，逐步产生变化：二者间由偶发行为向经常性的转变，从而导致手工业者从家庭手工业中逐步分离，并逐步形成。手工业者的存在，使得单一的农业人口职业结构产生变化，是一种新的生产方式。手工业主要由军、民两个系统构成。

（1）民营手工业。经过明代的发展，手工业品的制作，逐渐形成了材料因地制宜的特点，有一定生产规模，在岛内享有较高知名度（参见表7-11）。

表7-11 民间手工业品及其分布

品　名	产　地	工艺与特点	备　注
藤　器	万　州	穿、织二样；俱精致，擅名天下	官司货贡无时，军民甚苦
漆　器	郡　城	垒漆、雕漆；六品皆精。先垒漆而雕以人物，后填诸漆，磨之	出张吴、兴义之地
黄村席	澄　迈	染茜为饰，久愈滑，非苏席可比	黄村、安宁、那舍三都；亦产雕带
红竹箪	万　州		惟产万宁、陵水
椰　器		冠、酒榼、酒杯	
鹦鹉杯		螺似鹦鹉。用金银镶为嘴足，饮器	螺产清澜海
黎　金		似铜鼓而扁小，上三耳，中微具脐	黎人击以为号
老鸭扇	临　高		
槟榔皮扇	郡　城	槟榔荸皮可为扇	以皮作为主，琼山大来、那梅亦作

---

① （明）唐胄：《正德琼台志》卷38《人物三·举人》。

续表

品　名	产　地	工艺与特点	备　注
瓦　器	琼　山		洒塘、托都。精美者，皆来自广
木　器			大、小挺
铁　器		崖州镊铲、刀亦精巧	大、小挺
铜　器		铜鼓、黎瓶、炉，诸品皆佳	
银　器	郡城附郭	工首饰	
真一酒	儋　州	米麦水三者为之	苏东坡寓儋州酿造，并各诗一首
天门冬酒			
严　酒		捣严树皮叶，浸以清水，以粳酿之	儋人多造
椒　酒	黎峒内	以安石榴花着瓮即成	《文献通考》《太平寰宇记》《南史》皆介绍其酿造方法
老　酒	临　高	酿经岁月，色红黑	近临高佳
烧　酒		粳、粟造	临高多岁货郡城
糖		本地以壖乘汁，海北来者成块	蔗糖俗名沙糖；担货有葱管、麻糖
蜜　浸			天门冬、益智子、姜麻子等7品

资料来源：（明）唐胄：《正德琼台志》卷9《土产下·器用属、工作属》。

表7-11所列的部分手工业品中，除了铁器、铜器等产品外，技术含量普遍不高，如瓦器中的精品皆为广货。

能工巧匠型的制作者，为工艺制作提供了重要技术支持，唐胄《万州藤作诗并序》中提及的"王氏女，尤巧手"，便是其说明。就地取材，因独有材料而成就地方特色产品，如万州藤、红竹篝，澄迈黄村席，临高老鸭扇等。这些产品除了满足家庭基本需要、部分作为贡品交纳外，多以交换方式流通于岛内外市场。

（2）军需产品制造。保证军政需要是其存在的前提，故产品并不用于流通。从资料来看，此类工艺主要有武器制造、造纸、灰窑瓦窑及造船技术。

卫所因其产品特殊，生产样式、工艺皆来自"部颁标准"，产品皆在本系统内流动，与地方系统没有太多交流。值得关注的是，经由该行业的技术训练，为地方培育了一批较为先进的技术人员。

洪武年间因"收藏军器"而置军器局，该设施在正德五年（1510）因故被革，嘉靖十年（1531），"各立军器局，多设廨舍，依例成造"，其工匠则"募之于民"。① 这就是说，嘉靖之后，有一批地方工匠服役于军器局

---

① （明）唐胄：《正德琼台志》卷18《兵防上·兵署》；（明）欧阳璨：《万历琼州府志》卷7《兵防志·兵署》，第231页。

之中。毫无疑问，嘉隆时期，在海口白沙门之地，用于防御海上海寇、海盗、倭寇的造船业中，也有一批本地人员从事于该种职业。

（3）发展趋势。晚明民营手工业相关资料不完整，[①] 单就明代中期以前手工业品的产地分布，体现出大分散、小集中。酿酒主要分布在儋州一带；藤器则在东南部的万州；技术含量较高的金、银、铜、铁等器物则以府城为中心，并向周边的琼山地区扩散。晚明之后，随着造船业在海口一带的开展，此类技术工匠将会极大地推动本岛造船业的发展。换句话来说，琼山、府城逐步成为本岛手工业品的制造中心。

2. 商业

丰富多彩的交易习俗。海南女性从事交易活动情况，似乎不局限于某个族群，也不特定于某个区域，而带有全岛性的特点。这一点在前文中所述的黎族女性如此；万州疍民女性"戴平头藤笠，负贩"。[②] 儋州地区，也有相同的景观——"妇女负贩"。此外，有趣的是在西部的儋州、澄迈地区，交易之简单，令人耳目一新："买卖鱼、菜等物，量物估值，少用秤。"[③] 这种"量物估值"的交易风俗，充分表明是时的海南仍具有初民社会的影子。

尽管从全国来看，海南墟市仍处于起步阶段，但是其在互通有无、丰富人们日常生活中所起的作用，不能因此而抹杀。

三　海洋文化类型

该文化类型由煮盐业和海上捕捞业二个层级构成，其人员以灶户及疍户为主。明代岛内六个盐场相对稳定，而疍民活动范围有着较大的变动，其陆地上的居所，由早期的沿海台地分布至中期之后收缩而集中于儋州、崖州、陵水及文昌、会同等地。疍民与灶户背陆面海，依靠传统经验、用自己的生产工具，进行"耕海"活动，从中获取源源不断的生活资源。如

---

① （明）欧阳璨：《万历琼州府志》卷 3《地理志·土产》，第 80 - 81 页，关于手工业的信息因"原书缺页"而不清晰，清代早期方志没有相关记载。

② （清）陈梦雷：《古今图书集成·方舆丛编·职方典》卷 1380《琼州部丛考八·风俗考·万州》，第 169 册，第 51 页。

③ （明）曾邦泰：《万历儋州志》天集《民俗志》，第 23 页；（清）丁斗柄：《澄迈县志》卷 1《风俗》，第 29 页。澄迈县志曰该风俗时，为"量约估值"。

果说，"山珍"出自山地——黎苗圈的话，"海错"便是来自这一圈层。渔民化的疍民与灶丁一道，缴纳国家规定的各项税收。其各种文化反映，构成了较为独特的海洋文化类型。

（一）盐业文化及其内涵

1. 盐场分布

历史上海南就是一个产盐的地区，《新唐书》记载了盐场在本岛基本分布：琼北地区琼山郡下的"容琼"、南部振州延德郡下的"宁远"、西部儋州昌化郡下的"义伦"等三县，皆产盐。[①] 至宋代，盐场布局开始向东南部的万安等地扩展，"琼、崖、儋、万安州各鬻以给本州，无定额"。[②]明代在此基础上盐场数量、分布空间都有进一步的发展（参见表7-12）。

表7-12 明代海南盐场分布及赋税变动情况

单位：石、两

名 称	位 置	设立时间	原额正丁数	盐 引	折 米	征 银
大小英、感恩场	琼山县西北10里大小英都	洪武二十五年	838	1071	1071	321
三村马袅场	临高县西北50里马袅都		1109	1417	1417	425
					1288	386
陈村乐会场	文昌县南50里迈陈都		802	1026	1026	307
					495	
博顿兰馨场	儋州西5里大英都		1497	1913	1913	574
					1359	407
新安场	万州南40里新安都	洪武二十三年	611	610	610	183
					403	190
临川场	崖州东100里临川村	洪武二十五年	167	214	214	64
					215	64

　　资料来源：（明）唐胄：《正德琼台志》卷14《仓场盐场》；（明）欧阳璨：《万历琼州府志》卷5《赋役志·盐课》，第155-157页。盐引有大引（400斤）、小引（200斤）之分，表7-12所列为大引；米以"石"计；征银以"两"计。在统计过程中，米取"石"、银取"两"的整数而得出的数字，故与原额有点出入。

---

① （宋）欧阳修、宋祁：《新唐书》卷43上《地理志七上》，第1100-1101页。
② （元）脱脱：《宋史》卷183《食货志五下·盐下》，第4466页。

需要说明的是，本表"原额正丁数"一栏中，随着税收加重、海寇杀戮等因素，灶丁在籍数字有所减少，但是终明一代，其折米、征银数字皆以原额丁为基础。六处盐场每岁共纳盐 6253 引的基数没有变动，"折米"数字由正统七年（1442）规定的 6252 石，弘治间折银 1876 两；至万历八年（1580）改为"征课米"4833 石，折银 1450 两。总体来看，盐课在明代中后期有所减轻。

2. 海盐制作工艺

海水中富含大量盐类，而盐则是人们日常生活中的必需品。海南周边面对着广阔无垠的大海，分布在本岛沿海台地的六处盐场属于海盐制作，其制作工艺则因台地的岩、沙质海岸构成不同而有所区别。

屈大均的文字记载，可以帮助人们了解明清之际，海盐加工的一般情况：

> 盐有盐田。盐之为田也，于沙坦避风之港，夹筑一堤，堤中为窦，使潮水可以出入也。天雨水淡，晴水卤。潮消则放淡水使出，潮涨则放卤水使入也。凡盐田五亩，以其半分为四区，布之以细沙，周之以沟水，是曰沙田。

屈氏就沙田制盐的具体过程，做了极为详尽的描述。此外，海水煮盐则是：

> 煮盐之釜以竹，周以唇灰，涂以泥。横可八尺，深半之，置于灶背曰牢盆。受卤二十余石，昼夜三四煮之，其竹不焦，盖盐与火同类也。盐，水中之火也。盐成则得十有六石。

至于海水晒盐，屈氏又曰：

> 晒盐则以池。池底以石，广丈，深三寸。天晴泻卤于池，不及半寸，夏秋日盛，池一日成盐二石许；冬春日微，池一日成盐一石许。①

屈氏的三种制盐方法，是清代初年整个广东省的海盐制作方法的总

① （清）屈大均：《广东新语》卷14《食语·盐》，第 381－383 页。

结。而明代海南的情况究竟如何？清康熙年间岛内盐场数进行统计，从其设置的"沙田额""池漏数"① 的两栏设计来看，此时岛内制盐的方法基本上为沙田制盐及石池晒盐。由此可知，明代本岛制盐大概状况。

今天儋州洋浦开发区旅游景点之一的新英古盐田，便是其历史见证。该地地处沿海台地、高温少雨、火山岩海岸，适宜于晒盐。人们将石头中间打磨平滑、四周留出凸边，做成石槽。通过海水的潮涨潮落，进行晒盐。而沙田制盐方法多在本岛北部、东部、南部的沙质海滩上进行。

煮盐业是否在本岛进行？相关记载十分模糊。为了加强"山泽之利"，丘濬认为官府应提供官铸的"一定尺寸"的劳盆，在官给券、灶户缴纳一定的"举火钱"之后，灶户才能"举火"煮盐。"听其自煮自卖"，严禁"煮而不闻官者"的私盐生产。② 丘氏对于煮盐户的相关认知，是否与其祖屋下田村相距四五里路之遥的大小英都盐场的制盐有着某种关系？果如是，则琼山地区盐场也存在着煮盐业。

3. 制度管理

（1）盐政改革与军饷筹措。入明之后，本岛驻军人数比起前代明显增加，军饷筹措成为地方政府一项重要任务。在国家的制度设计中，琼州府六处盐场隶属于海北盐课提举司，各设大使一员，每岁运本色6253引赴廉州府新村盐仓缴纳。早期军饷，通过本岛盐额北运廉州，再由广东布政司项下解海南充军饷。

海南盐的北运及军饷支付，皆需经涉琼州海峡。运输风险存在，无形中加大了成本，也制约了军饷及时、足额发放。最早要求从盐北运的环节着手，将部分风险转嫁给商人的是儋州大丰仓副使李德新，③ 洪武十年曾建言："琼州府军饷每岁俱于广东漕运，经涉海洋，往来艰险。宜以盐引发下琼州府，转发儋、万、崖三州，召商以米，于海南各仓中纳，付与盐引，就场支给，庶免漕运之劳。"李德新的建言很快为明太祖认可，户部

---

① 陈铭枢、曾蹇：《民国海南岛志》，即"曰盐田晒盐法；曰沙漏晒盐法；曰漏水煮盐法；曰晒水煮盐法；曰煮生盐法"。（第331－332页）

② （明）丘濬：《大学衍义补》卷28《山泽之利》，第10页。

③ 李德新，洪武十二年正月丁亥条中被记为"儋州仓副使李德"。参见《明太祖实录》卷122，第1973页。（明）唐胄《正德琼台志》卷26《坛庙·儋州·宁济庙》项曰："洪武丁巳年，儋仓大使李德新"，可知其名为"李德新"。

定具米数也随之出台："琼州府每引，米二旦；儋州米一旦八斗；万州米一旦五斗。"[①] 李德新从改变盐运销路径，便于筹办军饷出发，来改革盐政的具体措施得到朝廷肯定。或许是"户部定具米数"过高，再加上运输风险的存在，商人中贩并不踊跃。为了刺激岛内购买力，降低盐价，成为正统六年（1441）广东按察司佥事彭硫言五事中的重要一项：

> 广东琼州府，海外极边，控制诸番，诚为要地。粮饷之积，不可不备。而其所属新安等盐场，自永乐至今，积盐甚多，无商中贩。请敕廷臣熟议，令彼灶丁暂停煎办，听本处军民每盐一引，与所属州县仓纳米五斗，以近就近，支作户口食盐。俟其尽绝，仍旧煎办。庶官民两利，边储有积。[②]

彭硫局限于岛内民众购买的"均盐利以实边"，似乎并没有引起朝廷的足够重视。次年即正统七年，琼州知府程莹，以降低盐价吸引购买的做法，获得了朝廷的批准。主要涉及在全岛内各盐场推行统一的盐米兑换标准，每引折米一石，合计6253余石，纳入琼州府的广丰仓。弘治年间，纳米的规定为折银所取代，规定每石米折银三钱，共1876余两，投纳琼州府广盈库，用于支给军饷。[③] 这一做法，一直到明代结束。

地方政府通过市场干预、下调国家垄断物资食盐价格、改变供求关系，从而盘活了岛内资源。盐政改革成功，为军饷提供了保障。

（2）对灶户政策及其影响。为避免盐户逃亡，确保盐业收入稳定，政府加大对灶户的统治力度。在明朝初年，一方面规定"灶户除正里甲正役纳粮外，其余杂泛、差役并科派等项，悉皆蠲免"，以保证灶丁能够安于盐业生产；另一方面通过强化灶丁劳动，"日办三斤，夜办四两"，来增加盐业产量。正德四年（1509），为了避免"不当力役，有妨煎盐"，再次重申灶户不当差役，"不许编充民壮、水马站夫、解银大户等役"[④] 等规定。

但是，朝廷的"良法美意"，为地方势力所篡改，而奸弊丛生："豪富

---

① 《明太祖实录》卷115，第1887-1888页。
② 《明英宗实录》卷79，第1564-1565页。
③ （明）唐胄：《正德琼台志》卷14《盐场》；（明）欧阳璨：《万历琼州府志》卷5《赋役志》，第155页。
④ （明）唐胄：《正德琼台志》卷14《盐场按》。

奸猾之徒，将田诡寄灶户户内，或将民户诡作灶户名色，或将各县灶户姓名寄庄者，多搬（般）奸计，躲避差役。"诡寄、诡作、寄庄等"收招异图，影占避役，动则石以百计"，极大地影响了地方财政。政府为了加大对此类奸弊的打击力度，规定"如若再有前弊者，查访得出，就便验丁收充灶户"。① 总体来看，效果并不理想。

4. 海盐运销及其文化反映

（1）宋代盐业运销情况。北宋仁宗天圣（1023－1032）之后，鉴于海南盐业生产的诸多问题，在元丰年间（1078－1085）有所改进："琼、崖诸州，其地荒阻，卖盐不售，类抑配衙前。前后官此者，或擅增盐数，煎盐户力不给，有破产者。元丰三年，朱初平奏蠲盐之不售得，又约所卖数定为煎额，以惠远民。""其地荒阻"，事实上揭示出内地与海南的交通不便，南盐无法北运，也无法纳入国家盐政系统；岛内交通不畅，只能采用"类抑配衙前"就地销售的办法加以解决。朱初平以销售额来确定产盐数量的规定，并以此刺激煎盐户的生产积极性，但是无补于地方财政。于是不久之后，便有"琼、崖等州复请赋盐于民，斤重视其户等，而民滋困矣"② 之弊。

（2）明代盐业销售情况。明代早期在海盐外运上做出了积极的尝试，洪武年间儋州大丰仓李德新的"召商"建议，尽管得到明太祖的认同，但是自永乐至正统年间，"积盐甚多，无商中贩"，收效甚微。其中，琼州海峡，仍然是南盐北运的主要障碍所在。

为了打开海南盐业发展的困局，正统年间广东按察司金事彭硫及琼州知府程莹秉承宋代"皆鬻给本州"之制，取"以近就近"的原则，通过"钞课"征收"户口食盐银"对岛内军民等进行配给；对非国家编户的黎苗族群，则采取交易之法。

（3）岛内食盐销售中的文化反映。在"户口食盐"配给的过程中，基本上按照"凡官民食盐皆出于官，计男妇丁口纳米"。③ 但是，这一原则在执行过程中出现极大差异。儋州的户口食盐钞，便是以"通州妇女"1329口为基数，摊派16两余的户口食盐银："上食盐钞，旧以妇女每月征钞五

---

① （明）欧阳璨：《万历琼州府志》卷5《赋役志·盐课》，第155、157页。
② （元）脱脱：《宋史》卷183《食货志五下·盐下》，第4466－4467页。
③ （明）欧阳璨：《万历琼州府志》卷5《赋役志·钞课》，第160页。

百文，然后以官盐计口散给。例久，官盐不下而钞额照征。后以钞法不行，每贯只折铜钱二文。今派及男丁，而初意失矣。"[1] 结合万历府志"天顺间，因钞法不行，罢米折征钞贯。后盐不支，征钞如故，民得食盐者寡矣"的记载，可以推算出儋州征收妇女食盐钞，大约存在于正统七年（1442）至"今"即万历四十六年（1618）170多年历史之中。

从事食盐买卖的群体相对固定，"儋阳之求卖者，妇女耳；求买者，黎村耳"。这就是说，儋州的女性与黎村，通过食盐为媒介，建立了相对稳定的供求关系。

此外，为了完成兰馨盐场"岁征盐课四百"："于中有煎煮而纳课者，有耕耘而纳课者，有挑担而纳课者"。[2] 该地灶户在完成规定的盐课米或银两过程中，已突破早期灶户身份的刚性规定，这表明灶户的生产、经营有相对的自主权利，从而反映出该灶户群体与官府的人身依附关系有所松弛。儋州地区在制度安排上的灵活性，充分反映出明代中后期商品经济大潮对本岛的影响。

（二）渔业生产与文化反映

1. 渔业生产地位

海南周边面临大海，这为沿海台地居民的职业分工提供了条件。前文所述的灶户，在海水上做文章，为岛内居民提供盐泽之利；取之不尽用之不竭的海洋生物资，为专门从事海上捕捞业的疍民生存和发展提供了广阔的空间。那么，渔业生产究竟在本岛占据怎样的地位？

（1）改善居民饮食结构。"蛋无鱼，儿无食"[3] 的民间谚语，是对疍民所做贡献的基本肯定。"糜蔬海错"[4] 的寻常百姓日常食谱，充分说明疍民的行为在居民生活中所做出的贡献。此外，在唐胄的方志中，可以发现以海产品为主的美味佳肴，与疍民的劳作有着不可分割的关系（参见表7-13）。

---

① （明）曾邦泰：《万历儋州志》天集《食货志·钞课》，第57页。
② （明）曾邦泰：《万历儋州志》天集《食货志·盐课·申免议增盐课事》，第55-56页。
③ （明）欧阳璨：《万历琼州府志》卷5《赋役志·鱼课》，第154页。
④ （明）曾邦泰：《万历儋州志》天集《民俗志·居食》，第23页。

表 7-13　海洋鱼类佳肴及其制作方法

鱼 类	特征及烹制方法	备 注
黄 花	海品第一。钓船者佳；春出者尤美	产地：芒艿港
偶	品只次黄花。似马膏而有鳞，味最佳	
刀	扁长多刺，鲊特佳，俗重之	
马 鬃	形扁而长。肉细无刺，味特佳	
黄	味隽永，多盐干食	
骨 鳙	一名大头，儋名赤鱼。味嘉于鲊鳌；小者，宜鲜食	多产临高
燕	肉紫白而味特胜；肉红而味颇劣	
蜡	夏者，味佳	谚："冷斋热蜡"
带	形如裙带，白色，味甜	
巴 椰	商人舟鲊之，运售郡城	多出临高、儋州
勒	灸食佳	小儿痘疹，用以下饭
面 条	色白、无鳞而小短，蒸食佳	
西 纲	小白尖锐，宜鲊	
鞋 底	即"比目"，形圆，色黑，肉细佳	
红	盐干，味类江左白鳝	出昌化者佳
倒 挂	馁能醉人，鲊佳	出万州
虾	龙虾，须角棱利；苗虾，细小，出白沙芒艿港佳	出烈楼丰盈海；西海
蟹		万州最美 [1]

注：[1]（明）欧阳璨：《万历琼州府志》卷 3《地理志·土产》，第 78 页。（明）唐胄《正德琼台志》曰："冬出溪水，自西博崖诸石地来者佳"。

资料来源：（明）唐胄：《正德琼台志》卷 9《土产下·鱼之属》。

这些产自周边海域鱼产品，经由疍人捕捞而成为居民生活重要组成部分。

（2）土贡中的地位。所谓土贡，即"任土作贡"之意，专指臣民或藩属国向君主进献的地方特产。海南最早以海产品向中央政府纳贡，有据可考者始于唐代，崖州珠崖郡贡"珠、玳瑁"。[①] 自宋仁宗天圣五年（1027），"罢琼州岁贡玳瑁、鼍皮、紫贝"[②] 始，至明初 350 多年的土贡历史中，没有海产品进贡的相关记录。入明之后，洪武十六年（1383），三州八县的 11 所河泊所建立之后，以海产品为土贡也随之进行，岁办 195 斤

_____

① （宋）欧阳修、宋祁：《新唐书》卷 43 上《地理志七上》，第 1100 页。（明）唐胄《正德琼台志》曰："珠二斤、玳瑁一具"。（参见该著卷 11《田赋·土贡》）

② （宋）李焘：《续资治通鉴长编》卷 105，《四库全书》第 315 册，第 624 页。

多的鱼胶，与 66962 根翎毛一道，"解工部都水司及内府"。[①] 晚明之后，"俱出河泊所"的鱼胶、翎毛贡物以折银 77 两余的方式上纳，不过"每两加派京司水脚三钱，解官盘缠银二分，系蛋民办纳"。[②]

从土贡本身来看，万历时期关于土贡折银征收的总额，方志记载曰：岁共征银 866 两余，河泊所 77 两余，约占总额的 8.9%，此为蛋民在土贡中的贡献率。

（3）采鱼办课。随着明代统治的加强，蛋民纳课成为本岛赋税收入的一项重要来源。兹据明代两部府志的记录，整理如下（参见表 7-14）。

表 7-14　明代海南蛋民承担赋税统计

州　县	正德及以前		万历时期	
	课　米	备　注	课　米	备　注
琼山	649	折银解府，支官员俸钞	604	
澄迈	740	折银解府，转解布政司交纳	660	无征米 159
临高	1012	拨昌化广储仓并该县存留仓	950	
文昌	829	纳本县存留仓	771	
会同	215	纳本县存留仓	201	无征米 119
乐会	209	原运陵水南丰仓纳；今折银解府，转解布政司交纳	193	
儋州	2001	实征 1119 石。纳州大丰仓	1033	折银留州
昌化	157	实征 63 石。纳本县广储仓	58	折银留县
万州	516	纳本州广积仓并崖州军储仓	460	
陵水	341	纳本县南丰仓	215	
崖州	620	纳本州军储仓	568	折银留州
感恩	338	有征米 176 石。纳本县际留仓	163	
合　计	岁连闰米：7632 石		见征米：5980 石；折银 1870 两	

（表右侧跨行备注：其余 1 州 8 县，所折银两，皆解府充饷）

资料来源：（明）唐胄：《正德琼台志》卷 11《田赋·渔课》；（明）欧阳璨：《万历琼州府志》卷 5《赋役志·鱼课》，第 154 页。在录入上述数字时其整数，舍去余额。

[①] （明）唐胄：《正德琼台志》卷 11《田赋·土贡》。按关于"翎鳔"一项，唐胄曰：澄迈、临高、乐会、儋州、万州、昌化、陵水七处"派鱼鳔"，而琼山、文昌、会同、崖州、感恩五处"派翎鳔"。"今鱼胶见充额贡，而翎鳔不见实征，不卜何由"。（同著卷 11《鱼课按》）

[②] （明）欧阳璨：《万历琼州府志》卷 5《赋役志·土贡》，第 161 页。

除了"鱼米课"之外，尚有二项正办赋税，即各州县需要"解府支给官员俸钞"的"比附钞"，405 锭及文昌、会同二县专门征收"海菜钞"109 锭；这两项正办，在万历之后合称"钞课"共 515 锭，[1] 俱出河泊所。仅从所征收的米课来看，有逐渐下降的趋势。但是，晚明之后因周边海域不靖，疍民由早期的环岛分布开始急剧向本岛东西水域转移。表 7-14 所反映的万历时期"见征米"的征收情况，与疍民实际分布极不吻合。明代的"鱼课征收法"，道出其原委："郡自赵宋已有疍兵，未详疍课。本朝设官河泊，其职于鱼者，专取于疍也。法分三等：科以船者，船罢则止；科以礁者，礁变则迁；科以户者，丁尽户绝而课不改额焉。"[2] 将早期的"原额"分摊于疍丁，作为"科户"征收的原则，即便"丁尽户绝"也不改课额。这是万历之后，"见征米"征收与其实际分布不相符合的主要原因。

如果将明代中前期及后期疍民的课米数，与琼州府"实征钱粮"原额85986 石米比较，疍民所占份额分别为 8.9% 及 7%。如此，其贡献率并不大。然而，问题远非如此简单。正德七年（1512）全岛人口统计数字为250143，疍民人数8733。这就是说，人数仅占全岛总数 3.49% 的疍民，在除去相应的土贡之外，至少要承担"正办"赋税的 7%，税收之重，由此可见。

此外，疍民以舟为家、浮生江海，陆上鲜有土地可言。崖州"或种山园、置产"的举措，在海南并不具有普遍性。这就是说，米非疍民所产，他们只有以鱼易米，或者通过鱼→钱→米的交易才能完成国家规定"正办"之课。如此环节，自然加重了该族群的负担。万历之后的折银代米，使之有所减轻。

2. 较高经济价值海产品与渔场分布

随着国家统治力度的加强，纳课办税是疍民的基本任务。这一变化，加剧其生产方式的转变：从简单的海上捕捞以满足自身生活及人口生产的方式，开始追求有一定经济价值的海产品以完成国家正办、代办的各项课税。

---

[1] （明）欧阳璨：《万历琼州府志》卷5《赋役志·钞课》，第 158 页。每钞 1 贯折钱 2 文，5 贯为一锭，折钱 10 文，70 锭折银 1 两。

[2] （明）欧阳璨：《万历琼州府志》卷5《赋役志·鱼课》，第 154 页。

（1）高经济价值海产品。多产于文昌清澜海的鳍鱼（即鲸鱼——引者注），俗称为"海龙翁"，亦名"海公"。咸丰《文昌县志》记述其情况如下："大者长数十里，望之如连山，小者亦千余尺。声如雷，气如风，喷沫如雨雾，航海者遥见即惊避。"鲸以"母背常负子"出游海上。鱼油加工，可以点灯；脊骨节可为舂臼；鱼肉可食并能去痘。[①] 一身是宝的鲸鱼，成为疍人猎取的对象。唐胄《正德琼台志》曰："蛋人常驾舟，系索于铁枪，以标其子，随候其毙。拽诸岸，取油，货至万余钱者。"

玳瑁，"类鳖而大。背甲自脊两分，共十四版，可为带"。玳瑁的背甲，是一种有机宝石，用于制作戒指、手镯、簪、梳、扇子等器物。在汉武帝时代的边疆开郡过程中，作为地方特产的玳瑁居然与中央王化治理有着密切关联，"能睹犀布、瑇瑁，则建珠崖七郡"；[②] 以玳瑁作为贡品，如前文所述始自唐代。入明之后，随着南海诸国朝贡体系的日臻完备，至正德时期"带、版俱出番国"，比较而言"琼则薄小而纹杂，他如龟筒、鲫鲶版尤薄，俱不堪用"。[③] 毫无疑问，海南玳瑁的地位有所下降，但是其经济价值不能因之而全部否定。

出自崖州南部深海区域、"形如蚌蛤而厚大，色白"——具有宝物之称的砗磲，是极为珍贵的海产品。

本岛经济发展，人们娱乐、鉴赏能力有所改观。作为人文景观、具有情趣的海底之石的价值也相应提高。其中，"供土人取玩"者有琅玕石，"生海底，柯似珊瑚而大，上有孔窍如虫蛀，击有金石声"；可以制作假山，"置花台供玩"的有文昌海的"海花石"；以及在儋州、临高、文昌海皆有所分布的"羊肚石"[④] 等。

此外，"琼枝菜"的采集及其变迁值得关注。这种珊瑚树以文昌海域居多。因其"岁利亚于槟榔"，利益所在，引起垄断，万历府志对此作如下按语："琼利槟榔之外，琼芝（即琼枝菜——引者注）次之。然巨姓营

---

① （清）张霈、林燕典：《咸丰文昌县志》卷 2《舆地志·物产·鳞类》，海南出版社，2003，第 80 – 81 页。
② （汉）班固：《汉书》卷 96 下《西域传下》，第 3928 页。
③ （明）唐胄：《正德琼台志》卷 9《土产下·鱼之属》。
④ （明）唐胄：《正德琼台志》卷 9《土产下·石之属》。

穴，利不及民。且封山界海，兼并易生，讼无宁日。"① 海产品的经济价值之高，上述几个例子可以佐证。

（2）渔场分布。唐胄《正德琼台志》关于鱼类分布的描述中，周边渔场隐约可见，如西部海域的海北渔场。骨鳕，儋州人呼之为"赤鱼"，春末夏初，产于北海，向南移动。儋州、临高为主产区。王佐记录了这一壮观场面："春末夏初，海上叠阵而来，自底至面。船网必以一能者沉水，视鱼放网。多有鱼阵压死、不起者，得鱼则与之均分。若船不胜鱼，则急破或舍网纵之，不然有沉船者。"②

马膏鱼（即马鲛鱼）场。春，南风起，琼山东营港极多，疍人用网将鱼"延至岸，钩取之"，万州、昌化皆有所产。

此外，天气雨晴也能引起鱼群的聚集。如塘虱鱼，在风雨将作之际，群体起飞，"遇者或获担而归"。

唐胄以近海渔场为主要描述对象，并且岛的东、东南、南部的渔场分布不甚清晰。这从侧面反映出，本岛周边海域的渔业资源十分丰富。

第三节　女劳"男逸"现象

南宋时期，仕宦于广西钦州的周去非，对岭南地区男女社会分工，有着极为独到的观察：

> 城郭虚市，负贩逐利，率妇人也。而钦之小民，皆一夫而数妻。妻各自负贩逐市，以赡一夫。徒得有夫之名，则人不谓之无所归耳。为之夫者，终日抱子而游，无子则袖手安居。群妇各结茅散处，任夫往来，曾不之较。至于溪峒之首，例有十妻，生子莫辨嫡庶，至于仇杀云。③

屈大均就粤东北之地相关问题，肯定了周氏"女劳男逸"现象："其男即力于农乎？然女作乃登于男。厥夫菑，厥妇播而获之。农之隙，昼则

---

① （明）欧阳璨：《万历琼州府志》卷3《地理志·土产上·菜属》，第73页。
② （明）王佐：《琼台外纪》，引自（明）唐胄《正德琼台志》卷9《土产下·鱼之属》；（明）曾邦泰：《万历儋州志》天集《土产》，第21页。
③ （宋）周去非著，杨武泉校注《岭外代答校注》卷10《蛮俗门·十妻》，第429页。

薪烝，夜则纺绩，竭筋力以穷其年岁。益有余粟，则其夫辄求之酤家矣。故论女功者以是为首。"长乐、兴宁的男女，在力田上的性别分工形成了男人开荒，女人播种与收获的"厥夫菑，厥妇播而获之"模式，而在家庭事务上几乎全为女性包揽。在增城绥福都则出现"夫反为妇"的"女劳夫逸"现象："妇不耕锄即采葛，其夫在室中哺子而已，夫反为妇，妇之事夫尽任之，谓女劳夫逸。"①

研究表明，江南地区在明代后期以前，"'夫妇并作'为代表的男女同工模式仍然占有重要的地位"，至于"男耕女织"的劳动分工，大约在清代中期才得到充分的发展。②

从上述材料所描述的族别来区分，周去非的钦州地区以民族成分居多；屈氏的粤东北地区多为客家移民；李伯重先生则是以江南地区汉人为对象。"女劳男逸"现象明显有一道天然的分界线——南岭，此分界线以北地区为"男耕女织"分工协作模式；而在岭南地区，普遍存在着男子惰于农耕的"女劳男逸"现象。进而可以得出这样的结论：具有迁出地向迁入地转变痕迹的客家人，在力田和家务活动中所形成的惯常行为是习俗互化的结果。

这种男女分工的岭南模式，颠覆了中原地区"男耕女织"及士大夫家族"相夫教子"的传统观念。但是，海南的男女分工模式，似乎与岭南模式不尽相同。

一 海南女性角色担当

海南属于岭南地区，因其相对独立的地理单元，有必要将其划分出来。

（一）性别分工模式

1. 黎族社会分工

颇有意思的是，成书于南宋孝宗淳熙五年（1178）至八年间③《岭外

---

① （清）屈大均：《广东新语》卷 8《女语·长乐兴宁妇女》，第 270－271 页。
② 李伯重：《从"夫妇并作"到"男耕女织"——明清江南农家妇女劳动问题探讨之一》，《中国经济史研究》1996 年第 3 期，第 106－107 页。
③ （宋）周去非著，杨武泉校注《岭外代答校注·前言》，第 7 页。

代答》所描述的多妻、女子负贩逐利等情景，在时隔 340 余年之后的明嘉靖初年儋州熟黎区再现。[①] 在清代早期，情况有所变化："黎妇多在外耕作，男夫看婴儿、养牲畜而已。遇有事，妇人主之，男不敢预也。"[②] 黎族女性成为家庭生活的重要支柱，形成女子主外、男子主内的角色分工。女性地位凸显、男子处于从属地位，这与黎区的婚姻制度基本一致。

那么，汉族女性究竟承担着怎样的角色分配？

2. 汉族分工模式

与黎区不同的是，汉族性别分工，则呈现出因地而异及多层面上的变化（参见表 7 – 15）。

表 7 – 15　明代部分州县耕织、商贸分工变迁

州　县	正德以前	万历时期
琼山		勤于农桑；女工纺织
澄迈	女工专务纺棉绩麻	女务纺织
定安		勤俭力穑，不事商贾杂艺
会同	田土膏腴，竞种槟榔	竞种槟榔，以封殖为高
儋州	以耕织为务；多艺吉贝，妇女负贩；人无佣佃	
万州	以织造藤器为业	
陵水		男惰四肢，妇女贸易
崖州	家自耕植，无佣佃；妇女不事蚕桑，止织吉贝	

资料来源：（明）唐胄：《正德琼台志》卷 7《风俗》；（明）欧阳璨：《万历琼州府志》卷 3《风俗》。

据此，其分工模式如下：琼山、澄迈与文昌大略一致，即女子专务纺织、男子事农桑，这一情况类似于江南地区的"男耕女织"；定安，"不事商贾杂艺"，只从事农耕，所以其分工可能是男女同耕；"无佣佃"主要在儋州（昌化附）、崖州地区。男子以力田为主，女子则织吉贝并从事商贸活动。崖州可能为男耕女织；东部陵水则为明显的"女劳男逸"型分工。

（1）"仆耕"。多为官宦之家的行为。女诗人冯银笔下所描述的内容，揭开了以攀丹村唐氏为核心边疆大族生活状态的神秘面纱："吾虽生于陋

---

① 顾岕在嘉靖龙飞之际（即 1522 年）宰职儋州，所著《海槎余录》中便有类似描述。（第 20 – 21 页）

② （清）张庆长：《黎岐纪闻》，《丛书集成续编》第 236 册，第 368 页。

巷，朝焉命仆以耕，则有余食矣；夜焉督婢而织，则有余衣矣；暇则与子观书，则有余乐矣。"冯银，琼山县那邕都教谕冯源之女，有较好的家学渊源。其夫唐继祖乃唐舟之孙，因岁贡而为长沙卫经历。[1] 如此，丈夫官宦于外，妻子持家、教子、侍奉老人于内，仆耕在野、婢织在室，从而形成各司其职、分工合作的局面。

（2）"男子力田"。在郑廷鹄《青灯记》[2] 中有所反映。作为传主的邢氏系邢宥三代族孙女，适本县（文昌）黎天柱。《青灯记》记载了其家庭分工：黎氏"兄弟出耕野外"，而邢氏则在家抚养尚在襁褓之中的孩子，并给在田间耕作的丈夫等送饭，属于较为典型"夫耕妇馌"分工模式。而"田间饷耕是姑炊，机中织纬是姑络"[3] 中的"姑"，则兼及"妇馌""女织"。

（3）女耕。汉族女性从事田间耕作，是较为普遍的现象，也是细民之家基本生活常态。陈缳通过《见农妇插田歌作》的诗作，将女性力田形象定格：

> 尺布包头学野装，轻移莲步水还香。裙如蛱蝶随风舞，手效蜻蜓点水忙。紧束晓烟青一把，细分春雨绿成行。山歌欲和声难调，恼杀摇鞭马上郎。[4]

在常年高温的气候条件下，即便人们静坐在家中也能感受到酷暑难耐，无须说挥汗如雨的野外劳作。然而，女性插秧的劳动场景，居然能够达到"轻移莲步水还香"的意境。其实，该诗作的背后，折射出作者对家乡"女子力田"这一职业分工的充分认同。

（4）女织。女子纺织养家的例子，在方志中《列女》一节中，多有记录（参见表 7 - 16）。

---

① （明）唐胄：《正德琼台志》卷 40《人物五·列女·孝义》、卷 39《人物四·岁贡》。

② （明）郑廷鹄：《石湖遗集·青灯记》，（民国）王国宪辑《海南丛书》第 6 集，第 21 - 22 页。其"殉节死"事为乡论推重，士大夫"赋诗以高其节"，进而成卷曰《青灯独誓》。郑廷鹄因之作记。

③ （明）王佐：《鸡肋集》卷 8《禽言诗九首·姑恶姑不恶》，（民国）王国宪辑《海南丛书》第 3 集第 1 卷，第 10 - 11 页。

④ （明）陈缳：《唾余集·诗·见农妇插田歌作》，（民国）王国宪辑《海南丛书》第 5 集，第 67、50 页。

表 7 - 16 女性纺织养家案例

姓 氏	籍 贯	夫 名	主要事迹	备 注	资料来源
林氏	琼山	陈 辅	纺绩鞠孤	守贞课子	（清）王挚、关必登：《康熙琼山县志》卷 7《人物志·列女》；（清）潘廷侯：《康熙琼山县志》卷 9《人物志·守节》，第 237 页
陈氏		潘 穰	纺织佐读	子潘楫登贤书，知善化县	
谢氏		海 瀚	日勤女红	海瑞之母	
王氏		张 玉	纺绩不辍		
郑氏		谢有冯	纺绩自给		
林氏	澄迈	王 氏	纺织自赡		（清）斗柄：《熙澄迈县志》卷 3《列女》
谢氏	临高	陈 净	秋蚕凄切催机杼，夜雨悲凉课简篇	其子禀于庠	（清）樊庶：《康熙临高县志》卷 8《列女》
陈氏	文昌	林希翰	纺纴不去手	子椿以岁贡任广州府司训，后嗣俱膺岁、乡荐	（清）马日炳：《康熙文昌县志》卷 7《节烈》
潘氏		韩文源	训子，纺绩奉姑		
刘氏	儋州	蔡 荣	纺织抚育，教训成名	三子俱登宦籍，一子郡庠	（清）韩祐重：《康熙儋州志》卷 2《贞节志》
文氏	万州	张 溁	忍饥纺绩		（清）李琰：《康熙万州志》卷 3《节烈志》
花氏	崖州	萧 炳	闭门纺织		（清）张擢士、李如柏：《康熙崖州志》卷 1《贞烈》
洪氏		曾 衡	纺织事姑		

在海南女性群体中，13 则案例，实在是微不足道。但是，不可否认：纺织基本上成为家庭主夫缺失下的贞节烈妇聊以度日、抚育子女的唯一生活来源。

如果将那些未进入"列妇"系列、主要劳动力身体残缺、男耕女织、类似于冯银督促"婢织"等诸类家庭加以统计，再结合琼山、澄迈、文昌女工纺织，儋州、崖州女子专艺吉贝等地区分工，毫无疑问，从事纺织女性数量是庞大的。

（5）女子从商。从明代方志可以看出，女子从商集中分布在本岛西部和东南部的两个地方：儋州"女子负贩"的角色分配由来已久，而陵水的"妇女贸易"，似乎在明代中后期才逐渐放大。与此同时，这一现象大有全岛蔓延之势，乃至政府不得不动用行政力量加以干涉。

万历初年，金坛（今江苏省金坛市）人贺邦泰为琼州知府，甫一上任便颁布《禁妇女出街市行走买卖》。[①] 赋闲在家的海瑞对此禁令做出积极回应，并与"乡士夫、亲友诸先生"约定："本府约束其差使，往来亲友家及资生大小买卖，各以男子充之。妇女止做门内工，不外出。"在海瑞看来，行走贩卖的妇女，亦往来闺阁之中，她们善于家长里短、播弄是非，对于"悠闲贞一"的妇德是一个严重挑战。为"严肃闺门之计"，并"济官法之所不及"，以达到"焕然礼别之俗"之目的，于是上有知府之禁、下有海瑞与乡士夫之约，上下其手，试图来以对女子负贩加以禁止。其实际运行的效果似乎不尽如人意，在清代该现象愈演愈烈，已非本书所探讨。明代海南女子从商之众、波及范围之广，由此可见。

二　女子劳作背后的价值取向

以清初张庆长《黎岐记闻》的相关记录为切入点，对明代海南女性进行总体观察，会发现一个有趣的现象——无论族别归属，为家庭生计而奔走在田间、墟市，乃至从事于手工产品生产是海南女性的总体特征。然而隐藏在女性背后男性的处境，却因族属而待遇截然不同：黎族男性因不承担家庭生活重担，其相应的社会地位也随之丧失，从而体现出十分典型的"女劳男逸"型的分工模式；汉族社会（陵水地区，"男惰四肢"[②] 属于"女劳男逸"）则因家庭的类型不同而略有区别，耕读家庭"女耕"、手工业家庭"女商"、细民之家"女耕"等多种形态。

总之，"黎岐"社会分工，体现出母系部落遗存痕迹；农商文化圈中，男女分工则是家庭成员以协作为前提、地位相对平等的基础上进行，"男儒"更多地体现出家庭成员的整体价值追求，尤其在科举新贵家族中表现得更为明显。

1. 新贵家族追求

唐朝选，琼山南桥人，山东兖州府金乡县知县唐瑶之次女，"历代典故，颇皆涉猎"，为临高县扶黎县丞王原恺之继室，生子王佐。王佐幼年，父卒。

---

① （明）海瑞：《禁妇女买卖行走约》，陈义钟编校《海瑞集》，第 445–446 页。
② （明）欧阳璨：《万历琼州府志》卷 3《地理志·风俗》，第 72 页。

王母以"纺织经营"家庭，对其幼子学业十分在意："自幼冲即延师于塾，教以诗书；稍长，闻有名师，虽数百里外，即遣往徙。闲时归省，或逾期不学，母即忧不食。凡诸束脩，皆出母手。"① 在王母培育下，王佐成为正统十二（1447）年丁卯科举人，并为官于广西、福建、江西等地。

谢氏，适"性警敏不羁，不事家人生业"的海瀚，生一子海瑞。海瀚辞世时，海瑞年仅4岁。28岁守寡的谢氏拒绝再醮，决心课子成才。在家庭生计上，通过"苦针裁、营衣服、节费资"等手段，"能使内外不致乏绝"。为了让海瑞能学有所成，"幼粗识书史语"的谢氏，"口授《孝经》《学》《庸》等篇"；及长，谢氏"访询戚近，惓惓然举而托之严明之师，以琢以磨"。② 谢氏的价值追求，成就其子的辉煌人生。

凡科举新贵家族，多为二代人通力合作的结果。以冯银为代表的"旧家"女性，多知书达理，因丈夫官宦于外，她们多勤劳持家，督促子女精进学业。

2. 女性的价值观取向

所谓"封赠"即"生曰封，死曰赠"，③ 是国家对品官父母及以上先人而言的；"荫叙"则惠及其后代之举。明代逐步完善的品官封赠、荫叙制度，随着入仕人数增加，受惠群体数量自然随之增长，这在边疆地区意义非同一般（参见表7-17）。

表 7-17　明代海南封赠、荫叙人数统计

州 县	封 赠	荫 叙	州 县	封 赠	荫 叙	州 县	封 赠	荫 叙
琼 山	43	10	澄迈	2	—	定安	7	2
文 昌	7	3	乐会	2	—	儋州	2	—
万 州	3	—	陵水	2	—	崖州	2	1
合 计				封赠：64；荫叙：16				

资料来源：（清）张岳崧：《道光琼州府志》卷28《选举志·封赠、荫袭》，第675-676、680页。"荫袭"部分残缺止及琼山县，据民国22年（1933）本补。自万历琼州府志之后，"封赠"中也未列出品官家庭女性受封赠的情况。"封赠"62人、"荫叙"10人 [参见（清）焦映汉、贾棠《康熙琼州府志》卷7《人物志·封赠、荫叙》，第636-639页]，其他州县志亦如此。

其中以丘濬为核心的家族封赠，值得关注。

---

① （明）王佐：《鸡肋集》卷7《先母行状》，（民国）王国宪辑《海南丛书》第3集第1卷，第1-3页。

② （明）海瑞：《与琼乡诸先生书》，陈义钟编校《海瑞集》，第415-416页。

③ （清）张廷玉：《明史》卷72《职官志一》，第1736页。

丘传，濬之父，妻李氏；

丘普，临高训科，濬之祖，妻柯氏；

丘均禄，元元帅府奏差，濬之曾祖，妻李氏。俱以濬贵，累赠至光禄大夫、柱国、太子太保、礼部尚书、文渊阁大学士，妻俱一品夫人。

濬妻，金氏赠一品夫人，吴氏封一品夫人。敕诰命共三十二通。①

出身遐荒之地、细民之家的丘氏家族，因丘濬地位显赫而获得三代封赠，这在海南绝无仅有。丘濬的成功，为海南士人的价值追求树立了标杆。

此外，在丘氏家族封赠中，女性受"赠"4人、受"封"1人。但是，女性受封赠自万历府志已不见载。在"封赠"数字64位男性中，至少有64位女性与之匹配，再加上55位②品官自己的配偶，故女性受封赠的人数至少在120人以上。至此，明代海南受封赠总人数可达180位以上。

无论是丈夫、儿子进入仕途，作为妻子、母亲皆被"封"，这不仅是实实在在的物质享受，也是令人向往的精神体验，更是家族显亲扬名最为便捷的途径。这或许就是海南汉族女性，不顾炎天酷暑从事"女耕""女织""女商"，以及女子持家等职业的主要原因所在。

第四节 互相交融与共同发展

三种互不相同文化类型之下的诸族群，以海南为共同生活家园，经过彼此间的交流与碰撞，在有明一代的海南文化上，初步形成"异中有同、同中有异"的新现象。这种彼此之间的有机联系，形成极为独特的海南区域文化，而从属于中华文化。

① （明）唐胄：《正德琼台志》卷40《人物五·封赠》。
② 在64位受封赠的人数中，因品官级别而受封赠的数字有一定的限制，其中因薛远而受封赠其祖、父2人；丘濬，曾祖、祖、父3人；唐胄，2人；王弘诲，祖、父2人；钟芳，祖、父2人；廖纪，祖、父2人。所以品官共55人。（除去万州廖纪本人及其祖、父，唐葡及其父亲，详见本书第3章"教育与文化"）

一 族群间的相互交融

（一）族属的互化

1. 黎化为汉

历史上，与国家治理力度的加强相适应，以壮大其在边疆地区的统治基础，编户齐民的最大化一直是历代王朝努力的目标。黎族是海南主要族群之一，所以黎族的"编户齐民"化，是王朝政治在本岛经略的重心。

有明一代，经过中前期的"招募"及中后期的军事治理，以交纳赋税为标志，文昌的斩脚峒、琼山南岐峒及儋州七方峒等地分别"募化服役"，这是历代在黎族纳入国家编户政策的执行过程中，取得的成就最为突出者。

2. 汉化为黎

与国家在本岛所推行"编户齐民"的主流截然相反，民间涌动的"汉化为黎"的事例并不鲜见，最具有代表性的是唐代李德裕（唐赵郡赞皇人，即今河北赞皇县）后裔化黎事件。

> 李赞皇之南迁也，卒于崖州。子孙为獠夷。族亦有数百人，自相婚姻。吴人顾朝楚为儋州同知，以事至崖州，召而见之。其状与獠夷无异，耳缀银环，索垂至地，言语亦不相通。德裕诰命，至今尚存其家。此正德间事，今不知如何矣。[1]

此为万历时期，王兆云的《漱石闲谈》记录了儋州同知顾朝楚，于正德年间在崖州与李德裕后人相见的一段亲身经历。[2] 变成"獠夷"的李氏子孙，因其为名人之后，而多为后代所关注。总体来看，争论的核心不是其子孙是否化黎，而是在何处化黎，以及李氏贬所究竟在琼州北部还是南

---

[1] （明）王兆云：《漱石闲谈》卷下，《四库存目》子部第248册，第349页。

[2] 据《万历儋州志·秩官》的记载，正德年间无，该州同知仅二人，无顾姓。而嘉靖元年（1522），儋州同知为顾岕。顾朝楚是否就是顾岕？果如是，其《海槎余录》无此记载。

部之间的争论。①

　　抛开争论的具体细节，有一点可以肯定——汉人黎化的历史，由来已久。

　　两宋，尤其是南宋时期，"闽商值风飘荡，赍货陷没，多入黎地耕种之"。② 这就是说，在赵汝适、李心传的记录中，迫于生计而落籍黎区耕种田地，是福建籍商人黎化的主要原因；在周去非看来，"湖广、福建之奸民"，③ 是宋代熟黎构成的重要组成部分。湖广、福建的"奸民"与破产闽商之间有无内在联系，不得而知。毫无疑问，此时段内岛外汉人是"黎化"的主要来源。

　　至明代，这一情况发生了重要的变化。自永乐四年（1406）至宣德初二十多年抚黎知府存在期间，"附近黎山、版籍称为熟黎者，以招抚生黎为由，就便纷落所属，据为本管，诱以不当差役，多增所属部武，以敌偶州县"，于是便有"多背本府，去投抚黎知府部下躲差"。④

　　可以说逃避差役是明初本岛汉人黎化的直接动因。此次黎化的汉人数量无法统计，但这是一次有组织、有规模的行为，毋庸置疑。此后，类似的集体行为并不多见。直至万历末期，岛内府、州方志，对于汉人化黎总体情况做出总结："旧传，本南、恩、藤、梧、高、化人，多王、符二姓"，"因从征至者，利其山水田地，占食其间"；"又多闽广亡命"；"本

---

① 清光绪年间，崖州知州广西人唐镜沅（光绪十四年，1888 年上任）受两广总督张之洞的委托，查实李德裕子孙化黎的情况。唐将此项任务交由崖州人吉大文，吉氏经历为："咸丰辛亥（1851）举于乡，三上春官不第"，因光绪丁丑（1877）平定东黎之功，而"以知府升用"。在其《上唐芷庵刺史书》中指出，"唐时琼山地，半为崖州，半为琼州。唐李德裕贬为崖州司户参军，是琼山之崖州，而非今宁远县之崖州也"，明确李德裕死于海南北部；至干其后人情况，该书又曰："公弟德禧，初住毕兰村，次徙居抱班，后利抱劝田美，移居焉。今多港良田甲于西峒，与《志》书符合"。事实上肯定李氏后人在南部的崖州（今三亚市）化黎。［参见（清）钟元棣创修，张隽等纂修《崖州志》卷 20《艺文志》、卷 18《人物志》］1962 年 3 月 16 日，著名史学家郭沫若为点校光绪《崖州志》，在《光明日报》上发表《李德裕在海南岛上》一文，从李德裕的《望阙亭》一诗入手，以诗证史，提出李德裕被贬的"振州说"。后来的争论，主要"振州说"和"琼山说"之间进行。
② （宋）赵汝适著，杨博文校释《诸蕃志校释》，第 220–221 页；（宋）李心传：《建炎以来系年要录》卷 187，《四库全书》第 327 册，第 673 页。二者文字略有差异。
③ （宋）周去非著，杨武泉校注《岭外代答校注》卷 2《海外黎蛮》，第 70 页。
④ （明）王佐：《鸡肋集·进〈珠崖录〉奏》，（民国）王国宪辑《海南丛书》第 3 集第 1 卷，第 3–4 页。

省土人，贪其水田，占其居食"。①

黎人汉化与汉人黎化，是明代黎汉交融最直接的表现。

（二）文化上互相渗透

有明一代，岛内不同族群间的文化交流，以不同途径展开（参见第3章第2节3"民族地区教育与人才培养新成就"）：从国家层面来看，以"荐举"的方式，使得民族地区生员成为贡生。其中，崖州地区的民族生员因荐入贡达42人之多，人数最多。此外，在黎族贡生群体中，崖州的潘隆及儋州地区的符节，因各自不同的经历而成就不同的人生。

地方政府在创办民族教育上有所作为：弘治十年，海北盐法道建立大小英、感恩等盐场的三所社学；万历三十一年，水会所社学。其中，儋州的疍民教育取得的成就最为显著。

体现王朝意志的汉文化，在本岛推进过程中具有明显的功利性、阶段性和强制性。与之不同，民间的文化交流更显得源远流长，各种不同背景的文化在一起互相交流与吸收，从而出现的"同中有异""异中有同"的新局面。这一局面，在宗教信仰和社会风俗中表现得尤为突出。

1. 宗教信仰

（1）汉人对黎族神祇的祭祀。方志的相关记载，展示了黎汉之间在宗教信仰上关联程度。在琼州府城内，建于元代的"黎母庙"，该神祇一直受到"土人私祀"的待遇："黎母庙，在小西门内大街。其神详见《纪异》。先元时立，在城西一里。国朝洪武己未（1379），指挥蔡玉展城移此。永乐丙戌（1406），寓士杨岱宗、杨升募财重建，范铜为像。"关于其神祇的大致情况，唐胄《正德琼台志》曰："刘谊《平黎记》云：故老相传，雷摄一蛇卵在黎母山中，生一女，号为黎母。食山果为粮，巢林木为居。岁久，致交趾之蛮过海采香，因与结配，子孙众多，开山种粮。"② 不过，受汉人祭祀的黎母庙香火，究竟止于何时？万历府志如是说："文昌祠，在小西门原黎婆庙基"，"乡官廖士衡、王钺同众改建范贤义学，祀朱、吕二公"。根据同著卷10《人物志·乡贤》的记载：廖士衡，琼山人，

---

① （明）欧阳璨：《万历琼州府志》卷8《海黎志·黎情》，第254－255页；（明）曾邦泰：《万历儋州志》地集《黎岐志》，第100页。

② （明）唐胄：《正德琼台志》卷26《庙坛·本府·琼山县附》、卷41《纪异·定安》。

"领嘉靖壬午（1522）乡荐"。① 从其为官、致仕时间来看，"文昌祠"取代"黎母庙"大约在嘉靖中后期。黎母庙的香火，至少在府城地区延续有200年之久。

与府城的情况不同，在儋州"黎晓山，在州西四十里高麻都。顶有巨石若岩，乡人以事黎母神"。②《万历儋州志》《康熙儋州志》则以"黎母庙"条收入"秩祀志"中："黎母庙，在州西黎晓山顶，有巨石若岩，乡人以祀黎母。岁时祈祷有应。"③ 儋州的黎母庙在唐胄的记述中，环黎晓山的居民"多习儒、登仕"，他们对黎母山神祇的供奉可以说是终明一代。

（2）黎族对佛、道的信奉。洪武二年，乐会峒民王德钦；永乐五年，感恩"土人"娄吉福个人捐资所建的观音堂，这说明佛教已经开始向民族地区传播。

明代为数不多的新建道观主要分布在会同、乐会、感恩三县，这种布局与明代的寺庙建筑基本一致，它表明道教向岛内民族地区的浸透。永乐十五年，感恩县"土人"修建"真武堂"便是其典型代表。

总体来看，佛、道在民族地区传播不具有可持续性，正德之后的相关记载不见于方志，便是其最好的说明。个中原因究竟如何，尚需进一步推敲。

2. 社会风俗

"椎牛祭鬼"习俗，由来已久。明代居然愈演愈烈，而风行全岛。宣德年间，便有"病不服药，惟杀牛祭鬼，至鬻子女为禳祷费"④ 之记录；正德期间，"俗无医，病求巫祝"；万历时期，"以巫为医，以牛为药"仍旧。这一陋习，从其传播方向来看，熟黎——生黎，即按照由四周向中部地区推进。可以说，至少在生黎地区这种鬼神崇拜，非其固有习俗。然而，明代士大夫的认识并非如此：

李东阳在《重修琼州府二贤祠》中指出，这一习俗的来源实为"民渐

---

① （明）欧阳璨：《万历琼州府志》卷4《建置志·坛庙》、卷10《人物志·乡贤》，第106、498页。

② （明）唐胄：《正德琼台志》卷6《山川下·儋州》。

③ （明）曾邦泰：《万历儋州志》地集《秩祀志》；（清）韩祐：《康熙儋州志》卷2。

④ （明）李东阳：《怀麓堂集》卷65《重修琼州府二贤祠记》，《四库全书》第1250册，第674页。

黎俗"的结果。这就意味着汉人"病不服药，惟杀牛祭鬼"的习俗，来自黎族。这一传播路径，究竟是自内而外还是自外而内？"牛"是其中的关键。

海南"亡马与虎，民有五畜"，颜师古将"五畜"解释为："牛、羊、豕、鸡、犬"。[①] 这就是说，"牛"作为关键性道具，在海南应该不缺，这为黎族椎牛祭鬼提供了可能。经由惠州、雷州而至儋州一路南下的贬谪路线的苏东坡，对南方习俗做出如此判断："岭外俗皆恬杀牛"，而来自高化南渡至琼的北牛，在海南竟然达到"耕者与屠者相半"的地步，可见以鬼神崇拜而杀牛之风的程度。但是，这一风气的始作俑者究竟是谁？恐怕难以明了。抛开这些问题不难发现，黎汉之间习俗相互影响并逐步加深的历史趋势，已经非常明显。

二 相互促进与共同发展

（一）贸易交流，推动文化发展

按岛内地势走向而产生文化分层的各族群，其在所居之地，物产不尽相同。为了保证各族群的正常生产、生活，贸易——成为沟通有无的重要手段。在晚明时期，逐渐成为岛内族群间相互联系的主要方式，从而推动彼此的发展。

中西部地区的黎区，以自给自足的生产方式来解决族群的生活。但是，盐等生活必需品和主要生产工具，不得不通过贸易的途径从族群之外获得。

因崇山阻隔及黎人"足迹不履民地"的性格等多重因素使然，游走于黎村之中的行商，成为满足黎人需要的重要途径。其所需要的日常用品，如"矢刃之资"，[②] 多赖之于闽广行商的渠道，以物物交换的方式获得。同样，生产工具的获得，大抵亦是如此；至于其生活必需品——盐等物资，则是"仗熟黎及鱼盐贸易"。[③]

---

① （汉）班固：《汉书》卷28下《地理志下》，第1670页。
② （明）海瑞：《治黎策》，陈义钟编校《海瑞集》，第5页。
③ （明）曾邦泰：《万历儋州志》地集《黎岐志》，第100页。

　　而其他族群亦是如此。专事捕鱼为生的海上人家（包括疍民、部分回民），农耕非其所长。其在"耕海"中所获得的产品，部分作为贡品、缴纳鱼课米（万历之后，皆以折银方式上纳），不得不采用以"鱼—银两—米"，或者是"鱼—银两"的贸易途径加以实现。

　　黎汉贸易，在岛内一直占据重要地位。然而，在早期的商品交换过程中，不等价交换成为普遍现象。宋代周去非对黎峒与省民之间的"沉水香"交易记录，展现其大略：

　　　　海南黎母山峒中，亦名土沉香。少大块，有如茧栗角，如附子、如芝菌、如茅竹叶者，皆佳。至轻薄如纸者，入水亦沉。万安军在岛正东，钟朝阳之气，香尤酝藉清远，如莲花、梅英之类，焚一铢许，氛翳弥室，翻之四面悉香，至煤烬，气不焦，此海南香之辨也。海南自难得，省民以一牛于黎峒博香一担，归自差择，得沉香十一二。项时香价与白金（即白银——引者注）等。①

　　毫无疑问，这种物物交换的背后，存在着极大的价格落差。

　　屈大均认可"万安黎母东峒香"为佳，并指出"诸香首称崖州，以出自藤桥内者为胜"。此外，在沉香交易过程中，买卖双方之间存在这样的约定：

　　　　香产于山，即黎人亦不知之。外人求售者，初成交，尝以牛、酒诸物如其欲，然后代客开山。所得香多，黎人亦无悔。如罄山无有，客亦不能索其值也。黎人生长香中，饮食是资，计畬田所收火粳灰豆，不足以饱妇子。有香，而朝夕所需多赖之。②

　　作为地方特产且价值昂贵的沉香，黎人并没有以奇货来待价而沽，却多存在着赖其以温饱。从交易的过程来看，双方多本着"自愿"的原则，强买强卖的现象并不多见。

　　晚明商品经济大潮，在海南的府州县地区多有波及，而在"蛮荒之地"的黎区也有不同程度的反映。宋代"以物易物"，到屈氏笔下"未见

---

①　（宋）周去非著，杨武泉校注《岭外代答》卷7《香门》，第241页。
②　（清）屈大均：《广东新语》卷26《香语》，第669–671页。

其物而先估其值",体现出这种贸易的规则不断地被修正。表明黎族对于商品价值的认识,随着时代的发展而有所提高。

(二) 生产技术上提升

1. 黎族的"刀耕火种"

从唐氏方志的记载、顾岕的描述以及屈大均《广东新语》中所反映的相关信息来看,"刀耕火种"由来已久,且一直是黎族主要的生产技术。就明代而言:"山禾,择久荒山种之。有数种,香味者佳。黎峒则火伐老树、挑种,谓之'刀耕火种'。"[①] 显然,有山即可以种植"山禾",也就是说其分布并不局限在黎区。但是,"火种"的方式,仅仅局限于黎峒。这在顾岕和屈大均的记录中,有着具体反映:

> 黎俗四、五月晴霁时,必集众斫山木,大小相错。更需五七日皓洌,则纵火自上而下,大小烧尽成灰,不但根干无遗,土下尺余亦且熟透矣。徐徐锄转,种绵花,又曰具花。又种旱稻,曰山禾,米粒大而香可食,连收三四熟。地瘦弃置之,另择地所,用前法别治。[②]

顾岕的描述中透露出一个重要信息:山禾的种植地点,经过三四年之后,地力下降而不得不另选他处。这一情况也为屈氏所注意:"伐树火之,散布谷种于灰中,即旱涝皆有收获。逾年灰尽,土碛瘠不可复种,又更伐一山,岁岁如之,盖天所以制其力也。"[③] 这种每年易地来种植山禾,比起嘉靖时期儋州3-4年的周期明显缩短。地力衰竭的同时,表明其生产力较为低下。但是,黎人在农耕时试图通过肥料的使用来加以改变的努力,不能因其低下而忽略。

所谓肥料,是指能够为植物提供一种或一种以上必需的营养元素,以改善土壤性质、提高土壤肥力水平的一类物质。

这就是说,黎族的"火种",含有一个极为重要的理念——以草木灰作肥料来种植山禾,"烧尽成灰,不但根干无遗,土下尺余亦且熟透矣"。

---

① (明)唐胄:《正德琼台志》卷8《土产上·谷之属》。
② (明)顾岕:《海槎余录》,第4页。
③ (清)屈大均:《广东新语》卷14《食语》,第376页。

这说明，黎族人已经知道且熟练掌握利用"火"来提高土壤的肥力。

2. 汉族农耕中的肥料使用情况

与之相比，岛内农耕文化圈中，使用肥料来提高粮食产量，大约在正德、嘉靖时期，定安人王士衡撰《劝谕乡里种麦文》之后，才开始知道"粪肥"的使用。此前，并无相关记载。王氏对此如是说："苏松各处终年备办粪土，家积人粪，如惜金玉。春间夏间，常常浇灌其田或苗，一亩纳粮一斗八升；本处全然不复以粪为事，其视人粪轻弃如土。"① 毫无疑问，王氏所倡导的"粪肥"与黎族的"草木灰"之间存在着一定的差距，二者之间似乎不存在内在的关联。就岛内农耕整体情况来看，黎族以草木灰做肥料的举措，是一个较为先进的生产技术，因而具有一定的领先地位。黎区的山禾，"其粒绝甘"，为琼人所重，② 便是其最好说明。然而，今天的研究者对于黎族的"刀耕火种"，似乎很不以为然：

> 刀耕火种式的砍山栏是与落后生产力相伴的一种农业生产方式，随着生产技术的不断提高和耕地不足的压力逼迫，历史上曾产生两种不同的情况：第一种仍是停留在比较原始的阶段，不翻土、不施肥，种植在离居住地较远的地方，砍山成园后，用尖木棒戳地成穴，种一至三年便丢荒一二十年，全靠天然的自然力来恢复土壤肥力；

> 另一种是技术上已经前进了一步，在距离居住地较近的地方，砍山种一年后，便用锄头来翻土，把收获后遗留的稻秆压下作肥，然后挖坑种番薯，到翌年2-3月收薯后，利用挖薯翻起的松土，再以尖棒戳种下山栏稻，如反复种植3-4年甚至8-10年，直到稻谷的收成骤减，即行抛荒，待过10-20年后，土地重新长满草木，依靠自然力恢复肥力以后，再来砍伐耕种。③

这一结论，事实上是从大跨度历史的演变中，指出该族群生产方式的停滞不前，而忽略了其阶段性的成就，未免有失公允。

3. 族群间的相互促进与发展

（1）"刀耕火种"对苗族的影响。或许是与黎族同在山区生活之故，

---

① （明）唐胄：《正德琼台志》卷8《土产上》。
② （清）屈大均：《广东新语》卷14《食语》，第376页。
③ 海南省人民政府网：http://www.hainan.gov.cn/data/news/2007/01/24673/。

晚明时期落籍本岛新移民族群的苗族，在生产方式和生产技术中，受到黎族的影响十分明显："伐岭为园，以种山稻"，表明黎族的"刀耕火种"的生产技术，"一年一徙"的周期性山栏垦殖活动，[1] 完全为苗族人所接纳。

（2）造船技术提高与远洋航行。因抗倭及打击海寇、海盗的军事需要，自成化之后，以海口为中心的海南造船业开始逐步发展。就海南造船业本身而言，至万历末期，才从先前的船舶维修转变成船舶制造。无论是修船还是造船，都为本岛培养了一批掌握较为先进的造船技术人员。毫无疑问，他们为远海航行提供了强有力的技术支持。海述祖斥巨资造大舟也好，海南渔民在南海从事深海捕捞业也罢，皆得益于造船技术水平的提高。

---

[1] （清）张巂、邢定纶等纂修《崖州志》卷 13《黎情》，第 247 页；卢宗堂、唐之莹：《民国感恩县志》卷 13《黎防志·黎情》，海南出版社，2006，第 275 页。

第八章　推动文化发展的因素

自汉武帝置珠崖、儋耳二郡以来，海南便纳入多元一体的中华文化体系之中。作为区域历史进程中的断代文化——明代海南文化，其发展情况已在前七章中分门别类地予以论述。具有浓郁的异域风情的海南文化，在明代呈现出多元文化并存、蛮俗与中原文化相互浸染，并逐步向"衣冠礼乐"方向转变的趋势，因而具有强烈的时代特色。在民族集聚的南部边疆社会，这一变化显得难能可贵。

国家治理政策的调整和军事力量的加强，是促进这一转变的主要外部推力；区域经济进一步发展，为之提供了基本保障；大量的中原移民入住本岛，他们对汉文化的追求进而对蛮夷社会产生了一定的影响，则是这一转变的内部动力。总而言之，明代海南文化的发展是多重合力整合的结果。

第一节　独特地理环境中的文化反映

一　自然环境

（一）位置及面积

根据国家权威部门发布，海南位于东经 107°50′－119°10′，北纬3°20′－20°18′，① 属于大陆岛。中国第二大岛——海南岛是海南省主体。海南建省于

---

① 国家测绘局海南测绘资料信息中心编制《海南省地图集》，广东省地图出版社，2006，第4页。

1988 年，国家赋予其治下包括：海南岛及其周边 200 多万平方公里海域。本岛面积 3.43 万平方公里，东西长约 240 千米；南北宽约 210 千米，呈雪梨状。

琼州海峡将海南岛与大陆隔开，北依广东省及广西壮族自治区；西据北部湾，与越南毗邻；南海环绕其东部、东南部及南部，分别与菲律宾群岛及东南亚国家相邻。

在中国古代的海上交通体系中，"南海海上丝绸之路"是沟通中外的重要黄金水道，1405－1433 年的郑和七下西洋，是南海海上丝绸之路发展处于巅峰的标志。地处该条水上通道中转站——海南岛，因而成为历代王朝处理涉海问题的重要平台。

（二）海南岛的基本情况

1. 气候环境

（1）热带季风气候。海南岛地处热带，属于热带季风气候，年平均气温 23.8℃，1 月份平均气温 17.2℃，7 月份 27.4℃。夏无酷暑，冬无严寒。

（2）降水。年均降水量 1600 毫米，但是地区分布不均衡：琼海、万宁、陵水一带等地，在 2000 毫米左右，五指山向风坡超过 2400 毫米；而西部地区在 1200 毫米以下。[①] 总体降水季节分配不均，每年 5 月至 10 月为多雨季；11 月至次年 4 月为少雨季。根据海南岛农业气候特征，大致可以划分成三个气候区。

湿润地区。主要分布在东部沿海平原、中部及北部内陆。降水丰沛，但季节分配不均，全年仍有一半时间干旱；

半湿润地区。东北部的文昌地区、北部沿琼州海峡地区、西北部的临高、儋州地区及西南部的感恩等地，降水量次于湿润地区，具有明显的冬春干旱、夏季时间较长等特点；

半干旱地区。西北、西南沿海台地，降水量少、蒸发量大。

（3）台风。海南受台风、热带风暴等影响明显，每年的 6 月至 10 月是台风等较为活跃期。东部及东北部地区是台风登陆的主要地点，因而也

---

① 何大章：《海南岛气候特征》，载林业部调查规划局、广东省林业勘测设计院、海南行署林业局编《海南岛林业资料汇编》，广东林业勘测设计院印刷厂，1981，第 23 页。

成为台风重灾区。台风等带来危害，也同时产生大量的降水，对农业生产发展起到较为积极的作用。

2. 地形地貌

（1）地形地貌特征。海南岛是一个穹形山体的海岛，中部高、四周低平。位于中部偏南地区的五指山，海拔1867米，是岛内最高峰。以五指山和西南部鹦哥岭为隆起核心，向四周逐级递降：山地、丘陵、台地和平原组成环形层状。[①] 中南部为500米以上山地；其次，为500－100米的丘陵；以及集中分布在岛北部和沿海地带的100米以下台地平原。在山地和丘陵中，河谷与盆地交错其间。在山地、丘陵、台地平原的三类地貌类型中，分别占全岛面积的25.4%、13.3%和61.3%（参见图8－1）。

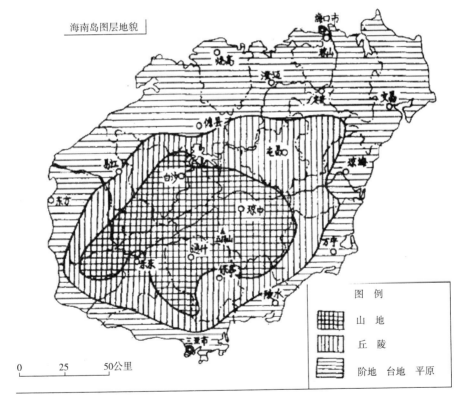

图8－1 海南岛圈层地貌

资料来源：广州地理研究所编《海南岛热带农业自然资源与区划》，科学出版社，1985，第131页。

[①] 颜家安：《海南岛生态环境变迁研究》，科学出版社，2008，第19页。

（2）河流分布。受中部高、四周低的地势影响，河流多发源于中部，且"呈辐射状独流入海"，最长的河流南渡江流程331千米。[①] 这种独流入海的河流，共154条。其中，南渡江、昌化江和万泉河为海南岛的三条最大河流，流域面积占全岛总面积的47%。各大河流具有"流量丰富、夏涨冬枯"的水文特征。[②]

二　地理环境下的文化反映

有理由相信，由经纬度位置、土地面积、气候条件及河流等诸要素构成的自然环境，随着科学技术的进步以及人们认识自然能力加强，其神秘面纱已被逐步被揭开。而这些基本要素的本身，随着岁月的流逝，并无太大的变化。

明代海南文化，便是在此大背景下，发生、发展及变化着。

（一）对本岛的基本认识

1. 自然环境认识

（1）位置界定。明代对于本岛的位置界定，从两个层面展开。

其一，以星野划分理论来确定本岛的位置。它属于中国传统思想"天、地、人"信仰系统的组成部分，其本质是建立起天、地系统的映射对应关系。这种以"天人感应"理论来解释客观存在，无甚科学性可言。

其二，北极出地高度。万历府志能够不囿于《元史·天文》的"一十九度太"及丘濬的"一十九度"之说，以北极出地高度"一十五度"来界定本岛的位置，充分说明以纬度来确定区域之法仍不完善，与是时全国的情况大体相当。

（2）空间认识。对于本岛的空间认识，《琼海方舆志》如是说："地居海洲中。东西广九百里，南北袤一千一百四十里，绵亘三千余里。自雷渡海，琼为都会，居岛之北陲，儋居西陲，崖居南陲，万居东陲，内包黎峒。万山峻拔，外匝大海，远接诸番。"蔡薇的结论为唐胄《正德琼台志》

① 国家测绘局海南测绘资料信息中心编制《海南省地图集》，广东省地图出版社，2006，第4页。

② 颜家安：《海南岛生态环境变迁研究》，第20页。

及万历府志所转引，从而成为对本岛空间的基本认识。这与今天岛内东西
跨度大于南北间距离 30 千米的"雪梨状"，还是有一定的差距。

明代在此基础上，通过"至到"及"道里"进一步明晰岛内外交通状
况（参见表 8 - 1）。

表 8 - 1　岛内四至八到及岛外距离

四 至	东至万州乌鱼场海岸，490 里	南至崖州小洞天海岸，1130 里	西至儋州羊浦海岸，480 里	北至环海铺，10 里
八 到	东南到陵水多峰港海岸，540 里	西南到感恩南港海岸，810 里	东北到文昌抱虎浦海岸，160 里	西北到临高博白浦海岸，280 里
外 路	徐闻可半日；若达广州，由里海行者顺风 5、6 日，大海放洋者 3、4 日；福建则 7、8 日；浙江则 13 日；西至廉则 2 日；自儋州西行，2 日可达交趾；万宁县 3 日可抵断山云屯县；崖州南行 2 日，接占城外番			
	自府城至布政司 1900 里；至南京，水马驿 64 驿，6450 里；至北京，水马驿 111 驿，9490 里，官限 139 日。若自南京陆路至北京，马驿只 39 驿，2364 里			

资料来源：（明）唐胄：《正德琼台志》卷 4《疆域》；（明）欧阳璨：《万历琼州府志》卷 3
《地理志·疆域》，第 29 页。

至此，明代对于本岛的相关认识已具备基本轮廓。从表 8 - 1 不难发
现，琼州府城是岛内州县、岛外海路及至广州、两京各路程计算起点，且
岛内四至八到的地点仅及沿海台地，并没有包括周边海域。

其实不然。早在宋代，《琼管志》便将南海诸岛载入方志，并将其纳
入吉阳军（即明之崖州，今三亚市）项下曰："其外则乌里苏密吉浪之州；
而（南）与占城相对；西则真腊、交趾；东则千里长沙、万里石塘。上下
渺茫，千里一色，舟船往来，飞鸟附其颠颈而不惊。"[1] 至明代，本岛对于
南海诸岛的认识继续采信《琼筦古志》的结论，这在明代两部府志中表现
得尤为一致："外匝大海，接乌里苏密吉浪之州；南则占城，西则真腊、
交趾，东则千里长沙、万里石塘，北至雷州、徐闻。"[2]

宋代，岛内行政建制由一州三军组成：琼州，辖 5 县；昌化军，辖 3

① （宋）王象之：《舆地纪胜》卷 127《风俗形胜·吉阳军》，《续修四库全书》第 585 册，
第 149 页。
② （明）唐胄：《正德琼台志》卷 4《疆域》；（明）欧阳璨：《万历琼州府志》卷 3《地理
志·疆域》，第 29 页。所谓《琼筦古志》即指《琼管志》。

县；万安军，辖 2 县；吉阳军，辖 1 县，属于广南西路。① 也就是说在宋代的典籍描述中，吉阳军项下的南海诸岛是从属于琼州的。到了明代，直接将其纳入琼州府的管辖范围之内。这种隶属关系的变更，至少说明海南地方对南海经略意识的增强。

产生这一变化的原因，有以下几个因素值得考虑：明初，郑和七下西洋经由本岛附近海域，推动着本岛对"千里长沙""万里石塘"认识逐步清晰；明中叶以降，由于加强海防及海乱不断，使得岛内人士努力探求本岛与周边海域关系；此外，海南渔民自发开发南海，成为地方政府经略南海的重要推力。

（二） 与自然环境相适应的生产生活方式

1. 日常生活

（1）服饰。明初，"四方平定巾"下的"衣冠服饰，悉复中国之制"，② 受本地气候影响，这一制度在具体执行过程中有着较大的弹性。士民穿着较为随意，"服用布帛，不事艳丽"，③ 多以"单衣"为主，因应气候暖、冷变化，"急脱、急着"。④ 府州县及卫所系统的官员，"盛服"于官府之外，多出现在迎春日、祭祀等一些重大场合。

变化最大的是，以"笠"取代政府规制下的帽子。生熟黎区的女性，多戴"小花笠""箬笠"，男子则"戴藤六角帽"。⑤ 在汉人居住的儋州、澄迈等地无论男妇"出入多缦布帕，戴藤笠"；⑥ 万州一带，"冠礼不行"，但是本地的疍人妇女则"戴平头藤笠"，⑦ 尽管琼山、文昌等地的方志对此

---

① （宋）王象之：《舆地纪胜》卷 124 – 127，第 132 – 147 页。唐胄据《旧志》曰：宋太宗太平兴国六年（981），"琼州总统海南地始此"（参见《正德琼台志》卷 3《沿革考·府》），时间恐误。据王象之记载，在"中兴以来"废军为县之后，即绍兴五年（1135），"宪使吏部董芬奏请废三军为县，隶琼州"。（参见《舆地纪胜》，《续修四库全书》第 585 册，第 146 页）

② 《明太祖实录》卷 49，第 964 –965 页。

③ （清）丁斗柄、曾典学：《康熙澄迈县志》卷 1《风俗》，第 28 页。

④ （明）顾岕：《海槎余录》，第 12 页。

⑤ （明）欧阳璨：《万历琼州府志》卷 8《海黎志·黎情·原黎》，第 254 页。

⑥ （明）曾邦泰：《万历儋州志·民俗志·习尚》，第 23 页；（清）丁斗柄、曾典学：《康熙澄迈县志》卷 1《风俗》，第 28 页。

⑦ （清）李琰：《康熙万州志》卷 3《风俗》，第 140 – 141 页。

缺少记载，从与琼山毗邻的澄迈"俗类琼山"来判断，这种戴"藤笠"现象，在岛内具有普遍性。

海南服饰不循国家礼制，衣着简单，体现出强烈的地方特色，与天气炎热密不可分；地方经济无法与中原比拟，即便在明朝中后期资本主义萌芽时期，亦是如此，经济残破是衣着"不事艳丽"的重要原因之一。天气炎热、日光强烈、暴雨骤至，"藤笠"比起"四方平定巾"有利于防暑避雨，当然到处可见的"藤"比布"巾"更方便、廉价。

（2）饮食。岛内居民饮食与衣着状况大抵相符，较为简朴，并出现明显的圈层分布。沿海台地居民多"糜蔬海错"。[①] 其间，既有疍民的贡献，也有潮涨潮落带来丰富的海产品，成为沿海居民重要的饮食补充；内陆地区，因天气决定着农作物的收成，所以粮食间有短缺现象，"以薯蓣为粮"则是民众的生活常态。在灾荒之年，则多取天南星、野菜等聊以充饥。体现地方特色的风味饮食，只能在节日期间，才难得一见；黎区则是山禾稻为主，兼有狩猎活动。

（3）民居。海南多有飓风，岛内居所多有应对。濒海的疍民居所十分简陋，其"屋山头开门"或"屋顶出入"，便是防止热带风暴在建筑上的自然反应。

汉民居则呈现出一定的层次性。"居多茅茨，称席门圭窦"；"椽栋稍峻者，则公署及一二宦族耳"。[②] 儋州志对于本州一般民众之家及宦族的居所记录，大略反映出岛内的基本概况。不过，无论是细民之家或是宦族，除其华丽程度之外，在房屋设计上有两个共同点：一是建筑体量矮小，但中原庭院式建筑突出，这充分表明其与迁出地千丝万缕的联系；二是根据房屋坐落地点，在朝向上设法回避飓风，以确保其安全性。丘氏故居坐东朝西方向设计，便是其体现。

黎区则是以干栏式"船形屋"和落地式"船形屋"建筑为主。二者在建筑风格及分布地区有所不同，但基本是人居上层。生黎深居深山黎峒，气候潮湿，毒虫较多。很明显，这种居住建筑较为科学地规避了不利于人居的因素。

---

① （明）曾邦泰：《万历儋州志》天集《民俗志·食》，第23页。
② （明）曾邦泰：《万历儋州志》天集《民俗志·居食》，第23页。

（4）交通。岛内各地被为数众多的、宽窄不一的河流切割成互不相连、相对独立的单元。为了加强岛内资源的整合，确保政令的畅通，环岛驿道建设便成为一项重要任务。在一些宽度适宜的河流上纷纷修建桥梁，这成为明代建筑史上一个最为突出的景观。但是，由于技术的限制，桥梁仍然无法跨越南渡江、万泉河及昌化江等，津渡便成为其重要补充。在内陆地区，河床较为狭窄之处，为了便于村落间的联系，民间自发修建的多为简易桥梁，并且有一定数量。

2. 农业生产

沿海台地平原占本岛总面积的 61.3%，且以北部地区最为集中，降水丰沛但季节性明显，而发源于中西部呈辐射状的河流分流入海，这些为农耕提供了良好的环境。但是，地势梯级分布，需要一定的水源补给。史料记载的宋代修筑度灵塘便是著名的蓄水工程。明代在宋元的基础上，加大了水利兴修的力度。在陂塘工程中，琼山大潭陂，为防止旱涝灾害发生而建九闸，比较具有代表性；近海之田，因"海溢"而引起海水倒灌，则多采用海塘工程。这一工程集中分布在琼山、文昌及会同等地。

陂塘工程主要用于解决地势较低之田的用水，而地势稍高之地，只能借助人力或自然力。嘉靖之后，"天车"在儋州等地开始部分使用。

在中西部黎区的河谷、盆地之地，降水丰沛，适宜粮食生产。"刀耕火种"盛行于黎区，他们以烧山的形式来种植山禾和棉花，使农作物种植在空间分布上发生变化，西部成为本岛的粮仓。

或许是受到黎族耕作模式的影响，汉族人则根据农作物的习性，在丘陵地带，种植薯蓣和棉花，极大地提高了土地的利用率。

受东西部降水分布的影响，境内不同地区的作物分工也日益清晰——"东路槟榔西路米"，是其具体的表现。

海南农业在全国领先地位，是充分利用本地太阳光照时间长的优势，增加作物复种指数。明代二熟制在本岛盛行，三熟制仅存在于南部的崖州。此外，以荔枝、龙眼等热带水果也享誉岛内外。经济作物槟榔继续发挥其在外向型经济中的优势地位，从而成为本岛经济的重要支柱。

3. 社会习俗

（1）女劳男逸现象。周去非认为岭南地区"女劳男逸"现象之所以盛行，主要因为气候、性别差异："南方盛热，不宜男子，特宜妇人。盖阳与阳俱则相害，阳与阴相求而相养也"；"男子身形卑小，颜色黯惨；妇人则黑理充肥，少疾多力"[①] 等因素造成。这种过分强调性别差异与气候间的适应性，从而带有明显的环境决定论倾向，值得探讨。

就海南地区而言，如果说民族地区"女劳男逸"现象，是长期以来的积习的结果，因而存在着一定的历史惯性的话，那么该如何解释后迁入的汉族地区这一现象？

作为后来者的汉族女性，为什么能够认同并接纳"女劳"？中华文化中崇尚程朱理学的主流价值观，随着迁入人群一起被移植到南部边疆——海南；明王朝完善的封赠制度，通过丘濬等个案而得到淋漓尽致的体现。所有这些，是汉族女性自觉选择"女耕""女织""女商"等职业分配，以便给家族男性有足够的时间从事"男儒"，进而达到光宗耀祖。毫不夸张地说，明代海南名贤大儒载入史册的背后，有着一批为之默默奉献的女性功劳。

（2）女性迟婚及奢婚现象。根据明代规定，"女年十四以上，并听婚娶"，[②] 但是海南女性婚姻普遍存在着滞后现象。产生这一现象的原因是多样的，但就实质而言，这可能与"男儒"现象，有着一定的因果关系。女性未嫁和出嫁是针对其婚姻状态而言的，但是其职业的角色担当则相对固定，即无论是在父家、夫家，皆是务农、女工的主力。一旦女子出嫁，家庭生活重担、经济来源将受到一定的影响。当家中有从事科考的兄弟，在社会重视读书人的风气影响之下，待嫁女性可能会推迟自己的婚期以成就父家的举业。

自琼山地区婚姻"多越礼度"开始，奢婚现象从两个层面展开：一是地域蔓延，儋州、澄迈、定安、万宁、陵水等地纷纷效仿；二是贫民之家也受此影响，进而达到"遣女不忌空囊"。[③] 这一现象背后，折射出人们对

---

① （宋）周去非著，杨武泉校注《岭外代答校注》卷10《蛮俗门·十妻》，第429页。

② （清）张廷玉：《明史》卷55《礼志九·庶人婚礼》，第1403页。

③ （清）张文豹：《康熙定安县志》卷1《风俗》，第39－41页。

女子在家庭中的贡献——"女劳"的普遍认同。奢婚现象背后，一方面在给岛内女性带来了自我满足感的同时，也固定了其"女劳"的角色分配。入清之后，这一现象逐步放大，女性身影充斥于各个劳动场所，即便在今天仍然如此；另一方面，女子为了协助家庭筹措较为体面的嫁妆，不得不更多地参与劳动，从而推迟结婚的年龄。

（三）南海重要的涉外平台

由于地缘关系使然，海南自汉武帝元封元年纳入中国版图以来，一直成为中央政府处理南部藩属国的重要平台，明代表现得更为突出。这点，在外番进贡路径及本岛在其中所起的作用可以得到证实。

1. 朝贡体系中的海南

所谓朝贡，即是指在确立宗藩关系之后，藩属国需要在一定的时期内，派遣使臣携带表文、贡品前往宗主国进行朝觐活动，并接受宗主国的指令和回赠。这既是一种政治活动，也是一种经济交流。

入明之后，明太祖朱元璋十分重视与南海周边诸国的交往，并与之建立了一个"高度自治""松散的互利的"[①] 宗藩关系。这一政策，极大地推动了南海诸国的朝贡贸易，海南在其中的地位、作用因之而凸显。

（1）经由本岛的朝贡。海南在明代的外番朝贡中，起到了重要作用（参见表8-2）。

表8-2　南海诸国经由海南的朝贡情况

国　别	内　容	资料来源
暹罗国	洪武七年，暹罗斛国使臣沙里拔来朝贡方物，自言……去年八月舟次乌诸洋，遭风坏舟漂至海南，达本处官司，收获漂余苏木、降香、兜罗绵等物来献	《明太祖实录》卷88，第1564-1565页
	洪武三十年、正统十年、天顺三年继贡象物	（明）唐胄：《正德琼台志》卷21《番方》
	弘治八年，挨瓦等六人，舟被风飘至琼州府境，广东按察司以闻，命给之口粮，俟有进贡夷使，还令携归本国	《明孝宗实录》卷104，第1901页

---

① 南炳文：《明太祖对待南海周边诸国政策初探》，《历史教学》2011年第18期，第3-4页。

续表

国 别	内 容	资料来源
占城国	宣德四年贡方物；正统二年又贡、十二年贡象、十四年贡方物；天顺七年贡白黑象；成化七年贡象、虎、十六年又贡虎；弘治十七年贡象；正德十三年又贡	（明）唐胄：《正德琼台志》卷21《番方》
	天顺四年七月，副使究村则等奏："蒙本国王差委，同王孙进贡。至崖州，与象奴先来……"。	《明英宗实录》卷317，第6608页
满剌加	弘治十八年贡五色鹦鹉	（明）唐胄：《正德琼台志》卷21《番方》
	（嘉靖）文昌海面当五月，有大风飘至船只，不知何国人。内载有金丝鹦鹉、墨女、金条等件……	（明）顾岕：《海槎余录》，第21页

表8-2中所列文昌海事件，应属于外番贸易之列。在上述16则朝贡例子中，占城国便有10次之多。明代，外番朝贡十分踊跃，从而形成较为独特的朝贡贸易。那么海南作为东南亚诸国朝贡的中转站，究竟止于何时？道光《万州志》曰："今海外诸国入贡道路，有昔由广东而今由福建、广西者，有径由广东省会者，近均不由琼州。"①

《万州志》成书于道光八年（1828），文中的"今"所指的时间是道光时期。其实，在对明代和清代早期府志进行梳理过程中，明代经由本岛的朝贡皆重复唐胄《正德琼台志》的记述内容。② 这表明，至迟在正德之后，南海诸国入贡道路，不再以琼州为中转。其直接原因，与嘉靖之后，倭寇、海盗竞相扰动，海南周边海域不靖有着直接关系。

（2）对朝贡周期的修订。洪武十七年（1384），明太祖命有司"凡海外诸国入贡，有附私物者，悉蠲免其税"，③ 该项规定是政治性质的朝贡转变为经济行为的主要推力。对于番国朝贡周期，尽管明太祖多有三年一贡④的明确指令，但是利益所在，各国竞相来朝。

---

① （清）胡端书修，杨士锦、吴鸣清纂《道光万州志》卷4《海防略·边海诸国》。
② （明）欧阳璨：《万历琼州府志》卷8《海黎志·海夷》，第251-253页；（清）焦映汉、贾棠：《康熙琼州府志》卷8《海黎志·边海诸国》，第751-752页。
③ 《明太祖实录》卷159，第2459-2460页。
④ 《明太祖实录》卷88，第1564-1565页；卷100，第1696-1697页；卷170，第2584页；卷198，第2971页；卷201，第3011页。

根据规定，"凡番贡多经琼州，必遣官辅护"；"各遣指挥、千百户、镇抚护送至京"。① 毫无疑问，"遣官辅护"保护了贡献者的利益，同时也加大了海南地方的开支。为了改变这一局面，正统二年（1437），琼州知府程莹奏章曰：

> 占城国每岁一贡，水陆道路甚远，使人往复，劳费甚多，乞依暹罗等国例：三年一贡。至是，占城国使臣遣沙怕麻叔等陛辞，上命赍敕谕其国王曰："王能敬顺天道，恭事朝廷，一年一贡，诚意可嘉。比闻王国中，军民艰难，科征繁重，朕视覆载一家，深为悯念。况各番国俱三年一贡，自今以后，宜亦如之。"②

至此，占城每岁一贡的局面才得到扭转。

2. 处理南海诸国事务的重要平台

（1）参与平定安南之乱。入明之后，明太祖确立与安南的宗藩关系。但是，"其王陈日煃率先归顺，锡爵颁恩传序承宗，多历年所，贼人黎季犛父子为其臣辅，擅政专权，久怀觊觎，竟行弑夺"，③ 黎季犛篡陈氏以自立，自恃强武，南征占城，北侵广西思明府所属禄州、西平州、永平寨诸地。明太宗朱棣于永乐四年（1406）冬，遣张辅率兵予以讨伐，黎季犛父子被送往南京，在安南之地设交趾布政使司，而重归中国版图。

在这次讨伐战争及安南事件的善后过程中，岛内有一定的军队参加："永乐四年，左所百户王升、前所百户赵忠，随征交趾，留忠守交州；六年，百户黄勇运粮，亦暂留守御；七年，调征富良江扎营。"此外，宣德四年（1429），"钦差内官俞端，调本卫百户项贵统精锐军，暹罗等国公干"。④ 海南卫所军队在明初处理周边诸国关系中，发挥了一定的作用。

（2）处理占城问题。成化二十二年（1486）十一月，"占城国王子古来攻杀交阯所置伪王提婆苔，交阯怒举兵压其境，必欲得生提婆苔，古来

---

① （明）唐胄：《正德琼台志》卷 21《海道·番方》。
② 《明英宗实录》卷 31，第 623－624 页。
③ 《明太宗实录》卷 60，第 866－871 页。
④ （明）唐胄：《正德琼台志》卷 21《海道·番方》。

惧，率其王妃、王孙及部落千人载方物至广东崖州"。古来至崖州，明宪宗表示出极大关注："古来以残败余息，间关万里，提携眷属，投附中国，情可矜悯，其令总兵、镇守、巡抚等官，加意抚恤，量与廪饩，从宜安置，毋致冻馁，仍严密关防之。"①

为了调解安南与占城关系，成化二十三年正月，廷臣会议处理方案如下："朝廷悯尔委国远来，劳于跋涉，其勿入朝，恐久暴露于外，占据者渐有固志，客处者各怀异心，不如早归以安国人。仍移文安南，责以存亡继绝之义，若果非王意，宜遣使迎古来，复其国以自解。"是月，专命南京右都御史屠滽往广东谕占城国王古来。②

至少在海南行程有 3 个月之久的古来，以崖州为立足之地，获得了本岛的无偿资助之外，在明王朝的关切之下，使得占城安南事件得以解决。

3. 专门的对外港口

入明之后，随着本岛在国际交流中地位的提升，岛内的港口职能也有明确的分工，并随之向专门化方向转变（参见表 8-3）。

表 8-3　明代岛内主要涉外港口功能分布

州　县	港　口	位　置	主要功能及其变迁
琼山	海口港	县北 10 里，海口都	官渡自此达海北
	神应港	县北 10 里，渲州都	旧名白沙津，聚舶之地
	小英港	城西北 10 里	近岁海口、白沙二港浅塞，广舟多泊于此
	烈楼觜	县西北 30 里烈楼都	海边。海南地接徐闻，此最近，舟一朝可返
文昌	大贼澳	县东 100 里青蓝都	铜鼓岭之东。海贼船湾泊处
	铺前港	县西 150 里迈犊都	为海商舟航集处。嘉靖后，为李茂等聚众出海之所；万历后，平澳党，设巡检司
	北峙澳	县北 160 里海僖	水深山峙，颇堪泊舟
会同	冯家港	县东北 70 里太平都	港门曲折，外多石栏。商舶至此须土水手驾舟
乐会	博敖港	县东 10 里博敖浦边	中有大石拦阻倭船，俗呼圣石
儋州	干冲港	州西 40 里高麻都	潮长深，方可泊舟

---

① 《明宪宗实录》卷 284，第 4806 页。
② 《明宪宗实录》卷 286，第 4836 页。

续表

州 县	港 口	位 置	主要功能及其变迁
万州	港门港	州东20里通化都	又曰小海港。港门峙起南北二门，虽通舟，颇险。上有小庙，一石船三番神，商舟往来，祷之灵应。嘉靖三年，飓风起，石神忽不见
陵水	桐栖港	县南15里	即咸水港。商船番舶泊于此，内为备倭军船厂
崖州	毕潭港	州东100里三亚村南	占城贡船泊此
崖州	大蛋港	州西南3里	客商泊舟于此
崖州	望楼港	州西80里	番国贡船泊此

资料来源：（明）唐胄：《正德琼台志》卷5、6《山川上、下》；（明）欧阳璨：《万历琼州府志》卷3《地理志·山川》，第35－55页。

定安县深居内陆，无通海之港，其他三州九县皆有港口。总体来看，本岛西部的儋州、昌化、感恩等州县的港口，需要在涨潮的情况下才能顺利进出，从而降低其实际使用效率。而北部、东北部、东部及南部的港口利用率较高，且产生了一定的职能分工。

加强岛内与广东省的联系，所以官渡是海口港的职责所在；当然，府城是全岛的政治和经济中心，所以神应港及小英港则多有商船停泊。

东北部的文昌地区，在嘉靖、万历之初，多为海寇所据，从而成为祸害本岛的澳党所在地。万历之后，随着李茂等党羽的消灭，并在铺前港设置巡检司，加强对其管理，商船活动随之正常化。

尤其值得关注的是，崖州各港口的功能分布：在州西的大蛋港，是客商云集之地；而距离州西80里之地的望楼港，番国贡船主要在此获得补给；在州东百里三亚村南滨海的毕潭港（今三亚河入海处），则专门为占城国朝贡泊舟之地。据此可以得知，成化二十二年末至二十三年初，占城国王子古来在琼期间，留下的"鲍老"等滑稽戏及"装番鬼、舞象"等娱乐节目，应该是从毕潭港周边兴起，并在岛内风行一时。

第二节　明代治理政策新变化

洪武元年，以廖永忠为征南将军、朱亮祖副之，由海道取广东。"驰谕九真、日南、朱崖、儋耳三十余城"。[①] 六月，"海南分府元帅陈乾富亦

---

① （清）张廷玉：《明史》卷129《廖永忠传》，第3805页。

相继归附"，① 海南正式入明。有明一代，岛内士人和地方官员，在汲取以往王朝治理经验的基础上，开始对本岛的治理。

一　加强对海南整饬

为了尽快地将海南纳入新王朝体系之中，通过武力手段荡平岛内敌对势力，以确保政令畅通。洪武二年，朱亮祖麾下耿天璧"克南儋、万安等城池"；鉴于乐会县小踢峒长王观泰"顿兵不散"，耿天璧与朱亮祖联合剿平之，并积极"招谕"② 黎人，使之向化；妥善安置"纳款"者陈乾富，授其为"平乐府通判"，③ 异地而官。事实上反映出，中央政府在削弱地方割据势力上的努力。这些措施的推进，为岛内的各项治理提供了良好的基础环境。

（一）省一级隶属关系新调整

洪武二年六月"以广西海南海北府州，隶广东省"。④ 这就是说，将元至正二十三年（1363），改隶广西行中书省⑤的海南直接划归广东管辖。与两宋时期于广西路、元代前后分别属于湖广行省和广西行省遥控海南地方行政比较，明代的调整是政府在岭南地区行政划分上的重大举措。

为了镇压方国珍、张士诚余部在东南沿海活动，将广西置于内陆省份，把"广西海南海北府州"全部划归广东，使之完全拥有南海制海权，以便于事权的统一。在镇压稍后海上倭寇、海盗军事行动过程中，也证实了这一举措的正确性。

对于海南的直接意义是，其南海诸国朝贡贸易的中转站地位更加突出；东部、南部诸多港口，直接纳入自广州为始发港海上丝绸之路上，变得易于管理。

省一级行政体系隶属关系的重新调整，一直为以后历代所沿袭，直至

---

① 《明太祖实录》卷32，第565页。唐胄的方志中，记载陈乾富的官职为"海北海南道副都元帅"。

② （明）唐胄：《正德琼台志》卷32《破荒启土》。

③ （明）唐胄：《正德琼台志》卷40《人物五·诸科·人材》。

④ 《明太祖实录》卷43，第849页。

⑤ （明）唐胄：《正德琼台志》卷2《沿革表》。

1988 年海南正式建省。这一新的调整，对海南历史影响深远。

（二）岛内行政建制的新变化

洪武元年九月"改琼州乾宁安抚司为琼州府，崖州、吉阳军；儋州、南宁军；万化（安）军俱为州，隶琼州府。南建州为安定〔定安〕县"。① 至此，海南地方正式确立了一府三州十三县行政建制框架，尽管在明正统四年应琼州知府程莹所请，省三州附郭县（宜伦、万宁、宁远），② 县的建制数量减至十县，并保持到明代在本岛统治的结束。

从建制数量来看，比唐代的"五州二十二县"有着极大的精简；与宋代的"一州三军十县"颇有相似之处，但是"四郡各占岛之一陲"，③ 唐胄认为"琼州，总统海南地始此"，④ 事实上由于无路可通而导致"再涉鲸波"，使得宋代的"琼州"徒具虚名；元代"一路""三军"分别隶属于"海北海南道宣慰司"，岛内无一个统领的机构可言。

比较而言琼州府的升格及岛内府州县隶属关系的确定，使得琼州成为本岛的行政枢纽，这对统筹全岛政治、经济等事宜，整合全岛资源、提高行政效率等方面，产生积极作用。一府三州十县的三级运行体制及建制数量，清代加以沿袭，只将琼州府易名为"琼崖道"，岛内外的隶属关系仍旧。晚清将三州改为县，"共十三县"。该项制度，在明、清、民国 480 多年的时间内持续运行。其本身表明，明代建制设计相对成熟、较为科学。

（三）对本岛文化的影响

制度建设在文化层面，从各级政府职能机构在城池修建上有所体现。有明一代，在边陲海南，规模不等、建筑材料因地而异的公署建设，以建筑的方式加以呈现。其中的科技含量，便是其主要代表。

濒临琼州海峡的琼州府城，其作为本岛的行政中枢之后，与广东省的

---

① 《明太祖实录》卷 35，第 637－638 页。唐胄在《正德琼台志》卷 3《沿革考》中指出，这一岛内建制变更时间为"洪武二年"，恐误。
② 《明英宗实录》卷 56，第 1070－1071 页。唐胄《正德琼台志》卷 3《沿革考》曰：该项设置时间为"正统五年"。
③ （宋）李心传：《建炎以来系年要录》，《四库全书》第 327 册，第 673 页。
④ （明）唐胄：《正德琼台志》卷 3《沿革考》。

联系日益密切。洪武九年,在琼山县北十里创设的海口都递运所,便是以"递公文"[①] 而加强与徐闻杏磊驿之间的联系。岛内各州县与琼州府,因突发事件、军事情报的传递,迫切需要加强岛内各地之间的联系,环岛的驿道建设便开始展开。

受地势、河流等自然因素影响,基础设施中的水马驿、急递铺便在沿海台地断断续续地连接起来。其中,桥梁的架设,使驿道更加畅通。该项建筑因受技术、材料、经费等诸多因素制约,南北风格迥异,石材和木材建筑是其最大的差异;对前代桥梁维修多集中在有一定历史积淀的北部地区;经费筹措以政府出资为主,也有一定的民间出资修建成分。甚至还有和尚通过化缘的方式筹措。技术上方面,宋代儋州和文昌皆受福建造桥水平的影响,到了明代多为本岛自行改建、修建,如琼州府成南门外的瑞云桥(宋时为虹桥,明天顺改为南桥)便是改建桥梁中的杰出代表;而澄迈5墩5梁的里桥,则是新建桥梁的翘楚。这表明造桥技术本岛有了一定的自主知识产权,尽管如此,无法逾越大江大河的实际情况,则反映着海南造桥水平仍无法与全国比较。

二 海乱治理及其在文化上的表现

入明之后,本岛政治生态发生了重大变化:倭寇、番贼、海贼、海寇在海南周边水域活动日益猖獗,交相发难,一直延续到万历后期。即便南宋度宗咸淳三年(1267)陈明甫、陈公发窃据临川(今三亚一带),"自驾双龙大舟","自号三巴大王",危害"漳、潮、恩、广"及"钦、廉、雷、化"等地,也只不过十年时间左右。[②] 明代的倭寇、海盗入侵海南事件,持续时间之长、祸害之深,是以往历朝所仅见。

(一)倭寇侵掠

小叶田淳努力地回避"倭寇",代之以"海寇",但是无法抹杀这一历史真实(参见表8-4)。

---

① (明)唐胄:《正德琼台志》卷14《驿递》。
② (明)唐胄:《正德琼台志》卷21《海防·海寇》。

表 8-4 倭寇入侵情况

时　间	危害情况	资料来源
洪武七年	七月壬午倭夷寇海口	《明太祖实录》卷 91，第 1597 页
洪武十一年	四月十四日，倭贼劫掠近海乡村	《万历儋州志·黎岐志·海寇》第 117 页
洪武十五年	倭寇侵犯万州	《正德琼台志》卷 21《海寇》
洪武十九年	五月十九日，倭贼掠新英浦至郭外	《万历儋州志·黎岐志·海寇》第 117 页
洪武二十年	倭寇骚扰海口所	《民国儋县志》卷 8《海寇》；第 573 页 [1]
洪武二十三年	倭寇登海口岸	《正德琼台志》卷 21《海寇》
洪武二十五年	倭船侵掠万州	《正德琼台志》卷 21《所司》
永乐九年	春，倭寇攻陷昌化千户所，城中人口、仓粮、军器皆被劫掠	《明太宗实录》卷 113，第 1444 页；《正德琼台志》卷 21《海寇》
	四月，倭寇侵犯陵水	《康熙陵水县志·海寇》，第 46 页
宣德八年	倭犯儋州、昌化	《万历琼州府志》卷 8《海寇》第 244 页
	倭据清澜	《康熙文昌志·海寇》，第 187 页
宣德九年	倭寇登清澜岸，据所城池	《正德琼台志》卷 21《海寇》
正德十一年	倭掠澄迈	《康熙澄迈县志》卷 3《海寇》，第 188 页
正德十二年	二月倭寇登临高石牌、白庙等村岸，烧劫民舍	《正德琼台志》卷 21《海寇》
嘉靖三十五年	倭寇侵犯儋州，掠沿海诸村	《民国儋县志》卷 8《海寇》，第 574 页
隆庆五年	春，倭寇突入澄迈县，袭陷海南卫所城，据海口所四门大掠	《明穆宗实录》卷 62，第 1051 页
	二月，倭 25 人登临高、至海口，由文昌下场窃船遁之	《康熙琼郡志》卷 8《海寇》第 99 页；《康熙琼郡志》。
隆庆六年	春倭寇攻陷乐会、文昌二县	《明神宗实录》卷 41，第 940－941 页
隆庆六年	二月倭三百余抵澄迈夜至定安，北扰琼山，掘侍郎钟芳墓，雷震。东渡，掠石门等离境	《万历琼州府志》卷 8《海寇》，第 248－249 页
隆庆六年	闰二月，倭奴寇琼山、文昌 [2]	
隆庆六年	倭寇入三亚湾，夺船出洋	《光绪崖州志》卷 12《海寇》第 231 页
万历元年	十一月倭寇夜泊新浦港	《万历琼州府志》卷 8《海寇》，第 249 页

注：

[1]（民国）彭元藻、王国宪：《民国儋县志》，台北成文出版社影印，1974；持该说仅此一家之言，其他皆曰"贼"。[（明）唐胄《正德琼台志》指出：是年"海寇登海口岸，指挥花茂奏设城池"；另参见（明）欧阳璨《万历琼州府志》，第 244 页；（清）牛天宿、朱子虚：《康熙琼郡志》，海南出版社，2006，第 93 页]

[2] 万历府志关于倭寇文昌县城的记录，《康熙文昌县志》记载为"隆庆五年三月壬申"，所述内容一致，但县志的时间恐误。[参见（明）欧阳璨《万历琼州府志》卷 8，第 249 页；（清）马日炳《康熙文昌县志》卷 8，第 188 页]

在明清地方志对于明代海寇入侵本岛的成分构成记录中，除了倭寇之外，尚有"番贼"——国外海盗入侵本岛的记录（参见表 8-5）：

表 8-5　番寇入侵情况

时　间	危害情况	资料来源
弘治七年	番贼于东三所擒掳人船	《正德琼台志》卷 21《海寇》
弘治十六年	琉球国番人驾双桅船四只来清万南三所	《正德琼台志》卷 21《海寇》
正德十四年	大坭番船泊榆林港	《万历琼州府志》卷 8《海寇》，第245 页
嘉靖三十五年	番寇登岸杀人	《万历儋州志·黎岐志·海寇》，第117 页
嘉靖四十三年	五月，佛郎机驾船二只，泊铺前港	《万历琼州府志》卷 8《海寇》，第245-246 页
隆庆元年	十二月，晦。番寇劫掠乡村	《万历儋州志·黎岐志·海寇》，第117 页

在表 8-4 中，万历府志记录了倭寇在隆庆六年（1572）二月，对本岛的祸害：

> 漳寇庄酋引倭三百余，自廉州渡海抵澄迈界，焚舟登岸，夜至定安，登城。典史施可材率壮士操巨斧碎其首，贼乃渡河，北掠琼山博通。游击晏秋元不肯出敌（本注：庄酋，其乡人也），贼益横肆，发冢索金。后发侍郎钟芳墓，雷震电，贼惊，始东渡河，掠石门诸处，离海百余里，无不残破。

隆庆六年闰二月，庄酋复率倭奴寇琼山、文昌，海南事势一时岌岌："倭入掠蛟塘等村，晏秋元按兵不进。复攻文昌，县官望风先去，贼纵火烧公私廨舍，惟文庙仅存。入那廓等都，遣人结连李茂，大集清澜，州县皆残，郡城危甚。"[1] 倭寇此次寇琼，使得"海南事势"危殆，究其原因：既有漳州海盗庄酋的助纣为虐，又有地方官员的失职之举，晏秋元因与庄

---

[1]　（明）欧阳璨：《万历琼州府志》卷 8《海寇》，第 248-249 页。

酉为同乡之故,二次俱不出兵;更有文昌地方县官的望风而逃等诸多因素,以及本岛海寇李茂为倭寇虚张声势,使得倭寇在琼北一带,如入无人之境。至于倭寇发侍郎钟芳墓而遭雷击之事,海南士人的相关诗文,[①] 正是对此事的记载。

(二) 海盗、海寇给海南带来的危害

如果说倭寇在海南的活动到万历初年之后趋于停顿,那么海盗、海寇的活动,则有过之而无不及 (参见表 8-6):

表 8-6 海寇、海贼登岸掳掠情况统计

时　间	危害情况	资料来源
洪武五年	海寇罗已终寇雷琼	《康熙琼郡志》卷 8《海寇》,第 93 页
洪武二十年	海寇登海口岸	《正德琼台志》卷 21《所司》
洪武十三年	海寇登昌化棋子湾岸	
永乐九年	四月,贼登陵水	《康熙琼郡志》卷 8《海寇》,第 93 页
永乐十九年	六月,海贼登昌化岸	《正德琼台志》卷 21《海寇》
成化元年	海寇登澄迈县,县治、民居烧毁一空	
成化二年	寇登澄迈礵海岸	《万历琼州府志》卷 8《海寇》,第 244 页
成化六年	八月,寇掠陵水南峒,杀人	
弘治十二年	海贼登儋州岸	《正德琼台志》卷 21《海寇》
弘治十八年	三月,海贼劫掠	

---

① (明)海瑞:《倭犯钟司徒墓雷震遁去》,陈义钟编校《海瑞集》,第 510 页。该诗原文为:"既归三尺乐斯堂,况有金函玉匣藏。谁谓盖棺占定事,犹遗赫怒庇重冈。丹忱贯石茔俱古,赤电明心山亦苍。千载智愚都幻化,到来贤哲自洋洋。"万历府志记录该诗以"天威佑德"为题,并记之曰"倭犯钟司徒佳城,雷,迅遁去,诗以纪之";此外,"丹心"非"丹忱";"贤德"非"贤哲"。(参见该志卷 11《艺文志》,第 603-604 页)另外,王国宪的《海南丛书》第 6 集第 1 卷中也收录了这首诗,将其纳入"林士元"的《北泉草堂遗稿》中,并案之曰:"上二诗(即"乐耕堂"与"倭犯钟司徒墓雷震遁去"),从府志补入"。(参见该著第 22 页)恐误。此外,张子翼的《钟筼溪山坟雷雨记》,亦记载同样内容。[参见(明)张子翼《张事轩摘稿·钟筼溪山坟雷雨记》,载(民国)王国宪辑《民国海南丛书》第 5 集第 2 卷,第 18 页]

续表

时　间	危害情况	资料来源
正德八年	六月，贼劫海洋	《万历琼州府志》卷8《海寇》，第244－245页
嘉靖元年	海贼登昌化盐场	
嘉靖十三年	海贼许折桂寇琼、雷	
嘉靖十七年	七月，贼登新潭海岸	
嘉靖十九年	贼掠文昌白延等地方，掠生员林继统家人	
嘉靖三十年	（新会）贼张酉，犯烈楼、石窝	
	八月癸酉，贼自大林登岸，掠至铺前	
	九月，贼登昌化	
	九月，贼首潘国珍等掳劫西北乡村	《万历儋州志·黎岐志·海寇》，第117页
嘉靖三十七年	八月，贼登澄迈调陈等港	《万历琼州府志》卷8《海寇》，第245－246页
嘉靖四十一年	六月，贼入清澜港	
嘉靖四十四年	正月，贼何乔等掠昌化英德等村	
嘉靖四十五年	正月，贼吴平寇掠白沙	
	四月，吴平逼昌化，焚掠乡村、城外居民300余家，男妇死者无算	
	八月，贼苏大潜，登深坭港	
	十二月，贼何乔、林容掠陵水	
	十二月，何乔、林容犯崖州，突入大蜑港，远近骚动；复寇抱驾村，杀伤甚众	
隆庆元年	二月，贼曾一本、何乔等掠文昌罗顿、云楼等村，掳百人去	
	九月，林容犯临高，杀掳不可胜数；攻陵水，逼至南河，烧残尤甚；林容复回临高，攻洋龙、包闹等村，大掠至城北而去	
	十二月贼曾一本工白沙，至海五十里，焚略一空	
隆庆二年	春何乔余党陈高番出没海傍、山头等村，杀掳百余人	《万历琼州府志》卷8《海寇》，第247
	四月，林容寇临高	
	四月，贼复下昌化，掠英潮港	
	闰六月，贼大掠琼山东岸、涌潭等村	

续表

时　间	危害情况	资料来源
隆庆三年	贼首林容由陆路潜至涌滩，杀男妇数十，掠财一空	《万历儋州志·海寇》，第117页
	九月，贼林凤驾十八艘入清澜	《万历琼州府志》卷8《海寇》，第247页
	十二月，贼许瑞猝至府城外，寻复出扰城市	
隆庆四年	五月，苏大、李茂等西寇澄、化，东掠万、陵	
隆庆五年	春正月，贼掠木澜，掳百余人	
	二月，贼大至，掠白沙、铺前百余人，复寇澄迈	《万历琼州府志》卷8《海寇》，第248－249页
隆庆六年	正月贼许万载犯澄迈，劫杀十余都数百人，复入新安港，攻临高	
	许万载围昌化	
	闰二月，李茂自崖州犯万州，入博敖港，攻乐会，焚官民廨舍，掳子女，攻会同，远近骚动	
	许万载、杨老等寇临高	
	白沙叛兵陈六等数百人直抵儋州境上	《万历儋州志·海寇》，第117页
万历二年	四月，贼林凤乘虚突入白沙	
	五月，林凤驾大艘120只泊清澜港，军民商蛋被掳杀者2200人	
万历六年	八月贼林道乾驾十余艘如清澜港纵掠，又之万、陵	《万历琼州府志》卷8《海寇》，第250－251页
万历十七年	二月，陈良德等自木澜港抵清澜，烧掳兵船，突入所城，驾艘抵文昌城，掠万州东澳等村；又入陵水桐栖港，远近震动	
万历三十一年	二月十四日，有贼船突至崖州大蛋港，烧毁兵船二只，劫掠民村	

　　早期清代方志关于海寇的记述，大抵皆以万历三十一年（1603）作为终结点。康熙《琼郡志》和道光《琼州府志》如此，各州县方志在此问题记述上，皆未突破这一时间界限，这表明大约在万历中后期，本岛周边海域相对宁静。需要说明的是，上述材料中，只注重海寇、海贼登陆海南的

相关记录，官兵与其在周边海域中所产生的诸多交战，没有列入上表。

从时空概念解读上述二表的内容，倭寇、海盗祸琼可划分成三个阶段：

第一阶段，海域不靖时期。自洪武五年（1372）至嘉靖三十年（1551）之前近180年的时间内，共发生倭寇、番贼、海寇、海盗祸琼事件42起（除去洪武二十年的重复计算）。其中，洪武年间是倭寇入侵最为频繁时期。

第二阶段，猖獗时期。自嘉靖三十一年（1552）至万历元年（1573）澳党李茂招安的20年时间，尤其在嘉靖四十五年至隆庆六年的七年时间为最，一年数起的频率，东西南北多处发动，且有连片趋势。该时段内最大的特点是倭寇与海寇相互勾结、互相援引。

第三阶段，尾声。时间为万历元年至明朝结束。

（三）文化上所取得的成绩

入明之后，朱元璋对于海南所处的位置表示担忧。为了防止守边之官"恃沧海之险旷，城隍之高深，忘备肆逸"，特地派人告知地方曰："其海滨迤西及南，诸番蛮貊，国无大小，环而王者，不知其数矣。海之旷，吾与共。设有扬帆浮游，奚知善恶者耶？必加严备，乃无警于民，策之善者，汝其慎之！"[1] 明太祖的前瞻性决策，推动了海南相关的军事建设。

1. 制度方面

面对倭寇入侵，明朝极力加强卫所建设，设海南卫备倭指挥一员，专职巡海，受广东备倭巡视海道副使、备倭都指挥节制。同时，在海南卫周边设置内五所；在本岛东路地区设置清澜、万州、南山的东三所；西路地区设置儋州、昌化、崖州西三所，东西三所合称外六所。[2]

嘉靖十九年（1540），因"崖、万等州黎岐叛乱，攻逼城邑，有司不能支"之故，朝廷在此"添设参将一员，驻扎崖、陵，分守琼州地方及兼管琼、雷、廉州海洋备倭"。[3] 嘉靖二十六年，该机构被革除。[4] 嘉靖后期和隆庆时期，在该机构设废上多有反复，直到万历四年（1576）三月"以

---

① （明）朱元璋：《明太祖御制文集》卷9《敕·劳海南卫指挥》，台湾学生书局，1965，第316页。

② （明）唐胄：《正德琼台志》卷21《海防》。

③ 《明世宗实录》卷238，第4836–4837页。

④ 《明世宗实录》卷324，第6003页。

惠州、琼崖、雷、廉参将分守该府陆路等处兼管海防"，[1] 自此，这一机构一直延续至明末。

面对倭寇、海盗以及内部黎人等交相发难，海南最高军事指挥的名称、权限、管辖范围变动频繁。与之相比，防倭军事设施却有着不一样的经历。或许是承平日久之故，国初的相关军事建制在正统之后皆折半进行，这点在各所军额的配给上表现尤为突出。

更为荒唐的是，原设备倭船二十三只（内五所各一只；外六所各三只），因嘉靖辛亥年（三十年，1551），"船被贼掳，军亦罢设"。这就是说，至此，海南无御敌之船可言，直至隆庆元年（1567）"设白沙水寨，兵船六十只，官兵一千八百二十二名"，"以本府同知兼管"。万历九年（1581），在副使唐可封的建议下，"备倭官军、分哨防海"得到进一步落实；万历二十一年"增设兵船一十六艘"。[2] 至此，无御敌之船、无御敌之兵的状况才有所改变。

2. 科技方面

（1）卫所城池建设。海南的卫所设置理念中，兼备防倭和防黎的双重功能。从其总体建设情况来看，差距较为显著。直至万历方志修撰完毕的万历四十六年（1618）之前，该项建筑仅有三处：海口城、文昌的清澜城及陵水县的南山千户所城，而西三所的军用城池则是通过"附州治"[3] 的方式解决。就上述三所的建筑规模来看也不尽如人意，具有月城建筑的仅清澜所。作为琼州府所在地的海口所，因该城东北面海之故，为防止海上之敌顺利进入城内，而"筑石堤90丈"加以防备，可以说是建筑理念上的新变化。南山所城早期"用木栅围城"，经济总体落后固然是一个重要原因，另外，海南环海多为泥质海岸，岩石海岸不多，这本身就给海边防御带来极大困难，但这不能成为西三所不建城池的理由。

（2）烽堠。明朝初年，"陆置烽堠，水设哨船"，[4] 水陆联动、互相策

---

① 《明神宗实录》卷48，第1089页。

② （明）欧阳璨：《万历琼州府志》卷8，《海防》，第240页。

③ （明）唐胄：《正德琼台志》卷18《兵防上·兵署》。这一安排，终明一代未见改变，万历儋州志中可了解其大概。[（明）曾邦泰：《万历儋州志》卷4《兵防志·武署》，第82页] 万历琼州府志对西三所的城池未作交代，在其叙述的过程中也没有单列出来。[（明）欧阳璨：《万历琼州府志》卷4《建置志·城池》，第82－87页]

④ 《明英宗实录》卷27，第546页。

应的备边御敌方针，在海南没有得到充分发挥。嘉靖后期的"无御敌之船"，让早期水陆互动成为一句空谈。万历元年（1573）的儋州，"叛兵乃复夜至东门外，此时人先知觉，搬入城内"，[①] 儋人"先知觉"是否与烽堠的预警功能有着一定的因果关系？无从知晓，但这种主动退却防御的例子实为鲜见。倭寇、盗贼"突至"，在明清方志的描述中倒是比比皆是。早期近 180 年的"海域不靖时期"，倭寇、盗贼入侵频率不高；再加上自然灾害的频发等多重原因之下，烽堠的数量从洪武初期的 105 座减至正德 85 所，甚至嘉靖十四年（1535），仍维持这一水平。嘉靖中后期，东南海防骤行紧张，疆臣对增置烽堠以通信息的奏章，在《明实录》中多有反映。但是，嘉靖后期地方官员的不作为，使得烽堠难以发挥其积极作用。

万历时期烽堠数量增至 120 所，此乃归结于唐可封主琼时期，对海防认识所致。在"海口、临高、会同、乐会"四处加强戒备，表明对倭寇、海贼重点登陆地段的关注。就其科技水准来说确实乏善可陈，但是将烽堠直接纳入州县体制下的理念，从管理层面来看提高了效率。为了加强对海面的警戒，各处烽堠的旗军数量配置，有了成倍的增长。这一变化，不应被忽视。

（3）船舶制造。船舶在海南有着多重意味，它是紧密海南与内地联系的唯一交通工具；本岛沿海台地居民赖以生存的生产工具；也是对抗海上敌对势力的主要作战工具。但是，至迟在明代中期以前，海南所使用的船舶多由广州船厂负责打造。唐冑记述的成化辛卯（七年，1471）之后，"今本处匠作能造"，[②] 实在是指海南可以造船，但其实际情况，充其量不过是"修船"而已。专门的兵船制造，则是万历四十五年（1617），经海南兵巡道副使戴禧奏请，这一方案才正式成为"定制"，[③]万历四十七年才正式建造兵船。那么，海南抗倭、防寇过程中，万历时期的船只比起正德时期的 42 只要多 24 只（参见第 1 章第 5 节"船舶制造与航海技术"），其来源究竟如何？

前文已经有所交代：隆庆元年（1567）"兵船六十只"，外加万历二十

①　（明）曾邦泰：《万历儋州志》地集《黎岐志·海境附海寇》，第 117 页。
②　（明）唐冑：《正德琼台志》卷 18《兵防上·海防》。
③　（明）欧阳璨：《万历琼州府志》卷 7《兵器》，第 236 页。

一年（1593）"增设兵船一十六艘"，总共 76 艘兵船。在海上对敌时，有
所增减（参见表 8 - 7）：

表 8 - 7　隆、万时期海战中船舶增、减情况

时　间	船舶增、减情况	资料来源
隆庆二年	四月，临高，缴获林容白艚船 5 只，击沉 2 只	《万历琼州府志》卷 8《海寇》，第 246 - 251 页
隆庆二年	十月，贼掠雷州槽家等村，扬指挥战败，兵船 8 只，兵 200 余人俱掳去	
万历十一年	十一月，获贼许俊美白艚船 14 只	
万历十七年	二月，陈良德等抵清澜，烧掳兵船	

也就是说，由于嘉靖三十年（1551），仅有的 23 只防倭船只被掳掠。
万历之后，载于史籍的 66 只船舶，主要来源于隆庆、万历时期的两次拨
给，并在战争中多有损减。海南造船业水准停留在"维修"的程度，由此
可知。正是这种前期"维修"的技术积淀，为其后的海口造船提供了技术
和人才支持。

（4）武器制造。海南的武器制造，在明代后期至少保持与广东大略一
致的水平。这从嘉靖十年（1531）广东省在武器制造水平上可见一斑：
"奏准添造军器佛郎机及神机铳、螺蛳箭、钩刀、眉刀、短枪、强弩。"据
此，广东省对其所辖地方作如下要求："行令各府州县卫所，各照后开，
议定军器数目、式样，俱自嘉靖十年为始，照数、照式成造。"[1] 毫无疑
问，是年在海南也得到落实。但是，从万历府志记载来看，除"郎机铳"
外，其他如"神机铳、螺蛳箭、钩刀、眉刀、短枪、强弩"，似乎并没有
在本岛生产。不过，仍然可以看到其进步所在，那就是武器制造材料上所
取得的进步——以铁制武器替代正德以前的以竹子为质地的武器制造。

面对这种境况，其总体评价不免令人遗憾，无法同广东比较，更遑论
在全国的位置了，但是在海南科技发展史上却是破天荒之举。至少，造船
技术、武器制造移植到海南，使得本岛有了与前沿科技对接的可能，从而

---

[1] （明）黄佐：《嘉靖广东通志》卷 32《政事制五·兵器》，嘉靖四十年刻本，中山图书馆
藏。

为本岛培育了科技人才。

3. 基层社会治理不断加强

明初对海南的用兵，琼州海峡因之而急剧动荡，引起了岛内人口流动。原先生活在白沙门海口浦番民所的番民，开始由岛北部沿着水路向岛的南部移动。

入明之后，海上不靖，倭寇、海盗日益猖獗。疍民的海上生活遭到强烈冲击而生计日蹙。在自觉与不自觉中，这一群体开始裂变，其中有部分人助纣为虐，成为官府的对立面。最早发现这一问题的是明初广东都指挥同知花茂，上书曰："广东南边大海，奸宄出没，东莞、笋冈诸县逋逃蜑户，附居海岛，遇官军则诡称捕鱼，遇番贼则同为寇盗。飘忽不常，难于讯诘。不若籍以为兵，庶便约束。"这一提议，为朱元璋所认同。① 花茂的言论是对整个广东地区疍民而言的，其目的是把良莠不齐的南海中疍民纳入朝廷水师体系之中，海南疍民也不例外。显然，从政策的延续性来看，似乎与元代对海口浦番民所有着某种承继关系。但是，明代海南23艘防倭船只与水军共命运，嘉靖三十年，船被掳兵亦罢，所以本岛疍民纳入军籍的人数不会太多。也就是说，"从事世业"，占据很大比重。"以渔为生，子孙世守其业，岁办鱼课"，② 便是这一群体的写照。

万历十八年（1590）为了"平澳"，经广东道左、右两院题准："责令掌印管编立保甲，挑选壮丁，附并邻村，凑成队伍。摘其智勇出众者，立为哨官。"③ 隆庆之后数次保甲乡兵征集和万历十八年（1590）政策的强行推进，加速了"编立保甲"的实施。民众生活空间被固定化，对岛内二个族群产生了较大影响。

（1）加速了疍民版籍化进程，开始向渔民化转变。儋州疍民之所以能够通过诉讼的方式表达群体意见，并取得其较为理想的效果，充分反映出这一群体在处理海南现实问题中的出色表现，为海南社会所认同。

本岛东部地区，在嘉靖至万历期间，倭寇、倭寇、海盗交相发难，人们无法从事海上捕捞；万历之后文昌因"琼枝菜"的利润使得巨族"封山界海"，垄断海上资源，疍民为了缴纳国家税收和自身生存，不得不另谋

---

① （清）张廷玉：《明史》卷134《花茂传》，第3908–3909页。

② （明）唐胄：《正德琼台志》卷7《风俗·蛋俗》。

③ （明）曾邦泰：《万历儋州志》地集《兵防志·兵额、保甲乡兵附》，第85页。

出路；万历一条鞭法的推行，缴米纳粮为折银所取代，人身依附关系较为松散，这为疍民从事远洋捕捞提供了可能。他们集体出海寻找新的作业空间，远航南海，且季节性的往返，便成为这一群体新的选择。对南海航线的不断探索、代与代的口头传承，为水上《更路簿》的产生创造了条件。

（2）回民社区形成。生活在本岛南端的穆斯林群体，在"附并邻村"的理念下，逐步由分散而走向联合，从而导致"所三亚里"回民社区的成立。

三 黎族治理政策转变及制度构建

黎族问题的根本解决，一直是历代王朝在本岛执政的核心理念。明朝在充分鉴戒前代治理经验的基础上，不断调适治理政策，以弘治十四年符南蛇武装起事为节点，可分成前后二个时期，具有明显的阶段性特征。

（一）土官制度

自明永乐四年（1406）至弘治十四年百年期间内，以夷制夷的土官制度成为本岛治黎政策中心内容，为黎汉良性互动关系提供了制度性保障。

1. 永乐时期的土官设置及其运行（参见表 8-8）

表 8-8　永乐年间海南土官朝贡

时　间	朝贡及赏赐	资料来源
永乐四年	三月乙未。琼州属县生黎峒首罗显、许志广、陈忠等三十三人来朝。初以生黎多未向化，遣通判刘铭赍敕招抚。至是，向化者万余户。显等从铭来朝，且乞抚其众。上从之。授铭琼州府知府，专职抚黎。仍授显等知县县丞、巡检等官，赐冠带钞币，遣还。自是，诸黎感悦，相继来归矣	《太宗实录》卷 52，第 777 页
	四月戊子。琼州府琼山、临高等诸县生黎峒首王罚、钟异、王林等来朝，命罚等为主簿巡检，赐冠带钞币	《太宗实录》卷 53，第 799 页

时　间	朝贡及赏赐	资料来源
永乐六年	二月丙午。琼州知府刘铭率生黎峒首王贤祐、王惠、王存礼等来朝马。命贤祐为儋州同知；惠、存礼为万宁县主簿。赐冠带、钞币，俾专抚黎民	《太宗实录》卷 76，第 1036 页
永乐七年	九月庚寅。广东万州万宁县土官主簿王惠等招谕生黎四百二十四户，率其峒首王曹等来朝，赐之钞币	《太宗实录》卷 96，第 1275 页
永乐八年	十二月甲午。琼州府文昌县斩脚寨黎首周振生等来朝，赐以钞币，俾仍往招诸峒生黎	《太宗实录》卷 111，第 1415 页
永乐九年	十二月壬子。广东琼州府临高县吏王寄扶奉命招至生黎二千余户，而以峒首王乃等来朝。命寄扶为县主簿，赐冠带钞币，赐王乃等钞有差	《太宗实录》卷 122，第 1540 页
永乐十一年	七月甲申。琼州府临高县民黄茂奉命招谕深峒那呆等二十四峒生黎，至是，率黎首王聚、符喜等朝贡马，黎民来归者计户四百有奇，口千三百有奇。盖自初至今招抚诸黎来归者千六百七十处，户三万有奇	《太宗实录》卷 141，第 1692 页
永乐十二年	十一月乙巳。琼州府澄迈县生黎峒首王观监等各遣子贡马，悉赐钞币	《太宗实录》卷 158，第 1801 页
永乐十三年	二月丙戌。广东琼州府生黎峒首罗广寿等来朝，籍其属归附，凡三百三十七户七百九十五口。赐广寿等钞币有差	《太宗实录》卷 161，第 1825 页
永乐十四年	六月乙亥。广东儋州土官周（同）知王贤祐率生黎峒首王撒、黎佛金等来朝贡马，赐钞币遣还。上谓行在礼部臣曰："黎人远处海南，素不沾王化，今慕来归，而朝贡频繁，殆将困乏，非存恤抚之意。自今生黎土官、峒首，俱三年一朝，著为令。"	《太宗实录》卷 177，第 1933－1934
永乐十六年	八月乙未。琼州府感恩县土官知县楼吉福等率生黎峒首来朝贡马及方物。赐之钞币	《太宗实录》卷 203，第 2101 页
永乐十九年	正月己卯。广东琼州府宁远县土官县丞邢京，率生黎峒首罗淋等来朝贡方物。赐钞及文绮有差	《太宗实录》卷 233，第 2253 页
永乐二十一年	二月己巳。琼州府王（土）官县丞符添庆等率诸峒黎首来朝贡方物。赐钞币有差	《太宗实录》卷 256，第 2370 页

　　从表 8－8 可知海南土官建制的时间与规模。但是在明初太祖、惠帝、成祖三朝，采取何种政策治理黎族，前后有所变化。将纳款归附的陈乾富

迁移至广西平乐，充分体现出明太祖对待岛内政治构建的态度。于是，"尽革元人之弊"，"州县各另除官，不用土人。兵屯子孙，尽革为民"，采取"以峒管黎"①的办法，加强对黎族的治理。很明显，版籍化是明初本岛政治设计的主要措施。

显然，这一设定是对元代"府——翼"体系中既得利益者——"翼"权力的一次强硬剥夺。新王朝政府与地方既得利益者之间的博弈，各地"迭乱""复乱"不断，可以看出王化政策在黎区推进的艰难程度。及至洪武二十九年（1396），平定昌化浮鹅峒之乱之后，万州鹧鸪啼峒"亦寇乱"，则表明朱元璋以"以峒管黎"、重构边疆秩序的努力，进入了一个与元末"愈征愈乱"极为相似的困境。

明惠帝时期，岛内黎族情况为：顺化了的熟黎只"上纳秋粮"，并不承担"各项差役"；生黎则是"时常出没，劫掠连年，出镇征剿，为害不息"。时为广东公差大理寺丞的彭舆民，鉴于熟黎峒首在"差役""征纳秋粮""官军征捕"等方面所起的作用，提出自己的看法："如将各处峒首选其素能抚服黎人者，授以巡检司职事，其弓兵就于黎人内金点应当。令其镇抚熟黎当差，招抚生黎向化。如此，黎民贴服，军民安息矣。"彭舆民的"峒首管黎"与明太祖"以峒管黎"的羁縻政策和郡县治理，是汉唐以来围绕着黎族治理而形成两种根本不同的政治主张。

但是，彭舆民的做法为明惠帝所认可，并加以实施。惠帝三年（1401）五月十一日、十月十一日，分别在宁远县藤县（今三亚藤桥）、通远，万宁县莲塘，陵水县苗山等四处设置巡检司，其副巡检司分别委之于熟黎。永乐时期"复洪武官制"，"土人为副巡检者，仍权留"。② 这是明代土官制度的开始。

永乐皇帝将该制度推至极限。永乐二年（1404），监生崖州人潘隆"建议抚黎，授宁远土官知县职名"。③ 潘隆的抚黎并没有达到理想效果，

---

① （明）黄佐：《嘉靖广东通志》卷68《外志五》，第1776页。
② （明）黄佐：《嘉靖广东通志》卷68《外志五》，第1777页。彭舆民的奏章不见《明太宗实录》及《明史》。海南方志中，《正德琼台志》卷22、23《黎情上、下》两卷佚，其他后续方志皆阙载。"增设……琼州府苗山、莲塘二巡检司……副巡检一员"。（参见《太宗实录》卷11"洪武三十五年八月丙寅"条，第184页）
③ （明）蔡微：《琼海方舆志》，引自（明）唐胄《正德琼台志》卷39《人物四·岁贡·崖州学》。

永乐三年四月：

> 广东都司奏，琼州府属县七方等八峒生黎八千五百人，崖州抱有
> 等十八村一千余户，俱已向化，惟罗活诸峒生黎尚未归附。上命礼
> 部："已归附者，令有司善绥抚；未归附者，已遣人招谕。"礼部遂奏
> 遣通判刘铭赍敕谕之。

永乐时期十三次土官朝贡，以"赐冠带"为标志的封官行为主要集中
在永乐四年三月、四月及九年十二月。如此，这一以土官为各县县丞、巡
检、主簿等负责招抚生黎、以流官刘铭为抚黎知府的土官运行框架基本
形成。

2. 仁宣时期土官制度的变化（参见表 8 – 9）

表 8 – 9　仁宣时期黎族土官朝贡

时　间	朝贡及赏赐	资料来源
洪熙元年	十月戊寅，广东琼山等县土官知县许志广遣子棠贡马及方物	《宣宗实录》卷 10，第 269
	十一月壬寅，赐……广东琼山县土官舍人许棠等，钞彩币表里袭衣，有差	《宣宗实录》卷 10，第 290
	十月己丑，广东安定（定安）县土官县丞王观留等……二百三十七人贡方物	《宣宗实录》卷 10，第 288
	十一月壬寅，赐广东定安县土官县丞王观留等……二百三十七人钞彩币表里袭衣，有差	《宣宗实录》卷 11，第 298
	十一月丙辰，广东儋州等衙门土官同知王贤佑遣子芳等贡方物	《宣宗实录》卷 11，第 310
	十一月癸亥，赐广东儋州土官舍人王芳等钞彩币表里，有差	《宣宗实录》卷 11，第 316
宣德元年	七月丙申，广东乐会县等衙门土官主簿王存礼等遣黎首黎宁及万州黎民张初等来朝，贡方物	《宣宗实录》卷 19，第 497
	丁未，赐广东乐会县黎首黎宁及万州黎民张初等钞布帛袭衣有差。初黎宁等至京，上谓尚书胡濙曰："黎人居海岛，不识礼仪，叛服不常，祖宗时专设扶绥，今来朝，当加赉之。"故有是赐	《宣宗实录》卷 19，第 505

续表

时 间	朝贡及赏赐	资料来源
宣德五年	十一月甲寅，广东琼山县故土官知县许志广子才、儋州宜伦县故土官知县黄俣苟子庆来朝，贡方物	《宣宗实录》卷72，第1686
	十一月癸亥，赐广东琼山县故土官舍人许才、宜伦县故土官舍人黄庆等钞币、表里及衣	《宣宗实录》卷72，第1694
宣德六年	七月癸亥，广东文昌县故土官子林丑等来朝贡方物	《宣宗实录》卷81，第1871 页
	七月乙亥，赐……广东文昌县故土官子林丑等钞彩币表里、袭衣有差	《宣宗实录》卷81，第1878 页
宣德七年	五月辛未，广东感恩县故土官知县楼吉福、孙鉴等贡方物	《宣宗实录》卷90，第2058 页
	五月丙戌，赐广东感恩县故土管舍人楼、鉴等钞纻丝表里	《宣宗实录》卷90，第2066 页
宣德八年	七月壬申，广东感恩县故土官舍人王绍等来朝，贡马及方物	《宣宗实录》卷103，第2313 页
	八月戊戌，赐……广东感恩县故土官舍人王绍等纱彩币绢布及纻丝、袭衣、绢衣有差	《宣宗实录》卷104，第2330 页
	九月癸未，广东琼山县故土官主簿符通卿子忠得等来朝贡马及方物	《宣宗实录》卷106，第2357 页
	九月戊戌，赐……广东琼山故土官舍人符忠得等钞彩币纱罗及金织袭衣、绢布有差	《宣宗实录》卷106，第2363 页
宣德九年	四月丁巳，广东昌化县黎首赵克宽等来朝贡方物	《宣宗实录》卷110，第2464 页
	四月甲戌，赐……广东昌化县黎首赵克宽等钞、彩币有差	《宣宗实录》卷110，第2474 页
	六月乙未，广东昌化县故土官主簿符翰惠子贤儒等来朝，贡马及方物	《宣宗实录》卷111，第2491 页
	七月庚辰，赐……广东昌化县故土官舍人符贤儒等钞币有差	《宣宗实录》卷111，第2501 页

　　永乐年间设计的抚黎知府不预府县之事，专事抚黎的规定，在实际运行中为刘铭等流官不断突破，有甚者居然分府县之民，这在王佐的《进

〈珠崖录〉表》和《进〈珠崖录〉奏》中多有申述。刘铭之用意，为时人所觉察。于是便有"宣德四年，以峒黎侵扰不利，革去抚黎流官"[①] 之决定。这就是说，作为抚黎知府的流官被革除，并没有涉及各县抚黎土官的废置问题。表8－9自宣德五年（1430）十一月之后，来京朝贡的海南土官前面皆加上"故"，表明土官群体在革去抚黎流官的形势下，以"土官舍人"身份，来表达自身的诉求。宣德四年后土官遭遇，与元代"府一翼"体系下在罢去"府"之后，"翼"的处境基本一致。此后，随着权力下移，土官势力加剧膨胀。这点，在正统弘治间，表现得尤为清晰。

3. 正统弘治间的土官制度（参见表8－10）

表8－10　正统弘治间土官朝贡

时　间	朝贡及赏赐	资料来源
宣德十年	十一月戊子，广东琼州府临高县故土官男倪通……来朝贡马，赐彩币等物	《英宗实录》卷11，第209－210页
正统元年	七月己酉……广东宁远县土官巡检陈瑛俱遣人来朝贡马及方物。赐宴，并赐彩币等物有差	《英宗实录》卷20，第392－393页
正统三年	九月丙申……广东宜伦县土官男黄欢等各来朝，贡马及方物。赐彩币等物有差	《英宗实录》卷46，第893页
	十月丙辰，广东琼州府崖州感恩县土官知县楼鉴遣黎首符那康等来朝贡马及方物。赐钞、绢如例	《英宗实录》卷47，第908－909页
正统五年	十月戊子……广东琼州府儋州土官同知男王懋等俱来朝贡马及貂鼠皮。赐彩币钞绢等物有差	《英宗实录》卷72，第1399页
正统六年	二月壬辰，广东陵水县土官舍人王茂、崖州土官舍人黎珉、宁远县藤桥巡检司土官舍人黄政、郎温峒首陈堡俱来朝贡马及方物。赐彩币等物，有差	《英宗实录》卷76，第1505页
	四月壬午……广东儋州昌化县土官县丞男符应乾等俱贡马及方物。赐钞币有差	《英宗实录》卷78，第1542页
正统十一年	六月丁未……广东琼州府昌化县土官舍人符应乾……贡方物。赐以彩币	《英宗实录》卷142，第2813页
正统十二年	六月庚午……儋州昌化县黎人峒首赵克勇……来朝贡马及方物。赐钞彩币表里有差	《英宗实录》卷155，第3027页

① （明）黄佐：《嘉靖广东通志》卷68《外志五》，第1779页。

续表

时　间	朝贡及赏赐	资料来源
正统十四年	三月丙戌，广东崖州藤桥巡检司土官副巡检黄其男，同黎首罗幕等来朝贡马及方物。赐彩段绢钞有差	《英宗实录》卷176，第3392页
景泰三年	五月丁巳，广东万川（州）土官王篾……来朝贡马。赐钞彩币表里等物有差	《英宗实录》卷216，第4672页
景泰五年	三月丙寅……广东昌化县土官县丞弟符（符）元春……各遣人来朝贡马及方物。赐彩币等物有差	《英宗实录》卷239，第5216页
景泰六年	十二月辛亥……广东崖州滕（藤）桥土官巡检黄芳……贡马及方物。赐彩币等物	《英宗实录》卷261，第5582页
天顺元年	七月戊辰……广东临高县土官舍人倪泽等俱来朝贡马及方物。赐钞彩币表里袭衣有差	《英宗实录》卷280，第5996页
天顺二年	五月辛亥，广东昌化县故土官县丞符应乾弟元春来朝贡方物。赐彩币钞绢	《英宗实录》卷291，第6228页
弘治元年	六月戊申，广东崖州故土官县丞陈迪之孙冠带舍人崇佑率黎首人等贡土产方物。赐钞锭段绢衣服有差。以崇佑能抚黎人、逋逃复业者，千三百六十余户也	《孝宗实录》卷15，第375－376页
弘治十四年	十一月戊戌，广东崖州抱怀等卫、村峒黎首罗累等五人来贡。赐绢钞等物如例	《孝宗实录》卷181，第3340页

自宣德十年（1435）至弘治十四年（1501）的66年历史中，仅15次朝贡，北京方面一直以赐"如例"的方式对待前来朝贡的土官，即便弘治元年有较好表现的陈崇佑"能抚黎人、逋逃复业者，千三百六十余户也"，也没有获得再授"冠带"的待遇，朝贡的通道渐趋式微。究其原因，主要是正统四年六月庚寅来自琼州知府程莹的奏章。该奏章除了成功地固定在一府三州十县的运行数量外，还就土官所存在的问题，提出禁革主张：

> 调宜伦县土官知县黄欢，县丞刘健、符显宗，主簿赵原于昌化县；宁远县土官县丞陈迪、邢京，典史王均于感恩县，俱仍抚黎。流官悉召回部。从本府知府程莹（莹）言"三州地狭民少"故也。①

① 《明英宗实录》卷56，第1070－1071页。

这就是后来方家一直所强调的"奏革抚黎土官"。[①] 就上引文字来看，这一结论似乎值得推敲。所谓"三州地狭民少"，是指对儋州、万州、崖州而言，将其附郭县并省，当然，"从"程莹"言"，说明"流官悉召回部"也在被肯定之列。但是这种"悉召"的前提，是将宜伦县、宁远县的抚黎土官调往昌化、感恩两县境内。如果这种解释不谬的话，那么原昌化、感恩的流官及岛内其他六县（宜伦、宁远，可能不再置流官）的流官是"悉召回部"的对象。

从惠帝时期开始，该制度已经运行近40年，如果再往元代追溯，有近百年历史的土官制度，不可能因为一纸诏令的下达而退出历史舞台。更何况从陈迪与其孙陈崇佑及"昌化县故土官县丞符应乾弟元春"等关系考察，这种家族化的倾向已经十分突出。如此，既得利益者的土官舍人与地方政府之间进入了全新的互动时期。这一点，贺喜的文章对此有过精彩的阐述。[②]

但是，这一制度在后来的实践中也存在着一定的反复。在平定符南蛇之役中，冯颙的奏章以"复其祖职"[③] 作为条件，寄希望于土舍能在符南蛇之役中有所表现，此后秉承冯颙的意图，而为官琼州兵备副使的王橿则以告示的方式加以实施，因受到王佐的弹劾而革罢。

万历后期，如何有效地管理黎族，土官设置问题再次浮出水面："（万历）三十一年，以琼黎黎马矢平后，请设抚黎通判一员，专管黎事。至四十三年，因罗活黎乱，通判葛经乘扰，贪墨不靖，按院提请裁革。"[④] 万历后期，仅存12年之久的土官制度，再次经历了置、废。作为其附属物的土舍，却与明王朝相始终："万历四十年冬，崖州黎岐那阳、那牙、凡阳、那定等告结罗活，居诸峒中，聚逃民，置器械，焚村劫掠，岁无宁日。众愿歃盟协剿，仍请官兵、土舍助其声势。"[⑤] 在晚明最后时段内，仍可看见土舍的活动情况："崇祯四年，昌化落西峒黎符那恩叛，寇感恩、昌化诸

---

① 《嘉靖广东通志》和《万历琼州府志》皆将这一事件的时间说成是"正统五年"。［参看（明）黄佐《嘉靖通志》，第1779页；（明）欧阳璨：《万历琼州府志》，第260页］

② 贺喜：《编户齐民与身份认同——明前期海南里甲制度的推行与地方社会之转变》，《中国社会科学》2006年第6期，第184－198页。

③ 《明孝宗实录》卷193，第3557－3559页。

④ （明）欧阳璨：《万历琼州府志》卷8《抚黎》，第262页。

⑤ （明）欧阳璨：《万历琼州府志》卷8《平黎》：第270页。

邑。土舍王创讨擒之。"①

程莹奏革抚黎土官的不彻底以及抚黎政策的不断反复，由此可窥一斑。土舍的存在，意味着在土官制度中获得利益者并没有随着该制度的废除而退出历史舞台。以家族为承继核心，不断加强对所属峒的权力控制，从而对抗"以峒管黎"的王朝政策，成为一种历史惯性。这是明代中后期，黎族不断爆发大规模武装起事的症结所在。

（二）抚黎与剿黎政策转变及其在制度上反映

其实就在抚黎知府、土官存在的时段内，黎乱现象也并不少见，只不过其规模和危害程度相对弱一些。通过对方志黎乱的相关记述，可以发现这样的一个现象，洪武时期黎乱较为集中，且具有全岛性。最初的二年，是对新王朝的抵触；自从"尽革元人之弊"及"以峒管黎"政策出台之后，则成为差不多每年皆乱的局面。抚黎知府及土官制度存在的时间内，黎乱有着一定程度的减少，且具有局部性、规模不大的特点。然而该制度的废—置—废的反复，则使得黎乱的频率、程度都有不同程度的激增。所以抚、剿政策，一直都在交替进行中。

二次奏革"抚黎土官"之后，黎乱现象骤然放大，以剿代抚成为明代中后期治理黎乱的主要手段。以全岛记述为核心，将有明一代黎族武装起事载入方志和明实录的数量较为庞大，相关研究成果以民国时期的江应樑先生为代表。② 为此，本书不再罗列。但是万历后天启、崇祯两朝情况一直被忽略，兹将其胪列于下（参见表8－11）。

即便在晚明，岛内治安情况也不容乐观。明代黎乱中，尤以弘治十四年（1501）儋州符南蛇之乱、万历二十七年（1599）琼山黎马矢之乱及万历四十年冬崖州黎岐之乱为最。万历府志对这三起武装起事，有所描述。危害大、波及范围广、持续时间长，是其共性。为了尽快平息，政府不得不调集大量的狼目兵、主客官兵加以应对。平息符南蛇之后，鲜有以抚代剿案例。这是明代在本岛平黎政策上的重大转变。

---

① （清）张岳崧：《道光琼州府志》卷22《防黎》，第488页。
② 江应樑：《历代治黎与开化海南黎苗之研究》，《新亚西亚》第13卷，1937年第4期。江应樑先生以琼州府为叙述中心，总共开列有明一代海南黎乱为38次。但是，对于天启、崇祯两朝仅列出二起。

表 8 - 11　天启、崇祯朝黎乱情况

年　代	地　点	经过与结果
天启三年	万州	黎贼四出劫掠。自万历四十年后，黎贼猖獗，蹂躏诸村，殆无虚日，官兵未尝剿捕
崇祯四年	昌化	落西峒黎符那恩寇感恩、昌化诸邑，土舍王创讨擒之
崇祯六年		黎掠曲埇、买山，把总王秉忠败之
崇祯八年	万州	黎贼掠头石、黎寮等村，流劫至乐会境，乡兵拒之
崇祯九年		黎酋买市率众四掠，知州张璀派兵斩黎酋于草子坡
崇祯十五年		黎攻六连、墩墟等村，知州曾光祖命兵御之
崇祯十七年	临高、澄迈	峒黎贼作乱，西南诸邑皆遭残破，至清军入海南始敛迹

资料来源：（清）张岳崧：《道光琼州府志》卷 22《防黎》，第 488 页。

此外，为了巩固平息后的成果，军事建筑不断地向腹心地区推进。如果说成化十一年副使涂棐在平息落窑黎乱，于儋州城东番洋黎村建立洗兵桥，实为"屯兵于此"[1] 的话，那么万历后的建筑则主要强调军事城池的建设。

琼山林湾都水会所城，便是在万历二十八年（1600），平黎马矢之乱后而建；位于崖州城北 150 里的乐安新城，则是在万历四十四年，剿抱由、罗活二峒叛黎，择地名烂红沟地方建立砖城。[2]

万历之后，军事建制也随之扩展。水会所城的建立，不仅使得本岛近250 年的内五所、外六所 11 个所的数量有所增加，更为重要的是内陆无驻军局面得到一定扭转。军事设施在纵深处布局，深刻地反映出王朝治黎力度加强。

（三）军政权力机构的变化

权力机构由上级派出、岛内机构两大运行系统组成，因时事变化而有所消长。

上级派出机构：监察御史代天子巡视出巡海南，以考核吏治为主要职责；广东省承宣布政使司的派出机构——海南布政分司，掌管全岛的军民事。这两个机构及其职能无变化：掌管海南司法、监察的海南道，对卫所

---

① （明）唐胄：《正德琼台志》卷 12《桥梁》。

② （明）欧阳璨：《万历琼州府志》卷 4《城池》，第 82 - 87 页。

进行监管的海南兵备道，以及管理地方儒学生员的提督学道。晚明之后，这三者之间开始整合——海南兵备道兼分巡提学道。

岛内有三个权力系统：第一，地方政权机构——琼州府，按照府州县体系运行，主管岛内民事，征收赋税、掌管教化是其职责，终明一代，除了正统四年三州附郭县的并省，其他方面无太大变化；第二，废置无常的抚黎知府系统，"专职抚黎，不预府事"的最初设计，因病民而革，但是土舍却一直存在；第三，军队系统变动较大，最主要体现即是由早期"巡海备倭"的卫所最高指挥权，在明代中后期开始向募兵制下的"琼崖参将"让渡。

1. 海南兵备道兼分巡提学道

洪武二十九年（1396），"改置按察分司为四十一道"。"兵道之设，仿自洪熙间，以武臣疏于文墨，遣参政副使沈固、刘绍等往各总兵处整理文书，商榷机密，未尝身领军务也。至弘治中，本兵马文升虑武职不修，议增副金一员救之"。① 海南兵备道，在这一背景下设置。成化间，因巡抚广东都御使吴琛的奏章，以及"兵部为之覆请"之下，成化六年（1470）三月，始有"升监察御史涂棐为广东按察司副使提督兵备分守琼州府地方"② 之命。"海南分巡给敕整饬兵备自棐始"。③ 郡人王佐揭发上奏涂棐"藏私、人命、违法"，刑部实际取证的结果为"多实"。"乙未"，涂棐"事愤自尽"。此后，"按部宪臣复专分巡"。④ 这就是说，海南道与兵备道的短暂整合，在成化十一年（1475）之后被革除。

弘治元年（1488）三月，置兵备副使之事，再次被礼科都给事中李孟旸提出："琼州在大海之南，旧设有兵备副使，后竟革去。但此地密迩交阯、占城、暹罗诸夷，恐海谷隐匿，逋逃为盗，乞仍设兵备以专责任。"稍后，便有"增设广东按察司副使一员，整饬琼州府兵备"⑤ 的诏令。弘治十五年为了平息符南蛇之乱，户部主事、乡人冯颙奏请"请增设广东按

---

① （清）张廷玉：《明史》卷75《职官志四》，第1841、1844－1845页。
② 《明宪宗实录》卷77，第1483－1484页。
③ （明）唐胄：《正德琼台志》卷22《按部》。
④ （明）唐胄：《正德琼台志》卷19《兵防中》。唐胄在涂棐继任者"陈昭"条中亦有相同记载："复专理分巡"。（《正德琼台志》卷22《按部》）
⑤ 《明孝宗实录》卷12、13，第274－276、293页。

察司副使一员，专整饬琼州府兵备"① 为朝廷所采纳，使之进入"敕兵备坐名"阶段。

海南按察司"接敕提学"一事，始于成化年间佥事罗经②之任上。但是其运行效果似乎并不很理想，乃至海瑞和王弘海皆为解决这一问题，纷纷提出改变岛内学子渡海往雷州参加三年一次科考，"比甘肃事例"③ 为最佳方案。最终，因王弘海直接上书给神宗皇帝，希望仿照甘肃因路途遥远"提学巡历不周，改属该御史"之成例，"改海南兵备道兼管提学道"，"万历己卯，敕兼提学道"。④ 集海南道、海南兵备道、海南提学道三位一体权力机构——海南兵备道兼分巡提学道，自万历七年（1579）正式运行，至明亡。

2. 军事建制新变化

保境息民，维护地方稳定是军事设置主要目的。明代相关建制，随着对海南的认识加强而逐步完善。以嘉靖十六年（1537）为标志，此前以"备倭巡海"的卫所军为主，兼及维护地方安全的乡兵；后期变化主要表现在：卫所在本岛最高军事指挥地位开始让渡给"琼崖参将"，保甲乡兵则成为维护地方的重要力量以及少量用于"随军征进，专为前锋"的土舍黎兵设置。

（1）卫所设立、运行及其衰落。岛内卫所系统建置在明太祖期间内完成，在府城的内五所具有保护府城及机动部队性质，而东部清澜、万州、南山，西部儋州、昌化、崖州的六个防御所设置，充分体现出"备倭巡海"的考虑。但是，万历之后，水会所及乐安、乐定三个军事布点的内地化，守内为其主要责任，"巡海"功能被淡化。有几个因素值得考虑：

一是卫所旗军守土职能不专。早期海上相对宁静，"备倭巡海"之军因"权急"而经常被外调，应付"京解""起运课科""进献方物""统辅番贡""伴护通夷""廉池采珠"，以及岛内镇压黎乱，境外镇压高州、化州、新会等海峡对岸的叛乱等。由于守备空虚，天顺四年（1460）终于爆

---

① 《明孝宗实录》卷193，第3559页。

② （明）唐胄：《正德琼台志》卷22《按部》。

③ （明）海瑞：《复巡按龚怀川》，陈义钟编校《海瑞集》，第450-451页。

④ （明）欧阳璨：《万历琼州府志》卷4《建置志·公署》，第90-91页。

发了的邵瑄之乱，平定之后，仍"更番如故"。至成化十七年（1481），因"右翼旗士冯受，辅贡入京，始具情抗疏"，[①] 这一情况才有所改变。

二是旗军"逃绝"现象严重。根据最初的配置，一卫十一所共领旗军兵额为 15927 名，万历府志修撰时期记载曰："今存旗军" 2882 名，[②] 逃亡率达到 82%，严重程度可想而知。

三是嘉靖三十年（1551），23 艘兵船被掳，兵亦随之罢。万历九年（1581），再置"备倭官军，分哨海防"，其力度已大不如前了。万历四十三年，"裁革卫所备倭船"。[③] 至此，卫所旗军正式退出巡海备倭。

（2）琼崖参将设置。嘉靖后期，倭寇、海盗在本岛活动日益猖獗，岛内黎族起事不断，而旗军逃逸现象如此严重，无法担当息境保民的重任。

嘉靖十九年六月，提督两广都御史蔡经就广东局势提出解决办法：

> 崖、万等州黎岐叛乱，攻逼城邑，有司不能支，奏请添设参将一员，驻札崖、陵，分守琼州地方及兼管琼雷廉州海洋备倭。其原设总督备倭官仍驻札东莞，止令专管广、惠、潮、高海洋备倭。

兵部对蔡经的奏疏，做出如下回答：

> 琼州悬居海中，延袤三千里，黎峒盘处，犷险难制。而崖州、陵水去黎由近，虽有督备，指挥势轻，况今黎贼构乱，难以弹压，诚宜改设参将。若广东备倭旧有都指挥一员为之总督，虽驻札东莞，与琼雷廉西路海洋稍远，而经岁不至，以弛其防，则总督之旷职，非官不备也，宜不可改。

"琼州参将"，[④] 经嘉靖皇帝的允准而设立。或许是管辖范围太广、人选不当之故，该机构在稍后的时间段内有废一置的变动。

嘉靖二十六年，应提督两广侍郎张岳之请，"革添设分守琼州参将"。[⑤] 嘉靖二十八年，崖州那燕起事。出于对海南地方安全情况考虑，嘉靖二十

① （明）唐胄：《正德琼台志》卷 18，《兵防上·兵制》。
② （明）欧阳璨：《万历琼州府志》卷 7《兵防志·兵制》，第 197 – 198 页。
③ （明）欧阳璨：《万历琼州府志》卷 8《海黎志·海防》，第 240 – 241 页。
④ 《明世宗实录》卷 238，第 4836 – 4837 页。
⑤ 《明世宗实录》卷 324，第 6003 页。

九年三月，提督两广右侍郎欧阳必进上奏朝廷曰："琼州孤悬海外，所属十三州县，地大且远，蛮黎蟠据其间，数持吏短长为变，非一副使所能弹压。请增设分守一人于儋州，参将一人于崖州，而复设一守备于琼州、感恩，以为声援。"欧阳必进对海南布防的重新设计，显然没有将卫所旗军的力量加以考虑。但是，明政府对此如何打算，研究者只能从兵部的回复和嘉靖的诏旨中揣测："增设参将当如议，守备不必设，第当择指挥知兵者充感恩把总，以防不虞。从之。寻命钦州守备署都指挥使俞大猷，充右参将，往守琼崖。其分守官，以吏部覆其非计已之。"[①]

俞大猷"往守琼崖"，改变了原先兼管广东西路海防的设计，空间的压缩，责任之专，效率因之而提高。该机构制度化始自隆庆六年（1572），是年，提督两广军务兵部右侍郎殷正茂认为"雷廉之于琼崖渡海远涉"，故而"有难于兼治水路"。[②] 其意在两广西路添设巡海参将，为穆宗所认同，"琼崖专设参将"，[③] 至此正式取代卫所军，而成为定制。

值得一提的是，以募兵为主要来源的"琼崖参将"军队，具有从军为"民籍"，"复归为民"的特征，因而与另立军籍、父子相袭的卫所军完全不同。

（3）地方武装的变化。嘉靖后期，地方武装主要由募兵组成的保甲乡兵与土舍黎兵两个部分。隆庆元年，海上形势日益坏败，而卫所军队急剧萎缩、琼崖参将时废时置，为了应对突发事件，在琼州同知陈梦雷的直接干预下，开始"保甲乡兵"的筹措工作。不过，其存在时间短暂（仅6年，万历元年因李茂的招安而止），实施范围不广（只行之于滨海地方）。故而，仅具有前期探索性质。正式启动这一项目，始于万历五年（1577）。万历六年，"复遵明旨，申饬各州县巡捕等官亲选乡勇"，而使之正常化。

一度遭到猛烈抨击的土舍黎兵问题，在嘉靖时期有着不同程度的恢复，并随着时间的推移而逐步走向正规化，这是晚明时期岛内兵制上又一变化。

专有的黎兵，在嘉靖六年（1527），名额相对固定，分防范围主要在万州。其他黎兵主要分布在琼州府41所的土舍中，各所黎兵名额不等，其

---

① 《明世宗实录》卷358，第6417－6418页。
② 《明穆宗实录》卷2，第48－49页。
③ 《明穆宗实录》卷3，第88页。

主要作用为"遇有调发，随军征进，专为前锋，无事则派守各营，听管营官调度"。[①] 这应该是前文所述的及至明末崇祯时期，仍看到土舍在岛内诸地方活动的主要原因。

晚明海南社会动乱不已，就内因而言，实在是负责岛内安全的军制废置无常所致。无论是"提督两广都御史""提督两广侍郎"，或是"提督两广军务兵部右侍郎"，他们都对海南位置特殊性有着极为清醒的认识，但是一支专责于海南周边水域的水上部队，至隆庆六年（1572）才算正式成立。

于是便有隆庆二年（1568）春，倭寇、海盗交相为乱，文昌"惟文庙仅存"。"州县皆残，郡城危甚"，如此之局面，只能等待"海北许孚远引兵至"，人心才稍安。[②] 外海的乱象引起岛内的连锁反应，黎乱此起彼伏。这恐怕不仅仅是"郡城危甚"了。

当然，海南四周环海，给水上防御带来一定的难度。且广东东、西两路海上皆乱。就全国而言，北方蒙古族的不时南下，东南沿海倭寇猖獗。因此，顾此失彼在所难免。再加上倭乱时间之长，沿海经济也受到一定的摧残，难以支持长期战争。从权急的角度出发，机构时置时废也在情理之中。如此，土舍黎兵在岛内的反复出现，似乎也就不难理解了。

第三节　岛内官民共同努力

明代在海南的社会治理比起以往日趋强化，其重要表现形式之一，便是通过委派府州县各级官吏进行统治。在 277 年的统治期间内，共派有外籍官员 3188 名之多。与此同时，在岛内通过多种形式选拔本土 3119 名士人，除了小部分在岛内参加管理之外，大部分皆跨越琼州海峡而官宦北国。

这两股人数大略相等、方向迥异的文人流动，将地处边疆的海南与中

---

① （明）欧阳璨：《万历琼州府志》卷 7《兵防志·兵制》，第 204－205 页。
② （明）欧阳璨：《万历琼州府志》卷 8《海黎志·海寇》，第 248－249 页。

原地区紧密相连。此外，岛内民众的作用不可低估。他们更多地从丰富物质层面着手，参与岛内的各项建设。多种力量整合，从而推动海南社会前进。

一 守土官员推进

明代以"考满""考察"二者相辅而行的方式，对官员所任职责进行考核：

> 考满，论一身所历之俸，其目有三：曰称职，曰平常，曰不称职，为上、中、下三等；
>
> 考察，通天下内外官计之，其目有八：曰贪，曰酷，曰浮躁，曰不及，曰老，曰病，曰罢，曰不谨。

考核结果，是官员"等第之升降"① 的依据。除官员主观努力之外，在任期间的治绩与本人仕途产生直接关联的客观标准，是其有所作为的主要动力。

（一）履琼官员的主要业绩

陈乾富"表纳降款，以其地归附"，② 而使海南免遭战争之苦。明代，因此起彼伏的山海之乱，腹背受敌几无宁日。如前文所述，维护地区稳定，不断调整政策，是履琼官员的主要职责。此外，为了改变岛内经济上的积贫积弱，其建设重点因应社会环境的变化也体现出明显的阶段性：关注民生、改变风气、推进教化是历届官员努力的重点。

1. 改善民生的努力

（1）兴修水利。为解决岛内粮食生产，各地大力兴修水利工程。其中，政府主导的水利兴修，主要分布在以下的州县中（参见表 8 - 12）。

---

① （清）张廷玉：《明史》卷 71《选举志三》，第 1721 - 1722 页。
② （明）唐胄：《正德琼台志》卷 3《沿革考》。

表8-12 明代琼州府政府主导的水利兴修

州 县	工程名称	主要修建情况
琼山 [1]	滨瓮圩岸	洪武间,知县陈有彰[2]修之;成化间,副使涂棻委大使宋纪重修,长约5里,高2丈,阔倍之;弘治八年(1495),太守张恒,修加2倍
	东岸堤	成化间,知县梁昕筑
	亭塘	成化间,知县梁昕因乡人议,筑陂。高2丈5尺,长百余丈,引水灌田
	博浪圩岸	宣德间,主簿熊志与乡人等修建,后圮;成化间梁昕乃命得利之家,增修
	梁陈陂	洪武间,知县陈有彰修筑,复圮;正统间,知县朱宪以石砌筑,高7尺,长百余步。民享其利
	苍茂圩岸	万历二十三年(1595),知县吴宗祯捐修;二十五年,副使胡桂芳、知府李多见等,募夫买石修塞;三十三年,地震,副使蔡梦说、知府倪栋[3]等再修
	东溪圩岸	知府唐可封筑圩海溢
	长牵圩岸 后乐圩岸	万历地震,田沉。崇祯间,御史李元衡等募民,与两边河口稍隘处,运土堆石,筑起两岸,高4丈,长20余丈,阔2丈,障海为田,报税百余顷
文昌 [4]	廖公堤	筑障海水,使不入田。县丞廖义宽筑
	牛路杨梅堤	地素注,难耕。万历间,知县叶可行醵金买田,筑堤凿沟
会同 [5]	西关堤	万历三十一年(1603),知县卢章修筑,长50丈,阔1丈5尺
乐会	乌陂塘	洪武三年(1370),知县王思恭、正德十一年(1516)严祚续修,民赖其利
	龙潢塘	王思恭浚之;永乐间,诸葛平加土筑修;正统间,莫卿续修
	买甲陂	正统七年(1442),知县莫卿募工修筑潴水;嘉靖二十六年(1547),训导廖泷,纠工塞坝
	薄襘朗陂	筑堤以捍海潮。正德间知县严祚督修;嘉靖间知县韦邦相复修;万历知县林栋复督修,砌以石,亘数十丈,咸水略有所障
	鸡灵陂	明初筑闸坝外捍。正德五年(1510),知县曹梅修之
	密泽陂	嘉靖三十一年(1552),奉水利道佥事檄文修筑陂塘,知县彭鲁督筑,备海溢
儋州 [6]	大江陂	宣德七年(1432),州同知林洪分导一江,去城3里许,即昌江渡迎恩桥
	小江陂	成化九年(1473),知州罗杰督业户疏通,民获其利
	浦丹陂	正统二年(1437),宜伦县丞何晖复修堤防,灌零春、天堂等处四千余亩
万州 [7]	石路陂	正统中,州守谭进督民以藤络石作坝,车水灌田

续表

州 县	工程名称	主要修建情况
崖州 [8]	埋鹅陂	宣德五年（1430），知州林黼筑坝，灌田百余顷；成化间，知州徐琦重修
	石牙陂	天顺六年（1462），知州王铎筑堤导水，灌田 50 余顷
	中亭沟	弘治二年（1489），知州林铎设法督工修筑，引水灌田
	高村陂	成化八年（1472），判官何琛疏通，灌田 50 余顷
	仰重沟	弘治二年，知州林铎创筑，引高村五指水，灌田 200 余顷
	抱里陂	成化五年（1469），知州徐琦督工创开，引水灌溉抱里村等处田
	雷沟	正统二年，主簿梁正，开引抱横塘水，灌耕乐罗、抱岁等处田
	都陂	正统二年，主簿梁正修筑；弘治元年，知州林铎率里甲开筑，灌田千余顷
	抱架沟	弘治二年，知州林铎开筑，引千家山下河水灌田
	桥门沟	弘治二年，知州林铎开筑，引千家山下河水灌田
	南北沟	正德十四年（1519），知州陈尧恩凿
	马丹沟	陈尧恩开通，灌田百顷
	大官沟	州守陈尧恩造，引漳水归后河
	池返沟 复沟	正统间，主簿梁正开通
	大朗芒沟	知州徐琦开

注：

[1]（清）潘廷侯、佟世南修、吴南杰纂：《康熙琼山县志》卷 3《地理志·塘陂》，第 31 - 34 页。

[2]（明）唐胄《正德琼台志》对该人的记载，一曰"陈有彰"（卷 7《水利·琼山》）；一曰"陈永彰"（卷 33《名宦》）。二条记录，皆指出其为琼山县令，且负责"滨壅圩岸"及"梁陈陂"二处水利兴修。

[3] 知府倪栋，《在万历府志》卷 9《秩官志》中曰："倪冻，上虞人，三十五年任"。也就是说，万历三十三年地震时，还未到任。此外府志皆曰"倪冻"（参见欧阳璨《万历琼州府志》卷 3、卷 9，第 58、301 页）。

[4]（清）马日新：《康熙文昌县志》卷 2《建置志·陂塘》，第 54 页。

[5]（清）丁焜等纂：《乾隆会同县志》卷 2《地理志·堤港埠》，第 27 - 28 页。

[6]（清）韩祐重：《康熙儋州志》卷 1《水利》，第 25 - 26 页。

[7]（清）李琰：《康熙万州志》卷 1《地理志·陂塘》，第 41 页。

[8]（清）张擢士、李如柏：《康熙崖州志》卷 1《疆域志·山川》，第 104 - 105 页。

清代早期县志，澄迈、临高、定安、陵水及感恩五县对于明代官方参与本地水利兴建缺少相应记载，可以说地方官员在该地水利兴修中，并不占据主导地位。与之相反，琼山地区除度灵塘、义丰堤闸 2 处为宋元工程并继续发挥其作用外，明代兴修 29 处，其中官方参与为 9 项，占 31%；

乐会，官修 6 处，占总数 27 处的 22.2%；崖州地区陂塘工程共 32 处，官修 16 处，占 50%。

地处本岛西部地区的昌化县，"田地浮沙薄土，苦于干旱"。正统初年，由监生任昌化县令的福建龙岩人陈璲，"教民筑堤蓄水，引以灌田"。[①] 在崖州的水利工程兴建中，以正统、成化、弘治及正德最为集中。而琼山地区则与明朝相始终，在明末的崇祯时期修筑长牵圩岸、后乐圩岸，表明官府对农业生产的重视程度。

（2）修凿井泉。本岛降水丰沛，但地表水流因季节性差异而短缺，时有发生。而地下水丰富，水源稳定，水质清冽。早在宋代，"琼山郡东，众泉感发，然皆冽而不食"，苏东坡开凿了惠通泉、洞酌亭等，"自是，汲者常满"。[②]

明代，政府在利用地下水源上有着较大的进展。根据唐胄《正德琼台志》及清康熙二十六年（1687）本《琼山县志》[③] 记载，明代由官府新建的井泉主要有（参见表 8 - 13）。

表 8 - 13　府城地区官府新凿井泉

井泉名	时　间	主要修建情况
琼浆井	洪武间	南郊，旧县学东。教谕赵谦浚，深 4 丈，立二石柱，驾辘轳以汲水
玉液井	景泰五年（1454）	县内西隅。知县陈用己开
西城大井	正统间	西门内街北。指挥丘胜、李翊开
南墙脚井		指挥李泰开
北城井		乡人吴升开，指挥徐瑄修
武秀井	弘治间	县东街武秀坊前。指挥张翊凿
白土井 [1]	弘治初	县北海口迎恩桥西。副使陈英浚砌
观风井	万历十六年（1588）	察院公署内左。巡按蔡梦说开
清惠泉	万历三十六年（1608）	城外北五里亭。郡守倪栋所凿

注：
[1] 正德以前的资料皆采用唐胄《正德琼台志》。《康熙琼山县志》曰此为"白玉井"。

---

① （明）唐胄：《正德琼台志》卷 33《名宦·皇朝》。
② （宋）苏轼撰，（清）萧应植编《苏文忠公海外集》卷 1《惠通泉记、洞酌亭记》，第 25 - 26 页。
③ （清）潘廷侯、佟世南修，吴南杰纂《康熙琼山县志》卷 3《地理志·井泉》，第 26 - 30 页。

　　耐人寻味的是，岛内其他地区的井泉多以自发状态存在，人工开凿的不多，政府开凿更少，唐胄《正德琼台志》曰：澄迈县治前"洪武三年，知县刘时敏凿"仅为个案。大量新浚、开凿的井泉，集中在府城地区，个中原因值得探讨。

　　琼州府及其附郭县——琼山、海南卫及内五所等军政系统的核心区域，也是府学和琼山县学所在地，同时三个"镇日贸易"的墟市"西门街、海口四牌楼、白沙埠头"也集中于此，可以说府城是明代岛内政治、经济、文化中心。人口大量聚集，生活用水随之增加，新增加的井泉主要在府城地区，正是其具体表现。

2. 改变陋俗

　　海南地处遐荒，风俗浇薄，在地方政府大力引导下，有着极大的改观。

　　（1）对岛内风俗引导。本岛"病不服药，杀牛祭鬼"积习由来已久，有甚者竟然"鬻子女为禳祷费"，可谓劳民伤财。宣德间（1426－1435），由"户部郎中奉敕守琼"的宜兴人徐鑑，则通过崇尚佛老来抑制此种风气。他认为，佛老虽非正，然不害物命，"许巨室为民望者，修饰寺观"。积习的改变并非一蹴而就，如本书"社会风俗"一章中所论述的一样，该风俗在万历时期仍然有一定的市场。唐胄对于徐氏"自是有病者不杀生，而民用稍纾"① 的评价，或许有拔高之嫌，但是其开风气之先之举，不可因之而忽视。

　　嘉靖间，吉水人张俊守琼时期，则刊《四礼节要》，以易本地陋习。隆庆、万历之际，琼州知府，麻城人周思久，莅任之后，便"广询琼俗利病"，通过宋代大儒朱熹增损的《吕氏乡约》，以达到"旌善警恶"。② 正是在诸多莅琼官员的不懈努力下，海南的社会风俗得以改变。

　　（2）改变官场积习。明代海南官员中散漫、怠政的现象极为普遍。正统八年（1443）十一月，海南卫指挥使石聚，"以进表至京宿娼"，为对其惩罚，被谪戍威远卫。③ 石聚宿娼事件，便是其最为突出的案例。由此可

---

① （明）唐胄：《正德琼台志》卷33《名宦·皇朝》。
② （明）欧阳璨：《万历琼州府志》卷9《秩官志·郡守·国朝》，第397页。张俊又被记为"张峻"。（同著，第300页）
③ 《明英宗实录》卷110，第2215页。

知，自律是有所作为官员所必备的基本素质。

尽管海南远离中土，天高皇帝远，但是"郡多异产"，宦官对本地"异产"多有染指。宣德间，徐鑑为郡守时，予以猛烈打击：

> 郡多异产，中使阮、韦、冯三人，岁来索扰。见鑑严正不可犯，且为上属任，稍敛戢。继有三人皆黄姓者踵至，凡非所当索，限有司弗予。及行所部，辄遣骑从之，俾不得肆。①

无独有偶，弘治十七年（1504），由安陆知州升任琼州知府的安徽桐城人方向，虽"托酒"而"不甚亲民事"，但是其打击中使，则极具个性："管珠池中贵韦姓者，欲行部剥扰，向不动声色抑止之。"② 广东采珠内臣干预地方事务，引起了海南籍官员的严重不满。正德十六年（1521）五月丁丑，广西道御史陈实就太监赵兰"坏法虐民，诛求无已"③ 之事，上《罢采珠疏》。④ 六月，户部对陈实之议提出"行广东巡按御史勘明具奏，以正国典"。⑤ 嘉靖元年（1522）四月，户部再次强调"守珠池者，各专职任，俱不许干预地方事务"，⑥ 为嘉靖所认可。自是，宦官扰琼绝迹。

外地官员进京朝觐，以金钱打通关节，是一大弊政。但是，地方经济水平低下，府职官员不得不将此项额外负担分解于其所属州县。至迟在正德时期，"朝觐旧例千金"之习浮出水面。最早对此进行质疑，并加以拒绝的是嘉靖初年为定安知县、江西丰城人鄢高。⑦ 万历府志如是说："时，郡守以入觐常例，索属邑。高曰：'剥民以媚上，吾弗为也。'遂见忤，已

---

① （明）唐胄：《正德琼台志》卷33《名宦·皇朝》；（明）李东阳：《怀麓堂集》卷65《重修琼州府二贤祠记》，《四库全书》第1250册，第674页。

② （明）唐胄：《正德琼台志》卷29《秩官上·府》。中贵韦姓者，应为"韦助"。成化十八年（1482）七月："守廉州珠池左监丞韦助"。（参见《明宪宗实录》卷229，第3925页）

③ 《明世宗实录》卷2，第110页。

④ （明）欧阳璨：《万历琼州府志》卷11《艺文志·奏疏》，第541－542页。该文《实录》无载。

⑤ 《明世宗实录》卷3，第149页。

⑥ 《明世宗实录》卷13，第455－456页。

⑦ （清）张文豹：《康熙定安县志》卷2《宦迹·知县·明》，第117－118页。万历府志曰：南昌人，"嘉靖间，知定安"。（同著，第403页）在记述鄢高政绩时，县志曰："时，郡守数巡县，取给辄不应，为守所衔。以考察不及，去。"与万历府志中的叙述有所差异，今采用府志的记述。

丑（嘉靖八年，1529）考察，竟以不及改教。"这位改任潮州教授，在其离开之前曾赋诗一首，曰："世路人情蜀道难，几回飞梦绕乡关。一肩行李梅花瘦，万里冥鸿任往返。"鄢高以自嘲的方式，指出"世道人情"之难，算是道出了其中些许无奈。与"旧例"进行较量的第一回合，是以鄢高的"考核不及"改任而结束。至嘉靖间第八任知府张俊，① 采取措施，朝觐旧例才正式退出历史舞台。

3. 大力推进教化

教化，是一种儒家治国理念。"教化不立而万民不正"，以"正民"为目的的教化与德治一道，成为历代统治者维护社会稳定的一种重要手段。其实现途径，则是在王朝价值观的引领下，使得受教育的个体脱离原有的认知，进而达到国家认可的范围内。明代海南教化展开，通过诸多方式加以落实：除了前文所述的教育、修纂府州县各级方志等途径之外，女子节操也得到普遍重视。此外，最重要手段是建立乡贤祠，确立学术、道德的标杆。"国家设庠校，以教育人才；建乡贤祠，以激励风化。忠孝，教之本、化之源也。本之不造，于治化何？"② 可以说，国家主流价值观的落实是通过建立乡贤祠，将精神层面通过物质化的方式加以呈现。然而"以激励风化"为宗旨的海南乡贤祠，在明代中叶才开始建立，起步较晚。随着岛内科举士人不断增加，祀主牌位由外来的"客贤"逐步向本土人士为主的"主贤"转变。

（1）早期乡贤祠。历史的发展总有一些让人忍俊不禁之处。福建莆田人、成化十七年（1481）进士宋端仪与丘濬之间的交往，便是一个颇有意思的话题："初在国学，为祭酒丘濬所知。及濬柄政，未尝一造其门。广东提学缺，部以端仪名上，濬竟沮之。濬卒，始以按察金事督广东学校。"③ 弘治八年（1495）二月，丘濬卒。是年十二月癸丑，吏部员外郎宋端仪，为广东按察金事提调学校。④ 十年，宋端仪便来到丘濬的故土，创建仰止祠，"祀名贤李德裕等三十一人"。十三年，琼州知府石璧，展拓仰

---

① 嘉靖间（1522 – 1566 年），琼州府共有 14 位知府，张俊为第八任知府。
② （明）李珊：《仰止祠记》，引自（明）唐胄《正德琼台志》卷 15《学校上·府学》。
③ （清）张廷玉：《明史》卷 161《丘濬传》，第 4394 – 4395 页。
④ 《明孝宗实录》卷 107，第 1950 页。

止祠，宋氏再次来琼，革去云从龙牌位，而"赠祀张应科、赵与珞"。①

《正德琼台志·破荒启土》卷32对"云从龙"，作了如下介绍：

> 宋咸淳间（1265－1274）铃辖，入元为海北海南道宣慰使。至元十六年（1279）按琼，抚绥有方，兵民悦服；十七年，调军至崖收黎。官累至行中书省参知政事。卒，葬于广之白云山……子鉴，因家琼之文昌安知乡，今后裔繁衍。

"仕于宋，宋亡仕于元，非义也"，宋氏认为，"云从龙"在朝代鼎革之际，弃宋投元而缺少民族大义，其入祀既不符合《祭典》要求，也难以发挥仰止祠"激励风化"作用，故革去。宋氏对云从龙入祀处理，与明代主流价值观基本契合。

但是，丘濬这位无论是道德文章或是仕途生涯皆可称为是时海南乃至国内之翘楚，居然在其死后5年内未能进入宋氏创建的仰止祠，不免使人联想起丘濬曾经"沮之"为广东提学佥事之事。

（2）正德时期的乡贤祠。最早将丘濬纳入乡贤祠祭祀的是正德十年（1515）。是年二月，巡按广东御史高公韶，以"韶州故有唐相张九龄祠"，而张氏之子拯在安禄山陷河洛，不受伪官，"坚守臣节，忠义著闻"，奏请入祀。

礼部因其所请。并就丘濬入祀之事做出如下安排：

> 时部议，因及大学士丘濬：历官四十余年，惓惓以经世宰物、忠君报国为心，观所著《学的》《世史正纲》《大学衍义补》诸书，既于世教有补，晚事孝宗，所志亦略见于行，若不崇祀表扬，何以风示天下？今琼州以宋学士苏轼祀于奇甸书院，濬宜附祀。②

其实，引文中所谓"时部议"，实指是年礼部尚书刘春关于丘濬入祀的奏疏。③ 刘春之请，为武宗所认可，于是便有景贤祠之建立。

---

① （明）唐胄：《正德琼台志》卷15《学校上·府学》。
② 《明武宗实录》卷121，第2430－2431页。
③ （明）刘春：《请建景贤祠疏》，引自（明）欧阳璨《万历琼州府志》卷11《艺文志·奏疏》，第541页。府志记载该奏疏时间为"正德十年"。或许是《正德琼台志》卷15《学校上》没有叙述该事，而卷43《文类·佚》无载；《实录》也缺载，该文仅见于万历府志。

正德十六年（1521），《琼台志》编纂班子中"钟远""张文甫"，对旧祀名贤再次甄别，革去宋代儋州占星象的王肱，[①] 进唐代王义方等十人，为金宪汪克章所允。

自此，激励风化之祠由"崇德以劝士"的仰止祠，祀唐王义方以下40人；"报功以慰民"之先贤祠，祀汉路博德以下19人；"著述以宪后"之景贤祠，祀苏轼、丘濬2人等三祠组成，共祀先贤59人。按照前二祠"举于有司"、景贤祠"奉于朝廷"[②] 的两个级别展开相关祭祀活动（参见表8-14）。

表8-14 正德时期海南乡贤祠祀主及祭祀级别

祠 名	位置			祀 主	备 注	
仰止	郡学	名宦	唐	王义方、韩瑗、李德裕	客贤	有司祭祀
			宋	周仁俊、张岐、宋守之、韩璧、崔与之、张应科、赵与珞		
			元	范梈		
			明	宋希颜、李思迪、赵瑁、赵谦、郑济、曾兰、吴元、宋端仪		
		谪寓	唐	韦方质		
			宋	苏轼、任伯雨、李纲、赵鼎、李光、胡铨		
		乡贤	宋	姜唐佐、王霄、王进庆、裴闻义、陈孚、陈应元	主贤	
			元	蔡薇		
			明	王惠、唐舟、王克义、邢宥、丘濬、荣瑄、王佐		
先贤	道右	汉路博德以下17人			客贤	国家祭祀
景贤	郡西北	苏轼			主贤	
		丘濬				

59位贤哲入祀，海南因之而成为"多贤之国"。在其盛景背后，唐胄

---

① 关于王肱的情况，可参见《正德琼台志》卷40《人物五·杂伎》。
② （明）唐胄：《正德琼台志》卷15《学校上·府学》。三祠祀主共61人，苏、丘二人已列入仰止祠，故实际祀奉59人。关于先贤祠，万历府志曰："正德辛巳（十六年），两学生员（钟远、张文甫——引者注）呈祥，通汉路博德十七人一体列祠，易祠名曰先贤。"（参见该著卷4《建置志·坛庙》，第106页）唐胄为见证人，故采信之。

指出："客贤自汉凡四十五人，其过化之远，此所以致乡之有贤也；主贤自宋凡十四人，其声应之迟，益见化难于客贤也。"在承认客贤于海南历史发展中所起作用的同时，表露出对本土贤士稀少现状的一种无奈。进而以文天祥少时"没，不俎豆其间，非夫也"，最终以"大忠鸣世，至今并食其庙"为例，寄希望于后来者，曰：

> 诸彦志贤矣，亦有志于此否乎？吁！昔乡在宋无一贤，而先辈尚能感客化以有立。今贤盛宾主，其感尤不易乎？感之易而勉以成之，使生虽无事于此，而百年之公论，能舍之耶？吾言虽为汝《录》发，亦因以告郡之诸豪杰，使知无负于吾地之灵也。①

唐氏对后生辈的殷殷期盼之情，溢于言表。

（3）嘉靖之后的乡贤祠。明代后期乡贤祠的建立，呈现出官民异途、头绪多端的景象。②"奉于朝廷"的"景贤祠"，在嘉靖三十二（1553）有过一次重修；至万历三十八年（1610），③丘文庄第七代孙丘尔穀、丘尔懿兄弟之请，副使蔡梦说、知府翁汝遇，"迁建于旧基上街"。

以"治安疏"而名重于世的海瑞，其入祀则是在万历间，"署府事雷州府推官"高维岳"申请"之下，建于"城中原旧城隍庙"，名之曰"海公祠"。然而"经久已颓坏"，直至清康熙丙寅（二十五年，1868），才由郡守佟湘年捐资重建。④

万历二十五年（1597）前后，许子伟建明昌塔时，⑤于塔下"竖祀丘

---

① （明）唐胄：《三祠录》序，引自《正德琼台志》卷 15《学校上·府学》。唐胄《传芳集》中曰："其声应之迟，益见教化赖于客贤也"。［见《三祠录》序，（民国）王国宪辑《海南丛书》第 3 集第 2 卷，第 9 - 10 页］这一说法，比唐胄《正德琼台志》中文字更为明白。引文中所谓《录》即《三祠录》。

② （明）欧阳璨：《万历琼州府志》卷 4《建置志·坛庙》，第 105 - 110 页。下文叙述中，未标明出处者，皆来自于此。

③ 万历府志曰：蔡梦说，"万历戊子（十六年，1588）巡按抵琼"；"丁未（三十五年，1607）以宪副兵备督学"，"任三载"；翁汝遇，"三十八年（1610）任"。（见该著第 301、393 页）也就是说，此次迁建应在万历三十八年。

④ （清）潘廷侯：《康熙琼山县志》卷 4《建置志·坛庙》，第 61 页。

⑤ 许子伟与知府涂文奎共建明昌塔（参见《万历府志》，第 111 - 112 页）；涂文奎"万历二十三年（1595）任，卒于官"，接任知府李多见"万历二十五年任"。（见《万历府志》，第 300 页）

公文庄、海公忠介",名曰"敬事堂"。至万历四十四年（1616），"两庠生员"，以许子伟建塔有功，与丘、海并祀。

官方的祭祀较为驳杂。早在正德己卯①（十四年，1519），副使王倬平定千家村黎，州人在崖州西建"王公生祠"，万历二十年（1592）重修。此后，在琼山水会所建"军门戴公生祠"，府城北街建"院道蔡公生祠"等。

万历四十五年（1617），海南兵备道兼提学副使戴熺创建"汉二伏波祠"，祭祀路博德、马援二将军；是年，戴熺在府城北隅金粟泉上，创"苏二公祠"，祀苏轼及其弟苏辙。

晚明之后，具有持续性的是对本朝名宦祭祀的"九贤祠"。其祀主由早期的王泰、徐鑑的二贤，嘉靖十三年（1534）之后，纳副使游琏为三贤；嘉靖后期，增郡守张子弘至四贤。万历四十六年（1618），郡守"史朝宜"祔祀；此后，祀主逐步加入"学道胡公训、魏公成""知府李公多见、蒋公一鸿"。②

综上可知，仰止祠难觅踪迹；"汉二伏波祠"创建，但路、马二将军以下17人，不知所往。宋端仪、唐胄所确立的入祀原则，已被破坏殆尽。本土乡贤入祀，除了"景贤祠"和"敬事堂"而外，差不多趋于没落。民间努力恢复乡贤祭祀秩序与地方政府割裂本岛祭祀传统，存在着严重分歧。这固然与此时山海之乱的大环境密不可分，官府的不作为也难辞其咎。

其一，正德十六年建立的三祠系统，被后期繁乱芜杂现象所取代。苏辙与海南无涉，将其入祀，表明"以激励风气"为主旨，为地方官员个人喜爱所左右。

其二，九贤祠将终明一代的名宦入祀比较，正德之前本岛乡贤除丘濬之外，诸如唐舟、邢宥、荣瑄、王佐等皆被抛弃。而嘉靖、万历间，唐胄、钟芳、陈实、王弘诲③等先贤相继辞世。他们居然皆与乡贤祠无缘，

①　万历府志曰"乙卯"，恐误。
②　（清）潘廷侯：《康熙琼山县志》卷4《建置志·坛庙》，第61页。
③　王弘诲因"奏考回琼"，而获得了在其所创的"尚友书院"中建"生祠"。［参见（明）曾朝节《大宗伯忠铭王公生祠记》，（清）张文豹：《康熙定安县志》卷3，第203-204页］

这本身就说明，嘉靖之后入祀的乱象。海瑞虽入祀，是申请而非奏请，故而没有列入国家祭祀的级别，规格太低。

其三，生祠之建，反映出岛内民众对于时下安定的一种本能诉求，官府不能因之而割裂历史传承。尽管"从祀出于子孙之营请"，[①] 确实也道出了其复杂性，但不能因噎废食。

"激励风化"机制的抛弃、入祀标准丧失，是晚明乡贤祠衰败的主要缘由。

（二）闽籍官员及其贡献

明代派往本岛各级官吏，除少量本土人士外，皆来自全国各地。其中，闽籍在琼官吏[②]值得注意。

1. 府州县秩官中的闽籍官员及分布

（1）监司、知府系统。闽籍人士分布及其在各系统中所占比重情况如下（参见表 8 - 15）。

表 8 - 15　监司、知府系统闽籍流官名单及比重

单位:%

分　项	姓　名	户　籍	姓　名	户　籍	姓　名	户　籍	姓　名	户　籍	合　计	总　数	比　重
分守	谢瑀 方万策	闽清 莆田	翁茂南 林梓	莆田 龙溪	陈伯献 蒋光彦	莆田 晋江	陆万雷 杨莹钟	福清 长泰	8	45	17.8
分巡	翁晏 宋端仪 李元镇 陈大珊 史朝宜 蔡梦说	侯官 莆田 莆田 福州 晋江 龙岩	俞璟 李德美 赵瑶[③] 朱道澜 陈复升 苏寅宾	福清 莆田 晋江 莆田 福清 福建	林濬渊 张泽 范嵩 何民述 杜业 林如翥	闽县 闽县 福建 晋江 晋江 福建	张毅 方良永 游琏 戴一俊 林如楚	福清 莆田 连江 莆田 莆田	23	92	25

① （明）欧阳璨：《万历琼州府志·卷首·凡例》，第6页。
② （明）唐胄：《正德琼台志》卷29、30、31，《秩官上、中、下》；欧阳璨：《万历琼州府志》卷9，《秩官志·监司、官师表、郡守、州守、县令》，第288 - 358页；（清）焦映汉、贾棠：《康熙琼州府志》卷6《秩官志·监司、官师》，第372 - 474页。下文叙述的资料皆来源于此。
③ 李元镇为"分巡按察司官"之杂遣；赵瑶，属"巡按御史"杂遣。二者皆未纳入康熙府志的流官总数之中。

续表

分项	姓　名	户　籍	姓　名	户　籍	姓　名	户　籍	姓　名	户　籍	合　计	总　数	比　重
知府	王仕良	沙县	吴德用	沙县	林澄	闽县	蔡浩	龙溪	19	73	26
	吴琛	莆田	石璧	石璧	谢廷瑞	长乐	林有禄	莆田			
	黄瓒	晋江	李慎	惠安	郭良璞	晋江	史朝宜	晋江			
	郭梦得	南安	许一星	莆田	周希贤	福建	王约	惠安			
	李多见	仙游	吴云廷	福建	陈龙可	福建					
同知	李杰	泉州	马叔文	长乐	柳邦杰	德化	杨子充	福清	7	50	14
	陈梦雷	长乐	李维岳	漳州	李梦麟	晋江					

　　史朝宜既是分巡，又是知府。监司及府职幕僚系统中，共有闽籍人士110人，占总数498人的22.1%。可以说该层次中五名官员，至少有一名是福建人。

　　（2）州级官吏。福建籍官员具体分布如下（参见表8-16）。

表8-16　三州知府中闽籍人士名单及比重

单位:%

属州	姓　名	户　籍	姓　名	户　籍	姓　名	户　籍	姓　名	户　籍	合　计	总　数	比　重
儋州	周铎	邵武	林庆	莆田	林坤	闽县	叶性	闽县	12	58	20.7
	曾琅	漳浦	吴泮	莆田	陈儦	闽县	王克家	漳浦			
	陈节	晋江	陈荣选	同安	杜钟秀	邵武	刘道生	瓯宁			
万州	林黼	晋江	李敩	福建	郑孔明	长乐	吴教	莆田	13	53	24.5
	林莹	侯官	许泰来	福建	伍思召	福建	王一岳	连江			
	蔡廷璋	莆田	辜志会	晋江	林廷兰	龙溪	苏梦灿	晋江			
	张璀	同安									
崖州	林黼	晋江	彭宁	宁德	林铎	闽县	何冈	闽县	16	51	31.4
	王祺	闽县	林资深	福清	陈谟	邵武	俞大有	莆田			
	蔡楠	龙溪	张永昌	瓯宁	陈朝锭	闽县	郑瑞星	仙游			
	朱子训	晋江	林应材	莆田	任可受	晋江	丁家进	晋江			

　　闽籍人士共112人，占总数为761人的14.7%。在州官系统中，州同、州判及充当吏目、学正、训导的比例不大。相反，在"知州"中所占的比重较高，崖州竟然达到31.4%的比例。

（3）十县官员系统。闽籍官员分布情况如下（参见表8-17）。

表8-17　十县流官系统中闽籍官员统计

分项	琼山	澄迈	临高	文昌	定安	会同	乐会	昌化	陵水	感恩	小计
知县	6	9	10	8	9	11	11	14	9	11	98
县丞	5	15	10	11	1		1				43
主簿	10	10	10	5			1				36
典史	7	11	15	8	15①	10	5	7	6	5	89
教谕	5	6	7	8	7	8	10	8	4	3	66
训导	3	6	5	1	4	4	8	2	4	6	43
合计	36	57	57	41	36	33	36	31	23	25	375

十县共有2101人存于史籍，其中就有375位闽籍士人，其比例为17.8%。在499位知县中，福建为98位，比例达19.6%，而更具有代表性。

在明代本岛3188名官员，闽籍605人，其比例为19%。从闽籍人员的区域分布来看，除了为数不多的南平、崇安、邵武、宁化等闽北、闽西等地及以"福建"代替其籍贯地区不明外，闽南厦漳泉地区，约占闽籍在琼官员的60%以上。让人惊讶的是，其中仅莆田籍的人员竟达到87位，其在海南的地域分布，以澄迈、临高、定安三县最多。

（三）闽籍官员对海南发展的影响

1. 闽籍官员的主要贡献

闽籍官员在不同时刻、不同层面履职于海南，因其在本岛作为而入祀的主要有：弘治年间，莆田人宋端仪创建仰止祠，宋本人神位也为仰止祠所供奉；晚明九贤祠中，有连江人、副使游琏；晋江人、郡守史朝宜；仙游人、知府李多见等三贤入祀。这些，本身已表明他们对海南社会的贡献。

监司及府级官员以实绩载入史册大有人在，州县级官吏的业绩也颇为卓著。

---

① 其中莆田籍在定安的"典史"一职中，就有8位。

（1）致力教育。永乐间，儋州学正、闽县人郑济，能融汇经书旨趣，传道、授业、解惑，孜孜不倦。曾著《四书书经讲说》，该著在正德年间仍存于世，"人犹宗之"。

汀州人曾兰，以其"学赡才优、启迪有方"而留名。这位文昌县学训导，先随其父曾子荣任府学教授来到海南，中宣德己酉（四年，1429）科解元。入其门下求学者众，以张勋（右所人，正统甲子科举人）、李靖（左所人，正统甲子科举人）、王翰、王睿（琼山调塘人，夭卒。与翰齐名，时称"二王"）。其中，以后三者最著。其对于海南儒生举业的贡献，唐胄曰："郡举子博后场之学，自兰始，后愈传愈盛"。①

闽县人黄宁，于正统间为儋州学正时，"学自国初乏科，司教者多借士邻郡以塞责"。黄氏以培养本地人才为目的，杜绝"塞责"的做法。鉴于"民间少俊秀"的现实，黄宁便选军籍子弟"颖出者"数人，家境贫寒者则"资油夜读"。其"教养"方法，使受教生员竞相努力，获得"科名三出所选教者"的成绩。

莆田举人周坦，"学问醇正、词章丰赡"。正统四年（1439）任定安训导，对其贡献，唐胄曰："定安文风丕变"，并转引了《琼台类稿》的文字予以证实："建（元代的南建州，明之定安县——引者注）人少知学，吴汝逊遣诸子，从蒲中周司训坦习举业。继而子孟矩、孟俅、孟偁相继登科。"上述三位分别在正统丁卯（十二年，1447）、景泰丙子（七年，1456）及成化戊子（四年，1468）② 三科中举。继而，周坦"摄澄庠三年，旧范不衰"。

（2）抗击海寇、倭寇侵扰。隆庆六年（1572）正月，海寇许万载犯澄迈，入新安港，攻临高县城。福清人林邦达为临高典史，此前，已率民修浚县城壕沟，做好战前准备。当海寇从东南攻城时，下令士兵背土，"填东桥，障水灌之"；寇转而从东面进攻，林氏"并力东守，屡战却贼"。是夜，寇登城，情况危急，林邦达亲自推石头杀死贼首，守兵群起而攻之，"斩获百余人，民赖保全"。③

---

① （明）唐胄：《正德琼台志》卷33《名宦》、卷37《人物二·文学》、卷38《人物三·乡举》。

② （明）唐胄：《正德琼台志》卷38《人物三·乡举》。

③ （明）欧阳璨：《万历琼州府志》卷8《海黎志·海寇》、卷9《秩官志·县令》，第248、404页。

同年二月，倭寇三百余人自廉州抵澄迈，夜至定安，攻定安县城。县令谢应元（沙县人）与典史施可材（侯官人），联手作战。县令"亲当矢石"，而典史则"率壮士操巨斧碎其首"，倭寇乃退往琼山，发钟芳墓而为雷震。

（3）对民生的关注。如前文所述，昌化县令、龙岩人陈瓛，"教民筑堤蓄水，引以灌田"；正统三年（1438），"奏革扶黎土官"，因而获得了"性慈爱、勤俭，处事有方"之誉。①

嘉靖间，万州州判邵武人郑凤，因封禁"铁山"而载入方志："州有山产铁。黎居之民庶恒相聚，私为冶铸，遂招来亡命，动与黎人构衅。凤乃请于上官，得罢斥封禁之，民黎胥安，咸颂德焉。"②

2. 对海南社会的不利影响

用一分为二的观点来评价历史问题，是较为科学的态度。闽籍官员在海南积极作为的同时，也有部分给海南社会发展带来了极为不利的影响。

如前文所述，隆庆六年二月，福建漳州人庄酉率领300余名倭寇入侵海南，造成琼北地区震动；闰二月，庄酉复率倭贼寇文昌、琼山等地，便是最为恶劣的一例。与庄酉同乡的游击晏秋元对于倭寇前后两次的入侵，竟然"按兵不动"，海南局势危殆。

此外，也有部分为官贪婪者。嘉靖间继任万州州判郑凤之位者乃漳州人戴龙。戴龙"贪酷不法"，与郑凤的廉政为民，产生了巨大的差异，从而引起州人的不满，时人云："郑凤再来天有眼，戴龙不去地无皮"。③

3. 对本土文化的影响

来自同一地区、不同时段，在同一地方为官，其迁出地文化对迁入地的持续影响不可忽视。"莆田籍"官员在本岛北部所占比重之大、交往之密集，不断唤起来自福建的海南移民的故乡记忆，这或许是解读海南诸姓谱牒中，"甘蔗园"情结的一个重要参照。

此外，闽籍官员与落籍本岛的福建移民一道，将闽南的语言、妈祖信仰及其他社会习俗等移植海南，并加以本土化，从而对海南文化产生了巨

---

① （明）唐胄：《正德琼台志》卷33《名宦·皇朝》。下引材料未注出处者，皆源于此。

② （清）张岳崧：《道光琼州府志》卷30《官师志·宦绩》，第707页。该则史料在万历府志、康熙府志、康熙万州志中皆未见记载，张氏转引（清）阮元《道光广东通志》。

③ （清）李琰：《康熙万州志》卷2《职官志》，第90、101页。

大的影响。其中，最为突出的便是海南话的初步形成。

所谓海南话，即"海南闽语"，属于闽方言中的一个次方言，并逐步成为"海南的一支强势汉语方言"。相关研究表明，海南话与厦门话"同源同指的特征词比例高达58.5%"，[①] 可见二者之间的内在关联。

至迟在明代中晚期，在琼山和文昌即琼文地区的海南话，已初步形成。究其原因，除了宋元之际福建移民的迁入、明代闽籍官员在本岛北部地区相继为官的官、民互动之外，另一个重要原因是以府城地区为核心：府城—文昌—会同、府城—定安—会同，这两条驿道将琼文地区连在一起，随着明代中期之后斩脚峒黎（即文昌白延峒）逐步汉化，使得闽南话在这一区域的广泛传播成为可能。并以此为基础，进而向岛内其他地区扩散。

二　琼籍士人对桑梓发展的贡献

明代完善的科举选拔制度，为边陲海南士人施展政治抱负提供了可能。在这些官宦北国的琼籍官员群体中，既有位极人臣的理学大家，也有以"立言""事功"而彪炳史册者，更多的是那些默默无闻的参与国家基层社会管理的贡生群体。他们致仕之后，在故乡安度晚年的同时，通过自身的言传身教，不断地改变家乡的落后面貌，从而对海南社会产生深刻的影响，集中表现在对农业生产和文化教育的关注。

（一）小麦的引进与推广

1. 王士衡其人

王士衡，字秉铨，号矩庵。定安县人。少孤贫力学，成化丁酉（十三年，1477），以举人身份游太学，为祭酒丘濬所器重。弘治元年（1488），选中书舍人，为山东衡王府审理副，再升右长史；[②] 正德四年（1509），丁忧回籍；十四年，起任岷府；嘉靖元年（1522），致仕回乡，家居18年而

---

① 符其武等：《海南话中的闽语特征词》，《海南大学学报》2008年第5期，第490－495页。
② （清）张文豹：《康熙定安县志》卷2《人物》，第143－144页；（明）唐胄：《正德琼台志》卷38《人物三》。

卒。其为家乡上《奏革定安驿递疏》，^①奏革定安驿站；备述文昌县灾伤、田粮賠累之苦，得蒙折减。其对家乡的关切之情，由此可见。不仅如此，对小麦在海南的推广也做出了极大的努力。

2. 小麦的推广

大约王氏丁忧在籍之际，撰写《劝谕乡里种麦文》，道出了自身的经历："本定安一贫士，生长田里，偶以薄宦略涉世故，粗知艰苦"，故而多留心于各地的农业生产情况。鉴于本土粮食作物品种单一，无以备荒的现实，及"农为国之本，麦又为农之本"的实际状况，王士衡试图通过劝说的方式让定安民众种植小麦。一个试图用全国性的小麦生产理论来指导海南具体生产实践的"劝麦文"，便是在这一背景下产生的。

该文对各地种植方式、耕作、施肥、水利的等诸多方面进行介绍，就种植水稻和麦子的利弊进行分析，指出：

耕作时间：种麦在天气未热时种于干地；

土地要求：过湿之地，不宜麦。如琼崖化黎区种麦者少，因天气太温暖之故；

耕作方法：锄块而作孔亦可种，犁地面撒了亦可种。种植水稻，须冻耕热耘，须沾体涂足；

灌溉方法：凡有水处，便造桔槔，以时灌溉。于田旁开大小水坑，或用车踏，或用斗戽。无水处，便量地多少，掘井雇工运水。比较而言，定安虽有水处亦不车，甚至溪水拍岸，岸上田多焦枯坼裂；

耕耘方面：江浙等处一年三遍耘田，山东耘麦多至七遍。即便在定安的南间峒，每熟耘一二遍，禾皆倍收。与之比较，乡人全不知耘为何事，乃至田间野草反多过于苗；

粪肥使用：苏松各处终年备办粪土，家积人粪，如惜金玉。春间夏间，常常浇灌其田或苗，一亩纳粮一斗八升；本处全然不复以粪为事，其视人粪轻弃如土；

播种之方：即判断来年所宜作物的方法，以布囊盛诸物种，下量每谷各一升，冬至日小甕盛，窖埋墙阴地下。冬至后五十日发取量之，息最多

---

① （明）王士衡：《奏革定安驿递疏》，转引自（清）张文豹《康熙定安县志》卷3《艺文志》，第176－177页。

者，岁所宜也。①

王氏对种植小麦所必须环节进行了较为完整的总结和归纳，并与本地的优劣势比较，进一步呼吁定安完全可以种植小麦，其播种之方近乎于占卜而缺少一定的科学性，但其"内容值得珍视和研究"。②

小麦本与海南无涉，经王士衡的劝谕，在本岛正式播种。《正德琼台志》见证了这一变化，主要生产地区集中在人口较为密集的北部琼山、澄迈及东南部的陵水。从王氏的劝谕到唐胄《正德琼台志》付梓，前后时间10余年，小麦种植区域从定安迅速向周边地区扩张的趋势如此迅猛，不能不令人惊讶。王士衡究竟采用何种推广手段，值得思考，深层次地反映出海南人对新事物的接纳程度。

尽管到了清代早期，小麦种植情况仍然没有出现大规模的种植。但是，这在一定程度上改变了海南较为单一的粮食结构，仅此而言，王氏功莫大焉。

（二）海南科考落实

所谓科考，即是由"各省直提学官主持的确认应试生儒乡试资格的考试"，始于正统九年（1444），③ 科考合格的生员才能应本省乡试。广东辖地辽阔，山水之隔使得海南与之往来十分不便，显然广东一名提学官无法及时组织海南的科考。作为变通，提学官于雷州，对海南生员实行"行文吊考"。然而，过海翻船事件屡见不鲜，从而严重影响了王朝治化在本岛的推进。如何解决海南生员的现实问题，尤显重要与迫切。

1. 海瑞对科考设计

鉴于海南儒生的实际情形，朝廷关于甘肃科考之先例，为海瑞所关

---

① （明）唐胄：《正德琼台志》卷8《土产上》。
② 惠富平、阚国坤：《王士衡〈劝麦说〉与明代海南农业》，载倪根金《梁家勉先生诞辰100周年纪念文集》，中国农业出版社，2010，第149页。该书同时对《劝麦说》一文的成书时间作出"在嘉靖元年（1522）到嘉靖十三年（1534）之间"的结论。（见该著第150页）该文在《正德琼台志》卷8中全文收录，而《琼台志》的出版年限是正德十六年（1521），这表明，至迟在这部方志出版之前，该文已经行世。惠富平先生所依据的清光绪四年（1878）《定安县志》中的文章应该是引自《琼台志》。
③ 郭培贵：《明代科举各级考试的规模及其录取率》，《史学月刊》2006年第12期，第25页。

注。大约在其闲住期间，海瑞在给广东巡按御史龚懋贤（号怀川）信中提出，请让海南得"比甘肃事例"，或者请龚氏"倡先题请"，使提学御史"一年一至"。① 但是，这一提议并没有得到落实。

2. 王弘诲与"奏考回琼"

大约海瑞前后相继，王弘诲《拟改海南兵备道为提学道疏》，② 对此问题做了进一步阐述，在给万历皇帝的疏中说道：

> （琼州）青衿学子每岁集督学就试者，不下数千计。然远涉鲸波之险，督学、宪臣常不一至，每大比年，惟驻节雷州，行文吊考。自琼抵雷，航海而北，近者如琼山、定安、文昌、澄迈、临高、会同、乐会七县，或二三百里，或四五百里；远者如儋、崖、万三州，陵水、感恩、昌化三县，多至七八百里，或千余里。贫寒士子，担簦之苦已不待言，乃其渡海，率皆瞀航贾舶，帆樯不饰，楼橹不坚，卒遇风涛，全舟而没者，往往有之。

> 异时地方宁靖，所虑者特风波耳；迩来加以海寇出没，岁无宁时。每大比年，扬扬（帆）海上，儒生半渡，尽被其掳。贫者陨首而无还，富者倾家而取赎。其幸无事者，皆出一生于万死耳！言之可为痛心。

> 至于督学宪臣，多不知其苦，只执常格，严程限试。诸儒生迫于期会，不惮危险，所伤甚多。如嘉靖三十六年，覆没者数百人，临高知县杨址与焉，并失县印，可为往鉴。间有一二提学能体悉，亦不过行文该府截考。夤缘作弊，黜陟不举，考察不行，教化废弛，士习厌怠。甚如隆庆三年恩贡例，惟琼山、定安、澄迈、会同等三四县考，余各州县以一时远不及试，竟置不录。致使朝廷浩荡之恩，远方士子未获沾被。

王弘诲在申述海南儒生渡海科考种种遭遇的同时，希望朝廷仿照陕

---

① （明）海瑞：《复巡按龚怀川》，陈义钟编校《海瑞集》，第 450–451 页。
② （明）王弘诲：《太子少保王忠敏先生文集天池草重编》卷 2《改海南兵备道为提学道疏》，《四库存目》集部第 138 册，第 23–25 页。该疏题名在欧阳璨的《万历琼州府志》中曰："改海南兵备道兼提学道疏"。根据全文实际情况，非改兵备道"为"提学道，而是"兼"，可能是重编时刊刻之误。

西、甘肃因路途遥远，"提学巡历不周，改属该御史"之成例，"改海南兵备道兼管提学道"。或许是海瑞与王弘诲所陈述的对象不同，"万历七年（1579），始以海南兵巡兼提学，专督海南学校"；而"兵备兼提学"始自通城人、海南兵备道副使舒大猷。① 王弘诲建言兵备道兼管提学道之议，得到落实。

这便是所谓"奏考回琼"——将乡试资格考试放在海南（获得乡试资格生员，仍需渡海至广东参加乡试）。这一变化对于生员来说，无论是人身安全、家庭经济负担等诸方面，都得到一定的改善。"琼南十四学儒生，至今称便"，② 绝非阿谀之辞。科考制度完善，对于岛内人才培养起到一定的促进作用。

---

① （明）欧阳璨：《万历琼州府志》卷 6《学校志》、卷 9《秩官志》，第 177、294 页。
② （明）欧阳璨：《万历琼州府志》卷 10《人物·乡贤》，第 503 页。

结　语

明代的海南文化在自然科学与技术、人文与社会科学、教育和文化、宗教、社会风俗等方面皆取得了超越前代的发展，其具体发展情况，前文已有专门论述，此不赘述。此外，丘濬、海瑞、王弘诲等海南籍的官员，以他们自身的学术、操节，影响着后人，使本岛由文化输入地转变为文化输出地，其反哺行为为推动中华文化的发展做出了重要贡献。

明代，岛内各族群之间的相互交流、碰撞日益频繁，文化上的共同影响、共同发展，使得具有浓郁的热带风情、极具地方特色的区域文化初步形成。这是自汉代海南开郡以来，海南文化第一次以全新的景象，呈现在中华文化的大花园中。

第一节　对明代海南文化的评价

一　文化发展的成就

（一）自然科学

海南对本岛的纬度位置、风候、潮候相关认识；农业上肥料使用、土地空间的垂直利用、水利工程上的科学技术；一府三州十县的官府建筑，告别有城无治的历史；因族别不同，而体现风格各异的民居建筑中；《更路簿》中的航海技术；对本岛的空间认识日益完善，使得地理学初步形成；较为系统地记录了民间对本草认知，使得医药学有所发展。这些成就，全面展示其在自然科学与技术上的发展。

（二）人文与社会科学

府州县志的编纂、家族谱牒的兴修，是本土史学繁荣的重要标志；岛内士人的文集，展示他们在诗词歌赋等方面的诸多造诣；民间人士在书法、音乐等方面的成就，尤为称道。如"能协琴瑟之声为八音"的汪浩然撰写的《琴瑟谱》，主要探讨"琴瑟之制以及图说、指法"，"各分诸调"；汪氏"谱大成乐"，体现出本岛音乐实践中的最高水准；而以《八音摘要》来"摭拾旧论"，则是对历代音乐发展在理论上的总结。

（三）教育与文化

明代通过进士、乡举、贡生等多种途径的选拔，海南共输出 3119 名人才。以丘濬为首的海南进士层、海瑞为代表的举子层共 586 名，及 2400 余名的贡生群体等构成的海南人才梯队。这既是明代在海南教化所取得的成绩，也是推动海南社会全面发展的重要力量。其中，以丘濬、海瑞、王弘诲等，因其极高的学术修养从而对中华文化反哺，做出了积极的贡献。

（四）宗教的发展

海南是一个多元文化交汇的地方。明代在本岛传播的宗教，有佛教、道教、伊斯兰教以及天主教。各宗教因应国家推行的宗教政策，而产生相应的变化。

（五）社会风俗

海南"僻居海屿，旧俗殊陋"。经由唐宋谪臣和士族侨寓的努力，"风声气息，后先濡染"。入明之后，王朝政府的积极经略，本岛人士改变旧习的诸多努力，社会风俗由"浇薄"开始逐渐转向"醇厚"，进而与中州相埒。

总之，随着自上而下国家意志的强力推进、守土官员的积极作为、岛内士人的不遗余力地用中原文化来改变地方落后习俗，以及生活在岛内诸族群的共同努力，地处边疆的海南逐步脱离"蛮夷"社会的印迹："浇薄"的风俗日趋"醇厚"，人才辈出而成为"多贤之国"和"海滨邹鲁"，各族群文化也因之也得到极大的发展。

二 发展中的问题

发展成为明代海南文化的主旋律。但是，发展过程中的问题也有不同程度的存在：新的社会风尚影响力度不大，各族群的发展步伐也快慢不一，科学技术水平总体不高等诸多现象。

（一）新的社会风俗影响力度不大

入明之后，为改变海南社会的落后习俗，永乐之后，致仕回乡的士大夫及为官海南的官员，多采取相关措施。但是，这种移风易俗之举，在文昌、海府地区得到一定的落实，其他地区仍然为落后习俗所占据。随着时间的推移，在晚明的海南社会中，劣习尤其是"杀牛祭鬼"等，有着不同程度的反弹；互相攀比的奢婚现象竟然达到"嫁不忌空囊"的地步。这表明改变旧习是一个长久的工程。

（二）族群文化发展步伐参差不齐

以草木灰来进行粮食作物生产的"刀耕火种"生产方式，明朝中前期一度在岛内处于重要地位；正德之后，农耕文化中开始使用粪肥，对黎族生产方式并没有产生太大的冲击。比较之下，黎族生产力发展的步伐相对滞后。与晚明时期的山地文化相对停滞不同，海洋文化的发展步伐要大得多，最具代表的是渔民化的疍民。明初至成化时期，琼山滨海地区的疍民、灶户的女性，在月下纺织的"纺场"活动，表明以捕鱼、煮盐为世业的女性，开始接纳纺织技术。此外，本岛东部的疍民群体，对信风有所认识。他们利用信风冬、夏两季的风向不同，借助其自然力而往返于南海与本岛之间，从事深海捕捞业，从而自觉地维护国家的南部海疆。

（三）科学技术总体发展水平不高

与人文、社会科学较高的发展成就比较，科学技术水平总体不高。造桥技术中，实腹梁桥为是时主要建筑，拱桥并不多见，且用材上有一定木质材料的存在；武器制造，完全遵照部颁标准而缺少本土创造；地处热带的海南，瘟疫频发，有明一代对于瘟疫的防治几乎束手无策。对疾病的防治仅仅局限于民间经验上的总结，重大疾病的治疗，没有太大进展；农业上，除了自然条件使得本岛一年二至三熟的复种指数在全国占领先地位外，其他在灌溉、肥料、耕耘等方面无甚作为，农业生产基本上处于靠天收的地步。所有这些表明，明代海南在科学技术上，总体发展水平不高，与中原相比存在着极大的差距。

三　历史地位

（一）在中华文化中的地位

自汉代纳入中华版图以来，本土文人较少，地方文化发展缓慢。明代，大量的士人因科举而入仕途，他们在反哺中华文化的同时，对推动地方文化的发展也做出了积极的贡献，从而将海南文化推向了高峰。

（二）在中西文化交流中的地位

因地理位置使然，海南是海上丝绸之路的重要中转站。明代早期与南海诸国建立"松散的互利的"宗藩关系，以及郑和七下西洋之举，海南成为国家处理与南海诸国关系的主要平台，而处于中西文化交流的前沿阵地，正德以前的南海诸国朝贡贸易的记录见证了海南在其中的地位。

第二节　借鉴与启示

海南建省办特区之后的某日，国内一位文化名人应邀来海南进行文化考察，就如何发展地域文化建言献策，并提出振兴海南文化方案。行将结束时，该名人给出相应的定位：海南是文化沙漠。

结论甫出，舆论为之哗然，岛内方家、学者纷纷著书立说，予以辩解。就这些文章本身而言，多为对"沙漠论"及论者本身的批判、谩骂乃至人身攻击，牵强附会式的"随笔"俯拾皆是；鲜有对本土文化深入挖掘、理性探讨的文章。立论者的强势与驳论者自相矛盾，苍白无力的辩解之间存在着巨大的反差，自此，"文化沙漠论"成为海南人挥之不去的心结。

一 明代海南文化自信

（一）唐宋时期的岭南文化概况

唐宋时期，岭南人才寥落。柳宗元的"岭南山川之气，独钟于物不钟于人"；宋代曾巩"越之道路易于闽蜀，而人才不逮"，乃至明代，"世之人因二子（指柳、曾——引者注）之言，往往轻吾越产"①之地步。岭南人才不盛，海南自然也不例外。

南宋孝宗淳熙年间（1174－1189），琼管帅韩璧请"记"于大儒朱熹，道出了"其民之能为士者既少"的实情。朱熹在《琼州知乐亭记》中分析认为，地方官员以"领护岛中四郡，镇抚民夷为职"；朝廷"不暇择人"，即便有前往为官者，因个人"私有所利"，而无视朝廷的"承流宣化"之事。"是以其地今为王土数百年，而旧俗未尽革。论者因鄙夷之，以为是果不足以与中国之声教。其人盖深耻之，而未有以雪也。"②地方官员试图通过大儒的言论来劝勉士人振兴本土文化，朱熹则希望本土士人有所奋发，以"雪""论者""鄙夷"之耻，其背后体现出地处炎天涨海的海南文化之贫瘠及其与中华文化之间的鸿沟。

明代宗景泰五年（1454），翰林院洗马李绍对于来自遐荒的新进进士丘濬颇为惊讶，再次提出"无乃奇之为奇独钟于物，而遗于人耶?"③的疑问。550多年前的丘濬所遭遇的尴尬，与今日之"文化沙漠论"，岂止是何曾相似乃尔，实乃同出一辙。明代先贤如何面对？

---

① （明）丘濬：《武溪集·序》，（宋）余靖：《武溪集》，《四库全书》第1089册，第3页；（明）丘濬：《琼台诗文会稿》卷9，《丛书集成三编》，第39册，第162－163页。余靖，字安道，韶州曲江人，天圣二年（1024）进士。历官集贤校理、右正言，使契丹，还任知制诰、史馆修撰、桂州知府、集贤院学士、广西体量安抚使，以尚书左丞知广州，卒谥襄，有《武溪集》二十卷遗世。

② （宋）朱熹：《晦庵集》卷79《琼州知乐亭记》，《四库全书》第1145册，第636－637页。

③ （明）丘濬：《琼台诗文会稿》卷22，《丛书集成三编》第39册，第10页。

（二）明代海南士人破解"钟物不钟人"命题

1. 理学名臣丘濬

面对李绍的疑惑，丘濬答曰，岛内礼义日新；官宦于北国的士人，能"立于天子殿陛之间，行道以济时，而尧舜其君民"。进而发问曰："孰云所谓'奇'者，颛在物而不在人哉？"其实，海南社会的实际情形，并不支持丘濬那篇充满底气、激情澎湃的《南溟奇甸赋》。可以说，丘氏其极力强调的"地以人胜"中的"人胜"，源自明太祖给海南"南溟奇甸"的定位，而不是来自宋元以来的文化积淀。

时隔二十年的成化九年（1473），身为侍讲学士、经筵进讲、殿试读卷官的丘濬，在其"免太夫人丧"后，以《武溪集·序》《张文献公曲江集·序》①文，回应"钟物不钟人"命题。两篇序文中，丘氏指出：在开元、天宝之前的"南士"个人仕途中，张九龄因"科第""辞翰""相业"三者而通显，在其辞世的40余年后，才有浙士陆敬舆、闽士欧阳詹（字行周）；240年后，江西欧阳修（字永叔）、王安石（字介甫）等人物继起。由此递推，得出张九龄"非但超出岭南，盖江以南第一流人物也"，"又非但超出江南，乃有唐一代第一流人物也"的结论。

丘氏因"自少有志慕二公（张、余——引者注）之高风，每恨其文不行于世""求之天下，几三十年"，才于"馆阁群书"之中窥见二公之文集。丘氏试图通过整理岭南历史文献之手段，来加强地方文化建设，传承地方文脉的动机十分明显。将岭南文人聚集在唐代"第一流人物"张九龄的麾下，强调岭南文化在中华文化中的地位，从而表达出对"轻吾越产"论调的强烈不满，旨在说明岭南之气，不仅钟于"物"，也钟于"人"。这标志着以丘濬为首"岭南意识"②的觉醒，对于岭南地方文化的发展，起到了巨大的引领作用。

---

① （明）丘濬：《琼台诗文会稿》卷9《张文献公曲江集序》，《丛书集成三编》第39册，第162页。（唐）张九龄：《曲江集》中未收录该序文，见《四库全书》第1006册；张九龄，字子寿，一名博物，韶州曲江（今广东韶关市）人，玄宗时登进士第，开元尚书丞相，年六十八卒，谥曰文献，著有《曲江集》。［参见（后晋）刘昫《旧唐书》卷99《张九龄传》，中华书局，1975，第3097－3100页］

② 高建旺：《岭南意识的勃发——以明代广东作家为考察对象》，《山西师范大学学报》，2007，第109－114页。

序文释放了这样的信息：作为岭南地区代表，丘濬试图在强势中原文化体系中确立南方"夷蛮"社会的公共话语权，也表达了其"以功业显"的个人追求。

如果说序文是从历史的角度来回应柳宗元、曾巩之命题的话，那么对于李绍的疑惑，丘濬则是通过个人的勤奋来予以回答的。丘氏一生笔耕不辍，著作宏富。其所著述的《大学衍义补》《朱子学的》《世史正纲》等多部著作，其中，《大学衍义补》的影响尤为深远：

> 三代以后，以经国之业为文者，寥寥罕见，而相臣以文经国者，尤不多得。至昭代而有丘文庄公，所著《大学衍义补》，于治国平天下之道，纤悉毕具，皆参酌前代折衷时宜。①

74 岁的丘濬，在其辞世的前一年的弘治七年（1494），终于获得"加少保兼太子太保户部尚书武英殿大学士"② 之官衔，无论是其学术思想抑或是功名地位，皆为时人高山仰止，堪称海南文化的一座丰碑。

2. 清正廉洁的海瑞

海瑞，不畏权贵、廉洁自律，因《治安疏》而名留青史。他用一生的言行践行"美曰美，不一毫虚美；过曰过，不一毫讳过"，乃至死后需要"醵金为敛"。其清廉现象由此可知。海瑞，在物欲横流的晚明中后期商品经济社会中，为世人树立了一座道德丰碑。

3. 其他士人努力

丘濬、海瑞成为明代中后期海南文化的两张最具有代表性的名片。他们的光环，使得他人黯然失色。但是，岛内士人群体并不因之而气馁，他们在不同的领域发表个人见解，从而丰富了明代海南文化内涵。

自然科学方面：王佐、唐胄、钟芳对海南潮汐的探讨。

社会科学：王佐、唐胄之间关于西汉至梁大同中 580 余年本岛归属的"历史争论"；诗词歌赋等方面及方志、谱牒等方面皆取得一定的成就。

哲学领域：钟芳对于"理气"个人认知；许子伟的"朱陆同然"说。

---

① （明）叶向高：《丘文庄公集序》，（明）丘濬：《琼台诗文会稿》，《丛书集成三编》，第 38 册，第 738－739 页。

② 《明孝宗实录》卷 91，第 1668 页。

音乐方面，成就斐然：钟芳的《乐论》等著作；民间人士王浩然的《琴瑟谱》《八音杂要》，则是音乐理论与实践的主要代表作品。

宗教领域：嘉靖时期，在京师有"仙师"之称的唐胄之子唐秩，表明其在道教上所取得的成绩；万历时期，王弘诲对于天主教的欣赏，及其子王保罗致力于该教义在本岛的传播；王弘诲试图整合佛老、道家的力量，来为岛内民生谋取福祉等诸多努力。

此外，岛内不同民族通过自身的努力，使得个性鲜明的民族文化、社会风俗等共同呈现在中华民族瑰丽的历史画卷中。

这些，还能说海南是文化沙漠吗？

二　海南文化的研究与保护

有道是"巧妇难为无米之炊"，地方文献的零散、支离破碎，是当前海南历史研究遭遇尴尬、被誉为"文化沙漠"的主要原因。系统搜集、整理海南地方文献，是当前最为迫切的任务。

（一）地方文献的收集与整理

明代大儒丘濬对于典籍的热衷，在其整理与收藏理论中有着系统的体现。何谓文献？丘氏认为"文，典籍也；献，贤人也"。[①] 这就是说，历史典籍和贤人是文献的基本骨架。虽然，丘濬不遗余力地从国家层面加强历史典籍的收藏与整理，在明清时期也收到了一定的效果。然而其良苦用心，显然在其家乡海南没有得到很好的落实，乃至于本土文脉如此之脆弱。

1. 明代的收集与整理

史料记载，最早对于岛内先贤著作进行整理，可以上溯至明代唐胄。由其摘编的《琼海玉蟾先生文集》十卷本，其中六卷刊刻行世。显然，该集问世是因唐氏个人兴趣使然，非系统整理地方文献的结果。

以家族、门生的血缘、学缘关系，整理出版先贤文集，在明代取得了较为显著的成就。如唐胄为其师王佐摘编的《王桐乡先生摘稿》；[②] 嘉靖二

---

① （明）丘濬：《琼台诗文会稿》卷22，《丛书集成三编》，第39册，第163页。
② （明）唐胄：《鸡肋集序》，（明）王佐：《鸡肋集》，（民国）王国宪辑《海南丛书》第3集第1卷"卷首"。

十七年，钟允谦为其父钟芳结集出版的《筼溪文集》；天启元年，丘尔毂、丘尔懿为其先祖丘濬出版的《琼台诗文会稿》等。

此外，陈是集选编的包括白玉蟾、"闺媛诗"在内共28家《滇南诗选》，是对明代及其以前本岛诗作的总汇。但是，这与丘濬对"文献"定义相距甚远。

2. 清代的整理与再版

清代早期，以家族为单位，对本族先贤文集有不同程度的整理与再版，康乾时期，《太子少保王忠铭先生文集天池草重编》出版，则是其曾孙王懋曾在王弘海之子王汝琨出版《天池草》基础上进行重编的结果。该文集中所以未见有关天主教的片言只语，大约是王懋曾损益原集所致。

地方政府官员致力于先贤文集的整理出版，是清代的新特点。临高县令樊庶重新编订王佐的《鸡肋集》，并使之付梓；编订苏轼在海南文稿《海外集》（二卷）①等；《邱海二公文集合编》，②该集由丘濬诗文十卷、海瑞六卷合集而成，成书于康熙四十七年（1708），是焦映汉、贾棠等努力的结果。

3. 民国海南地方文献成就

民国时期，海南地方文献的收集整理取得了一定的成就，这与王国宪的文献意识关系极大。

王国宪（1853－1938），又名国栋，字用五，又字圣轩，号尧云，晚年自称更生老人，琼山县人，清光绪二十年（1894）甲午科广东第一名优贡。③民国10年（1921）后，致力于地方文献的收集与整理工作，并由海南书局负责出版事宜。先后主编、校订、出版21位明清时期海南先贤文集九集、16本的《海南丛书》；主持修纂《琼山县志》《儋县志》及《琼台书院志》《琼台耆旧诗集》等多部文献。正是在王国宪等人的努力下，海南地方文献才初具规模。其文献意识除了对岛内原有资料的抢救、整理之

---

① （宋）苏轼撰，（清）王时宇编《苏文忠公海外集》"卷首"，第1页。樊庶，江南扬州人，康熙四十一年任临高县令。[参见（清）张岳崧《道光琼州府志》卷31《官师志》]

② （明）丘濬、海瑞撰，（清）焦映汉、贾棠、王赞编《邱海二公文集合编》，中央民族大学图书馆藏，清康熙十八年（原文如此——引者注），丘氏可继堂重刻本，载《四库存目》集部第406册。

③ 赵红：《海南地方文献收集整理大成者——王国宪》，《兰台世界》2009年第13期，第51－52页。

外，在其主修的二十八卷、首一卷的《琼山县志》中，有着具体体现：《金石志》在海南方志修纂中并不多见，该著用了五卷（第 14－19 卷）的篇幅，对海南金石情况作了系统的总结；《艺文志》虽然历代方志皆有相关内容安排，但是该志收录了明清以来 15 家大姓家谱的谱序内容，使得方志的内容更加丰富。此外，还撰著《邱文庄公年谱》（一卷）、《邢都宪年谱》（一卷）、《海忠介公年谱》（二卷）、《钟筼溪侍郎年谱》（一卷）、《唐西洲侍郎年谱》（一卷）及《琼山金石略》（四卷）等。①

4. 21 世纪初的成就

自 2000 年始，海南省委宣传部将地方文献整理作为跨世纪的文化重点工程。该工程从两个方面展开。

一是以王国宪的《海南丛书》为底本，重新标点，共包括 18 位先贤文集、《琼台耆旧诗集》《滇南诗选》等 27 册的《海南先贤诗文丛刊》，于 2004 年陆续由海南出版社出版。

二是整理海南历代见存方志，自《正德琼台志》至《琼志钩沉》（5种），共 56 种。包括从明清实录、明清一统志（4 种）、广东通志（8 种），《太平寰宇记》《元丰九域志》《方舆胜览》《舆地纪胜》《古籍图书集成》及唐至民国时期文人杂记等典籍中，摘录了海南相关部分，共 68 册的《海南地方志丛刊》，2003 年由海南出版社出版。另外，多卷本的《海南现存碑碣匾铭额图志》，正待出版。这些构成了地方文献的基本骨架，从而成为海南历史研究的最基本材料。

（二）收集整理中存在的问题

1. 民国整理过程中存在的问题

王国宪对于明代先贤资料的整理，功不可没。除了丘濬、王佐、钟芳、王弘诲、海瑞等文集分别为《四库全书》《四库存目》及中华书局等较为完整地收录外，其他诸如邢宥、唐胄、郑廷鹄、林士元、张子翼、陈是集、陈缙、许子伟、梁云龙等九种文集，成为不可多得的资料。

当然，因精力、财力所限，王氏的努力尚存一些缺憾。明清时期大量

---

① （清）徐淦等修，（民国）李熙、王国宪纂《民国琼山县志》卷 19《艺文志》，上海书店、巴蜀书社、江苏古籍出版社，据民国 6 年刻本影印，第 786－801 页。

来琼为官者，他们关于海南的文集并没有收集在内。如顾岕的《海槎余录》、陆次云《峒溪纤志》等；就岛内先贤文集来看，收录并不齐全，如钟芳《钟筼溪集》，《海南丛书》第5集收录的篇目有"记"4、"文"1、"传"1、"各体诗"45首，这与收录在《四库存目》集部第64－65册中、三十卷本的《筼溪文集》间，可谓霄壤之别。丘濬、海瑞、王弘诲等文集皆有不同程度的减少。

2. 当代资料整理中的一些问题

全面系统地收集、整理海南方志，是海南历代古籍整理中较为齐全、规模宏大的一项工程。其中，将《西沙岛成案汇编》《南海诸岛地理志略》《海军进驻后之南海诸岛》收录于《地方志丛刊》中，表明编者的文献意识已经超出前人，具备了聚焦南海的大视野。

编者试图以"大""全"来重建海南文献，但是在古籍整理上，大量的官员记录、民国时期的游记、考察报告等文献付之阙如，仍未突破王国宪所选定的范围；没有从国际视野中加强对南海资料的收集整理，导致英、法、日、越南等多国文献被忽略；各种史料再版之际，由于过分强调其普及性，以断句为主的点校和大量"径改"的存在，使得史料的真实性大为降低。

（三）保护地方文献的主要对策

地方文献关涉地方文脉，海南文献并不多见，其重要性自不待言。是故，务必要对海南地方文献进行一次大规模、系统性整理。

1. 范围界定

在时间上，可以延续至1950年海南解放；空间上，要立足本岛，放眼南海；征集对象，既要注重本土文人文集、方志等历史文献的收集整理，也要将历代官员的笔记、文人游记、考察报告等内容纳入，更要考虑国外关于南海的多种语言文献。

2. 保存手段

所有征收对象，最好以影印的方式，予以纸质化、数字化。

3. 加强研究

文献收集的目的，是为深入研究提供必要的资料支持。

目前海南研究的总体状况，呈现出以下两个特点。

　　一是就研究领域来看，南海、黎族等研究成为热门话题，其他研究比较冷清；二是从研究队伍构成来看，岛外研究机构、研究人员多，岛内研究力量相对薄弱。有基于此，海南应该加强文献建设、研究人员的培养，开展本土文化的多方位研究，出产更多的学术精品，为国际旅游岛建设提供智力支撑。

　　毫无疑问，明代海南经略的成功经验和不足之处，为当前进一步落实海南国际旅游岛建设的国家战略，振兴地方文化，具有重要的借鉴意义和历史启示。

　　各民族共同发展，是海南文化振兴的必由之路。海南是多民族聚集之地，因历史原因，各民族的发展程度不尽相同。今天，黎族地区经济相对滞后的事实，严重制约着海南社会的全面发展。如何率领岛内 130 多万黎族同胞走进现代化、享受现代化成果、减少现代化带来的阵痛，为民族地区同胞谋求更多的福祉，势必要求当局者应以史为鉴，制定切实可行、符合民族地区和岛内民众的利益、长治久安的治理方策。

参考文献

一　二十四史

（汉）班固：《汉书》，中华书局，1964。

（宋）范晔：《后汉书》，中华书局，1965。

（晋）陈寿：《三国志》，中华书局，1964。

（唐）房玄龄：《晋书》，中华书局，1974。

（唐）李廷寿：《北史》，中华书局，1974。

（唐）魏征：《隋书》，中华书局，1973。

（后晋）刘昫：《旧唐书》，中华书局，1975。

（宋）欧阳修、宋祁：《新唐书》，中华书局，1975。

（元）脱脱：《宋史》，中华书局，1977。

（明）宋濂：《元史》，中华书局，1976。

（清）张廷玉：《明史》，中华书局，1974。

二　明实录

《明太祖实录》，台北"中央研究院"历史语言研究所校印《明实录》，1963。

《明太宗实录》，台北"中央研究院"历史语言研究所校印《明实录》，1963。

《明宣宗实录》，台北"中央研究院"历史语言研究所校印《明实录》，1963。

《明英宗实录》，台北"中央研究院"历史语言研究所校印《明实录》，1963。

《明宪宗实录》，台北"中央研究院"历史语言研究所校印《明实录》，1963。

《明孝宗实录》，台北"中央研究院"历史语言研究所校印《明实录》，1963。

《明世宗实录》，台北"中央研究院"历史语言研究所校印《明实录》，1963。

《明穆宗实录》，台北"中央研究院"历史语言研究所校印《明实录》，1963。

《明神宗实录》，台北"中央研究院"历史语言研究所校印《明实录》，1963。

三　四库全书系列

（一）《景印文渊阁四库全书》（以下简称《四库全书》），台湾商务印书馆，1986。

（汉）郑玄注，（唐）陆德明音义、孔颖达疏《礼记注疏》，《四库全书》第115册。

（晋）郭璞注《山海经》，《四库全书》第1042册。

（唐）刘恂：《岭表录异》，《四库全书》第589册。

（宋）李焘：《续资治通鉴长编》，《四库全书》第314册。

（宋）李心传：《建炎以来系年要录》，《四库全书》第327册。

（宋）王溥：《唐会要》，《四库全书》第607册。

（宋）黎靖德编《朱子语类》，《四库全书》第700册。

（宋）真德秀：《真文公全书》，《四库全书》第704册。

（宋）李光：《庄简集》，《四库全书》第1128册。

（宋）朱熹：《晦庵集》，《四库全书》第1145册。

（明）宋濂等：《洪武正韵》，《四库全书》第239册。

（明）李贤：《明一统志》，《四库全书》第472、473册。

（明）丘濬：《武溪集序》，《四库全书》第1089册。

（明）丘濬：《重编琼台会稿》，《四库全书》第1248册。

（明）何乔新：《椒丘文集》，《四库全书》第1249册。

（明）李东阳：《怀麓堂集》，《四库全书》第1250册。

（明）叶春及：《石洞集》，《四库全书》第1286册。

（清）沈佳：《明儒言行录》，《四库全书》第458册。

（清）纪昀：《〈岭外代答〉提要》，《四库全书》第589册。

（清）嵇璜、黄仁虎：《续文献通考》，《四库全书》第627册。

（二）《续修四库全书》，上海古籍出版社，2004。

（明）刘若愚：《酌中志》，《续修四库全书》第437册。

（明）葛寅亮：《金陵梵刹志》，《续修四库全书》第 718 册。

（明）刘侗、于弈正：《帝都景物略》，《续修四库全书》第 729 册。

（明）谢肇淛：《五杂俎》，《续修四库全书》第 1130 册。

（明）焦竑：《玉堂丛语》，《续修四库全书》第 1172 册。

（宋）王象之：《舆地纪胜》，《续修四库全书》第 585 册。

（明）茅元仪：《武备志》，《续修四库全书》第 964 册。

（清）毕沅：《续资治通鉴》，《续修四库全书》第 346 册。

（清）阮元：《道光广东通志》，《续修四库全书》第 673 册。

（清）萧应植：《乾隆琼州府志》，《续修四库全书》，第 676 册。

（清）丁国钧：《补〈晋书艺文志〉》，《续修四库全书》第 914 册。

（清）梁巘：《承晋斋积文录·执笔论》，《续修四库全书》第 1068 册。

（清）钮琇：《觚賸续编》，《续修四库全书》第 1177 册。

（三）《四库全书存目丛书》（以下简称《四库存目》），齐鲁书社，1996、1997。

（明）孙应鳌：《刻〈世史正纲〉序》，《四库存目》史部第 6 册。

（明）蒋冕：《湘皋集》，《四库存目》集部第 44 册。

（明）陈洪谟：《治世徐闻录》，《四库存目》史部第 46 册。

（明）湛若水：《湛甘泉先生文集》，《四库存目》集部第 56、57 册。

（明）区大伦：《赠太子少保南京礼部尚书忠铭王先生传》，《四库存目》集部第 138 册。

（明）郭棐：《万历广东通志》，《四库存目》史部第 197 册。

（清）陆次云：《峒溪纤志》，《四库存目》史部第 256 册。

（明）丘濬：《世史正纲》，《四库存目》史部第 6 册。

（明）戴璟：《嘉靖广东通志初稿》，《四库存目》史部第 189 册。

（明）郭棐：《万历广东通志》，《四库存目》史部第 189 册。

（明）钟芳：《筠溪文集》，《四库存目》集部第 64、65 册。

（明）王弘诲：《太子少保王忠铭先生文集天池草重编》，《四库存目》集部第 138 册。

（明）丘濬：《丘文庄公集》，《四库存目》集部第 406 册。

四 文人文集

（东汉）杨孚：《异物志》，（清）曾钊辑《丛书集成初编》，商务印书馆，1936。

（晋）张华：《博物志》，（清）周日华校本，博展源图书出版公司，2002。

（北魏）郦道元注，（民国）杨守敬、熊会贞疏《水经注疏》，段熙仲点校，陈桥驿复校，江苏古籍出版社，1989。

（宋）余靖：《武溪集》，明成化九年刻本，国家图书馆藏书。

（宋）周去非著，杨武泉校注《岭外代答校注》，中华书局，1999。

（宋）李焘：《续资治通鉴长编》，中华书局，1995。

（宋）范成大著，胡起望、覃光广校注《桂海虞衡志辑佚校注》，四川民族出版，1986。

（宋）李昉：《太平御览》，中华书局，1960。

（宋）李昉：《太平广记》，中华书局，1961。

（宋）真德秀：《西山先生真文忠公文集》，《四部丛刊初编》第1285册，商务印书馆，1919。

（宋）王溥：《唐会要》，中文出版社，1978。

（宋）赵汝适著，杨博文校释《诸蕃志校释》，中华书局，2000。

（宋）欧阳修著，李之亮笺注《欧阳修集编年笺注》，巴蜀书社，2007。

（宋）苏轼：《苏轼文集》，中华书局，1995。

（宋）苏轼：《苏文忠公海外集》，（清）王时宇注，海南书局，1934。

（宋）苏轼：《苏轼诗集》，（清）王文诰辑注，中华书局点校本，1982。

（宋）苏洵：《嘉祐集》，《四部丛刊初编》第923册，商务印书馆，1929。

（宋）苏过：《斜川集》，《丛书集成初编》第1956-1957册，商务印书馆，1929。

（宋）白玉蟾：《道法会元》，《道藏》第29册，文物出版社、上海书店、天津古籍出版社，1988。

（宋）朱熹：《晦庵先生朱文公文集》，《四部丛刊初编》第1090册，商务印书馆，1929。

（宋）朱熹：《跋金溪陆主簿白鹿洞书堂讲义后》，浙江教育出版社，1998。

（宋）陆九渊：《白鹿书堂讲义》，浙江教育出版社，1998。

（元）马端临：《文献通考 卷168 刑考7》，中华书局，1986。

（元）高明：《琵琶记》，文化艺术出版社，2004。

（明）沈德符：《万历野获编》，中华书局，2004。

（明）顾岕：《海槎余录》，中华书局，1991。

（明）王佐：《鸡肋集》，王国宪辑《海南丛书》第3集，海南书局，1935。

（明）邢宥：《湄丘集》，王国宪辑《海南丛书》第4集，海南书局，1935。

（明）陈缲：《唾余集》，王国宪辑《海南丛书》第5集，海南书局，1935。

（明）陈是集：《中秘稿》，王国宪辑《海南丛书》第5集，海南书局，1935。

（明）林士元：《北泉草堂遗稿》，王国宪辑《海南丛书》第6集，海南书局，1935。

（明）郑廷鹄：《石湖遗稿》，王国宪辑《海南丛书》第6集，海南书局，1935。

（明）许子伟：《许忠直公遗集》，王国宪《海南丛书》第6集，海南书局，1935。

（明）陈是集编选《溟南诗选》，《海南先贤诗文丛刊》，海南出版社，2006。

（明）顾可久：《琼管山海图说》（光绪庚寅如不及斋校刊本），国家图书馆藏。

（明）郑若曾：《筹海图编》，李致忠点校，中华书局，2007。

（明）俞大猷：《正气堂集》，《四库未收书辑刊》第5辑，北京出版社，1997。

（明）朱元璋：《明太祖御制文集》，台湾学生书局，1965。

（明）陈邦瞻：《明史纪事本末》，中华书局，1997。

（明）徐渭著，李复波、熊澄宇注释《南词叙录注释》，中国戏剧出版社，1989。

（明）丘濬：《五伦全备忠孝记》（明世德堂本点校重刊），商务印书馆，1954。

（明）丘濬：《学的》（明刊本），国家图书馆藏。

（明）丘濬：《大学衍义补》，《丛书集成三编》第11、12、13册，台北新文丰出版公司，1997。

（明）丘濬：《家礼仪节》，《丛书集成三编》第24册，台北新文丰出版公司，1997。

（明）丘濬：《琼台诗文会稿》，《丛书集成三编》第 39 册，台北新文丰出版公司，1997。

（明）丘濬：《明臣奏议》，载王云五编《丛书集成初编》，商务印书馆，1935。

（明）罗曰褧：《咸宾录》（明万历刻本），国家图书馆藏。

《琼山邱氏家谱》，咸丰九年（1859）修，海南大学图书馆，周伟民、唐玲玲藏。

（明）蒋冕辑：《琼台诗话》（又名《丘文庄公丛书》），《丛书集成三编》第 61 册，新文丰出版公司，1997。

（明）海瑞著，陈义钟编校《海瑞集》，中华书局，1962。

（清）范端昂：《粤中见闻》，广东教育出版社，1988。

（清）康有为：《万有文库》，王云五主编《国学基本丛书》，商务印书馆，1937。

（清）陈梦雷：《琼州府部》，《古今图书集成》，中华书局，1934。

（清）李调元辑解《粤风》卷 1《蛋歌》，《丛书集成新编》第 90 册，台北新文丰出版公司，1985。

（清）张庆长：《黎岐纪闻》，《丛书集成续编》第 236 册，台北新文丰出版公司，1988。

（清）张伯行：《朱子学的原序》，《丛书集成三编》第 14 册，台北新文丰出版公司，1997。

（清）屈大均：《广东新语》，中华书局，1985。

五　方志

马蓉、陈抗等点校《〈永乐大典〉方志辑佚》，中华书局，2004。

（宋）王存：《元丰九域志》，《丛书集成新编》第 93 册，台北新文丰出版公司，1984。

（明）唐胄：《正德琼台志》，上海古籍出版社（据天一阁明本影印），1964。

（明）欧阳璨：《万历琼州府志》，地方书目文献出版社，1990。

（明）黄佐：《嘉靖广东通志》，广东省地方志办公室月誉印，1997。

（明）黄佐：《嘉靖广东通志》（嘉靖四十年刻本），中山图书馆藏。

（清）贾棠、焦映汉：《康熙琼州府志》，海南出版社，2006。

（清）张文豹：《康熙定安县志》，海南出版社，2006。

（清）丁斗柄：《康熙澄迈县志》（康熙十一年本），海南出版社，2006。

（清）陈宗琛：《康熙乐会县志》（康熙八年本），海南出版社，2006。

（清）林子兰：《康熙乐会县志》（康熙八年本），海南出版社，2006。

（清）吴南杰：《康熙琼山县志》（康熙二十六年本），海南出版社，2006。

（清）王赞、关必登：《康熙琼山县志》（康熙四十七年本），海南出版社，2006。

（清）马日炳：《康熙文昌县志》，海南出版社，2006。

（清）韩祐重：《康熙儋州志》，海南出版社，2006。

（清）李琰：《康熙万州志》，海南出版社，2006。

（清）潘廷侯：《康熙陵水县志》（康熙二十七年本），海南出版社，2006。

（清）方岱、璩之璨：《康熙昌化县志》（康熙三十年本），海南出版社，2006。

（清）樊庶：《康熙临高县志》，海南出版社，2006。

（清）宋锦增、黄德厚：《乾隆崖州志》，海南出版社，2006。

（清）张岳崧：《道光琼州府志》，台北成文出版社（据清道光二十一年修、光绪十六年补刊本影印），1967。

（清）胡端书：《道光万州志》海南出版社，2006。

（清）张巂、邢定纶等纂修《光绪崖州志》，郭沫若点校，广东人民出版社，1963。

（民国）卢宗堂、唐之莹：《民国感恩县志》，海南出版社，2006。

（民国）王国宪：《儋县志》，台北成文出版社，1974。

（民国）陈宗瀛：《乐昌县志》，台北成文出版社（据民国20年铅印本影印），1974。

海南省地方志办公室：《海南省志》第3卷，《方言志》，南方出版公司，2006。

六 著作

陈铭枢：《民国海南岛志》，神州国光社，1933。

徐松石：《粤江流域人民史》，东南亚研究所，1936。

陈序经：《蜑民的研究》，商务印书馆，1946。

王兴瑞：《海南岛之苗人》，珠海大学编辑委员会《边疆丛书》，1948。

陈植：《海南岛新志》，商务印书馆，1949。

范文澜：《文心雕龙注》，人民文学出版社，1958。

彭信威：《中国货币史》，上海人民出版社，1959。

韩渊丰、吴郁文编著《海南岛》，广东人民出版社，1976。

范文澜：《唐代佛教》，人民出版社，1979。

朱宝炯、谢霈霖：《明清进士题名碑录索引》，上海古籍出版社，1980。

丘世藩、丘炳南：《丘氏家谱》，可继堂、依草堂 1980 年续修。

胡寄窗：《中国经济思想史》（下），上海人民出版社，1981。

谭其骧：《中国历史地图集》（明），中国地图出版社，1982。

《马可波罗游记》，陈开俊等译，福建科学技术出版社，1982。

汤用彤：《五代宋元明佛教史略》，中华书局，1982。

白寿彝：《中国伊斯兰史研究存稿》，宁夏人民出版社，1983。

吴雁：《画》，湖南教育出版社，1986。

陈大河主修《陈氏族谱（昌文大宗祠)》，1987 年续修。

丁国勇标点《南海甘蕉蒲氏家谱》，天津古籍出版社，1987。

广东省地名委员会编《南海诸岛地名资料汇编》，广东省地图出版社，1987。

朱绍侯：《中国古代史》（下册），福建人民出版社，1987。

杨德春：《海南岛古代简史》，东北师范大学出版社，1988。

方豪：《中国天主教史人物传：方济各·沙勿略》，中华书局，1988。

郭振铎、孔祥民、张笑梅：《宗教改革史纲》，河南大学出版社，1989。

（台湾）南怀瑾：《禅宗与道家》，复旦大学出版社，1991。

吴志达：《明清文学史》（明代卷），武汉大学出版社，1991。

司徒尚纪：《海南岛历史上土地开发研究》，海南出版社，1992。

李洵：《正统皇帝大传》，辽宁教育出版社，1993。

杨子慧主编《中国历代人口统计资料研究》，改革出版社，1996。

杨怀中、余振贵：《伊斯兰与中国文化》，宁夏人民出版社，1996。

郑贻青：《回辉话研究》，远东出版社，1997。

臧嵘：《中国古代驿站与邮传》，商务印书馆，1997。

李昌集：《中国古代曲学史》，华东师范大学出版社，1997。

王晓朝：《基督教与帝国文化——关于希腊罗马护教论与中国护教论的比较研究》，东方出版社，1997。

王俞春：《海南进士传略》，花城出版社，1998。

赵康太：《琼剧文化论》，中国戏剧出版社，1998。

林惠祥：《中国民族史》，商务印书馆，1998。

王国宪辑《海忠介公年谱》，北京图书馆出版社，1998。

章文钦：《澳门历史文化》，中华书局，1999。

欧阳中石等：《书法与中国文化》，人民出版社，2000。

周克秀等：《海南周氏宗谱》，爱莲堂 2000－2002 年续修。

邢益儒主修《海南省邢氏家谱》，出版地不详，2001 年续修。

杜信孚、杜同书：《全明分省分县刻书考》（广东），线装书局，2001。

梁启超：《中国佛法兴衰沿革说略》，上海古籍出版社，2001。

陶明君：《中国书论词典》，湖南美术出版社，2001。

林日举：《海南史》，吉林人民出版社，2002。

（台湾）苏云峰：《海南历史文论集》，海南出版社，2002。

颜泽贤、黄世瑞：《岭南科学技术史》，广东人民出版社，2002。

钟鸣旦、杜鼎克：《明清天主教文献》（第 12 册），台北利氏学社，2002。

南炳文、汤纲：《明史》，上海人民出版社，2003。

吴锐、王亦平、黄培平：《海南丘濬故居修缮工程报告》，文物出版社，2003。

王俞春：《海南移民史志》，中国文联出版社，2003。

李国强：《南中国海研究：历史与现状》，黑龙江教育出版社，2003。

韩振华：《南海诸岛史地论证》，香港大学亚洲研究中心，2003。

顾卫民：《中国天主教编年史》，上海书店出版社，2003。

王学萍：《中国黎族》，民族出版社，2004。

李仁群等：《道家与中国哲学》（宋代卷），人民出版社，2004。

李霞：《道家与中国哲学》（明清卷），人民出版社，2004。

刘海燕：《从民间到经典：关羽形象与关羽崇拜的生成演变史论》，上海三联书店，2004。

吴梅：《中国戏曲概论》，中国人民大学出版社，2004。

李景新：《天涯孤鸿苏东坡》，中国文史出版社，2005。

任宜敏：《中国佛教史》（元代），人民出版社，2005。

庞乃明：《明代中国人的欧洲观》，天津人民出版社，2006。

南炳文、何孝荣：《明代文化研究》，人民出版社，2006。

邓世明：《海南常用中草药名录》，中国科学技术出版社，2006。

陈虹：《海南家谱提要》，海南出版社、三环出版社，2008。

朱东根：《海南历代进士研究》，海南出版社、南方出版社，2008。

阎根齐、陈涛：《粤东正气——海瑞》，南方出版社、海南出版社，2008。

周伟民、唐玲玲：《海南史要览》，海南出版社，2008。

谢越华等：《海南教育史》，南方出版社、海南出版社，2008。

王立平：《海隅名臣——晚明王弘诲研究》，海南出版社、南方出版社，2008。

阎道衡、羊文灿：《见证千年——海南五公祠研究》，海南出版社、南方出版社，2008。

黄友贤、黄仁昌：《海南民族研究》，海南出版社、南方出版社，2008。

王献军：《海南回族的历史与文化》，海南出版社、南方出版社，2008。

郝思德：《南海文物》，南方出版社、海南出版社，2008。

张静文：《幽燕文学艺术嬗变纬略》，广西师范大学出版社，2008。

司徒尚纪：《中国南海海洋文化》，中山大学出版社，2009。

陈梧桐：《中国文化通史》（明代卷），北京师范大学出版社，2009。

陈东原：《中国教育史》，福建教育出版社，2009。

宗韵：《明代家族上行流动研究——以1595篇谱牒序跋所涉家族为案例》，华东师范大学出版社，2009。

詹贤武、邢植朝：《海南黎族和台湾少数民族民俗比较》，南方出版社，2010。

游斌：《基督教史纲》，北京大学出版社，2010。

王灵桂：《中国伊斯兰教史》，中国友谊出版公司，2010。

海南省历史文化研究基地、海南大学海南历史文化研究基地：《海南现存碑碣匾铭额图志》（待版）。

七 论文

李俊新：《黎族婚姻制的演变》，《东方杂志》第 34 卷第 15 期，1937。

罗香林：《海南岛黎族人源出越族考》，《青年中国》季刊创刊号，1939。

刘咸：《海南黎族起源之初步探讨》，《西南研究》1940 年第 1 期。

（台湾）王定华：《对统一丘文庄公姓氏用字的提议》，《海南文献》（卷三）1972 年第 10 期。

赵靖：《丘濬——中国十五世纪经济思想的卓越代表人物》，《北京大学学报》1981 年第 2 期。

李普国：《论丘濬的经济思想》，《江淮论坛》1981 年第 3 期。

梁敏：《"临高人"——百粤子孙的一支》，《民族研究》1981 年第 5 期。

吴申元：《海瑞重农思想初探》，《中国农史》1983 年第 1 期。

南炳文：《嘉靖前期的大礼仪》，《故宫博物院院刊》1983 年第 2 期。

中国地名委员会授权公布《我国南海诸岛部分标准地名》，1983 年 4 月 25 日《人民日报》第 4 版。

李锦全：《海瑞哲学思想述评》，《学术研究》1984 年第 6 期。

海南黎苗自治州：《自治州地方志》，《通讯》1985 年第 2 期。

朱天顺：《妈祖信仰的起源及其在宋代的传播》，《厦门大学学报》1986 年第 5 期。

李居礼、王克荣：《从陵水、三亚发现的穆斯林墓葬中看古代穆斯林在海南岛的活动》，《海南黎苗自治州民族博物馆馆刊》创刊号，1987。

朱瑞熙：《宋代"苏湖熟，天下足"谚语的形成》，《农业考古》1987 年第 2 期。

李禹阶：《朱熹青少年时代对佛教思想的继承与扬弃》，《西南师范大学学报》1987 年第 2 期。

韦经照：《基督教在海南的传播》，《海南大学学报》1987 年第 4 期。

曾昭璇：《元代南海测验在林邑考——郭守敬未到中、西沙测量纬度》，《历史研究》1990 年第 5 期。

陈达生、〔法〕克洛蒂娜·苏尔梦：《海南岛穆斯林墓地考》，《回族研究》1993 年第 2 期。

陈启汉：《中国渔民是开发南海诸岛的主人》，《广东社会科学》1993年第6期。

吴雁南：《海瑞的"忠介"与心学》，《史学月刊》1994年第4期。

李鸿然：《海瑞年谱》，《海南大学学报》1995年第3期。

于志斌：《关羽：儒称圣，释称佛，道称天尊——文化的"变异与复合"》，《苏州大学学报》（哲学社会科学版）1996年第1期。

李伯重：《从"夫妇并作"到"男耕女织"——明清江南农家妇女劳动问题探讨之一》，《中国经济史研究》1996年第3期。

何纪生：《〈水路簿〉初探》，《南海诸岛地名资料汇编》，广东省地图出版社，1987。

阎韬：《海瑞思想的多元结构》，《海南大学学报》（社会科学版）1998年第1期。

李龙潜：《试评丘浚经济思想中的几个问题》，《暨南学报》1999年第2期。

周伟民、唐玲玲：《丘浚年谱》，《海南大学学报》2000年第1—3期。

李锦全：《矛盾调合 扬弃承传——朱、陆思想对海瑞影响的个案研究》，《船山学刊》2000年第3期。

谢金良：《白玉蟾的生卒年月及其有关问题考辨》，《世界宗教研究》2001年第4期。

叶农：《明末天主教在广东地区的传播与发展》，《暨南学报》2001年第9期。

汤开建、袁国客：《明清之际天主教在海南的传播、发展及兴衰》，《海南大学学报》2001年第12期。

张如安：《愤将禽语寄悲情——禽言诗论略》，《中国韵文学刊》2002年第2期。

江青武：《初探海南回族先民的来源及其去向》，《回族研究》2003年第2期。

（台湾）王会均：《明修〈琼州府志〉研究》，《琼粤地方文献国际学术研讨会论文集》，海南出版社，2002。

（香港）朱鸿林：《丘濬〈大学衍义补〉及其在十六十七世纪的影响》，《丘濬海瑞评介集》，海南出版社，2004。

马建钊：《海南回族的历史来源与社会变迁》，《回族研究》2004 年第 4 期。

符和积：《海南道教的兴起与扩散》，《海南师范学院学报》2005 年第 2 期。

李景新：《海南岛贬谪文学的文化学价值》，《琼州大学学报》2005 年第 4 期。

陈旭：《陆王心学的实践者》，《阴山学刊》2005 年第 8 期。

冯仁鸿：《琼崖史海钩沉：海口市民族源流及其风俗习惯》，《琼崖县民研究》（创刊号），2006。

詹长智、张朔人：《中国古代海南人口迁移路径与区域开发》，《华中科技大学学报》2007 年第 1 期。

张朔人：《海南疍民问题研究》，《安庆师范学院学报》2007 年第 2 期。

李君明、杨权：《王弘诲与利玛窦首次进京》，《图书馆论坛》2007 年第 4 期。

郭景水：《三亚崖城现明清民居建筑群极具开发价值》，载 2008 年 12 月 8 日《海南日报》。

朱东根：《岂是巨灵伸一臂，遥从海外数中原——丘濬〈五指山〉诗赏析》，《贵州民族学院学报》2009 年第 1 期。

李冬娜、区彩莹等：《中国海南岛黎族起源的 Y－DNA 遗传学证据》，《国际遗传学杂志》2009 年第 4 期。

〔新加坡〕李焯然：《通俗文学与道德教化》，《南京大学学报》2009 年第 4 期。

李新宇：《论明代辞赋之演进》，《文学评论》2010 年第 3 期。

刘丽：《唐宋海南贬谪文人心态之比较》，《北方论丛》2010 年第 5 期。

惠富平、阚国坤：《王士衡〈劝麦说〉与明代海南农业》，《梁家勉先生诞辰 100 周年纪念文集》，中国农业出版社，2010。

王晓鹏：《〈更路簿〉研究——以彭正楷抄本为例》，中国社会科学院硕士学位论文，2010。

张朔人：《试论隋唐王朝海南治理政策变迁》，《海南大学学报》2011 年第 1 期。

南炳文：《海瑞之廉洁反贪与传统文化的优秀成分》，《史学集刊》2011 年第 4 期。

张朔人：《西汉海南置珠郡历史研究》，《海南大学学报》2011 年第 5 期。

李勃：《明代海南文化的发展及原因新探》，《海南师范大学学报》2011 年第 5 期。

张先清：《传教士、海难与跨文化接触：1583 年海南岛飘风事件分析》，《晋阳学刊》2011 年第 6 期。

周伟民、唐玲玲：《南海维权 渔业为先——论南海更路簿》，《海南历史文化》第 1 卷，南方出版社，2011。

庞乃明：《利玛窦中国叙事中的王弘诲》，《海南历史文化》第 2 集，社会科学文献出版社，2012。

八 国外著作

M. M. Moninger：*The Isle of palms*, *sketches of Hainan*：*the American Presbyterian Mission*, *island of Hainan*, *South China*, Printed at the Commercial Press, 1919.

〔法〕裴化行：《天主教十六世纪在华传教志》，商务印书馆，1936。

〔德〕史图博：《海南岛民族志》，广东民族研究所编印，1964。

〔英〕李约瑟：《天学》，《中国科学技术史》第 4 卷，科学出版社，1979。

〔日〕真人元开：《唐大和上东征传》，中华书局，1979。

〔日〕小野田淳：《海南岛史》，（台湾）张迅斋译，学海出版社，1979。

〔日〕竺沙雅章：《中国佛教社会史研究》，同朋舍，1982。

〔意〕利玛窦、金尼阁：《利玛窦中国札记》，何高济等译、何兆武校，中华书局，1983。

〔法〕费赖之：《在华耶稣会士列传及书目》（上），冯承钧译，中华书局，1995。

〔瑞典〕龙思泰：《早期澳门史》，吴义雄等译、张文钦校注，东方出版社，1997。

〔美〕邓恩：《从利玛窦到汤若望——晚明的耶稣会传教士》，余三乐、石蓉译，上海古籍出版社，2003。

〔新加坡〕李焯然：《丘濬评传》，南京大学出版社，2005。

〔新加坡〕李焯然：《通俗文学与道德教化》，《南京大学学报》，2009 年第

4 期。

九　网址

中华人民共和国外交部网页：http：∕∕www. fmprc. gov. cn∕chn∕pds∕ziliao∕
tytj∕t10648. htm

海南省人民政府网：http：∕∕www. hainan. gov. cn∕data∕news∕2007∕01∕24673∕

后 记

《明代海南文化研究》，是在笔者的同名博士论文基础上修改、整理而成的一部关于海南断代文化的学术专著，是在导师南炳文先生的直接指导下，诸多学者的共同帮助及家人大力配合下的结晶。

2009 年，蒙南先生不弃，本人成为南门弟子，忝列先生门下，实乃本人之幸事！攻读博士学位的三年多时间内，先生的耳提面命，为我学术转型提供了坚实的基础。在论文的写作过程中，先生对写作提纲、各章节间及章节内的逻辑关联等进行了严格审阅，仅写作提纲，就四易其稿；论文初成后，也做了二次大规模的调整，这些是本书能够面世的前提。

南门师兄弟给予大力帮助。中国社会科学院张兆裕研究员，福建师范大学郭培贵教授，南开大学历史学院高艳林、何孝荣、庞乃明教授等诸位学长，对于文章的架构、写作思路乃至部分章节的内容安排，分别给予不同程度的指导。在资料收集过程中，天津大学的张磊师兄及师弟苏循波等起了重要作用。

海南的领导与同仁也予以鼎力支持。海南省社会科学界联合会党组书记、主席赵康泰教授，海南大学图书馆馆长詹长智教授、人文传播学院院长闫广林教授，先后主持海南省历史文化研究基地工作，他们在制度层面的设计、安排，为本书的写作提供了诸多方面的保障；海南大学法学院副院长王琦教授、外国语学院副院长金山教授、经济研究所所长李仁君教授等好友，不断地给予鞭策与鼓励，使得本人不至于懈怠；海南大学沈德理教授、朱东根教授、阎根齐研究员，琼州学院李景新教授，海南师范大学王献军教授，海南省民族研究所黄友贤研究员等与笔者进行相关探讨，极大地开拓了写作思路；海南大学图书馆地方文献部杜玲副研究馆员，邓玲博士及周伟民、唐玲玲两位教授提供的相关文献，使得本人的写作素材得到进一步充实。另外，英文摘要、目录的英文翻译，《明代海南方言分布示意图》分别出自海南大学国际交流学院副院长贾绍东教授、人文传播学院张睿老师之手。

家人的关心呵护。自 1994 年结婚以来，妻子韦荔默默地承担着家庭事务并分担着我在求学之旅中的诸多痛苦。6 年时间内，5 次考研 4 次失败的经历，其间的辛酸与苦闷，恐非一般人所能忍受。正是在她的鼓励下，本人才得以从一个商人、中学教师身份开始向学者转变。2005 年 6 月，本人顺利完成南京师范大学张连红导师教授的中国近现代史硕士学业；博士论文撰写期间，为了让我有足够的研究时间，妻子不惜办理提前退休手续，甘居幕后，督促小孩张若城学业。爱人的贤惠与任劳任怨、儿子的聪睿及认真学习的态度，使本人能够安心于研究。

在拙作即将付梓之际，南先生的《序》，使得本书大为增色。社会科学文献出版社杨群总编辑，为本书的出版提供诸多帮助；出版社责任编辑、责任校对严谨的治学态度及其耐心细致的校对，令人难以忘怀。

光阴荏苒，转眼之间在海南已度过了八个春秋。除了访学日本半年、南开读博一年离岛外，无数个节假日、无数个通宵达旦，都是在我的研究室中度过。其间的痛苦与欢乐、失落与兴奋，只有"冷暖自知"。如今，让我梦牵魂萦的《明代海南文化研究》终于呈现在诸位读者面前，可以说：这是我的心血之作！

因文章架构大、涉猎领域多，加上本人学术水平有限，存在错误在所难免，恳请方家、学者不吝赐教！

行文至此，谨对关爱我的南炳文先生，帮助我的同门师兄弟，海南诸位领导、同仁，社会科学文献出版社的总编、责编，致以由衷的谢忱！

对支持我的妻子和儿子，道一声：谢谢！

最后，谨以此著告慰父母在天之灵！愿两位老人家安息！

作者：张朔人

二○一三年五月二○日

图书在版编目（CIP）数据

明代海南文化研究／张朔人著.—北京：社会科学文献出版社，
2013.10
ISBN 978 - 7 - 5097 - 5030 - 8

Ⅰ.①明…　Ⅱ.①张…　Ⅲ.①文化史－研究－海南省－明代
Ⅳ.①K296.6

中国版本图书馆CIP数据核字（2013）第208012号

明代海南文化研究

著　　者／张朔人

出 版 人／谢寿光
出 版 者／社会科学文献出版社
地　　址／北京市西城区北三环中路甲29号院3号楼华龙大厦
邮政编码／100029

责任部门／近代史编辑室（010）59367256　　　　责任编辑／宋　超
电子信箱／jxd@ ssap. cn　　　　　　　　　　　责任校对／王建龙　李高明
项目统筹／徐思彦　　　　　　　　　　　　　　责任印制／岳　阳
经　　销／社会科学文献出版社市场营销中心（010）59367081　59367089
读者服务／读者服务中心（010）59367028

印　　装／三河市尚艺印装有限公司
开　　本／787mm×1092mm　1/16　　　　　印　张／36.75
版　　次／2013年10月第1版　　　　　　　　字　数／579千字
印　　次／2013年10月第1次印刷
书　　号／ISBN 978 - 7 - 5097 - 5030 - 8
定　　价／128.00元